MEDIAÇÃO NOS CONFLITOS CIVIS

O GEN | Grupo Editorial Nacional – maior plataforma editorial brasileira no segmento científico, técnico e profissional – publica conteúdos nas áreas de concursos, ciências jurídicas, humanas, exatas, da saúde e sociais aplicadas, além de prover serviços direcionados à educação continuada.

As editoras que integram o GEN, das mais respeitadas no mercado editorial, construíram catálogos inigualáveis, com obras decisivas para a formação acadêmica e o aperfeiçoamento de várias gerações de profissionais e estudantes, tendo se tornado sinônimo de qualidade e seriedade.

A missão do GEN e dos núcleos de conteúdo que o compõem é prover a melhor informação científica e distribuí-la de maneira flexível e conveniente, a preços justos, gerando benefícios e servindo a autores, docentes, livreiros, funcionários, colaboradores e acionistas.

Nosso comportamento ético incondicional e nossa responsabilidade social e ambiental são reforçados pela natureza educacional de nossa atividade e dão sustentabilidade ao crescimento contínuo e à rentabilidade do grupo.

FERNANDA TARTUCE

MEDIAÇÃO NOS CONFLITOS CIVIS

7ª edição revista, atualizada e reformulada

■ A autora deste livro e a editora empenharam seus melhores esforços para assegurar que as informações e os procedimentos apresentados no texto estejam em acordo com os padrões aceitos à época da publicação, e todos os dados foram atualizados pela autora até a data de fechamento do livro. Entretanto, tendo em conta a evolução das ciências, as atualizações legislativas, as mudanças regulamentares governamentais e o constante fluxo de novas informações sobre os temas que constam do livro, recomendamos enfaticamente que os leitores consultem sempre outras fontes fidedignas, de modo a se certificarem de que as informações contidas no texto estão corretas e de que não houve alterações nas recomendações ou na legislação regulamentadora.

■ Fechamento desta edição: *31.08.2023*

■ A Autora e a editora se empenharam para citar adequadamente e dar o devido crédito a todos os detentores de direitos autorais de qualquer material utilizado neste livro, dispondo-se a possíveis acertos posteriores caso, inadvertida e involuntariamente, a identificação de algum deles tenha sido omitida.

■ **Atendimento ao cliente:** (11) 5080-0751 | faleconosco@grupogen.com.br

■ Direitos exclusivos para a língua portuguesa
  Copyright © 2024 by
  Editora Forense Ltda.
  Uma editora integrante do GEN | Grupo Editorial Nacional
  Travessa do Ouvidor, 11 – Térreo e 6º andar
  Rio de Janeiro – RJ – 20040-040
  www.grupogen.com.br

■ Reservados todos os direitos. É proibida a duplicação ou reprodução deste volume, no todo ou em parte, em quaisquer formas ou por quaisquer meios (eletrônico, mecânico, gravação, fotocópia, distribuição pela Internet ou outros), sem permissão, por escrito, da Editora Forense Ltda.

■ Capa: Aurélio Corrêa
■ Foto de capa: Dirk Ercken/Shutterstock

■ **CIP – BRASIL. CATALOGAÇÃO NA FONTE.
SINDICATO NACIONAL DOS EDITORES DE LIVROS, RJ.**

T198m
Tartuce, Fernanda

Mediação nos conflitos civis / Fernanda Tartuce. – 7. ed. – Rio de Janeiro: Método, 2024.

Inclui bibliografia
ISBN 978-65-5964-894-8

1. Mediação – Brasil. 2. Administração de conflitos. 3. Resolução de disputa (Direito) – Brasil. I. Título.

23-85880 CDU: 347.113(81)

Gabriela Faray Ferreira Lopes – Bibliotecária – CRB-7/6643

A Deus, fonte de toda força e luz; à minha mãe, Eliana, grande exemplo de garra e amor; ao meu pai, César (in memoriam), pelos constantes incentivos e votos de confiança; ao meu irmão, Flávio, pelo intenso estímulo e pelo apaixonado afinco; ao Dr. Rodolfo Mancuso, pelas incontáveis lições sobre a vida e o Direito; à Dra. Giselda Hironaka, pela linda visão sobre a luta por um direito justo; ao Dr. Kazuo Watanabe, pela grande contribuição por ocasião do exame de qualificação; às grandes amigas de sempre, pelo carinho e pelo apoio; ao meu amor, pela compreensão, pela paciência, pela espera.

SOBRE A AUTORA

Doutora e mestra em Direito Processual pela USP. Professora no Programa de Mestrado, coordenadora e professora em cursos de especialização na Escola Paulista de Direito (EPD). Presidente da Comissão de Processo Civil do Instituto Brasileiro de Direito de Família (IBDFAM), da Comissão de Mediação do Instituto Brasileiro de Direito Contratual (IBDCont) e da Comissão de Soluções Consensuais de Conflitos da OAB/SP (gestão 2022-2024). Vice-presidente da Comissão de Mediação do Instituto Brasileiro de Direito Processual (IBDP). Vice-presidente do Centro de Estudos Avançados de Processo (CEAPRO). Membra do Instituto dos Advogados de São Paulo (IASP) e da Associação Brasileira Elas no Processo (ABEP). Advogada, mediadora, árbitra e autora de publicações jurídicas.

Site: www.fernandatartuce.com.br
Facebook, YouTube e LinkedIn: Fernanda Tartuce
Instagram: @fernandatartuceii
Twitter: @fernandatartuce

APRESENTAÇÃO

Honra-me, sobremodo, apresentar a obra *Mediação nos conflitos civis*, de autoria de Fernanda Tartuce, por ter acompanhado seus passos para dar vida ao ousado projeto. O instituto da mediação só poderia ser compreendido em sua inteireza se apresentado sob a ótica procedimental; portanto, registro meu reconhecimento ao valor desta iniciativa, asseverando que se trata de contribuição de relevo para a definitiva construção do conceito *mediação*.

Nasce uma obra representativa de um terceiro pilar de sustentação do conhecimento da mediação, como instrumento de concretização do Direito contemporâneo, que exige uma sistematização capaz de assegurar a proteção do princípio da dignidade da pessoa humana, insculpido na Constituição Federal de 1988, no art. 1.º, III.

A dinâmica da mediação é representativa da simbologia do número três, por se revelar numa linguagem ternária, a exigir a participação e a fusão de três sentimentos e três pensamentos. É a tradução da linguagem do 3.º milênio. Assim, não poderia ser outra base, senão aquela implantada sobre três pilares, pelo que o fundamento da mediação se apoia: no conhecimento teórico, na prática social e na instrumentalização procedimental.

Deve-se à Fernanda Tartuce o pioneirismo de organizar o conhecimento da mediação à luz do processo civil, a partir de criteriosa pesquisa, norteada pelo rigor científico que orientou sua dissertação de mestrado, consagrada por qualificada banca examinadora, que teceu merecidos elogios ao resultado final de seus estudos acerca do tema, outorgando-lhe o honroso título de Mestre em Direito, pela Faculdade de Direito do Largo de São Francisco, na Universidade de São Paulo, em continuidade à formação na graduação, também cursada nas Arcadas.

A autora escolheu este tema – como contribuição à produção científica – em virtude de sua longa trajetória, embora tão jovem ainda, junto à assistência jurídica do Centro Acadêmico XI de Agosto. Inconformada com a insatisfação dos assistidos, refletia, de modo incansável, acerca do aprimoramento dos procedimentos jurídicos para proteger a dignidade da pessoa que buscava a prestação jurisdicional por meio daquele núcleo de aprendizagem.

O mérito desta obra está em trazer uma releitura de institutos de processo civil para o aprimoramento do acesso à justiça, delineando o lugar da mediação no ordenamento jurídico pátrio, outorgando-lhe legitimidade para que seu conceito aflore como ferramenta de instrumentalização do direito material, numa visão contemporânea, contemplando a prevenção de conflitos e a paz social.

Fernanda Tartuce descreve a *mediação como método*, e o *mediando como protagonista de suas próprias decisões e responsável por seu próprio destino*.

Trata-se, enfim, do reconhecimento de uma mudança de mentalidade, valorizando a atitude do indivíduo que decide os rumos da controvérsia. A responsabilidade apresenta-se como a tônica da mediação, à luz do processo civil, pois os protagonistas são os autores criativos dos caminhos advindos de um modo de acessar a justiça.

A autora norteou seus estudos pela filosofia para a formatação deste projeto, sensibilizando-se com a visão interdisciplinar da ciência do Direito, ampliando e valorizando sua percepção para o refinamento de seu senso de justiça, alcançando, assim, a fundamentação da mediação no âmbito do princípio da liberdade e da autodeterminação.

Esta obra preenche uma lacuna que impedia o acolhimento jurídico da mediação, sistematizando o conhecimento dos **três** pilares que fundamentam a via de acesso à justiça, que se traduzem em dignidade, liberdade e criatividade.

São Paulo, junho de 2008.

Águida Arruda Barbosa

NOTA DA AUTORA À 7.ª EDIÇÃO

Rever o livro permite refletir sobre movimentos importantes da evolução dos meios consensuais no Brasil. Agradeço a cada leitor(a) que contribuiu para que isso ocorresse, assim como a quem agora adquire a obra e promove a chance de uma nova edição!

Esta obra, que nasceu como dissertação de mestrado, vem aumentando graças à crescente importância dos meios consensuais no quadro de distribuição de justiça no País. Essa significativa evolução decorre dos intensos esforços envidados por pessoas atuantes na área consensual, assim como do gradual reconhecimento da relevância do tema por doutrinadores, legisladores, magistrados e gestores de conflitos.

Chegar à sétima edição representa uma grande honra e um considerável desafio: a ampliação da autocomposição segue ocorrendo em diferentes áreas e a atualização é primordial. Aprender a lidar com negociação, mediação e arbitragem era – e continua sendo – tarefa imprescindível para quem atua na área jurídica.

Como sempre, todos os capítulos foram objeto de revisão.

Nos capítulos 1 e 2, foram acrescentadas reflexões sobre a litigiosidade atual e, especificamente no 1º, menções à Lei n. 14.133/2021 (nova Lei de Licitações e Contratos Administrativos), que contempla, de forma pioneira, os meios alternativos de solução de controvérsias.

No capítulo 6, o tópico referente à mediação em conflitos empresariais foi ampliado para contemplar: *a)* a conciliação coletiva inserida no sistema jurídico pela Lei n. 14.181/2021, que alterou o Código de Defesa do Consumidor e o Estatuto da Pessoa Idosa para aperfeiçoar a disciplina do crédito aos consumidores e dispor sobre a prevenção e o tratamento do superendividamento; *b)* o novo panorama de mediações em recuperações judiciais e falências, tema que tem gerado interessantes experiências na gestão de crises empresárias.

Além de tratar dos temas destacados, aproveitei a oportunidade para atualizar referências e agregar citações de novas obras.

Favorecer estudos, aparelhar as pessoas interessadas com dados relevantes para a prática dos meios consensuais e fomentar reflexões sobre possibilidades enriquecedoras viabilizadas por iniciativas ligadas à construção de consensos: tomara que essas intenções possam ser efetivadas em prol da maior conscientização sobre a cultura de paz e seus inúmeros proveitos.

Boa leitura!

PREFÁCIO À 2.ª EDIÇÃO

O presente trabalho, na precedente edição, originou-se de dissertação de mestrado apresentada na Faculdade de Direito da Universidade de São Paulo, então intitulada *Mediação nos conflitos civis*, aprovada em 12.04.2007, perante Banca Examinadora por nós presidida e integrada ainda pelos Professores Kazuo Watanabe (FADUSP) e Teresa Celina de Arruda Alvim Wambier (PUC-SP).

No atual estágio de desenvolvimento dos chamados "Meios Alternativos de Solução de Conflitos" (*ADRs – Alternative Dispute Resolutions*, na conhecida expressão da experiência norte-americana), é escusado enfatizar o papel desempenhado pela Mediação, por sua notória idoneidade, assim, tanto para a *prevenção* como para a *resolução* justa das controvérsias, a par de fortalecer os laços de cidadania e de civilidade ao interno da coletividade, na medida em que incentiva os contraditores a encontrarem por si mesmos a solução para seus impasses, assim dispensando a chamada *solução adjudicada*, que advém de uma decisão judicial de mérito, num indefinido ponto futuro, e cuja estabilização fica ainda a depender da oportuna agregação da coisa julgada, mais os percalços da execução. Nesse sentido, a Exposição de Motivos do novo CPC – Lei n. 13.105/2015 – prevê no bojo do item 2.º que "a satisfação efetiva das partes pode dar-se de modo mais intenso se a solução é por elas criada e não imposta pelo juiz".

Vários fatores têm contribuído para o incremento da Mediação em todo o mundo, podendo ser lembrados: a notória insatisfação dos jurisdicionados em face da Justiça estatal, estigmatizada por conhecidas mazelas, como escassez de recursos humanos e materiais, lentidão, onerosidade, imprevisibilidade, massificação; a baixa eficiência prática dos comandos judiciais condenatórios, cuja realização prática fica a depender da colaboração do vencido ou da existência de ativos em seu patrimônio, certo ainda que nem sempre a satisfação do julgado é alcançada especificamente, mesmo com a utilização de meios coercitivos diversos, tais as *astreintes* e as chamadas *medidas de apoio (CPC/1973, art. 461 e § 5.º; novo CPC, art. 536 e § 1.º).*

Ao contrário do que a princípio se possa supor, os *meios alternativos* não visam *competir* com o Judiciário nem lhe ocupar os espaços, tampouco estabelecer *reservas de mercado*; diversamente, na medida em que os *ADRs previnem* a judicialização dos conflitos ou *facilitam a resolução* célere e justa da lides judiciais, **projetam** relevante externalidade positiva: os juízes passam a manejar um estoque menor de processos, podendo aplicar o tempo assim poupado no exame e na decisão dos conflitos efetivamente carentes de *passagem judiciária*, a saber, os singulares, os complexos e os incompossíveis de outro modo.

Aliás, o ordenamento brasileiro traz exemplos dessa salutar e desejável *convivência* entre a Justiça estatal e os meios alternativos, *v.g.*: a convenção de arbitragem é um pressuposto processual negativo (CPC/1973, art. 267, VII; novo CPC, art. 485, VII), mas a sentença arbitral pode, eventualmente, passar pelo crivo judicial (Lei n. 9.307/1996, art. 33 e parágrafos, redações da Lei n. 13.129/2015); conflitos de natureza desportiva devem, primeiramente, ser submetidos à Justiça Desportiva (CF, art. 217, § 1.º); reclamações trabalhistas reclamam prévia passagem pelas Comissões de Conciliação Prévia (CLT, art. 625-A e seguintes); acordos extrajudiciais, inclusive os compromissos de ajustamento de conduta podem ser homologados em Juízo (CPC/1973, art. 475-N, V; novo CPC, art. 515, III); nos Juizados Especiais Cíveis, uma vez frustrada a conciliação, as partes podem optar pelo Juízo Arbitral (Lei n. 9.099/1995, art. 24); decisões tomadas no foro extrajudicial (*v.g.*, no CADE – Conselho Administrativo de Defesa Econômica – ou no TCU – Tribunal de Contas da União – têm eficácia de título executivo, respectivamente: Lei n. 12.529/2011, art. 93; CF, art. 71, § 3.º).

Some-se a esse contexto, ora sumariado, a tendência à *desjudicialização dos conflitos*, de que é exemplo a possibilidade de inventários, separações e testamentos serem processados nos Tabelionatos, atendidas certas condições (CPC/1973, arts. 982 e 1.124-A; novo CPC, § 1.º do art. 610 e art. 733).

De resto, o próprio sentido tradicional do acesso à justiça, sediado no art. 5.º, XXXV, da Constituição Federal (novo CPC, art. 3.º, *caput*), vai hoje sendo revisitado e trazido à luz da realidade contemporânea, reconhecendo-se que a leitura *ufanista e irrealista* daquela garantia acabou por convertê-la numa sorte de *convite à litigância*, em detrimento das soluções negociadas, que deveriam antes ser experimentadas. A leitura clássica daquela garantia não guarda mais aderência com o contemporâneo mundo globalizado, no qual se comprimem as sociedades massificadas, carentes de respostas rápidas para suas novas necessidades, deflagrando a chamada explosão de litigiosidade. E o Estado-juiz, tentando "acompanhar" essa demanda exacerbada, arrisca-se a fornecer resposta judiciária que deixa a desejar: massificada, funcionarizada, lenta, onerosa, imprevisível.

Escreve Fernanda Tartuce: "Ao Poder Judiciário deve caber a apreciação apenas das questões incompossíveis por outras vias e das que, por sua natureza, demandam obrigatória passagem judiciária, constituindo 'ações necessárias'".

Hoje, cada vez mais vai agregando adeptos a concepção da jurisdição não como um *monopólio estatal*, mas como uma oferta de solução justa e tempestiva dos conflitos, ainda que com o *concurso* de órgãos e instâncias parajurisdicionais, ou até preferencialmente por meio destes, tais as visíveis vantagens que apresentam. Isso porque hoje se questiona a vera capacidade do processo de estrutura adversarial, tendente a uma sentença de mérito, para resolver *eficazmente* os conflitos, na medida em que o objeto litigioso não sói abranger a inteira controvérsia, e a intervenção do Estado-juiz acirra os ânimos dos contraditores, convertendo-os a final em vencedor e vencido. Esse ambiente contencioso tende a deixar resíduos, conflitos periféricos que, num ponto futuro, tenderão a formar novas lides, num perverso círculo vicioso.

Em contraponto, a solução negociada ou consensual apresenta sensíveis vantagens, seja porque os partícipes tendem, naturalmente, a cumprir aquilo que foi livremente acordado, seja pela virtual possibilidade de incluir na transação eventuais outros pontos conexos, seja porque tal solução não impactante é propícia à preservação das chamadas *relações multiplexas*, que se estabelecem ao interno de instituições que tendem à continuidade, tais as que se formam na escola, na família, no trabalho, na vizinhança.

Dentre os meios alternativos tem avultado a Mediação, apontando Fernanda como seus princípios informadores: "Princípio ético: dignidade; liberdade e poder de decisão das partes; informalidade; participação de terceiro imparcial; não competitividade". E, como finalidades a serem buscadas: "Restabelecimento da comunicação entre as partes; preservação do relacionamento entre elas; prevenção de conflitos; inclusão social e pacificação social".

Assim a autora define a Mediação: "método que consiste na atividade de facilitar a comunicação entre as partes para propiciar que estas próprias possam, ao entender melhor os meandros da situação controvertida, protagonizar uma solução consensual. É espécie do gênero autocomposição, sendo ainda considerada um 'meio alternativo de solução de conflitos' ou equivalente jurisdicional. Para alguns estudiosos, identifica-se com a conciliação, que também busca o estabelecimento de um consenso. Todavia, as técnicas divergem pela atitude do terceiro facilitador do diálogo, que na mediação não deve sugerir termos para o acordo e pode, na conciliação, adotar conduta mais ativa e influenciadora do ajuste final". A Lei n. 13.140/2015, que trata da "mediação entre particulares como meio de solução de controvérsias e sobre a autocomposição de conflitos no âmbito da administração pública", dispõe no parágrafo único do art. 1.º: "Considera-se mediação a atividade técnica exercida por terceiro imparcial sem poder decisório, que, escolhido ou aceito pelas partes, as auxilia e estimula a identificar ou desenvolver soluções consensuais para controvérsia".

A obra, que ora se apresenta em segunda edição, passa ainda em resenha os meios: (*i*) autocompositivos, *unilaterais* (renúncia, desistência, reconhecimento do pedido) *e bilaterais* (negociação, conciliação, mediação); e (*ii*) heterocompositivos, assim a arbitragem e a jurisdição estatal.

Conclui Fernanda: "O aporte da mediação à composição de conflitos em nosso sistema processual há de proporcionar não apenas uma diminuição nas causas em trâmite no Poder Judiciário, mas principalmente melhor abordagem dos conflitos verificados no tecido social com grande aptidão à sua composição efetiva, justa e solidária". Nesse sentido, dispõe o § 3.º do art. 3.º do novo CPC: "A conciliação, a mediação e outros métodos de solução consensual de conflitos deverão ser estimulados por juízes, advogados, defensores públicos e membros do Ministério Público, inclusive no curso do processo judicial".

Com isso, os meios alternativos se apresentam como *estradas vicinais*, vocacionadas a recepcionar boa parte do congestionado tráfego das vias judiciárias estatais, de tudo resultando que o Judiciário possa resolver, com mais tempo e percucientemente, as lides efetivamente *singulares* (não repetitivas), *complexas* (*de minimis non curat praetor!*) e que se tenham revelado *incompossíveis pelos outros meios*, auto e heterocompositivos.

Auguramos que a obra, agora em sua segunda edição, continue a alcançar plenamente o seu escopo, qual seja o de explicar e divulgar a técnica da Mediação, assim contribuindo para incluí-la em nossa cultura jurídica.

São Paulo, 29 de julho de 2015.

Rodolfo de Camargo Mancuso
Doutor em Direito, Livre-docente e
Professor-associado na Faculdade de Direito da Universidade de São Paulo.
Procurador aposentado do Município de São Paulo.

SUMÁRIO

Introdução 1

CAPÍTULO 1 – CONFLITOS CIVIS E MEIOS DE COMPOSIÇÃO 3

1.1 Conflito: conceito e causas 3

    1.1.1 Abordagem cuidadosa 7

    1.1.2 Nova perspectiva em conflitos penais 11

1.2 Composição, solução e abordagem de conflitos 15

1.3 Extensão e compreensão dos meios de composição 19

    1.3.1 Autotutela: alcance 19

        1.3.1.1 Legítima defesa e estado de necessidade 21

        1.3.1.2 Autotutela nas obrigações específicas 22

        1.3.1.3 Direito de vizinhança 23

        1.3.1.4 Direito de retenção 24

    1.3.2 Autocomposição (meios consensuais) 25

        1.3.2.1 Disponibilidade do Direito 26

            1.3.2.1.1 Disponibilidade no plano material 26

            1.3.2.1.2 Disponibilidade processual 31

        1.3.2.2 Autocomposição unilateral 34

            1.3.2.2.1 Renúncia 34

            1.3.2.2.2 Desistência 35

            1.3.2.2.3 Reconhecimento jurídico do pedido 37

        1.3.2.3 Autocomposição bilateral 38

            1.3.2.3.1 Autocomposição bilateral mediante negociação 39

            1.3.2.3.2 Autocomposição bilateral facilitada 42

    1.3.3 Heterocomposição 50

        1.3.3.1 Arbitragem 50

        1.3.3.2 Jurisdição estatal 56

            1.3.3.2.1 Jurisdição contenciosa ou voluntária 56

            1.3.3.2.2 Inclusão de mecanismos diversos? 60

1.4 A configuração de um sistema "multiportas" para a composição de conflitos 62

1.5 Panorama geral das formas de composição de conflitos: visão esquemática 69

CAPÍTULO 2 – ACESSO À JUSTIÇA E VIA ADEQUADA DE COMPOSIÇÃO DE CONTROVÉRSIAS 71

2.1   Acesso à justiça no processo civil: obstáculos e superação........................ 71

2.2   Justiça consensual (coexistencial e conciliatória) *versus* modelo contencioso (antagonista)........................ 75

      2.2.1   Maior adequação da solução consensual........................ 78

      2.2.2   A obtenção legítima do consenso genuíno 82

      2.2.3   Barreiras para a adoção do modelo consensual 85

2.3   A adoção da técnica adequada à abordagem do conflito........................ 86

      2.3.1   Mudança de mentalidade 86

           2.3.1.1   A formação do operador do Direito........................ 87

           2.3.1.2   Tradição na intervenção estatal e abertura para novas possibilidades 89

2.4   Adequação da resposta e pacificação efetiva da controvérsia........................ 91

2.5   Conduta do advogado diante da controvérsia........................ 94

      2.5.1   Adequada atuação 94

      2.5.2   Pensamento tradicional e adoção de meios consensuais 96

      2.5.3   Apresentação de benefícios 98

      2.5.4   Vantagens para o advogado........................ 99

CAPÍTULO 3 – ACESSO AO PODER JUDICIÁRIO E INAFASTABILIDADE DA JURISDIÇÃO ESTATAL........................ 101

3.1   A garantia de proteção judiciária 101

3.2   Direito de ação e devido processo legal........................ 103

      3.2.1   Requisitos para a apreciação do mérito 104

           3.2.1.1   Admissibilidade........................ 105

           3.2.1.2   Tentativa prévia de conciliação como exigência para demandar 108

           3.2.1.3   Instância administrativa, depósito e outros condicionamentos..... 116

3.3   Meio primário de composição de conflitos: atuação das partes ou via jurisdicional? 122

      3.3.1   Monopólio da jurisdição pelas Cortes de Justiça 124

      3.3.2   Releitura da garantia de inafastabilidade da tutela jurisdicional: via jurisdicional como modalidade residual? 126

      3.3.3   Exemplo de nova visão: improbidade administrativa........................ 129

3.4   Acesso à justiça por meio da tutela jurisdicional estatal: vantagens e desvantagens.... 130

      3.4.1   Vantagens da prestação jurisdicional estatal........................ 131

      3.4.2   Desvantagens da solução estatal 135

CAPÍTULO 4 – MEIOS ALTERNATIVOS (ADEQUADOS) DE COMPOSIÇÃO DE CONFLITOS........................ 141

4.1   Conceito e extensão 141

4.2   Notícia histórica 144

4.3   Notícia de direito estrangeiro 146

4.4   Principais fundamentos para a adoção 148

      4.4.1   Solução pacífica de conflitos........................ 149

4.4.2	Adequação do método ao tipo de conflito	150
4.4.3	Crise no Poder Judiciário	152

4.5 Natureza jurídica: equivalentes jurisdicionais, mecanismos de justiça parajurisdicional ou jurisdição convencional? 155

4.6 Atuação do Estado no fomento aos meios alternativos/adequados de composição de conflitos 158

4.7 Acesso à justiça por meios "alternativos"/adequados: vantagens e desvantagens 163

4.7.1	Vantagens	163
4.7.2	Desvantagens	164

4.8 Resolução *on-line* de disputas (ODRs) 166

4.8.1	Aspectos evolutivos	167
4.8.2	Conceituação e realidade brasileira	168
4.8.3	*Online Dispute Resolution*: quarta parte na interação?	171
4.8.4	Influências da mídia e atuação nos procedimentos	172

CAPÍTULO 5 – MEDIAÇÃO: CONCEITO, PRINCÍPIOS E PROCEDIMENTO...... 175

5.1 Conceituação 175

5.2 Semelhanças e diferenças entre mediação e conciliação 178

5.3 Notas históricas e de direito estrangeiro 180

5.3.1	Estados Unidos	182
5.3.2	Europa e América Latina	184

5.4 Mediação *on-line*: bases e cuidados 186

5.5 Princípios informadores 188

5.5.1	Autonomia da vontade e decisão informada	189
5.5.2	Informalidade e independência	195
5.5.3	Oralidade	199
5.5.4	Imparcialidade	203
5.5.5	Busca do consenso, cooperação e não competitividade	206
5.5.6	Boa-fé	208
5.5.7	Confidencialidade	210
5.5.8	Isonomia	214

5.6 Finalidades 218

5.6.1	Restabelecimento da comunicação	218
5.6.2	Preservação do relacionamento entre as partes	220
5.6.3	Prevenção de conflitos	221
5.6.4	Inclusão social	222
5.6.5	Pacificação social	224
5.6.6	Celebração de acordos e sucesso da mediação	227

5.7 Técnicas de mediação 229

5.7.1	Conexão entre técnica e objetivos da mediação	229
5.7.2	Apropriada aplicação de técnicas na autocomposição	231
	5.7.2.1 Informações e abertura	232
	5.7.2.2 Escuta ativa	235
	5.7.2.3 Modo afirmativo	236
	5.7.2.4 Modo interrogativo	238

MEDIAÇÃO NOS CONFLITOS CIVIS – *Fernanda Tartuce*

5.8	Mescla de diferentes modos	239
	5.8.1 Humor e flexibilidade	239
	5.8.2 Aplicação das técnicas em sessões conjuntas e privadas	240
5.9	Etapas da mediação	243

CAPÍTULO 6 – NORMATIVIDADE, PERFIL DO MEDIADOR E APLICAÇÃO NOS CONFLITOS CIVIS ... 249

6.1	Panorama normativo brasileiro	249
	6.1.1 Plano internacional	249
	6.1.2 Plano interno: movimentos legislativos	250
	6.1.2.1 Cenário normativo inicial	253
	6.1.2.2 Projetos de lei sobre mediação	256
	6.1.3 Mediação no Código de Processo Civil: visão geral	258
	6.1.4 Lei de Mediação (Lei n. 13.140/2015): olhar panorâmico	260
	6.1.5 Interação entre o CPC/2015 e a Lei n. 13.140/2015	262
	6.1.6 Audiências ou sessões de mediação?	266
	6.1.7 Tempo de designação e diversas sessões	268
6.2	Perfil do mediador	271
	6.2.1 Formação e relevância da capacitação	271
	6.2.2 Comediação	275
	6.2.3 Remuneração	277
6.3	Modalidades de mediação	283
	6.3.1 Mediação extrajudicial	283
	6.3.2 Mediação judicial	291
	6.3.2.1 Centros judiciários e requisitos para mediar	291
	6.3.2.2 Sucesso	293
	6.3.2.3 Restrições ao mediador advogado	295
	6.3.2.4 Escolha do mediador e outros acordos	298
	6.3.2.5 Mediação judicial obrigatória	300
	6.3.2.5.1 Notícias de direito estrangeiro	300
	6.3.2.5.2 Sistema brasileiro: voluntariedade?	309
6.4	Espectro de abrangência da mediação	312
	6.4.1 Impossibilidade de autocomposição e inadequação por situações peculiares	313
	6.4.2 Mediação nos conflitos civis: possibilidades	315
	6.4.2.1 Mediação e contratos	317
	6.4.2.2 Mediação e responsabilidade civil	321
	6.4.2.3 Mediação e Direito das Coisas	323
	6.4.2.3.1 Pertinência	323
	6.4.2.3.2 Litígios coletivos por posse ou propriedade de imóvel	325
	6.4.2.3.3 Regularização fundiária	328
	6.4.2.4 Mediação e Direito de família	331
	6.4.2.4.1 Pertinência	331
	6.4.2.4.2 Previsões do CPC/2015	335

6.4.2.5   Mediação e Direito das Sucessões 339

6.4.2.6   Mediação no Direito Empresarial 345

6.5   A contribuição da mediação para a composição dos conflitos civis 355

GLOSSÁRIO 357

REFERÊNCIAS 361

Anexo – Enunciados e recomendações sobre mediação 389

INTRODUÇÃO

Este livro é uma adaptação da minha dissertação de mestrado intitulada *Mediação como meio de composição dos conflitos civis*. Defendida em 2007 na Faculdade de Direito da Universidade de São Paulo (Fadusp), foi aprovada com louvor por banca examinadora composta pelo orientador Rodolfo de Camargo Mancuso e pelos professores Kazuo Watanabe e Teresa Arruda Alvim.

O tema se insere na linha de pesquisa relativa aos "meios alternativos de solução de conflitos".

Embora o foco da abordagem seja técnico-jurídico, destaca-se o caráter interdisciplinar da mediação. Para facilitar a compreensão do leitor de qualquer área do conhecimento e em qualquer etapa de estudos, apresento, ao final, um glossário das expressões mais comumente utilizadas no trabalho (inclusive esclarecendo quais são usadas como sinônimas na abordagem proposta).

A apropriada razão para a adoção de um mecanismo de composição de controvérsias deve ser sua aptidão para gerar resultados proveitosos para as pessoas envolvidas em conflitos.

A pluralidade de opções amplia as chances de adoção do meio adequado, considerando-se fatores como o perfil do conflito e as características de seus sujeitos.

Em certos litígios, a definição da situação conflituosa por uma sentença de mérito pode não gerar os resultados esperados. Se a relação jurídica tiver índole continuativa, tratar um episódio controvertido em uma demanda judicial pode ocasionar rupturas ainda maiores entre os envolvidos.

As pessoas interessadas em uma boa gestão de controvérsias devem concebê-la de forma apropriada; um bom início de atuação é esclarecer os envolvidos sobre as possibilidades de compor os conflitos por diversas formas, orientando-os sobre qual se configura o meio mais adequado à luz de aspectos como o custo e a celeridade na obtenção de respostas.

Em certas relações, o encaminhamento deve considerar o interesse em não apenas resolver o passado, mas também abrir possibilidades de estabelecer futuras e proveitosas oportunidades.

Além de aspectos qualitativos sobre a composição da controvérsia, também o fator quantitativo surge como fundamento para a busca de novas possibilidades de encaminhamento. O reiterado descumprimento de decisões gera preocupações quanto ao efetivo alcance da solução jurisdicional.

Argumentos pragmáticos sobre a dificuldade na obtenção da decisão judicial de mérito, contudo, não devem constituir o motivo primordial para buscar novos meios de distribuição de justiça. O grande motor para a adesão a técnicas diferenciadas deve ser sua aptidão efetiva para gerar resultados qualitativamente satisfatórios em termos de composição eficiente da controvérsia.

O objetivo deste trabalho é identificar em que medida a mediação, enquanto instrumento afeito à noção de justiça conciliatória (coexistencial e não contenciosa), pode atender aos reclamos por uma melhor distribuição de justiça na composição dos conflitos de índole privada, colaborando para o aperfeiçoamento e o desenvolvimento da cultura de paz.

Os caminhos para alcançar a composição de conflitos são variados. Pretende-se traçar um panorama sobre tais possibilidades focando especialmente a situação em que conversações são entabuladas por meio do restabelecimento do diálogo facilitado por mediadores(as).

O trabalho é centrado na abordagem dos conflitos civis, o que revela a índole eminentemente privada da matéria em análise. O objetivo é apreciar como a mediação pode contribuir para a abordagem proveitosa de controvérsias em prol do efetivo acesso a uma ordem jurídica justa.

O acesso à justiça merece atenção especialmente considerando que não necessariamente coincide com o acesso ao Poder Judiciário; a garantia da inafastabilidade da prestação jurisdicional, importante conquista do Estado de Direito, não afasta a proposta de pensar em formas produtivas de compor as partes em conflito.

A mediação é abordada levando em conta precipuamente sua aptidão de resgatar nas partes sua própria responsabilidade sem induções quanto à celebração de acordos.

O trabalho enfoca a diferenciação em relação à conciliação, o espectro de abrangência, as finalidades do instituto e o panorama normativo sobre mediação – especialmente considerando as reformas legislativas operadas no ordenamento brasileiro.

Espero que a obra contribua para esclarecer o(a) leitor(a) sobre perspectivas consensuais proveitosas, habilitando-o(a) a perceber com maior clareza a lógica inerente à autocomposição e as alterações na vivência concreta de quem busca abordar conflitos de forma negociada.

CONFLITOS CIVIS E MEIOS DE COMPOSIÇÃO

1.1 CONFLITO: CONCEITO E CAUSAS

Conflito é sinônimo de embate, oposição, pendência, pleito; no vocabulário jurídico, prevalece o sentido de entrechoque de ideias ou interesses em razão do qual se instala uma divergência entre fatos, coisas ou pessoas[1].

Por haver diversas nomenclaturas para esse recorrente fenômeno nas relações pessoais, a expressão "conflito" costuma ser usada como sinônimo de "controvérsia", "disputa", "lide" e "litígio"[2].

Na primeira edição desta obra houve adesão à corrente que identifica essas expressões e, valendo-se da referência coloquial, trata como sinônimos os termos "conflitos" e "disputas". É possível, porém, divisar diferenças[3] entre conflitos, disputas e lide de modo útil ao estudo dos meios de composição de controvérsias.

---

[1] SILVA, De Plácido e. "Conflito". *Vocabulário Jurídico*. 31. ed. Rio de Janeiro: Forense, 2014 (edição eletrônica).

[2] Na esfera judicial, o termo mais utilizado é "litígio": "Aunque no existe un término universalmente aceptado, el que cuenta con el mayor uso y son un respaldo teórico más importante es el de litigio. Proveniente del latín *litis*, que se utilizaba como sinónimo de pleito demanda, lucha e incluso certamen. Su significado original alude a una disputa. Se ha utilizado en el derecho desde antiguo, en frases tales como litiscontestación, *litis* abierta, *litis* cerrada, litisconsorcio, *cuotalitis*, etc." (GRAJALES, Luis Octavio Vado. Medios alternativos de resolución de conflictos. Disponível em: http://biblio.juridicas.unam.mx/libros/5/2264/19.pdf. Acesso em: 03 maio 2017).

[3] Sobre o tema merece leitura o artigo de RODRIGUES DE FREITAS JR. Antonio. Sobre a relevância de uma noção precisa de conflito. *Revista do Advogado*, v. 34, n. 123, p. 11-18, ago. 2014.

Embora seja difícil definir o conflito (que se reveste de múltiplas formas em diferentes contextos), pode-se dizer que ele é um desacordo, uma contradição ou uma incompatibilidade entre posições apresentadas a partir da incompatibilidade entre objetivos, cognição e emoções[4]".

O conflito pode ser visto, de forma ampla, como uma crise na interação humana[5]. Morton Deustsch identifica pelos menos seis tipos de conflitos: 1. o conflito verídico, que existe objetivamente e é acuradamente percebido; 2. o conflito contingente, que depende de circunstâncias prontamente rearranjáveis (mas esse fato não é reconhecido pelas partes); 3. o conflito deslocado, em que as pessoas discutem sobre a coisa errada; 4. o conflito mal atribuído, que se dá entre pessoas erradas e sobre questões equivocadas; 5. o conflito latente, que deveria estar ocorrendo, mas não está (daí a importância da conscientização); 6. o conflito falso: não há base para a ocorrência do impasse, que decorre de má percepção ou má compreensão[6].

A palavra conflito expressa a crise vivenciada em sentido amplo, enquanto disputa remete a uma unidade controvertida. Assim, um casal recém-separado pode estar em crise (vivenciando um contexto amplo de conflitos), mas enfrentar, em certo momento, uma disputa, pontual e específica, quanto ao tempo de convivência com os filhos.

A expressão "lide", na clássica definição de Francesco Carnelutti, retrata o conflito de interesses qualificado por uma pretensão resistida[7]; a expressão identifica-se com o vocábulo "litígio" e costuma ser usada quando alguém se refere a uma controvérsia levada a juízo para apreciação pelo Estado-juiz.

Para facilitação didática, serão usados os vocábulos "conflito" e "controvérsia" como sinônimos – postura, aliás, corrente na legislação nacional.

Na Lei de Mediação brasileira (Lei n. 13.140/2015), "conflito" e "controvérsia" parecem ser utilizados como sinônimos: o art. 1.º aponta que a lei versa sobre "meio de solução de *controvérsias* entre particulares e sobre a autocomposição de *conflitos* no âmbito da administração pública".

A mesma situação se verifica no CPC, como se percebe pelo art. 3.º, § 2.º ("o Estado promoverá, sempre que possível, a solução consensual dos *conflitos*"), e pelo art. 694 ("nas ações de família, todos os esforços serão empreendidos para a solução consensual da *controvérsia*").

Vale destacar que certos dispositivos apresentam uma acepção mais técnica de "controvérsia", referindo-se ao vocábulo e aos seus derivados (como "controvertido") para retratar

---

[4]   Os autores Yann Duzert, Ana Tereza Spinola e Gerson Borges citam Combalbert (2006), para quem há: (i) conflito de objetivos – quando a solução proposta por uma parte soa incompatível para a(s) outra(s); (ii) conflito cognitivo – quando ideias e pensamentos de uma parte parecem incompatíveis com a(s) da(s) outra(s); (iii) conflito afetivo, quando sentimentos e emoções de uma parte parecem incompatíveis com os da(s) outra(s) (Negociação em situações de crise e a matriz de negociações complexas. In: Arrow, Kenneth J.; Mnookin, Robert H.; Ross, Lee; Tversky, Amos; Wilson, Robert B.; Duzert, Yann (Coord.). *Negociação*: barreiras para resolução de conflitos. São Paulo: Saraiva, 2012, v. 2, edição eletrônica, item 5.2.2.1. Col. GVLaw SP).

[5]   FOLGER, Joseph P. La mediación transformativa: la preservación del potencial propio de la mediación en escenarios de disputas. Disponível em: *http://revistademediacion.com/wp-content/uploads/2013/06/Revista-Mediacion-02-02.pdf*. Acesso em: 10 jan. 2020.

[6]   DEUTSCH, Morton. A resolução do conflito. In: AZEVEDO, André Gomma de (Org.). *Estudos em arbitragem, mediação e negociação*, v. 3. Disponível em: http://www.arcos.org.br/livros/estudos-de--arbitragem-mediacao-e-negociacao-vol3/parte-ii-doutrina-parte-especial/a-resolucao-do-conflito. Acesso em: 10 ago. 2018.

[7]   CARNELUTTI, Francesco. *Sistema de Derecho procesal civil*, v. 1. Trad. Niceto Alcalá-Zamora y Castillo e Santiago Sentís Melendo. Buenos Aires: Uteha, 1944, p. 11.

um ponto específico tratado no processo judicial sobre o qual as partes têm diferenças de percepção e entendimento (vide arts. 66, III; 464, § 3.º; art. 545, § 1.º; 966, § 2.º; art. 976, I, todos do CPC/2015).

Para bem abordar os conflitos, é importante entender o que os causa.

Uma razão determinante para a verificação de conflitos é a intolerância (falta de respeito pelas diferenças).

Todas as pessoas são diferentes entre si, já que são constituídas por peculiares fatores, diversos elementos e variados contextos. Não há duas pessoas idênticas, cada ser humano é único... apesar disso, quando há visões muito discrepantes entre pessoas próximas, o conflito vai se instalar se houver desrespeito à diversidade de percepções.

Em certa medida, os conflitos decorrem da falta de respeito quanto a diferentes:

a) valores (distintas visões sobre certo/errado, variados estilos de vida, religiões e cultura);

b) estruturas (desigualdade na distribuição de recursos, de poder e/ou de autoridade);

c) definições de papéis, tempo, dinheiro e relações (comunicação falha, emoções fortes, comportamento, percepções, falta de confiança);

d) níveis de informações (falta, erro, interpretação, métodos de avaliação, interesses)[8].

Como exemplo, imagine que duas amigas têm visões opostas sobre um assunto polêmico. Havendo desrespeito, ataques pessoais e/ou intolerância quanto à concepção da outra, a chance de que o conflito se verifique será considerável.

Há ainda outros fatores decisivos para a instalação de controvérsias, merecendo destaque:

1. As características das partes em conflito (que envolvem valores, motivações, objetivos, recursos intelectuais, sociais, físicos e crenças);

2. Os relacionamentos prévios dos envolvidos;

3. A natureza da questão que dá origem ao conflito (pautada por elementos como importância emocional e periodicidade);

4. O ambiente social em que o conflito ocorre;

5. A presença de expectadores interessados no conflito;

6. As estratégias e táticas empregadas pelas partes;

7. As consequências do conflito para cada participante e outras partes interessadas[9].

Como se nota, muitos aspectos podem originar e incrementar conflitos; por sua relação mais estreita com a seara jurídica, merecem também destaque a limitação de recursos, a ocorrência de mudanças, a resistência a aceitar posições alheias, a existência de interesses contrapostos e a insatisfação pessoal[10].

---

[8] MALDONADO, Maria Tereza. *O bom conflito.* São Paulo: Integrare Editora, 2008, p. 17.

[9] DEUTSCH, Morton. A resolução do conflito. In: AZEVEDO, André Gomma de (Org.). *Estudos em arbitragem, mediação e negociação,* v. 3, cit.

[10] TARTUCE, Fernanda; FALECK, Diego; GABBAY, Daniela. *Meios alternativos de solução de conflitos.* Rio de Janeiro: FGV, 2014, p. 7.

A limitação de recursos naturais e humanos pode conduzir à disputa entre os indivíduos quanto à sua titularidade.

Antonio Rodrigues Freitas Jr. apresenta um conceito específico para a abordagem técnica de conflito na seara do Direito: o "conflito de justiça" relaciona-se diretamente com a escassez, real ou aparente, de bens – nesse caso, as partes estão diante de um problema alocativo em que "emerge o ônus de decidir a quem e o quanto destinar um bem, material ou imaterial, que se supõe escasso, ou um encargo, material ou imaterial, que se reputa inevitável"[11].

Embora a regra sobre a devida posição jurídica relativa ao bem seja em muitos casos cumprida espontaneamente, há casos em que uma pretensão[12] encontra resistência para sua observância a ponto de gerar conflito. Diante de tal constatação, faz-se necessária a definição clara sobre quem é o titular do interesse.

Segundo Francesco Carnelutti, o interesse não significa propriamente um juízo, mas sim a posição favorável à satisfação de uma necessidade[13]. Quando um dos envolvidos na relação quer satisfazer seu interesse e não consegue fazê-lo pela conduta de outrem, surge a pretensão: exigência que a outra parte se sujeite ao cumprimento do interesse alheio[14]. A partir de tais conceitos, pode-se chegar à clássica definição de lide apresentada por Francesco Carnelutti: conflito de interesses qualificado por uma pretensão resistida.

Para Cândido Dinamarco, o conflito pode ser entendido como "a situação existente entre duas ou mais pessoas ou grupos, caracterizado pela pretensão a um bem ou situação da vida e impossibilidade de obtê-lo[15]"; todavia, transcendendo a noção de lide, o conflito pode ser considerado de forma mais ampla. As relações interpessoais são marcadas por insatisfações ("estados psíquicos decorrentes da carência de um bem desejado"); o conflito seria a "situação objetiva caracterizada por uma aspiração e seu estado de não satisfação, independentemente de haver ou não interesses contrapostos"[16].

Como se percebe, há certa tensão envolvida no conflito, e a perspectiva jurídica busca enfrentá-la a partir da noção de satisfação dos interesses. Satisfazer alguém, contudo, tende a ser algo mais complexo do que simplesmente lhe apresentar a resposta oferecida pelo ordenamento jurídico.

No dicionário, o vocábulo *satisfação* retrata "contentamento pela realização do que se esperava ou desejava", "pagamento do que se deve; compensação, indenização, recompensa", "explicação, desculpa ou justificativa que se dá ou exige de alguém" e "informação que se presta sobre uma incumbência[17]".

---

[11] FREITAS JR., Antonio Rodrigues. Sobre a relevância de uma noção precisa de conflito. *Revista do Advogado*, São Paulo, AASP, n. 123, p. 15, ago. 2014.

[12] Como bem aponta José Carlos Barbosa Moreira, "na ideia de pretensão está ínsita a de exigência: o titular da pretensão exige que alguém faça ou deixe de fazer algo" (O novo Código Civil e o Direito processual. Disponível em: http://www.tex.pro.br/home/artigos/59-artigos-nov-2008/5866-o-novo-codigo-civil-e--o-direito-processual/. Acesso em: 3 maio 2017).

[13] CARNELUTTI, Francesco. *Sistema de Derecho procesal civil*, v. 1, cit., p. 11.

[14] *Ibidem.*

[15] DINAMARCO, Cândido Rangel. *Instituições de Direito processual civil*, v. 1. 7. ed. São Paulo: Malheiros, 2013, p. 120-121.

[16] DINAMARCO, Cândido Rangel. *A instrumentalidade do processo*. 11. ed. São Paulo: RT, 2003, p. 140-141, nota 151.

[17] *DICIONÁRIO HOUAISS*. Disponível em: http://houaiss.uol.com.br/busca?palavra=satisfação. Acesso em: 03 maio 2017.

Como se percebe, há vários sentidos para a expressão e atender a uma (ou algumas delas) tende a ser desafiador ao lidar com pessoas em conflito.

Constatada a potencial ocorrência de situações controvertidas, é importante conhecer os meios disponíveis para abordar os impasses verificados nas relações privadas (como as que envolvem vínculos contratuais)[18].

Por seu efeito potencialmente comprometedor, o conflito demanda considerável atenção, sendo importante dispensar-lhe o tratamento adequado de modo a evitar prejuízos à interação produtiva entre pessoas e/ou instituições[19].

Embora predominem referências negativas à sua verificação, há quem reconheça o conflito como fonte de oportunidades de melhoria que abrem caminhos para mudanças e transformação de perspectivas[20].

Tratar um conflito de forma destrutiva gera efeitos deletérios, como a sua expansão e o aumento de técnicas de ameaça e coerção, afastando a comunicação e alongando os impasses. Além disso, quando as partes se engajam em um processo competitivo, acabam sendo acometidas por problemas como diálogo empobrecido, visão de que a solução do conflito só pode ser imposta pelo outro de forma fraudulenta ou "esperta" e aumento da sensibilidade quanto às diferenças (com respectiva diminuição da percepção sobre as similaridades existentes entre os envolvidos)[21].

É preciso se abrir à percepção de que o conflito possa ser construtivo: sua ocorrência previne a estagnação, estimula o interesse e permite a manifestação de problemas, constituindo a raiz de mudanças pessoais e sociais; nessa perspectiva, a função criativa do conflito reside "na sua capacidade de gerar motivação para resolver um problema", que poderia, de outra forma, nem ser investigado[22]. Não é fácil, porém, lidar com sua verificação – especialmente no calor dos acontecimentos que causaram os impasses.

1.1.1 Abordagem cuidadosa

É relevante abordar o fenômeno conflituoso de forma abrangente para perceber a melhor forma de abordá-lo.

Como destacado, no sentido leigo, a palavra conflito retrata choque, enfrentamento, profunda falta de entendimento, discussão acalorada e contestação recíproca[23].

Com o nome genérico "conflito" são referenciadas diversas situações que envolvem tensões cujos tipos e origens podem em muito variar. Por tal razão, estudiosos do tema vêm

---

[18] TARTUCE, Fernanda; FALECK, Diego; GABBAY, Daniela. *Meios alternativos de solução de conflitos*, cit., p. 7.

[19] *Ibidem.*

[20] TARTUCE, Fernanda; FALECK, Diego; GABBAY, Daniela. *Meios alternativos de solução de conflitos*. Rio de Janeiro: FGV, 2014, p. 7.

[21] DEUTSCH, Morton. A resolução do conflito. In: AZEVEDO, André Gomma de (org.). *Estudos em arbitragem, mediação e negociação*, v. 3., cit.

[22] *Ibidem.*

[23] *DICIONÁRIO HOUAISS.* Disponível em: http://houaiss.uol.com.br/busca?palavra=conflito. Acesso em: 03 maio 2017.

refletindo sobre os variados modos de desenlace e as respectivas estratégias para seu enfrentamento[24].

São inúmeras as dificuldades inerentes à abordagem dos conflitos: de saída, aspectos subjetivos (pessoais e psíquicos) podem bloquear a comunicação e impedir o tratamento eficaz da temática[25].

Como se nota, a temática envolve aspectos não apenas jurídicos, mas também sociológicos, psicológicos[26] e filosóficos. Como diversas ciências e áreas de conhecimento vêm tratando do assunto (merecendo especial destaque a atuação da sociologia e da psicanálise), a interdisciplinaridade se revela um importante instrumento para a compreensão adequada da ocorrência conflituosa[27].

É inegável que a normatização jurídica da vida em sociedade constitui um tema interdisciplinar por compreender dimensões filosóficas, históricas, sociológicas, econômicas e políticas (entre outras); a vantagem da análise interdisciplinar é transcender "em muito a 'assepsia' do discurso jurídico tradicional fundado na simples análise legislativa e no estudo de conceitos jurídicos abstratos"[28].

Edgar Morin – que é, ao lado de Gusdorf, Soero e Piaget –, um dos grandes teóricos da interdisciplinaridade, assevera: "os hiperespecialistas são pretensos conhecedores, mas de fato praticantes de uma inteligência cega, porque abstrata, por evitar a globalidade e a contextualização dos problemas"[29].

Comprovando o reconhecimento da valiosa integração de conhecimentos, há no ordenamento jurídico brasileiro dispositivos que preveem o encaminhamento a uma "equipe multidisciplinar" de certos conflitos que estão sendo, a princípio, tratados no âmbito do processo judicial.

---

[24] COSTA, Alexandre Araújo. Cartografia dos métodos de composição de conflitos. In: AZEVEDO, André Gomma de (org.). *Estudos em arbitragem, mediação e negociação*, v. 3. Brasília: Brasília Jurídica, 2002, p. 163.

[25] TARTUCE, Fernanda; FALECK, Diego; GABBAY, Daniela. *Meios alternativos de solução de conflitos*, cit., p. 8.

[26] Segundo o professor da Universidade do México Luis Octavio Vado Grajales, os meios alternativos são "una forma de resolver conflictos humanos, un tema que tiene tanto que ver con el derecho como con la psicología" (Medios alternativos de resolución de conflictos. Disponível em: http://biblio.juridicas. unam.mx/libros/5/2264/19.pdf. Acesso em: 28 out. 2014).

[27] A interdisciplinaridade ganhou espaço pela tendência atual de considerar os fenômenos a partir de uma visão global (holística). Tal movimento, que teve início na França nos anos 1970, propôs o rompimento com as especializações e o enfoque da matéria sob vários prismas do objeto analisado de modo a proporcionar distintas e ricas contribuições a partir de diferentes abordagens.

[28] Staut Júnior, Sérgio Said. Algumas precauções metodológicas para o estudo do Direito civil. *Arte Jurídica*, Biblioteca Científica do Programa de Pós-Graduação em Direito Civil e Processo Civil da Universidade Estadual de Londrina, v. 1, n. 1, p. 303, Curitiba, Juruá, 2005. De forma complementar, afirma Valéria Álvares da Cruz que o holismo pressupõe a colaboração das várias disciplinas, assim se configurando no fenômeno jurídico: "A abordagem holista em Direito supõe a permissividade da cooperação das várias áreas do conhecimento para com ele, bem como de que o mesmo, positivado, constitui um todo, um sistema integrado, interconectado, tendo todas as suas partes ou leis relações entre si, e, restando como que um *plus*, um algo mais, correspondente ao lema gestaltista de que *o todo é maior do que a soma de suas partes*, isto é, o Direito é mais do que lei, do que norma, é a busca da Justiça ou de harmonia social, refletindo em suas regras não só os fatos sociais, mas toda uma série de constelações de fundo político, cultural etc., objetivando, a seu modo, uma melhor convivência entre os homens" (*O Direito e a nova visão da ciência*. São Paulo: Fiúza, 2000, p. 129).

[29] MORIN, Edgar. *Os sete saberes necessários à educação do futuro*. São Paulo: Cortez, 1999, p. 81.

Em certos processos judiciais que abordam conflitos familiares, o CPC/2015 permite a suspensão do feito para encaminhamento a atendimento multidisciplinar (art. 694, parágrafo único). A mesma iniciativa se verifica no tratamento de conflitos envolvendo violência doméstica (que são normalmente referidos ao Juizado de Violência Doméstica e Familiar contra a Mulher), em que há obrigatória intervenção da equipe multidisciplinar (composta, nos termos da Lei, por profissionais especializados nas áreas psicossocial, jurídica e de saúde), com funções de fornecimento de subsídios ao juiz, orientação, encaminhamento, prevenção e outras medidas voltadas para a mulher ofendida (Lei n. 11.340/2006, arts. 29 e 30).

A influência de variados setores do conhecimento na seara jurídica é uma realidade que vem se acentuando há considerável tempo. Mauro Cappelletti destacava, já na década de 1970, a ocorrência de uma "perturbadora invasão", sem precedentes, dos tradicionais domínios do Direito por sociólogos, antropólogos, economistas, cientistas políticos e psicólogos, entre outros; para o autor, em vez de resistir a tais "invasores", devem-se respeitar seus enfoques e reagir a eles de forma criativa[30].

Revela-se essencial, cada vez mais, arejar o sistema jurídico, gerando oportunidades de diálogo entre este e as demais disciplinas sociais, abrindo o sistema para a complexidade e para a interdisciplinaridade[31].

Especificamente no que tange ao Direito processual, José Carlos Barbosa Moreira lembra-nos de que o processo costuma ser abordado por uma perspectiva técnica, quando, em realidade, é clara a necessidade de outras miradas e perspectivas[32].

Especialmente diante da busca de uma abordagem adequada e eficiente do complexo fenômeno conflituoso, revela-se essencial a contribuição de olhares diversos e complementares em relação ao aspecto jurídico.

O tratamento eficiente das disputas mostra-se essencial, visto que a multiplicação de sua ocorrência é uma realidade inegável. Sua verificação decorre, entre outros fatores, do crescimento, da interação e da interdependência humana e organizacional[33].

A presente sociedade, tão hiperdinâmica, requer, imperiosamente, a existência de um sistema jurídico e de métodos de resolver controvérsias que sejam igualmente ágeis, atualiza-

---

[30] CAPPELLETTI, Mauro; GARTH, Bryant. *Acesso à justiça*. Tradução de Ellen Gracie Northfleet. Porto Alegre: Fabris, 1988, p. 8.

[31] BUITONI, Ademir. A ilusão do normativismo e a mediação. Disponível em: http://www.usjt.br/cursos/direito/arquivos/ilusao.pdf. Acesso em: 20 jun. 2015.

[32] "Tomar consciência da multiplicidade de perspectivas possíveis no estudo do processo é despertar para a necessidade de conjugação de conhecimentos que até hoje, lamentavelmente, em regra, têm conservado a cerimoniosa distância uns dos outros. Os processualistas, mais talvez do que outros juristas, somos às vezes olhados como excêntricos que se comprazem no culto do hermetismo e num alheamento olímpico a tudo que se passe fora da clássica 'torre de marfim'. Alguma verdade, turvada por manifesto exagero, haverá no fundo de semelhantes críticas. Bem andaremos se nos dispusermos a encará-la – e a tirar daí as lições cabíveis" (BARBOSA MOREIRA, José Carlos. Sobre a multiplicidade de perspectivas no estudo do processo. *Revista de Processo*, São Paulo, ano 13, n. 49, p. 13, jan.-mar. 1988).

[33] Afinal, "fatores como o crescimento populacional, a urbanização, as mudanças tecnológicas, políticas e sociais, a modernização, a internacionalização, a integração, a globalização, a especialização e a divisão de trabalho tendem ao aumento da interação, que resulta, também, em conflito potencial. Por outro lado, a deterioração ambiental e o esgotamento dos recursos naturais são responsáveis por pressões e preocupações sociais adicionais" (COLAIÁCOVO, Juan Luis; Colaiácovo, Cynthia Alexandra. *Negociação, mediação e arbitragem: teoria e prática*. Trad. Adilson Rodrigues Pires. Rio de Janeiro: Forense, 1999, p. 29).

dos e idôneos para pacificar uma sociedade convulsionada[34]. Sendo cada vez maior o número de transações efetuadas, têm sido potenciados os conflitos que delas emergem, bem como as formas de sua solução[35].

O inusitado e crescente aumento das transgressões jurídicas pode ser ainda creditado ao profundo desequilíbrio dos valores éticos pelo qual vem passando a Humanidade, sendo praticamente impossível que os quadros judiciários acompanhem o intenso crescimento de demandas[36].

Na realidade brasileira, a litigiosidade é agravada por múltiplos fatores inerentes às nossasinstituições.

Destaca Thais Ferraz ser a litigiosidade "um fenômeno estrutural, multifacetado e multi-causal, qualificando-se como um problema complexo, que, por essa razão, resiste a abordagens simplificadoras, mutilantes ou reducionistas"[37].

Kazuo Watanabe lembra que o Estado é um grande gerador de conflitos e insatisfações (especialmente nas áreas fiscal e administrativa); além disso, há inúmeras disputas nessa sociedade tão marcada por contradições sociais, políticas, econômicas e regionais, sendo que a tais fatores se somam controvérsias intersubjetivas ou coletivas decorrentes das relações travadas na sociedade[38].

Deve-se também conceber o incremento no direito à informação e o maior conhecimento dos indivíduos sobre suas posições de vantagem como reafirmações dos direitos cívicos a que fazem jus. A verificação dessa verdadeira emancipação da cidadania tem gerado uma ampla disposição de não mais se resignar ante as injustiças, o que acarreta um maior acesso às cortes estatais para questionar atos lesivos; tal situação pode ser vista como uma "síndrome de litigiosidade", sendo agravada pela redução da capacidade de dialogar verificada na sociedade contemporânea[39].

Além disso a FGV, em investigação sobre as causas de demandas cíveis repetitivas no Brasil, "identificou uma concentração de feitos relacionados ao sistema de concessão e tomada de crédito como o principal responsável para o progressivo aumento de demandas judiciais de massa no país"[40].

---

[34] PONIEMAN, Alejandro. Advocacia: uma missão possível. In: Oliveira, Ângela. *Mediação: métodos de resolução de controvérsias*. São Paulo: LTr, 1999, p. 126.

[35] Segundo COLAIÁCOVO, Juan Luis; Colaiúcovo, Cynthia Alexandra, no prefácio da obra *Negociação, mediação e arbitragem: teoria e prática*, o simples fato de ocorrerem mudanças já produz conflitos, na medida em que estas afetam o *status quo* ou os interesses criados.

[36] BARBOSA MOREIRA, José Carlos. O juiz e a cultura da transgressão. *Revista Jurídica*, v. 267, p. 10, 2000, apud THEODORO JÚNIOR, Humberto. Celeridade e efetividade da prestação jurisdicional. Insuficiência da reforma das leis processuais. *Revista Síntese de Direito Civil e Processual Civil*, Porto Alegre, n. 36, p. 28, nota 11, jul.-ago. 2005.

[37] FERRAZ, Taís Schilling. A litigiosidade como fenômeno complexo: quanto mais se empurra, mais o sistema empurra de volta. Revista Jurídica da Presidência, Brasília, v. 25, n. 135, jan./abr. 2023, p. 184.

[38] WATANABE, Kazuo. Acesso à justiça e sociedade moderna. In: Grinover, Ada Pellegrini; Dinamarco; Candido Rangel; Watanabe, Kazuo (coords.). *Participação e processo*. São Paulo: RT, 1988, p. 131.

[39] THEODORO JÚNIOR, Humberto. Celeridade e efetividade da prestação jurisdicional. Insuficiência da reforma das leis processuais, cit., p. 33.

[40] Demandas Repetitivas e a Morosidade na Justiça Cível Brasileira. Disponível em: https://www.cnj.jus.br/wp-content/uploads/2011/02/pesq_sintese_morosidade_dpj.pdf. Acesso em: 17 jul. 2023.

Constatada a potencial ocorrência de situações controvertidas, revela-se essencial que o sistema jurídico contemple diversas opções para a composição dos impasses, especialmente considerando a vedação geral à autodefesa.

Sobreleva atentar para a possível oferta de mecanismos diferenciados para compor conflitos de índole eminentemente privada, de forma que os próprios envolvidos no impasse possam localizar meios para reorganizar suas situações e, desejando, construir saídas consensuais.

No acesso à justiça no modelo tradicional, a busca da solução final acaba se resumindo a resolver apenas a crise jurídica, deixando em aberto os impasses de outras naturezas; como estes não costumam ser conjuntamente dirimidos, a tendência é que retornem em um momento futuro "porventura até recrudescidas"[41].

Em relação à busca de meios que sanem efetivamente as controvérsias, é inegável a evolução normativa no cenário brasileiro: a Resolução n. 125/2010 do Conselho Nacional de Justiça vem exercendo importante papel desde que instituiu a "Política Judiciária Nacional de Tratamento Adequado dos Conflitos de Interesse", criando melhores bases para o desenvolvimento da conciliação e da mediação no âmbito judiciário.

Somando-se a tal instrumento normativo, o CPC e a Lei de Mediação passaram a posicionar com destaque os meios consensuais entre os meios de gestão de conflitos – instituindo, inclusive, a audiência de conciliação ou mediação como etapa destacada do procedimento comum em juízo (art. 334 do CPC e art. 27 da Lei n. 13.140/2015).

A obrigatoriedade de submissão a meios consensuais e as motivações do seu prestígio no âmbito do Poder Judiciário podem ser questionadas: a adoção de uma tônica impositiva e quantitativa em prejuízo da qualidade da abordagem dos conflitos pode comprometer sua adequação e sua legitimidade. No entanto, ainda que se considere o elemento quantitativo incentivador, é inegável a mudança de visão verificada nos últimos anos: como o processo judicial não mais vem sendo considerado a via adequada para compor todos os conflitos, deve o Estado oferecer meios diversos para garantir o acesso à justiça.

No ponto, merece reflexão um tema importante: o momento escolhido para a oferta da via consensual deve ser considerado com atenção, sob pena de não haver adesão nem outras condições necessárias para sua aplicação. O tema será analisado oportunamente

1.1.2 Nova perspectiva em conflitos penais

Interessa neste trabalho a composição de conflitos civis. O foco é a controvérsia cível no sentido clássico, incluindo as relações de ordem privada atinentes ao Direito obrigacional (contratual e extracontratual, inclusive no tocante à responsabilidade civil), ao Direito de vizinhança, aos Direitos reais, à posse, às relações de consumo, aos vínculos familiares e sucessórios. Assim, a obra não se ocupa detidamente dos conflitos (nem das respectivas e possíveis mediações) nas esferas trabalhista, penal, internacional, entre outras áreas do conhecimento.

Com o fito de estabelecer um breve paralelo, todavia, merecerá consideração a visão que vem sendo empreendida no tratamento das controvérsias penais por revelar interessante tendência de mudança de rumos. Mesmo na seara criminal há tempos o conflito vem sendo tratado de forma abrangente com fomento à adoção de mecanismos apropriados à sua aborda-

---

[41] A observação é de Humberto Dalla, citado por SPENGLER, Fabiana Marion; BEDIN, Gilmar Antonio. (orgs.). *Acesso à justiça, direitos humanos & mediação*. Curitiba: Multideia, 2013, p. 10.

gem e de parâmetros atinentes à justiça restaurativa – expressão reservada a uma diferenciada tratativa dos conflitos criminais[42].

A justiça restaurativa consiste no modelo de justiça em que vítima, ofensor e outros membros da comunidade afetados por um crime participam ativamente da solução das situações decorrentes do delito com o auxílio de um facilitador da comunicação; aplicada em vários países, no Brasil há experiências baseadas nessa vertente especialmente em Varas da Infância e Juventude[43-44]. A proposta é que os envolvidos no evento danoso possam reconhecer responsabilidades, buscar a melhor maneira de reparar os danos e atender às necessidades dos afetados[45].

Merece destaque ainda a valorização de institutos consentâneos com a noção de justiça consensual e com o modelo de processo de estrutura cooperatória, como a transação e a colaboração premiada, além da adoção de medidas despenalizadoras (entendidas estas como iniciativas que tornam o crime menos suscetível de persecução penal).

Ao tratar dos Juizados Especiais, a Constituição Federal prevê a transação no art. 98, I[46], proclamando o incentivo à sua realização nos casos previstos em lei.

A Lei n. 9.099/1995, elaborada com base em tal premissa constitucional, foi pioneira ao preconizar um novo modelo de justiça criminal. Tal legislação empreendeu uma verdadeira revolução (jurídica e de mentalidade) no campo penal ao quebrar a inflexibilidade do clássico princípio da obrigatoriedade da ação penal, ao prever espaço para o *consenso*. Pela noção de

---

[42] Merecem transcrição excertos da Carta de Araçatuba que veio a lume no 1.º Simpósio Brasileiro de Justiça Restaurativa, realizado em Araçatuba, em 2005: "Reformular nossa concepção de justiça é, portanto, uma escolha ética imprescindível na construção de uma sociedade democrática que respeite os direitos humanos e pratique a cultura de paz. Essa nova concepção de justiça está em construção no mundo e propõe que, muito mais que culpabilização, punição e retaliações do passado, passemos a nos preocupar com a restauração das relações pessoais, com a reparação dos danos de todos aqueles que foram afetados, com o presente e com o futuro [...]. Acreditamos que estas mudanças devem ser paulatinas e que, portanto, não podem prescindir do modelo institucional de justiça tal como hoje estabelecido, sobretudo das garantias penais e processuais asseguradas constitucionalmente a todos aqueles que têm contra si acusações de práticas de atos considerados como infracionais".

[43] MELO, Eduardo Resende. A experiência em justiça restaurativa no Brasil: um novo paradigma que avança na infância e na juventude. *Revista do Advogado*, ano XXVI, v. 26, n. 87, p. 125, São Paulo, set. 2006.

[44] Cumpre destacar que o Tribunal de Justiça do Rio Grande do Sul editou a Resolução n. 822/2010 de 29.01.2010 para declarar a existência de práticas restaurativas junto ao Juizado da Criança e do Adolescente de Porto Alegre, já em curso quando da edição da Resolução (Disponível em: http://jij.tjrs.jus.br/paginas/docs/justica-restaurativa/microsoft-word-822-2010-criacao-da-central-de-pratica-restaurativa.pdf. Acesso em: 11 jul. 2015).

[45] MELO, Eduardo Resende. A experiência em justiça restaurativa no Brasil: um novo paradigma que avança na infância e na juventude, p. 127. Para o autor, a implementação dos projetos de justiça restaurativa no país abre "um novo horizonte na área da infância e da juventude e das relações comunitárias. Um horizonte de participação e autonomia, voltado a um maior desenvolvimento de potencialidades não apenas do adolescente, mas também de sua família e comunidade para resolução dos problemas que os afetam, com maior responsabilidade e consequência" (p. 128). Para mais informações, merece leitura a obra de Leonardo Sica: *Justiça restaurativa e mediação penal*. São Paulo: Saraiva, 2007.

[46] "A União, no Distrito Federal e nos Territórios, e os Estados criarão: I – juizados especiais, providos por juízes togados, ou togados e leigos, competentes para a conciliação, o julgamento e a execução de causas cíveis de menor complexidade e infrações penais de menor potencial ofensivo, mediante os procedimentos oral e sumaríssimo, permitidos, nas hipóteses previstas em lei, a transação e o julgamento de recursos por turmas de juízes de primeiro grau."

transação penal, coteja-se também, além do clássico princípio da verdade material, a verdade *consensuada*[47].

Instituto baseado no viés cooperatório do processo, a colaboração premiada é critério de redução de pena para quem colabora com informações para a elucidação do delito, estando presente em diversas legislações (como as que versam sobre crimes hediondos[48], lavagem de capitais[49], proteção de vítimas e testemunhas[50], drogas[51] e combate ao crime organizado[52]).

Vale ressaltar ainda a crescente contemplação normativa de medidas "despenaliza-doras"; são exemplos a composição civil, o emprego de penas alternativas, a exigência de representação da vítima para lesões corporais (leves ou culposas) e a possível suspensão condicional do processo para crimes de pena mínima não superior a um ano. Tais previsões, além de valorizarem o consenso, sinalizam o uso da prisão como *ultima ratio*[53].

Aprofundando essa tendência, a Lei n. 13.964/2019 (conhecida como "pacote anticrime") reforçou diversas iniciativas "despenalizadoras"; são exemplos: a) a exigência de representação da vítima no crime de estelionato[54]; b) a contemplação de regras adicionais sobre colaboração premiada[55]; c) a possibilidade de acordos em demandas sobre improbidade administrativa (tema que será oportunamente abordado); d) a viabilidade de celebração de "acordo de não

---

[47] GRINOVER, Ada Pellegrini; GOMES FILHO, Antonio Magalhães; FERNANDES, Antonio Scarance; GOMES, Luiz Flávio. *Juizados especiais criminais: comentários à Lei 9.099, de 26.09.1995*. 4. ed. São Paulo: RT, 2002. p. 45.

[48] Lei n. 8.072/1990, art. 8.º, parágrafo único: "O participante e o associado que denunciar à autoridade o bando ou quadrilha, possibilitando seu desmantelamento, terá a pena reduzida de um a dois terços".

[49] Lei n. 9.613/1998, art. 1.º, § 5.º: "A pena poderá ser reduzida de um a dois terços e ser cumprida em regime aberto ou semiaberto, facultando-se ao juiz deixar de aplicá-la ou substituí-la, a qualquer tempo, por pena restritiva de direitos, se o autor, coautor ou partícipe colaborar espontaneamente com as autoridades, prestando esclarecimentos que conduzam à apuração das infrações penais, à identificação dos autores, coautores e partícipes, ou à localização dos bens, direitos ou valores objeto do crime".

[50] Lei n. 9.807/1999, art. 14: "O indiciado ou acusado que colaborar voluntariamente com a investigação policial e o processo criminal na identificação dos demais coautores ou partícipes do crime, na localização da vítima com vida e na recuperação total ou parcial do produto do crime, no caso de condenação, terá pena reduzida de um a dois terços".

[51] Lei n. 11.343/2006, art. 41: "O indiciado ou acusado que colaborar voluntariamente com a investigação policial e o processo criminal na identificação dos demais coautores ou partícipes do crime e na recuperação total ou parcial do produto do crime, no caso de condenação, terá pena reduzida de um terço a dois terços".

[52] Lei n. 12.850/2013, art. 4.º: "O juiz poderá, a requerimento das partes, conceder o perdão judicial, reduzir em até 2/3 (dois terços) a pena privativa de liberdade ou substituí-la por restritiva de direitos daquele que tenha colaborado efetiva e voluntariamente com a investigação e com o processo criminal, desde que dessa colaboração advenha um ou mais dos seguintes resultados: I – a identificação dos demais coautores e partícipes da organização criminosa e das infrações penais por eles praticadas; II – a revelação da estrutura hierárquica e da divisão de tarefas da organização criminosa; III – a prevenção de infrações penais decorrentes das atividades da organização criminosa; IV – a recuperação total ou parcial do produto ou do proveito das infrações penais praticadas pela organização criminosa; V – a localização de eventual vítima com a sua integridade física preservada".

[53] *Juizados especiais criminais*: comentários à Lei n. 9.099, cit., p. 46.

[54] A lei fez constar no art. 171 do Código Penal o § 5º: no estelionato somente se procederá mediante representação – salvo se a vítima for: I – a Administração Pública, direta ou indireta; II – criança ou adolescente; III – pessoa com deficiência mental; ou IV – maior de 70 (setenta) anos de idade ou incapaz.

[55] A Lei n.º 12.850/2013 passou a dispor de uma seção destinada ao acordo de colaboração, premiada, "negócio jurídico processual e meio de obtenção de prova que pressupõe utilidade e interesse públicos" (art. 3.º-A).

persecução penal"[56] em crimes sem violência ou grave ameaça dotados de pena mínima inferior a 4 (quatro) anos.

Em tema de valorização da autonomia e abertura a entendimentos, o acordo de não persecução penal se destaca como instrumento pioneiro de política criminal: o consenso entre as partes se estabelece em um ambiente de coparticipação racional, mediante vantagens recíprocas que concorrem para a aceitabilidade no cumprimento da medida mais efetiva; tal sentimento eleva o senso de autorresponsabilidade e comprometimento com o acordo, atributos que reforçam a confiança no seu cumprimento integral[57].

No quadro atual de grande valorização da autonomia privada, quem atua na seara criminal deverá se mostrar preparado para negociar e cuidar dos resultados ajustados – além, é claro, de estar devidamente atualizado sobre os movimentos normativos ligados a pautas consensuais[58].

Como bem destacou um grupo de estudiosos,

> Obviamente que na relação entre desiguais, Estado acusador *x* particular acusado, a liberdade negocial é ilusória e opressiva, cabendo a lei demarcar o limite do poder de punir. Um freio contra o abuso. E a negociação no Processo Penal é como um remédio forte, que, se bem ministrado, pode salvar o paciente, mas, se abusarmos da dose, vira veneno e mata[59].

As principais críticas à previsão de possível acordo de não persecução penal, ressaltam que: a) réus pobres não teriam condições de contratar bons advogados para obter acordos justos; b) a acusação poderia pressionar o réu com imputações desproporcionalmente graves para levar a defesa a um acordo ruim; c) o modelo afastaria a população do Poder Judiciário; porém, como ressaltam René Ariel Dotti e Gustavo Scandelari,

---

[56] A lei acrescentou ao Código de Processo Penal as seguintes regras: "Art. 28-A. Não sendo caso de arquivamento e tendo o investigado confessado formal e circunstancialmente a prática de infração penal sem violência ou grave ameaça e com pena mínima inferior a 4 (quatro) anos, o Ministério Público poderá propor acordo de não persecução penal, desde que necessário e suficiente para reprovação e prevenção do crime, mediante as seguintes condições ajustadas cumulativa e alternativamente: I – reparar o dano ou restituir a coisa à vítima, exceto na impossibilidade de fazê-lo; II – renunciar voluntariamente a bens e direitos indicados pelo Ministério Público como instrumentos, produto ou proveito do crime; III – prestar serviço à comunidade ou a entidades públicas por período correspondente à pena mínima cominada ao delito diminuída de um a dois terços, em local a ser indicado pelo juízo da execução, na forma do art. 46 do Código Penal; IV – pagar prestação pecuniária, a ser estipulada nos termos do art. 45 do Código Penal, a entidade pública ou de interesse social, a ser indicada pelo juízo da execução, que tenha, preferencialmente, como função proteger bens jurídicos iguais ou semelhantes aos aparentemente lesados pelo delito; ou V – cumprir, por prazo determinado, outra condição indicada pelo Ministério Público, desde que proporcional e compatível com a infração penal imputada".

[57] CUNHA, Rogério Sanches. *Pacote Anticrime*. Salvador: JusPodivm, 2020, p. 128.

[58] TARTUCE, Fernanda; BERALDO, Maria Carolina Silveira. Valorização da autonomia e abertura ao consenso no "pacote anticrime". Disponível em https://www.migalhas.com.br/depeso/319060/valorizacao--da-autonomia-e-abertura-ao-consenso-no-pacote-anticrime. 08 set. 2020.

[59] Desconstrução do pacote "anticrime" de Moro e o freio contra o retrocesso. Disponível em https://www.conjur.com.br/2019-dez-08/desconstrucao-pacote-anticrime-moro-representa-vitoria. Acesso em: 08 jan. 2020. O texto é assinado por integrantes do grupo Prerrogativas (Aury Lopes Jr; Marco Aurélio de Carvalho; Antonio Carlos de Almeida Castro; Fabiano Silva dos Santos; Fábio Tofic Simantob; Juliano Breda; Lenio Streck; Carol Proner; Daniella Meggiolaro Paes de Azevedo e Kenarik Boujikian).

A principal vantagem ao jurisdicionado é a possibilidade de que a sanção seja menor do que a que seria aplicada caso houvesse sentença de conhecimento após a regular produção de provas. É, no fundo, uma análise de riscos a ser feita pelo investigado em conjunto com sua assistência jurídica[60].

Negociar pode ser árduo especialmente em cenários pautados por desequilíbrios entre as partes, razão pela qual os envolvidos deverão estar realmente preparados para tutelar bem seus interesses e lidar pacientemente com eventuais dificuldades surgidas durante as tratativas.

De todo modo, avançar é preciso. A justiça penal negociada traduz importante passo na racionalização das políticas de justiça criminal e redução do encarceramento – sem descurar da observância dos direitos humanos e das exigências da justiça social[61].

Vale destacar, por fim, que o Código de Processo Penal também passou a se ocupar da homologação e de eventual descumprimento do acordo de não persecução penal[62].

Como apontado, o objeto deste trabalho é o tratamento dos conflitos civis propriamente ditos. Vale destacar, por se tratar de tema afim, que podem ser abordadas consensualmente as controvérsias penais que tenham sido objeto de composição civil entre as partes, valendo o instrumento de transação e sua respectiva homologação como título executivo na esfera cível.

As controvérsias analisadas neste trabalho, pela índole eminentemente privada dos interesses envolvidos, contam com significativa disponibilidade por parte dos sujeitos da relação pelo menos em algum aspecto da interação; tal fato permite maior flexibilidade na busca de mecanismos consensuais rumo a possíveis transações.

Além disso, a presença de elementos negociais no tratamento de controvérsias penais demonstra como o tema da indisponibilidade do Direito vem sendo revisto nos tempos atuais; se isso acontece na esfera criminal, no campo do Direito privado há significativa abertura de mentalidade e diminuição de resistências no trato do tema.

1.2 COMPOSIÇÃO, SOLUÇÃO E ABORDAGEM DE CONFLITOS

Como destacado, a ocorrência de conflitos tende a se incrementar em virtude da variável dinâmica das relações interpessoais. Por tal razão, é necessário conceber um sistema eficiente para lidar com as controvérsias que potencialmente surgirão.

Por muito tempo, o conflito foi visto de forma negativa, como algo a ser desde logo expurgado e eliminado peremptoriamente. Como exemplo dessa visão, Cândido Dinamarco aponta ser o conflito um fator de desagregação e obstáculo ao fim último do Estado, razão pela qual removê-lo, remediá-lo e sancioná-lo constitui função social de grande relevância[63].

As dificuldades inerentes à abordagem do conflito são inúmeras por haver diversos fatores aptos a impedir a eficácia da atuação engendrada para superar a controvérsia; por tal razão, em vez de considerar tal desafio de forma simples e peremptória, uma abordagem mais adequada e completa merece consideração.

---

[60] DOTTI, René Ariel; SCANDELARI, Gustavo Britta, Acordos de não persecução e de aplicação imediata de pena: o *plea bargain* brasileiro. *Boletim IBCCRIM*, ano 27, n. 317, abr. 2019.

[61] Tal como preconizado pelas Regras Mínimas Padrão das Nações Unidas para a Elaboração de Medidas Não Privativas de Liberdade (Regras de Tóquio).

[62] Tal regramento consta no CPP no art. 28-A entre os §§ 3.º e 9.º.

[63] DINAMARCO, Cândido Rangel. *A instrumentalidade do processo*, cit., p. 141.

Como destacado, o conflito é salutar para o crescimento e o desenvolvimento da personalidade por gerar vivências e experiências valiosas para o indivíduo em seu ciclo de vida[64].

Embora a controvérsia seja vista como disfunção que reclama tratamento especial (para possibilitar a satisfação da necessidade das partes), há quem o entenda "como algo útil e necessário, já que conduz à mudança, à inovação, à modernização e à criatividade, desde que, não suprimido, seja manejado eficientemente"[65].

Revela-se importante, então, a noção de "transformação do conflito": sendo a controvérsia constituída pela percepção da relação vivida, alterar o modo de ver os fatos reputados controvertidos pode gerar mudança(s) de comportamento e repercutir no andamento do conflito transformando-o em uma nova experiência[66].

Importa, portanto, a noção de conflito como possível objeto de transformação, mudança e, quiçá, evolução do ser humano, razão pela qual sua abordagem deve se dar da forma mais adequada possível.

Se as partes se engajarem em mecanismos de solução cooperativa de problemas, poderão se beneficiar de vantagens como a abertura de espaço para a comunicação, o encorajamento do reconhecimento da legitimidade do outro e a geração de atitudes amigáveis[67].

Na perspectiva eminentemente jurídica, a doutrina clássica utiliza o termo "composição" para abordar as possíveis formas de encaminhamento e tratamento de controvérsias, mencionando os termos "autocomposição" e "heterocomposição".

No léxico, a palavra "composição" significa ação de constituir um todo, retratando o modo pelo qual os elementos constituintes do todo se dispõem e integram, configurando uma organização[68].

No senso jurídico, a palavra composição está sempre relacionada ao litígio. Ensina Niceto Alcalá-Zamora y Castillo que, constatado o conflito entre duas esferas contrapostas de interesses, sua resolução pode se verificar por atitude dos próprios contendores ou mediante a decisão imperativa de um terceiro. O autor destaca como as três possíveis desembocaduras do litígio a autodefesa, a autocomposição e o processo[69]. O processo, assim como a arbitragem, constitui modalidade em que o resultado é definido por um terceiro, razão pela qual se fala em heterocomposição (ou heterotutela).

O termo *composição*, em seu viés jurídico, está associado à ideia de regramento. Como esclarece Cândido Dinamarco, o vocábulo, que aparece nos compostos *autocomposição* e

---

[64] Ao tratar da mediação e do equacionamento de conflitos, esclarecem de forma lúcida Águida Arruda Barbosa, Eliana Riberti Nazareth e Giselle Groeninga: "Não se trata, como querem alguns, de simples resolução de conflitos, pois o conflito não é algo que se resolve ou mesmo se dissolve, mas algo que se transforma. Sem o conflito, o ser humano não cria, não vive, não se recria" (na apresentação da obra em que figuram como tradutoras: SIX, Jean-François. *Dinâmica da mediação*. Trad. Giselle Groeninga, Águida Arruda Barbosa e Eliana Riberti Nazareth. Belo Horizonte: Del Rey, 2001, p. viii).

[65] COLAIÁCOVO, Juan Luis; Colaiácovo, Cynthia Alexandra. *Negociação, mediação e arbitragem*, cit., p. 26.

[66] COSTA, Alexandre Araújo. *Cartografia dos métodos de composição de conflitos*, cit., p. 164.

[67] DEUTSCH, Morton. A resolução do conflito. In: AZEVEDO, André Gomma de (org.). *Estudos em arbitragem, mediação e negociação*, v. 3, cit.

[68] "Composição". *Dicionário Houaiss*. Disponível em: http://houaiss.uol.com.br/busca?palavra=composi%25C3%25A7%25C3%25A3o. Acesso em: 03 maio 2017.

[69] Alcalá-Zamora y Castillo, Niceto. *Proceso, autocomposición y autodefensa*: contribución al estudio de los fines del proceso. Cidade do México: Unam, 1970, p. 13.

heterocomposição, recebeu doutrinariamente o significado de estabelecimento da norma que disciplina o conflito de interesses[70].

Em tal diapasão, Moacyr Amaral dos Santos afirma que "compor a lide é resolver o conflito segundo a ordem jurídica, restabelecendo-a. Assim, o conflito de interesses em lide compor-se-á pela atuação do Direito objetivo que o regula, isto é, pela atuação da lei ao caso concreto"[71].

Há uma ressalva a ser feita em relação a esse conceito: a autocomposição é regida pela vontade das pessoas – que são livres para preencher o conteúdo da norma como bem entenderem, não necessariamente por aplicação direta das previsões legais ao caso concreto. O Direito positivo e a ordem jurídica atuam e são restabelecidos de forma indireta na autocomposição, na medida em que a permitem e que lhe dão certas balizas.

Como bem destaca Antonio Rodrigues de Freitas Jr., isso não significa que a composição consensual poderá alcançar resultados ilícitos: o controle de legalidade nos meios consensuais, ou o controle de eventuais ilegalidades, é realizado no final como condição de validação; não é a legalidade estrita que direciona os valores a serem perseguidos durante a mediação, mas sim a pauta valorativa e os critérios estabelecidos pelas partes, residindo aí uma diferença relevante entre os meios autocompositivos e o meio heterocompositivo mais comum, a jurisdição estatal[72].

O CPC/2015 utiliza frequentemente o vocábulo "composição", que ressalta a ideia de normatização pelas partes[73]. Assim, o art. 333, § 4.º, por exemplo, dispensa a realização da audiência inicial quando "não se admitir a autocomposição", ou seja, quando as próprias partes não puderem estabelecer a norma concreta para reger aquele caso, sendo obrigatória, portanto, a intervenção do juiz.

Outras expressões também muito usadas no tratamento de controvérsias são "resolução" e "solução". A palavra "solução" representa, no léxico, o ato ou efeito de solver; ao indicar aquilo que resolve algum problema ou dificuldade, é sinônimo de conclusão, decifração e resolução[74].

---

[70] Esclarece o autor que, todavia, "o juiz não *compõe* a lide nesse sentido, ou seja, ele não cria a norma do litígio: reconhece a sua existência e revela os direitos e obrigações eventualmente emergentes dela no caso concreto. A *composição* que ele realiza (*heterocomposição*) ou a que realizam os próprios litigantes (*autocomposição*) não consiste em estabelecer normas, mas em produzir resultados práticos socialmente úteis, representados pela *concreta* atribuição de bens ou definição de condutas permitidas ou vedadas – ou seja, a eliminação do conflito e pacificação dos litigantes. Também as pessoas em conflito não criam *normas* para dirimir o conflito em que se encontram: simplesmente dirimem o conflito, põem-lhe fim, sem qualquer preocupação em norma alguma" (DINAMARCO, Cândido Rangel. *Instituições de Direito processual civil*, v. 1, p. 121-122).

[71] AMARAL SANTOS, Moacyr. *Primeiras linhas de direito processual civil*, v. 1. 29. ed. Saraiva: São Paulo, 2012, p. 31.

[72] FREITAS JR., Antonio Rodrigues. *Sobre a relevância de uma noção precisa de conflito*, cit., p. 17.

[73] Vide art. 139, V; art. 165, *caput*; art. 166, § 3.º; art. 190; art. 221, parágrafo único; art. 303, III; art. 515, II e III, e § 2.º; art. 932, I.

[74] Também são indicados como sinônimos-chave: resposta, resultado, dissolução e terminação ("Solução". *Dicionário Houaiss*. Disponível em: http://houaiss.uol.com.br/busca?palavra=composi%25C3%25A7% 25C3%25A3o. Acesso em: 03 maio 2017).

Na seara cível, o termo resolução é empregado para expressar a extinção contratual fundada no descumprimento por uma das partes; trata-se de uma das espécies do gênero rescisão, desfazimento ou dissolução do contrato[75].

Muito se fala em solução (ou resolução) do conflito. Em realidade, porém, nem sempre é possível que ele seja resolvido (no sentido de ser extinto) por um ato isolado; muitas vezes o impasse tem fases e só é efetivamente superado após uma série de experiências vividas ao longo do tempo pelos envolvidos[76]. Sobreleva aqui a já mencionada noção de "transformação do conflito".

Ademais, em algumas circunstâncias os envolvidos sequer desejam encerrar totalmente a relação, mas apenas compor uma específica situação controvertida; como exemplo, considere o caso de uma relação contínua em que as partes querem (ou necessitam) manter o contrato por serem empresas parceiras. Em outras situações, ainda que quisessem, as partes não poderiam encerrar de vez seu vínculo por terem ligações permanentes (p. ex., por força de parentesco).

Diante da peculiaridade de cada controvérsia e da situação das partes envolvidas na relação, mecanismos diferenciados devem ser disponibilizados para gerar a mais adequada resposta possível.

Assim, deve-se buscar o meio idôneo para a abordagem, o encaminhamento, a composição e, se possível, a salutar transformação do conflito, com o intuito de promover sua leitura como uma experiência positiva em termos de vivência e aprendizado[77].

A decisão imposta por um terceiro (árbitro ou magistrado) pode ser considerada uma saída interessante para a definição da controvérsia. Como mencionado, porém, muitas vezes a situação conflituosa não encontra seu efetivo desfecho em um ato único, de modo que nem sempre a decisão de um terceiro sobre o episódio conflituoso proporciona a efetiva resolução do litígio. Como bem pondera Eliana Riberti Nazareth,

> [...] fala-se em conclusão do processo, "solução do conflito", mas, de fato, sabe-se que a sentença judicial conclui o processo "intramuros", no âmbito restrito daquele espaço-tempo recortado de um todo ilimitado, de um tempo que, às vezes, tem mais de mítico

---

[75] Como esclarece Flávio Tartuce, a rescisão (gênero) possui como espécies a resolução (extinção do contrato por descumprimento) e a resilição (dissolução por vontade bilateral ou unilateral) (Direito Civil. 11. ed. São Paulo: Forense, 2015, edição eletrônica, item 6.4. Vol. 3 – Teoria Geral dos Contratos em Espécie).

[76] Como bem expõe Ana Célia Roland Guedes Pinto, "as relações sociais pressupõem responsabilidades conjugadas; um fato não ocorre isoladamente; ele vem dentro de uma situação vivencial e dinâmica em que fatores múltiplos interferem" (PINTO, Ana Célia Roland Guedes. O conflito familiar na justiça: mediação e o exercício dos papéis. *Revista do Advogado*, n. 62, p. 65-66, São Paulo, mar. 2001).

[77] Nessa medida, a contribuição da psicanálise pode ser valiosa. Como bem aduz Eliana Riberti Nazareth, as crises podem nos fazer regredir a ponto de voltarmos a experimentar estados mentais e comportamentos que julgávamos ultrapassados: "Alterações provocadas por processos de ruptura, como a separação, por exemplo, afetam a homeostase, o equilíbrio dos sistemas intra e intersubjetivo. A relação do indivíduo consigo mesmo e dele com os demais fica abalada. Os conteúdos emocionais brotam *in natura*, crus, ou, tecnicamente falando, 'não mentalizados'. Sem aquele trabalho de elaboração consciente e inconsciente que permite a transformação psicológica dos afetos mais primitivos e que confere forma a sensações angustiantes, os dramas da vida convertem-se em tragédias" (NAZARETH, Eliana Riberti. Psicanálise e Direito: um intercâmbio possível. Disponível em: http://www.ibdfam. org.br/artigos/57/Psican%C3%A1lise+e+Direito%3A+um+interc%C3%A2mbio+poss%C3%ADvel. Acesso em: 11 jul. 2015).

que de cronológico: de um tempo simbólico, mais que real. Tempo dos projetos desfeitos, das vidas fracassadas, das esperanças roubadas, a que a solução judicial não põe termo[78].

Assim, o termo "composição" soa mais adequado na abordagem do tema do que a expressão "solução". Em vez de uma finalização "artificialmente criada", resolvendo (pretensamente) a controvérsia com a imposição de desfecho por um ato único, a expressão indica a reorganização e a estruturação da situação em uma nova disposição. O vocábulo composição retrata melhor a resposta de cuja formulação participam concretamente os envolvidos na situação controvertida; a contribuição de todos, aliás, tende a colaborar para o encontro de saídas mais proveitosas e com maiores chances de aderência.

Desse modo, importa conceber com detalhes a existência de mecanismos aptos a compor de forma eficiente as controvérsias surgidas no meio social.

1.3 EXTENSÃO E COMPREENSÃO DOS MEIOS DE COMPOSIÇÃO

Para abordar o espectro dos mecanismos existentes no sistema brasileiro para a possível composição de controvérsias, será utilizado o método indutivo, analisando cada possibilidade existente rumo ao estabelecimento de um panorama geral.

1.3.1 Autotutela: alcance

Pela autotutela (ou autodefesa), o indivíduo resolve o conflito por sua própria força, agindo por si próprio para obter uma posição de vantagem em relação à situação desejada. Sua prática costuma ser malvista por trazer a ideia de violência[79] e ser identificada como um resquício de justiça privada.

O uso da autotutela sempre foi considerado uma alternativa ante a falta de poder do Estado para definir as querelas, o que ocorreu no Direito romano, anteriormente ao período de *cognitio extra ordinem*; a partir de tal fase, o Estado passou a ditar a solução dos conflitos de interesses[80].

Tendo sido a primeira resposta encontrada pelo indivíduo para resolver as controvérsias, a autotutela era considerada um instrumento precário e aleatório; por este prisma, ela não seria apta a garantir propriamente justiça, mas sim a vitória do mais forte, esperto ou ousado sobre o mais fraco ou tímido[81].

Na autodefesa, os antagonistas resolvem o conflito pela imposição do interesse de um deles com o sacrifício do interesse do outro; Niceto Alcalá-Zamora y Castillo refere-se a tal hipótese como solução "egoísta do litígio"[82].

---

[78] NAZARETH, Eliana Riberti. Psicanálise e mediação: meios efetivos de ação. *Revista do Advogado*, n. 62, p. 52, São Paulo, mar. 2001.

[79] Segundo Moacyr Amaral dos Santos, "é a forma primitiva, e ainda não totalmente extinta, de solução dos conflitos de interesses individuais ou coletivos. É o predomínio da força" (*Primeiras linhas de Direito processual civil*, vol. 1. 29. ed. São Paulo: Saraiva, 2012, p. 26).

[80] MARINONI, Luiz Guilherme; Arenhart, Sérgio Cruz. *Processo de conhecimento*. 12. ed. São Paulo: RT, 2014, p. 30.

[81] CINTRA, Antonio Carlos de Araújo; GRINOVER, Ada Pellegrini; DINAMARCO, Cândido R. *Teoria geral do processo*. 29. ed. São Paulo: Malheiros, 2013, p. 29.

[82] ALCALÁ-ZAMORA Y CASTILLO, Niceto. *Proceso, autocomposición y autodefensa, cit.*, p. 13.

Segundo Giuseppe Chiovenda, a autodefesa constitui uma atividade "meramente privada, movida por impulsos e intenções particulares e egoísticos, embora consentidos e moderados pelo Estado"[83]. Quanto mais se reforça a organização política, mais se restringe o campo da *autodefesa*, tendo em vista a natural expansão da atuação estatal[84].

O autor italiano ressalta que não há como comparar a autotutela com a atividade estatal de composição de conflitos, ainda que o resultado econômico possa ser idêntico. A autodefesa constituiria "uma atividade meramente privada, movida por impulsos e intenções particulares e egoísticos, embora consentidos pelo Estado"[85].

A conclusão genérica sobre ser a autodefesa algo negativo, todavia, nem sempre é apropriada: em situações como a de estado de necessidade ou legítima defesa, a atuação é pertinente por força do perigo imediato. O instinto de sobrevivência torna natural a pronta reação do indivíduo, especialmente considerando a impossibilidade de amparo (suficientemente célere) pelo Poder Estatal em situações críticas.

O regramento da autodefesa revela-se consentâneo com a situação fática em diversas circunstâncias, já que o Estado não pode estar presente em toda e qualquer ocasião para zelar pela observância da norma. Pondera Niceto Alcalá-Zamora y Castillo que a autotutela só poderá desaparecer quando o Estado atingir a perfeição, identificar-se com a divindade e adquirir o poder da ubiquidade, contando com a aceitação geral sobre ser o foro legítimo para a solução de todos os conflitos (o que até hoje não ocorreu, visto que há resistências contra o Estado e seus meios de solução de controvérsias)[86].

Aduz o autor ser conveniente tolerar certas "válvulas de escape" para evitar a sobrecarga dos Tribunais: o excessivo volume de demandas seria péssimo para a sobrevivência do Estado, que se revelaria incapaz de solucionar todos os conflitos apresentados, ainda que a Constituição previsse expressamente que todas as controvérsias a ele devessem ser dirigidas para que sua solução fosse legítima[87].

Como regra, atuando o interessado fora das hipóteses legais, a autotutela configurará exercício arbitrário das próprias razões, crime previsto no art. 345 do Código Penal brasileiro[88]. A lei criminal ressalva a possibilidade de atuação em autodefesa nos casos expressos na lei.

A atual codificação civil brasileira, além de manter dispositivos com tradicional contemplação de hipóteses de autotutela (para a defesa da posse), trouxe ainda mais normas no

---

[83] CHIOVENDA, Giuseppe. *Instituições de Direito processual civil*, v. 1. Trad. Paolo Capitanio, com anotações de Enrico Tullio Liebman. Campinas: Bookseller, 2000, p. 58.

[84] Assim, "enquanto, de um lado, se regulam as relações entre os indivíduos por meio de normas de lei sempre mais numerosas e precisas, do outro se provê com o processo a assegurar a observância das normas" (*Instituições de Direito processual civil*, p. 57). No mesmo sentido se manifesta Araken de Assis: a "justiça de mão própria (autodefesa) se revela inadequada, porque produz resultados que não correspondem à pauta aceita e praticada nas relações hígidas; por isso mesmo, observou Niceto Alcalá-Zamora Y Castillo, a marcha histórica desse meio se direciona para a sua total extinção" (ASSIS, Araken de. O Direito comparado e a eficiência do sistema judiciário. *Revista do Advogado da AASP*, n. 43, p. 10, São Paulo, jun. 1994).

[85] CHIOVENDA, Giuseppe. *Instituições de Direito processual civil*, cit., p. 58.

[86] ALCALÁ-ZAMORA Y CASTILLO, Niceto. *Proceso, autocomposición y autodefensa: contribución al estudio de los fines del proceso*. Cidade do México: Unam, 1991, p. 55.

[87] A referência a tal entendimento é bem explicitada na obra de VIGLIAR, José Marcelo Menezes. *Tutela jurisdicional coletiva*. 4. ed. São Paulo: Atlas, 2013, p. 30.

[88] "Fazer justiça pelas próprias mãos, para satisfazer pretensão, embora legítima, salvo quando a lei o permite [...]."

mesmo sentido: há regras inovadoras sobre a autotutela no âmbito das obrigações de fazer e não fazer em casos de urgência. Assim, não só há espaço para a verificação da autotutela como esta foi ampliada pela codificação civil; tal constatação recomenda que o intérprete deixe de lado preconceitos contra o instituto e se proponha a aplicá-lo segundo os princípios da boa-fé e da razoabilidade.

Serão analisados, sem a pretensão de esgotar o tema, os principais casos em que se permite a autotutela no âmbito civil: legítima defesa e estado de necessidade; legítima defesa e desforço imediato na proteção possessória; autotutela de urgência nas obrigações de fazer e não fazer; direito de cortar raízes e ramos de árvores limítrofes que ultrapassem a estrema do prédio; e direito de retenção de bens.

1.3.1.1   Legítima defesa e estado de necessidade

Nos termos da lei civil[89], não constituem atos ilícitos aqueles praticados em legítima defesa, em exercício regular de um direito reconhecido ou em estado de necessidade. A previsão expressa a permissão excepcional ao indivíduo de usar a própria força para preservar a si ou a outrem de agressões alheias nos casos em que a autoridade estatal pode não chegar a tempo para socorrê-lo[90]. As hipóteses, que geraram polêmicas[91], utilizam, para sua configuração, os mesmos parâmetros previstos no âmbito criminal: injustiça da agressão, reação imediata e proporcionalidade nos meios de defesa.

Contudo, ainda que alguém aja em autotutela, se causar prejuízos, haverá o dever de indenizar[92]. Nosso sistema jurídico contempla a responsabilidade civil por certos atos lícitos como importante mecanismo de proteção das vítimas.

A autodefesa possessória, instituto tradicional em nosso Direito[93], vem prevista no art. 1.210, § 1.º, do Código Civil[94]. O possuidor lesado pode atuar, direta e imediatamente, para manter sua posse (agindo em legítima defesa para evitar a invasão) ou para nela se reintegrar (realizando desforço imediato se já esbulhado), exigindo a lei, por outro lado, que "o faça logo", vedando a autotutela quando a reação ao esbulho ou turbação não seja imediata.

---

[89]   CC, art. 188. "Não constituem atos ilícitos: I – os praticados em legítima defesa ou no exercício regular de um direito reconhecido; II – a deterioração ou destruição da coisa alheia, ou a lesão a pessoa, a fim de remover perigo iminente".

[90]   TEPEDINO, Gustavo; BARBOSA, Heloisa Helena; BODIN, Maria Celina de Moraes. *Código Civil interpretado conforme a Constituição da República*. Rio de Janeiro: Renovar, 2004, p. 344.

[91]   TARTUCE, Flávio. *Direito Civil*. 8. ed. São Paulo: Forense, 2015. v. 4 – Direito das Coisas, item 2.4.3.

[92]   CC, art. 929. "Se a pessoa lesada, ou o dono da coisa, no caso do inciso II do art. 188, não forem culpados do perigo, assistir-lhes-á direito à indenização do prejuízo que sofreram". "Art. 930. No caso do inc. II do art. 188, se o perigo ocorrer por culpa de terceiro, contra este terá o autor do dano ação regressiva para haver a importância que tiver ressarcido ao lesado. Parágrafo único. A mesma ação competirá contra aquele em defesa de quem se causou o dano."

[93]   Afirma Arruda Alvim que dispositivo nesse sentido já era encontrado nas Ordenações do Reino; desde então, houve repetição da regra no Esboço Teixeira de Freitas, nos Projetos Bevilacqua e Orlando Gomes, no Anteprojeto de 1972 e no Projeto 118/84 (ARRUDA Alvim, Defesa da posse e ações possessórias. In: DIDIER JR., Fredie; MAZZEI, Rodrigo (coords.). *Reflexos do Novo Código Civil no Direito processual*. Salvador: JusPodivm, 2006, p. 305).

[94]   "O possuidor turbado, ou esbulhado, poderá manter-se ou restituir-se por sua própria força, contanto que o faça logo; os atos de defesa, ou de desforço, não podem ir além do indispensável à manutenção, ou restituição da posse."

A doutrina civilista clássica afirma que tal direito deriva do princípio da legítima defesa[95]. Tal posicionamento, aqui representado pelo entendimento de Lafayette Rodrigues Pereira, assevera que não se pode recusar ao possuidor o direito de se defender e sustentar-se na posse, repelindo pela força as vias de fato que são dirigidas contra a coisa possuída[96].

Permite-se a reação imediata com base na legítima defesa ante uma agressão injustificada, dado que seria inviável a procura de medidas judiciais ou policiais para evitar a ofensa[97].

Tal raciocínio serve também para a hipótese do estado de necessidade: diante de uma situação de risco, não podendo o Estado estar presente para definir qual bem da vida haverá de prevalecer na situação concreta, ao indivíduo será facultado protagonizar a defesa de seus interesses.

1.3.1.2 Autotutela nas obrigações específicas

Em termos de obrigações de fazer[98] e não fazer[99], previu o Código Civil que o credor pode, em caso de urgência, ante certos descumprimentos, independentemente de autorização judicial, executar ou mandar executar o fato ou, na hipótese de obrigação de não fazer, mandar desfazer o ato praticado em seu detrimento.

São duas as razões justificadoras da autotutela nos casos previstos em lei: a impossibilidade de o Estado-juiz estar presente sempre que um direito esteja sendo violado (ou prestes a sê-lo) e a falta de confiança no desprendimento alheio, inspirador de uma possível autocomposição[100].

Para Ada Grinover, o requisito de urgência exigido pelas normas não representa um "cheque em branco" para a atuação do credor, porquanto, embora o conceito seja aberto e indeterminado, não consagra uma liberdade ilimitada. O juiz irá aferir se efetivamente a urgência se configurou; ademais, os princípios da boa-fé, da eticidade e da fustigação do abuso do direito, pressupostos implícitos da autotutela, impregnam todo o sistema do Código Civil; por fim, a utilização da autotutela corre por risco e conta do credor[101].

---

[95] Assim como a legítima defesa contra o delito, a defesa da posse "constitui reação disciplinada, organizada e sistematizada" (BARROS MONTEIRO, Washington de. *Curso de Direito civil*, v. 5. 43. ed. São Paulo: Saraiva, 2013, p. 54).

[96] PEREIRA, Lafayette Rodrigues. *Direito das coisas*, v. 1. Brasília: Senado Federal/Superior Tribunal de Justiça, 2004, p. 94.

[97] RIZZARDO, Arnaldo. *Direito das coisas*. 6. ed. Rio de Janeiro: Forense, 2013, p. 97.

[98] CC, art. 249, parágrafo único: "Em caso de urgência, pode o credor, independentemente de autorização judicial, executar ou mandar executar o fato, sendo depois ressarcido".

[99] CC, art. 251, parágrafo único: "Em caso de urgência, poderá o credor desfazer ou mandar desfazer, independentemente de autorização judicial, sem prejuízo do ressarcimento devido".

[100] GRINOVER, Ada Pellegrini. A inafastabilidade do controle jurisdicional e uma nova modalidade de autotutela. Disponível em: http://www.esdc.com.br/RBDC/RBDC-10/RBDC-10-013-Ada_Pellegrini_Grinover.pdf. Acesso em: 11 jul. 2015.

[101] Conclui a autora: "a nova previsão de autotutela de que trata esse estudo representa uma modalidade congruente com as demais formas de autotutela autorizadas pela lei, que seus requisitos (explícitos e implícitos) representam uma baliza segura e eficaz para a conduta do credor, que o exercício da autotutela corre por conta e risco de quem dela se utiliza e que o sistema abre ao devedor insatisfeito o acesso à justiça para a aferição dos pressupostos da autotutela, mediante as vias processuais próprias, podendo o credor ser condenado à reparação pelo abuso de direito eventualmente cometido" (A inafastabilidade do controle jurisdicional e uma nova modalidade de autotutela, cit.).

Cap. 1 · CONFLITOS CIVIS E MEIOS DE COMPOSIÇÃO | 23

Ressalta-se que a noção de efetivo acesso à justiça deve garantir a possibilidade concreta de gerar uma resposta útil e tempestiva, razão pela qual a situação de urgência, na hipótese em questão, poderia não permitir o recurso aos órgãos judiciais sem prejuízo fatal do direito violado. Assim, merecem aplausos as previsões, que devem ser aplicadas em plena conformidade com a diretriz da boa-fé.

Embora haja desafios relacionados ao exercício dessa forma de autotutela, a adoção de vias extrajudiciais tem se tornado a tendência na pós-modernidade jurídica: a noção de "desjudicialização de conflitos" foi inclusive confirmada pelo Novo Código de Processo Civil brasileiro[102].

1.3.1.3 Direito de vizinhança

A presente abordagem analisa o tema sob o prisma cível; como o corte de árvores envolve outras searas, será importante que o interessado se informe sobre posturas municipais e regras ambientais vigentes no local para ter uma visão mais clara sobre contextos específicos.

O direito de cortar raízes e ramos de árvores limítrofes que ultrapassam a estrema do prédio é previsto no Código Civil, no art. 1.283[103].

Pelo teor do dispositivo, o direito de corte decorre da simples invasão do terreno, não se exigindo prova de lesão ou qualquer prejuízo[104].

Dispensa-se a comunicação[105] entre as partes possivelmente porque o legislador considera que a necessidade de diálogo poderia gerar ainda mais controvérsias; todavia, para obter saídas apropriadas em termos de respeito e reciprocidade, é recomendável, sempre que possível, tentar estabelecer conversações para o esclarecimento das condutas empreendidas e de sua conformidade com a lei e/ou eventuais decisões administrativas.

---

[102] TARTUCE, Flávio. *Direito Civil*. vol. 2 – Direito das Obrigações e Responsabilidade Civil. 11. ed. Rio de Janeiro: Forense, 2015, edição eletrônica – item 2.2.2.

[103] "As raízes e os ramos de árvore, que ultrapassarem a estrema do prédio, poderão ser cortados, até o plano vertical divisório, pelo proprietário do terreno invadido."

[104] Tal entendimento costuma ser corroborado pelos Tribunais. Como exemplo, ao apreciar a pretensão ao corte de galhos das arvores vizinhas que avançavam sobre a residência do autor, assim entendeu o Tribunal do Distrito Federal: "O direito de cortar ramos de árvores, nos limites do plano vertical divisório entre os imóveis, encontra respaldo no art. 1.283 do Código Civil e independe de prova do prejuízo. Escorreita, pois, a sentença que condenou o réu a podar as árvores que estão invadindo a propriedade do requerente. [...] (TJDF, Rec 2014.05.1.000736-9, Ac. 818.245, Terceira Turma Recursal dos Juizados Especiais do Distrito Federal, Rel. Juiz Carlos Alberto Martins Filho, *DJDFTE* 15.09.2014, p. 288). No mesmo sentido: "O dono ou o possuidor do prédio inferior é obrigado a receber as águas que correm naturalmente do superior, não podendo realizar obras que embarcem o seu fluxo. É improcedente o pedido de corte da árvore, se inexistem nos autos provas de que ela esteja causando danos aos imóveis limítrofes. Além disso, as raízes e os ramos de árvores que ultrapassarem a linha divisória do prédio poderão ser cortados a qualquer tempo pelo proprietário do terreno invadido" (TJMG, APCV 0006324-07.2014.8.13.0348, Jacuí, Décima Terceira Câmara Cível, Rel. Des. Luiz Carlos Gomes da Mata, j. 25.04.2019, *DJEMG* 03.05.2019).

[105] Explica Maria Helena Diniz que o dono do terreno invadido não precisará comunicar-se previamente com o vizinho no sentido de aparar a árvore, nem terá o dever de indenizar o dono da árvore cortada, ainda que esta venha a perecer em razão do corte (DINIZ, Maria Helena. *Curso de Direito civil brasileiro*. 29. ed. São Paulo: Saraiva, 2014. v. 4, p. 316).

MEDIAÇÃO NOS CONFLITOS CIVIS – *Fernanda Tartuce*

Em termos de obra nova indevidamente edificada em imóvel, o Código de Processo Civil de 1973 previa no art. 935 a possibilidade de embargo extrajudicial pelo próprio interessado; a previsão, contudo, não foi repetida Código de Processo Civil de 2015.

1.3.1.4 Direito de retenção

O direito de retenção (*ius retentionis*) constitui meio direto de defesa concedido pela lei para que o titular da relação jurídica possa se opor à restituição de um bem até receber a contraprestação que lhe é devida[106].

Tal direito é previsto em diversas relações jurídicas; no Código Civil, há previsões, por exemplo, referentes à locação[107], ao depósito[108], ao mandato e ao transporte e à posse.

Além dos casos previstos na lei[109], a jurisprudência vem reconhecendo o direito de retenção em outras circunstâncias (como em favor do empreiteiro construtor, do locatário contra o locador e em favor do artífice, fabricante e daquele que faz reparos na coisa)[110].

Em tais relações jurídicas, o ordenamento protege quem tem o direito de receber a contraprestação pela atitude adotada em favor da outra parte ou de seu bem. Tais previsões normativas se revelam coerentes com as situações fáticas em que são previstas, justificando-se plenamente a autodefesa.

A origem do *ius retentionis* remonta ao Direito romano, tendo sido desde então concebido como instituto baseado essencialmente na equidade; por ele se busca assegurar a igualdade entre as partes e evitar o enriquecimento sem causa de uma delas[111].

Por fim, pode-se concluir que as modalidades de autotutela existentes são aptas a possibilitar uma definição imediata em casos específicos que não podem aguardar o recurso aos órgãos judiciários sem prejuízo da continuidade de certas situações ou relações jurídicas.

Além de ser limitado o número de situações em que o ordenamento jurídico permite que o indivíduo aja por si próprio, pode ser que ele não se sinta apto a agir sozinho. Nesse caso, poderá procurar a parte adversa para tentar estabelecer tratativas ou então buscar a definição da situação pelo poder impositivo de um terceiro (árbitro ou magistrado).

---

[106] DINIZ, Maria Helena. *Curso de Direito civil brasileiro*, v. 4, cit., p. 94.

[107] Art. 578. "Salvo disposição em contrário, o locatário goza do direito de retenção, no caso de benfeitorias necessárias, ou no de benfeitorias úteis, se estas houverem sido feitas com expresso consentimento do locador".

[108] Art. 644. "O depositário poderá reter o depósito até que se lhe pague a retribuição devida, o líquido valor das despesas, ou dos prejuízos a que se refere o artigo anterior, provando imediatamente esses prejuízos ou essas despesas".

[109] Art. 681. "O mandatário tem sobre a coisa de que tenha a posse em virtude do mandato, direito de retenção, até se reembolsar do que no desempenho do encargo despendeu; art. 742. O transportador, uma vez executado o transporte, tem direito de retenção sobre a bagagem de passageiro e outros objetos pessoais deste, para garantir-se do pagamento do valor da passagem que não tiver sido feito no início ou durante o percurso; art. 1.219. O possuidor de boa-fé tem direito à indenização das benfeitorias necessárias e úteis, bem como, quanto às voluptuárias, se não lhe forem pagas, a levantá-las, quando o puder sem detrimento da coisa, e poderá exercer o direito de retenção pelo valor das benfeitorias necessárias e úteis".

[110] GONÇALVES, Carlos Roberto. *Direito civil brasileiro*, v. 5. *Direito das coisas*. 9. ed. São Paulo: Saraiva, 2014, p. 218.

[111] *Idem*, p. 197. O autor cita Arnoldo Medeiros da Fonseca como referência sobre o tema por sua obra *Direito de retenção*.

1.3.2 Autocomposição (meios consensuais)

A possibilidade de que as partes encontrem, isoladamente ou em conjunto, uma saída consensual para o conflito encerra a hipótese de autocomposição. Em tal caso, a composição do conflito contará com a vontade de uma ou ambas as partes para que se verifique, inexistindo a participação de um terceiro com poder decisório para definir o impasse[112].

Segundo Niceto Alcalá-Zamora y Castillo, pode haver consentimento espontâneo de um dos contendores em sacrificar o interesse próprio no todo ou em parte, caso em que se opera a resolução "altruísta" pela autocomposição[113].

Quanto às soluções pacíficas encaminhadas pelas próprias partes, ressalta Moacyr Amaral dos Santos que as partes podem, "substituindo a força pela razão", adotar como modalidades:

a) a solução "moral", em que os antagonistas se conformam em limitar seu interesse, inclusive renunciando a ele;

b) a solução contratual, em que ambos se entendem e convencionam a composição do conflito;

c) a solução arbitral, em que as partes confiam a um terceiro a função de resolver o desencontro de seus interesses.

Segundo o autor, nenhuma de tais soluções é estável ou definitiva, podendo haver o renascimento do conflito[114]; por tal razão, manifesta preferência pela solução jurisdicional.

Vale ressaltar, porém, que, isso não é exclusividade dos meios autocompositivos: mesmo que a controvérsia seja julgada por um juiz estatal, o conflito pode não ser eliminado plenamente. Dificuldades de implementação do comando da decisão ou mesmo o fomento de outras lides poderão se verificar adiante. Assim, a preferência pura e simples por uma ou outra tentativa de composição, sem atentar para detalhes sobre as condições das controvérsias e as características de seus sujeitos, não é uma atitude recomendável *a priori*.

A busca de meios que possibilitem o consenso vem sendo a tônica nas organizações, na legislação e na atuação dos órgãos estatais na administração da justiça; afinal, é extremamente vantajoso que as partes se comuniquem para buscar superar impasses. Como bem destaca Octavio Bueno Magano, "as relações humanas exigem o estabelecimento de diretrizes, que visem à continuidade e ao aprimoramento delas", o que justifica o despontar de leis e de procedimentos de autocomposição[115].

Para viabilizar conversações proveitosas, devem ser disponibilizados tanto mecanismos prévios como incidentais em relação à demanda. Como lembra Rodolfo Mancuso, a autocomposição pode ocorrer "no plano pré-processual (por submissão ao direito da parte, acordos diversos, ajustamentos de conduta, remissão de dívidas) ou no plano judiciário, conciliando-se as partes"[116].

---

[112] VIGLIAR, José Marcelo Menezes. *Tutela jurisdicional coletiva*, cit., p. 31.

[113] *Proceso, autocomposición y autodefensa*, cit., p. 13.

[114] AMARAL SANTOS, Moacyr. *Primeiras linhas de Direito processual civil*, v. 1, cit., p. 27.

[115] MAGANO, Octavio Bueno. Legislação e autocomposição. *Revista do Tribunal Regional do Trabalho da Oitava Região*, v. 36, n. 70, p. 153, Belém, jan.-jun. 2003.

[116] MANCUSO, Rodolfo de Camargo. O plano piloto de conciliação em segundo grau de jurisdição, do Egrégio Tribunal de Justiça de São Paulo, e sua possível aplicação aos feitos de interesse da Fazenda Pública. *Separata da Revista dos Tribunais*, ano 93, v. 820, p. 19, fev. 2004.

26 | MEDIAÇÃO NOS CONFLITOS CIVIS – *Fernanda Tartuce*

Como premissa para a adequada aferição da possibilidade de realizar a autocomposição, deve-se considerar a disponibilidade do direito em debate, merecendo atenta consideração tal aspecto tanto em sua vertente substancial quanto em sua índole processual.

1.3.2.1 Disponibilidade do Direito

1.3.2.1.1 Disponibilidade no plano material

a) Noções conceituais

Ao se afirmar, na seara cível, que alguém pode dispor de certo direito, indica-se que a parte tem liberdade de, por sua única e exclusiva vontade, usá-lo ou não[117].

Conceitua-se o direito disponível como aquele que pode ou não ser exercido por seu titular, não havendo norma cogente a impor o cumprimento do preceito sob pena de nulidade ou anulabilidade do ato praticado com sua infringência[118].

Invocando a raiz latina *disponere* (que significa dispor, pôr em vários lugares, regular), consideram-se disponíveis os bens que podem ser livremente alienados ou negociados por se encontrarem desembaraçados, dispondo o alienante de plena capacidade jurídica para tanto[119].

A disponibilidade indica, portanto, sob o prisma de Direito Civil, "a qualidade daquilo de que se pode dispor, em virtude do que se diz que é alienável. Neste sentido, até, confunde-se com a própria faculdade de dispor derivada da capacidade ou poder de alienar"[120].

De forma tradicional, associa-se a disponibilidade do Direito ao seu caráter patrimonial (pecuniário)[121].

Aponta Miguel Maria de Serpa Lopes que todos os direitos podem ser considerados suscetíveis de transação, quer quanto às suas modalidades, quer quanto à sua validade ou à sua extensão; tudo o que se requer é que se trate de um objeto física e juridicamente apto a constituir objeto de contrato, devendo ainda ser certo, determinado e preciso[122].

---

[117] PORTANOVA, Rui. *Princípios do processo civil*. 8. ed. Porto Alegre: Livraria do Advogado, 2013, p. 70.

[118] MENDONÇA LIMA, Alcides. *Dicionário do Código de Processo Civil*. São Paulo: RT, 1986, p. 225.

[119] CARMONA, Carlos Alberto. *Arbitragem e processo: comentário à Lei n. 9.307/96*. 3. ed. São Paulo: Malheiros, 2009, p. 38. Prossegue o autor: "De maneira geral, não estando no âmbito do Direito disponível as questões relativas ao direito de família – e em especial ao estado das pessoas (filiação, pátrio poder, casamento, alimentos) –, aquelas atinentes ao Direito de sucessão, as que têm por objeto as coisas fora do comércio, as obrigações naturais, as relativas ao Direito penal, entre tantas outras, já que ficam estas matérias todas fora dos limites em que pode atuar a autonomia da vontade dos contendentes. Essas conotações não são suficientes, porém, para excluir de forma absoluta do âmbito da arbitragem toda e qualquer demanda que tanja o Direito de família ou o Direito penal, pois as consequências patrimoniais tanto num caso como noutro podem ser objeto de solução extrajudicial. Dizendo de outro modo, se é verdade que uma demanda que verse sobre o direito de prestar e receber alimentos trata de direito indisponível, não é menos verdadeiro que o *quantum* da pensão pode ser livremente pactuado pelas partes (e isto torna arbitrável esta questão) [...]".

[120] SILVA, De Placido e. *Vocabulário Jurídico*. 31. ed. Rio de Janeiro: Forense, 2014, edição eletrônica.

[121] "Direitos patrimoniais são aqueles que asseguram ao indivíduo os subsídios econômicos para sua existência e sua atividade volitiva no meio" (SERPA LOPES, Miguel Maria de. *Curso de Direito civil*, v. 2. *Obrigações em geral*. São Paulo: Freitas Bastos, 1966, p. 305).

[122] *Ibidem.*

Havendo, portanto, poder de disposição do titular do direito, nada obsta a verificação da autocomposição no campo familiar, patrimonial, obrigacional ou de outra índole[123].

Apesar de tal ampla noção, sempre houve certa resistência doutrinária em considerar a possibilidade de transação quando a causa versasse sobre relações jurídicas em que seu objeto fosse considerado personalíssimo e/ou de significativo relevo público. Assim, tradicionalmente se considerou que temas afeitos aos direitos de personalidade (envolvidos, por exemplo, em ações de estado) e assuntos relativos ao Direito de Família não pudessem ser objeto de transação[124].

Ocorre, porém, que tal exclusão pura e simples não se mostra coerente com as criativas saídas que podem ser encetadas para os conflitos. Muitas causas sobre tais matérias revelam-se aptas a serem eficazmente extintas pela autocomposição (unilateral ou bilateral); tal circunstância revela a complexidade do assunto, que deve receber tratamento cuidadoso.

O tema da indisponibilidade dos direitos já foi tratado como verdadeiro "tabu" impeditivo da celebração de acordos – mas é preciso evitar resvalar em preconceitos, dogmas e opiniões sem embasamentos sólidos que limitem a dimensão de tal noção; a disponibilidade é um conceito legal indeterminado no qual se revela mais útil destacar suas características do que fixar sua definição[125].

b) Direitos indisponíveis e possibilidade de transação

A indisponibilidade dos direitos, tema controvertido e intrincado, pode gerar grandes dificuldades em sua delimitação; afinal, há situações em que é totalmente plausível a realização de acordos em relações jurídicas de cunho indisponível, assim como pode ocorrer que direitos absolutamente indisponíveis venham a ser relativizados... Tais fatos se justificam porque há diferentes graus de disponibilidade de direitos[126]. Atentando para tal situação, ainda que o direito seja, em alguma medida, indisponível, é imperioso reconhecer que ele pode ter aspectos quantitativos negociáveis. Como pondera Rodolfo de Camargo Mancuso, mesmo quando o interesse é indisponível (como o direito a alimentos), o efeito pecuniário da sentença condenatória pode, não obstante, ser objeto de transação entre as partes (o que, aliás, ocorre frequentemente)[127].

---

[123] FADEL, Sergio Sahione. *Código de Processo Civil comentado*: arts. 1.º a 1.220. Atualizado por J. E. Carreira Alvim. 7. ed. Rio de Janeiro: Forense, 2004. p. 408, nota 331 do atualizador.

[124] Por todos, seguem as lições de Carlos Alberto Dabus Maluf: "De fato, não podem ser transacionados os direitos personalíssimos e as coisas inalienáveis, quer por sua natureza, quer em virtude da vontade humana quando a lei lhe dá eficácia. E também não podem ser negociadas situações de Direito de família, de caráter não patrimonial, como, p. ex., a guarda de filhos em troca de pagamento em dinheiro, ou a confissão em desquite (hoje separação judicial) obtida por compensação, ou ainda em troca de determinadas vantagens pecuniárias" (*A transação no Direito civil*. São Paulo: Saraiva, 1985, p. 56).

[125] MANCUSO, Rodolfo de Camargo. O plano piloto de conciliação em segundo grau de jurisdição, do Egrégio Tribunal de Justiça de São Paulo, e sua possível aplicação aos feitos de interesse da Fazenda Pública, cit., p. 38.

[126] WAMBIER, Luiz Rodrigues; ALVIM, Teresa Arruda. *Breves comentários à 2.ª fase da reforma do Código de Processo Civil*. São Paulo: RT, 2002, p. 88.

[127] O plano piloto de conciliação em segundo grau de jurisdição, do Egrégio Tribunal de Justiça de São Paulo, e sua possível aplicação aos feitos de interesse da Fazenda Pública, cit., p. 29. No ponto, Rosa Nery e Nelson Nery Junior bem destacam que, no que tange a direitos disponíveis, a transação pode ser plena; quando o direito for indisponível, a transação pode se verificar parcialmente (*Código de Processo Civil comentado e legislação extravagante: atualizado até 1.º de março de 2006*. 9. ed. rev., atual. e ampl. São Paulo: RT, 2006, nota 6 ao art. 331, p. 525).

Também em ações de estado (como as de filiação) e em causas relativas a interesses de incapazes (como a guarda de filhos) é possível que os envolvidos se conscientizem sobre direitos e obrigações recíprocas e celebrem acordos válidos. Exemplo disso é que o pai pode reconhecer voluntariamente a filiação em ato de autocomposição unilateral. Percebe-se, assim, que também no Direito de Família é viável a autocomposição, seja ela unilateral por reconhecimento jurídico do pedido ou renúncia (em certos casos), seja por autocomposição bilateral por força da realização de acordos[128].

Acompanhando as lições doutrinárias, a Lei n. 13.140/2015 dispõe que o conflito que versa sobre direitos disponíveis ou direitos indisponíveis que admitem transação pode ser objeto de mediação, destacando que "o consenso das partes envolvendo direitos indisponíveis, mas transigíveis, deve ser homologado em juízo, exigida a oitiva do Ministério Público" (art. 3º, *caput* e § 2º).

À luz de tais dispositivos, pode-se afirmar que o perfil pacificador mitiga a noção de indisponibilidade absoluta de certos direitos[129].

Em causas sobre interesse fazendário a autocomposição é vedada?

A resposta é negativa; como exemplo temos a desapropriação amigável comumente realizada pelo Poder Público após negociação direta com a parte interessada. Caso haja entraves negociais, poderá haver adicional tentativa consensual: o Decreto-lei n. 3.365/1941 (alterado pela Lei n. 13.867/2019[130]) reconhece a viabilidade de adotar mediação e arbitragem em conflitos sobre a definição de valores indenizatórios em desapropriações por utilidade pública.

Inúmeros outros exemplos podem ser dados[131], sendo significativo que a Lei de Mediação tenha dedicado um capítulo inteiro à autocomposição em conflitos em que for parte pessoa jurídica de Direito público, permitindo expressamente aos órgãos da Administração Pública a adoção da mediação[132].

Deve haver, obviamente, certos cuidados na realização de transação pelo Poder Público, garantindo-se que não haja piora qualitativa na posição do ente nem configure desvio de finalidade quanto ao destino de verbas públicas. Fora e além de tais limitações, afirma Rodolfo Mancuso não haver "razão técnica para que se tenha o interesse fazendário como absoluta-

---

[128] É lógico, porém, que não se pode conceber a circunstância de que os acordos celebrados acarretem a negociação pecuniária das relações de estado envolvidas, barganhando, por exemplo, o reconhecimento do vínculo de filiação em troca da renúncia de herança.

[129] PINHO, Humberto Dalla Bernardina de. Art. 3º. In: CABRAL, Trícia Navarro Xavier; CURY, Cesar Felipe (Coord.). *Lei de mediação comentada artigo por artigo*. 2. ed. Indaiatuba: Foco, 2020, p. 28.

[130] Por força de tal lei passou a constar no Decreto-lei n. 3.365/1941 o art. 10-B: "Feita a opção pela mediação ou pela via arbitral, o particular indicará um dos órgãos ou instituições especializados em mediação ou arbitragem previamente cadastrados pelo órgão responsável pela desapropriação. § 1º A mediação seguirá as normas da Lei nº 13.140, de 26 de junho de 2015, e, subsidiariamente, os regulamentos do órgão ou instituição responsável. § 2º Poderá ser eleita câmara de mediação criada pelo poder público, nos termos do art. 32 da Lei nº 13.140, de 26 de junho de 2015".

[131] BERGAMASCHI, André Luís. *A resolução dos conflitos envolvendo a Administração Pública por meio de mecanismos consensuais*. Dissertação de Mestrado em Direito Processual defendida na Faculdade de Direito da Universidade de São Paulo, 2015, p. 139-167.

[132] Lei n. 13.140/2015, art. 33: "Enquanto não forem criadas as câmaras de mediação, os conflitos poderão ser dirimidos nos termos do procedimento de mediação previsto na Subseção I da Seção III do Capítulo I desta Lei".

mente indisponível (nesse sentido de inegociável ou insuscetível de transação)"[133]; conclusão diversa violaria o princípio da igualdade ao alijar a parte pública dos meios consensuais. Tal entendimento superaria, ainda, a vontade da lei – que quando quisesse excluir a transação o faria expressamente[134].

Ao confirmar tal entendimento, a nova Lei de Licitações e Contratos Administrativos (NLL) dedicou no Título III (sobre contratos administrativos) o Capítulo XII aos "meios alternativos de resolução de controvérsias". Segundo o art. 151, nas contratações regidas pela NLL poderão ser adotados meios alternativos de prevenção e resolução de controvérsias – notadamente conciliação, mediação, comitê de resolução de disputas e arbitragem, inclusive em controvérsias sobre direitos patrimoniais disponíveis, como as relacionadas ao restabelecimento do equilíbrio econômico-financeiro do contrato, ao inadimplemento de obrigações contratuais por quaisquer das partes e ao cálculo de indenizações.

Ao destacar exemplos temáticos de aplicação dos mecanismos alternativos/adequados, o legislador evitou

> [...] a conhecida celeuma, em âmbito teórico e pretoriano, a respeito da suposta incompatibilidade do conceito de direitos patrimoniais disponíveis com o princípio da indisponibilidade do interesse público. Com isso, confere-se maior segurança jurídica ao emprego das vias extrajudiciais de solução de litígios nos contratos administrativos, sem se fechar a porta para outros possíveis conflitos relativos a direitos patrimoniais disponíveis, não previstos expressamente na lei[135].

Sob o manto da indisponibilidade podem ser encontrados direitos de diferentes matizes. Algumas vezes há um rigor mais acentuado no tratamento legal que parece excluir a possibilidade de negociação ampla e irrestrita; como, todavia, alguns aspectos podem ser convencionados consensualmente entre as partes, não devem ficar fora do alcance de eventual tentativa de composição dos interesses, seja judicial ou extrajudicialmente,[136] nenhum tipo de controvérsia.

Como bem esclarece Luciane Moessa de Souza, enquanto nos direitos disponíveis a liberdade das partes para considerar critérios legais é absoluta, quando se trata de direitos indisponíveis, "os parâmetros legais necessariamente devem ser levados em conta na construção do acordo":

> Não é absolutamente o caso, porém, de se pensar que pouca liberdade resta às partes no que diz respeito aos direitos indisponíveis, pois: a) o ordenamento jurídico, de ordinário, não esgota as diferentes possibilidades de garantia ou exercício do direito, de modo que as partes podem negociar a forma mais conveniente de cumprir os ditames

---

[133] O plano piloto de conciliação em segundo grau de jurisdição, do Egrégio Tribunal de Justiça de São Paulo, e sua possível aplicação aos feitos de interesse da Fazenda Pública, cit., p. 47.

[134] *Idem*, p. 49.

[135] SCHMIDT, Gustavo da Rocha. Os meios alternativos de solução de controvérsias na nova Lei de Licitações e Contratos Administrativos. Revista Brasileira de Alternative Dispute Resolution – RBADR, Belo Horizonte, ano 03, n. 06, jul./dez. 2021, p. 79.

[136] WAMBIER, Luiz Rodrigues. Teoria geral do processo de conhecimento. In: Almeida, Flávio Renato Correia de; Talamini, Eduardo (coords.). *Curso avançado de processo civil*, v. 1. São Paulo: RT, 2005, p. 505.

legais; b) o ordenamento pode ser (e frequentemente é) omisso em relação a outros parâmetros relevantes para as partes em conflito, os quais podem e devem ser incluídos no acordo, não para substituir, mas para complementar os parâmetros já fornecidos pelo legislador[137].

Tem plena razão a autora: não sendo o ordenamento exauriente em relação a todos os detalhes sobre as situações regradas, costuma haver espaço considerável para que os envolvidos no contexto controvertido façam ajustes aptos a atender seus interesses.

Exemplo disso é a previsão do direito à convivência familiar ("visita"): não há explicitação detalhada na lei sobre como deve se dar o exercício desse direito – por exemplo, em relação à distribuição de tempo entre os familiares. Nesse cenário, é muito importante que haja comunicação eficiente; exercendo sua autonomia, os familiares poderão elaborar um plano customizado para atender às premências dos componentes do núcleo familiar[138].

Como bem elucida Rui Portanova, não há uma regra, um rol, tampouco uma situação clara e isenta de confusão sobre quais sejam os direitos disponíveis e os indisponíveis, ou do que seja estritamente de Direito público ou privado:

> [...] a indisponibilidade não se discrimina. A indisponibilidade e o interesse público prevalente sobre determinado direito vão surgir da interpretação do caso concreto conjugada com a valorização dada pelo legislador. Tanto pode ser indisponível o Direito privado como o Direito público[139].

Em certa perspectiva percebe-se que a submissão de um conflito a um meio extrajudicial não implica necessariamente renúncia ou disposição dos direitos em relação aos quais controvertem as partes; esses mecanismos podem representar, na realidade, um importante recurso destinado à sua proteção ou efetivação[140]. Não por outro motivo, a Lei da Ação Civil Pública (Lei n. 7.347/1985) prevê, no art. 5.º, § 6.º, a celebração de ajuste de conduta quanto aos temas que podem ser objeto de ação pelos entes públicos legitimados à sua propositura.

Nesse instrumento, entende-se não ser possível ao legitimado renunciar ao interesse em jogo: ele deve usar o meio consensual como uma forma de proteção integral na qual podem ser estipulados aspectos como prazos, formas e detalhes de como se dará a proteção[141].

---

[137] SOUZA, Luciane Moessa de. *Resolução consensual de conflitos coletivos envolvendo políticas públicas.* Brasília: Fundação Universidade de Brasília/FUB, 2014, p. 28-29.

[138] TARTUCE, Fernanda. *Processo civil no Direito de família: teoria e prática.* 4. ed. São Paulo: Método, 2019, p. 162.

[139] PORTANOVA, Rui. *Princípios do processo civil,* cit., p. 116. Para o autor, "a passagem de direitos tradicionalmente disponíveis para indisponíveis não se faz sem resistência. É que o princípio monopolístico do cidadão de movimentar o Poder Judiciário guarda o inescondível resquício do domínio liberal individualista que o processo sofreu por séculos. A resistência ideológica muitas vezes se faz contra doutrina prevalente e até mesmo previsão constitucional. É o que acontece com os direitos e deveres referentes à propriedade privada (no Direito material) e aos poderes investigatórios do juiz no Direito processual civil em sede processual, a mentalidade liberal-individualista tem dificuldade de entender algumas situações. [...]" (p. 117).

[140] SALLES, Carlos Alberto de. *A arbitragem na solução de controvérsias contratuais da administração pública.* Tese de Livre-Docência. São Paulo: Faculdade de Direito da Universidade de São Paulo, 2010, p. 419.

[141] COSTA, Susana Henriques da. Comentário ao art. 5.º da Lei de Ação Civil Pública. In: COSTA, Susana Henriques da (coord.). *Comentários à Lei de Ação Civil Pública e à Lei de Ação Popular.* São Paulo: Quartier Latin, 2006, p. 424.

É inviável estabelecer previamente uma restrição à participação no meio consensual por parte do Poder Público: o fato de os direitos em jogo serem tidos como "indisponíveis" gera à Administração e aos demais órgãos de proteção do interesse público (como o Ministério Público) a obrigação de agir em favor desse interesse, não podendo desistir de protegê-lo – o que não significa dizer que eles não possam ser negociados, inclusive como forma de protegê--los mais adequada e celeremente[142].

Nessa linha, o III Fórum Nacional de Conciliação e Mediação (Fonacon) emitiu a recomendação 28: "os casos de improbidade, de ações de recuperação de danos e de execução de títulos do TCU enquadram-se na hipótese do art. 3.º da Lei n. 13.140/2015 por terem natureza transacional, podendo o juiz tentar a composição amigável na forma do art. 3.º, § 3.º, do CPC, inclusive para os fins do artigo 334 do mesmo diploma legal".

Por fim, é importante ressaltar que a "indisponibilidade" de um direito não implica em sua necessária discussão em juízo. Carlos Alberto de Salles aponta que a obrigatoriedade do uso da via judicial ("reserva de jurisdição") é exceção em nosso sistema, sendo aplicada apenas a hipóteses em que "o processo judicial é necessário para produção de um efeito jurídico válido", "inviabilizando, dessa maneira, a utilização de mecanismos de consenso". O autor dá como exemplos a anulação de casamento, a nomeação de curador para o incapaz e a extinção de poder familiar: a "reserva de jurisdição" não se relaciona necessariamente com a indisponibilidade do direito em questão[143].

Revela-se importante, assim, uma abertura de mentalidade quanto à possibilidade de composição quanto a (pelo menos) alguns aspectos dos mais diversos direitos e interesses. Tal posição se revela consentânea com o respeito à autodeterminação dos sujeitos em suas relações interpessoais.

1.3.2.1.2   Disponibilidade processual

Na perspectiva do direito de ação, por força da proibição estatal genérica da autotutela, o Estado conferiu ao indivíduo a disponibilidade (positiva) de acessar e (negativa) de não acessar o Poder Judiciário; em tal medida, concebe-se o direito de ação como o princípio ativo da disponibilidade[144].

Pelo princípio da disponibilidade processual (da tutela jurisdicional), cabe às partes, em manifestação do poder de dispor de seus direitos, tanto iniciar o processo como suspendê--lo ou extingui-lo (por meio de institutos como a renúncia ou a desistência). Tal princípio só encontra restrições em sua aplicação se a demanda versar sobre direitos indisponíveis[145].

---

[142]   BERGAMASCHI, André Luís. *A resolução dos conflitos envolvendo a Administração Pública por meio de mecanismos consensuais*, cit., p. 96.

[143]   SALLES, Carlos Alberto de. *A arbitragem na solução de controvérsias contratuais da administração pública*, cit., p. 136-138.

[144]   PORTANOVA, Rui. *Princípios do processo civil*, cit., p. 109-110.

[145]   Eis regras do CPC sobre o tema: art. 341. Incumbe também ao réu manifestar-se precisamente sobre as alegações de fato constantes da petição inicial, presumindo-se verdadeiras as não impugnadas, salvo se: I – não for admissível, a seu respeito, a confissão; art. 345. A revelia não produz o efeito mencionado no art. 344 se: [...] II – o litígio versar sobre direitos indisponíveis; art. 392. Não vale como confissão a admissão, em juízo, de fatos relativos a direitos indisponíveis. No regime do CPC/1973 o cenário era o mesmo, já que havia previsões correspondentes às anteriormente indicadas (art. 302, I; art. 320, II, e art. 351).

Percebe-se, assim, que o Direito processual se preocupa em assegurar a tutela adequada do Direito material, evitando manipulações e burlas quanto a temas de interesse público relevante.

Cumpre anotar que o CPC valoriza sobremaneira a autonomia da vontade das partes. Pode-se afirmar, inclusive, que ele vai além e prestigia, como bem destaca Igor Raatz, "a tríade autonomia, liberdade e democracia em diversos dispositivos"[146].

Realmente há previsões que permitem às partes dispor do procedimento judicial de forma ampla – o que constitui uma relativa novidade em nosso sistema –, como as regras sobre possível escolha consensual do perito judicial[147] e de convenção sobre o ônus da prova[148].

Além de casos específicos delineados pelo legislador no CPC, há ainda a previsão genérica sobre a possibilidade de as partes celebrarem "negócios jurídicos processuais" para convencionar sobre regras processuais relativas aos litígios em que o direito admita autocomposição[149].

Como bem expõe Robson Renault Godinho, a previsão de negócios jurídicos processuais insere-se no dever de "buscar um processo efetivamente democrático, em que convivam os poderes do juiz e a autonomia das partes, sempre balizados pela conformação constitucional dos direitos fundamentais[150]".

Tratando-se de convenção sobre normas processuais, pressupõe-se que as partes estejam em condições razoáveis de igualdade para negociar em termos de informação, técnica, organização e poder econômico. Caso contrário, a disposição sobre o procedimento poderá ser manipulada pela parte mais poderosa para se livrar de ônus e deveres, dificultando a atuação da parte mais fraca.

Prevendo a chance de potenciais abusos, o legislador adiantou-se em prever a possibilidade de controle judicial das convenções sobre procedimento, apontando a recusa de sua aplicação em casos de nulidade, inserção abusiva em contrato de adesão ou hipótese em que uma parte se encontre em manifesta situação de vulnerabilidade[151].

Vulnerabilidade indica suscetibilidade em sentido amplo, sendo a hipossuficiência uma de suas espécies (sob o viés econômico). A suscetibilidade do litigante pode advir também de outros fatores involuntários que o acometam; como a vulnerabilidade pode decorrer da condição pessoal, é essencial adotar critérios *objetivos* para sua aferição[152].

Vulnerabilidade processual é a suscetibilidade do litigante que o impede de praticar atos processuais em razão de uma limitação pessoal involuntária, podendo a impossibilidade

---

[146] RAATZ, Igor. *Autonomia privada e processo*. 2. ed. Salvador: JusPodivm, 2019, p. 177.

[147] Art. 471. As partes podem, de comum acordo, escolher o perito, indicando-o mediante requerimento, desde que: [...] II – a causa possa ser resolvida por autocomposição.

[148] Art. 373. § 3.º A distribuição diversa do ônus da prova também pode ocorrer por convenção das partes, salvo quando: I – recair sobre direito indisponível da parte.

[149] Art. 190. Versando o processo sobre direitos que admitam autocomposição, é lícito às partes plenamente capazes estipular mudanças no procedimento para ajustá-lo às especificidades da causa e convencionar sobre os seus ônus, poderes, faculdades e deveres processuais, antes ou durante o processo.

[150] GODINHO, Robson Renault. A autonomia das partes e os poderes do juiz entre o privatismo e o publicismo do processo civil brasileiro. *Civil Procedure Review*, v. 4, n.1, jan.-abr. 2013, p. 39.

[151] CPC, art. 190, parágrafo único. De ofício ou a requerimento, o juiz controlará a validade das convenções previstas neste artigo, recusando-lhes aplicação somente nos casos de nulidade ou de inserção abusiva em contrato de adesão ou em que alguma parte se encontre em manifesta situação de vulnerabilidade.

[152] TARTUCE, Fernanda. *Igualdade e vulnerabilidade no processo civil*. São Paulo: Método, 2012, p. 189.

de atuar decorrer de fatores de saúde e/ou de ordem econômica, informacional, técnica ou organizacional de caráter permanente ou provisório[153].

No cenário do CPC, a convenção processual não será válida quando um litigante estiver em clara situação de desvantagem em relação ao outro, estando suscetível a ponto de ter sua atuação prejudicada por qualquer dos fatores apontados (insuficiência econômica, desinformação pessoal, problemas de técnica jurídica etc.).

A igualdade deve funcionar como um limite para a aplicabilidade de avenças tanto nos negócios pré-processuais quanto nas convenções estipuladas durante o processo[154].

Imagine, por exemplo, o caso em que alguém assine um contrato aceitando a redução de prazos processuais e a assunção de despesas por provas que o outro venha a produzir em juízo. Para aferir a validade de tais convenções, será essencial aferir o contexto e o nível de informação das partes.

Em muitos contratos não há assistência advocatícia para um ou ambos os contraentes; caso ali haja pactos sobre alterações procedimentais, a falta de participação de advogado "quando da lavratura pode significar a incapacidade do contraente de prever as consequências da manifestação de vontade"[155].

Nesse sentido, merece destaque o Enunciado 18 do Fórum Permanente de Processualistas Civis: há indício de vulnerabilidade quando a parte celebra acordo de procedimento sem assistência técnico-jurídica[156].

O Enunciado n. 135 do mesmo Fórum aponta que a indisponibilidade do direito material discutido no processo não impede, por si só, a celebração do negócio jurídico ora analisado. Para Flávio Tartuce, é difícil concordar com tal teor especialmente ante a necessidade de tutela efetiva dos direitos indisponíveis[157]. Como se percebe, a análise dos negócios jurídicos processuais tenderá a ensejar interessantes polêmicas.

Os institutos relativos à autocomposição unilateral permitem o exercício da disponibilidade quanto à posição processual. Por implicar renúncia à tutela jurisdicional, exigem, em sua análise, verificação apurada do efetivo consentimento na manifestação da vontade. Assim, deve-se lembrar da lição de Ada Pellegrini Grinover no sentido de que a submissão e a renúncia não são espontâneas se ocasionadas pela inacessibilidade da justiça formal[158].

Como lembra Leonardo Greco, a renúncia ao acesso à justiça, seja pelo compromisso arbitral, desistência da ação, renúncia ao direito de recorrer ou desistência do recurso,

> [...] pressupõe que a manifestação de vontade seja absolutamente livre e que o renunciante esteja plenamente consciente das consequências e dos efeitos daí decorrentes,

---

[153] TARTUCE, Fernanda. *Igualdade e vulnerabilidade no processo civil*, p. 184.

[154] ABREU, Rafael Sirangelo de. A igualdade e os negócios processuais. In: CABRAL, Antonio do Passo, DIDIER JR., Fredie e NOGUEIRA, Pedro Henrique Pedrosa (coords.). *Negócios Processuais*. Salvador: JusPodivm, 2015, p. 205.

[155] ABREU, Rafael Sirangelo de. A igualdade e os negócios processuais. In *Negócios Processuais*, p. 208.

[156] Carta de Belo Horizonte: enunciados sobre o Novo CPC. Disponível em: http://portalprocessual.com/carta-de-belo-horizonte-enunciados-sobre-o-novo-cpc/. Acesso em: 7 maio 2015.

[157] TARTUCE, Flávio. *O novo CPC e o Direito Civil*. São Paulo: Método, 2015, p. 115.

[158] GRINOVER, Ada Pellegrini. A conciliação extrajudicial no quadro participativo. In: GRINOVER, Ada Pellegrini; Dinamarco, Cândido Rangel; Watanabe, Kazuo (coords.). *Participação e processo*. São Paulo: RT, 1988, p. 279.

o que normalmente ocorre apenas quando se tornou concretamente possível a prática do ato de iniciativa processual[159].

Assim, deve-se assegurar que eventual falta de efetivo consentimento quanto à autocomposição processual seja objeto de decisão judicial, reconhecendo o vício e eventualmente sanando-o, na forma e nos prazos pertinentes.

1.3.2.2 Autocomposição unilateral

A autocomposição será unilateral quando depender de ato a ser praticado exclusivamente por uma das partes em sua seara de disponibilidade; para exercê-la o interessado protagonizará renúncia, desistência ou reconhecimento jurídico do pedido.

Como bem aponta Miguel Maria de Serpa Lopes, tais condutas têm conteúdo abdicativo; como implicam em concessões ou sacrifícios realizados exclusivamente pelas partes, carecem de reciprocidade[160].

1.3.2.2.1 Renúncia

A renúncia é o ato unilateral em que o envolvido na relação jurídica abdica do Direito material a que pode (ou poderia) fazer jus.

Essa ocorrência pode se manifestar tanto no plano material como no processual; na seara material, a renúncia pode ter vários significados, conforme o campo do Direito em que atue, constituindo abandono no contexto dos direitos reais e remissão no Direito creditório[161].

Nesse contexto merece destaque o instituto da remissão, em que a parte perdoa a obrigação da outra; seu regramento geral encontra-se no art. 385[162] do Código Civil.

No âmbito fiscal, sobreleva o instituto da remissão previsto no art. 172[163] do Código Tributário Nacional, destacando-se ainda as imunidades e as exclusões dos créditos tributários (isenções e anistia). A existência de tais institutos, especialmente por poderem implicar em renúncia de receita pelo Estado, demonstra que, mesmo na seara dos direitos fazendários há considerável possibilidade de sua disposição pelos entes estatais.

---

[159] GRECO, Leonardo. Garantias fundamentais do processo: o processo justo. Disponível em: <http://www.buscalegis.ufsc.br/revistas/files/anexos/18361-18362-1-PB.pdf>. Acesso em: 05 maio 2017.

[160] SERPA LOPES, Miguel Maria de. *Curso de Direito civil*, v. 2: *Obrigações em geral*, cit., p. 302.

[161] MONIZ DE ARAGÃO, E. D. *Comentários ao Código de Processo Civil*, v. 2. Rio de Janeiro: Forense, 2000, p. 302.

[162] "A remissão da dívida, aceita pelo devedor, extingue a obrigação, mas sem prejuízo de terceiro."

[163] Lei 5.172/1966, art. 172: "A lei pode autorizar a autoridade administrativa a conceder, por despacho fundamentado, remissão total ou parcial do crédito tributário, atendendo: I – à situação econômica do sujeito passivo; II – ao erro ou ignorância excusáveis do sujeito passivo, quanto a matéria de fato; III – à diminuta importância do crédito tributário; IV – a considerações de equidade, em relação com as características pessoais ou materiais do caso; V – a condições peculiares a determinada região do território da entidade tributante. Parágrafo único. O despacho referido neste artigo não gera direito adquirido, aplicando-se, quando cabível, o disposto no artigo 155".

No aspecto processual, a renúncia é prevista como hipótese de extinção do processo com resolução de mérito[164], implicando uma acomodação da parte quanto à inexistência de vontade de exercer a posição jurídica. Como regra, independe da anuência da parte contrária[165].

Para a validade da renúncia, são exigidos requisitos objetivos e subjetivos: o objeto deve ser renunciável e os renunciantes devem ser dotados de capacidade para exercer tal ato jurídico[166].

A inadmissibilidade da renúncia está ligada à indisponibilidade do direito em discussão. No Código de Processo Civil, o tema da indisponibilidade aparece em certos contextos como a não aplicação do efeito da revelia[167], o tratamento do ônus da prova[168] e a inadmissão da confissão em certos casos[169].

Constata-se, assim, que o conceito de indisponibilidade não é propriamente processual, mas material.

No processo civil, o poder dispositivo das partes tem grande amplitude, sendo quase absoluto, à mercê da natureza do Direito material em questão. Eventuais limitações decorrerão do Direito material considerado indisponível, caso prevaleça o interesse público sobre o privado[170].

Com base nesse parâmetro, há situações cada vez mais frequentes em que, apesar de os direitos estarem na esfera de interesse particular, acaba prevalecendo o interesse da sociedade sobre o direito do indivíduo, considerando-se então a nota da indisponibilidade. Diante da publicização do processo, o cidadão, em certos casos, não pode livremente dispor, usar ou deixar de usar o direito.

Salienta Rui Portanova que, como regra, "são considerados públicos os direitos de interesse e utilidade geral ou universal. Por igual, direitos que se referem às bases econômica, política ou organizacional da vida em sua finalidade social são indisponíveis"[171]. Assim, é a interpretação do caso concreto que pode conduzir à conclusão sobre a indisponibilidade ou não[172].

1.3.2.2.2 Desistência

Proposta a demanda, pode o autor, com base no princípio da disponibilidade processual, desistir do processo e abdicar da posição processual assumida após o ajuizamento da causa[173].

---

[164] CPC, art. 487. "Haverá resolução de mérito quando o juiz: [...] III – homologar: [...] c) a renúncia à pretensão formulada na ação ou na reconvenção".

[165] No que tange ao direito de recorrer, afirma o art. 999 do CPC que "a renúncia ao direito de recorrer independe da aceitação da outra parte".

[166] MONIZ DE ARAGÃO, E. D. *Comentários ao Código de Processo Civil*, cit., p. 429.

[167] CPC, art. 345, II: "A revelia não induz, contudo, o efeito mencionado no artigo antecedente: [...] II – se o litígio versar sobre direitos indisponíveis".

[168] CPC, art. 373, § 3.º: "A distribuição diversa do ônus da prova também pode ocorrer por convenção das partes, salvo quando: I – recair sobre direito indisponível da parte".

[169] CPC, art. 392: "Não vale como confissão a admissão, em juízo, de fatos relativos a direitos indisponíveis".

[170] CINTRA, Antonio Carlos de Araújo; GRINOVER, Ada Pellegrini; DINAMARCO, Cândido R. *Teoria geral do processo*, cit., p. 69.

[171] PORTANOVA, Rui. *Princípios do processo civil*, cit., p. 116.

[172] *Ibidem*.

[173] CRUZ E TUCCI, José Rogério. *Desistência da ação*. São Paulo: Saraiva, 1988, p. 5.

MEDIAÇÃO NOS CONFLITOS CIVIS – *Fernanda Tartuce*

Cabe destacar, porém, a vedação da desistência em demandas que versam sobre interesses indisponíveis, como as que têm causas de pedir de índole criminal[174] e as relativas à improbidade administrativa[175]. Também merece realce a situação da desistência na ação popular, em que há possibilidade de que um terceiro ou o Ministério Público, pela relevância do interesse protegido, assuma o polo ativo da ação, prosseguindo o processo[176].

Nos casos em que é possível (entre os quais se incluem os litígios civis), a desistência pode se operar antes da sentença ou a qualquer tempo no processo.

Fala-se em desistência da ação quando o autor manifesta o intuito de não prosseguir na demanda, peticionando ao juízo em prol de seu término. O processo será então extinto sem apreciação do mérito, sendo possível ao autor propor novamente a demanda.

Segundo Egas Moniz de Aragão, o Código de Processo Civil brasileiro não foi feliz ao mencionar a desistência da ação: melhor teria sido falar em pedido de extinção do processo, pois é a este que se refere a desistência, visto que a ação só pode ser afetada pela renúncia do autor[177].

A desistência do processo é livre até a citação do demandado, bastando ao autor requerê-la. Tendo, porém, sido o réu integrado à relação jurídica e já estando em curso o prazo de resposta, é necessário que ele seja consultado sobre o pedido de desistência do autor; o pleito, aliás, só será acolhido ante a concordância[178].

Justifica-se tal previsão pelo fato de que o réu também tem direito ao prosseguimento do feito para que a pretensão seja apreciada em seu mérito, encerrando de forma definitiva o questionamento quando do trânsito em julgado da decisão de improcedência e imunizando-a contra outras proposituras[179].

---

[174] Código de Processo Penal, art. 25. "A representação será irretratável, depois de oferecida a denúncia".

[175] Embora não haja disposição expressa em tal sentido, interpretações lógico-sistemáticas e teleológicas das normas sobre o tema conduzem à conclusão sobre a impossibilidade de desistência da demanda atinente à improbidade administrativa.

[176] Lei n. 4.717/1965, art. 9.º: "Se o autor desistir da ação ou der motivo à absolvição da instância, serão publicados editais nos prazos e condições previstos no art. 7.º, II, ficando assegurado a qualquer cidadão, bem como ao representante do Ministério Público, dentro do prazo de noventa dias da última publicação feita, promover o prosseguimento da ação".

[177] MONIZ DE ARAGÃO, E. D. *Comentários ao Código de Processo Civil*, cit., p. 409. Embora a observação tenha sido feita à luz do CPC/1973, ela pode ser aplicada também CPC/2015, que trata do tema com os mesmos parâmetros.

[178] CPC, art. 485, § 4.º: "Oferecida a contestação, o autor não poderá, sem o consentimento do réu, desistir da ação. Semelhante previsão constava no CPC/1973 no art. 267, § 4.º".

[179] Nesse sentido, merecem transcrição trechos de explicativo julgado do Superior Tribunal de Justiça sob a égide do CPC/1973: "I – Depois de decorrido o prazo para a resposta, o autor não poderá, sem o consentimento do réu, desistir da ação (...). Tal regra, vale ressaltar, decorre da própria bilateralidade da ação, no sentido de que o processo não é apenas do autor. Assim, é direito do réu, que foi acionado juridicamente, pretender desde logo a solução do conflito. [...] III – Mesmo quando a desistência ocorre em ação de divórcio, na qual não houve reconvenção, há interesse do cônjuge réu no prosseguimento do processo, não só para obter a declaração de improcedência do pedido em relação à *causa petendi* deduzida como também para alcançar, a seu respeito, a eficácia da *res iudicata* (material)" (4.ª Turma, REsp 90.738/RJ, Rel. Min. Sálvio de Figueiredo Teixeira, j. 09.06.1998, *DJ* 21.09.1998, p. 167).

O esgotamento do prazo para a resposta ou a apresentação desta, antes de vencido o prazo, torna inadmissível a desistência da ação por simples manifestação de vontade do autor; será indispensável, então, a anuência do réu, sendo "tal consentimento [...] insuprível pelo juiz"[180].

Situação diferente ocorre no tocante à desistência do recurso, caso em que o recorrente manifesta a vontade de que o recurso interposto deixe de ser julgado.

Para José Carlos Barbosa Moreira, tal conduta vale "pela revogação da interposição" e pode ocorrer desde a interposição do recurso até o instante imediatamente anterior ao julgamento[181].

Em tal situação, é irrelevante a manifestação da parte contrária. O recurso será considerado inexistente e ocorrerá o trânsito em julgado da decisão (caso o recurso seja o único óbice a tal trânsito)[182].

Há, porém, exceções: a desistência do recurso não impedirá a análise de questão cuja repercussão geral já tenha sido reconhecida, assim como prosseguirá a análise judicial quando a decisão for objeto de julgamento de recursos extraordinários ou especiais repetitivos[183].

1.3.2.2.3   Reconhecimento jurídico do pedido

Por tal conduta, o réu admite a procedência da pretensão deduzida pelo autor.

Praticado pelo réu o reconhecimento jurídico do pedido, cumprirá ao juiz verificar a admissibilidade de tal ato com base em dois critérios: disponibilidade do direito e capacidade de quem manifesta a vontade[184].

Quanto à forma de realização, não há exigência formal, podendo o reconhecimento se verificar nos autos por manifestação da própria parte ou de seu advogado (com poderes para tanto) ou em documento extrajudicial; o que importa é que o ato seja inequívoco[185].

Para Egas Moniz de Aragão, tal reconhecimento implica excluir a composição jurisdicional da lide, visto que o processo se encerra pelo fato de um dos litigantes concordar que o outro tem razão[186].

Esta não parece ser, porém, a melhor conclusão. A partir do momento em que o réu reconhece a procedência da pretensão do autor, ocorre uma reorganização da situação controvertida, que se estrutura em novas bases. Quando ambos os envolvidos concordam sobre a titularidade da posição jurídica, verifica-se verdadeira autocomposição. Nesse cenário, pode ser relevante, em contemplação à segurança jurídica, que haja atuação jurisdicional para homologar o resultado, verificados os requisitos descritos.

---

[180]   BARBOSA MOREIRA, José Carlos. *O novo processo civil brasileiro*. 29. ed. Rio de Janeiro: Forense, 2012, p. 38.

[181]   *Idem*, p. 126.

[182]   *Ibidem*.

[183]   A previsão, que consta no CPC no art. 998, parágrafo único, já tinha sido objeto de contemplação jurisprudencial sob a vigência do CPC/1973. Sobre o tema, merece leitura o artigo de CRUZ E TUCCI, José Rogério. Desistência do recurso não se subordina ao crivo dos tribunais. Disponível em: http://www. conjur.com.br/2013-dez-24/paradoxo-corte-desistencia-recurso-nao-subordina-crivo-tribunais. Acesso em: 9 jan. 2020.

[184]   MONIZ DE ARAGÃO, E. D. *Comentários ao Código de Processo Civil*, cit., p. 424.

[185]   *Idem*, p. 426.

[186]   *Idem*, p. 422-423.

1.3.2.3 Autocomposição bilateral

A autocomposição será bilateral quando contar com a participação dos envolvidos na situação controvertida.

Quando encaminham a composição por si mesmas, estabelecendo tratativas diretas sem a intermediação de um terceiro, as partes encerram negociação.

Ocorre, porém, que nem sempre os envolvidos no conflito conseguem se comunicar diretamente com eficiência[187]; quando isso ocorre, valer-se da participação de uma pessoa isenta para promover o diálogo e remover travas na comunicação podem ser uma saída inteligente e produtiva.

Nas vias consensuais, a definição do conflito não é imposta pelo terceiro imparcial, mas construída conjuntamente pelos envolvidos na controvérsia.

Quando as partes se compõem e definem, em conjunto, o destino da pretensão, pactuam um acordo. Verificando-se no pacto concessões recíprocas, configura-se a transação, contrato[188] típico previsto no art. 840 do Código Civil. Este conceito legal, contudo, merece críticas.[189]

A diferença entre *posições* e *interesses* é fundamental para entender que há casos em que, não obstante a parte se afaste da posição inicialmente assumida, não há necessariamente uma "concessão de interesses": estes podem ser atingidos de modo a serem atendidos e aceitos também pelo outro, agregando valor ao acordo e também contemplando os interesses alheios[190].

Como exemplo, considere a controvérsia entre locador e locatário sobre o valor do aluguel. Em vez de disputarem simplesmente com base em números, pode ser construída uma resposta conjunta contemplando melhorias no imóvel e considerando abonos e/ou adiamento do reajuste.

Nesse ponto, revela-se uma inconsistência na associação entre "solução negociada" e "transação": é possível negociar fazendo "concessões recíprocas", mas também é possível negociar sem fazer concessões. Mesmo que as partes se afastem das posições inicialmente assumidas (ou que absolutamente não assumam posições), "cedendo", assim, em suas posições, seus interesses subjacentes podem restar atendidos sem ser necessário comprometer o interesse alheio[191].

Para a obtenção de situações de vantagem, as pessoas podem realizar, diretamente entre si, atividades de negociação ou se valerem da atuação de um terceiro imparcial facilitador.

---

[187] Diversos fatores podem obstar o diálogo produtivo, como o desgastante histórico da controvérsia, a existência de graves falhas na comunicação, o apego a posições contundentes e o desejo de atender a expectativas (algumas vezes externas) de acirramento do conflito, entre outros.

[188] Para Carnelutti, as manifestações das partes não se fundem, mas são coligadas; assim, a transação, mais do que um contrato bilateral, resulta na "combinação de dois negócios reciprocamente condicionados, dos quais um é em cada caso a renúncia total ou parcial da pretensão ou o reconhecimento total ou parcial da mesma pretensão" (BUZAID, Alfredo. Do julgamento conforme o estado do processo. Com notas de adaptação ao Direito vigente de Ada Pellegrini Grinover e Flávio Luiz Yarshell. In: Grinover, Ada Pellegrini. *Estudos e pareceres de Direito processual civil*. Notas de adaptação ao direito vigente de Ada Pellegrini Grinover e Flávio Luiz Yarshell. São Paulo: RT, 2002, p. 67).

[189] "É lícito aos interessados prevenirem ou terminarem o litígio mediante concessões mútuas."

[190] BERGAMASCHI, André; TARTUCE, Fernanda. A solução negociada e a figura jurídica da transação: associação necessária? Disponível em: www.fernandatartuce.com.br. Acesso em: 28 jul. 2015.

[191] BERGAMASCHI, André; TARTUCE, Fernanda. A solução negociada e a figura jurídica da transação: associação necessária?, cit.

1.3.2.3.1 Autocomposição bilateral mediante negociação

A negociação pode ser entendida como a comunicação estabelecida diretamente pelos envolvidos, com avanços e retrocessos, em busca de um acordo; trata-se do mais fluido, básico e elementar meio de resolver controvérsias, sendo também o menos custoso[192].

Em certo sentido, a negociação é o processo de comunicação em que duas ou mais pessoas decidem sobre a distribuição de valores escassos[193]; em outras palavras, negocia-se para se obter com o outro aquilo que sozinho não se obteria.

Mecanismos tradicionais como a força, o poder e a autoridade vêm perdendo espaço no mundo contemporâneo e cedendo lugar a métodos negociais; cada vez mais firma-se a consciência da necessidade de "obter o consentimento da outra parte como método construtivo e de resultados duradouros para a produção de contratos e resolução de controvérsias"[194].

Pela negociação, os sujeitos em conflito podem, sem a intervenção de outrem, alcançar uma solução para o assunto suscitado, comunicando-se entre si e expondo seus benefícios[195].

A vantagem da negociação direta é notória: por ser um método personalíssimo, ela "preserva a autoria e a autenticidade dos negociadores na solução dos próprios conflitos, não existindo nada mais adequado e duradouro do que uma solução autonegociada"[196].

Pela dificuldade de executar decisões impostas por outrem, vem crescendo o reconhecimento de que a persuasão é um elemento importante para alcançar o efetivo cumprimento dos pactos ensejando seu cumprimento espontâneo (ainda que obtido depois de intensas negociações).

Baseados no Projeto de Negociação de Harvard, Roger Fisher, William Ury e Bruce Patton, em sua obra *Como chegar ao sim: a negociação de acordos sem concessões*, destacam importantes fatores a serem desenvolvidos para a obtenção de acordos sensatos que atendam aos legítimos interesses das partes – na medida do possível –, resolvendo imparcialmente os interesses conflitantes, com durabilidade, e considerando os interesses da comunidade[197].

Informam os autores serem princípios importantes no método de negociação: não negociar sobre posições (geralmente fechadas), mas considerar os interesses; separar as pessoas dos problemas (tratando o outro sempre com respeito, confiança e consideração); fixar-se nos reais interesses envolvidos (desejos e preocupações) e não nas posições formais adotadas

---

[192] TARTUCE, Fernanda; FALECK, Diego; GABBAY, Daniela. *Meios alternativos de solução de conflitos.* Rio de Janeiro: FGV, 2014, p. 19.

[193] MOURÃO, Alessandra Nascimento S. F. *et al. Resolução de conflitos*: fundamentos da negociação para o ambiente jurídico. São Paulo: Saraiva (Série GVlaw), 2014, p. 24.

[194] GARCEZ, José Maria Rossani. *Negociação. ADRS. Mediação, conciliação e arbitragem.* 2. ed. Rio de Janeiro: Lumen Juris, 2004, p. 5.

[195] "A través de la negociación pueden los sujetos en conflicto, tan sólo ellos sin intervención de un tercero, tratar de alcanzar una solución al asunto suscitado, mediante el intento de comunicarse entre sí, exponiendo cada uno sus beneficios, asumiendo que, en todo caso, va a existir una cesión que implique una renuncia a algo" (VILAR, Silvia Barona. *Solución extrajurisdiccional de conflicto*: "alternative dispute resolution" (ADR) y Derecho procesal. Valencia: Tirant lo Blanch, 1999, p. 70-71).

[196] *Idem*, p. 1.

[197] FISCHER, Roger; URY, William; PATTON, Bruce. *Como chegar ao sim*: negociação de acordos sem concessões. Tradução de Vera Ribeiro e Ana Luiza Borges. 2. ed. Rio de Janeiro: Imago, 2005, p. 22.

(de rigidez ou conduta fechada); imaginar, criativamente, opções alternativas, com ganhos recíprocos[198].

A teoria de Harvard contrasta a figura do negociador competitivo – preocupado em "vencer" a negociação pela intimidação, com maior vantagem/melhor preço, e a preocupação de captar para si todo o valor disponível na mesa de negociação, no enfoque "ganha-perde" – com a figura do negociador cooperativo, baseado em princípios, que busca o "ganha-ganha"; longe de ser ingênuo, o negociador cooperativo é preparado para lidar com batalhas de distribuição, mantendo-se atento à possibilidade de soluções inovadoras, à criação de valor e à manutenção de relacionamentos[199].

Um exemplo simples demonstra a noção de negociação baseada em interesses. Dois homens, sentados na mesa de uma biblioteca, não conseguem entrar em acordo sobre se a janela acima da mesa deve ficar aberta ou fechada. Em vez de discutir a validade de suas posições, seria importante que cada um deflagrasse o motivo pelo qual assume a sua. O homem que quer a janela aberta deseja ar fresco; o que a quer fechada visa evitar uma corrente de vento. De posse de tais informações, seria possível chegar a uma solução: abrir a janela de uma sala vizinha. Tal saída atenderia aos interesses das duas partes – mas isso não teria sido possível se as partes simplesmente tivessem continuado a negociar em função de suas posições fechadas[200].

Os interesses são as necessidades, os desejos e os medos que compõem a preocupação ou vontade de alguém; eles permeiam a "posição", que compreende os itens tangíveis que alguém diz querer[201].

A postura de buscar os interesses subjacentes, ínsita a um eficiente negociador, possibilita a reorganização das posições dos envolvidos e abre o leque de possibilidades para que eles possam encontrar saídas satisfatórias para o impasse.

A valorização da negociação como instrumento idôneo de tratamento de conflitos revela a tendência de mudança de paradigmas, com a diminuição do enfoque "ganhar-perder" (baseado no antagonismo) e o crescimento do enfoque cooperativo, baseado na satisfação de interesses; a proposta é que a negociação venha a fortalecer os vínculos interpessoais[202].

A negociação se dá em diversos setores nas interações humanas. No sistema jurídico brasileiro, há vários mecanismos que buscam incentivar a comunicação entre as partes para que elas encetem a composição do conflito negociando uma saída consensual.

No contexto das ações coletivas, há tempos vêm sendo estimulados contatos entre as partes para que busquem saídas combinadas para o impasse. A realização de acordos, termos de ajustamento de conduta e compromissos preliminares pelos legitimados à ação coletiva revela a mitigação do princípio da indisponibilidade e representa a possibilidade de composição amigável para viabilizar a reconstituição dos direitos e interesses lesados[203].

---

[198] GARCEZ, José Maria Rossani. *Negociação*. ADRS. Mediação, conciliação e arbitragem, cit., p. 6-7.

[199] TARTUCE, Fernanda; FALECK, Diego; GABBAY, Daniela. *Meios alternativos de solução de conflitos*. Rio de Janeiro: FGV, 2014, p. 21.

[200] O exemplo é muito invocado quando se pergunta sobre como pode operar a negociação baseada em interesses e conta, originalmente, com a participação de uma bibliotecária, que aponta a saída (atuando como conciliadora).

[201] TARTUCE, Fernanda; FALECK, Diego; GABBAY, Daniela. *Meios alternativos de solução de conflitos*, cit., p. 22.

[202] COLAIÁCOVO, Juan Luis; Colaiácovo, Cynthia Alexandra. *Negociação, mediação e arbitragem*, cit., p. 19.

[203] MAZZILLI, Hugo Nigro. *A defesa dos interesses difusos em juízo*. 16. ed. São Paulo: Saraiva, 2003, p. 333.

Cap. 1 · CONFLITOS CIVIS E MEIOS DE COMPOSIÇÃO | 41

Como esclarece Hugo Nigro Mazzilli, o órgão público legitimado à ação coletiva pode firmar acordo ou celebrar termo de ajustamento de conduta; no tocante aos interesses transindividuais em geral, o legislador fez concessões ao permitir a composição extrajudicial da lide[204]. Em tais casos, será gerado título executivo extrajudicial[205].

A celebração de tais instrumentos poupa, de forma salutar, o penoso processo de conhecimento. O termo de ajustamento de conduta revela-se altamente eficiente para resolver e prevenir "conflitos de grande transcendência, que de outro modo ensejariam ações de trâmite demorado, de forte impacto sobre os agentes envolvidos e até sobre a própria sociedade como um todo"[206].

Há ainda inúmeras outras vantagens nos ajustes de conduta: "assunção voluntária de direitos e obrigações; aprendizagem de direitos e deveres; preservação da imagem da empresa e sua marca; custos; prazo de celebração e cumprimento; qualidade do pacto impondo-se à qualidade da sentença"[207].

É possível ainda a realização de acordo judicial que não põe fim à ação civil pública, assim como a realização de compromissos preliminares (de índole extrajudicial) sem que haja o encerramento das investigações[208].

Além disso, é possível uma forma especial de composição voluntária da lide: os compromissos preliminares, que implicam em uma solução parcial dos problemas verificados pelo Ministério Público no inquérito civil e são patrocinados extrajudicialmente pelo *Parquet*[209].

Para Geisa de Assis Rodrigues, tal compromisso constitui um meio alternativo de solução de conflitos e deve ser tentado sempre que possível, dando oportunidade para que o investigado possa optar por essa solução harmônica[210].

Afinal, trata-se de mecanismo que inaugura "uma nova cultura na esfera pública de estímulo à solução abertamente negociada ao invés do conchavo ou da rigidez impermeável", constituindo uma opção extremamente desafiadora por pressupor que os operadores públicos sejam firmes o suficiente na defesa do direito de toda a coletividade e flexíveis o bastante para garantir a construção de uma solução conciliatória. Pondera ainda que "na esfera do Direito antitruste esse dilema é muito mais grave, porque as vantagens e os malefícios da condução de uma solução compromissada podem atingir o centro nervoso do sistema e repercutir na vida de milhares de pessoas"[211].

---

[204] MAZZILLI, Hugo Nigro. *A defesa dos interesses difusos em juízo*, cit., p. 333.

[205] Nos termos do art. 5.º, § 6.º, da Lei n. 7.347/1985, "os órgãos públicos legitimados poderão tomar dos interessados compromisso de ajustamento de sua conduta às exigências legais, mediante combinações, que terá eficácia de título executivo extrajudicial".

[206] MANCUSO, Rodolfo de Camargo. *O plano piloto de conciliação em segundo grau de jurisdição, do Egrégio Tribunal de Justiça de São Paulo, e sua possível aplicação aos feitos de interesse da Fazenda Pública*, cit., p. 32.

[207] Tais vantagens foram expostas por Roberto Daniel Fink, segundo narra Paulo Antonio Locatelli (O termo de compromisso de ajustamento de conduta na proteção dos direitos sociais. *Atuação jurídica – Revista da Associação Catarinense do Ministério Público*, ano 4, n. 10, p. 24, set. 2002).

[208] MAZZILLI, Hugo Nigro. *A defesa dos interesses difusos em juízo*, cit., p. 342-343.

[209] *Idem*, p. 293.

[210] RODRIGUES, Geisa de Assis. Breves considerações sobre o compromisso de cessação de prática. Seminário de Direito Econômico, promovido pela Fundação Procurador Pedro Jorge de Melo e Silva, 22 out. 2001. Disponível em: http://www7.trf2.jus.br/sophia_web/index.asp?codigo_sophia=46914. Acesso em: 16 jan. 2020.

[211] *Ibidem*.

42 | MEDIAÇÃO NOS CONFLITOS CIVIS – *Fernanda Tartuce*

Percebe-se, assim, a crescente valorização da negociação como meio eficiente para domar resistências e permitir aos envolvidos em impasses a composição consensual de disputas. Sua realização, em regra, exige o estabelecimento de contato entre as partes, que devem estar dispostas a se comunicar de forma eficiente.

No processo civil exige-se o interesse de agir como condição da ação; assim, para demonstrar a existência da necessidade de demandar, muitas vezes uma das partes busca negociar antes de ir a juízo, mas acaba havendo resistências e dificuldades de comunicação entre os litigantes. Por tais circunstâncias, o ordenamento prevê e estimula, no curso do processo, a atuação de um terceiro para que a negociação possa ser empreendida eficazmente no sentido de possibilitar a composição entre os litigantes.

Há tempos vem se ampliando a tendência de prestigiar a realização de consensos em amplos termos, não só fora, mas também na esfera judicial. O forte estímulo à realização de atos negociais foi concretizado no CPC, legislação que destina mais de cem previsões sobre os meios consensuais.

Repetindo o art. 5.º, XXXV, da Constituição Federal, o art. 3.º do CPC contempla a garantia de acesso à justiça e destaca, no § 2.º, que o Estado promoverá, sempre que possível, a solução consensual de conflitos. A negociação é mencionada indiretamente: além da conciliação e da mediação, há incentivo à adoção de outros meios consensuais no § 3.º do dispositivo[212].

1.3.2.3.2 Autocomposição bilateral facilitada

Pode ocorrer que as partes não consigam, sozinhas, comunicar-se de forma eficiente e entabular uma resposta conjunta para a controvérsia. A deterioração da relação entre os indivíduos (entre outros fatores) pode ter gerado graves problemas de contato e comunicação. Nessas situações, pode ser recomendável contar com uma pessoa imparcial que contribuirá para a restauração da comunicação por meio de técnicas de mediação ou conciliação.

Merece destaque o fato de existirem diferenças[213] entre as duas modalidades, centradas na forma e no objetivo perseguido.

O mediador não induz propriamente as pessoas a um acordo: ele contribui para o restabelecimento da comunicação de modo que elas criem novas formas de relacionamento e equacionamento de controvérsias. A atuação do terceiro imparcial objetiva gerar oportunidades de reflexão e encaminhamentos de modo que os próprios indivíduos protagonizem a elaboração de propostas.

A diferenciação vem refletida no texto do CPC: o mediador "atuará preferencialmente nos casos em que houver vínculo anterior entre as partes, auxiliará aos interessados a compreender as questões e os interesses em conflito, de modo que eles possam, pelo restabelecimento da comunicação, identificar, por si próprios, soluções consensuais que gerem benefícios"[214].

---

[212] CPC/2015, art. 3.º, § 3.º. A conciliação, a mediação e outros métodos de solução consensual de conflitos deverão ser estimulados por juízes, advogados, defensores públicos e membros do Ministério Público, inclusive no curso do processo judicial.

[213] Como se explicitará oportunamente, há quem sustente não haver diferença entre mediação e conciliação: sendo ambas sinônimas, na prática o terceiro que as realiza poderia escolher entre uma ou outra vertente de atuação. A posição adotada nessa obra destaca as diferenças: elas são importantes para que as técnicas possam funcionar de modo eficiente e com respeito às expectativas das partes.

[214] CPC, art. 165, § 3.º.

O conciliador, por sua vez, atuará preferencialmente nos casos em que não houver vínculo anterior entre as partes e poderá sugerir soluções para o litígio[215].

Como exemplo, imaginemos o impasse dos pais quanto à guarda do filho após o divórcio. Com a contribuição do mediador, eles serão provocados a refletir sobre qual é a melhor forma de garantir não a simples prevalência de suas posições, mas o interesse comum de gerar melhores situações para o filho. A mãe, por exemplo, pode defender que ter a criança consigo seja a melhor situação, em todas as oportunidades; se o pai pretender o mesmo para si, haverá posições diametralmente opostas. Nesse caso, o mediador não sugerirá soluções, mas promover a conversação para que os próprios indivíduos vislumbrem possibilidades viáveis. Já se estiver atuando um conciliador, este poderá formular propostas, por exemplo, de tentativa de guarda compartilhada por certo período.

No CPC/1973, a tentativa de obtenção de composição consensual para o conflito sempre se dava por meio de conciliação. O CPC atual contempla expressamente a convivência judicial entre esta e a mediação (ao prever, por exemplo, que o réu será citado para comparecimento em audiência de conciliação ou mediação).

Apesar do silêncio do CPC, ao que tudo indica o Centro Judiciário de Solução de Conflitos, previsto no art. 165 do Código e responsável pela realização de sessões judiciais de conciliação e mediação, será o responsável por definir se o caso deverá ser atendido por um mediador ou um conciliador.

Nos termos da Resolução n. 125/2010 do CNJ, "os Tribunais de Justiça e os Tribunais Regionais Federais deverão assegurar que nos Centros atue ao menos um servidor com dedicação exclusiva, capacitado em métodos consensuais de solução de conflitos, para a triagem e encaminhamento adequado de casos" (art. 9.º, § 3.º).

De todo modo, é importante que os advogados das partes externem sua preferência pela adoção de um ou outro meio consensual quando puderem se manifestar de modo a contribuir para o encaminhamento à via apropriada; esse assunto será retomado adiante.

1.3.2.3.2.1 Conciliação

Por tal mecanismo de autocomposição, um facilitador imparcial intervém para, mediante atividades de escuta e investigação, auxiliar os envolvidos a celebrar um acordo, se necessário expondo vantagens e desvantagens em suas posições e propondo saídas alternativas para a controvérsia, sem, todavia, forçar a realização do pacto.

O objetivo da atuação do conciliador costuma ser identificado com a meta de alcançar um acordo que evite complicações futuras, com dispêndio de tempo e dinheiro[216].

Como bem esclarece Erica Barbosa e Silva, no exercício de sua função o conciliador, embora possa sugerir possibilidades de resolução, deve estimular as partes a elaborarem soluções próprias[217].

---

[215] CPC, art. 165, § 2.º.

[216] VEZZULLA, Juan Carlos. *Mediação: teoria e prática. Guia para utilizadores e profissionais*. Lisboa: Agora, 2001, p. 83.

[217] BARBOSA E SILVA, Erica. *Conciliação judicial*. Brasília: Gazeta Jurídica, 2013, p. 185.

A conciliação pode operar-se tanto no contexto de uma demanda judicial como no âmbito de instituições privadas voltadas à solução de controvérsias (a exemplo das denominadas "câmaras de conciliação e arbitragem").

No Brasil, sempre predominou quantitativamente a verificação da conciliação como fenômeno judicial em que as partes são conduzidas por um terceiro imparcial rumo à obtenção de um acordo com vistas à extinção do processo[218]. Nessa perspectiva, configura fenômeno processual, razão pela qual não deve ser confundida com a transação, seu possível objeto (contrato civil[219] que pode ser firmado em juízo ou fora dele).

Percebe-se, há tempos, um incremento judicial-processual no sentido de promover audiências para a tentativa de autocomposição[220], havendo previsões expressas sobre o tema em leis como as dos Juizados Especiais[221] e a Consolidação das Leis do Trabalho[222].

No CPC e na Lei de Mediação[223], a realização de sessões para a tentativa de autocomposição ocupa lugar de grande destaque, precedendo, inclusive, o oferecimento de defesa pelo réu[224].

Nas causas cíveis regidas pelo CPC, a previsão de realizar tentativa conciliatória entre as partes, a qualquer tempo no processo, situa-se entre os deveres do magistrado[225].

A tendência atual é que os processos disponham de momentos para que sejam empreendidas tentativas de solução consensual. Caso esta não seja obtida, deverá haver a atuação segundo o modelo contencioso de adjudicação pelo juiz[226].

---

[218] Daniela Monteiro Gabbay identificou, em pesquisa sobre programas de mediação e conciliação no Judiciário brasileiro, que, quanto maior o volume de demandas submetidas ao programa, mais ele tende a atuar com conciliação, e não mediação, já que esta requer mais preparo, tempo e sessões para seu desenvolvimento (*Mediação e Judiciário: condições necessárias para a institucionalização dos meios autocompositivos de solução de conflitos*. Tese de Doutorado. São Paulo: Faculdade de Direito da USP, 2011, p. 50).

[219] Código Civil, art. 842: "A transação far-se-á por escritura pública, nas obrigações em que a lei o exige, ou por instrumento particular, nas em que ela o admite; se recair sobre direitos contestados em juízo, será feita por escritura pública, ou por termo nos autos, assinado pelos transigentes e homologado pelo juiz".

[220] FIGUEIRA JÚNIOR, Joel Dias; TOURINHO NETO, Fernando da Costa. *Juizados especiais cíveis e criminais: comentários à Lei 9.099/1995*. 4. ed. São Paulo: RT, 2005, p. 51.

[221] Lei n. 9.099/1995, art. 21: "Aberta a sessão, o Juiz togado ou leigo esclarecerá as partes presentes sobre as vantagens da conciliação, mostrando-lhes os riscos e as consequências do litígio, especialmente quanto ao disposto no § 3.º do art. 3.º desta Lei". Tal diretriz aplica-se também aos Juizados Especiais Federais, por expressa disposição do art. 1.º da Lei 10.259/2001; tal lei, que rege a espécie, menciona em diversas oportunidades a conciliação (arts. 9.º, 11 e 12).

[222] A conciliação é prevista em diversos dispositivos da CLT, merecendo especial destaque os artigos 625-A e 846.

[223] Lei n. 13.140/2015, art. 27: "Se a petição inicial preencher os requisitos essenciais e não for o caso de improcedência liminar do pedido, o juiz designará audiência de mediação".

[224] CPC, art. 334, "Se a petição inicial preencher os requisitos essenciais e não for o caso de improcedência liminar do pedido, o juiz designará audiência de conciliação ou de mediação com antecedência mínima de 30 (trinta) dias, devendo ser citado o réu com pelo menos 20 (vinte) dias de antecedência".

[225] CPC, art. 139, V: "O juiz dirigirá o processo conforme as disposições deste Código, incumbindo-lhe: [...] V – promover, a qualquer tempo, a autocomposição, preferencialmente com auxílio de conciliadores e mediadores judiciais".

[226] SALLES, Carlos Alberto de. Mecanismos alternativos de solução de controvérsias e acesso à justiça: a inafastabilidade da tutela jurisdicional recolocada. In: FUX, Luiz; NERY JR., Nelson; WAMBIER, Teresa Arruda Alvim (coords.). *Processo e Constituição: estudos em homenagem ao professor José Carlos Barbosa Moreira*. São Paulo: RT, 2006, p. 787.

Ao comentar o regime do CPC/1973, Vicente Greco Filho destacava que, ao conciliar, o juiz deixava de ser uma figura passiva, devendo exortar as partes para que chegassem a um acordo antes do início da instrução; contudo, não devia o magistrado influenciar o estado de espírito das partes com "prognósticos de resultados favoráveis ou desfavoráveis, sob pena de comprometer sua imparcialidade no julgamento futuro se a conciliação não tiver sucesso"[227]. Sem dúvida tem razão o autor: o acordo não deve ser obtido por receio ou temor[228], mas por efetiva composição das partes que puderam atuar para promover a reorganização de suas posições.

No regime do CPC, por força do princípio da confidencialidade o magistrado não deverá ser a pessoa responsável por conduzir a sessão consensual: deverá atuar, em tal função, um auxiliar do juízo[229]. A Lei de Mediação retrata a mesma concepção ao trabalhar diretrizes ligadas à confidencialidade e ao perfil dos mediadores judiciais.

O CPC não faz exigência quanto ao perfil de qualificação profissional do mediador ou conciliador judicial, exigindo apenas a capacitação mínima por curso realizado por entidade credenciada que o habilite a se inscrever em cadastro nacional e cadastro do Tribunal em que o mediador ou conciliador pretende atuar[230].

A Lei de Mediação, contudo, impôs como requisitos para ser mediador judicial: (i) ser pessoa capaz; (ii) ter graduação há pelo menos dois anos em curso de ensino superior de instituição reconhecida pelo Ministério da Educação; (iii) capacitação em escola ou instituição de formação de mediadores, reconhecida pela Escola Nacional de Formação e Aperfeiçoamento de Magistrados ou pelos tribunais; (iv) observância de outros requisitos estabelecidos pelo Conselho Nacional de Justiça em conjunto com o Ministério da Justiça[231].

Estudantes de ensino superior ainda não graduados podem atuar como conciliadores judiciais? Em março de 2017, o Conselho Nacional de Justiça respondeu sim a essa questão, que foi formulada pelo Núcleo Permanente de Métodos Consensuais de Solução de Conflitos/ Sistema de Conciliação do Tribunal Regional Federal da 4.ª Região.

A resposta foi positiva desde que os estudantes sejam devidamente capacitados, porque: (i) para ser conciliador judicial não é preciso ser graduado em curso de ensino superior há mais de dois anos; (ii) estudantes universitários devidamente capacitados (conforme o Anexo I da

---

[227] GRECO FILHO, Vicente. *Direito processual civil brasileiro*, v. 2. 22. ed. São Paulo: Saraiva, 2013, p. 281.

[228] O CPC, ao descrever a atividade do conciliador no art. 165, § 2.º, contempla expressamente a vedação de iniciativas que ensejem constrangimento e intimidação para que as partes conciliem.

[229] Art. 334, § 1.º: "O conciliador ou mediador, onde houver, atuará necessariamente na audiência de conciliação ou de mediação, observando o disposto neste Código, bem como as disposições da lei de organização judiciária". Infelizmente a regra traz a expressão "onde houver", o que sinaliza que a falta de recursos humanos pode acabar comprometendo a estrutura lógica do sistema consensual.

[230] CPC, art. 167: "Os conciliadores, os mediadores e as câmaras privadas de conciliação e mediação serão inscritos em cadastro nacional e em cadastro de tribunal de justiça ou de tribunal regional federal, que manterá registro de profissionais habilitados, com indicação de sua área profissional. § 1.º Preenchendo o requisito da capacitação mínima, por meio de curso realizado por entidade credenciada, conforme parâmetro curricular definido pelo Conselho Nacional de Justiça em conjunto com o Ministério da Justiça, o conciliador ou o mediador, com o respectivo certificado, poderá requerer sua inscrição no cadastro nacional e no cadastro de tribunal de justiça ou de tribunal regional federal".

[231] Lei n. 13.140/2015, art. 11: "Poderá atuar como mediador judicial a pessoa capaz, graduada há pelo menos dois anos em curso de ensino superior de instituição reconhecida pelo Ministério da Educação e que tenha obtido capacitação em escola ou instituição de formação de mediadores, reconhecida pela Escola Nacional de Formação e Aperfeiçoamento de Magistrados (Enfam) ou pelos tribunais, observados os requisitos mínimos estabelecidos pelo Conselho Nacional de Justiça em conjunto com o Ministério da Justiça".

Resolução n. 125) podem atuar como conciliadores judiciais, cabendo ao Juiz Coordenador do Centro Judiciário de Solução de Conflitos zelar para que os casos encaminhados a eles sejam compatíveis com suas experiências pessoais e profissionais; (iii) estudantes universitários que não realizaram o curso nos termos do Anexo I da Resolução n. 125 não podem atuar diretamente como conciliadores judiciais – podem, porém, atuar como auxiliares, estagiários ou observadores, desde que devidamente orientados e supervisionados por professor capacitado nos termos da referida Resolução.

Para atuar como mediador extrajudicial, por outro lado, a Lei de Mediação exige apenas que a pessoa seja capaz e tenha capacitação em mediação[232]. O tema será abordado no último capítulo.

Para Athos Gusmão Carneiro, a conciliação judicial:

> [...] marca um ponto de encontro entre a autocomposição e a heterocomposição da lide. É autocomposição porque as próprias partes tutelam seus interesses, fixando livremente o conteúdo do ato que irá compor o litígio; mas tal ponto de convergência é encontrado por iniciativa e sob as sugestões de um mediador qualificado, que buscará conduzir as partes no sentido de uma composição consoante com a equidade[233].

A assertiva do autor, a despeito de sua interessante redação, revela confusão conceitual corrente na qual se misturam as figuras do conciliador e do mediador; tal distinção será objeto de análise mais detalhada posteriormente.

1.3.2.3.2.2 Mediação

Mediação é o meio consensual de abordagem de controvérsias em que uma pessoa isenta e devidamente capacitada atua tecnicamente para facilitar a comunicação entre as pessoas e propiciar que elas possam, a partir da restauração do diálogo, encontrar formas proveitosas de lidar com as disputas.

O ordenamento brasileiro passou a contar com um conceito legal a partir de 2015: mediação é a atividade técnica exercida por terceiro imparcial sem poder decisório que, escolhido ou aceito pelas partes, as auxilia e estimula a identificar ou desenvolver soluções consensuais para a controvérsia (Lei n. 13.140/2015, art. 1.º, parágrafo único).

Ao propiciar o conhecimento das multifacetadas origens da controvérsia, a mediação permite aos envolvidos um conhecimento ampliado dos meandros do conflito e os habilita a construir, por si, a composição do litígio da maneira mais satisfatória (ou menos insatisfatória possível) à sua realidade interna e externa[234].

Como incumbe ao mediador trabalhar a dinâmica da comunicação entre pessoas em conflito, é importante compreender algumas diretrizes.

---

[232] Lei n. 13.140/2015, art. 9.º: "Poderá funcionar como mediador extrajudicial qualquer pessoa capaz que tenha a confiança das partes e seja capacitada para fazer mediação, independentemente de integrar qualquer tipo de conselho, entidade de classe ou associação, ou nele inscrever-se".

[233] Carneiro, Athos Gusmão. A conciliação no Novo Código de Processo Civil. Disponível em: http://icj. com.br/portal/artigos/a-conciliacao-no-novo-codigo-de-processo-civil/. Acesso em: 11 fev. 2015.

[234] CASABONA, Marcial Barreto. Mediação e lei. *Revista do Advogado*, n. 62, p. 86, São Paulo, mar. 2001.

A comunicação conta com duas partes essenciais: o emissor (canal pelo qual a mensagem é transmitida) e o receptor; como falhas podem ser constatadas em algum ou em todos esses elementos a ponto de gerar conflitos, uma das funções do mediador é organizar a comunicação para que ela se realize de forma eficiente e sem "ruídos", permitindo que sejam devotadas atenção, clareza e aceitação do ponto de vista do outro[235].

Na mediação, os participantes contam com a contribuição de uma pessoa imparcial[236] para que a comunicação flua de modo eficiente; ao promover um diálogo pautado pela clareza, o mediador contribui para que os envolvidos possam ampliar a percepção sobre sua responsabilidade pessoal de modo a encontrar respostas adequadas para os impasses.

Em certa perspectiva, a missão do mediador é aproximar as pessoas para que elas possam compreender melhor diversas circunstâncias da controvérsia, proporcionando alívio de pressões irracionais ou elementos emocionais complicadores que impeçam a visualização realista do conflito; assim, elas estarão preparadas para proceder a uma análise mais equilibrada da situação e, se o caso, atuar para entabular um possível acordo[237].

A mediação pode ser abordada segundo diferentes vertentes. Focada como busca de resolução de conflitos, possui natureza disciplinar (ou unidisciplinar); quando objetiva transformar o conflito, a natureza da mediação é essencialmente interdisciplinar[238].

Embora venha sendo tratada como um novo paradigma na metodologia de composição de conflitos, a história revela o uso da mediação, de forma constante e variável, desde os tempos mais remotos[239], em diversas culturas (judaicas, cristãs, islâmicas, hinduístas, budistas, confucionistas e indígenas)[240].

Costuma haver confusão entre os institutos da mediação e da conciliação. Segundo Cândido Dinamarco, a conciliação consistiria na intercessão de algum sujeito entre os litigantes para persuadi-los à autocomposição, podendo ser extra ou endoprocessual, enquanto a mediação seria a própria conciliação, quando conduzida mediante concretas propostas de solução a ser apreciadas pelos litigantes[241].

Há quem considere os conceitos como sinônimos imperfeitos por constituírem apenas distintas orientações de desenvolvimento profissional relativo à autocomposição. Destacam que o legislador brasileiro teria buscado inspiração na estrutura dos *small claims courts* norte-

---

[235] VEZZULLA, Juan Carlos. *Mediação*, cit., p. 26-27.

[236] Como bem destaca Vilar, "se trata de la intervención de un tercero, ajeno al conflicto, que asume la función de reunir a las partes y ayudar a resolver sus desacuerdos, si bien ese tercero puede ser desde el juez, un abogado, un psicólogo, un terapeuta, un siquiatra, el director de personal de una empresa, un profesor del colegio [...]" (VILAR, Silvia Barona. *Solución extrajurisdiccional de conflicto*, cit., p. 74-75).

[237] GARCEZ, José Maria Rossani. *Negociação*. ADRS. Mediação, conciliação e arbitragem, cit., p. 39.

[238] BARBOSA, Águida Arruda. *Mediação familiar*: instrumento transdisciplinar em prol da transformação dos conflitos decorrentes das relações jurídicas controversas. Dissertação de Mestrado em Direito Civil. Orientador Roberto João Elias. São Paulo: Faculdade de Direito da Universidade de São Paulo, 2003, p. 57.

[239] Os povos antigos costumavam adotar a mediação por sua busca pela harmonia interna e em prol da preservação da união necessária à defesa contra-ataques de outros povos. Também no ocidente sua busca revela-se ligada à procura da preservação da paz interna, que possa assegurar uma sociedade na qual se viva melhor e com condições de enfrentar a globalização sem perda da individualidade (VEZZULLA, Juan Carlos. *Mediação*, cit., p. 88).

[240] MENDONÇA, Angela Hara Buonomo. A reinvenção da tradição do uso da mediação. *Revista de Arbitragem e Mediação*, ano 1, n. 3, p. 142, São Paulo, RT, set.-dez. 2004.

[241] DINAMARCO, Cândido Rangel. *Instituições de Direito processual civil*, v. 1, cit., p. 123.

-americanos quando da previsão dos Juizados Especiais Estaduais, pois o que nos Estados Unidos era denominado "mediação" acabou sendo nomeado no contexto brasileiro como "conciliação" – provavelmente por esse termo ter larga utilização em nossa tradição legislativa (das Ordenações Filipinas até a Constituição Federal). Tais autores propõem, assim, uma unificação terminológica tal como a verificada em países como o Canadá, o Reino Unido e a Austrália[242].

É relevante, porém, divisar os institutos para não haver confusão quanto às técnicas empregadas e aos objetivos de cada um, evitando-se, com isso, usos indevidos.

De modo preciso, Kazuo Watanabe faz distinções entre ambos: na mediação, o terceiro neutro "procura criar as condições necessárias para que as próprias partes encontrem a solução", não intervindo no sentido de adiantar alguma proposta de solução; na conciliação, o terceiro interfere um pouco mais ao tentar apaziguar as partes, podendo "sugerir algumas soluções para o conflito"[243].

Uma primeira diferença, portanto, diz respeito à extensão da atuação do mediador e do conciliador no que tange a referências sobre o mérito da disputa. O mediador atua para que a comunicação evolua a ponto de permitir que os envolvidos elaborem propostas, enquanto o conciliador contribui para a sua formulação[244], podendo até propor o conteúdo do acordo, desde que não deixe de ser imparcial (algo bem desafiador, aliás).

Quanto à forma de realização, também há diferenças. A mediação geralmente conta com diversas sessões entre os envolvidos; por meio de intervenções apropriadas, o mediador contribui para que eles protagonizem saídas consensuais para o impasse. Diferentemente, a conciliação costuma ser verificada em uma ou duas sessões em que o conciliador insta as partes a se comporem e efetivarem um acordo.

Como se percebe, os objetivos visados são diversos. Para Lilia Maia de Morais Sales, a diferença fundamental entre mediação e conciliação reside no conteúdo de cada instituto:

> Na conciliação o objetivo é o acordo, ou seja, as partes, mesmo adversárias, devem chegar a um acordo para evitar um processo judicial. Na mediação, as partes não devem ser entendidas como adversárias e o acordo é a consequência da real comunicação

---

[242] É esta a posição do Grupo de Pesquisa e Trabalho em Arbitragem, Mediação e Negociação da Faculdade de Direito da Universidade de Brasília, que se vale das lições de estudiosos americanos como Leonard R. Riskin e L. R. Singer (Glossário: métodos de resolução de disputas – RDS. In: AZEVEDO, André Gomma de (org.). *Estudos em arbitragem, mediação e negociação*, v. 3. Brasília: Brasília Jurídica, 2002, p. 308-309).

[243] WATANABE, Kazuo. Modalidade de mediação. In: Delgado, José *et al.* (coord.). *Mediação: um projeto inovador*. Brasília: Centro de Estudos Judiciários – CJF, 2003, p. 58.

[244] Como destaca Águida Arruda Barbosa, "na conciliação ocorre uma reorganização lógica, no tocante aos direitos que cada parte acredita ter, polarizando-os, eliminando os pontos incontroversos, para delimitar o conflito, e, com técnicas adequadas, o conciliador visa corrigir as percepções distorcidas, aproximando as partes em um espaço concreto. Neste equivalente jurisdicional o conciliador intervém com sugestões, alerta sobre as possibilidades de perdas recíprocas das partes, sempre conduzidas pelo jargão popular 'antes um mau acordo que uma boa demanda'. Em suma, submetidas à conciliação as partes admitem perder menos, num acordo que num suposto sentenciamento desfavorável, fundamentado na relação ganhador-perdedor" (*Mediação familiar: instrumento transdisciplinar em prol da transformação dos conflitos decorrentes das relações jurídicas controversas*, cit., p. 55).

entre as partes. Na conciliação, o mediador sugere, interfere, aconselha. Na mediação, o mediador facilita a comunicação, sem induzir as partes ao acordo[245].

Assim, em uma perspectiva mais ampla, para o êxito da mediação não é essencial que as partes celebrem um acordo formalizado, nem que este seja objeto de uma transação homologada em juízo.

Uma mediação bem-sucedida é aquela em que, promovida eficientemente a facilitação do diálogo pelo mediador, as pessoas se habilitam a retomar a comunicação de maneira adequada, passando a conduzir suas relações de forma consensual, ainda que não "fechando" um acordo.

Ao ponto, merece destaque o teor do enunciado 22 da I Jornada de Prevenção e Solução de Conflitos do Conselho da Justiça Federal:

> A expressão "sucesso ou insucesso" do art. 167, § 3.º, do Código de Processo Civil não deve ser interpretada como quantidade de acordos realizados, mas a partir de uma avaliação qualitativa da satisfação das partes com o resultado e com o procedimento, fomentando a escolha da câmara, do conciliador ou do mediador com base nas suas qualificações e não nos resultados meramente quantitativos[246].

Da retomada da comunicação em bases mais eficientes, a confiança e o senso de compromisso entre os envolvidos poderão ser retomados habilitando-os a partir para uma nova fase de interações.

Como bem expõe Euclides de Oliveira,

> [...] contra a lógica da força, advinda de uma solução ditada por sentença judicial, e quando impotente a lógica da conciliação, advinda de acordo sem enfrentar nem prevenir suas causas mais profundas, surge a lógica da mediação, que busca o ponto de equilíbrio, mediante o auxílio de terceira pessoa, para que as próprias partes, conscientes e responsáveis, encontrem uma solução que lhes garanta condições para projeção de um futuro saudável e feliz[247].

Percebe-se que a mediação se coaduna com um modelo diferenciado de distribuição de justiça embasado nas noções centrais de cooperação e conciliação.

À mediação foi atribuída tamanha relevância em nosso ordenamento que uma lei inteira foi dedicada a ela para disciplinar sua adoção tanto no âmbito judicial (Lei n. 13.140/2015, arts. 24 a 29 – previsões que reproduzem muito da disciplina do CPC) quanto na seara extrajudicial (arts. 21 a 23).

Revela-se importante, de todo modo, compreender bem os meios adjudicatórios; afinal nestes, embora a tônica seja a imposição de decisões por um julgador, é recorrente o uso de meios consensuais para pôr fim ao processo.

---

[245] SALES, Lilia Maia de Morais. *Justiça e mediação de conflitos*. Belo Horizonte: Del Rey, 2003, p. 38.

[246] I Jornada "Prevenção e solução extrajudicial de litígios" – 22 e 23 de agosto de 2016. Brasília – DF. Disponível em http://www.cjf.jus.br/cjf/corregedoria-da-justica-federal/centro-de-estudos-judiciarios-1/publicacoes-1/cjf/corregedoria-da-justica-federal/centro-de-estudos-judiciarios-1/prevencao-e-solucao--extrajudicial-de-litigios. Acesso em: 22 maio 2017.

[247] OLIVEIRA, Euclides de. O percurso entre o conflito e a sentença nas questões de família. *Revista do Advogado*, n. 62, p. 107, São Paulo, mar. 2001.

1.3.3 Heterocomposição

A heterocomposição (heterotutela, adjudicação ou meio adjudicatório) é o meio de solução de conflitos em que um terceiro imparcial decide com caráter impositivo em relação aos contendores.

O estímulo a tal forma de solução foi marcado pela redução paulatina de situações permissivas da autotutela (pela proibição da justiça privada) e pelo fato de a via consensual ser um fenômeno eventual (por força da intensa e acirrada litigiosidade).

A heterocomposição pode se verificar por duas vias: a arbitral, em que o terceiro, de confiança das partes, é por elas escolhido para decidir o impasse; e a jurisdicional, em que uma das partes acessa o Poder Judiciário para obter uma decisão proferida por uma autoridade estatal investida de poder coercitivo.

Na linguagem americana, tais hipóteses constituem processos de adjudicação (*adjudicative processes*), gerando resultados do tipo "ganha-perde" (*win-lose*)[248].

1.3.3.1 Arbitragem

a) Conceito e objeto

A arbitragem consiste em um antigo método de composição de controvérsias consistente na escolha pelas partes de uma terceira pessoa para definir o destino da controvérsia. Seu uso se verificou longamente no Direito romano, tanto no período das ações da lei quanto no período formulário; a atividade do pretor se limitava a admitir ou não a dedução da querela em juízo. Sendo positivo seu juízo, passavam às partes a escolha do *arbiter* para definir a questão.

Carlos Alberto Carmona define a arbitragem como a técnica de solução de controvérsia pautada pela intervenção "de uma ou mais pessoas que recebem seus poderes de uma convenção privada, decidindo com base nesta convenção sem intervenção do Estado, sendo destinada a assumir eficácia de sentença judicial"[249].

Na arbitragem, a decisão sobre o conflito será proferida por uma pessoa de confiança, mas equidistante em relação às partes; o árbitro, embora desprovido de poder estatal (porquanto não integrante do quadro dos agentes públicos), profere decisão com força vinculativa.

Em nosso sistema jurídico, o objeto da controvérsia submetida à arbitragem, nos termos do art. 1.º da Lei n. 9.307/1996, deve corresponder a direitos patrimoniais disponíveis, tendo sido eleita a via arbitral por pessoas capazes de contratar. Em tal hipótese, dispõe o art. 18 da Lei que o árbitro validamente escolhido pelas partes é o juiz de fato e de direito da controvérsia, não ficando sua decisão sujeita a recurso ou homologação perante o Poder Judiciário.

A constitucionalidade da arbitragem, dada a exclusão da apreciação da lesão pelo Poder Judiciário por ser o árbitro o juiz natural da causa, foi analisada pelo Supremo Tribunal Federal em 2001. Em histórico julgamento, reconheceu-se o poder das partes para, no exercício de sua autonomia e nos termos da lei, optarem validamente pela via arbitral como meio idôneo

---

[248] RISKIN, Leonard L.; WESTBROOK, James E. An Introduction to the Alternative Processes for Preventing and Resolving Disputes. In: RISKIN, Leonard L.; WESTBROOK, James E. *Dispute Resolution and Lawyers*. 2. ed. Saint Paul: West Group, 2004, p. 4.

[249] CARMONA, Carlos Alberto. *Arbitragem e processo*: comentário à Lei n. 9.307/96. 3. ed. São Paulo: Malheiros, 2009, p. 31.

Cap. 1 · CONFLITOS CIVIS E MEIOS DE COMPOSIÇÃO | **51**

de solução de controvérsias[250]. Desde então, a arbitragem se firmou como meio eficiente para gerar decisões hábeis à definição de conflitos envolvendo direitos patrimoniais disponíveis.

Tem-se ampliado, progressivamente, o âmbito da abrangência da arbitragem para dirimir conflitos das mais variadas índoles.

Prova disso é que no segundo semestre de 2019 duas novas leis foram promulgadas com expressas menções à mediação e à arbitragem, o que demostra que tais mecanismos são alvo de consideráveis investimentos normativos.

A Lei n. 13.867/2019 previu a mediação como potencial mecanismo a ser usado em controvérsias sobre definição dos valores de indenização nas desapropriações por utilidade pública. A arbitragem, que também foi mencionada nessa lei, ganhou menção ainda na nova Lei de Franquia (Lei n. 13.966/2019).

Tais assuntos, portanto, passaram a ter reconhecida "arbitrabilidade objetiva" (diretriz segundo a qual o objeto da via arbitral é uma situação sobre direitos patrimoniais disponíveis, nos termos do art. 1º da Lei n. 9.307/1996).

A tendência em incrementar o espectro da via arbitral decorre da amplitude da noção da disponibilidade de direitos, que vem sendo considerada em diferentes graus. Afinal, embora a relação jurídica possa ter caráter indisponível, é possível que tenha aspectos patrimoniais negociáveis, o que revela disponibilidade suficiente para que as partes submetam o impasse à decisão de um árbitro.

Assim, presentes aspectos pecuniários na relação controvertida em debate, será possível ocorrer a atuação arbitral se presentes duas circunstâncias:

(i)   possibilidade de as partes livremente disporem sobre o objeto controvertido;

(ii) ausência de reserva específica do Estado quanto ao seu conteúdo (pelo resguardo de interesses coletivos fundamentais)[251].

Diante de uma controvérsia sobre um contrato administrativo, seria possível a adoção da via arbitral para resolver o impasse que envolve a Administração?

O tema envolve a apreciação de outro conceito, a arbitrabilidade subjetiva (exigência ligada ao perfil das pessoas aptas a participar da arbitragem). Nos termos da lei, as pessoas capazes de contratar poderão valer-se da arbitragem para dirimir litígios relativos a direitos patrimoniais disponíveis (Lei n. 9.307/96, art. 1º).

---

[250] Eis trecho da decisão: "Lei de Arbitragem (Lei n. 9.307/1996): constitucionalidade, em tese, do juízo arbitral; discussão incidental da constitucionalidade de vários dos tópicos da nova lei, especialmente acerca da compatibilidade, ou não, entre a execução judicial específica para a solução de futuros conflitos da cláusula compromissória e a garantia constitucional da universalidade da jurisdição do Poder Judiciário (CF, art. 5.º, XXXV). Constitucionalidade declarada pelo plenário, considerando o Tribunal, por maioria de votos, que a manifestação de vontade da parte na cláusula compromissória, quando da celebração do contrato, e a permissão legal dada ao juiz para que substitua a vontade da parte recalcitrante em firmar o compromisso não ofendem o artigo 5.º, XXXV, da CF. (...). Constitucionalidade – aí por decisão unânime, dos dispositivos da Lei de Arbitragem que prescrevem a irrecorribilidade (art. 18) e os efeitos de decisão judiciária da sentença arbitral (art. 31)" (STF, SE Ag-Rg 5.206, Rel. Min. Sepúlveda Pertence, *DJ* 12.12.2001).

[251] CARMONA, Carlos Alberto. *Arbitragem e processo*: comentário à Lei n. 9.307/96, cit., p. 39.

52 | MEDIAÇÃO NOS CONFLITOS CIVIS – *Fernanda Tartuce*

O uso da arbitragem para dirimir conflitos em que está envolvida a Administração Pública, outrora alvo de intensos debates, passou a ser prevista expressamente no ordenamento brasileiro[252].

Contudo, a situação ainda envolve a consideração da disponibilidade do direito em xeque. É comum que a discussão parta da diferença entre interesse primário do Estado (relativo ao bem-estar e à segurança da sociedade, que compete ao Estado tutelar em regime próprio de indisponibilidade absoluta) e interesse secundário (ou derivado, com caráter instrumental para atuação *in concreto* do interesse primário por meio da utilização de bens disponíveis)[253].

Diante destes últimos, considerando os princípios da eficiência, da razoabilidade e da continuidade do serviço público, o uso da via arbitral para compor conflitos envolvendo a Administração condiz plenamente com o interesse público[254]. Por tais argumentos, não paira dúvida sobre a admissão da arbitragem em conflitos envolvendo a Administração Pública direta ou indireta[255].

O tema foi tratado por Carlos Alberto de Salles em obra lapidar. Em síntese, mais do que resumir os interesses públicos a critérios dicotômicos, como primário ou secundário, o autor propõe que, em contratos administrativos, a possibilidade de adoção de arbitragem seja considerada ampla mesmo que o litígio envolva direitos tidos como "indisponíveis". Para o autor, independentemente dessa discussão, é fato que não há obrigatoriedade de a Administração litigar na jurisdição estatal, pois não existe "reserva de jurisdição" para tanto; há, sim, necessidade de que a arbitragem envolvendo o Poder Público seja adequada aos valores próprios de Direito Público (como a publicidade e, especialmente, a responsabilidade dos árbitros)[256].

Outra seara em que houve avanço quanto à viabilidade da via arbitral foi a trabalhista. Embora a Constituição Federal permita arbitragem como sucedâneo de negociações coletivas (no art. 114), a aplicação de tal mecanismo a conflitos trabalhistas individuais costumava ser objeto de intensas controvérsias por força da vulnerabilidade do empregado e de negativas experiências de falsas câmaras arbitrais usadas para dar validade a acordos forjados.

Apesar das resistências, prevaleceu a visão favorável e passou a constar na CLT[257] regra expressa prevendo os seguintes requisitos para a arbitragem trabalhista: a) o empregado deve ter remuneração superior ao dobro do teto dos benefícios do INSS; b) o empregado deve

---

[252] Segundo o art. 1.º, § 1.º, da Lei de Arbitragem, "a Administração Pública direta e indireta poderá utilizar--se da arbitragem para dirimir conflitos relativos a direitos patrimoniais disponíveis".

[253] A diferenciação foi assim tratada por Diogo de Figueiredo Moreira Neto (Arbitragem nos contratos administrativos. *Revista de Direito Administrativo*, 218/84, jul.-set. 1997, *apud* Lemes, Selma M. Ferreira. Arbitragem na concessão de serviços públicos: arbitralidade objetiva. Confidencialidade ou publicidade processual? Disponível em: http://cacb.org.br/mediacao_arbitragem/artigos/Arbitragem%20nas%20 Concess%F5es%20de%20Servi%E7os%20P%FAblicos%20-%20Por%20Selma%20Lemes.pdf. Acesso em: 11 jul. 2015.

[254] MENEZELLO, Maria D'Assunção C. O conciliador/mediador e o árbitro nos contratos administrativos. *BDA – Boletim de Direito Administrativo*, dez. 1997, p. 825, *apud* GRINOVER, *Ada Pellegrini* (coord.). *O processo: estudos e pareceres*. São Paulo: Perfil, 2005, p. 87.

[255] GRINOVER, Ada Pellegrini. Arbitragem e prestação de serviços públicos. In: GRINOVER, *Ada Pellegrini* (coord.). *O processo: estudos e pareceres*. São Paulo: Perfil, 2005, p. 87.

[256] SALLES, Carlos Alberto de. *A arbitragem na solução de controvérsias contratuais da Administração Pública*, cit., p. 420-421.

[257] Art. 507-A. "Nos contratos individuais de trabalho cuja remuneração seja superior a duas vezes o limite máximo estabelecido para os benefícios do Regime Geral de Previdência Social, poderá ser pactuada cláusula compromissória de arbitragem, desde que por iniciativa do empregado ou mediante a sua concordância expressa, nos termos previstos na Lei nº 9.307/1996."

tomar a iniciativa de levar a questão ao juízo arbitral, ou concordar expressamente caso o empregador o faça; c) as partes (empregado e empregador) devem ter celebrado previamente cláusula compromissória (antes de existir o conflito) ou compromisso arbitral (após o surgimento da lide)[258].

Um assunto que segue polêmico diz respeito à arbitragem em conflitos de consumo.

Predomina a visão de que a autonomia da vontade pode ser colocada em questão na área do direito do consumo, já que podem não estar presentes condições objetivas para o exercício do livre consentimento pela parte mais vulnerável (o consumidor). Além disso, há uma antiga regra no CDC que reputa nula de pleno direito a cláusula que determina a utilização compulsória da arbitragem (art. 51, VII).

Quanto ao argumento de que os contratos de consumo geralmente configuram contratos de adesão, há regra expressa[259] sobre o tema na lei para considerar apta a manifestação de vontade das partes envolvidas.

Instado a se manifestar sobre essas duas regras no contexto da arbitragem em controvérsias de consumo, o Superior Tribunal de Justiça entendeu nula a cláusula compromissória em contrato de compra e venda de imóvel porque não houve posterior concordância de ambas as partes quanto à instauração da via arbitral; nas palavras da relatora,

> (...) o CDC veda apenas a adoção prévia e compulsória da arbitragem no momento da celebração do contrato, mas não impede que, posteriormente, diante de eventual litígio, havendo consenso entre as partes (em especial a aquiescência do consumidor), seja instaurado o procedimento arbitral. Portanto, não há conflito entre as regras dos arts. 51, VII, do CDC e 4º, § 2º, da Lei n. 9.307/1996; pois, havendo contrato de adesão que regule uma relação de consumo, deve-se aplicar a regra específica do CDC, inclusive nos contratos de compra e venda de imóvel. Assim, o ajuizamento da ação judicial evidencia, ainda que de forma implícita, a discordância do autor em se submeter ao procedimento arbitral[260].

Essa visão, porém, parece estar sofrendo o influxo de mudanças ligadas à intensa valorização da autonomia privada e do incentivo aos meios extrajudiciais.

Decisões[261] recentes vêm contemplando entendimentos mais favoráveis à adoção da via arbitral em conflitos de consumo.

---

[258] BERNARDES, Felipe. Arbitragem no processo do trabalho após a reforma trabalhista. Disponível em https://www.jota.info/opiniao-e-analise/colunas/pensando-direito/arbitragem-no-processo-do-trabalho--apos-reforma-trabalhista-08022018. Acesso em: 16 jan. 2020.

[259] Lei n. 9.307/96, art. 4.º, § 2.º: "Nos contratos de adesão, a cláusula compromissória só terá eficácia se [i] o aderente tomar a iniciativa de instituir a arbitragem [ii] ou concordar, expressamente, com a sua instituição, desde que por escrito, em documento anexo ou em negrito, com a assinatura ou visto especialmente para cláusula".

[260] Precedente citado: REsp 819.519-PE, *DJ* 05.11.2007; REsp 1.169.841-RJ, 3ª Turma, Rel. Min. Nancy Andrighi, j. 06.11.2012.

[261] Eis um exemplo: "2. O propósito recursal consiste em avaliar a validade de cláusula compromissória, contida em contrato de aquisição de um lote em projeto de parcelamento do solo no município de Senador Canedo/GO, que foi comercializado pela recorrida. 3. O art. 51, VII, do CDC se limita a vedar a adoção prévia e compulsória da arbitragem, no momento da celebração do contrato, mas não impede que, posteriormente, diante do litígio, havendo consenso entre as partes – em especial a aquiescência do consumidor –, seja instaurado o procedimento arbitral. Precedentes. 4. É possível a utilização de

b) Aspectos procedimentais

O ordenamento processual brasileiro confere à sentença arbitral a eficácia de título executivo judicial[262]. Para a realização prática de seu comando, em caso de resistência da parte vencida, a vencedora poderá se valer do aparato estatal executivo.

Embora o árbitro não seja dotado dos poderes de coerção e execução de suas decisões (que são vinculativas), é considerado equiparado ao juiz togado e aos funcionários públicos[263], devendo agir com imparcialidade, eficiência e diligência em sua participação na administração da justiça[264].

Costumam ser invocadas como vantagens do uso da arbitragem a celeridade, a confidencialidade, a especialização no tema a decidir, a economia de recursos, o menor grau de enfrentamento entre as partes, a flexibilidade, a maior participação das partes e a maior confiança delas no árbitro; há ainda quem destaque vantagens associadas à redução dos custos de transação decorrentes do aparecimento de uma disputa entre as partes[265].

Uma das grandes vantagens da arbitragem é a chance de maior efetividade da decisão. Como as partes participaram consensualmente da escolha do árbitro e arcaram com os custos do procedimento, por não ser interessante para os negócios a existência de uma longa disputa judicial, a decisão arbitral proferida tende a ser cumprida, não precisando ser executada em juízo. Apenas em casos realmente excepcionais buscam-se os meios coercitivos disponibilizados pelo Poder Judiciário[266].

Outra propalada vantagem é a flexibilidade procedimental. Segundo Carlos Alberto Carmona, diversamente do que ocorre em nossas "abafadas cortes estatais", tal flexibilidade é natural e "torna os árbitros muito menos engessados que o juiz togado, permitindo-lhes experimentar novos e variados meios de descobrir fatos e aumentar sua capacidade de entender o Direito que devem aplicar"[267].

---

arbitragem para resolução de litígios originados de relação de consumo quando não houver imposição pelo fornecedor, bem como quando a iniciativa da instauração ocorrer pelo consumidor ou, no caso de iniciativa do fornecedor, venha a concordar ou ratificar expressamente com a instituição. 5. Pelo teor do art. 4.º, § 2.º, da Lei de Arbitragem, mesmo que a cláusula compromissória esteja na mesma página de assinatura do contrato, as formalidades legais devem ser observadas, com os destaques necessários. Cuida-se de uma formalidade necessária para a validade do ato, por expressa disposição legal, que não pode ser afastada por livre disposição entre as partes. 6. Na hipótese, a atitude da consumidora em promover o ajuizamento da ação evidencia a sua discordância em submeter-se ao procedimento arbitral, não podendo, pois, nos termos do art. 51, VII, do CDC, prevalecer a cláusula que impõe a sua utilização, visto ter-se dado de forma compulsória" (STJ, REsp 1.785.783, Proc. 2018/0229630-5-GO, Terceira Turma, Rel. Min. Nancy Andrighi, j. 05.11.2019, *DJe* 07.11.2019).

[262] CPC, art. 515, VII.

[263] Lei n. 9.307/1996, art. 17: "Os árbitros, quando no exercício de suas funções ou em razão delas, ficam equiparados aos funcionários públicos, para os efeitos da legislação penal".

[264] Lei n. 9.307/1996, art. 13, § 6.º: "No desempenho de sua função, o árbitro deverá proceder com imparcialidade, independência, competência, diligência e discrição".

[265] SALLES, Carlos Alberto de. Os porquês da arbitragem. Disponível em: https://www.dropbox.com/s/hamoeuf7wbwkzet/0.1.%20SALLES%2C%20Carlos%20Alberto%20de.%20Arbitragem%20-%20Uma%20introdu%C3%A7%C3%A3o.pdf?dl=0. Acesso em: 13 ago. 2018.

[266] FIGUEIRA JÚNIOR, Joel Dias. *Arbitragem e o Poder Judiciário*: convergências e divergências. Primeiro Seminário Internacional Sobre Direito Arbitral [trabalhos apresentados]. Belo Horizonte: Câmara de Arbitragem de Minas Gerais, 2003, p. 77.

[267] CARMONA, Carlos Alberto. Em torno do árbitro. *Revista de Arbitragem e Mediação*, v. 28, p. 48, 2011.

Cap. 1 • CONFLITOS CIVIS E MEIOS DE COMPOSIÇÃO | **55**

É corrente a associação do instituto da arbitragem à realização de "justiça privada" pelos protagonistas do conflito.

A caracterização da arbitragem como instituto de natureza jurisdicional é bem explicitada nas lições de Carlos Alberto Carmona: a função do árbitro, que recebe poderes de decisão das partes, atende aos escopos jurídico, político e social do processo, encerrando atividade de cognição quanto à matéria de fato e de direito[268]. Como bem pondera, "o árbitro, juiz privado indicado pelas partes em litígio, decide a contenda vinculando as partes, dita a regra para o caso concreto e faz tudo isso mediante um procedimento em contraditório (processo, portanto)"[269].

A Lei de Arbitragem brasileira adotou tal posição ao prever que a decisão final do árbitro, juiz de fato e de direito[270], há de produzir os mesmos efeitos da sentença estatal[271].

Embora ainda haja defensores do caráter eminentemente contratual da via arbitral, valendo seu resultado apenas como o de um equivalente (sucedâneo) jurisdicional, não há como concordar com tal assertiva.

A decisão arbitral tem força de título executivo judicial: para o cumprimento de seu comando, a parte, se precisar efetivá-lo coercitivamente, irá se valer do Poder Judiciário. Tal situação demonstraria, para alguns, que a jurisdição arbitral teria configuração parcial por poder decidir imperativamente, mas não impor sua decisão. Todavia, deve-se considerar que o mesmo ocorre com a sentença: a decisão pode precisar de uma nova etapa para ser cumprida, valendo-se a parte interessada da atividade executória no aparato estatal para realizar seu comando. O fato de que na arbitragem as partes possam precisar, em algum momento, utilizar a estrutura jurisdicional estatal não elimina o caráter jurisdicional próprio de definir a questão[272], ainda que de forma peculiar, no âmbito privado.

O CPC reforça o caráter jurisdicional da arbitragem: após destacar que "não se excluirá da apreciação jurisdicional ameaça ou lesão a direito" (art. 3.º), destaca ser "permitida a arbitragem, na forma da lei" (art. 3.º, § 1.º).

A adoção da arbitragem vem aumentando no Brasil. Todavia, como bem expõe Welber Barral, não se trata de uma solução mágica,

> [...] daquelas em que nós, brasileiros, adoramos acreditar. Ao contrário, as dificuldades para a multiplicação do uso da arbitragem e as desconfianças ainda existentes

---

[268] CARMONA, Carlos Alberto. *A arbitragem no processo civil brasileiro*. São Paulo: Malheiros, 1993, p. 34. Também nesse sentido se manifesta Djanira Radamés de Sá: "a jurisdição pública exerce-a o Estado por meio dos órgãos do Poder Judiciário previstos na Constituição Federal para a resolução de lides de natureza privada, pública ou metaindividual, desde que impossível a autocomposição. Já a jurisdição privada restringe-se à solução dos conflitos de natureza patrimonial disponível utilizado o instituto da arbitragem, de natureza paraestatal, que se desenvolve sob os auspícios e a garantia do Estado, mas com a decisão delegada a particular" (*Teoria geral do Direito processual civil*. 3. ed. Uberlândia: Edufu, 2005, p. 44).

[269] CARMONA, Carlos Alberto. Em torno do árbitro. *Revista de Arbitragem e Mediação*, v. 28, p. 48, 2011.

[270] Lei n. 9.307/1996, art. 18: "o árbitro é juiz de fato e de direito, e a sentença que proferir não fica sujeita a recurso ou a homologação pelo Poder Judiciário".

[271] Lei n. 9.307/1996, art. 31: "a sentença arbitral produz, entre as partes e seus sucessores, os mesmos efeitos da sentença proferida pelos órgãos do Poder Judiciário e, sendo condenatória, constitui título executivo".

[272] Nesse sentido, Carlos Alberto Carmona resgata as lições de Celso Neves, afirmando ser "difícil negar a natureza jurisdicional da atividade do árbitro, que, à semelhança do juiz togado, declara o direito e estabelece a certeza jurídica sobre a lide, terminando aí sua função jurisdicional que não incluiria a execução" (CARMONA, Carlos Alberto. *A arbitragem no processo civil brasileiro*, cit., p. 37).

quanto à realização de arbitragens no Brasil demonstram que os meios alternativos de solução de conflitos não são um apanágio para os males do acesso à justiça, cuja defesa e alcance demandam a construção cotidiana de soluções[273].

Anos de vigência da Lei de Arbitragem foram suficientes para conter os entusiastas extremados do instituto e acomodá-los às limitações da realidade; a experiência acumulada também desmentiu os pessimistas que viam a arbitragem como meio abusivo de resolver litígios; paulatina e lentamente houve uma acomodação e os contratos empresariais passaram a prever cláusulas compromissórias, passando a arbitragem a ser cogitada entre os advogados dos contratantes[274]. Por força de tais constatações, conclui Carlos Alberto Carmona que a arbitragem foi redescoberta entre nós, faltando apenas refinar o conhecimento dos operadores sobre tal instituto[275].

Segundo Selma Lemes Ferreira, vivemos uma etapa de desafio no desenvolvimento da arbitragem: ela representa o compromisso e a responsabilidade de todos em manter o quadro favorável a tal mecanismo, "que indubitavelmente contribui para o desenvolvimento econômico brasileiro"[276].

1.3.3.2 Jurisdição estatal

1.3.3.2.1 Jurisdição contenciosa ou voluntária

Não cumprido espontaneamente o preceito legal, diante da proibição de autotutela, o Estado deve proporcionar instâncias aptas a promover a entrega do bem da vida ao seu legítimo titular. Tal mister é realizado por meio da jurisdição, pela qual o Estado, substituindo-se às partes, diz a norma aplicável ao caso concreto com o poder imperativo de impor o seu comando.

Como bem pontua José Carlos Barbosa Moreira, "o exercício da função jurisdicional visa à formulação e à atuação prática da norma jurídica concreta que deve disciplinar dada situação"[277].

Sua importância é crucial: a partir do momento em que houve a organização política dos povos, o Estado, buscando eliminar a vingança privada, reservou-se o poder e o dever de tutelar os direitos com o intuito, por tal controle exclusivo, de obter a harmonia e a paz sociais[278].

Nessa medida, a solução judicial da controvérsia constitui modalidade de heterocomposição potencialmente apta a propiciar a resposta ao conflito de interesses que não pôde ser debelado pelos próprios envolvidos na relação litigiosa e que precisa de um elemento coercitivo para sua realização.

---

[273] Prefácio à obra de: SILVA, Adriana dos Santos. *Acesso à justiça e arbitragem: um caminho para a crise do Judiciário*. São Paulo: Manole, 2005, p. XV.

[274] CARMONA, Carlos Alberto. *Arbitragem e processo: comentário à Lei n. 9.307/96*, p. 4.

[275] CARMONA, Carlos Alberto. *Arbitragem e processo: comentário à Lei n. 9.307/96*, p. 4.

[276] FERREIRA, Selma Lemes. Os 18 anos da Lei de Arbitragem. Disponível em: http://selmalemes.adv.br/artigos/18%20anos%20da%20LA%20-%20Artigo%20Valor%20-%20102014.pdf. Acesso em: 16 jan. 2020.

[277] BARBOSA MOREIRA, José Carlos. *O novo processo civil brasileiro*. 29. ed. Rio de Janeiro: Forense, 2012, p. 3.

[278] SIDOU, J. M. Othon. A controvertida jurisdição voluntária. In: Calmon, Eliana; Bulos, Uadi Lammêgo (coords.). *Direito processual: inovações e perspectivas; estudos em homenagem ao Ministro Sálvio de Figueiredo Teixeira*. São Paulo: Saraiva, 2003, p. 305.

Em certa perspectiva, a via jurisdicional é adequada para dar significado aos valores públicos e reformar as condições estruturais da vida social.[279]

O direito à tutela jurisdicional implica que toda pessoa que pretenda algo e encontre resistência possa exigir que se faça justiça, devendo sua pretensão ser atendida por um órgão judicial que atue em um processo que disponha das garantias mínimas[280].

Merece destaque a clássica conceituação de jurisdição em seu tríplice aspecto: poder, função e atividade. A jurisdição é poder enquanto capacidade estatal de decidir imperativamente, impondo decisões; no aspecto de função, expressa o dever de promover a pacificação dos conflitos interpessoais, realizando, pelo processo, o direito justo; como atividade, constitui o complexo de atos do juiz no processo, exercendo o poder e cumprindo a função atribuída pela lei[281].

A lei e a doutrina distinguem a jurisdição contenciosa da jurisdição voluntária. Como precisamente assinalado por José Ignácio Botelho de Mesquita,

> [...] a jurisdição se apresenta como atividade de transformação da realidade para fazer prevalecer a ordem jurídica *stricto sensu*, que é o caso da *jurisdição contenciosa*; ou para fazer prevalecer a ordem política, econômico-financeira ou social, que é o caso da *jurisdição voluntária*. Aquela pressupõe lesão ou ameaça a interesses jurídicos e esta pressupõe lesão ou ameaça a interesses políticos, econômicos ou sociais[282].

Essas e outras diferenças merecem análise mais apurada.

Caracterizam a jurisdição contenciosa: o objeto litigioso (marcado pelo conflito de interesses), a existência de partes (sujeitos em contraditório disputando a providência jurisdicional) e a prolação de decisão baseada na legalidade estrita tendente a produzir coisa julgada.

A jurisdição contenciosa opera usualmente sobre os litígios[283], buscando fazer prevalecer o sistema jurídico e atribuindo o bem da vida a quem lhe faz jus segundo o sistema jurídico. Assim, instalado o conflito de interesses, garantido está o direito de ação, pelo qual se pedirá ao Estado a interferência para definir quem tem razão e assegurar praticamente a obtenção do bem da vida disputado.

Revela-se necessário, sempre que falte a observância espontânea da norma, que se declare, identifique e se faça atuar tal regra, caso a caso, nas vicissitudes concretas da vida cotidiana; isso deve ser feito, se preciso, por meios coercitivos[284].

---

[279] FISS, Owen. The Forms of Justice. Disponível em: http://digitalcommons.law.yale.edu/fss_papers/1220. Acesso em: 16 jan. 2020.

[280] BARACHO, José Alfredo de Oliveira. *Teoria geral da cidadania*: a plenitude da cidadania e as garantias constitucionais e processuais. São Paulo: Saraiva, 1995, p. 34.

[281] Cintra, Antonio Carlos de Araújo; GRINOVER, Ada Pellegrini; DINAMARCO, Cândido R. *Teoria geral do processo*, cit., p. 131.

[282] BOTELHO DE MESQUITA, José Ignácio. As novas tendências do Direito processual: uma contribuição para o seu reexame. *Revista Forense*, v. 98, n. 361, p. 50, maio-jun. 2002.

[283] Merece destaque, porém, a lição de Moacyr Amaral dos Santos: visa-se, com o exercício da jurisdição, à composição do conflito de interesses que não necessariamente são litigiosos. Após mencionar que nem sempre o réu pode vir a contestar a demanda, aponta que, "posto de lado o sentido gramatical da denominação, a jurisdição contenciosa não se caracteriza por versar sobre litígios. Ela se exerce em face de conflitos de interesses qualificados por uma pretensão, isto é, seu objeto são as lides a serem compostas" (AMARAL SANTOS, Moacyr. *Primeiras linhas de Direito processual civil*, v. 1, cit., p. 100-101).

[284] LIEBMAN, Enrico Tullio. *Manual de Direito processual civil*. Rio de Janeiro: Forense, 1984. v. 1, p. 3.

58 | MEDIAÇÃO NOS CONFLITOS CIVIS – *Fernanda Tartuce*

Percebe-se, em tal conceito, a clara configuração da necessidade de atuação estatal diante da situação controvertida que não conta com observância espontânea do protagonista da posição jurídica. A atividade jurisdicional deve não apenas constatar a necessária incidência da norma no caso concreto, mas também gerar a efetiva realização do preceito violado.

A jurisdição, nesse sentido, pode ser vista como a atuação da lei mediante a substituição da atividade alheia pela atividade de órgãos públicos, que devem afirmar a existência da vontade da lei e colocá-la em prática[285].

O aspecto substitutivo da jurisdição propugna que o Estado, diante da resistência ao cumprimento da norma, realize o comando violado. Os meios coercitivos de que pode se valer devem ser utilizados sempre que o preceito não seja verificado concretamente.

É nesse campo que atua a jurisdição contenciosa: seu objetivo é aplicar o ordenamento jurídico para eliminar o conflito de interesses. Ao final do litígio, o juiz atribuirá a um ou outro litigante o bem da vida disputado, sendo sua decisão (pela autoridade da coisa julgada material) dotada de definitividade e imutabilidade ante as partes e seus sucessores[286].

Francesco Carnelutti considera a jurisdição segundo seu escopo maior: a atividade jurisdicional visa à composição, nos termos da lei, do conflito de interesses; para o autor, a ideia de pretensão resistida, caracterizadora da controvérsia, é essencial para justificar a atuação do Estado[287].

A jurisdição voluntária, antigamente também denominada graciosa[288], é considerada, classicamente, a atividade judicial de administração pública de direitos privados. Ao atuar em tal esfera, o juiz não pacifica propriamente um litígio, mas fiscaliza e integra um negócio jurídico privado que envolva interesses reputados relevantes para o Estado.

Para muitos, tal atividade não seria propriamente jurisdicional (por faltar litigiosidade) nem voluntária (por não haver espontaneidade, mas imperativo legal para sua observância)[289]. No que tange à inexistência de conflitos, pondera-se que a jurisdição voluntária assim é denominada por ser exercida *inter volentes* (pessoas que não estão propriamente litigando sobre um bem); não havendo conflito, não há partes, mas apenas interessados (titulares de interesses)[290].

Há quem desqualifique tal atuação judicial como autêntico caso de atividade jurisdicional. Grande parte dos doutrinadores afirma que a jurisdição só opera quando há litígio em que litigantes demandam do poder judicial a definição do direito questionado; não havendo litígio,

---

[285] CHIOVENDA, Giuseppe. *Instituições de Direito processual civil*, v. 2. São Paulo: Saraiva, 1943, n. 137.

[286] CARNEIRO, Athos Gusmão. *Jurisdição e competência*. 18. ed. São Paulo: Saraiva, 2012, p. 70.

[287] CARNELUTTI, Francesco. *Sistema de Derecho procesal civil*, cit., p. 18.

[288] A expressão constava no CPC/1939, que no art. 53 falava em "jurisdição meramente graciosa" (Decreto-Lei n. 1.608, de 18.09.1939, art. 53: nos processos que não admitirem defesa e nos de jurisdição meramente graciosa, as custas serão pagas pelo requerente). Foram ainda cunhadas pela doutrina as expressões "jurisdição honorária" ou administrativa (AMARAL SANTOS, Moacyr. *Primeiras linhas de Direito processual civil*, cit., p. 103).

[289] A contundente crítica no sentido de que "não é jurisdição nem voluntária" é de Ludovico Mortara, sendo repetida por diversos doutrinadores (SIDOU, J. M. Othon. A controvertida jurisdição voluntária, cit., p. 308 e 312). Entre eles, citamos Moacyr Amaral dos Santos, para quem a jurisdição pressupõe conflito de interesses a ser composto pelo Estado em atividade substitutiva para proteger as partes (*Primeiras linhas de Direito processual civil*, cit., p. 80).

[290] AMARAL SANTOS, Moacyr. *Primeiras linhas de Direito processual civil, cit.*, p. 103.

não existiriam jurisdição, ação, processo, sentença, recurso de mérito nem coisa julgada, que configurariam etapas típicas de uma relação jurídica controvertida[291].

Contradizendo tal asserção, sustenta-se que, a partir do momento em que o assunto é atribuído ao magistrado e deve por ele ser apreciado, há atividade jurisdicional. Assim, tem direito de ação tanto quem postula a restauração de um direito não realizado como aquele que pede a definição de uma relação jurídica pela integração de sua vontade por obra do juiz[292].

Ademais, as atividades de jurisdição voluntária são, inegavelmente, atos de exercício do poder exercidos com o objetivo de pacificar com justiça; ao afirmarem a prevalência do ordenamento jurídico, encerram atividade jurisdicional[293].

Merece destaque ainda o elemento histórico: o pretor romano exercia a *iurisdictio* em sentido amplo; além de decidir matérias controvertidas, o magistrado também precisava "exercer justiça" quanto à definição de certas situações relevantes (como a emancipação)[294].

Soa adequada a identificação de tal atividade como jurisdição; esta tem uma multifacetada configuração em relação a características e contextos de verificação.

A atividade jurisdicional pode ser realizada em diversos âmbitos, inclusive fora da seara oficial estatal (como ocorre na arbitragem); também o objeto de sua manifestação pode ser ampliado em atenção a intuitos variados, inclusive para fins de aferição da regularidade do encaminhamento de interesses relevantes e para a obtenção da segurança jurídica propiciada pela homologação em juízo da avença entabulada entre as partes.

Ademais, merece atenção o fato de que nem toda intervenção estatal em negócios privados é realizada pela atuação do Poder Judiciário. Outros órgãos estatais podem proceder a tal fiscalização, como as Juntas Comerciais e o Instituto Nacional de Propriedade Intelectual (que são totalmente desvinculados do Poder Judiciário). Há ainda outros órgãos que, embora fora da estrutura judiciária, contam com o controle e a fiscalização do Poder Judiciário por mandamento constitucional[295]; é o caso dos foros extrajudiciais de serviços notariais, de que são exemplos os tabelionatos e os ofícios de Registro (Civis, de Imóveis, Títulos e Documentos e Protestos Cambiais)[296].

Em algumas situações, todavia, o ordenamento jurídico houve por bem atribuir a apreciação de certos interesses (reputados graves e delicados) ao Poder Judiciário[297].

As razões pelas quais o legislador confiou a administração de certos interesses privados ao Poder Judiciário são variadas. Pode-se destacar, por um lado, a tradição histórica, já que no passado atividades jurisdicionais e administrativas não eram precisamente diferenciadas; também sobrelevou a conveniência de submeter certos atos (de intervenção em negócios relevantes e em situações particulares) a pessoas imparciais e experientes na aplicação do

---

[291] SIDOU, J. M. Othon. *A controvertida jurisdição voluntária*, cit., p. 307.

[292] A afirmação é obra de Hernando Devis Echandia, *apud* SIDOU, J. M. Othon. *A controvertida jurisdição voluntária*, cit., p. 308.

[293] DINAMARCO, Cândido Rangel. *A instrumentalidade do processo*, cit., p. 148-149.

[294] A afirmação é de P. van Wetter, *apud* SIDOU, J. M. Othon. *A controvertida jurisdição voluntária*, cit., p. 311.

[295] Nos termos do art. 236 da Constituição Federal, "os serviços notariais e de registro são exercidos em caráter privado, por delegação do Poder Público"; o Poder Judiciário realiza a fiscalização da atuação das serventias nos termos da Lei n. 8.935/1994.

[296] CARNEIRO, Athos Gusmão. *Jurisdição e competência*, cit., p. 72.

[297] AMARAL SANTOS, Moacyr. *Primeiras linhas de Direito processual civil*, cit., p. 78.

Direito[298]. Nessa medida, o Poder Judiciário teria melhores condições de desempenhar a tutela dos interesses em razão de seus conhecimentos jurídicos, sua capacidade, sua idoneidade e sua independência[299].

Ademais, a atuação do Poder Judiciário pode colaborar para prevenir a formação de novas lides, visto que estas poderiam se verificar caso tal atribuição constituísse encargo de outro Poder[300].

A manifestação do Poder Judiciário, em certas ocasiões, pode efetivamente realizar a importante função de evitar futuras demandas; enquanto a jurisdição contenciosa trata do conflito atual de interesses, a jurisdição voluntária opera sobre o conflito de interesses potencial[301]. Assim, em sede de jurisdição voluntária procura-se a melhor tutela do interesse em questão e não propriamente a composição de um conflito sobre ele[302].

A finalidade, portanto, da jurisdição voluntária é assegurar a paz no ordenamento jurídico não em virtude de sua ameaça ou violação, mas porque o interesse tutelado merece especial proteção estatal[303].

Finalmente, a suposta ausência de coisa julgada no tocante às decisões proferidas no âmbito de tal jurisdição não indica serem desprovidas de imperatividade ou que quanto a elas deixe de ocorrer o fenômeno da imunização[304]. Afinal, a sentença apenas será modificada se verificadas modificações nas circunstâncias que a ensejaram[305].

1.3.3.2.2   Inclusão de mecanismos diversos?

À luz da crescente contemplação de meios diversos de compor conflitos, cabe perquirir: a arbitragem, a mediação e a conciliação devem integrar o conceito de jurisdição?

Como visto, pela literatura mais tradicional sobre o tema, a jurisdição é considerada, ao lado da legislação, uma função do Estado (a quem compete a pacificação pela solução de conflitos)[306].

---

[298]   Carneiro, Athos Gusmão. *Jurisdição e competência*, cit., p. 73.

[299]   AMARAL SANTOS, Moacyr. *Primeiras linhas de Direito processual civil, cit.*, p. 102.

[300]   CARNEIRO, Athos Gusmão. *Jurisdição e competência*, cit., p. 73.

[301]   CARNELUTTI, Francesco. *Instituciones del nuevo proceso civil italiano*. Trad. Jaime Guasp. Barcelona: Bosch, 1942, p. 43, *apud* SIDOU, J. M. Othon. A controvertida jurisdição voluntária, cit., p. 307.

[302]   CARNELUTTI, Francesco. *Sistema di Diritto processuale civile*, v. 1. Pádua: Cedam, 1936, p. 241.

[303]   AMARAL SANTOS, Moacyr. *Primeiras linhas de Direito processual civil, cit.*, p. 104.

[304]   DINAMARCO, Cândido Rangel. *A instrumentalidade do processo, cit.*, p. 148-149.

[305]   Nos termos do art. 1.111 do CPC/1973, "a sentença poderá ser modificada, sem prejuízo dos efeitos já produzidos, se ocorrerem circunstâncias supervenientes"; a regra não foi repetida no Novo CPC, mas seu teor segue valendo.

[306]   "Com a segunda ordem de atividades jurídicas, consistente na jurisdição, cuida o Estado de buscar a realização prática daquelas normas em caso de conflito entre as pessoas – declarando, segundo o modelo contido nelas, qual é o preceito pertinente ao caso concreto (processo de conhecimento) e desenvolvendo medidas para que este preceito seja realmente efetivado (processo de execução). Nesse quadro, a jurisdição é considerada uma *longa manus* da legislação, no sentido de que ela tem, entre outras finalidades, a de assegurar a prevalência do direito positivo do País" (CINTRA, Antonio Carlos de Araújo; GRINOVER, Ada Pellegrini; DINAMARCO, Cândido Rangel. Teoria geral do Processo, p. 38).

A jurisdição, monopólio do Estado[307], constitui função, poder e atividade[308].

Dialogando com essa doutrina, Carlos Alberto de Salles propõe que, para abarcar novos ambientes de tomadas de decisões imperativas e novas instâncias de decisão, seria mais adequado limitar o conceito de jurisdição ao poder de decidir imperativamente com capacidade de gerar o cumprimento das decisões[309].

Preocupa-se o autor principalmente em albergar no conceito a arbitragem privada: a partir da redação do art. 31 da Lei de Arbitragem[310], não é possível negar o caráter jurisdicional desse meio de composição de conflitos.

Segundo Salles, conceber a jurisdição de forma mais ampla, considerando apenas o "poder", torna mais fácil o acolhimento de meios não estatais sob o conceito de jurisdição porque os elementos função e atividade são mais facilmente observáveis no Poder Judiciário: função, porque solucionar conflitos é normalmente concebido em termos de monopólio e atividade pois esta é mais facilmente concebida naquela desenvolvida pelos juízes em "moldes permanentes"[311].

Por outro lado, concorda o autor com a doutrina mais tradicional ao conceber como núcleo da jurisdição "o poder de decidir imperativamente controvérsias". Considerando esse núcleo, é possível reconhecer caráter jurisdicional não só aos juízes estatais integrantes do Judiciário, mas também aos árbitros e aos órgãos administrativos que decidem de forma semelhante (como o CADE e os tribunais de contas)[312].

Pode-se argumentar que os meios consensuais não se enquadram no conceito de "jurisdição", haja vista que esta é "a manifestação de poder estatal, conceituado como capacidade de decidir imperativamente e impor decisões", em que "o Estado substitui, com uma atividade sua, as atividades daqueles que estão envolvidos no conflito trazido à apreciação"[313].

Embora as atividades desenvolvidas por conciliadores e mediadores não se amoldem ao conceito tradicional de jurisdição (que implica decisão impositiva do Estado), a necessidade de ampliar o conceito tem sido vista como uma demanda atual.

A tendência observada – e estimulada pela Resolução n. 125/2010 do CNJ, segundo Rodolfo de Camargo Mancuso – é "desjudicializar" conflitos e estabelecer um ambiente de "jurisdição compartilhada" sustentado em paradigma diverso: enquanto o monopólio da Justiça

---

[307] "À atividade mediante a qual os juízes estatais examinam as pretensões e resolvem os conflitos dá-se o nome de jurisdição" (CINTRA, Antonio Carlos de Araújo; GRINOVER, Ada Pellegrini; DINAMARCO, Cândido Rangel. Teoria geral do Processo, p. 23.

[308] "Como poder, é manifestação do poder estatal, conceituado como capacidade de decidir imperativamente e impor decisões. (...) E como atividade, ela é o complexo de atos do juiz no processo, exercendo o poder e cumprindo a função que a lei lhe comete" (CINTRA, Antonio Carlos de Araújo; GRINOVER, Ada Pellegrini; DINAMARCO, Cândido Rangel. Teoria geral do Processo, p. 131).

[309] SALLES, Carlos Alberto de. A arbitragem na solução de controvérsias contratuais da Administração Pública, p. 130.

[310] Lei n. 9.307/96, art. 31: "A sentença arbitral produz, entre as partes e seus sucessores, os mesmos efeitos da sentença proferida pelos órgãos do Poder Judiciário e, sendo condenatória, constitui título executivo".

[311] SALLES, Carlos Alberto de. A arbitragem na solução de controvérsias contratuais da Administração Pública, p. 130-131.

[312] SALLES, Carlos Alberto de. A arbitragem na solução de controvérsias contratuais da Administração Pública, p. 133.

[313] CINTRA, Antonio Carlos de Araújo; GRINOVER, Ada Pellegrini; DINAMARCO, Cândido Rangel. Teoria geral do Processo. 20. ed. São Paulo: Malheiros, 2004, p. 131-132.

estatal assenta-se nas ideias de Poder e Autoridade, a jurisdição compartilhada assenta-se na "efetiva aptidão e idoneidade de uma dada instância, órgão ou agência, no setor público ou privado, para prevenir ou dirimir conflitos em modo justo e num tempo razoável"[314].

Esse paradigma preocupa-se menos com o acesso formal ao Poder Judiciário e mais com a existência de outros órgãos e instâncias que possam dar respostas adequadas a conflitos que seriam contingenciados ou levados ao vasto quadro de processos judiciais pendentes de decisão.

Ada Grinover responde positivamente à questão: diante da inclusão das vias arbitral e conciliativa no amplo quadro da política judiciária como espécies de exercício jurisdicional, tanto a arbitragem como a justiça consensual integram o conceito de jurisdição[315]; dada a necessidade de reestruturar os conceitos clássicos dos institutos fundamentais de direito processual,

> a jurisdição não pode mais ser definida como poder, função e atividade, pois na justiça conciliativa não há exercício do poder. Ela passa a ser, em nossa visão, garantia do acesso à justiça, que se desenvolve pelo exercício de função e atividade respeitadas pelo corpo social para a solução dos conflitos (conforme elementos do ordenamento jurídico) e legitimada pelo devido processo legal. Seu principal escopo social é a pacificação com justiça[316].

Carlos Alberto de Salles também vislumbra a necessidade de reformular o conceito de jurisdição por força do advento de novas formas hétero e autocompositivas de conflitos[317]. A ampla concepção de jurisdição abarca também a técnica de induzir as partes a uma solução de consenso, produzir a partir daí decisões imperativas, em que o Estado assegure seu cumprimento[318].

Realmente, os meios consensuais podem ser vistos como uma forma de distribuição de justiça. Embora a composição do conflito não seja imposta nem advenha do Estado, ela é construída a partir da condução dos próprios envolvidos a um resultado que se pretende rápida, eficaz e satisfatório.

É inegável que os meios consensuais se inserem em um movimento de transformação da visão sobre as formas de distribuição de justiça. Como a mediação e a conciliação judiciais são desenvolvidas no curso da atividade jurisdicional, têm o condão de promover novas reflexões sobre como a jurisdição se configura e realiza.

1.4 A CONFIGURAÇÃO DE UM SISTEMA "MULTIPORTAS" PARA A COMPOSIÇÃO DE CONFLITOS

A distribuição de justiça com base na litigiosidade é parte essencial da tradição brasileira, o que acaba afastando as pessoas do caminho natural da negociação e conduzindo o destino dos problemas privados ao Estado.

---

[314] MANCUSO, Rodolfo de Camargo. O direito à tutela jurisdicional, p. 148-149.

[315] GRINOVER, Ada Pellegrini. Ensaio sobre a processualidade: fundamentos para uma nova teoria geral do processo. Brasília: Gazeta Jurídica, 2016, p. 62.

[316] GRINOVER, Ada Pellegrini. Ensaio sobre a processualidade: fundamentos para uma nova teoria geral do processo, cit., p. 4.

[317] SALLES, Carlos Alberto de. A arbitragem na solução de controvérsias contratuais da Administração Pública, p. 129-130.

[318] SALLES, Carlos Alberto de. A arbitragem na solução de controvérsias contratuais da Administração Pública, p. 133.

Por tal razão[319], em nosso sistema jurídico o Código de Processo Civil sempre constituiu o eixo central do sistema de pacificação de conflitos na órbita que lhe é própria, coexistindo com microssistemas de extinção de litígios que não se encontram diretamente acomodados às formas previstas em tal *Codex*[320].

O movimento normativo das últimas décadas – que passa pela Lei de Arbitragem, por previsões de processos administrativos geradores de títulos executivos, pela Resolução n. 125/2010 do CNJ e que culmina com a tônica "consensual" do CPC), promulgado em data próxima à da Lei de Mediação (Lei n. 13.140/2015) –, altera esse cenário.

É forçoso reconhecer a existência de um amplo panorama de meios de abordagem das controvérsias. Deve-se conceber, portanto, que, garantido o acesso à instância jurisdicional, as partes possam ser encaminhadas a formas diferenciadas para compor o conflito.

Sistema multiportas é o complexo de opções que cada pessoa tem à sua disposição para buscar solucionar um conflito a partir de diferentes métodos; tal sistema (que pode ser ou não articulado pelo Estado) envolve métodos heterocompositivos (adjudicatórios) e autocompositivos (consensuais), com ou sem a participação estatal[321].

A solução de disputas pode caminhar por métodos "facilitativos", como a negociação e a mediação, ou por meios com maior grau de avaliação, que variam desde recomendações e arbitragens não vinculantes até métodos vinculantes como a arbitragem e o juízo estatal[322].

Vem-se entendendo caber não só à sociedade civil, mas também ao Estado, a tarefa de prover diversas opções aos jurisdicionados.

A Constituição Federal, ao ampliar a noção de acesso à justiça, incumbiu o Poder Judiciário de dar atendimento a um número maior de reclamos, razão pela qual os responsáveis pela justiça institucionalizada têm o compromisso de multiplicar as portas de acesso à proteção dos direitos lesados[323].

Essa perspectiva foi bem expressa no CPC/2015; após enunciar no caput a garantia de acesso à justiça, o art. 3.º dispõe no § 2.º que "o Estado promoverá, sempre que possível, a solução consensual dos conflitos"[324].

Em reforço a tal diretriz, há proposta de Emenda Constitucional para que passe a constar expressamente, no art. 5.º, que "o Estado estimulará a adoção de métodos extrajudiciais de

---

[319] MENDONÇA, Angela Hara Buonomo. *A reinvenção da tradição do uso da mediação*, cit., p. 142.

[320] SILVA, Eduardo Silva da. Meios alternativos de acesso à justiça: fundamentos para uma teoria geral. *Revista Processo e Constituição da Faculdade de Direito da Universidade Federal do Rio Grande do Sul*, n. 1, p. 174, dez. 2004.

[321] LORENCINI, Marco. Sistemas multiportas: opções para tratamento de conflitos de forma adequada. In: SALLES, Carlos Alberto de; LORENCINI, Marco; ALVES DA SILVA, Paulo Eduardo (Org.). *Negociação, mediação e arbitragem: curso para programas de graduação em direito*. São Paulo/Rio de Janeiro: Método/ Forense, 2012, p. 57.

[322] TARTUCE, Fernanda; FALECK, Diego; GABBAY, Daniela. *Meios alternativos de solução de conflitos*. Rio de Janeiro: FGV, 2014, p. 11.

[323] "Deriva do compromisso do constituinte com essa visão moderna de Justiça a preceituação que se propôs a otimizar os instrumentos de solução dos conflitos, multiplicando os caminhos de entrada para o Judiciário" (NALINI, José Renato. *O juiz e o acesso à justiça*. São Paulo: RT, p. 32).

[324] Na mesma linha o § 3.º do art. 3.º dispõe que "a conciliação, a mediação e outros métodos de solução consensual de conflitos deverão ser estimulados por juízes, advogados, defensores públicos e membros do Ministério Público, inclusive no curso do processo judicial".

solução de conflitos" (novo inciso LXXIX)[325]. A justificativa da proposta remete ao sistema multiportas, cuja intuito é fornecer várias opções (várias "portas") de solução de conflitos alternativamente ao Poder Judiciário[326].

Como exemplo, pense em alguém que, ao buscar o Poder Judiciário, encontre um leque de opções em que a solução "sentença judicial" passa a ser uma dentre outras; nesse cenário, aberta a porta do Judiciário, "haveria como que uma antessala em que novas portas estariam à disposição, cada uma representando um método diferente"[327].

Na mesma linha, há referências na doutrina à existência de um sistema pluriprocessual de enfrentamento de controvérsias, configurado pela presença no ordenamento de diversos mecanismos diferenciados para tratar os conflitos, compreendendo mediação, arbitragem e processo judicial, entre outros[328].

A oferta de mecanismos diferenciados para a realização de justiça não demanda que estes se excluam, mas considera que métodos variados podem e devem interagir, de modo eficiente, para proporcionar ao indivíduo múltiplas possibilidades de abordagem eficiente das controvérsias. Para André Gomma de Azevedo, a partir do pluriprocessualismo,

> [...] busca-se um ordenamento jurídico processual no qual as características intrínsecas de cada processo são utilizadas para se reduzirem as ineficiências inerentes aos mecanismos de solução de disputas na medida em que se escolhe um processo que permita endereçar da melhor maneira possível a solução da disputa no caso concreto[329].

Na escolha da forma de lidar com a disputa, costumam ser cotejados fatores como custos financeiros, celeridade, sigilo, manutenção de relacionamentos, flexibilidade procedimental, exequibilidade da solução, desgastes emocionais, adimplemento espontâneo do resultado e recorribilidade, entre outros[330].

---

[325] Segundo consta na justificação, a proposta da Emenda à Constituição é "homenagear esses meios alternativos de solução de conflitos e erigi-los à categoria de norma constitucional de conteúdo principiológico, reforçando a necessidade de sua prática mais intensa em âmbito judicial e extrajudicial" (Proposta de emenda à Constituição. Disponível em http://s.conjur.com.br/dl/pec-conflitos-alternativas.pdf. Acesso em: 22 maio 2017).

[326] Proposta de emenda à Constituição, cit.

[327] LORENCINI, Marco. *Sistemas multiportas*: opções para tratamento de conflitos de forma adequada, cit., p. 73.

[328] "Sistema pluriprocessual: ordenamento jurídico processual formado por um espectro de processos que compreende o processo judicial e a mediação, entre outros. O sistema pluriprocessual tem por escopo disponibilizar processos com características específicas que sejam adequadas às particularidades do caso concreto, permitindo assim que se reduzam as ineficiências inerentes aos mecanismos de solução de disputa" (Glossário: métodos de resolução de disputas – RDS. In: Azevedo, André Gomma de (org.). *Estudos em arbitragem, mediação e negociação*, cit., p. 301).

[329] Autocomposição e processos construtivos: uma breve análise de projetos-piloto de mediação forense e alguns de seus resultados. In: Azevedo, André Gomma de (org.). *Estudos em arbitragem, mediação e negociação*, cit., p. 140.

[330] "Assim, havendo uma disputa na qual as partes sabem que ainda irão relacionar-se no futuro (*e.g.*, disputa entre vizinhos), em regra, recomenda-se algum processo que assegure elevados índices de manutenção de relacionamentos, como a mediação. Por outro lado, se uma das partes tiver interesse de estabelecer um precedente ou assegurar grande publicidade a uma decisão (*e.g.*, disputa relativa a direitos individuais homogêneos referentes a consumidores), recomenda-se um processo que promova elevada recorribilidade, necessária para a criação de precedente em tribunal superior, e que seja pouco sigiloso (*e.g.*, processo judicial)" (Azevedo, André Gomma de. Autocomposição e processos construtivos: uma

Há sistemas jurídicos em que o magistrado encaminha as partes ao meio que reputa eficiente no caso concreto. É relevante a experiência americana nos "tribunais multiportas": o jurisdicionado, ao buscar uma saída para a controvérsia, pode ser direcionado a diversificados meios de composição; nos Estados Unidos, às partes são disponibilizados não só o encaminhamento judicial da questão, mas também as vias arbitral e da mediação[331].

Como apontado, a Resolução n. 125 do CNJ vem exercendo um importante papel no Brasil desde que reconheceu a instituição da "Política Judiciária Nacional de tratamento adequado de conflitos" e expressou a necessidade de oferta de meios consensuais pelos tribunais.

O sistema multiportas estatal pode ser definido como a atividade do Poder Judiciário empreendida para orientar os litigantes sobre as diferentes alternativas para compor o conflito, sugerindo qual seria a saída mais pertinente para o deslinde da questão; o Estado se incumbe de encaminhar as partes no sistema de multiportas de forma gratuita, orientando-as antes do início de uma demanda judicial[332].

Em modelos gerenciados pelo Poder Judiciário (como o brasileiro) cabe a ele o papel de gestor do conflito apto a indicar o meio mais adequado, ainda que se afastando da clássica prestação jurisdicional; nesse tipo de cenário, o meio selecionado pode ser obrigatório ou não[333].

Nos termos da Resolução n. 125 do CNJ, "os Tribunais de Justiça e os Tribunais Regionais Federais deverão assegurar que nos Centros atue ao menos um servidor com dedicação exclusiva, capacitado em métodos consensuais de solução de conflitos, para triagem e encaminhamento adequado de casos" (art. 9.º, § 3.º). Como explica Valeria Lagrasta:

> A orientação ao público é feita por funcionários do Judiciário, devidamente treinados para receber as partes e direcioná-las ao procedimento mais adequado para o seu tipo de conflito, cabendo ao magistrado, portanto, além da função jurisdicional, que lhe é inerente, a fiscalização e o acompanhamento desse trabalho de triagem e da atuação dos terceiros facilitadores – função gerencial –, sendo que, mesmo nos processos judiciais já instaurados, deve verificar, diante das circunstâncias dos casos concretos, quais devem ser encaminhados a um procedimento autocompositivo e quais devem ser resolvidos judicialmente, sempre tendo em vista a pacificação social, passando a exercer um papel de administrador de processos de resolução de disputas ou de "gestor de conflitos[334].

---

breve análise de projetos-piloto de mediação forense e alguns de seus resultados. In: AZEVEDO, André Gomma de (org.). *Estudos em arbitragem, mediação e negociação*, v. 3. Brasília: Brasília Jurídica, 2002, p. 140).

[331] "MULTI-DOOR COURTHOUSE: A court of law in which facilities for arbitration and/or ADR are also provided. COURT-ANNEXED ADR: Any ADR process which parties may be required or advised to undertake by the court, or an ADR facility which is offered by the court (*e.g.* in a 'multi-door' courthouse)" (The Language of ADR).

[332] "Nessa medida, o sistema se assemelharia à avaliação preliminar de conflitos, serviço interno prestado pelo departamento jurídico de uma empresa ou por juristas em avaliação remunerada encomendada por particulares" (Glossário: métodos de resolução de disputas – RDS, cit., p. 301).

[333] LORENCINI, Marco. *Sistemas multiportas*: opções para tratamento de conflitos de forma adequada, cit., p. 74.

[334] LAGRASTA, Valeria Ferioli. Histórico evolutivo brasileiro. In: SILVEIRA, José Custódio da (org. e coord.). *Manual de negociação, conciliação, mediação e arbitragem*. Belo Horizonte: Letramento, 2018, p. 41-42.

MEDIAÇÃO NOS CONFLITOS CIVIS – *Fernanda Tartuce*

Cada vez mais amplia-se a percepção de que o processo, sozinho, jamais será instrumento suficiente para dar cabo de todos os conflitos sociais[335]. Assim, cresce a consciência de que, se o que importa é pacificar, torna-se irrelevante considerar se a pacificação decorreu de atividade do Estado ou por outros meios eficientes[336].

Como pondera Carlos Alberto de Salles, não há "razão de ordem prática ou jurídica para permitir a afirmação sobre a precedência das formas judiciais" sobre as demais vias de composição de conflitos[337]. No mesmo sentido, Carrie Menkel-Meadow aponta que tanto a resposta jurisdicional estatal quanto a saída consensual devem conviver, sem se considerar que um de tais meios seja a via principal de solução de conflitos[338].

Quanto mais opções forem disponibilizadas ao jurisdicionado, maior a chance de alcançar uma resposta útil e eficiente para impasse vivenciado.

O enquadramento da solução estatal como uma das várias possibilidades de composição de controvérsias é importante por abrir um leque que permite diagnosticar e empreender uma escolha pertinente segundo diversos fatores. Assim, será possível, além de reduzir a sobrecarga do Poder Judiciário, proporcionar canais aptos a gerar respostas adequadas à situação dos interessados[339].

No sistema legal brasileiro, a adoção de meios "alternativos" sempre se verificou de forma acentuada com o incentivo à conciliação. A ideia de estimular a decisão do conflito pelos seus protagonistas sempre esteve presente em nossa legislação processual civil.

Destaque-se ainda a figura do juiz ativo no processo; a tendência legislativa de dotar o magistrado de poderes adicionais é corrente em diversos ordenamentos jurídicos. Relata Kazuo Watanabe a existência, em Direito comparado, de várias experiências no sentido de promover uma condução mais detalhada do processo; como exemplo, explica o autor, o modelo americano de *case management*, que constitui a

> [...] atividade processual que fortalece o controle judicial sobre: a) identificação das questões relevantes, b) maior utilização pelas partes de meios alternativos de solução de controvérsias, c) tempo necessário para concluir adequadamente todos os passos processuais. O juiz planeja o processo e disciplina o calendário, ouvindo as partes. Pelo contato frequente que ele mantém com as partes, e destas entre si, promove a facilitação para uma solução amigável da controvérsia. E, mesmo não ocorrendo o acordo, as técnicas do *case management* permitem ao juiz eliminar as questões frívolas e planejar

---

[335] ÁLVARES DA SILVA, Antonio. A desjuridicização dos conflitos trabalhistas e o futuro da justiça do trabalho no Brasil. In: Teixeira, Sálvio de Figueiredo (coord.). *As garantias do cidadão na justiça*. São Paulo: Saraiva, 1993, p. 258.

[336] CINTRA, Antonio Carlos de Araújo; GRINOVER, Ada Pellegrini; DINAMARCO, Cândido R. *Teoria geral do processo*, cit., p. 33.

[337] SALLES, Carlos Alberto de. *Mecanismos alternativos de solução de controvérsias e acesso à justiça*, cit., p. 785.

[338] MENKEL-MEADOW, Carrie. Whose Dispute is it Anyway? A Philosophical and Democratic Defense of Settlement (in Some Cases). In: RISKIN, Leonard L.; WESTBROOK, James E. *Dispute Resolution and Lawyers*. 2. ed. Saint Paul: West Group, 2004, p. 30.

[339] SALLES, Carlos Alberto de. *Mecanismos alternativos de solução de controvérsias e acesso à justiça*, cit., p. 784-785.

o processo, fazendo-o caminhar para o julgamento (*trial*) com eficiência e sem custo exagerado[340].

Já houve entre nós a busca de instrumentos para que o juiz agisse de maneira semelhante, especialmente no exercício de atividades saneadoras do processo. A iniciativa deveu-se à noção de que projetos relativos ao gerenciamento das causas de forma eficiente revelam-se essenciais para que haja uma racionalização maior da prestação jurisdicional[341].

Eis por que o Código de Processo Civil[342] prevê que, frustrada a tentativa consensual verificada no início do processo, passe o magistrado a fixar os pontos controvertidos e a desempenhar comando firme do processo quando do seu saneamento[343].

A despeito de tal conteúdo normativo, infelizmente os resultados práticos desejados custam a ser alcançados, já que na prática muitos juízes não exercem todas as possibilidades ao seu alcance.

Além das previsões sobre conciliação existentes no Código de Processo Civil de 1973, também em legislações esparsas percebeu-se, na década de 1990, um incremento na busca por meios diferenciados de composição de conflitos. Dentre as iniciativas legislativas com viés conciliatório merece destaque a Lei n. 9.099/1995, que instituiu os Juizados Especiais Cíveis Estaduais; como afirmado, o fenômeno se intensificou com as previsões sobre meios consensuais presentes no CPC e na Lei de Mediação.

O sistema brasileiro se alinha à tendência verificada em diversos ordenamentos no sentido de que o Estado conduza as partes a formas diferenciadas de solução de conflitos.

Em relação ao fenômeno verificado entre nós, merece destaque o surgimento da já mencionada "jurisdição compartilhada", que se apoia na "efetiva aptidão e idoneidade de uma dada instância, órgão ou agência, no setor público ou privado, para prevenir ou dirimir conflitos em modo justo e num tempo razoável"[344].

---

[340] WATANABE, Kazuo. Cultura da sentença e cultura da pacificação. In: Yarshell, Flávio Luiz; Moraes, Maurício Zanoide de (coord.). *Estudos em homenagem à professora Ada Pellegrini Grinover*. São Paulo: DPJ, 2005, p. 689.

[341] O grande entusiasta de tal estratégia é Kazuo Watanabe. Para maiores informações sobre a implementação de tal iniciativa leia-se: Lagrasta, Valéria Ferioli. O projeto de gerenciamento do processo. Disponível em: http://www.epm.sp.gov.br/Internas/Artigos/AcervoView.aspx?ID=3173. Acesso em: 11 jul. 2015.

[342] CPC, art. 357. Não ocorrendo nenhuma das hipóteses deste Capítulo, deverá o juiz, em decisão de saneamento e de organização do processo: I – resolver as questões processuais pendentes, se houver; II – delimitar as questões de fato sobre as quais recairá a atividade probatória, especificando os meios de prova admitidos [...].

[343] Como bem apontam Luiz Rodrigues Wambier e Teresa Arruda Alvim Wambier, tal previsão possibilitou a importante oportunidade de se realizar o saneamento "compartilhado" do processo, deixando tal ato de constituir uma providência absolutamente solitária do juiz. Desde que bem conduzida, tal audiência é um "momento importantíssimo" no processo por criar um "espaço para um contacto mais direto do magistrado com as partes e/ou seus procuradores [...]" (*Breves comentários à 2.ª fase da reforma do Código de Processo Civil*, cit., p. 86).

[344] MANCUSO, Rodolfo de Camargo. O direito à tutela jurisdicional: o novo enfoque do art. 5.º, XXXV, da Constituição Federal. *Revista dos Tribunais*, v. 926, p. 148-149, São Paulo, RT, dez. 2012.

MEDIAÇÃO NOS CONFLITOS CIVIS – *Fernanda Tartuce*

Nesse sentido, afirma Marcial Barreto Casabona que, "se o órgão judicante tem condições de dispor de uma ferramenta que leve a um melhor equacionamento e, portanto, a uma melhor solução da questão, pode e, com cuidado ao dizer, dela deve se utilizar"[345].

A institucionalização da invocação de meios consensuais nos conflitos debatidos em juízo revela a instituição do sistema multiportas entre nós[346].

Vale destacar um ponto importante: deve haver significativa cautela e precisa adequação da postura do magistrado ao realizar a "sugestão" às partes quanto à adoção de meios diferenciados a fim de evitar não só situações de constrangimento e intimidação, como também a indevida procrastinação do processo, em prejuízo da tão desejada celeridade.

É de grande importância que, ao fomentar o consenso, haja respeito à autonomia dos envolvidos na controvérsia, que podem ter dificuldades consideráveis para enxergar as possibilidades de êxito na tentativa consensual naquele momento com o mesmo otimismo que os facilitadores do consenso.

A autonomia da vontade das partes é, ressalte-se, um princípio destacado tanto no CPC (art. 166, § 4.º) quanto na Lei de Mediação (art. 2.º, V).

Estimular os meios consensuais deve ser uma iniciativa engendrada com cuidado e respeito sob pena de dar a impressão de que tais mecanismos não passam de "pedras" no caminho de quem deseja resolver conflitos – impressão reforçada quando parece que eles atendem muito mais aos interesses dos gestores da justiça do que à vontade dos envolvidos na disputa.

Faz-se imperioso não esquecer que durante a sessão consensual não se atua segundo os parâmetros do julgamento formal, com a imposição de resultados pela autoridade estatal: a lógica conciliatória demanda o reconhecimento da dignidade e da inclusão das pessoas, rechaçando condutas autoritárias por força do respeito recíproco que deve pautar a atuação dos participantes[347].

Assim, a par das alterações legislativas com incentivo ao uso de meios consensuais, devem os administradores da justiça atuar para disseminar informações sobre a variada gama de meios de composição de conflitos. Munidos de dados relevantes e pertinentes, as pessoas envolvidas em disputas e/ou seus advogados poderão, cientes das diversas possibilidades, optar com liberdade por uma das formas de abordar controvérsias.

---

[345] CASABONA, Marcial Barreto. Mediação e lei, cit., p. 89. Afirma então que, "se o julgador está convencido da existência de prática metodológica capaz de assegurar às partes uma melhor percepção do conteúdo da disputa, pode, com arrimo no direito à liberdade (artigo 5.º), em sua 'modalidade' manifestação da vontade, nos direitos individuais previstos nos artigos 227 e 229, e em respeito à dignidade humana (artigo 1.º, III), sugerir, possibilitar a elas que se submetam a mediação como meio de melhor e consensualmente buscar solucionar o conflito".

[346] BRAGA NETO, Adolfo. Mediação de conflitos e legislação brasileira. *Jornal Valor Econômico*, 24 set. 2004, Caderno E2.

[347] TARTUCE, Fernanda. Mediação no Novo CPC: questionamentos reflexivos. In: FREIRE, Alexandre; DANTAS, Bruno; NUNES, Dierle; DIDIER JR., Fredie; MEDINA, José; FUX, Luiz; VOLPE, Luiz; MIRANDA, Pedro (orgs.). *Novas tendências do processo civil: estudos sobre o Projeto do Novo CPC*, v. 1. Salvador: JusPodivm, 2013, p. 751-768. Disponível em: http://www.fernandatartuce.com.br/site/artigos/cat_view/38-artigos/43-artigos-da-professora.html?start=10. Acesso em: 11 jul. 2018.

1.5 PANORAMA GERAL DAS FORMAS DE COMPOSIÇÃO DE CONFLITOS: VISÃO ESQUEMÁTICA

Propõe-se a apresentação de um quadro sinótico em que se vislumbre o espectro das principais vias de composição de conflito proporcionadas por nosso sistema jurídico. Tal visualização pode colaborar para que haja uma clara noção sobre as diversas possibilidades de composição de conflitos.

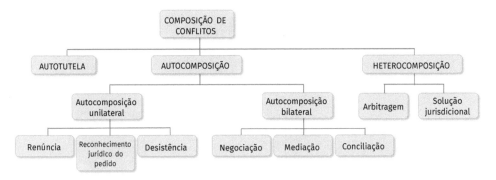

É possível ainda visualizar o panorama dos conflitos sob uma segunda perspectiva:

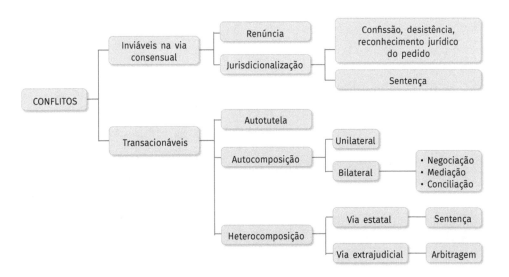

ACESSO À JUSTIÇA E VIA ADEQUADA DE COMPOSIÇÃO DE CONTROVÉRSIAS

2.1 ACESSO À JUSTIÇA NO PROCESSO CIVIL: OBSTÁCULOS E SUPERAÇÃO

A justiça é um dos temas mais intricados para filósofos, teólogos, sociólogos, políticos e juristas. A noção de justiça, ao longo do tempo, vem incorporando diversos sentidos, constituindo, a um só tempo, um conceito plurívoco e altamente mutável[1].

Como bem destaca Rudolf von Ihering, as situações peculiares da vida e das instituições de cada povo são determinantes das reações do sentimento de justiça dos Estados e das pessoas[2].

Cada ser humano concebe a justiça segundo seus próprios parâmetros e suas íntimas convicções, por certo carregadas de forte coloração afetiva e grande ressonância emotiva; nessa linha, há quem afirme que "a justiça total não é deste mundo"[3].

Importa-nos, nesta sede, não abordar com detalhes a polêmica conceituação, mas conceber noções básicas sobre a justiça e a possibilidade de acesso à sua realização.

É pressuposto da ideia de justiça para o Direito a existência de um consenso social acerca, pelo menos, de ideias fundamentais, sendo seus postulados, de evidência imediata: o respeito e a proteção da vida humana e da dignidade do homem; a proibição da degradação do homem em objeto; o direito ao livre desenvolvimento da personalidade; a exigência da

---

[1] "A Justiça, por ser tema complexo e exaustivo, continua com definição aberta e em plena evolução, de tal forma que, quanto mais complexas as relações interpessoais, mais modificações se vão implementando e se incorporando à sua noção. Pode-se observar que o conceito de Justiça muda de uma sociedade para outra, moldando-se às necessidades desta: a sociedade sofre transformações, assim como a ideia de justiça e o acesso a esta" (SILVA, Adriana dos Santos. *Acesso à justiça e arbitragem*, cit., p. 82).

[2] IHERING, Rudolf von. *A luta pelo direito*. Trad. José Cretella Jr. e Agnes Cretella. 2. ed. São Paulo: RT, 2001, p. 52.

[3] CASABONA, Marcial Barreto. *Mediação e lei*, cit., p. 84.

igualdade de tratamento e a proibição do arbítrio[4]. É com base em tais premissas que serão abordados a justiça e o acesso a ela.

Nos estudos sobre a evolução social dos grupos sempre se constataram, na sociedade, dois caminhos para administrar conflitos: pela natureza pacífica da relação, mediante negociação (direta entre as partes ou mediada por um terceiro) e pelo confronto, em ambiente contencioso mediante a imposição de resultado pelo Estado[5]. Desde os primórdios da civilização, o acesso à justiça (como possibilidade de composição justa da controvérsia) sempre pôde ser concretizado pela negociação direta ou pela participação de terceiros[6].

Nos Estados liberais burgueses dos séculos XVIII e XIX, o direito ao acesso à proteção judicial significava essencialmente o direito formal do indivíduo agravado de propor ou contestar uma demanda[7]. Todavia, tal conceito evoluiu, sendo importante distinguir justiça e jurisdição atentando que

> [...] a justiça é um ideal de equidade e de razão, é um sentimento, uma virtude, um valor. A jurisdição é uma das funções da soberania do Estado, consistente no poder de atuar o Direito objetivo, compondo os conflitos de interesse, resguardando a ordem social[8].

O cerne do acesso à justiça não é possibilitar que todos possam ir aos Tribunais, mas sim que a justiça possa ser realizada no contexto em que se inserem as pessoas, com a salvaguarda da imparcialidade da decisão e da igualdade efetiva das partes[9].

Assim, a realização da justiça pode se operar pela autotutela (nos limites em que é permitida), por conta da autocomposição (quando as partes resolvem o impasse consensualmente) ou pela imposição da decisão por um terceiro, tenha este sido eleito pelas partes (o árbitro) ou escolhido pelo Estado (o magistrado).

No processo democrático, o acesso à justiça desempenha um relevante papel ao habilitar o cidadão a tutelar seus interesses e possibilitar à sociedade a composição pacífica de conflitos[10].

Com pondera Kazuo Watanabe, acesso à justiça é *acesso à ordem jurídica justa*, ou seja, obtenção de justiça substancial[11]. Tal noção abarca uma série de possibilidades de verificação e realização da justiça, coadunando-se com a realidade multifacetada e a configuração de um sistema jurídico pluriprocessual.

---

[4] BACHOF, Otto. *Normas constitucionais inconstitucionais?* Coimbra: Almedina, 1994. Prefácio à edição portuguesa, p. I-II.

[5] MENDONÇA, Angela Hara Buonomo. *A reinvenção da tradição do uso da mediação*, cit., p. 145.

[6] *Ibidem*.

[7] CAPPELLETTI, Mauro; GARTH, Bryant. *Acesso à justiça*, cit., p. 9.

[8] BARBOSA, Águida Arruda. *Mediação familiar*, cit., p. 52.

[9] Pedroso, João; Trincão, Catarina; Dias, João Paulo. E a justiça aqui tão perto?: as transformações no acesso ao Direito e à justiça. Disponível em: http://www.oa.pt/Uploads/%7B3CF0C3FA-D7EF-4CDE-B784-C2CACEE5DB48%7D.doc. Acesso em: 22 maio 2017.

[10] Nesse sentido, "a ampliação do acesso à Justiça incrementa a *accountability* horizontal, na medida em que instrumentaliza o cidadão para a defesa de seus interesses e oferece possibilidades de participação política, principalmente na defesa de interesses difusos e coletivos" (DESASSO, Alcir. Juizado Especial Cível: um estudo de caso. In: SADEK, Maria Tereza (org.). *Acesso à justiça*. São Paulo: Fundação Konrad Adenauer, 2001, p. 94).

[11] WATANABE, Kazuo. Política Pública do Poder Judiciário Nacional para tratamento adequado dos conflitos de interesses. Disponível em: *http://www.cnj.jus.br/images/programas/movimento-pela-conciliacao/arquivos/cnj_portal_artigo_%20prof_%20kazuo_politicas_%20publicas.pdf*. Acesso em: 2 ago. 2015.

Cap. 2 · ACESSO À JUSTIÇA E VIA ADEQUADA DE COMPOSIÇÃO DE CONTROVÉRSIAS | 73

Mauro Cappelletti e Bryant Garth destacaram a importância de que os juristas passassem a reconhecer que as técnicas processuais servem a funções sociais, não constituindo o acesso aos tribunais a única forma de solução de conflitos a ser considerada: qualquer regulamentação processual, inclusive a criação ou o encorajamento de alternativas ao sistema judiciário formal, tem um efeito importante sobre a operatividade da lei substantiva[12].

Têm razão tais autores: a realização da justiça deve ser considerada um valor superior em relação à forma para sua obtenção, sendo de grande importância a composição apta a dar a cada um o que é seu, realizando os direitos violados e/ou ameaçados com o mínimo de convulsão social.

Destaca Paulo Cezar Pinheiro Carneiro os princípios que informam o acesso à justiça: acessibilidade (com a existência de pessoas capazes e sem óbices financeiros para efetivar seus direitos[13]); operosidade (dos protagonistas da administração da justiça, com atuação ética e utilização técnica dos instrumentos processuais adequados[14]); utilidade (mediante atribuição ao vencedor de tudo o que ele tem direito de receber[15]); proporcionalidade (com escolha do interesse mais valioso, em harmonização com os princípios e os fins informadores do respectivo ramo do Direito[16]).

Na seara do processo civil, o tema do acesso à justiça foi desenvolvido de forma inigualável por Mauro Cappelletti. Sua importância é crucial, porquanto o direito de acesso à justiça é o mecanismo essencial para garantir a efetiva proteção de todos os outros direitos[17].

Destaca o autor, que com Bryant Garth desenvolveu o Projeto Florença[18], que a noção de acesso à justiça serve para determinar duas finalidades básicas do sistema jurídico: proporcionar acesso igualitário a todos e produzir resultados individual e socialmente justos[19]. Dada sua imensa relevância, mostra-se essencial constatar as dificuldades e possíveis soluções para que se alcance o efetivo acesso à justiça.

O notável estudo de Mauro Cappelletti e Bryant Garth, desenvolvido principalmente no Projeto Florença, propiciou tanto um diagnóstico do panorama existente sobre o acesso como das possibilidades de superação dos obstáculos observados por meio das denominadas "ondas renovatórias de universalização do acesso à justiça".

Quanto aos óbices no acesso à distribuição da justiça, apontaram os autores os seguintes problemas: dificuldade de acesso pelos custos ou pelas condições pessoais (de incapacidade ou despreparo) das partes[20]; dificuldade de proteção de certos interesses, tanto por sua conotação difusa (e fragmentada) na sociedade quanto por sua dimensão diminuta se considerada individualmente, a desestimular a atuação dos lesados[21]; preocupante inter-relacionamento entre as barreiras existentes como fator que dificultava a adoção de medidas isoladas para sanar os problemas[22].

---

[12] CAPPELLETTI, Mauro; GARTH, Bryant. *Acesso à justiça*, cit., p. 12.

[13] CARNEIRO, Paulo Cezar Pinheiro. *Acesso à justiça: juizados especiais cíveis e ação civil pública: uma nova sistematização da teoria geral do processo*. Rio de Janeiro: Forense, 2000. p. 57.

[14] *Idem*, p. 63.

[15] *Idem*, p. 79.

[16] *Idem*, p. 95.

[17] CAPPELLETTI, Mauro. *La dimensione sociali: l'acesso alla giustizia. Dimensioni della giustizia nella società contemporanee*. Bolonha: Il Mulino, 1994, p. 71 e ss.

[18] Tal projeto consolida uma pesquisa internacional, realizada nos anos 1970, com apoio da Fundação Ford.

[19] CAPPELLETTI, Mauro; GARTH, Bryant. *Acesso à justiça*, cit., p. 8.

[20] *Idem*, p. 15-25, *passim*.

[21] *Idem*, p. 26.

[22] *Idem*, p. 29.

A primeira onda renovatória de universalização do acesso focou a necessidade de propiciar acesso aos marcados pela vulnerabilidade econômica. Já a segunda buscou reformar os sistemas jurídicos para dotá-los de meios atinentes à representação jurídica dos interesses "difusos"[23], atuando especialmente sobre conceitos processuais clássicos para adaptá-los à adequada concepção de processo coletivo. A terceira onda, por seu turno, preconizou uma concepção mais ampla de acesso à justiça, com a inclusão da advocacia, e uma especial atenção ao conjunto geral de instituições e mecanismos, pessoas e procedimentos utilizados para processar e prevenir disputas nas sociedades modernas[24].

Nos idos dos anos 1970, ao realizar uma análise panorâmica do tema, os autores centraram suas maiores preocupações na denominada terceira fase ("onda") do movimento de acesso à justiça[25].

Reconhecida a complexidade do problema, revelava-se necessária a adoção de uma nova visão, global e sistematizada, capaz de pensar em uma variedade de mudanças significativas. Para tanto, buscou-se implementar diversas reformas para simplificar procedimentos, mudar instâncias julgadoras, modificar o direito material (no sentido de prevenir conflitos), utilizar pessoas paraprofissionais e criar vias alternativas de solução de controvérsias, considerando a necessária correlação entre processo civil e o tipo de litígio[26].

Nesse contexto, destacaram os autores a necessidade de conceber vários meios de composição de conflitos, considerando a sugestão de que "a mediação e outros mecanismos de interferência apaziguadora são os métodos mais apropriados para preservar os relacionamentos".

Não se deve, porém, atribuir a tais mecanismos a resposta única e definitiva para resolver o preocupante quadro na distribuição da justiça. Como expõe Mauro Cappelletti, a solução eficaz para a questão do acesso à justiça há de ser plural, resultando da combinação de várias soluções integráveis entre si[27].

Segundo Cassio Scarpinella Bueno, as ondas mencionadas por Cappelletti e Garth

> [...] não sucedem, diferentemente do que se dá com as ondas do mar, umas às outras. Elas não vão sozinhas ter com a areia da praia e lá desaparecer. Elas convivem umas com as outras, relacionam-se umas com as outras, dependem umas das outras, avançam e se desenvolvem sempre juntas em direção a uma praia. Elas coexistem e interagem. E não há nada de errado, partindo do raciocínio do saudoso processualista, em que novas "ondas" de acesso à justiça possam ser identificadas e sistematizadas para melhor atender a novas necessidades da sociedade[28].

A busca de soluções há de ser multifacetada; variadas mudanças precisam de ser concebidas, especialmente considerando, além de modificações procedimentais na gestão de conflitos em juízo, a participação de pessoas diversas e meios variados de tratamento de controvérsias.

---

[23]   *Idem*, p. 31-51, *passim*.
[24]   CAPPELLETTI, Mauro; GARTH, Bryant. *Acesso à justiça*, cit., p. 67-68.
[25]   *Idem*, p. 31.
[26]   *Idem*, p. 71.
[27]   *Idem*. O acesso dos consumidores à justiça. In: Teixeira, Sálvio de Figueiredo (coord.). *As garantias do cidadão na justiça*. São Paulo: Saraiva, 1993, p. 329.
[28]   BUENO, Cassio Scarpinella. *Amicus curiae no processo civil brasileiro: um terceiro enigmático*. São Paulo: Saraiva, 2006, p. 448.

Cap. 2 · ACESSO À JUSTIÇA E VIA ADEQUADA DE COMPOSIÇÃO DE CONTROVÉRSIAS | 75

Assim, todos os problemas devem ser enfrentados simultaneamente, buscando-se o aperfeiçoamento do acesso à justiça aos necessitados, além de buscar o aprimoramento das regras processuais e da administração da justiça, sem descuidar de proporcionar mecanismos diferenciados para conflitos que possam ser eficazmente tratados por técnicas peculiares. Nessa medida, devem ser consideradas múltiplas abordagens e diretrizes ao tratarmos do acesso à justiça.

Kim Economides, um dos colaboradores de Cappelletti, em síntese publicada vinte anos após os estudos deste e Garth, identificou a necessidade de compreender o problema do acesso à justiça "em termos tridimensionais", isto é, "a partir da compreensão simultânea de três elementos: a) a natureza da demanda dos serviços jurídicos; b) a natureza da oferta desses serviços; c) a natureza do problema jurídico que os clientes possam desejar trazer ao fórum da justiça".[29]

Como resultado da análise da interação entre esses três fatores, o autor sugere que desde a década de 1990 já era possível identificar uma quarta onda do movimento de acesso à justiça, caracterizada pelo "acesso dos operadores do direito (inclusive dos que trabalham no sistema judicial) à justiça": os advogados, tradicionalmente indiferentes à distinção entre justiças civil e cívica, passam a se engajar na profissão com um compromisso ético renovado, aprofundando a conscientização a respeito de sua própria responsabilidade profissional[30].

2.2 JUSTIÇA CONSENSUAL (COEXISTENCIAL E CONCILIATÓRIA) *VERSUS* MODELO CONTENCIOSO (ANTAGONISTA)

A noção de justiça consensual, conciliatória ou coexistencial é mais uma contribuição de Mauro Cappelletti à ciência jurídica: a justiça, em tal viés, deve levar em conta a totalidade da situação em que o episódio contencioso está inserido, sendo seu objetivo curar (e não exasperar) a situação de tensão[31].

Pondera o autor que, embora tenha havido, nos últimos tempos, uma glorificação das civilizações orientais quanto à luta por direitos, é importante admitir, em certos setores, um enfoque diferenciado, por ele denominado "Justiça coexistencial, que pode ser preferível e mais apto a assegurar o acesso à justiça"[32].

O modelo consensual preconiza a ordenação de meios para gerar condições objetivas e predispor as partes para a realização de acordos[33].

---

[29] ECONOMIDES, Kim. Lendo as ondas do "Movimento de Acesso à Justiça": epistemologia *versus* metodologia? In: PANDOLFI, Dulce et alii (org.). Rio de Janeio: FGV, 1999, p. 64.

[30] *Idem, ibidem*, p. 72.

[31] "O *Kampf ums Recht* deve dar lugar ao *Kampf um die Billigkeit*, ou seja, à luta pela equidade, por uma solução justa e aceitável para todos os contendores" (CAPPELLETTI, Mauro. Problemas de reforma do processo civil nas sociedades contemporâneas. In: MARINONI, Luiz Guilherme (coord.). *O processo civil contemporâneo*. Curitiba: Juruá, 1994, p. 27).

[32] "Embora nos dois últimos séculos, pouco mais ou menos, as civilizações ocidentais tenham glorificado o ideal de lutar pelos direitos de cada qual (o famoso *Kampf ums Recht* de Ihering), conviria admitir que, em certos setores, um enfoque diferente – a que costumo chamar 'Justiça coexistencial' – pode ser preferível e mais apto a assegurar o acesso à Justiça" (CAPPELLETTI, Mauro. Os métodos alternativos de solução de conflitos no quadro do movimento universal de acesso à justiça. *Revista de Processo*, ano 19, n. 74, p. 88, São Paulo, abr.-jun. 1994).

[33] SALLES, Carlos Alberto de. *Mecanismos alternativos de solução de controvérsias e acesso à justiça*, cit., p. 786.

A abordagem de conflitos centrada na ideia de justiça coexistencial constitui uma tendência doutrinária mundial, fato que vem sendo atestado há décadas pelo incremento da adoção de vias conciliatórias[34].

A lógica consensual (coexistencial ou conciliatória) é aplicada no ambiente onde a pauta é colaborativa: as pessoas se dispõem a dialogar sobre a controvérsia e a abordagem não é centrada apenas no passado, mas inclui o futuro como perspectiva a ser considerada. Por prevalecer a autonomia dos envolvidos, o terceiro facilitador da comunicação não intervém para decidir sobre o mérito, mas para viabilizar o diálogo em prol de resultados produtivos.

Nessa medida, constitui pressuposto dos meios consensuais a relativização da dicotomia certo/errado que funda o sistema legal[35]; muitas vezes, dá-se atenção mais ao futuro da relação (em termos de restauração do vínculo) do que propriamente à visão retrospectiva dos fatos conflitivos. Assim, por exemplo, o debate sobre quem deixou de cumprir certa obrigação pode até ocupar certo espaço na conversação, mas dificilmente chega a merecer maior destaque do que a busca de soluções.

Em contrapartida, o desenvolvimento tradicional do processo se verifica segundo um modelo contencioso ("conflitual") pautado pela oposição de interesses entre indivíduos iguais em direitos e pela atuação de um terceiro encarregado de declarar de forma impositiva a quem pertence o direito; tal caráter litigioso caracteriza o modelo tradicional da jurisdição estatal[36].

Na lógica de julgamento inerente à via contenciosa, portanto, as pessoas posicionam-se como partes contrapostas e disputam posições de vantagens; a análise dos fatos foca o passado e um terceiro é chamado a decidir imperativamente.

O tratamento dos conflitos pela via jurisdicional é pautado pela disputa acirrada em que as controvérsias hão de ser, no final, definidas no sistema de vencedores e vencidos; a característica da conflituosidade é gerar um sistema "ganha-perde"[37] em que a resposta final será, em regra, adjudicada (atribuída) a uma das partes por um terceiro estranho à relação jurídica.

Para Giuseppe Chiovenda, o objetivo imediato do processo não seria compor o conflito entre as partes, mas dizer e atuar a vontade da lei; admite o autor que o contraste pode não cessar efetivamente e, mesmo quando o faz, isso ocorre não porque se compôs o conflito, mas porque a coisa julgada minimiza a importância da contradição e porque os atos executivos disponibilizados ao vencedor despojam de relevância a insatisfação

---

[34] DENTI, Vittorio. I procedimenti non giurisdizionali di conciliazione come istituizioni alternative. *Rivista di Diritto Processuale*, p. 410, Pádua, Cedam jul.-set. 1980; CAPPELLETTI, Mauro. Appunti su conciliatore e conciliazione. *Rivista Trimestrale di Diritto e Procedura Civile*, p. 49, Milão, Giuffrè, mar. 1981.

[35] CAPPELLETTI, Mauro. *Access to Justice*, v. II, livro 1. Milano: Sijthoff/Giuffrè, 1978, p. 97.

[36] MORAIS, José Luis Bolzan de. *Mediação e arbitragem: alternativas à jurisdição*. Porto Alegre: Livraria do Advogado, 1999, p. 113-114.

[37] "É costume arraigado na sociedade brasileira tratar as controvérsias como uma disputa entre partes em busca de uma decisão (modelo conflitual – ganha/perde), mesmo que gere prejuízo aos laços fundamentais e eventualmente afetivos existentes entre elas" (BACELLAR, Roberto Portugal. A mediação no contexto dos modelos consensuais de resolução de conflitos. Disponível em: http://emeron.tjro.jus.br/images/biblioteca/revistas/revista-emeron-08-2001.pdf#PAGE=53. Acesso em: 16 jun. 2017).

Cap. 2 · ACESSO À JUSTIÇA E VIA ADEQUADA DE COMPOSIÇÃO DE CONTROVÉRSIAS | **77**

do credor[38]. Pondera ainda que, em realidade, "o processo é até a antítese de composição, nem o juiz ou o órgão de execução cuidam minimamente de compor um conflito"[39].

Em algumas circunstâncias pode ocorrer o fenômeno da litigiosidade remanescente, persistindo certa sorte de controvérsia entre as partes após o fim de um processo porque certos aspectos não foram tratados adequadamente. Isso se verifica no fim de certos processos judiciais, seja por não ter havido resolução do problema de comunicação entre as partes (não se tratando de matéria juridicamente tutelada, como a hipótese de vizinhos que permanecem em posições antagônicas por não conseguirem dialogar), seja por não se ter aventado toda a matéria controvertida e juridicamente tutelada perante o Estado[40].

Merece transcrição elucidativo quadro comparativo proposto por Juan Carlos Vezzulla que destaca as diferenças entre as modalidades de composição, especialmente caracterizando a configuração de tais práticas quando as partes tentam compor controvérsias como adversárias ou como colaboradoras:

Quadro 2.1 Modelos Inerentes às Modalidades de Composição de Conflitos

CONTENCIOSAS	NÃO CONTENCIOSAS
Processo judicial	Negociação
Arbitragem	Conciliação
	Mediação
CARACTERÍSTICAS	
As partes se enfrentam	As partes cooperam
O procedimento é controlado por terceiros (na arbitragem é isto: o controle começa pelas partes e depois pelo árbitro)	As partes controlam o processo
Um terceiro decide	As partes decidem
Centra-se no passado	Trato do presente e do futuro
Trabalha sobre a realidade formal	Trabalha sobre a realidade real
Não pode ser interrompido (na arbitragem, a partir do compromisso)	Pode ser interrompido
O seu resultado não satisfaz plenamente	O acordo satisfaz plenamente (exceto na conciliação)
O seu resultado pode não resolver o conflito	O acordo resolve o conflito (exceto na conciliação)

Fonte: VEZZULLA, Juan Carlos. *Mediação*, cit., p. 81.

---

[38] CHIOVENDA, Giuseppe. *Instituições de Direito processual civil*. Trad. Paolo Capitanio, com anotações de Enrico Tullio Liebman. Campinas: Bookseller, 2000, p. 67.

[39] *Ibidem*.

[40] AZEVEDO, André Gomma de. Autocomposição e processos construtivos: uma breve análise de projetos-piloto de mediação forense e alguns de seus resultados. In: AZEVEDO, André Gomma de (org.). *Estudos em arbitragem, mediação e negociação*, cit., p. 142, nota 26.

MEDIAÇÃO NOS CONFLITOS CIVIS – Fernanda Tartuce

Quanto à mencionada diferença de satisfação e resultados na mediação e na conciliação, Juan Carlos Vezzulla destaca que as distinções decorrem do grau de profundidade com que o conflito é abordado em cada modalidade: na conciliação, o tratamento da controvérsia é superficial e o acordo tende a ser parcialmente satisfatório, enquanto na mediação o tratamento do conflito se dá de forma mais profunda e gera resultados plenamente satisfatórios[41].

Sob o prisma da comunicação, merece destaque a diferenciação entre as linguagens binária e ternária para compreender as técnicas utilizadas na diretriz consensual (especialmente na mediação). No pensamento binário, há o terceiro excluído; está-se diante do princípio da alternativa lógica, complementar ao princípio da contradição. É tal diretriz que geralmente norteia a prestação jurisdicional, visto que a atividade de julgar costuma ter apenas uma alternativa (culpado ou inocente, sucumbente ou vitorioso). Diferentemente, o pensamento ternário enseja outras possibilidades: "inclui o terceiro na atividade da comunicação e busca ampliar o espaço-tempo em que se situa o conflito, gerando mais elementos e aumentando a valorização das partes, possibilitando-lhes transformar o conflito"[42].

Assim, pode-se dizer que a linguagem binária é regida pela conjunção "ou", enquanto a linguagem ternária é regida pela conjunção "e"; esta última torna possível a adoção de infinitas alternativas para determinada situação segundo os recursos pessoais das partes envolvidas na comunicação[43].

O sistema jurídico se embasa no princípio binário, em que o paradigma "ganhar-perder" funciona como uma lógica determinista que reduz as possibilidades de encontrar soluções alternativas diferenciadas. A realidade, todavia, é no mínimo ternária, multifacetada. Sobre isso, complementa Ademir Buitoni que

> [...] reduzir tudo ao dualismo do lícito/ilícito, permitido/proibido, inocente/culpado, é mutilar as infinitas possibilidades do comportamento humano. A mente humana tem inúmeras possibilidades de argumentar e avaliar as situações comportamentais, muito além do raciocínio binário do Direito[44].

Quando se cogita da visão ternária para auxiliar a atribuir a cada um o que é devido, prioriza-se a dinâmica da intersubjetividade, visando ao exercício da humanização do acesso à justiça[45].

2.2.1 Maior adequação da solução consensual

Rudolf von Ihering, na lapidar obra sobre a luta pelo direito, menciona a possibilidade de, em certas circunstâncias, a autocomposição ser a melhor saída para o conflito: em um

---

[41] VEZZULLA, Juan Carlos. *Mediação*, cit., p. 83.

[42] BARBOSA, Águida Arruda. *Mediação familiar*, cit., p. 87-88.

[43] Tal diferenciação é delineada no texto elaborado pelo IBDFAM (Instituto Brasileiro de Direito de Família) e enviado ao Ministro da Justiça e ao Secretário da Reforma do Judiciário após a audiência pública sobre o projeto de lei sobre mediação, em 17.09.2003 (Disponível em: http://www.ibdfam.org.br/public/artigos.aspx?codigo=170. Acesso em: 13 out. 2006).

[44] BUITONI, Ademir. A ilusão do normativismo e a mediação. Disponível em: http://www2.oabsp.org.br/asp/esa/comunicacao/esa1.2.3.1.asp?id_noticias=68. Acesso em: 13 out. 2006.

[45] Disponível em: http://www.camara.gov.br/sileg/MostrarIntegra.asp?CodTeor=288153. Acesso em: 2 out. 2006.

Cap. 2 · ACESSO À JUSTIÇA E VIA ADEQUADA DE COMPOSIÇÃO DE CONTROVÉRSIAS | **79**

simples choque de interesses em que está em jogo só o valor pecuniário do bem, entende-se que o contendor raciocine em termos de relação "custo-benefício" para decidir se irá entrar em juízo ou transigir – em tal caso, a composição dos litigantes, ponto de encontro de um cálculo de probabilidades, seria não só uma saída plausível, mas a melhor das soluções possíveis[46].

A noção de justiça conciliatória revela-se consentânea com a almejada instauração, no tecido social, da cultura de paz; esta consiste em

> [...] valores, atitudes e comportamentos que reflitam e inspirem interação social e partilha baseada nos princípios de liberdade, justiça e democracia, todos os direitos humanos, tolerância e solidariedade; que rejeitem a violência e se esforcem para evitar conflitos, atacando suas causas para resolver os problemas através de diálogo e negociação; e que garantam o pleno exercício de todos os direitos e os meios para participar plenamente no processo de desenvolvimento de sua sociedade[47].

Como destacado, o termo "composição" (em vez de "solução ou resolução de conflitos") melhor se coaduna com um sistema de encaminhamento de controvérsias em que a tônica não é só contenciosa, mas também conciliatória.

A abordagem antagonista do processo constitui um dos problemas dos meios tradicionais de solução de conflitos: as partes são apontadas como inimigas, como ganhadora e perdedora, como certa e errada[48].

O modelo contencioso de distribuição de justiça colabora para a instauração de uma cultura de paz e gera no espírito das pessoas (especialmente do derrotado) a sensação de realização de justiça? A resposta tende a ser negativa. Nem sempre a resolução imposta pela decisão se mostra adequada no sentido de gerar resultados justos e concretamente observados pelas partes.

Muitas vezes o modelo contencioso promove atitudes, respostas combativas e acirradas que geram nas pessoas (e/ou em seus advogados) uma postura de luta permanente que acaba por afastá-las dos verdadeiros objetivos de composição com justiça.

Novas abordagens no tratamento das controvérsias sugerem que a tônica é encontrar os pontos comuns quanto aos interesses em debate.

No modelo consensual, busca-se o "ganha-ganha", de modo que os envolvidos possam alcançar uma situação mais favorável em relação aos seus interesses por intermédio de conversações e debates. É o que se verifica na mediação: o conflito pode ser visto como uma forma de crescimento individual; com a oportunidade de diálogo e a autorreflexão das partes, ambas são vencedoras[49].

Ao tratar dos impedimentos no acesso à justiça, lembra Mauro Cappelletti que, "em certas áreas ou espécies de litígios, a solução normal – o tradicional processo litigioso – pode não ser o melhor caminho para ensejar a vindicação efetiva de direitos"; a busca há de visar reais *alternativas* (*stricto sensu*) aos juízos ordinários e aos procedimentos usuais:

---

[46] IHERING, Rudolf von. *A luta pelo Direito*, cit., p. 45.

[47] Tal teor encontra-se na Resolução A/53/243 da Assembleia-Geral da ONU, realizada em 2000, na qual as Nações Unidas convocaram um movimento mundial pela cultura de paz. No Brasil, 15 milhões de pessoas assinaram aderindo ao conteúdo, que constava do "Movimento 2000".

[48] SALES, Lilia Maia de Morais. *Justiça e mediação de conflitos*, cit., p. 65.

[49] *Ibidem.*

Essa ideia decerto não é nova: a conciliação, a arbitragem e a mediação foram sempre elementos importantes em matéria de solução de conflitos. Entretanto, há um novo elemento consistente em que as sociedades modernas descobriram novas razões para preferir tais alternativas. É importante acentuar que essas novas razões incluem a própria essência do movimento de acesso à Justiça, a saber, o fato de que o processo judicial agora é, ou deveria ser, acessível a segmentos cada vez maiores da população, aliás, ao menos teoricamente, a toda a população. Esse é sem dúvida o preço do acesso à Justiça, o qual é o preço da própria democracia: um preço que as sociedades avançadas devem sentir-se dispostas (e felizes em) pagar[50].

O resgate de meios consensuais, longe de consistir um retrocesso, representa um caminho para o encaminhamento proveitoso de muitas controvérsias.

É preciso considerar se é conveniente promover disputas judiciais para abordar conflitos ligados a relacionamentos marcados por uma continuidade intrínseca. Tratar o episódio controvertido por meio de um litígio judicial pode comprometer ainda mais a interação; além da iniciativa de ir a juízo prejudicar a superação daquele específico impasse, ela ainda pode gerar outros problemas.

Nas palavras de Mauro Cappelletti, "uma área em que a justiça conciliatória há muito se estabeleceu mesmo em países ocidentais e se vem expandindo nos últimos anos é a dos conflitos em matéria de família". Segue então relatando outros campos em que a justiça conciliatória tem potencial para constituir uma escolha "melhor":

> [...] conflitos de vizinhança, e mais genericamente conflitos entre pessoas que vivem naquilo a que os sociólogos chamam "instituições totais", isto é, em instituições como escolas, escritórios, hospitais, bairros urbanos, aldeias, onde as pessoas são forçadas a viver em contato diário com vizinhos, colegas, etc., entre os quais pode haver queixas de várias espécies. Uma solução contenciosa em tais instituições poderia conduzir à efetiva exacerbação, ao passo que uma solução conciliatória ou coexistencial seria vantajosa para todos[51].

Para o autor italiano, a consideração da adequação do método deve ter em conta que a melhor escolha deve focar sua atenção mais no futuro de que no passado[52].

Essa se revela, sem dúvida, uma observação apta a revolucionar a forma de tratamento dos conflitos: o administrador do impasse deve expandir seus horizontes, pensando não só em compor as partes em uma controvérsia específica, mas também em prevenir, potencialmente, futuros conflitos por força do restabelecimento da comunicação entre as pessoas.

Em uma relação contínua, controvérsias que se caracterizam como atritos permanentes podem não comportar a pretensa "solução definitiva" do processo estatal, que não consegue

---

[50] CAPPELLETTI, Mauro. *Os métodos alternativos de solução de conflitos no quadro do movimento universal de acesso à justiça*, cit., p. 87-88.

[51] *Idem*, p. 91.

[52] "In molti aspetti della vitta conteporanea è proprio questo carattere contezioso che assai spesso non si giustifica, e che va, quanto più possibile, evitato. È ciò che accade ogniqualvolta sussistano fra le parti rapporti durevoli, complessi, e meritevoli di essere conservati, rispetto ai quali la lite non è che un momento o sintomo di una tensione che deve possibilmente essere curata" (CAPPELLETTI, Mauro. *Appunti su conciliatore e conciliazione*, cit., p. 57).

extingui-las; não obstante, como os impasses devem ser superados ou resolvidos (porque se inserem em relações que merecem ou precisam ser conservadas), são preferíveis organismos informais que exerçam funções de mediação entre as as pessoas[53].

Vale, ainda, considerar que fatores ocultos podem prejudicar o alcance de uma composição efetiva. Ao levarem o conflito a juízo, muitas vezes as partes não deduzem expressamente toda a extensão da controvérsia, evitando mencionar certos fatos que a ensejaram. Em tais situações, o magistrado chamado a decidir acaba lidando com interesses diferentes dos efetivamente alegados pelas partes – o que tende a prejudicar sua percepção sobre a realidade e os parâmetros corretos a serem invocados para dirimir o conflito.

Ao demandar em juízo, muitas pessoas omitem aspectos fáticos relevantes e levam ao conhecimento do juiz apenas uma fatia da realidade verificada. A outra parte pode incorrer na mesma conduta, apresentando apenas os fatos favoráveis à sua "tese jurídica". O processo acaba limitado a um panorama deliberadamente recortado, o que tende a gerar intensas dificuldades para a reconstituição histórica dos elementos relevantes e a conclusão sobre o que é realmente adequado.

Nesse sentido, retomando lições de Francesco Carnelutti, Joel Dias Figueira Junior atenta para a distinção entre a *lide sociológica,* que representa a parte do conflito no plano material que não chegou a ser levado a juízo, e a *lide jurídica,* com os contornos e delineamentos traçados para a lide sociológica e apresentados à jurisdição em busca de uma solução justa[54].

Ademais, no curso do processo as partes não falam diretamente entre si ou com o juiz, mas atuam por seus advogados, que utilizam o instrumental técnico para representá-las. As partes, reais interessados na controvérsia, pouco são ouvidas, o que gera insatisfações reprimidas que redundam em novas lides, mesmo após a decisão judicial:

> A decisão judicial fundamenta-se exclusivamente no processo, seguindo a falsa máxima "o que não está nos autos, não está no mundo". Dessa forma, em muitos casos os reais problemas, os aspectos relevantes da questão não são estudados. A decisão judicial, portanto, resta insatisfatória, dificultando o seu cumprimento e ainda produzindo mais impasses[55].

Como bem pontua Taís Schiling Ferraz:

> [...] o processo que caminha para uma sentença não é um espaço de escuta. Cada parte lança no processo suas razões, não para que a outra parte as pondere ou delas se convença, mas na tentativa de influenciar o juiz ou um colegiado. Espera-se que o Judiciário a todos escute e que suas decisões sejam seguidas ou, no mínimo, sejam impostas[56].

Dada a limitação do espectro de atuação da jurisdição (que exige provocação do interessado), no modelo judicial estatal o juiz, como regra, não pode estender sua atuação a ponto de ultrapassar o objeto litigioso definido no processo.

---

[53] ARRUDA ALVIM. Anotações sobre as perplexidades e os caminhos do processo civil contemporâneo – sua evolução ao lado do Direito material. In: TEIXEIRA, Sálvio de Figueiredo (coord.). As garantias do cidadão na justiça. São Paulo: Saraiva, 1993, p. 169.

[54] FIGUEIRA JÚNIOR, Joel Dias. *Arbitragem e o Poder Judiciário*, cit., p. 126, nota 36.

[55] SALES, Lilia Maia de Morais. *Justiça e mediação de conflitos*, cit., p. 65.

[56] FERRAZ, Taís Schilling. A litigiosidade como fenômeno complexo: quanto mais se empurra, mais o sistema empurra de volta. Revista Jurídica da Presidência, Brasília. v. 25 n. 135, jan./abr. 2023, p. 179.

82 MEDIAÇÃO NOS CONFLITOS CIVIS – *Fernanda Tartuce*

Por tal razão, pode-se revelar mais interessante a abordagem consensual do que a inerente ao sistema litigioso, dado que na perspectiva que visa à composição do conflito em bases consensuais é possível ampliar o objeto da discussão para alcançar outros pontos importantes para os interessados.

Ao serem esclarecidas as razões sobre a resistência das partes, elementos variados podem vir à tona e ser tratados eficientemente pelos envolvidos. Como exemplo, se há um problema na definição do direito de convivência entre pai e filho ante a quebra de confiança em anterior circunstância (relativa ao divórcio do casal, por exemplo), o mediador pode contribuir para que os genitores esclareçam fatores da situação passada para, superando-a, poderem focar a conjuntura futura. No caso do magistrado, tal conduta não seria, sob o rigor técnico, possível, visto que o divórcio constituiria objeto de outra demanda (já imunizada, possivelmente, por se tratar de "caso julgado").

A respeito, merecem transcrição as palavras de Roberto Bacellar:

> [...] para a resolução de um conflito, algumas vezes é indispensável trazer à tona todos os aspectos que o envolvem, independentemente da observância restrita das informações e dos dados deduzidos na petição inicial e na contestação. Só as técnicas de um modelo consensual como as da mediação possibilitam a investigação dos verdadeiros interesses e conduzem à identificação diferenciada do "conflito processado" e do "conflito real". Portanto, com a mediação, haverá o conhecimento global da causa, a resolução integral do conflito, preservado o relacionamento entre os litigantes[57].

2.2.2 A obtenção legítima do consenso genuíno

Revela-se importante o reforço da credibilidade do Poder Judiciário em especial, e da administração da justiça em geral, para que não se volte à utilização indiscriminada e deletéria da autotutela fora das hipóteses em que é prevista.

É inquestionável o descrédito do Poder Judiciário em diferentes setores. Junto à opinião pública, é considerado moroso e inepto; pelo Poder Executivo, é questionado na eficiência e reputado insensível quanto ao equilíbrio nas finanças públicas; pelo Poder Legislativo, é acusado de exorbitar prerrogativas e bloquear políticas públicas ao interferir na elaboração de normas[58].

As dificuldades no desenvolvimento da prestação jurisdicional podem acabar conduzindo à tendência de estimular acordos a qualquer custo – mesmo em situações excessivamente gravosas para uma ou ambas as partes. Em tais circunstâncias não se estará distribuindo justiça, mas promovendo a negativa de atribuir a cada um o que é devido por questões pragmáticas ilegítimas.

Infelizmente, há práticas judiciais nocivas ligadas aos meios consensuais em vários sistemas jurídicos.

---

[57] BACELLAR, Roberto Portugal. *A mediação no contexto dos modelos consensuais de resolução de conflitos*, cit.

[58] Prossegue José Eduardo Faria dizendo que o Judiciário acaba sendo acusado de "destecnificar" a aplicação da lei e "judicializar" a vida administrativa e econômica (FARIA, José Eduardo. O sistema brasileiro de justiça: experiência recente e futuros desafios. *Estudos Avançados*, v. 18, n. 51, p. 103, maio-ago. 2004).

Cap. 2 · ACESSO À JUSTIÇA E VIA ADEQUADA DE COMPOSIÇÃO DE CONTROVÉRSIAS | 83

Ao tratar da conciliação no sistema italiano, Francesco Carnelutti destacava, já nos idos dos anos 1940, a tendência do órgão judicial de valer-se da conciliação mais como um meio para se livrar do estudo do processo do que para obter, pela vontade das partes, a justa composição do litígio[59].

O jurista americano Marc Galanter criou o termo "litigotiation" para retratar o uso do processo estatal como forma de influenciar a obtenção de acordos[60].

Owen Fiss, revelando-se contrário à tendência de prodigalizar a realização de acordos, afirma que o consenso acaba, irremediavelmente, sendo fruto de coerção[61]. Tal situação se mostra extremamente nociva para a (já abalada) credibilidade do Poder Judiciário.

Indubitavelmente, deve-se buscar a obtenção de consensos legítimos com respeito à diversidade. Segundo Andrei Korner, como as concepções culturais são muito diferenciadas na sociedade,

> [...] é necessário adotar não apenas um modelo de conciliação que satisfaça as condições externas formais de um consenso, mas, também, uma forma para que as diferenças sociais e culturais possam ser levadas em consideração e diferentes padrões valorativos sejam incorporados no momento do consenso[62].

Quando a autocomposição é imposta, perde sua legitimidade, visto que as partes não são propriamente estimuladas a compor seus conflitos, mas coagidas a tanto; essa situação, que pode ser denominada "coerciliação" ou "pseudoautocomposição", é altamente criticável.

O incentivo aos meios consensuais acaba sendo mal utilizado em certos contextos. Por todos, merece transcrição a visão de Francesco Carnelutti, para quem,

> [...] infelizmente, a experiência tem demonstrado, sem embargo, que não poucas vezes [a autocomposição] se degenera em insistências excessivas e inoportunas de juízes preocupados bem mais em eliminar o processo que em conseguir a paz justa entre as partes[63].

Para José Ignácio Botelho de Mesquita, a certeza da demora dos processos, aliada à forte insistência dos auxiliares da justiça e do magistrado para a celebração de acordos e à dúvida sobre se o juiz decidirá segundo a lei (e não conforme a ideologia que prefere), pode gerar um grave problema: o "poderoso estímulo ao descumprimento das obrigações e, portanto, à

---

[59] "En realidad, sucede que el órgano jurisdiccional encargado del oficio conciliador ve en él más bien un medio para librar-se del estudio de la controversia, que no de obtener a través de la voluntad de las partes la justa composición del litigio, y por ello ejerce, con frecuencia incluso sin habilidad, simple oficio de mediador" (CARNELUTTI, Francesco. *Sistema de Derecho procesal civil*, cit., p. 204).

[60] "There are not two distinct processes, negotiation and litigation; there is a single process of disputing in the vicinity of official tribunals that might fancifully be called LITIGOTIATION. By this ludicrous term I refer to the strategic pursuit of resolution through mobilizing the court process" (GALANTER, Marc. A settlement judge not a trial judge: judicial meditation in the United States. *Journal of Law and Society*, v. 12, n. 1, p. 1, 1985).

[61] FISS, Owen. Against Settlement. In: RISKIN, Leonard L.; WESTBROOK, James E. *Dispute Resolution and Lawyers*. 2. ed. Saint Paul: West Group, 2004, p. 18.

[62] KORNER, Andrei. *Juizados especiais e acesso à justiça. Anais do Seminário sobre os Juizados Especiais Federais*. Brasília: Ajufe, 2002, p. 38.

[63] CARNELUTTI, Francesco. *Instituições do processo civil*, v. 2. São Paulo: Classic, 2000, p. 70.

criação de litígios onde, não fora isso, maiores seriam as probabilidades de adesão espontânea ao império da lei"[64].

A celebração de acordos não deve ser obtida por conta do receio das partes diante de prognósticos negativos ligados ao seguimento do processo.

Aponta Rudolf von Ihering a importância do senso de justiça, verdadeiro motor a conduzir as partes na busca de seus direitos; afirma então que, sob o ângulo do sujeito do direito,

> a veemência com que ele repele a agressão a seu direito é idêntica ao impulso (e base moral) da pessoa que se defende do assalto. Seria, pois, erro psicológico se, para convencer a parte a sair do processo, apontássemos para as custas e as consequências decorrentes do litígio, com a incerteza da vitória, porque não é o mero interesse, mas o sentimento de justiça lesado que está em jogo[65].

Indevidas intimidações comprometem a credibilidade dos meios consensuais e do sistema judiciário. Quantas vezes as partes não são propriamente estimuladas a comporem seus conflitos, mas sentem-se coagidas a transacionar por incisivas insistências? Embora faltem estatísticas sobre o tema, qualquer advogado consegue facilmente se lembrar de uma situação em que indevidos "esforços conciliatórios" ensejaram o comprometimento da imparcialidade. Entre nós, Calmon de Passos abordou o tema, como sempre, indo direto ao ponto:

> Nosso único receio é que nossa "tara" por autoritarismo leve à irritação os magistrados que pretenderem conciliar a todo custo, como temos visto tanto. Não é o aproximar as partes o que importa para eles, mas sim acabar com o "abacaxi" do processo e findá-lo nos moldes em que a 'equidade' do magistrado recomenda.[66]

Quando a autocomposição é imposta, há resultados perversos; é muito possível que as pessoas vitimadas pela má gestão do conflito precisem posteriormente executar a decisão (não cumprida espontaneamente), rever os termos da avença (que não atendeu aos seus interesses) ou até desfazer a transação (por falta e/ou vício de consentimento)[67].

A conduta de promover acordos a qualquer custo é altamente criticável e gera uma "pseudoautocomposição"[68]; sua ocorrência piora ainda mais o quadro de desalento e desconfiança quanto à eficiência do sistema de justiça.

---

[64] BOTELHO DE MESQUITA, José Ignácio. As novas tendências do Direito processual: uma contribuição para o seu reexame. In: BOTELHO DE MESQUITA, José Ignácio. *Teses, estudos e pareceres de processo civil*, v. 1. São Paulo: RT, 2005, p. 296.

[65] IHERING, Rudolf von. *A luta pelo direito*, cit., p. 46.

[66] CALMON DE PASSOS, José Joaquim. *Comentários ao Código de Processo Civil*. Rio de Janeiro: Forense, 1998. v. 3, p. 452.

[67] TARTUCE, Fernanda. Conciliação em juízo: o que (não) é conciliar? In: SALLES, Carlos Alberto de; LORENCINI, Marco; ALVES DA SILVA, Paulo Eduardo (orgs.). *Negociação, mediação, conciliação e arbitragem. 3. ed.* Rio de Janeiro: Forense, 2020, p. 209-239.

[68] TARTUCE, Fernanda. Conciliação e Poder Judiciário. Disponível em: www.fernandatartuce.com.br/artigosdaprofessora. Acesso em: 2 jan. 2023.

Em situações em que acordos são forjados, apenas aparentemente o litígio é composto: como na realidade ele é temporariamente minado, controvérsias poderão surgir ainda mais fortes e motivar a propositura de diversos processos[69].

Assim, é muito importante esclarecer não só o que é apropriado ao promover o consenso, como também apontar as errôneas condutas que, apesar de rotuladas como representativas de atividades consensuais, absolutamente não as configuram.

Verificando-se de forma adequada, os meios consensuais poderão alcançar o objetivo de promover pacificação; se mal aplicados, transações ilegítimas poderão ensejar ainda mais conflitos entre as pessoas, gerando outras lides. Por tal razão, é essencial que o terceiro imparcial atue com esmero em sua importante função, propondo reflexões produtivas para promover a conscientização dos envolvidos sobre construtivas possibilidades.

2.2.3 Barreiras para a adoção do modelo consensual

Os obstáculos para a ampla adoção do modelo consensual de abordagem de conflitos são muitos, podendo ser aduzidos como centrais os seguintes óbices: 1. a formação acadêmica de operadores do Direito, que não contempla tal sistemática; 2. a falta de informação sobre a disponibilidade de meios consensuais; 3. o receio da perda de poder e autoridade das instituições tradicionais de distribuição de justiça.

Quanto ao primeiro obstáculo, é essencial trabalhar em prol da mudança de mentalidade promovendo alterações na formação jurídica do estudante, na conduta do operador do Direito militante, na atuação do administrador da justiça e mesmo nas expectativas das pessoas, gerando consciência sobre as diversas possibilidades de tratamento de seus conflitos.

O segundo aspecto envolve o problema do acesso do indivíduo à informação não apenas sobre seus direitos, mas também quanto à forma de efetivá-los. Nessa medida, aos poucos vem atuando a sociedade civil (muitas vezes organizada em associações focadas nos direitos da cidadania) para fornecer dados e mecanismos efetivos. Também incumbe ao Poder Público organizar-se para disseminar os dados relevantes sobre as iniciativas existentes, além de fomentar a instalação de novas estruturas para tal mister.

No que concerne ao obstáculo atinente à resistência das instituições tradicionais de distribuição da justiça por receio de perda de poder e autoridade, os pressupostos que a embasam não resistem a uma análise mais detida.

Com a possibilidade de acesso da população a meios consensuais de tratamento de conflitos, preserva-se o Poder Judiciário para que ele possa se dedicar com maior disponibilidade a causas incompossíveis de serem resolvidas pelos próprios interessados. Com a redução do número de conflitos ao seu encargo, o Poder Judiciário poderá desenvolver suas atividades dotando-as de maior qualidade, celeridade e eficiência.

Ressalta Gustavo Tepedino que, por muito tempo, foram efetuadas reformas legislativas para assegurar uma justiça mais ágil e compatível com as demandas sociais; todavia, constatou-

---

[69] Tal situação faz recordar o tratamento médico alopata contra infecções. Quando ao doente é ministrado remédio por pouco tempo (um ou dois dias), os sintomas podem desaparecer e estimular o abandono do medicamento. Os médicos, contudo, insistem para que a medicação seja tomada por prazo superior (por ex., cinco dias) para que a infecção não volte ainda mais forte. Se nos primeiros dias de tratamento forem eliminados apenas os germes mais fracos, restarão os mais resistentes – que poderão se multiplicar e gerar um processo infeccioso ainda mais intenso (quiçá imune à medicação).

86 MEDIAÇÃO NOS CONFLITOS CIVIS – *Fernanda Tartuce*

-se a insuficiência das instituições judiciais, nos moldes clássicos do devido processo legal e do respeito incondicional ao contraditório, para assegurar uma tutela jurisdicional satisfatória; por tal razão,

> [...] verifica-se que o Judiciário já não pode mais pretender dar resposta única a todos os conflitos sociais: o acesso à Justiça é fórmula que se torna algo ambígua e polissêmica. Uma multidão de novos interesses está a suscitar o desenvolvimento de mecanismos peculiares para a composição dos conflitos, de acordo com as características subjetivas e objetivas das lides[70].

A adoção do modelo de justiça coexistencial, participativa e conciliatória coaduna-se com a solução harmônica e pacífica de controvérsias preconizada no preâmbulo de nossa Constituição Federal, devendo ser divulgada à população e institucionalizada por iniciativas concretas nas comunidades. Já há diversas iniciativas exitosas de mediação comunitária, o que demonstra a total aceitação por parte significativa da população quanto a tais mecanismos.

2.3 A ADOÇÃO DA TÉCNICA ADEQUADA À ABORDAGEM DO CONFLITO

Para conceber a melhor estratégia de composição do conflito, é preciso considerar diversos aspectos da controvérsia, merecendo detida análise os temas da necessária mudança de mentalidade e da adequação da resposta ao tipo de conflito fomentado.

2.3.1 Mudança de mentalidade

A ideia de composição efetiva como norte na distribuição de justiça se coaduna com a consideração da atividade jurisdicional como uma dentre as várias possibilidades de gerar respostas úteis para as pessoas em crise. Sendo, porém, uma das diversas vias existentes, deve-se refletir sobre a utilização racional da via judicial; ela não deve ser considerada, desde logo, a forma prioritária ou preferencial de encaminhar toda sorte de demanda. Mas para muitas pessoas esta acaba sendo a visão prevalecente: como se se instalou entre nós a visão do processo do tipo acusatório (ou "de partes"), a evolução deste viés de atuação ao longo do tempo acabou por instaurar uma *cultura demandista*[71].

A adoção de técnicas diferenciadas de tratamento de conflitos exige uma substancial modificação da visão do operador do Direito, do jurisdicionado e do administrador da justiça. Segundo Kazuo Watanabe, a *cultura da sentença* instalou-se assustadoramente entre nós, preconizando um modelo de solução contenciosa e adjudicada dos conflitos de interesses[72]. Há que se substituir, paulatinamente, a *cultura da sentença* pela *cultura da pacificação*[73].

Como bem destaca Rodolfo de Camargo Mancuso, apenas com uma mudança de mentalidade se passará a considerar como boa demanda

---

[70] TEPEDINO, Gustavo. Acesso às justiças e o papel do Judiciário. In: TEPEDINO, Gustavo. *Temas de Direito civil*, v. 2. Rio de Janeiro: Renovar, 2006, p. 362.

[71] MANCUSO, Rodolfo de Camargo. *O plano piloto de conciliação em segundo grau de jurisdição, do Egrégio Tribunal de Justiça de São Paulo, e sua possível aplicação aos feitos de interesse da Fazenda Pública*, cit., p. 25.

[72] WATANABE, Kazuo. *Cultura da sentença e cultura da pacificação*, cit., p. 687.

[73] *Ibidem.*

Cap. 2 · ACESSO À JUSTIÇA E VIA ADEQUADA DE COMPOSIÇÃO DE CONTROVÉRSIAS | **87**

[...] aquela que (i), preferivelmente, foi prevenida de algum modo; ou (ii) foi antes submetida às instâncias de mediação, à arbitragem ou aos órgãos parajurisdicionais; enfim, (iii) se judicializada, puderam as partes, não obstante, encerrá-la antecipadamente, mesmo em segundo grau, mediante conciliação bem conduzida e orientada por agente preparado para esse mister[74].

Para tanto, precisarão ser trabalhados aspectos como a formação do operador do Direito, a tradição na intervenção estatal e a ciência sobre os mecanismos idôneos a gerar a efetiva pacificação social.

2.3.1.1   A formação do operador do Direito

O ensino jurídico brasileiro por muito tempo deixou de contemplar oportunidades de estudos profundos sobre meios diferenciados de compor conflitos. Tal assertiva é comprovada pela análise curricular de muitos cursos de Direito: por tradição, não contava o estudante com a disponibilização de conhecimentos detalhados sobre técnicas variadas e multifacetadas de encaminhamento das controvérsias, o que colaborou para a manutenção do paradigma da prestação jurisdicional estatal como preferível apesar de todas as suas dificuldades e limitações.

A formação romanística induzia a aceitar tão somente o magistrado investido nas funções jurisdicionais como autoridade apta a definir as situações jurídicas, o que acarretava certa perplexidade quando da consideração sobre aderir a formas consideradas "alternativas" de solução de conflitos[75].

Ainda que tenha havido maior conscientização sobre a importância de estudar mecanismos adicionais, é notório que o operador do Direito tem em sua formação acadêmica um modelo centrado no sistema contencioso. Como bem pondera Kazuo Watanabe,

[...] toda ênfase é dada à solução contenciosa e adjudicada dos conflitos de interesses. Ou seja, toda ênfase é dada à solução de conflitos por meio de processo judicial, em que é proferida uma *sentença*, que constitui a solução imperativa dada pelo representante do Estado. O que se privilegia é a solução pelo critério do "certo ou errado", do "preto ou branco", sem qualquer espaço para a adequação da solução, pelo concurso da vontade das partes, à especificidade do caso concreto[76].

O profissional do direito não costuma contar, em seu panorama de formação, com a habilitação para considerar meios consensuais, sendo seu estudo orientado para a abordagem conflituosa na maior parte do tempo. Assim, geralmente não tem consciência nem conhecimento sobre como mediar conflitos, o que tende a dificultar sua adesão e gerar desconfianças sobre a adequação de técnicas negociais.

A situação não se verifica apenas em terras brasileiras; ao abordar o cenário americano, Leonard Riskin e James Westbrook destacam que a falta de familiaridade dos advogados

---

[74]   MANCUSO, Rodolfo de Camargo. *O plano piloto de conciliação em segundo grau de jurisdição, do Egrégio Tribunal de Justiça de São Paulo, e sua possível aplicação aos feitos de interesse da Fazenda Pública*, cit., p. 35.

[75]   ANDRIGHI, Fátima Nancy. A arbitragem: solução alternativa de conflitos. *Revista da Escola Superior da Magistratura do Distrito Federal*, n. 52, maio-ago. 1996, p. 152.

[76]   WATANABE, Kazuo. *Cultura da sentença e cultura da pacificação*, cit., p. 685.

com meios diferenciados, por falta de educação ou interesse, é um obstáculo considerável; não obstante as escolas de direito e os tribunais se esforcem em promover tais mecanismos, há muitos advogados que nem sequer conhecem a diferença entre mediação e arbitragem[77].

Tal problema, porém, é contornável desde que sejam proporcionados instrumentos para o ensino das técnicas e sua divulgação aos operadores do Direito para que elas sejam empregadas. A produção de resultados satisfatórios certamente também contribuirá para a disseminação de sua prática.

Como em geral as faculdades custam a dedicar significativo espaço aos meios consensuais, os bacharéis – futuros advogados, promotores, juízes, tabeliães ou serventuários – têm sua mente voltada para o paradigma contencioso. Revela-se essencial a mudança desse panorama com a inserção, nas faculdades de Direito, de ampliadas oportunidades para o estudo da autocomposição para que modificações legislativas que prestigiam a autocomposição se tornem efetivas (e não relegadas a letra morta)[78].

Na formação do bacharel em Direito, a ênfase do estudo acaba sendo prioritariamente centrada no exercício da jurisdição estatal contenciosa, o que gera certa negligência no trato de meios consensuais. Reforçados os fundamentos do processo como instrumento de Direito público, acabou-se consolidando o entendimento de que, a partir da atuação do Estado e de seu elemento capaz de submeter uma das partes à pretensão da outra, justo é o que o Estado determina e faz cumprir[79].

O ensino jurídico costuma ser criticado pelo excesso de formalismo e dogmatismo que o pauta, gerando uma suposta desvinculação entre o "legal" e o "real"[80]; todavia, há iniciativas concretas para superar esta situação. A Resolução 9/2004 do Ministério da Educação do Brasil (MEC) fixa as diretrizes curriculares e o conteúdo mínimo do curso jurídico, destacando a obrigatoriedade do estágio de prática jurídica[81].

No âmbito do Ministério da Educação, por iniciativa de sua Secretaria de Educação Superior, vem sendo também inserida a recomendação de adoção de meios extrajudiciais como objeto de estudo e desenvolvimento em núcleos de prática profissional nos cursos de Direito.

---

[77] RISKIN, Leonard L.; WESTBROOK, James E. *Dispute Resolution and Lawyers*. St. Paul: West Group, 1997, p. 52.

[78] TARGA, Maria Inês Corrêa de Cerqueira César. *Mediação em juízo*. São Paulo: LTr, 2004, p. 170.

[79] MORI, Celso Cintra; TRALDI, Maurício; PEREIRA, Fernanda Chuster. A valorização da conciliação como instrumento de pacificação de conflitos. Disponível em: http://www.migalhas.com.br/mostra_noticia_articuladas.aspx?cod=12643. Acesso em: 11 jul. 2015.

[80] CAVALCANTI, Rosângela Batista. Juizados Especiais Cíveis (JECs) e faculdades de Direito: a universidade como espaço de prestação da justiça. In: SADEK, Maria Tereza (org.). *Acesso à justiça*. São Paulo: Fundação Konrad Adenauer, 2001, p. 127.

[81] "Art. 7.º O Estágio Supervisionado é componente curricular obrigatório, indispensável à consolidação dos desempenhos profissionais desejados, inerentes ao perfil do formando, devendo cada instituição, por seus colegiados próprios, aprovar o correspondente regulamento, com suas diferentes modalidades de operacionalização. § 1.º O Estágio de que trata este artigo será realizado na própria instituição, através do Núcleo de Prática Jurídica, que deverá estar estruturado e operacionalizado de acordo com regulamentação própria, aprovada pelo conselho competente, podendo, em parte, contemplar convênios com outras entidades ou instituições e escritórios de advocacia; em serviços de assistência judiciária implantados na instituição, nos órgãos do Poder Judiciário, do Ministério Público e da Defensoria Pública ou ainda em departamentos jurídicos oficiais, importando, em qualquer caso, na supervisão das atividades e na elaboração de relatórios que deverão ser encaminhados à Coordenação de Estágio das IES, para a avaliação pertinente."

Cap. 2 • ACESSO À JUSTIÇA E VIA ADEQUADA DE COMPOSIÇÃO DE CONTROVÉRSIAS | 89

A situação, portanto, já começou a mudar. Em muitos cursos jurídicos há disciplinas específicas para abordar meios extrajudiciais de solução de controvérsias; todavia, a abordagem tímida dos mecanismos (especialmente em relação ao exíguo tempo dedicado à matéria) ainda colabora para a manutenção do *status quo* em termos de tradição no tratamento das controvérsias pela via estatal contenciosa.

Para melhorar esse quadro, foi aprovado na I Jornada de Prevenção e Solução Extrajudicial de Conflitos, promovido pelo Conselho da Justiça Federal em agosto de 2016, o enunciado 24: "sugere-se que as faculdades de direito instituam disciplinas autônomas e obrigatórias e projetos de extensão destinados à mediação, à conciliação e à arbitragem, nos termos dos arts. 2.º, § 1.º, VIII, e 8.º, ambos da Resolução CNE/CES n. 9, de 29 de setembro de 2004".

Como se pode notar, a tradicional concepção sobre a prevalência da pauta contenciosa tende a se modificar.

A efetivação da mediação como prática a serviço da Justiça demanda mudanças culturais na forma de encarar o conflito, de modo que se deixem de privilegiar a lógica dual cultural culpado/inocente (certo/errado), o imediatismo de soluções e a transferência para terceiros da responsabilidade pela solução dos próprios problemas[82].

Para que mudanças significativas possam ocorrer em termos qualitativos, a mera existência de leis é insuficiente: é essencial que o profissional do Direito entenda que uma de suas principais funções, além de representar e patrocinar o cliente (como advogado, defensor e conselheiro), é conceber o *design* de um enquadre que dê lugar a esforços colaborativos[83].

Como bem destaca Diego Faleck, diferentes mecanismos processuais – com características e funcionalidades distintas – "podem ser combinados, organizados, sequenciados, e até fundidos em figuras híbridas, que deem vida a novos mecanismos processuais ou arranjos procedimentais complexos"[84].

Especialmente no que tange a alguns conflitos (como as controvérsias familiares), urge considerar a necessidade de uma postura profissional diferenciada. Quem lida com esse tipo de conflito deve ser dotado de instrumentos que o capacitem a lidar com desafios da (re)organização familiar, de forma que o conflito seja efetiva e eficazmente tratado contando com elementos interdisciplinares[85].

2.3.1.2 *Tradição na intervenção estatal e abertura para novas possibilidades*

Segundo Kazuo Watanabe, os meios ditos "alternativos" acabam sendo pouco utilizados por pelo menos quatro razões: arraigada tendência de solução adjudicada pelo juiz (decorrente da formação acadêmica e agravada pela sobrecarga de serviços do magistrado); preconceito quanto a tais mecanismos (especialmente pelo receio de que possam comprometer o poder jurisdicional); falsa percepção de que conciliar seria menos nobre do que sentenciar; percepção

---

[82] PINTO, Ana Célia Roland Guedes. *O conflito familiar na justiça*, cit., p. 70.

[83] HIGHTON DE NOLASCO, Elena I.; ALVAREZ, Gladys S. *Mediación para resolver conflictos*. 2. ed. Buenos Aires: Ad Hoc, 2008, p. 402.

[84] FALECK, Diego. Desenho de sistemas de disputas: criação de arranjos procedimentais adequados e contextualizados para gerenciamento e resolução de controvérsias. Tese de Doutorado. São Paulo: Faculdade de Direito da USP, 2017, p. 33.

[85] BARBOSA, Águida Arruda. *Mediação familiar*, cit., p. 13.

de que, para a avaliação de merecimento pelos membros do Tribunal, serão consideradas as boas sentenças proferidas (e não atividades conciliatórias)[86].

Ao longo do tempo, foi se consolidando a conclusão sobre ser a prestação jurisdicional o melhor caminho para pacificar com justiça, tendo-se arraigado em nossa tradição a adoção de tal meio adjudicatório como principal modalidade de tratamento das controvérsias.

Ao jurisdicionado cabe se conscientizar sobre sua condição de protagonista nas relações interpessoais. Em vez de se socorrer de terceiros (integrantes do Estado) para resolver pendências, deve considerar, primeiramente, em que medida pode, por si mesmo, encaminhar saídas pertinentes. A dignidade humana inclui o poder de autodeterminação, razão pela qual deve o indivíduo conduzir-se com a maior autonomia possível na definição de seu próprio destino.

A mediação visa promover a comunicação entre pessoas, e a adoção de técnicas adequadas para promover a escuta mútua dos protagonistas pode resultar no reconhecimento de seus respectivos sofrimentos, criando espaço para uma nova dinâmica[87].

José Joaquim Calmon de Passos, ao abordar a conciliação e sua difícil adesão entre os operadores do Direito, pondera que o povo brasileiro não tem tradição conciliadora, apesar da antiga inclusão do instituto consensual nas legislações; não obstante ter se revelado cético quanto à sua efetividade, jamais se opôs ao alargamento de sua possibilidade – embora afirmasse preferir a existência de uma efetiva mobilização para a educação e a conscientização sobre a convivência civilizada[88].

Sobreleva, com efeito, a importância de uma efetiva difusão cultural para conscientizar a sociedade sobre a existência de meios extrajudiciais para compor disputas, com ampla divulgação nos meios de comunicação[89].

A mídia pode colaborar intensamente para a efetivação das demandas da cidadania: ao informar a população sobre seus direitos, discutir problemas e exigir soluções, pode servir como instrumento de intermediação entre indivíduos ou entre estes e o poder público[90]. Nesse contexto, o enfoque dos meios de comunicação sobre a existência de possibilidades consensuais de encaminhamento de conflitos pode colaborar intensamente para a informação e a inclusão do cidadão no sistema de distribuição de justiça.

---

[86] WATANABE, Kazuo. *Cultura da sentença e cultura da pacificação*, cit., p. 686-687.

[87] BARBOSA, Águida Arruda. Guarda compartilhada e mediação familiar – uma parceria necessária. *Revista Nacional de Direito de Família e Sucessões*, n. 1, jul.-ago. 2014, p. 29.

[88] CALMON DE PASSOS, José Joaquim. *Comentários ao Código de Processo Civil*, v. 3. Rio de Janeiro: Forense, 1998, p. 452. Merece transcrição o excerto em que vivamente expõe sua visão. Após referir-se elogiosamente a Kazuo Watanabe como entusiasta da conciliação e à tradição oriental que considera a conciliação quase uma questão de honra, pondera: "Candidamente ele acredita que poderemos um dia chegar lá, se insistirmos. Nós, que temos um 'fígado' pouco propício, somos céticos. Jamais acreditei que normas precedessem instituições ou pudessem efetivamente conformá-las. Quando não se casam, as normas são como a água por fora do coco, pode até molhá-lo, mas não alterá-lo ou nele se incorporar, e quando isso ocorre apenas provocam o desastre da aguá-lo, que é uma forma de degenerá-lo. Nós não somos um povo com tradição conciliadora, tanto que a previsão da conciliação e até a obrigatoriedade de sua tentativa são coisas velhíssimas em nosso sistema processual. Gostamos, sim, de dar um 'jeitinho' nas coisas, o que não é necessariamente conciliar".

[89] LEMES, Selma. Ferreira. Oito anos da lei de arbitragem. In: Azevedo, André Gomma de (org.). *Estudos em arbitragem, mediação e negociação*, cit., p. 19.

[90] GRISSANTI, Suely M. Os meios de comunicação e o acesso dos cidadãos à justiça. In: SADEK, Maria Tereza (org.). *Acesso à justiça*. São Paulo: Fundação Konrad Adenauer, 2001, p. 239.

Revela-se interessante, ademais, cogitar a abordagem sobre meios pacíficos e diversificados de composição de conflitos desde o início da formação do indivíduo, já no ensino fundamental e médio[91]. Iniciativas de mediação escolar buscam, por meio da conscientização e atuação junto à comunidade, oferecer a alunos e professores um espaço de reflexão e mudança de paradigma para familiarizá-los "com o novo imaginário jurídico da transmodernidade"[92].

Em termos legislativos, vem-se buscando criar um espaço público para a realização da composição consensual de forma prioritária; exemplo disso foi o grande relevo atribuído à conciliação no procedimento dos Juizados Especiais.

Mencionando o sistema dos Juizados Especiais Cíveis, aponta Maria Tereza Sadek suas importantes inovações: tendências à maior informalidade, menor legalismo, participação da comunidade e adoção de meios alternativos de solução de conflitos; para a autora, a experiência gera nos operadores do sistema de justiça uma mentalidade nova, mais aberta e menos formalista; especialmente no que tange aos juízes, serventuários da justiça, advogados, procuradores e promotores, enseja a substituição da postura de árbitro, "em um jogo de soma zero, por uma de pacificação, em uma arena de composições e acertos"[93]. Tal sistema trouxe ainda importante contribuição no sentido de permitir a participação, na tarefa de distribuição de justiça e administração de conflitos, de uma pessoa não investida das funções jurisdicionais[94].

A abertura para novas possibilidades de equacionamento das controvérsias deve contar com a colaboração de todos, não se podendo olvidar a crucial relevância do advogado em tal contexto; análise mais detida sobre o tema será em breve empreendida.

2.4 ADEQUAÇÃO DA RESPOSTA E PACIFICAÇÃO EFETIVA DA CONTROVÉRSIA

Ao administrador do sistema da justiça compete encaminhar os contraditores aos mecanismos adequados para a composição de controvérsias. Afinal, às partes devem ser disponibilizados todos os meios jurídicos para que possam defender seus interesses[95].

Segundo Kazuo Watanabe, quando se trata de solução adequada de conflitos de interesses,

> [...] o preceito constitucional que assegura o acesso à Justiça traz implicitamente o princípio da adequação; não se assegura apenas o acesso à justiça, mas se assegura o acesso para obter uma solução adequada aos conflitos, solução tempestiva, que esteja bem adequada ao tipo de conflito que está sendo levado ao Judiciário[96].

Em atenção ao movimento de um efetivo acesso à justiça, importa considerar a necessidade de múltiplas reformas, tanto de pensamento como institucionais, normativas e processuais.

---

[91] LEMES, Selma. Ferreira. *Oito anos da Lei de Arbitragem*, cit., p. 19.

[92] Mediação estudantil inserindo práticas de mediação para alunos de 1.º e 2.º grau. Disponível em: http://www.emaj.ufsc.br/Page776.htm. Acesso em: 15 nov. 2006.

[93] SADEK, Maria Tereza. Judiciário: mudanças e reformas. *Estudos Avançados*, v. 18, n. 51, p. 96, maio--ago. 2004.

[94] A observação é de Fátima Nancy Andrighi, para quem a figura do conciliador revelou-se essencial para auxiliar a Justiça "na tentativa de conduzir as partes à equalização de suas controvérsias" (*A arbitragem*, cit.).

[95] SIQUEIRA NETO, José Francisco. A solução extrajudicial dos conflitos individuais do trabalho. *Revista Trabalho & Doutrina, Processo e Jurisprudência*, n. 14, p. 60, set. 1997.

[96] WATANABE, Kazuo. *Modalidade de mediação*, cit., p. 56.

Nem sempre o acesso ao Poder Judiciário assegura a consecução da verdadeira distribuição de justiça. Eis porque Mauro Cappelletti e Bryant Garth destacaram a importância de, no enfoque de acesso à justiça, atentar para a necessidade de correlacionar e adaptar o processo civil ao tipo de litígio[97].

Destaca Sálvio de Figueiredo Teixeira que se vem falando, no contexto americano, na substituição da expressão "meios alternativos de soluções de conflitos" por "meios propícios a soluções de conflitos"[98].

As crises verificadas na sociedade não são todas idênticas e uniformes, não sendo possível que exista um único método apto a resolver tantos e tão diversos impasses que, antes de serem jurídicos, foram e continuam sendo sociais[99].

Deve-se considerar ainda que, muitas vezes (talvez na maioria delas), a multifacetada configuração da controvérsia – que tem aspectos sociológicos, psicológicos e de outras índoles – faz que a resposta puramente jurídica seja insuficiente para o tratamento completo e eficaz do conflito, razão pela qual se revela importante contar com elementos interdisciplinares.

Mauro Cappelletti e Bryant Garth destacaram ser tarefa básica dos processualistas modernos expor o impacto substantivo dos vários mecanismos de processamento de litígios, ampliando sua pesquisa para além dos tribunais e utilizando métodos de análise da sociologia, da política, da psicologia e da economia, aprendendo, ademais, por meio de outras culturas[100].

A compreensão de determinados mecanismos psicológicos pode se revelar crucial para a melhor abordagem da controvérsia e seu encaminhamento rumo à composição das partes[101].

Estudos sobre negociação também serão muito úteis para o mediador, que em muitos cenários se defrontará com barreiras estratégicas e cognitivas à negociação.

---

[97] CAPPELLETTI, Mauro; GARTH, Bryant. *Acesso à justiça*, cit., p. 71.

[98] O autor cita então a obra *Judicial Reform Roundtable II*. Williamsburg, Va., Estados Unidos, maio, 1996 (TEIXEIRA, Sálvio de Figueiredo. A arbitragem como meio de solução de conflitos no âmbito do Mercosul e a imprescindibilidade da corte comunitária. Disponível em: http://www.arbitragemsantos. com.br/conteudo/artigos028.htm. Acesso em: 10 jan. 2006). Com efeito, "devido aos enormes progressos verificados e a receptividade das novas tendências pela sociedade norte-americana, os estudiosos contemporâneos estão a abandonar a terminologia *método alternativo*, até então associada a processos como a mediação e a arbitragem, substituindo-a por *método complementar, adicional, mais adequado*, ou, simplesmente, *método de resolução de disputa*" (BARBADO, Michelle Tonon. Reflexões sobre a institucionalização da mediação no Direito positivo brasileiro. In: AZEVEDO, André Gomma de (org.). *Estudos em arbitragem, mediação e negociação*, v. 3. Brasília: Brasília Jurídica, 2002, p. 214).

[99] SILVA, Eduardo Silva da. *Meios alternativos de acesso à justiça*: fundamentos para uma teoria geral, cit. p. 172.

[100] CAPPELLETTI, Mauro; GARTH, Bryant. *Acesso à justiça*, cit., p. 13.

[101] "Há que avaliar, então, que dinâmica individual ou cultural está em jogo na disputa. Que necessidade psicológica está presente no pleito? O pleito é justo e precisa do apoio do pai, da lei? É preciso pôr limites numa tentativa de, em razão de desejos, manipular a lei em vez de submeter-se a ela? Aceita-se um acordo em que se perdem os anéis mas não os dedos, quando o justo seria manterem-se os dedos e os anéis? Ou aceita-se um acordo por que reconhecemos o outro e somos capazes de ceder? E ainda há o acordo que fazemos porque não se chega a um acordo e, portanto, só resta acordar o que o juiz decidir" (TORRES, Henrique L. M., *apud* SOUZA NETO, João Baptista de Mello e. *Mediação em juízo: abordagem prática para obtenção de um acordo justo*. São Paulo: Atlas, 2000, p. 14).

Cap. 2 • ACESSO À JUSTIÇA E VIA ADEQUADA DE COMPOSIÇÃO DE CONTROVÉRSIAS | 93

As barreiras estratégicas incluem táticas familiares à barganha competitiva – como ocultar informações desvantajosas em relação a valores pleiteados, insistir em posições extremas e ser inflexível quanto a concessões importantes, tentando eventualmente distrair o oponente[102].

As barreiras cognitivas são problemas irracionais que resultam na inabilidade de entender corretamente ou pesar informações; como exemplo, a "aversão à derrota" resulta na tendência a valorizar mais os fracassos de perspectivas do que as eventuais vitórias a ponto de inibir negócios mutuamente vantajosos[103].

Como se percebe, a adoção de mecanismos com elementos interdisciplinares na busca do resgate da responsabilidade pessoal dos envolvidos pode ser valiosa para o alcance da resposta mais adequada, inclusive em termos de efetividade.

José Carlos Barbosa Moreira ressalta os cinco pontos essenciais a serem atentados pelo processualista realmente comprometido com a efetividade do processo:

> (a) o processo deve dispor de instrumentos de tutela adequados, na medida do possível, a todos os direitos (e outras posições jurídicas de vantagem) contemplados no ordenamento, quer resultem de expressa previsão normativa, quer se possam inferir do sistema; (b) esses instrumentos devem ser praticamente utilizáveis, ao menos em princípio, sejam quais forem os supostos titulares do direito (e das outras posições jurídicas de vantagem) de cuja preservação ou reintegração se cogita, inclusive quando indeterminado ou indeterminável o círculo dos eventuais sujeitos; (c) impende assegurar condições propícias à exata e completa reconstituição dos fatos relevantes, a fim de que o convencimento do julgador corresponda tanto quanto puder à realidade; (d) em toda a extensão da possibilidade prática, o resultado do processo há de ser tal que assegure à parte vitoriosa o gozo pleno da específica utilidade a que faz jus segundo o ordenamento; (e) cumpre que se possa atingir semelhante resultado com o mínimo de dispêndio de tempo e energias[104].

Para que a postura favorável à efetividade se configure *in concreto*, é preciso agir eficientemente para concretizar as garantias constitucionais. Assim, diante das modernas técnicas de gerenciamento de qualidade, espera-se que os responsáveis pela justiça brasileira assumam uma postura mais criativa e ousada para enfrentar os grandes desafios de nossos tempos[105].

---

[102] KOVACH, Kimberlee K.; LOVE, Lola P. Mapeando a mediação: os riscos do gráfico de Riskin. In: Azevedo, André Gomma de (org.). *Estudos em arbitragem, mediação e negociação*. Brasília: Brasília Jurídica, 2002. v. 3, p. 127.

[103] KOVACH, Kimberlee K.; LOVE, Lola P. Mapeando a mediação: os riscos do gráfico de Riskin, cit., p. 128.

[104] BARBOSA MOREIRA, José Carlos. Notas sobre o problema da efetividade do processo. In: BARBOSA MOREIRA, José Carlos. *Estudos de Direito processual em homenagem a José Frederico Marques em seu 70.º aniversário*. São Paulo: Saraiva, 1982, p. 203-204.

[105] THEODORO JÚNIOR, Humberto. *Celeridade e efetividade da prestação jurisdicional. Insuficiência da reforma das leis processuais*, cit., p. 37.

Citando José Renato Nalini[106], aponta Humberto Theodoro Júnior que a ousadia deve ser usada para

> [...] traduzir em provimentos práticos aquilo que a ideologia da Carta Magna assegura aos cidadãos em termos de garantias fundamentais e da respectiva tutela jurisdicional. Criatividade, para superar vícios e preconceitos arraigados nas arcaicas praxes do foro e para forjar "uma vontade firmemente voltada à edificação de uma nova Justiça. Mais transparente, mais eficaz e efetiva, econômica e, sobretudo, rápida"[107].

Afinal, em termos de efetividade no acesso à justiça, a obtenção da resposta ao conflito deverá se verificar o mais rapidamente possível.

Sem dúvida, assegurar o acesso sem propiciar uma resposta tempestiva acaba não melhorando a situação conflituosa, mas, sim, eternizando o conflito e gerando (potencialmente) ainda mais insatisfações às partes (ou a pelo menos uma delas, que pode, inconformada, causar mais controvérsias).

2.5 CONDUTA DO ADVOGADO DIANTE DA CONTROVÉRSIA

2.5.1 Adequada atuação

As rápidas mudanças da sociedade moderna, o dinamismo do desenvolvimento tecnológico e a evolução permanente dos meios de comunicação exigem do advogado uma conduta eficiente para bem satisfazer aos interesses de seus clientes.

A adequada abordagem empregada pelo operador ao se defrontar com o conflito é analisar, considerando diversos aspectos da controvérsia, qual modalidade de abordagem se revela mais interessante.

O advogado, quando procurado desde o início da controvérsia por uma ou todas as partes, figura como o primeiro apreciador técnico do conflito, sendo essencial sua orientação para o encaminhamento dos interessados a mecanismos produtivos.

Ao operador do Direito incumbe avaliar as possibilidades inerentes às vias consensual e litigiosa, informando as partes sobre as alternativas previsíveis e as ferramentas disponíveis[108].

Uma moderna e atualizada compreensão do papel do advogado considera também seu papel pacificador. No contexto de um completo assessoramento de seu cliente, deve o advogado adverti-lo sobre os riscos da demanda e sobre as possibilidades de acordo[109], orientando-o

---

[106] NALINI, José Renato. A gestão de qualidade na justiça. *Revista dos Tribunais*, v. 722, p. 373, São Paulo, dez. 1995.

[107] THEODORO JÚNIOR, Humberto. *Celeridade e efetividade da prestação jurisdicional. Insuficiência da reforma das leis processuais*, cit., p. 37.

[108] BARBOSA, Águida Arruda. *Mediação familiar*, cit., p. 85-86.

[109] Para Maria Inês Corrêa de Cerqueira César Targa, "a moderna postura do profissional do direito exige dele – e assim o demonstram as modificações já perpetradas no Direito Processual [...] – completo envolvimento com a mediação do conflito, um assessoramento total para que as partes realizem um acordo. O advogado terá que entender e honrar seu papel de conciliador; deverá advertir seu cliente para os riscos da demanda e concitá-lo à pacificação com a parte adversa. Essa postura não existe na advocacia brasileira, tanto por tradição quanto por formação [...]" (*Mediação em juízo*, p. 170).

detalhadamente sobre as implicações decorrentes da adoção de uma ou outra forma de composição de controvérsias.

Em certas hipóteses, percebendo as limitações decorrentes das parcas razões de seu cliente, é importante que o advogado cogite com ele sobre as vantagens de assumir responsabilidades e evitar derrotas públicas em juízo, promovendo reflexão sobre a pertinência da adoção de meios consensuais; nesse cenário, o advogado pode e deve funcionar como um eficiente agente da realidade[110].

A variedade também é importante para propiciar mais possibilidades de encaminhamento produtivo. Ante a litigiosidade social contemporânea, faz-se de rigor idealizar diversos meios de solução para muitíssimos conflitos, sendo possível a intervenção de leigos para intervir de modo argumentativo e bilateralmente didático para que os contendores possam entender, aos menos parcialmente, as razões do outro[111].

Ao mencionar a postura de acirramento dos contendores e de seus advogados diante de graves controvérsias, pondera Giselda Maria Fernandes Novaes Hironaka:

> Então, se houver conflitos, por que será que persiste, tantas vezes no seu trato, uma certa insistência em investir na *morte* e na *adversidade* (como se fosse sempre válido pôr fogo no conflito de modo a conduzi-lo a um mínimo de conciliação ou a um máximo de ruptura), quando está sempre nas mãos de cada um a chance de *converter* o desejo de *dominar o outro* (isto é, de determinar o que cabe ao outro a partir do conflito) numa postura de *libertação do outro* (isto é, de permitir que o outro se preserve), qualquer que seja o sentido da solução do conflito, o sentido da ruptura ou o sentido da conciliação?[112]

A resposta passa pela mentalidade demandista e pela falta de preparo para manejar mecanismos consensuais.

Constitui dever do advogado, segundo o Código de Ética e Disciplina da Ordem dos Advogados do Brasil, estimular a adoção de meios consensuais entre os litigantes, "prevenindo, sempre que possível, a instauração de litígios"[113].

Essa diretriz tem sido adotada em diversos países. Relata Neil Andrews, ao abordar o panorama inglês, que a Law Society da Inglaterra e do País de Gales lançou, em 2005, uma "orientação de práticas" recomendando que advogados considerassem, de forma rotineira, se os conflitos de seus clientes seriam adequados para os meios alternativos de solução de conflitos[114].

Por se tratar de um dever, percebe-se claramente que a prevenção de litígios é inerente à atividade profissional do advogado, a quem incumbe conhecer os procedimentos aptos a

---

[110] TARTUCE, Fernanda. Advocacia e meios consensuais: novas visões, novos ganhos. Disponível em: www.fernandatartuce.com.br/artigosdaprofessora. Acesso em: 2 ago. 2015.

[111] ARRUDA ALVIM. *Anotações sobre as perplexidades e os caminhos do processo civil contemporâneo* – sua evolução ao lado do Direito material, cit., p. 169.

[112] HIRONAKA, Giselda Maria Fernandes Novaes. *Sobre peixes e afetos*: um devaneio acerca da ética no direito de família. V Congresso de Direito de Família do Instituto Brasileiro de Direito de Família – IBDFAM, Belo Horizonte, 28 out. 2005.

[113] A previsão consta no art. 2.º, parágrafo único, VI, do Código; na versão de 1995, há menção apenas à conciliação, enquanto no Novo Código de Ética (Resolução n. 02/2015 da OAB) consta referência também à mediação.

[114] ANDREWS, Neil. *O Moderno Processo civil*: formas judiciais e alternativas de resolução de conflitos na Inglaterra. São Paulo: RT, 2010, p. 242.

responder aos melhores interesses dos clientes assessorando-o não somente sobre a via contenciosa, mas também sobre outros meios[115].

Quando o advogado revela resistências insuperáveis em relação a conversações e celebrações de acordos, acaba alimentando um preconceito incompatível com a postura esperada de um eficiente administrador de controvérsias.

Espera-se do profissional do Direito a adoção de uma conduta atualizada com as necessidades dos novos tempos e adequada à noção de efetiva pacificação social. O advogado deve ser, antes de tudo, um negociador, um eficiente gerenciador de conflitos, não mais se revelando pertinente a figura do advogado excessivamente beligerante[116].

Infelizmente, porém, grande parte dos advogados não aborda os meios consensuais; as razões da resistência quanto a tais métodos são várias, destacando-se: (i) a sensação de ameaça por estarem fora da zona de conforto habitual; (ii) a crença sobre a falta de programas de treinamento de alta qualidade; (iii) a percepção de que, embora a ideia da autocomposição pareça boa, pelas pautas éticas do advogado sua adoção nunca se torna uma prioridade[117].

A percepção sobre a zona de conforto passa pela falta de conhecimento; como apontado, grande parte dos bacharéis brasileiros apenas tem informações na graduação sobre o Processo Civil na vertente contenciosa, concebendo a prática somente a partir de tal diretriz. Urge, assim, que os profissionais do Direito tenham uma visão aberta para que possam superar limitações e aproveitar diferenciadas formas de atuação.

2.5.2 Pensamento tradicional e adoção de meios consensuais

Uma visão peculiar constitui um grande obstáculo na adoção dos meios consensuais pelos advogados. Leonard Riskin expõe o Lawyer's Standard Philosophical Map, pensamento dominante entre os práticos e teóricos do Direito baseado em duas principais premissas: (i) as partes são adversárias e, se uma ganhar, a outra deve perder; (ii) as disputas devem ser resolvidas pela aplicação de alguma lei abstrata e geral por um terceiro.[118]

Como facilmente se constata, esses pressupostos são absolutamente contrários às premissas da mediação, segundo as quais: a) todos os envolvidos podem ganhar com a criação de uma solução alternativa; b) a disputa é única, não sendo necessariamente governada por uma solução predefinida[119].

Além disso, no "mapa filosófico" do advogado, o cliente costuma ser visto atomisticamente e diversas de suas questões não são consideradas[120]. Se isto ocorre com o próprio cliente, imagine a situação dos outros envolvidos... Estes não costumam ser considerados.

---

[115] Para tanto é necessário que o advogado conheça o procedimento e os profissionais que atuam na área para indicar o que melhor se adapte ao conflito e ao perfil dos mediandos (BRAGA NETO, Adolfo. O uso da mediação e a atuação do advogado. *Valor Econômico*, 19 out. 2004, Caderno E2).

[116] LEMES, Selma Ferreira. *Oito anos da Lei de Arbitragem*, cit., p. 20.

[117] BORDONE, Robert C.; MOFFITT, Michael L.; SANDER, Frank E. A. The next thirty years: directions and challenges in dispute resolution. In: MOFFITT, Michael L.; BORDONE, Robert C. *The handbook of dispute resolution*. São Francisco: Jossey-Bass, 2005. p. 511.

[118] *Idem, ibidem*, p. 56-57.

[119] *Idem, ibidem*, p. 56-57.

[120] *Idem, ibidem*, p. 56-57.

Para Leonard Riskin, o dever de atender o cliente de forma zelosa desencoraja a preocupação com a situação de todos os envolvidos, o que gera ainda pouca atenção em relação à repercussão social do resultado.[121] Outra questão que figura normalmente no "mapa filosófico" do advogado é a falta de valorização de elementos não materiais. Há uma tendência a reduzir os interesses a quantias monetárias[122], o que nem sempre é realista.

A situação passa pela seguinte reflexão: qual resultado é apto a atender uma pessoa em crise em uma certa situação? Sob a vertente jurídica, pode-se imaginar que a observância das diretrizes do ordenamento que favoreçam o cliente seja suficiente para sua satisfação. Assim, se ele, por exemplo, faz jus a receber uma certa quantia, o pagamento do valor deverá atendê-lo plenamente.

Ocorre, contudo, que muitas vezes a pessoa é movida não só por pretensões econômicas, mas por desejos e preocupações inerentes a outros interesses poderosos; ao lado do bem-estar econômico, as pessoas buscam reconhecimento, poder e segurança. São necessidades básicas os interesses mais fortes enquadrados em diversas categorias – econômicos, emocionais, psicológicos, físicos e sociais –, sendo os demais interesses os desejos e as preocupações que formam as posições negociadoras das partes[123].

Assim, se houve um erro médico em certo hospital, a posição dos familiares pode ser expressa na intenção de receber uma vultosa quantia indenizatória; apenas tal percepção, contudo, pode não satisfazer plenamente os familiares da vítima, que querem também o reconhecimento do hospital quanto à falha e o compromisso de mudança das condições que ensejaram o evento danoso.

Da mesma forma, ainda que em certa situação o valor monetário envolvido seja diminuto, outros interesses podem mobilizar a busca de reparação[124].

Esse tipo de situação pode ser abordado em um mecanismo consensual de forma clara e eficiente; além de dar atenção aos vínculos entre as pessoas e à qualidade desses liames, o facilitador da conversa deve ser sensível às necessidades emocionais, reconhecendo a importância do respeito mútuo e de outros interesses imateriais que podem estar presentes[125].

É fácil perceber que a preparação para participar de sessões consensuais não deve ser tão intensa quanto para o litígio: deve ser ainda mais intensa[126]. De todo modo, antes de atuar para tanto, será preciso que o advogado mostre ao cliente que o mecanismo consensual é aplicável e vale a pena.

---

[121] *Idem, ibidem*, p. 56-57.

[122] *Idem, ibidem*, p. 56-57.

[123] COOLEY, John W. *A advocacia na mediação*. Brasília: UnB, 2001, p. 85.

[124] Como pontua Cândido Dinamarco, a experiência mostra "que em pequenos conflitos o fator emocional é muitas vezes a causa maior das exigências exageradas ou resistências opostas com irracional obstinação pelas pessoas – e isso constitui mais uma demonstração de que na vida delas um interesse patrimonialmente pouco expressivo acaba por adquirir significado humano de grandes proporções" (*Instituições de Direito Processual Civil*, v. 1. 6. ed. São Paulo: Malheiros Editores, 2009, p. 828).

[125] RISKIN, Leonard L. Mediation and Lawyers. In: RISKIN, Leonard L.; WESTBROOK, James E. *Dispute Resolution and Lawyers*. St. Paul: West Group, 1997, p. 56.

[126] COOLEY, John W. *A advocacia na mediação*. Brasília: UnB, 2001, p. 85.

2.5.3 Apresentação de benefícios

Convencido sobre ser a via consensual a mais apropriada para o enfrentamento de certas controvérsias, o advogado precisa obter a adesão do cliente a ela – o que nem sempre é fácil. Persuadir o cliente a participar de uma mediação em conflitos comerciais requer tanta criatividade e flexibilidade quanto o próprio procedimento consensual, sendo muito relevante que o advogado destaque os benefícios do método para o cliente[127].

Eis os argumentos mais fortes em prol da mediação, especialmente no mundo dos negócios:

1. possibilidade de produzir soluções melhores para os problemas complexos. Ao mudar o foco dos aspectos puramente legais para abordar adicionais interesses em jogo, a mediação responde bem aos interesses comerciais ao promover a compreensão dos interesses negociais e buscar soluções melhores que atendam a esses interesses[128];

2. manutenção do controle (tanto substantivo quanto procedimental)[129]. Em conjunturas comerciais, o controle sobre o conteúdo material da solução é muito importante, já que delegar a decisão a outrem nem sempre preserva a empresa; como na mediação as partes retêm o poder de definir o resultado, elas não terão que terceirizar a solução para alguém que não entende o contexto nem a natureza do conflito[130];

Também é muito relevante o controle do procedimento: a flexibilidade da mediação permite que as partes construam um rito que se amolde melhor às suas necessidades: elas podem ditar as características e a experiência do mediador, identificar os problemas no qual querem a ajuda dele, limitar a duração do processo[131] e ainda definir detalhes como logística e custos[132].

A situação é bem diferente nos meios adjudicatórios: tanto na resolução judicial como na arbitragem o julgador tende a centralizar os trabalhos e a autonomia das partes quanto ao procedimento ou inexiste ou se verifica em um campo restrito.

3. atendimento de aspectos relacionais: se os envolvidos têm uma relação que vai perdurar além do conflito, a mediação é a alternativa mais adequada. Enquanto os meios contenciosos baseiam-se exclusivamente na demonstração de culpa e responsabilidade, a mediação não busca o culpado, mas sim soluções que atendam aos interesses das partes e preservem seu relacionamento[133].

Mais importante do que reconstruir o passado e apurar detalhadamente o que aconteceu (para apurar quem deve responder por quanto) pode ser o foco na perspectiva futura. Sendo interessante para os envolvidos, o mediador irá trabalhar o que eles querem e/ou precisam vivenciar juntos nas próximas ocorrências. A perspectiva de futuro é valiosa e será abordada na mediação.

---

[127] KEATING JR., J. Michael. Getting Reluctant Parties to Mediate: A Guide for Advocates. In: RISKIN, Leonard L.; WESTBROOK, James E. *Dispute Resolution and Lawyers*. St. Paul: West Group, 1997, p. 421.

[128] *Idem, ibidem*, p. 423.

[129] *Idem, ibidem*, p. 421-422.

[130] *Idem, ibidem*, p. 421-422.

[131] Obviamente o poder de controle é maior no âmbito extrajudicial, já que a conciliação e a mediação judiciais serão pautadas pela limitação de recursos estatais.

[132] *Idem, ibidem*, p. 422.

[133] *Idem, ibidem*, p. 423.

4. Imperativo de tempo: Conflitos que envolvem dano contínuo aos negócios e não têm perspectiva de solução rápida são muito adequados à mediação. Os advogados normalmente ponderam os males da litigância com base em um raciocínio de custos transacionais; contudo, o dano aos interesses do cliente no tempo deve ser levado em consideração por ser esta uma das principais preocupações dos homens de negócios[134].

O litígio tem custos diretos (pelos gastos que sua manutenção engendra) e indiretos (pela perda de negócios que enseja). A rapidez da abordagem consensual reduz danos; afinal, se as sessões consensuais durarem algumas semanas, já será possível perceber se há ou não diálogo apto a ser restaurado e quais as condições para continuar – seja conversando, seja pedindo a intervenção de um julgador;

5. Contenção de danos à imagem da empresa: Muitas vezes a ida à mediação retrata o desejo de acabar com a má reputação que longas ações judiciais trazem. Apesar de a literatura enfatizar a possibilidade de "ganha-ganha" da mediação, algumas vezes a solução "perde menos-perde menos" minimiza o impacto causado por conflitos atuais; muitos clientes sabem que, proposta a ação judicial, muito já se perdeu e qualquer meio de "limpar a bagunça" envolverá esforço para simplesmente manter as perdas em um nível aceitável[135].

Como se percebe, existe uma mudança de paradigma nos meios consensuais à qual o advogado e os envolvidos no conflito devem se adaptar. É necessário compreender o modelo inerente aos meios consensuais e lembrar que a postura belicosa, tão cara à solução adjudicatória, pode significar o fim do processo produtivo em que o diálogo cooperativo pode resultar em ganhos para todos os participantes[136].

Se as partes se dispuserem a sentar à mesa para conversar, o mediador irá trabalhar as premissas técnicas de tal meio consensual, e as pessoas poderão aproveitar a chance de evoluir a partir da retomada da comunicação.

2.5.4 Vantagens para o advogado

Como destacado, para otimizar a eficiência dos meios consensuais, a participação do advogado pode ser valiosa; o fomento à adoção de tal meio pelo cliente e a presença na sessão propiciará aos envolvidos contar com um profissional habilitado a orientar, sanar dúvidas, conferir a viabilidade de pactos e alertar quanto a elementos úteis à sua exequibilidade.

Há vantagens para o advogado que atua na autocomposição? Ele pode ser beneficiado com a adoção de meios consensuais de abordagem de controvérsias?

Há quem responda negativamente. A formação das faculdades de Direito ainda prioriza o tratamento contencioso dos conflitos, e no mercado de trabalho prevalecem critérios de cobrança a partir de referências litigiosas. Além disso, na tradição brasileira de conciliações judiciais é comum a definição de que cada parte arcará com os honorários advocatícios, o que acaba reduzindo o *quantum* esperado pelo advogado em termos de ganho com a demanda.

---

[134] *Idem, ibidem*, p. 423.

[135] *Idem, ibidem*, p. 423.

[136] AZEVEDO, André Gomma de; SILVA, Cyntia Cristina de Carvalho e. Autocomposição, processos construtivos e a advocacia: breves comentários sobre a atuação de advogados em processos autocompositivos. *Revista do Advogado*, ano 26, n. 87, set., 2006, p. 119.

É possível, porém, responder positivamente aos questionamentos: a mediação propicia a abertura de uma nova frente de trabalho para os advogados, que passam a contar com mais uma ferramenta para atender seus clientes.

A atuação eficiente nos meios consensuais exige a preparação do advogado e das pessoas envolvidas para que a comunicação flua de forma útil ao encontro dos interesses subjacentes às posições externadas[137].

O advogado deve preparar seu cliente para as sessões consensuais, sendo recomendável que eles se reúnam para cogitar sobre possibilidades de encaminhamento e identificação de pontos interessantes a serem abordados.

A expressão "Batna" (sigla no inglês para "best alternative to a negotiated agreement") retrata a melhor opção disponível para o acordo negociado; é muito importante que o negociador tenha pleno domínio e conhecimento do seu "Batna" e que saiba exatamente o que fazer caso não haja acordo[138].

Incumbe também ao advogado preparar eventual acordo entabulado em termos técnicos (podendo torná-lo um título executivo judicial ou extrajudicial, se o caso).

Como se percebe, a atuação do advogado como assessor técnico pode ser ampla, merecendo ser valorizada proporcionalmente ao ganho de tempo e de vantagens para o cliente; isso repercute não só em valores com credibilidade e fidelização, mas também em ganhos materiais que podem ser percebidos celeremente pelo profissional.

Em termos de verba honorária, vale destacar previsão do atual Código de Ética da OAB: "é vedada, em qualquer hipótese, a diminuição dos honorários contratados em decorrência da solução do litígio por qualquer mecanismo adequado de solução extrajudicial" (Resolução n. 02/2015 CFOAB, art. 48, § 5.º).

A previsão ganhou elogios por romper "a perversa sistemática de punir o advogado que pauta-se pela economia processual e maior satisfação do cliente com pressões para redução de sua remuneração[139]".

A ideia é que "honorários conciliatórios" sejam contratualmente previstos; caso, porém, eles não tenham sido antes estipulados, o terceiro facilitador deve debater esse ponto para pacificá-lo no início da sessão: ao término de uma declaração de abertura ou acolhida, o conciliador ou mediador judicial "deve perguntar se as partes já acertaram com seus respectivos advogados os percentuais de honorários conciliatórios[140]".

Como se percebe, a conscientização promovida pelos meios consensuais favorece a inclusão social, a empatia e a razoabilidade no enfrentamento das controvérsias, "oxigenando" a abordagem das controvérsias com novas pautas e ideias em prol de melhores resultados[141].

---

[137] TARTUCE, Fernanda. Advocacia e meios consensuais: novas visões, novos ganhos. Disponível em: www.fernandatartuce.com.br/artigosdaprofessora. Acesso em: 2 ago. 2023.

[138] TARTUCE, Fernanda; FALECK, Diego; Gabbay, Daniela. *Meios alternativos de solução de conflitos*. Rio de Janeiro: FGV, 2014, p. 26.

[139] AZEVEDO, André Gomma de; BUZZI, Marco Aurélio. Valorizar quem economiza tempo é desafio para a Justiça consensual. Disponível em: http://www.conjur.com.br/2016-fev-18/valorizar-quem-economiza-tempo-desafio-justica-consensual. Acesso em: 16 jan. 2020.

[140] Idem.

[141] TARTUCE, Fernanda. Advocacia e meios consensuais: novas visões, novos ganhos, cit.

ACESSO AO PODER JUDICIÁRIO E INAFASTABILIDADE DA JURISDIÇÃO ESTATAL

3.1 A GARANTIA DE PROTEÇÃO JUDICIÁRIA

O art. 5.º, XXXV, da Constituição Federal, ao prever a inafastabilidade da jurisdição, contempla importante garantia para o exercício de direitos fundamentais.

O princípio-garantia da inafastabilidade da jurisdição, também denominado indeclinabilidade, direito de ação, princípio do livre acesso ao Judiciário, ubiquidade da justiça e proteção judiciária, teve reconhecimento constitucional a partir de 1946[1].

É relevante considerar o momento histórico de sua inclusão em nosso sistema jurídico para perceber o real sentido de tal previsão. A legislação até então existente, no regime legal de 1937, excluía a apreciação judicial de inquéritos parlamentares e policiais[2], razão pela qual se justificou o expresso comando ao legislador com *status* de garantia constitucional. A partir de então, tal norma consolidou-se em nosso sistema e passou a ser repetida nas Constituições seguintes com aperfeiçoamentos.

---

[1] LENZA, Pedro. A amplitude do acesso à ordem jurídica justa. In: TAVARES, André Ramos; FERREIRA, Olavo A. V. Alves; LENZA, Pedro (coords.). *Constituição Federal 15 anos: mutação e evolução*. São Paulo: Método, 2003, p. 75.

[2] GARCEZ, José Maria Rossani. *Constitucionalidade da Lei n. 9.307/96. Anais do Seminário sobre Métodos Alternativos de Solução de Conflitos: Arbitragem, Mediação e Conciliação*. Rio de Janeiro: Confederação Nacional do Comércio, 2001, p. 32. Pondera ainda o autor que tal limitação não atinge as partes; estas, no exercício de sua autonomia privada, podem atribuir poderes a árbitros privados para ditar a solução do conflito fora do ambiente estatal, p. 33.

É tarefa dos órgãos judiciais dar justiça a quem a pedir, sendo a todos assegurado o direito cívico de solicitar a apreciação de sua pretensão; Enrico Tullio Liebman caracteriza o acesso à justiça como direito genérico, indeterminado, inexaurível e inconsumível[3].

Rodolfo de Camargo Mancuso destaca a neutralidade axiológica do verbo *apreciar*, de cuja expressão não decorre qualquer comprometimento do Estado quanto à avaliação do mérito da controvérsia; o dispositivo constitucional assegura o acesso à justiça tão somente pela possibilidade de submeter a matéria a um juiz competente e imparcial – para exercer o direito de ação e fazer jus à pronúncia sobre o mérito, deverão estar preenchidos certos requisitos exigidos pelo sistema jurídico[4].

Pode-se conceber, como ensina Cândido Dinamarco, a existência de uma verdadeira escalada de situações: ação incondicionada (mera faculdade de ingresso em juízo, consubstanciando o amplo "direito de demandar"), direito de ação (com observância das condições previstas no sistema para admitir a continuidade do processo e a futura análise do *meritum causae*) e, finalmente, direito ao provimento jurisdicional (análise efetiva do objeto da demanda, dada a presença de todos os pressupostos de admissibilidade do provimento de mérito)[5].

A garantia de inafastabilidade encerra a fundamental promessa de conceder tutela jurisdicional, constituindo a moderna expressão do que tradicionalmente, em um prisma técnico, era denominado garantia constitucional da ação[6].

Tal garantia implica o direito de receber do Estado a tutela jurisdicional adequada e apta a conferir efetividade ao pedido tanto para evitar como para reparar a lesão alegada[7]. Nas palavras de Cândido Dinamarco,

> [...] tutela jurisdicional é o amparo proporcionado mediante o exercício da jurisdição a quem tem razão em um litígio posto como objeto de um processo. Ela consiste na melhoria da situação de uma pessoa, pessoas, ou grupo de pessoas, em relação ao bem pretendido ou à situação imaterial desejada ou indesejada. Receber tutela jurisdicional significa obter sensações felizes e favoráveis, propiciadas pelo Estado ou pelos árbitros mediante o exercício da jurisdição[8].

Repetindo o art. 5.º, XXXV, da Constituição Federal, o art. 3.º do CPC contempla expressamente o princípio do acesso à justiça; além de ressalvar que a arbitragem é permitida, aponta que o Estado promoverá, sempre que possível, a solução consensual dos conflitos e destaca um forte incentivo à realização de conciliação e mediação.

A repetição desta garantia constitucional (ao lado de outros princípios processuais) no CPC, embora soe interessante, acaba tendo o potencial de gerar um nefasto efeito colateral:

---

[3] LIEBMAN, Enrico Tullio. *Manual de Direito processual civil*, v. 1. Rio de Janeiro: Forense, 2005, p. 150.

[4] MANCUSO, Rodolfo de Camargo. *Jurisdição coletiva e coisa julgada*. Tese de Direito Processual Civil (Concurso de provas e títulos para provimento do cargo de professor titular, junto ao Departamento de Direito Processual). São Paulo: Faculdade de Direito da Universidade de São Paulo, 2005, p. 267.

[5] DINAMARCO, Cândido Rangel. *Fundamentos do Direito processual civil moderno*, t. II. 3. ed. São Paulo: Malheiros, 2000, p. 820-823, *passim*.

[6] DINAMARCO, Cândido Rangel. Universalizar a tutela. Disponível em: http://www.tj.ro.gov.br/ emeron/ revistas/revista4/04.htm. Acesso em: 5 mar. 2015.

[7] NERY JUNIOR, Nelson; NERY, Rosa Maria de Andrade. *Comentários ao Código de Processo Civil*. São Paulo: RT, 2015, p. 187-88.

[8] DINAMARCO, Cândido Rangel. *Instituições de Direito processual civil*, v. 1. 8. ed. São Paulo: Malheiros, 2016, p. 194.

Cap. 3 · ACESSO AO PODER JUDICIÁRIO E INAFASTABILIDADE DA JURISDIÇÃO ESTATAL | 103

impedir a discussão, no âmbito do Supremo Tribunal Federal, via recurso extraordinário, de temas ligados à principiologia processual civil. Afinal, a jurisprudência do STF há tempos aponta não caber tal recurso para discutir "violação reflexa" à Constituição: se há dispositivo violado do ponto de vista infraconstitucional, só existe eventual violação à Constituição de forma reflexa, e isso não pode ser discutido pela via do recurso extraordinário[9]; há decisões nesse sentido[10].

3.2 DIREITO DE AÇÃO E DEVIDO PROCESSO LEGAL

Conscientes da necessidade da tutela jurisdicional institucionalizada como fator de paz na sociedade, os povos obtêm do Estado a promessa de dispensá-la, sendo o exercício da jurisdição pautado por diretrizes capazes de assegurar a boa qualidade dos resultados[11].

O *princípio da ação*, também denominado *princípio da demanda, da iniciativa da parte* ou *da incoação*, assegura a todos o direito de ingressar em juízo para a defesa dos interesses de sua esfera jurídica (e, excepcionalmente, de esferas jurídicas alheias); exige-se a provocação da jurisdição pela parte interessada, visto que o órgão jurisdicional é, em regra, inerte[12].

A ação, como mecanismo de provocação da jurisdição, tem dupla face: é considerada tanto o poder de exigir o exercício da atividade jurisdicional como o direito público do interessado de requerer a tutela jurisdicional do Estado. Constitui ainda um direito *subjetivo*, de titularidade de cada indivíduo, e *autônomo*, por poder ser exercido independentemente da existência do alegado direito material.

O direito constitucional à jurisdição assegura todos os direitos reconhecidos, declarados, constituídos e garantidos no sistema jurídico e configura, paralelamente, dever inarredável do Estado[13].

Como sistema de atuação pelo qual opera a jurisdição, o processo é pautado pelo procedimento (constituído por uma sequência de atos praticados perante o órgão julgador) e encerra uma relação jurídica de Direito público entre o juiz e as partes.

---

[9]   DELLORE, Luiz; TARTUCE, Fernanda. *1.001 dicas sobre o novo CPC: Lei 13.105/2015*. 2. ed. Indaiatuba: Foco Jurídico, 2016, p. 3.

[10] Eis acórdãos exemplificativos: "DIREITO ADMINISTRATIVO E CONSTITUCIONAL (...) 2. Obstada a análise da suposta afronta aos incisos LIV e LV do art. 5º da Carta Magna, porquanto dependeria de prévia análise da legislação infraconstitucional aplicada à espécie, procedimento que foge à competência jurisdicional extraordinária desta Corte Suprema, a teor do art. 102 da Magna Carta" (STF, RE-AgR 1.217.870-RJ, Primeira Turma, Rel. Min. Rosa Weber, *DJe* 19.12.2019, p. 160); "AGRAVO REGIMENTAL. Inviável o exame das alegações de violação ao direito adquirido, ao ato jurídico perfeito e à coisa julgada ou aos princípios do acesso à justiça, da legalidade, do contraditório, da ampla defesa e do devido processo legal quando imprescindível o exame de normas infraconstitucionais. Ofensa meramente indireta ou reflexa às normas constitucionais." (STF; Ag-RE-AgR 1.106.747, Primeira Turma, Rel. Min. Alexandre de Moraes, *DJe* 30.08.2018).

[11] Nas palavras do autor, "como em outros países, no Brasil figura em sede constitucional essa fundamental promessa, aqui formalizada na proibição de excluir da apreciação judiciária as queixas por lesão ou ameaça a direitos (art. 5.º, inc. XXXV)." (DINAMARCO, Cândido Rangel. *Instituições de Direito processual civil*, v. 1, cit., p. 200).

[12] CPC, art. 2.º O processo começa por iniciativa da parte e se desenvolve por impulso oficial, salvo as exceções previstas em lei".

[13] ROCHA, Cármen Lúcia Antunes. O direito constitucional à jurisdição. In: Teixeira, Sálvio de Figueiredo (coord.). *As garantias do cidadão na justiça*. São Paulo: Saraiva, 1993, p. 47.

MEDIAÇÃO NOS CONFLITOS CIVIS – *Fernanda Tartuce*

Para Rodolfo Mancuso, a relação processual é o instrumento jurídico pelo qual os partícipes da relação jurídica (ou situação de direito material) tornada litigiosa e incompossível objetivam resolvê-la judicialmente[14]. Nesse caso, vale a clássica máxima de Enrico Tullio Liebman, segundo a qual, "sem o processo, o Direito ficaria abandonado unicamente à boa vontade dos homens e correria frequentemente o risco de permanecer inobservado"[15].

Em viva analogia, já se comparou o Direito material à ossatura e o Direito processual à musculatura:

> Se o Direito civil, segundo a linguagem pinturesca de Von Ihering, é o *ossamento* do organismo jurídico, bem pode-se continuar a imagem e dizer que o seu processo é uma espécie de *musculatura*, por meio da qual se executam as acções e reacções mais comuns da vida do direito. Já se vê que eles são inseparáveis, como a funcção é inseparável do órgão. O primeiro sem o segundo, uma theoria estéril; o segundo sem o primeiro, uma pratica perniciosa, similhante a dos curandeiros na esphera da medicina[16].

Merece realce o caráter substitutivo da jurisdição: não sendo realizado o direito espontaneamente, o Estado poderá ser chamado a proferir uma decisão para compor o conflito e atuar de modo que o descumprimento seja substituído pela realização do direito.

Por certo prisma, o direito à jurisdição, de índole pública e subjetiva, desenvolve-se em três etapas que se encadeiam e completam: o acesso ao poder estatal prestador da jurisdição, a eficiência e prontidão da resposta estatal à demanda deduzida e a eficácia da decisão proferida[17].

Vale lembrar que a composição por meio da jurisdição se efetiva quando há apreciação do mérito do pedido deduzido pela parte. Assim, para haver heterocomposição (enquanto definição do impasse por um terceiro), faz-se necessário que haja efetiva prestação de tutela jurisdicional.

É justamente com o intuito de uma atuação profícua da jurisdição que se prevê a garantia do devido processo legal; por tal diretriz, o jurisdicionado contará, para a solução do conflito, com mecanismos previamente estabelecidos em lei que assegurem o acesso à justiça e o desenvolvimento adequado do processo[18].

Para que a pretensão seja analisada em seu aspecto substancial, certos requisitos devem ser observados para evitar a atuação jurisdicional desnecessária ou inútil no caso concreto.

3.2.1 Requisitos para a apreciação do mérito

Compete ao Direito processual zelar pela tarefa de administração dos conflitos em conformidade com as diretrizes constitucionais. Como bem assevera Cândido Rangel Dinamarco,

---

[14] MANCUSO, Rodolfo de Camargo. *O plano piloto de conciliação em segundo grau de jurisdição, do Egrégio Tribunal de Justiça de São Paulo, e sua possível aplicação aos feitos de interesse da Fazenda Pública*, cit., p. 23.

[15] LIEBMAN, Enrico Tullio. *Manual de Direito processual civil*, cit., p. 148.

[16] BARRETO, Tobias. *Estudos de Direito*. Brasília: Senado Federal, Conselho Editorial/Superior Tribunal de Justiça, 2004, p. 200-201.

[17] ROCHA, Cármen Lúcia Antunes. *O direito constitucional à jurisdição*, cit., p. 33.

[18] PORTANOVA, Rui. *Princípios do processo civil*, cit., p. 145.

Cap. 3 · ACESSO AO PODER JUDICIÁRIO E INAFASTABILIDADE DA JURISDIÇÃO ESTATAL | **105**

[...] nosso sistema político-constitucional de oferta do serviço jurisdicional resolve-se no equilíbrio entre uma *fundamental promessa* de absorção de pretensões de pessoas em busca de satisfação e uma *série de limitações* ao exercício do poder de recebê-las, processá-las e acolhê-las.

Assim, a técnica processual constitui a projeção infraconstitucional de tais limitações e visam a criar poderes, deveres, ônus, faculdades, sujeições, eficácias a vincular o magistrado e os litigantes[19].

Ao tratar da exigência de certos requisitos para que a sentença de mérito possa ser proferida, aduz o autor que tal condicionamento, técnica consagrada pelas legislações em geral, configura limite legitimamente imposto pela lei processual infraconstitucional à garantia constitucional da ação[20].

3.2.1.1 Admissibilidade

A garantia constitucional da ação assegura não só o acesso ao Poder Judiciário, mas também que seja fornecida uma resposta ao pedido formulado. Trata-se, assim, de direito ao provimento jurisdicional, estando este sujeito a certas regras previstas na legislação ordinária para seu exercício; a presença de certos requisitos técnicos faz-se necessária para que o órgão jurisdicional possa satisfazer o direito de ação e conceder a prestação pleiteada[21].

Como pondera Nelson Nery Junior, os requisitos exigidos para a análise do mérito são limitações naturais e legítimas ao exercício do direito de demandar[22].

Ao lado do acesso à justiça, devem ser cotejadas outras garantias constitucionais.

Por força do devido processo legal, há requisitos para que a apreciação do mérito da pretensão ocorra de forma adequada e útil no caso concreto.

A igualdade entre as partes é essencial para efetivar ampla acessibilidade à justiça[23]. Assim como o autor deve ter sua pretensão considerada, também o réu, como contraparte, há de ser igualmente protegido por ter igual direito à devida apreciação de sua resistência[24] e de ver repudiadas, desde logo, pretensões que não encontrem fundamentos mínimos sob os aspectos processual e substancial.

Para compreender um conflito, fim de uma cadeia de reações, é necessário considerar a relação travada entre as partes e sua expectativa em relação à fruição do bem da vida controvertido.

Revela-se importante, na perspectiva da relação jurídica, ressaltar a noção de interesse, cujo conteúdo pode ser associado à ideia de vantagem; como bem explicita Rodolfo Mancuso, o interesse liga uma pessoa a certo bem da vida em decorrência de determinado valor que tal

---

[19]   DINAMARCO, Cândido Rangel. *Universalizar a tutela*, cit.

[20]   *Instituições de Direito processual civil*, v. 2, cit., p. 110.

[21]   BEDAQUE, José Roberto dos Santos. Pressupostos processuais e condições da ação. *Revista Justitia*, n. 156, p. 62, São Paulo, out.-dez. 1991.

[22]   NERY JUNIOR, Nelson. Princípios do processo na Constituição Federal. 13. ed. rev., atual. e ampl. São Paulo: Revista dos Tribunais, 2017, p. 218.

[23]   O tema foi mais amplamente abordado pela autora na tese de doutorado que resultou na obra *Igualdade e vulnerabilidade no processo civil*. São Paulo: Método, 2012.

[24]   MANCUSO, Rodolfo de Camargo. *Jurisdição coletiva e coisa julgada*, cit., p. 267.

bem possa representar para o indivíduo[25]. Considera o autor, ao mencionar o interesse em sua acepção laica, que a ideia de vantagem nasce e se desenvolve na esfera psíquica da pessoa: seu portador quer, deseja, aspira uma situação e, muitas vezes, não tem como exigir sua satisfação[26].

Nas lições de Arruda Alvim, o interesse substancial é aquele diretamente protegido pelo Direito material; constitui um interesse de índole primária, incidente sobre o bem; quando o titular do direito (ou pretensão) não consegue satisfatoriamente exercer sua posição de vantagem, surge então um interesse dirigido a suprimir o impedimento à fruição do bem: trata-se do interesse secundário, denominado interesse processual[27]. Nos termos da lei processual, é essencial que o litigante, para exercer o direito de ação, tenha legitimidade e interesse, sob pena de extinção do processo sem apreciação do mérito.

Para que o feito avance rumo à solução judicial de mérito, deve estar presente o requisito essencial do interesse em utilizar a via jurisdicional. O interesse de agir é tradicionalmente compreendido sob duplo aspecto: pela necessidade de invocar a tutela jurisdicional ("interesse--necessidade") e por ser a via eleita apropriada para a obtenção da medida, que deve ser útil no caso concreto ("interesse-adequação").

Para que a jurisdição exerça sua função substitutiva, quem pede a proteção estatal deve demonstrar, desde o início da demanda, ser titular de certa posição de vantagem prevista (ainda que abstratamente) no ordenamento positivo. Como pondera Rodolfo Mancuso,

> [...] por aí se explica a tradicional exigência de que o interesse de agir em Juízo deva apresentar-se real, atual e pessoal, de sorte a que, ao menos *in statu assertionis*, apresentem-se coincidentes estes planos: "autor da ação – sujeito beneficiado ou em situação de vantagem pela norma de regência"[28].

Sob o aspecto da necessidade, pondera-se que, no exercício da função jurisdicional, o Estado intervém como um terceiro situado acima das partes que só atua quando os titulares da relação estão *impedidos* de gerar a devida transformação da situação controvertida por seus próprios meios e por suas próprias mãos[29] de forma adequada.

Sob este prisma, considera-se que a necessidade de agir em juízo se configura quando há impossibilidade de satisfazer o direito alegado por outra via que não a jurisdicional[30]. Nesse sentido, se o Direito material tem força suficiente para permitir às partes dirimir o conflito no caso concreto, revela-se prescindível a prolação de provimento jurisdicional e o Estado se nega a despender energias na condução da controvérsia[31].

---

[25]   Assim, "a nota comum é sempre a busca de uma situação de vantagem, que faz exsurgir um interesse na posse ou fruição daquela situação" (MANCUSO, Rodolfo de Camargo. *Interesses difusos*. 6. ed. São Paulo: RT, 2004, p. 19-20).

[26]   *Idem*, p. 22.

[27]   ARRUDA ALVIM. *Manual de Direito processual civil*, cit., p. 391.

[28]   MANCUSO, Rodolfo de Camargo. A concomitância de ações coletivas, entre si, e em face das ações individuais. Disponível em: www.revistas.usp.br/rfdusp/article/view/67508. Acesso em: 5 mar. 2015.

[29]   BOTELHO DE MESQUITA, José Ignácio. *As novas tendências do Direito processual*, cit., p. 49.

[30]   LASPRO, Oreste Nestor de Souza. As ações e suas condições no processo civil de cognição. In: CRUZ E Tucci, José Rogério (coord.). *Processo civil: estudo em comemoração aos 20 anos de vigência do Código de Processo Civil*. São Paulo: Saraiva, 1995, p. 203.

[31]   WATANABE, Kazuo *Princípio da inafastabilidade do controle jurisdicional no sistema jurídico brasileiro*. São Paulo: [s.l.], 1979, p. 45.

Merece destaque, porém, a existência de certas demandas peculiares. Nas "ações típicas necessárias", exige-se a obrigatória passagem judiciária[32] para sua validade, razão pela qual o interesse de agir tem seus pressupostos de fatos precisamente indicados na lei e é dotado de significado mais sistemático: basta haver entre os fatos e o pedido descritos na inicial alguma sorte de coerência lógica. Tal situação não se verifica nas demandas em geral ("atípicas"): como a pretensão pode ser satisfeita espontaneamente, o juiz deve constatar se o recurso à jurisdição é efetivamente necessário[33].

Como se nota, a ideia de necessidade está ligada à exigibilidade da prestação do réu em face do autor por força do inadimplemento do devedor ou da necessidade da jurisdição para concretizar certos comandos normativos (por exemplo, a anulação de um casamento)[34].

Tal noção é muito importante, dado que conceber a tentativa de solução pelas próprias partes como primeira via para o encaminhamento dos conflitos estimula a adoção de tentativas consensuais.

Há quem entenda que o interesse de agir decorra, naturalmente, da demonstração de que a outra parte omitiu-se ou praticou ato justificador do acesso ao Judiciário[35].

Ao ponto, cabe questionar: é possível conceber a existência de efetivo interesse de agir em juízo apenas quando a parte comprovar o esgotamento das possibilidades de sanar a controvérsia consensualmente?

A resposta positiva é defendida por alguns estudiosos, merecendo destaque a visão de Rodolfo Mancuso: o interesse de agir pode não estar presente quando "não esgotadas as vias suasórias ou enquanto não tentada a prevenção/resolução do conflito por outros meios, auto ou heterocompositivos"[36]. Nessa linha, exige-se que, antes de procurar o Poder Judiciário para buscar a tutela jurisdicional, esteja configurada a efetiva impossibilidade de a parte obter, por si própria, a situação almejada.

Apesar de ser compreensível tal posicionamento, sua prevalência não tem se verificado no cenário brasileiro. Como bem destaca Marco Lorencini, o instituto de Direito processual "interesse de agir", sob o aspecto da necessidade de demandar, perdeu-se no tempo: nos dias atuais o Estado-Juiz não vem exigindo qualquer "demonstração concreta de que se tentou resolver o conflito de forma diferente da solução adjudicada proposta pelo ente estatal"[37].

Há, contudo, entendimentos variados sobre o tema que merecem destaque.

---

[32] MANCUSO, Rodolfo de Camargo. *Jurisdição coletiva e coisa julgada*, cit., p. 268.

[33] BEDAQUE, José Roberto dos Santos. *Pressupostos processuais e condições da ação*, cit., p. 64.

[34] TARTUCE, Fernanda; COSTA, Susana Henriques da. Acesso à justiça, interesse processual e valores módicos. Disponível em: https://www.migalhas.com.br/dePeso/16,MI311789,81042-Acesso+a+Justica+interesse+processual+e+valores+modicos. Acesso 20 jan. 2020.

[35] ARRUDA ALVIM. *Manual de Direito processual civil*, v. 1, cit., p. 391. O autor, porém, ressalva que tal afirmação pode ser integralmente aceita no âmbito do Direito privado, mas não no Direito público; neste, "diferentemente, e, na medida em que as regras são cogentes, o agir da Administração está normativamente traçado, ainda que, de fato, a Administração não tenha agido, vale dizer, não haja feito o que lhe impendia fazer. Nem pelo fato de a Administração não ter agido – quando deveria ter agido –, isto retira do administrado o dever de agir sendo o mandamento normativo incontornável, disto se segue que, por isso mesmo, existe o interesse de agir, quando a Administração, ainda que não praticado o ato, deva praticá-lo a qualquer momento, por imposição normativa" (p. 399).

[36] MANCUSO, Rodolfo de Camargo. *Acesso à justiça: condicionantes legítimas e ilegítimas*. São Paulo: RT, 2011, p. 341.

[37] LORENCINI, Marco. *Sistemas multiportas*: opções para tratamento de conflitos de forma adequada, cit., p. 50.

3.2.1.2 Tentativa prévia de conciliação como exigência para demandar

a) Tradição jurídica

No sistema jurídico brasileiro, a tentativa prévia de estabelecer consenso entre as partes, porquanto atrelada à demonstração do interesse de ir a juízo, já esteve presente em diversos dispositivos normativos.

As raízes da tentativa conciliatória prévia à instauração do processo são profundas e remontam à época das Ordenações[38], que proclamavam:

> E no começo da demanda dirá o juiz a ambas as partes, que antes que façam despesas e se sigam entre eles o ódio e dissensões, se devem concordar e não gastar suas fazendas por seguirem suas vontades, porque o vencimento da causa é sempre duvidoso. E isto, que dissemos de reduzirem as partes à concórdia, não é de necessidade, mas somente de honestidade nos casos em que o bem puderem fazer. Porém, isto não terá lugar nos feitos crimes quando os casos forem tais que segundo as ordenações a justiça haja lugar.

Inspirada na redação da Constituição de Portugal[39] reproduziu-se em nossa Constituição Imperial, em 1824, o teor de dois dispositivos que contemplavam a necessidade de prévia tentativa de reconciliação antes do ajuizamento de demanda:

> Art. 161. Sem se fazer constar, que se tem intentado o meio da reconciliação, não se começará Processo algum.
>
> Art. 162. Para este fim haverá juizes de Paz, os quaes serão electivos pelo mesmo tempo, e maneira, por que se elegem os Vereadores das Camaras. Suas attribuições, e Districtos serão regulados por Lei.

A tentativa conciliatória era considerada, nesse cenário, pré-condição em qualquer feito judicial, em nítido prestígio à via consensual[40].

A previsão sobre a necessária tentativa de acordo antes da instauração judicial de causas comerciais também era prevista no Regulamento 737/1850: o art. 23 exigia tal tentativa antes da propositura de demanda comercial[41] nos seguintes termos: "nenhuma causa será proposta em Juízo contencioso, sem que previamente se tenha tentado meio de conciliação, ou por ato judicial, ou por comparecimento voluntário das partes".

---

[38] Tal excerto compõe as Ordenações Filipinas do ano de 1603 (Livro III, Título XX, § 1.º), tendo sua redação por fonte o Livro III, Título XV, § 1.º, das Ordenações Manuelinas (*O constitucionalismo de D. Pedro I no Brasil e em Portugal*. Afonso Arinos [introdução]; prefácio de Carlos Fernando Mathias de Souza. Brasília: Senado Federal, Conselho Editorial, 2003, p. XXXVII).

[39] Os arts. 127 e 128 da Constituição de Portugal foram copiados *ipsis litteris* na Constituição brasileira de 1824 nos arts. 160 e 161.

[40] *O constitucionalismo de D. Pedro I no Brasil e em Portugal*. Afonso Arinos [introdução]; prefácio de Carlos Fernando Mathias de Souza. Brasília: Senado Federal, Conselho Editorial, 2003, p. XXXVII.

[41] Esta era a regra, com exceções feitas às causas "procedentes de papéis de créditos que se achassem endossados, as causas em que as partes não pudessem transigir, os atos de declaração de quebra, as causas arbitrais, as de simples ofício de juiz e as execuções, compreendidas as preferências e embargos de terceiros".

Cap. 3 · ACESSO AO PODER JUDICIÁRIO E INAFASTABILIDADE DA JURISDIÇÃO ESTATAL | **109**

Em 1876 entrou em vigor, com força de lei, a Consolidação das Leis do Processo Civil, elaborada pelo Conselheiro Antônio Joaquim Ribas; seu art. 185 dispunha que "em regra nenhum processo pode começar sem que se faça constar que se tem intentado o meio de conciliação perante o Juiz de Paz"[42].

Com a Proclamação da República, veio a lume em 1890 o Decreto 359, que revogou as normas sobre a obrigatoriedade da conciliação como procedimento prévio ou essencial na condução das causas comerciais e cíveis[43].

Entendeu-se, então, que a obrigatoriedade de conciliação não se harmonizava com a liberdade inerente aos direitos individuais e a experiência teria demonstrado a inutilidade da tentativa conciliatória; além disso, as despesas, as dificuldades e a procrastinação resultantes de tal iniciativa teriam levantado o clamor geral e levado vários países a modificar ou abolir tal instituto[44].

b) Seara trabalhista

Por força da Lei 9.958/2000, instituiu-se na Consolidação das Leis do Trabalho a necessidade de que os contendores em disputas trabalhistas fossem submetidos à tentativa de conciliação prévia antes da instauração judicial do conflito[45]. Tal previsão ensejou intensa divergência e foi questionada sua constitucionalidade.

Ao mencionar que, na Justiça do Trabalho, o tratamento dos conflitos passou a contar com a necessidade de prévia tentativa de acordo entre as partes, Octavio Bueno Magano não viu infringência à garantia da inafastabilidade do Poder Judiciário, porquanto "a jurisdição só se torna inevitável quando exauridos os procedimentos de autocomposição, nada impedindo que estes figurem como condição para o exercício da ação judicial, tal como ocorre com o ajuizamento de dissídios coletivos"[46].

Ponderou ainda o autor que "a jurisdição só se torna inevitável quando provocada por um dos sujeitos do litígio. Mas se ambos os litigantes concordam em a pôr de lado, preferindo a solução de justiça privada, jamais se poderá dizer que ficaram despojados do juiz natural"[47].

O tema revelou-se polêmico desde o início e a previsão foi duramente questionada.

---

[42]   BATALHA, Wilson de Souza Campos. *Tratado de direito judiciário do trabalho*. São Paulo: LTr, 1995. p. 69-70.

[43]   Nos termos de seu art. 1.º, "é abolida a conciliação como formalidade preliminar ou essencial para serem intentadas ou prosseguirem ações civis e comerciais, salvo às partes que estiverem na livre administração de seus bens, e aos seus procuradores legalmente autorizados, a faculdade de porem termo à causa, em qualquer estado e instância, por desistência, confissão e transação, nos casos em que for admissível e mediante escritura pública, termos nos autos, ou compromisso que sujeite os pontos controvertidos a juízo arbitral".

[44]   BATALHA, Wilson de Souza Campos. *Tratado de Direito judiciário do trabalho*. São Paulo: LTr, 1995, p. 70.

[45]   CLT, art. 625-D: "Qualquer demanda de natureza trabalhista será submetida à Comissão de Conciliação Prévia se, na localidade da prestação de serviços, houver sido instituída a Comissão no âmbito da empresa ou do sindicato da categoria. [...] § 3.º Em caso de motivo relevante que impossibilite a observância do procedimento previsto no *caput* deste artigo, será a circunstância declarada na petição inicial da ação intentada perante a Justiça do Trabalho".

[46]   MAGANO, Octavio Bueno. *Legislação e autocomposição*, cit., p. 154.

[47]   MAGANO, Octavio Bueno. Solução extrajudicial dos conflitos individuais. *Revista Trabalho & Doutrina, Processo e Jurisprudência*, n. 14, p. 82, São Paulo, Saraiva, set. 1997.

Quem entendeu ser inconstitucional a exigência de conciliação prévia alegou afronta ao acesso à justiça[48].

Já a corrente que a entendeu constitucional viu na exigência o mero cumprimento de um requisito processual legítimo[49]; houve decisões nesse sentido por parte do Tribunal Superior do Trabalho.

O Supremo Tribunal Federal foi provocado a se manifestar sobre o tema ao apreciar duas demandas[50]. A Corte proferiu decisão liminar em 2009 para suspender a obrigatoriedade de conciliação prévia; afirmando conferir ao dispositivo (que prevê a passagem prévia pela via consensual) uma interpretação conforme à Constituição em relação à inafastabilidade da jurisdição, o STF reconheceu o caráter facultativo da participação na sessão consensual.

A liminar foi confirmada pelo plenário de tal Tribunal em 1.º.08.2018: prevaleceu por unanimidade a decisão proferida pela relatora, Ministra Cármen Lúcia, para quem "contrariaria a Constituição a interpretação do artigo 625-D da CLT se reconhecesse a submissão da pretensão da Comissão de Conciliação Prévia como requisito obrigatório para ajuizamento de reclamação trabalhista, a revelar óbice ao imediato acesso ao Poder Judiciário por escolha do próprio cidadão"[51].

Segundo a julgadora, o condicionamento do acesso à jurisdição ao cumprimento dos requisitos alheios àqueles inerentes ao direito ao acesso à Justiça contraria o inciso XXXV do art. 5º da Constituição Federal; ademais, nos julgamentos da ADI n. 1074 e do Agravo de Instrumento (AI) n. 698626, o Supremo reconheceu a desnecessidade de prévio cumprimento de requisitos desproporcionais, procrastinatórios ou inviabilizadores para submissão do pleito ao órgão judiciário.

---

[48] Para Jorge Luiz Souto Maior, "mesmo que a lei fosse expressa neste sentido sua aplicabilidade estaria obstada por ferir a garantia do acesso à justiça, prevista no inc. XXXV do art. 5.º da Constituição Federal [...]". É no mesmo sentido o entendimento esposado na Súmula n. 2 do Tribunal Regional do Trabalho da 2.ª Região: "O comparecimento perante a Comissão de Conciliação Prévia é uma faculdade assegurada ao obreiro, objetivando a obtenção de um título executivo extrajudicial, conforme previsto pelo artigo 625-E, parágrafo único, da CLT, mas não constitui condição da ação, nem tampouco pressuposto processual na reclamatória trabalhista, diante do comando emergente do artigo 5.º, XXXV, da Constituição Federal." Para o Min. Vieira de Mello Filho, exigir a submissão da demanda à CCP como condição do exercício de direito da ação configura "obstáculo ao Direito – garantia constitucional prevista no artigo 5.º, inciso XXXV, da Constituição Federal" (TST uniformiza jurisprudência sobre conciliação prévia. Disponível em: http://www.conjur.com.br/2009-mai-29/tst-uniformiza-jurisprudencia-conciliacao-previa-acao. Acesso em: 19 jun. 2017).

[49] Para Ives Gandra da Silva Martins Filho, a exigência constitui "pressuposto processual para o ajuizamento de ação trabalhista"; a pretensa inconstitucionalidade na *obrigatoriedade da passagem prévia da demanda perante a comissão de conciliação* não teria qualquer procedência. As comissões de conciliação prévia *não constituem óbice ao acesso ao Judiciário*, assegurado pelo art. 5.º, XXXV, da Constituição Federal, na medida em que são apenas *instância prévia conciliatória*, em que a comissão deve dar *resposta à demanda em 10 dias* (CLT, art. 625-F), o que, de forma alguma, representa óbice ao acesso ao Judiciário (A justiça do trabalho do ano 2000: as Leis ns. 9.756/1998, 9.957 e 9.958/2000, a Emenda Constitucional n. 24/1999 e a reforma do Judiciário. *Revista LTr*, p. 65, São Paulo, LTr, fev. 2000).

[50] As ações declaratórias de inconstitucionalidade (ADIns) 2.139 e 2.160 foram ajuizadas em 2000; a primeira foi proposta por diversos partidos políticos (Partido Socialista Brasileiro – PSB, Partido Comunista do Brasil – PCdoB, Partido dos Trabalhadores – PT e Partido Democrático Trabalhista – PDT) e a segunda foi promovida pela Confederação Nacional dos Trabalhadores do Comércio – CNTC.

[51] Plenário confirma que conciliação prévia não é obrigatória para ajuizar ação trabalhista. Disponível em: http://portal.stf.jus.br/noticias/verNoticiaDetalhe.asp?idConteudo=385353. Acesso em: 7 ago. 2018.

A Ministra ressalvou que esse entendimento não exclui a idoneidade da tentativa conciliatória prevista no art. 625-D da CLT:

> A legitimidade desse meio alternativo de resolução de conflitos baseia-se na consensualidade, importante ferramenta para o acesso à ordem jurídica justa. O artigo 625-D e seus parágrafos devem ser reconhecidos como subsistema administrativo, apto a buscar a pacificação social, cuja utilização deve ser estimulada e constantemente atualizada, não configurando requisito essencial para o ajuizamento de reclamações trabalhistas.

A premissa da facultatividade de submissão à conciliação prévia segue sendo aplicada pelo Tribunal Superior do Trabalho.[52]

c) Estímulo à autocomposição e tentativas prévias na seara cível

A Constituição Federal, tantas vezes alterada ao longo de 30 anos de vigência, pode sofrer uma adicional modificação: a PEC n. 108/2015 foi apresentada para agregar o inciso LXXIX ao art. 5.º, dispondo que "o Estado estimulará a adoção de métodos extrajudiciais de solução de conflitos".

Seria tal inserção necessária? Afinal, nossa Constituição já contempla meios extrajudiciais de composição de conflitos em diversas oportunidades[53].

Ao ponto, vale destacar a existência de importante estudo sobre boas práticas em mediação no Brasil, resultante de pesquisa promovida pela Secretaria de Reforma do Judiciário em parceria com o Centro Brasileiro de Estudos e Pesquisas Judiciais e a Fundação Getulio Vargas – Direito/SP. No relato sobre experiências e desafios para a mudança na cultura da

---

[52] Eis decisões exemplificativas: "I – AGRAVO DE INSTRUMENTO. (...) SUBMISSÃO DA DEMANDA À COMISSÃO DE CONCILIAÇÃO PRÉVIA. INEXIGIBILIDADE. O entendimento predominante nesta Corte Superior é de que não há exigência da submissão de litígios à Comissão de Conciliação Prévia como condição de desenvolvimento válido e regular do processo, por se tratar de mera faculdade do empregado. São reiteradas as decisões da SBDI-1, fixando tese no sentido de que a submissão à Comissão de Conciliação Prévia não tem o condão de impedir o acesso à jurisdição, nos termos do artigo 5º, XXXV, da CF. Precedentes (...)" (TST, RR 0000697-75.2011.5.02.0027, Segunda Turma, Rel. Min. Maria Helena Mallmann, *DEJT* 22.02.2019, p. 1448); "COMISSÃO DE CONCILIAÇÃO PRÉVIA. SUBMISSÃO. FACULDADE. A tentativa de conciliação antes da formalização do litígio na Justiça do Trabalho, quando existente na empresa ou no sindicato da categoria Comissão de Conciliação Prévia, prevista no art. 625-D da CLT, constitui faculdade, não estando o reclamante obrigado a submeter sua demanda previamente a essa comissão. Nesse sentido, o Supremo Tribunal Federal deferiu parcialmente a cautelar nas ADIs 2139 e 2160 em 13/5/2009 para dar interpretação conforme à Constituição da República relativamente ao art. 625-D da CLT, introduzido pelo art. 1º da Lei nº 9.958/2000, salientando que as demandas trabalhistas podem ser submetidas ao Poder Judiciário antes que tenham sido apreciadas por Comissão de Conciliação Prévia, sob o fundamento de que esse entendimento preserva o direito universal de acesso à Justiça. (...)" (TRT-2ª R., RO 1001086-78.2018.5.02.0033, Décima Segunda Turma, Rel. Des. Paulo Kim Barbosa, *DEJTSP* 22.04.2019, p. 21777).

[53] Tratei do tema com detalhes no artigo "Mediação de conflitos: proposta de emenda constitucional e tentativas consensuais prévias à jurisdição" (Revista Magister de Direito Civil e Processual Civil, v. 82, p. 5-21, 2018): na Constituição a solução pacífica de controvérsias é indicada no preâmbulo 4 e no âmbito das relações internacionais, havendo também menções à negociação coletiva, à arbitragem em conflitos laborais, aos juizados especiais e à justiça de paz (estes últimos com atribuições consensuais), bem como à proposta de criação de câmaras conciliatórias para o pagamento de precatórios (p. 7).

litigiosidade no País, foram destacadas a dificuldade de manter os programas de mediação existentes e a escassez de mediadores capacitados[54]. Como bem expresso no relatório,

> [...] o principal desafio identificado nos programas de mediação estudados é a sua efetiva institucionalização, que permita o seu funcionamento e aprimoramento constantes. É necessário que o programa subsista às mudanças institucionais e que não seja totalmente dependente de lideranças individuais que foram fundamentais à sua concepção[55].

Em certa medida, a existência de previsão expressa na Constituição Federal quanto ao incentivo aos meios extrajudiciais poderia contribuir para que os gestores do sistema estatal levassem mais a sério a institucionalização de tais mecanismos de composição de conflitos[56].

Se isso não acontece, não é por falta de normas ou discursos. Nos últimos anos, vem se acentuando a valorização de iniciativas estabelecidas em prol da maciça adoção de meios consensuais.

O prestígio à autocomposição prevaleceu nas recentes mudanças legislativas: a realização de uma sessão consensual inicial está prevista tanto no CPC como na Lei de Mediação.

Estudiosos dos meios adequados de composição de controvérsias reforçaram a importância do incentivo a soluções negociadas ao aprovarem o Enunciado 17 na I Jornada "Prevenção e Solução Extrajudicial de Litígios" do Conselho da Justiça Federal: "nos processos administrativo e judicial, é dever do Estado e dos operadores do Direito propagar e estimular a mediação como solução pacífica dos conflitos".

É possível conceber a existência de interesse de agir em juízo apenas quando a parte tenha comprovado o esgotamento das possibilidades de sanar a controvérsia consensualmente?

Para alguns estudiosos, a resposta é positiva. Representando tal vertente, afirma Carlos Alberto de Salles que eventual norma nesse sentido não ensejaria violação ao acesso à justiça porque se trataria apenas de mais um requisito, entre outros, a ser exigido das partes; não lhe parecem as exigências relativas às condições da ação ou dos pressupostos processuais ontologicamente diversas da eventual previsão de utilização prévia dos mecanismos alternativos de composição de controvérsias para ter acesso à jurisdição estatal[57].

Entendo, contudo, de forma diversa: a resposta é negativa porque, embora o estímulo à autocomposição venha se intensificando, sob o prisma do acesso à justiça andou bem o

---

[54] CAETANO, Flavio Crocce. Prefácio. *Estudo qualitativo sobre boas práticas em mediação no Brasil.* Coordenação: Ada Pellegrini Grinover, Maria Tereza Sadek e Kazuo Watanabe (CEBEPEJ), Daniela Monteiro Gabbay e Luciana Gross Cunha (FGV Direito SP); colaboradores: Adolfo Braga Neto et al. Brasília: Ministério da Justiça, Secretaria de Reforma do Judiciário, 2014, p. 4.

[55] Conclusão e os principais desafios a serem enfrentados. *Estudo qualitativo sobre boas práticas em mediação no Brasil* cit., 2014, p. 190.

[56] TARTUCE, Fernanda. Mediação de conflitos: proposta de emenda constitucional e tentativas consensuais prévias à jurisdição, cit., p. 21.

[57] SALLES, Carlos Alberto de. Mecanismos alternativos de solução de controvérsias e acesso à justiça, cit., p. 782-783. O autor compara tal exigência à previsão do pressuposto processual da capacidade postulatória mediante representação por advogado; embora possa haver óbices no acesso à justiça por seus custos, não se cogita de violação à ubiquidade da justiça. Afirma que "o mesmo parece ocorrer no caso de condicionar-se o acesso ao Judiciário à prévia realização de uma mediação, à avaliação de um terceiro neutro ou outro instrumento alternativo. Está em jogo matéria de política a ser definida pelo legislador, que deverá dizer se e em que casos medidas como essas serão adequadas" (p. 783).

Cap. 3 · ACESSO AO PODER JUDICIÁRIO E INAFASTABILIDADE DA JURISDIÇÃO ESTATAL | 113

legislador ao não condicionar o *ingresso* no Poder Judiciário à demonstração de prévia tentativa consensual.

O sistema normativo prevê que, após a propositura da ação, o juiz, verificando a presença dos "requisitos essenciais" e, não constatando ser caso de improcedência liminar do pedido, mande citar o réu para comparecer à sessão consensual[58]. Isso indica que a tentativa de autocomposição não foi eleita pelo sistema como um elemento essencial do "interesse de agir", mas sim que seu fomento se dará estabelecendo a sessão consensual como uma etapa prioritária do processo.

O uso de meios eletrônicos para compor conflitos em plataformas digitais tem sido incentivado pelo Poder Judiciário brasileiro tanto em fases pré-processuais como no curso de processos judiciais. Há atualmente plataformas públicas e privadas que visam a dar publicidade a reclamações e permitir negociações; dentre as mais conhecidas, destacam-se a Mediação Digital, do Conselho Nacional de Justiça (CNJ) e a consumidor.gov, mantida e gerenciada pela Secretaria Nacional do Consumidor do Ministério da Justiça e Segurança Pública[59].

O uso de tais plataformas é facultativo ou compulsório? O tema vem fomentando dúvidas no âmbito jurisprudencial[60].

Em causa apreciada pelo Tribunal de Justiça do Rio Grande do Sul, uma consumidora viu a demanda indenizatória[61] ser extinta sem resolução de mérito em primeiro grau de jurisdição por ter deixado de se dirigir, antes da propositura da ação, a um projeto alternativo de composição de litígios ofertado pelo Tribunal. Ao julgar o recurso, após fazer considerações elogiosas ao incentivo à autocomposição promovido pelo referido projeto[62] e a iniciativas negociais[63], afirmou o relator:

> Entrementes, *concessa venia*, o reconhecimento da falta de interesse de agir apenas porque o autor não buscou alternativa disponível ao consumidor implica ofensa ao princípio constitucional do amplo acesso à via judicial, quando consabido que o Pro-

---

[58] CPC/2015, art. 334: "Se a petição inicial preencher os requisitos essenciais e não for o caso de improcedência liminar do pedido, o juiz designará audiência de conciliação ou de mediação com antecedência mínima de 30 (trinta) dias, devendo ser citado o réu com pelo menos 20 (vinte) dias de antecedência". Lei n. 13.140/2015, art. 27: "Se a petição inicial preencher os requisitos essenciais e não for o caso de improcedência liminar do pedido, o juiz designará audiência de mediação".

[59] TARTUCE, Fernanda; BRANDÃO, Débora. Mediação e conciliação on-line, vulnerabilidade cibernética e destaques do ato normativo n. 1/2020 do NUPEMEC/SP. In: CUSTÓDIO, João José (coord.). *Novos paradigmas jurídicos no pós-pandemia* (no prelo).

[60] TARTUCE, Fernanda. Mediação de conflitos: proposta de emenda constitucional e tentativas consensuais prévias à jurisdição, cit. A exposição a seguir foi desenvolvida inicialmente pela autora em tal artigo entre as páginas 16 e 20.

[61] A autora pleiteou danos morais por ter seu nome incluído no rol de inadimplentes sem comunicação prévia por parte do SERASA.

[62] "A iniciativa consubstanciada nesse Projeto inovador se traduz em medida institucional de iniciativa da egrégia Corregedoria-Geral da Justiça e respaldada pelo Ministério da Justiça, visando propiciar o incremento e real efetividade das políticas públicas norteadas à proteção do consumidor, parte sabidamente hipossuficiente na relação de consumo."

[63] "O próprio Estatuto da OAB recomenda – como postura ética dos advogados militantes, promovam, como regra, ou seja, como postura profissional rotineira e de praxe – prévio contato com o outro potencial contendor (ou procurador ou serviço jurídico que o representa), visando buscar a conciliação prévia ao ajuizamento das demandas, visando prevenir os litígios (= dever ético do causídico), em ordem a tornar prevalecente a ideia força da autocomposição dos litígios."

jeto "Solução Direta Consumidor" propugna pelo fomento da autocomposição dos conflitos de interesses ou da própria lide já instaurada e posta sob o crivo do Poder Judiciário, porém não constitui pressuposto de admissibilidade ou prévia condicionante à propositura da ação[64].

Em outro caso também julgado pelo Tribunal de Justiça do Rio Grande do Sul, o seguimento da demanda foi condicionado à comprovação de que a consumidora teria buscado, previamente, os meios consensuais de resolução de conflitos. Assim constou da decisão monocrática que afastou tal exigência:

> O objetivo da parceria estabelecida entre o Poder Judiciário e Secretaria Nacional do Consumidor do Ministério da Justiça é buscar alternativas à solução dos conflitos de natureza consumerista, antes que venham a tornar-se demandas judiciais. Para isso, é uma possibilidade ofertada ao consumidor a adesão ao projeto "Solução Direta", antes do ingresso da demanda, não obrigatoriedade, o que é inclusive eticamente recomendável. Mas não há como impor a tentativa extrajudicial como condição ao ajuizamento e/ou prosseguimento da ação, máxime quando o autor da ação declara que já o fez e não obteve êxito[65].

A polêmica também aparece com relação ao uso da plataforma *consumidor.gov*.

O Tribunal de Justiça de Santa Catarina, ao julgar apelação interposta contra sentença que extinguiu certo processo (demanda revisional de contrato de financiamento) sem julgar o mérito por faltar comprovação de prévio requerimento para solução consensual, reafirmou a importância de assegurar a inafastabilidade da tutela jurisdicional; nas palavras do relator:

> Entrementes, muito embora não se desconheça que o atual Código Adjetivo Civil incentive, em patamar de destaque, pela solução extrajudicial e célere dos conflitos (art. 3º), fato é que essa norma não pode se sobrepor ao escopo da "Carta da Primavera", que deseja que seja facilitado o acesso de todos à Justiça (art. 5.º, inciso XXXV). É dizer, assim, que a permissividade de outros meios pacíficos de solução de divergências – tal como a plataforma virtual "consumidor.gov.br" – não pode ser um óbice ao acesso à Justiça, mas sim mais uma ferramenta à disposição do consumidor[66].

Também houve decisão nesse sentido no Tribunal de Justiça do Mato Grosso do Sul:

> [...] mesmo havendo uma nova diretriz de maior autonomia na resolução dos conflitos, não se pode obrigar a parte autora a uma tentativa de conciliação pelos meios extrajudiciais, sob pena de extinção (...) porque, desta forma, o Poder Judiciário não estaria garantindo o acesso à Justiça e estimulando as partes a resolverem os seus conflitos de forma consensual, mas exercendo um Poder para impedir o acesso à Justiça estatal,

---

[64] TJRS, 9.ª Câmara Cível, AC 0259491-85.2016.8.21.7000, Porto Alegre, Rel. Des. Miguel Ângelo da Silva, j. 18.11.2016, *DJERS* 23.11.2016.

[65] TJRS, 17.ª Câmara Cível, AI 0327639-85.2015.8.21.7000, Três de Maio, Rel. Des. Liege Puricelli Pires, j. 09.09.2015, *DJERS* 16.09.2015.

[66] TJSC, 4.ª Câmara de Direito Comercial, AC 0300822-30.2016.8.24.0027, Ibirama, Rel. Des. José Carlos Carstens Kohler, *DJSC* 21.09.2017, p. 154.

Cap. 3 · ACESSO AO PODER JUDICIÁRIO E INAFASTABILIDADE DA JURISDIÇÃO ESTATAL | **115**

tornando-se, assim, um empecilho ao jurisdicionado, e não um caminho para a solução do problema[67].

O Tribunal de Santa Catarina apreciou recurso contra decisão que ordenou o registro dos pedidos iniciais na plataforma consumidor.gov sob pena de multa de até 2% da vantagem econômica por ato atentatório à dignidade da justiça. Prevaleceu o entendimento sobre ser o ato judicial ilegal e haver ofensa ao princípio da inafastabilidade jurisdicional; o estímulo ao uso de meios alternativos de solução de contendas promovido pelo CPC não prevalece sobre o direito fundamental de acesso à justiça – além de inexistir previsão legal que condiciona à propositura da demanda à prévia utilização do mecanismo de solução amigável de conflito[68].

De fato, à luz da garantia de acesso à justiça, revela-se inadequada a previsão de prévia submissão a instâncias consensuais para o esgotamento das tentativas de acordo entre as partes.

A adoção de meios consensuais tem, como pressuposto, a intenção de participar de conversações. Para que as sessões consensuais sejam proveitosas, sua ocorrência deve se verificar de maneira não impositiva sob pena de comprometer a livre manifestação de vontade e a obtenção de consensos reais.

Por tal prisma, as decisões mencionadas merecem aplausos por valorizarem o acesso à justiça e a autonomia da vontade. Impor a adoção de meios consensuais é iniciativa que pode gerar antipatia quanto aos movimentos negociais e ensejar efeito contrário ao pretendido.

Não há como impor a vontade de conversar e negociar: o engajamento em conversações precisa ser genuíno para que a negociação possa avançar de forma proveitosa.

Quando a autocomposição é imposta, ela perde sua legitimidade, dado que as partes não são propriamente estimuladas a compor seus conflitos, mas coagidas a tanto. Essa situação, que pode ser denominada "pseudoautocomposição", é altamente criticável.

Como bem destaca Fabiana Spengler, "o risco de introduzir a mediação no sistema jurisdicional é reduzi-la à condição de um mero instrumento a serviço de um Sistema Judiciário em crise, mais do que da paz social"[69].

Além disso, o CPC contempla exceções à realização da tentativa de autocomposição: a audiência não será realizada: a) se ambas as partes manifestarem expressamente seu desinteresse[70]; e b) se os direitos em discussão não admitirem composição[71].

Outra indicação de que as recentes alterações legislativas não optaram por vincular a tentativa de autocomposição ao interesse de agir é o fato de que a ausência do autor à audiência conciliatória não acarreta extinção do processo sem resolução de mérito. A falta de comparecimento, quando injustificada, é considerada ato atentatório à dignidade da justiça, tendo a mesma sanção prevista para autor e réu: multa de até 2% da vantagem econômica pretendida no processo ou do valor da causa[72].

---

[67]   TJMS, AC 0804993-65.2018.8.12.0017, Terceira Câmara Cível, Rel. Des. Paulo Alberto de Oliveira, *DJMS* 05.12.2019, p. 318.

[68]   TJSC, MS 4014103-71.2018.8.24.0000-São José, Primeira Câmara de Direito Civil, Rel. Des. Rosane Portella Wolff, *DJSC* 25.02.2019, p. 107.

[69]   SPENGLER, Fabiana Marion. *Mediação de conflitos: da teoria à prática*. 2. ed. Porto Alegre: Livraria do Advogado, 2017, p. 23.

[70]   CPC, art. 334, § 2.º, I, e § 5.º.

[71]   CPC, art. 334, § 4.º, II.

[72]   CPC, art. 334, § 8.º.

MEDIAÇÃO NOS CONFLITOS CIVIS – *Fernanda Tartuce*

A filtragem para o encaminhamento das causas aos meios essenciais tem enorme relevância.

O CPC, no art. 3.º, § 2.º, destaca que "o Estado promoverá, sempre que possível, a solução consensual dos *conflitos*". A análise da possibilidade no caso concreto é essencial para que haja a adoção apropriada dos meios consensuais; se na petição inicial houver resistência à autocomposição, por exemplo, embasada no descumprimento de acordos anteriores, não será apropriado afastar desde logo a designação da sessão consensual? A falta de vontade e a concreta sinalização de má-fé sinalizam que sim – afinal, a autonomia da vontade e a boa-fé são princípios inerentes à conciliação e à mediação.

Fatores diversificados podem levar à conclusão sobre não ser apropriado concentrar esforços nos meios consensuais em certo momento: se uma das partes, por exemplo, atuou reiteradamente de má-fé e violou pactos anteriores, tende a ser essencial a existência de uma decisão impositiva da autoridade estatal – inclusive com cominação de multa – para superar o descumprimento.

Revela-se crucial que os meios consensuais sejam usados de modo adequado na administração da controvérsia – sob pena de passarem a ser vistos como geradores de uma fase despicienda e prejudicial à duração razoável do processo.

Esta última garantia, aliás, vem sendo alvo de preocupação não só da doutrina e dos jurisdicionados, mas também de quem atua no plano normativo: além de ter sido objeto de emenda para constar expressamente na Constituição Federal, o legislador processual manifestou preocupação quanto à duração razoável do processo ao regrar os meios consensuais em juízo.

O CPC prevê que, uma vez iniciada a tentativa de autocomposição, outras sessões poderão acontecer, mas em princípio o tempo total do procedimento, a partir da primeira sessão, não pode exceder dois meses (na dicção do Código) ou sessenta dias (segundo a Lei de Mediação)[73].

A Lei de Mediação traz em tal regra a salutar previsão de que esse prazo possa ser prorrogado apenas mediante concordância de ambas as partes[74]. Essa premissa (de considerar o comum acordo) deve ser aplicada por contemplar o princípio da autonomia da vontade; sua redação é mais elaborada que a do CPC[75], que prevê a prorrogação do prazo caso seja necessário para a composição das partes omitindo-se sobre quem decide a respeito. A decisão comum das partes é essencial para que adicionais sessões sejam designadas.

3.2.1.3 Instância administrativa, depósito e outros condicionamentos

Como regra não há, no vigente ordenamento brasileiro, como exigir o prévio esgotamento de instâncias administrativas para que alguém possa acessar o Poder Judiciário.

Nosso atual panorama constitucional diverge do sistema anterior: a Constituição Federal de 1969 previa a criação de contenciosos administrativos para a apreciação de conflitos

---

[73] CPC, art. 334, § 2.º; Lei n. 13.140/2015, art. 28.

[74] Lei n. 13.140/2015, art. 28: "O procedimento de mediação judicial deverá ser concluído em até sessenta dias, contados da primeira sessão, salvo quando as partes, de comum acordo, requererem sua prorrogação".

[75] CPC, art. 334, § 2.º: "Poderá haver mais de uma sessão destinada à conciliação e à mediação, não podendo exceder a 2 (dois) meses da data de realização da primeira sessão, desde que necessárias à composição das partes".

trabalhistas de interesse da União e de entidades públicas federais, bem como de questões fiscais e previdenciárias nas esferas estadual e federal; mesmo em tais casos, contudo, era feita ressalva à incidência do controle jurisdicional[76].

Posteriormente a Constituição de 1969 foi alterada em seu art. 153, § 4.º; a partir da redação dada pela Emenda Constitucional 7/77, passou a constar autorização para que a lei infraconstitucional previsse a exigência do esgotamento da via administrativa a fim de que se pudesse ajuizar a ação. Ressalta Nelson Nery Junior que a previsão funcionava como verdadeira *condição de procedibilidade* da ação civil, que, se não atendida, ensejava a extinção do processo sem apreciação do mérito por falta de interesse processual; como a atual Constituição deixou de repetir tal ressalva, não mais se admite entre nós a denominada *"jurisdição condicionada* ou *instância administrativa de curso forçado"*[77].

Sob certa perspectiva, a distribuição de justiça, além de monopolizada pelo Poder Judiciário, é caracterizada pela unidade da jurisdição, não dividindo espaço com o contencioso administrativo[78].

O Tribunal de Justiça do Distrito Federal, em demanda que discutia direito de segurado, assim se manifestou:

> 1. Não há que se falar na ausência de interesse de agir em face da falta de pedido prévio administrativo. 1.2. Cabível ao segurado postular seu direito via ação judicial, sem que haja o pedido administrativo, com observância ao princípio constitucional da inafastabilidade da jurisdição com fulcro no art. 5.º, incisos XXXIV, alínea *a*, e XXXV[79].

Assim, embora haja diversos órgãos aptos a apreciar certas pretensões no âmbito administrativo, não o fazem como exercício de atividade jurisdicional. Aplica-se a expressão "contencioso administrativo" para se referir aos "Tribunais", Conselhos e eventuais outros órgãos que exerçam função decisória na esfera administrativa, sem, todavia, serem tais decisões dotadas de eficácia de coisa julgada material[80].

O controle jurisdicional, ao lado do princípio da legalidade, constitui pilar essencial do Estado de Direito; o art. 5.º, XXXV, de nossa Lei Maior é o fundamento da jurisdição una por não permitir atuação vinculativa de órgãos do contencioso administrativo[81].

---

[76] CARNEIRO, Athos Gusmão. *Jurisdição e competência*, cit., p. 68.

[77] NERY JUNIOR, Nelson. Princípios do processo na Constituição Federal, cit., p. 220-221.

[78] MANCUSO, Rodolfo de Camargo. *O plano piloto de conciliação em segundo grau de jurisdição, do Egrégio Tribunal de Justiça de São Paulo, e sua possível aplicação aos feitos de interesse da Fazenda Pública*, cit., p. 13.

[79] Eis outro trecho interessante da ementa da decisão: Apelação cível. Indenização por morte. DPVAT. Preliminar de falta de interesse de agir. Afastada. [...] 2.1. Além do mais, a resistência da parte requerida quanto ao pleito autoral é evidente, seja em virtude da ausência de composição por ocasião da audiência de conciliação, seja em razão da tese defensiva deduzida em contestação (TJDF, 7.ª Turma Cível, Proc 0001.95.8.692016-8070008, Ac. 107.3414, Rel. Des. Gislene Pinheiro, j. 07.02.2018, *DJDFTE* 27.02.2018).

[80] CARNEIRO, Athos Gusmão. *Jurisdição e competência*, cit., p. 68.

[81] DI PIETRO, Maria Sylvia Zanella. *Direito administrativo*. São Paulo: Atlas, 2006, p. 711.

A atual Constituição afastou a jurisdição condicionada (instância administrativa de curso forçado), sendo a única exceção ao princípio do livre acesso verificada no tocante à justiça desportiva (Constituição Federal, art. 217, §§ 1.º[82] e 2.º[83]).

Destaque-se ainda que, em paralelo ao direito de ação, deve ser reconhecido o direito de defesa do demandado. Assim, também se revela violadora do preceito constitucional da inafastabilidade a exigência de prévio depósito para dar seguimento a recurso na esfera administrativa – mormente quando a parte não tem condições de efetuar tal pagamento. Tal conclusão, que fora mencionada por J. J. Gomes Canotilho como precedente do Tribunal Constitucional de Portugal[84], foi igualmente considerada nesses termos entre nossos juristas; afinal, ampla defesa e devido processo legal são inseparáveis, de modo que vulnerar uma das garantias fere de morte a outra[85].

É de considerar, porém, que se devem demonstrar a necessidade e a utilidade de invocar a tutela jurisdicional, visto que, sem o interesse de agir, o mérito do pedido deixará de ser apreciado[86].

Em certas circunstâncias, a lei prevê ser necessária a presença de certos requisitos (como, por exemplo, notificação prévia e prestação de caução) para que o prejudicado possa recorrer ao Poder Judiciário; a exigência de tais elementos, porém, não pode dificultar excessivamente a propositura da ação, sob pena de ser reputada inconstitucional[87].

Ao tratar da previsão constitucional de inafastabilidade da jurisdição, aponta Carlos Alberto Carmona:

> Os condicionamentos que historicamente formaram verdadeiro bloqueio à garantia de acesso imediato ao Poder Judiciário (exigência de negociação prévia e esgotamento de trâmites administrativos) foram paulatinamente tratados pelas mais diversas cortes do país em momentos históricos diferentes. De um ou outro modo, tais limitações foram afastadas e destruídas, já que efetivamente estorvavam a plenitude do controle judicial de alegadas lesões a direitos individuais ou coletivos. Afinal, o retardamento da tutela jurisdicional não deixa de ser uma forma de negação de justiça, que exclui (ainda que

---

[82] "O Poder Judiciário só admitirá ações relativas à disciplina e às competições desportivas após esgotarem--se as instâncias da justiça desportiva, regulada em lei".

[83] MORAES, Alexandre de. *Direito constitucional*. 30. ed. São Paulo: Atlas, 2014, p. 87.

[84] CANOTILHO, J. J. Gomes. *Direito constitucional*. Coimbra: Almedina, 1993, p. 655.

[85] A afirmação é de Eduardo Botallo e Roque Antonio Carraza (O depósito como requisito para encaminhamento de recursos à segunda instância administrativa e suas injuricidades. *IOB – Repertório de Jurisprudência: Tributário, Constitucional e Administrativo*, n. 2, p. 71, São Paulo, jan. 1999).

[86] Segundo Aluísio Gonçalves de Castro Mendes, o disposto nos arts. 217, §§ 1.º e 2.º, não representa "o puro e simples desaparecimento da necessidade de formulação de prévio requerimento junto à Administração Pública, na medida em que a pretensão administrativa precisa ser apreciada e negada para que se configure a lide, ou seja, o conflito caracterizado pela pretensão resistida. Do contrário, não haverá interesse de agir". O autor aponta então julgado do STF em que houve extinção da ação acidentária por falta de interesse de agir em virtude da falta de comunicação e requerimento prévio ao INSS (Breves considerações em torno da questão da inafastabilidade da prestação jurisdicional. In: MARINONI, Luiz Guilherme (coord.). *Estudos de Direito processual*. São Paulo: RT, 2005, p. 93).

[87] GRECO FILHO, Vicente. *Direito processual civil brasileiro*, v. 1, cit., p. 62.

provisoriamente) a apreciação pelas cortes do país de lesão de direito (ou de ameaça de tal lesão)[88].

Se um litigante não dispõe de numerário para arcar com o valor determinado como requisito para a concessão de uma eficiente prestação jurisdicional, ele pode apresentar sua manifestação e alcançar o pleito desejado mesmo sem despender o valor em questão?

Ainda no regime do CPC/73, diante da constatação da vulnerabilidade econômica do litigante, defendia-se que o juiz devia analisar com razoabilidade a exigência de depositar, caucionar e apresentar garantias, sob pena de destinar ao hipossuficiente uma prestação jurisdicional de inferior categoria[89].

Em uma perspectiva alinhada ao acesso à justiça e à isonomia quanto ao vulnerável processual, é crucial deixar de exigir o valor da caução e conceder a medida com base nos outros requisitos aptos à sua concessão[90].

O CPC vigente, sensível a tal realidade, reconhece expressamente que a caução pode ser dispensada se a parte economicamente hipossuficiente não puder oferecê-la; a regra do art. 300, § 1.º, ao trazer tal importante previsão, serve também como inspiração para outras situações processuais.

Ao analisar as regras sobre inventário e partilha percebe-se no CPC uma considerável preocupação do legislador com o recolhimento de tributos[91]. Não havendo pagamento de impostos, impede-se a partilha e o procedimento resta imobilizado[92].

Na prática, muitos inventários acabam não sendo finalizados pela limitação de recursos dos herdeiros, o que gera uma situação pouco interessante para todos os envolvidos, já que os bens – embora sofram o fenômeno da saisine[93] – na prática permanecem em nome do "morto", em prejuízo dos herdeiros e de eventuais credores.

Na perspectiva dos jurisdicionados, vincular a prolação de decisão final ao pagamento de tributos configura uma limitação indevida de acesso à justiça, já que este não atingirá seus objetivos por força da precariedade econômica dos titulares do direito material[94].

No que tange aos credores – incluída a Fazenda – a inconveniente situação também se configura, já que será preciso demandar a pessoa falecida para cobrar tributos considerando que o dono do bem ainda consta sendo o de cujus.

---

[88] CARMONA, Carlos Alberto. Art. 5º, XXXV. *Constituição Federal comentada*. Rio de Janeiro: Forense, 2018. Edição eletrônica.

[89] TARTUCE, Fernanda. *Igualdade e vulnerabilidade no processo civil*, cit., p. 327.

[90] TARTUCE, Fernanda. Igualdade e vulnerabilidade no processo civil, cit., p. 329.

[91] "Apenas depois do pagamento do imposto de transmissão causa mortis e da juntada aos autos da certidão ou informação negativa de dívida para com a Fazenda Pública é que o juiz julgará a partilha por sentença" (TARTUCE, Fernanda. Processo civil: estudo didático. São Paulo: Método, 2011, p. 270).

[92] ARRUDA ALVIM; ASSIS, Araken de; ARRUDA ALVIM, Eduardo. *Comentários ao Código de Processo Civil*. São Paulo: GZ, 2012, p. 1490.

[93] CC, art. 1.784: "Aberta a sucessão, a herança transmite-se, desde logo, aos herdeiros legítimos e testamentários".

[94] MAZZEI, Rodrigo Reis; TARTUCE, Fernanda. Inventário e Partilha no Projeto de Novo CPC: Pontos de Destaque na Relação entre os Direitos Material e Processual. Disponível em www.fernandatartuce.com.br/artigosdaprofessora. Acesso em: 7 maio 2015.

Tal situação certamente não se coaduna com o ordenamento jurídico brasileiro: tanto no plano constitucional como no plano legal busca-se prover às pessoas carentes amplo acesso a diferenciados meios para regularizar suas situações jurídicas[95].

No CPC há previsão que se revela parcialmente sensível ao afastamento da nefasta situação[96]. Contudo, ao ainda revelar preocupação com a garantia do pagamento, o legislador revela condicionar a resposta processual final à Fazenda de um modo servil e injustificável[97].

Nada justifica deixar o bem em nome do morto e causar graves prejuízos à eficiência do acesso à justiça, à segurança jurídica e à transparência nas relações jurídicas por uma pendência tributária cuja superação poderá ser buscada pela Fazenda posteriormente[98].

É forçoso considerar que os litigantes hipossuficientes poderão deixar de conseguir a almejada partilha por falta de condições econômicas. Viola a isonomia considerar que, por não terem garantias patrimoniais, os litigantes marcados pela pobreza deixem de ter efetivo acesso à justiça.

Por essas razões, propus verbete que redundou no Enunciado 71[99] do Fórum Permanente de Processualistas Civis: "poderá ser dispensada a garantia mencionada no parágrafo único do art. 654, para efeito de julgamento da partilha, se a parte hipossuficiente não puder oferecê-la, aplicando-se por analogia o disposto no art. 300, § 1º".

Da mesma forma que o ordenamento prevê facilitações para quem pode apresentar em juízo valores significativos, ele cria óbices ilegítimos a quem, a despeito da pobreza, possa ter razão no plano do direito material; é, pois, de suma importância que o juiz coteje a impossibilidade financeira e considere outros elementos para decidir[100].

Sobre o tema da restrição no acesso à justiça, merecem destaque ainda significativas decisões judiciais.

A Medida Provisória 375/1993, sob o argumento de regular a concessão de inominadas e medidas liminares em certas demandas (mandado de segurança e ação civil pública), criou vedações e exigências consideráveis à concessão de tais provimentos. O Conselho Federal da Ordem dos Advogados do Brasil promoveu ação direta de inconstitucionalidade[101] com pedido de medida liminar para suspender a eficácia dos dispositivos de tal ato normativo, que representariam óbices ao acesso à jurisdição, em clara afronta à garantia de acesso ao Poder Judiciário e ao princípio da separação dos poderes (pela conduta limitativa empreendida pelo Poder Executivo).

---

[95]   MAZZEI, Rodrigo Reis; TARTUCE, Fernanda. Inventário e Partilha no Projeto de Novo CPC: Pontos de Destaque na Relação entre os Direitos Material e Processual, cit.

[96]   Art. 654: "Pago o imposto de transmissão a título de morte e juntada aos autos certidão ou informação negativa de dívida para com a Fazenda Pública, o juiz julgará por sentença a partilha. Parágrafo único. A existência de dívida para com a Fazenda Pública não impedirá o julgamento da partilha, desde que o seu pagamento esteja devidamente garantido".

[97]   Afinal, dúvida não há que a Fazenda tem plenas condições de executar o valor devido por meio do eficiente sistema executivo de que é titular. Como terá ciência do processo de inventário, o que a impedirá de executar o herdeiro que porventura deixou de pagar os tributos sucessórios?

[98]   MAZZEI, Rodrigo Reis; TARTUCE, Fernanda. Inventário e Partilha no Projeto de Novo CPC: Pontos de Destaque na Relação entre os Direitos Material e Processual, cit.

[99]   Tal enunciado guarda referência com o teor dos arts. 300, § 1.º, e 654 do CPC/2015.

[100]   TARTUCE, Fernanda. *Igualdade e vulnerabilidade no processo civil*. Rio de Janeiro: Forense, 2012, p. 327.

[101]   ADIn 975-3/DF.

Ao apreciar o pedido, o Tribunal Pleno do STF, em 09.12.1993, reconheceu a vulneração dos princípios constitucionais da separação de poderes e do direito de ação e concedeu liminar para suspender diversos dispositivos. O argumento essencial da decisão foi que o acesso à jurisdição significaria a possibilidade irrestrita de invocação da tutela jurisdicional, não sendo aceito obstáculo para a sua obtenção.

A conclusão é irretocável: o comando de que ao legislador não cabe limitar a apreciação de lesão ou ameaça de lesão pelo Poder Judiciário deve ser plenamente observado.

Diversas outras decisões judiciais reconhecem como indevida a tentativa de submeter a parte à exigência de esgotar a via administrativa antes de acessar o Poder Judiciário na defesa de seus interesses.

Todavia, essa visão jurisprudencial pode se alterar: em recente acórdão, o Supremo Tribunal Federal decidiu, na sistemática da repercussão geral, pela constitucionalidade, em cotejo com o art. 5.º, XXXV, da Constituição Federal, da exigência de requerimento prévio perante o INSS para que alguém possa pleitear em juízo o benefício previdenciário pretendido, entendendo não haver interesse de agir antes de analisado e indeferido o benefício pela instância administrativa (ou se excedido o prazo legal da análise)[102].

O acórdão foi cuidadoso no sentido de prever temperamentos para não tornar a condicionante do requerimento prévio algo desproporcionalmente gravoso para o segurado: (i) este tem interesse de agir quando há excesso de prazo por parte do INSS na apreciação do requerimento; (ii) a exigência de prévio requerimento não se confunde com o exaurimento das vias administrativas; (iii) a exigência não deve prevalecer quando o entendimento da Administração for notório e reiteradamente contrário à pretensão do segurado; (iv) há interesse de agir na hipótese de revisão, restabelecimento ou manutenção de benefício anteriormente concedido, salvo se depender da análise de matéria de fato ainda não levada ao conhecimento da Administração, uma vez que, nesses casos, a conduta do INSS já configura o não acolhimento, ao menos tácito, da pretensão.

Como bem pondera Susana Henriques da Costa, embora seja fácil reconhecer racionalidade na decisão (já que, tecnicamente, sem a resistência do INSS não haveria interesse de agir), "não há como desvincular a mudança de entendimento da Corte da crise de gestão processual que vive o Poder Judiciário":

> O novo entendimento descortina a dimensão política e eventualmente econômica (efetividade) inerente às técnicas processuais de filtragem de demandas, como a do interesse de agir. Essa dimensão pode ser extremamente positiva, evitando o desperdício de atividade jurisdicional, mas também altamente negativa, se implicar, pelas circunstâncias do caso concreto, restrição ilegítima de acesso à justiça[103].

A autora ainda questiona: (i) em um país de dimensões continentais como o Brasil, marcado por imensos óbices de informação e custo à população – em especial a que demanda benefícios previdenciários –, a criação de um obstáculo administrativo extra não represen-

---

[102] RE n. 631240-MG, Tribunal Pleno, Rel. Min. Roberto Barroso, j. 03.09.2014.

[103] COSTA, Susana Henriques da. Comentário ao artigo 17. *Comentários ao CPC/2015*. São Paulo: Saraiva, no prelo. Disponível em https://edisciplinas.usp.br/pluginfile.php/2571015/mod_resource/content/1/Coment%C3%A1rios-Saraiva-Susana%20Henriques%20da%20Costa%20-%20arts.%2017%20a%2019. pdf. Acesso em: 24 jan. 2020.

tará a negação prática da fruição ao direito?[104]; (ii) o posicionamento da Corte será revisto também nas execuções fiscais para exigir cobrança amigável em tais feitos (em que o Poder Público é autor)?

As questões são importantes e as respostas merecem monitoramento Como bem conclui a autora, somente a análise casuística permitirá concluir qual será o resultado prevalecente; no mais, "gestão processual não deve significar vantagem ao grande litigante"[105].

3.3 MEIO PRIMÁRIO DE COMPOSIÇÃO DE CONFLITOS: ATUAÇÃO DAS PARTES OU VIA JURISDICIONAL?

A partir da noção de acesso à justiça como *acesso à ordem jurídica justa* (para obtenção de justiça substancial), é essencial estabelecer o papel do Poder Judiciário na definição das situações jurídicas controvertidas e/ou ainda não estabilizadas juridicamente (por lhes faltar verificação estatal a conferir-lhe plena eficácia jurídica, como ocorre em casos de passagem judicial obrigatória, v.g. divórcios de casais com filhos incapazes).

A primeira possibilidade de composição de conflitos está na observância das normas pertinentes pelos próprios sujeitos da relação jurídica. De ordinário, aliás, é assim que se resolvem os impasses: a composição normal dos conflitos ocorre como resultado da submissão geral e espontânea dos interesses à ordem jurídica[106].

O Direito pode se realizar pela ética (impulso interno que conduz o indivíduo a reconhecer e a respeitar os direitos alheios), por meios consensuais ou pela solução jurisdicional de mérito; quando se preconizou no Direito romano a máxima de que "o Direito é a arte de atribuir a cada um o que é seu", o intuito não foi indicar que apenas ao Estado competia, exclusivamente, dar a cada um o que era devido[107].

Quando se instala a controvérsia, a aplicação do Direito não é uma competência exclusiva de um grupo humano ou de um setor da sociedade, mas corresponde a uma atribuição que cabe, diariamente, a todas as pessoas[108].

O cumprimento espontâneo das normas é desejado e estimulado pelo ordenamento jurídico, que para isso disponibiliza uma série de órgãos e operadores para auxiliar a promover a realização do que é devido. Se não ocorrer o cumprimento espontâneo dos direitos reconhecidos na lei, o sistema jurídico deverá operar, fornecendo mecanismos aptos a compor a controvérsia e a restaurar o equilíbrio social[109].

---

[104] "Afinal, por tal motivo o próprio STF tratou a exigência de prévio requerimento administrativo como violadora do acesso à justiça" (COSTA, Susana Henriques da. Comentário ao artigo 17, cit.).

[105] COSTA, Susana Henriques da. Comentário ao artigo 17. Comentários ao CPC/2015. São Paulo: Saraiva, no prelo. Disponível em https://edisciplinas.usp.br/pluginfile.php/2571015/mod_resource/content/1/Coment%C3%A1rios-Saraiva-Susana%20Henriques%20da%20Costa%20-%20arts.%2017%20a%2019.pdf. Acesso em: 19 jun. 2017.

[106] AMARAL SANTOS, Moacyr. *Primeiras linhas de Direito processual civil*, v. 1, cit., p. 8-9.

[107] MORI, Celso Cintra; TRALDI, Maurício; PEREIRA, Fernanda Chuster. A valorização da conciliação como instrumento de pacificação de conflitos. Disponível em: https://www.migalhas.com.br/depeso/12643/a--valorizacao-da-conciliacao-como-instrumento-de-pacificacao-de-conflitos. Acesso em: 24 jan. 2020.

[108] GRAJALES, Luis Octavio Vado. *Medios alternativos de resolución de conflictos*.

[109] "Cuando el Derecho subjetivo funciona normalmente, las distintas situaciones del acreedor y del deudor hallan satisfacción: el deudor cumple la obligación y libera su patrimonio de esa carga que lo gravaba; el acreedor ve satisfecho su derecho y transforma en bien jurídico lo que era un expectativa legítima. La

Cap. 3 · ACESSO AO PODER JUDICIÁRIO E INAFASTABILIDADE DA JURISDIÇÃO ESTATAL | **123**

Como apontado, há diversas possibilidades que incluem a autotutela permitida pela lei, a autocomposição (negociada diretamente ou facilitada por um terceiro imparcial) e a solução imposta por terceiros (árbitros ou juízes).

Certos atos, apesar de não oriundos de uma autoridade judiciária, podem conduzir ao mesmo resultado que seria obtido com a intervenção estatal jurisdicional; tais atos eram denominados tradicionalmente "substitutivos da jurisdição" ou "equivalentes jurisdicionais"[110].

A noção de equivalentes jurisdicionais foi desenvolvida por Francesco Carnelutti: certos atos, embora não determinados pelo interesse estatal de composição de conflitos, contam com o reconhecimento de, sobre certas condições, serem dotados de idoneidade para alcançar o mesmo escopo ao qual tende a jurisdição[111].

Ao longo do tempo, a atividade substitutiva da jurisdição foi sendo considerada o meio prioritário para realizar os comandos violados.

A pertinência da atuação jurisdicional é evidenciada em algumas hipóteses; considera-se, por exemplo, ser tarefa do magistrado a "conferência de significado aos valores públicos" por meio do processo da adjudicação[112].

Fora dos casos em que um magistrado precisa necessariamente atuar, vem-se preconizando o estímulo à realização do Direito diretamente pelas partes.

A propósito, afirma Rodolfo Mancuso que a ubiquidade da justiça constitui uma válvula de segurança do sistema, de forma que a intervenção judicial opere como um *posterius* e não como um *prius*[113].

Também destaca Cândido Dinamarco que, quanto às pretensões que podem ser diretamente realizadas pelas partes, a jurisdição apresenta um caráter secundário; afinal, quanto a estas,

> [...] o primeiro instrumento preordenado à sua satisfação é o próprio sistema de deveres e obrigações, que deve motivar o obrigado, levando-o a satisfazer. Não satisfazendo, eis o conflito. No tocante às pretensões que só por via processual podem ser atendidas (certos direitos indisponíveis, pretensões penais), a jurisdição tem caráter *primário e não secundário*[114].

Assim, ao lado das situações em que o interessado resiste em emprestar sua vontade para que o efeito se produza, há hipóteses em que, por força de lei, ainda que haja disposição favo-

---

circulación de los bienes entre obligados y acreedores se produce dentro del orden regular del derecho. Pero si el obligado no cumple, la acción tiende a asegurar los bienes que son la expectativa del acreedor, por todos los otros medios de que dispone el Estado. Éstos medios son, normalmente, la ejecución forzada o el cumplimiento por un tercero (a cargo del deudor) de las obligaciones a que estaba sujeto el deudor" (COUTURE, Eduardo J. *Fundamentos del Derecho procesal civil*. Córdoba/Buenos Aires: Aniceto Lopez, 1942, p. 21).

[110] CARNEIRO, Athos Gusmão. *Jurisdição e competência*, cit., p. 78.

[111] CARNELUTTI, Francesco. *Sistema di Diritto processuale civile*, cit., p. 154.

[112] FISS, Owen. *Um novo processo civil: estudos norte-americanos sobre jurisdição, constituição e sociedade*. Trad. Carlos Alberto de Salles. São Paulo: RT, 2004, p. 44.

[113] MANCUSO, Rodolfo de Camargo. O plano piloto de conciliação em segundo grau de jurisdição, do Egrégio Tribunal de Justiça de São Paulo, e sua possível aplicação aos feitos de interesse da Fazenda Pública, cit., p. 14.

[114] DINAMARCO, Cândido Rangel. *Instituições de Direito processual civil*, v. 1, p. 209-10.

rável dos interessados, o efeito pretendido só poderá ser obtido por sentença; isso se verifica na decretação da invalidade de ato jurídico, na rescisão de sentença, na declaração de inconstitucionalidade de lei e na homologação de sentença estrangeira, dentre outras hipóteses[115].

É no âmbito de tais ações "necessárias" que se revela imprescindível a definição da situação pelo Poder Judiciário.

3.3.1 Monopólio da jurisdição pelas Cortes de Justiça

Para José Ignácio Botelho de Mesquita, a jurisdição constitui a "atividade produtora de efeitos de fato e de direito, que o Estado exerce a favor dos destinatários da norma, em cumprimento a um dever legal para com eles, nascido do impedimento legal em que se encontram de produzir os mesmos efeitos por seus próprios meios"[116]. Nesse contexto, o processo constitui o "método obrigatório previsto pela Constituição para proteger e realizar os direitos ameaçados ou violados, sendo esta sua verdadeira natureza instrumental"[117].

Ao exercerem a função jurisdicional, os magistrados encontram-se submetidos à lei, constituindo sua independência e sua imparcialidade garantias essenciais ao jurisdicionado. Segundo José Alfredo de Oliveira Baracho, tais garantias ensejam a "necessidade da existência de uma jurisdição em que o poder estatal seja exercido exclusiva e excludentemente por tribunais independentes prévia e legalmente estabelecidos, funcionalmente desenvolvidos de modo imparcial no processo, dirigidos à satisfação irrevogável de interesses jurídicos socialmente relevantes"; dado o monopólio estatal da jurisdição, o Estado é obrigado a colocar à disposição dos cidadãos órgãos específicos e direitos a que todos devem se submeter[118].

A ideia de monopólio estatal na distribuição e realização da justiça, todavia, não vem se confirmando enquanto pauta exclusiva. Sob a perspectiva sociológica, o Estado contemporâneo não detém o monopólio da distribuição e produção do Direito. Embora o Direito estatal pareça despontar como o modo de juridicidade dominante, não há como negar sua coexistência com outros modos de juridicidade; há outros direitos que com ele se articulam, sendo inerente à vida em sociedade a existência de articulação e inter-relação entre os diversos modos de produção do direito[119].

Tal assertiva também se confirma sob o ângulo da evolução das normas e das instituições; no ponto, afirma Antonio Álvares da Silva que

> [...] o monopólio da aplicação das leis pelo Estado nunca foi uma verdade histórica como alguns querem afirmar. Ao contrário, se colocar o tempo como fator decisivo, a tarefa esteve por mais tempo nas mãos do *arbiter* do que nas mãos do *iudex*. Trata-se, portanto, de um princípio de administração do Estado, que, como muitos outros, não é absoluto ou definitivo. Sua aplicação se guia, como a dos demais, pelos critérios de

---

[115] BOTELHO DE MESQUITA, José Ignácio. *As novas tendências do Direito processual*, cit., p. 49.

[116] BOTELHO DE MESQUITA, José Ignácio. *Da ação civil*. São Paulo: RT, 1973, p. 62.

[117] BOTELHO DE MESQUITA, José Ignácio. *As novas tendências do direito processual*: uma contribuição para o seu reexame, cit., p. 65.

[118] BARACHO, José Alfredo de Oliveira. *Teoria geral da cidadania*, cit., p. 13.

[119] A constatação é de Boaventura de Sousa Santos, que designa como "formação jurídica" o "conjunto de articulações e inter-relações entre os vários modos de produção do Direito" (Introdução à sociologia da administração da justiça. *Revista de Processo*, ano X, n. 37, p. 131, São Paulo, jan.-mar. 1985).

conveniência e oportunidade do momento histórico que ilustra pela própria evolução do problema no Direito romano[120].

Aponta Cândido Rangel Dinamarco que a contemplação da jurisdição como objeto de hermético *monopólio estatal* decorre de dois principais fatores: a sólida herança cultural transmitida pelos cientistas do Direito e "a prática diuturna dos problemas da Justiça institucionalizada e exercida pelo Estado com exclusividade mediante julgamentos e constrições sobre pessoas e bens"; todavia, "a exagerada valorização da tutela jurisdicional estatal, a ponto de afastar ou menosprezar o valor de outros meios de pacificar, constitui um desvio de perspectiva a ser evitado"[121].

Revela-se importante considerar o cenário de possibilidades com mente aberta; tal postura demanda flexibilização considerável sobre a compreensão do papel e da extensão da função estatal.

Contrariamente a tal diretriz ampliativa, José Ignácio Botelho de Mesquita sustenta

> [...] que a atividade jurisdicional do Estado, enquanto produtora de efeitos de direito ou de fato, realiza-se mediante sentença que crie, modifique ou extinga estados ou relações jurídicas de Direito material ou processual (produção de efeitos de direito); ou com atos estatais incidentes sobre bens ou pessoas (produção de efeitos de fato)[122].

Para Owen Fiss, dar significado aos valores públicos (e não a pura e simples resolução de controvérsias) é a verdadeira razão de ser da atuação estatal; quando os conflitos, porém, versarem questões puramente privadas (atinentes a interesses e comportamentos das partes imediatas da lide), parece adequada a utilização da arbitragem, já que utilizar as Cortes de Justiça para tal mister implicaria "uso extravagante de recursos públicos"[123].

Afigura-se interessante tal posicionamento, especialmente considerando-se que o autor é um dos maiores críticos norte-americanos da proliferação dos meios de solução "alternativa" em prejuízo da atuação estatal jurisdicional; sua visão não é generalista, mas avalia os interesses em litígio para considerar a via adequada à sua abordagem.

Percebe-se, assim, a necessidade de uma nova mentalidade. Ao se defrontar com uma controvérsia, devem o jurisdicionado, o gestor do sistema de justiça e o operador do Direito considerar, em termos amplos, qual é a melhor forma de tratá-lo, cotejando não apenas as medidas judiciais cabíveis, mas também outros meios disponíveis para abordar a controvérsia, especialmente diante da possibilidade de superar resistências e obter algum tipo de consenso entre os envolvidos no conflito (ainda que sobre parte da controvérsia).

Merece destaque ainda outra incisiva consideração de José Ignácio Botelho de Mesquita: o modelo de solução de conflitos delineado na Lei Maior configura a jurisdição contenciosa e, tendo esta sido eleita pelo constituinte, revela-se inconstitucional toda lei que, direta ou indiretamente, tenda a "abolir a jurisdição contenciosa, fazendo-a absorver-se pela jurisdição

---

[120] ÁLVARES DA SILVA, Antonio. *A desjuridicização dos conflitos trabalhistas e o futuro da justiça do trabalho no Brasil*, cit., p. 261.

[121] DINAMARCO, Cândido Rangel. *Instituições de Direito processual civil*, p. 210.

[122] MORIMOTO JUNIOR, Antonio. *Estudo sobre a autonomia da sentença mandamental*. Dissertação de Mestrado em Direito Processual (orientação de José Ignácio Botelho de Mesquita). São Paulo: Faculdade de Direito da Universidade de São Paulo, 2003, p. 20.

[123] FISS, Owen. *Um novo processo civil*, cit., p. 64-66, *passim*.

126 | MEDIAÇÃO NOS CONFLITOS CIVIS – *Fernanda Tartuce*

voluntária"; tal absorção, segundo o autor, "sempre esteve vinculada a ideologias totalitárias e constitui uma das características mais relevantes dos Estados não democráticos, ainda quando de democráticos se autodenominem"[124].

Apesar de compreensível tal assertiva, ela merece ser repensada: o desenho constitucional da abordagem das controvérsias abrange múltiplos aspectos. Além de haver regras sobre Tribunais e normas sobre o devido processo legal, há vários dispositivos focados no tema da paz e da distribuição de justiça.

Nenhum texto constitucional brasileiro como o de 1988 valorizou tanto a justiça como conjunto de instituições voltadas para a realização da paz social[125].

A existência de peculiares órgãos e diversas instâncias jurisdicionais, com múltiplas funções, também foi contemplada na Constituição Federal, que procura disponibilizar uma gama considerável de meios para favorecer a paz social.

3.3.2 Releitura da garantia de inafastabilidade da tutela jurisdicional: via jurisdicional como modalidade residual?

Configurada a inter-relação entre a inafastabilidade de apreciação de lesão e a garantia de acesso à justiça, bem como a existência de múltiplas vias de distribuição de justiça, há quem proponha uma releitura da extensão da previsão constitucional de indeclinabilidade da via judicial, a partir da reconsideração da atuação do Estado como Poder Judiciário.

Ao mencionar a garantia da inafastabilidade jurisdicional, aponta Carlos Alberto de Salles ser inviável atribuir-lhe uma interpretação literal, sendo "necessário dar-lhe a amplitude adequada e consentânea àqueles mecanismos que, longe de limitá-la e excluí-la, servem como medidas para sua complementação, permitindo soluções mais rápidas e adequadas"[126].

O momento atual demonstra a necessidade de repensar a administração da justiça de modo a aprimorar o modelo existente propondo novas modalidades de respostas para tratar de forma eficaz os conflitos que se multiplicam cotidianamente. Ao ponto, aponta Fátima Baracho Macarauon que

> [...] sob a perspectiva de que a sociedade contemporânea não pode suportar um sistema administrativo sobrecarregado e desorganizado e que o próprio Estado é incapaz de acompanhar as mudanças e progressos gerados por esta sociedade, surge a ideia do chamado "Estado Subsidiário", fundamentado no princípio de que a atuação centralizadora e totalitária do Estado pode destruir sua estrutura social, política e econômica[127].

---

[124] BOTELHO DE MESQUITA, José Ignácio. *As novas tendências do Direito processual*: uma contribuição para o seu reexame, cit., p. 65.

[125] TEIXEIRA, Sálvio de Figueiredo. O aprimoramento do processo civil como garantia da cidadania. In: TEIXEIRA, Sálvio de Figueiredo (coord.). *As garantias do cidadão na justiça*. São Paulo: Saraiva, 1993, p. 80.

[126] SALLES, Carlos Alberto de. *Mecanismos alternativos de solução de controvérsias e acesso à justiça*, cit., p. 784.

[127] Alerta a autora que não devemos "confundir o Estado subsidiário com o Estado mínimo. O primeiro traz uma noção de complemento, ou seja, de subsídio para a Administração Pública. O segundo visa retirar do Estado o máximo possível de suas funções reguladoras, com o falso objetivo de fazê-lo funcionar melhor" (Macarauon, Fátima Aurélia Barbosa Baracho. A organização do Estado e a reforma administrativa no Direito constitucional. Disponível em: http://www.ufmg.br/prpg/dow_anais/cien_soc_aplic/direito_3/fabbmac_por1.doc. Acesso em: 15 jan. 2015).

Cap. 3 · ACESSO AO PODER JUDICIÁRIO E INAFASTABILIDADE DA JURISDIÇÃO ESTATAL | 127

Nesse contexto, preconiza-se o princípio da subsidiariedade, segundo o qual todo ordenamento deve proteger a autonomia da pessoa humana diante das estruturas sociais, não se devendo transferir a uma sociedade maior o que pode ser feito por uma sociedade menor[128]. Tal concepção enseja

> [...] o emprego dos princípios de justiça, de liberdade, de pluralismo e de distribuição de competências, através dos quais o Estado não deve assumir para si as atividades que a iniciativa privada pode desenvolver por ela própria, devendo auxiliá-la, estimulá-la e promovê-la[129].

Por força de tal diretriz, o Estado permite às associações intermediárias promover assuntos e atividades públicas relacionados ao fazer social concreto para que possam efetuar de maneira livre, duradoura e eficaz todas as atividades que são de suas competências exclusivas; fica o Estado com a atribuição de dirigir, vigiar e fiscalizar por via direta e própria as atividades relevantes[130].

Analisar a temática implica repensar o papel do Estado e suas funções no âmbito das relações sociais. Deve, então, ser formulada e enfrentada a seguinte questão: a administração da justiça precisa ser estatal? Sendo a resposta (total ou parcialmente) negativa, quando e onde poderá deixar de sê-lo? Qual o custo-benefício para o Estado de assumir a administração da justiça com exclusividade?

Como pondera Roberto Bacellar, a inafastabilidade do Poder Judiciário constitui garantia fundamental que não se confunde com o monopólio da atividade jurisdicional: este não pressupõe que todas as questões devam necessariamente ser decididas por Juiz de Direito; em realidade, "o processo perante o Poder Judiciário só deve aparecer na impossibilidade de autossuperação do conflito pelos interessados, que deverão ter à disposição um modelo consensual que propicie a resolução pacífica e não adversarial da lide"[131].

A atuação de grupos e cidadãos como protagonistas na composição de conflitos é conduta a ser estimulada pelo Estado. Nesse sentido, merece destaque a realização da justiça conciliatória, modalidade protagonizada pelos envolvidos na controvérsia.

Entender o acesso à justiça como sinônimo de acesso à jurisdição é uma posição que precisa ser revista. Considerar o Poder Judiciário a prioritária opção para obter a "solução" de conflitos traduz uma visão exacerbada de garantia de acesso ao Poder Judiciário que em nada contribui para a efetiva distribuição de justiça em um regime democrático, pluralista e participativo. Nesse sentido, pondera Rodolfo Mancuso que

> [...] a garantia de acesso à Justiça, em sua conotação substancial, não sinaliza no sentido de que o Poder Judiciário deva ser a *primeira porta* a que, direta e imediatamente, os contendores devam ter acesso, mas, ao contrário, quer assegurar uma sorte de *garantia*

---

[128] MONTEBELLO, Marianna Souza Soares. Princípio da subsidiariedade e a redefinição do papel do Estado no Brasil. *Revista CEJ*, n. 17, p. 120, Brasília, abr.-jun. 2002.

[129] MACARAUON, Fátima Aurélia Barbosa Baracho. *A organização do Estado e a reforma administrativa no Direito constitucional*, cit.

[130] GÓES, Gisele Santos Fernandes. A reparação do dano no Estado atual: proposta de mudança. Disponível em: http://www.ufpa.br/posdireito/caderno1/texto1_desen_3.html. 18/01/2006. Acesso em: 18 jan. 2006.

[131] BACELLAR, Roberto Portugal. *A mediação no contexto dos modelos consensuais de resolução de conflitos*, cit.

residual, para casos de urgência, ou quando falhem ou não sejam idôneos os demais meios de resolução de conflito (*homo* ou *heterocomposição*), assim os acordos, a renúncia de direitos, a intervenção dos órgãos colegiados como os de arbitragem, enfim, tudo o que hoje vai se chamando de equivalentes jurisdicionais[132].

O autor alerta ainda para que não se faça uma avaliação apressada ou atécnica da garantia constitucional, no sentido de adotar "a (falsa) impressão de que todo e qualquer histórico de lesão sofrida ou temida fica, necessariamente, sujeita à apreciação judicial, para tanto bastando uma simples provocação da parte ou do interessado"[133]. Arremata, então, que

> Essa *acessibilidade ampla, irrestrita e incondicionada* aos órgãos judiciais está a exigir uma releitura, se se pretende levar a bom termo o esforço para conter em *números administráveis* o formidável acervo de processos represados na Justiça. Do contrário, acabam assimilados os *direitos de ação e de petição*, quando se sabe que este último é o poder genérico e incondicionado de representação a qualquer autoridade constituída (CF, art. 5.º, XXXIV, *a*), ao passo que a ação, muito ao contrário, é o *direito subjetivo público, abstrato, autônomo e (muito) condicionado, de pleitear um dado provimento judicial num caso concreto*[134].

Embora o direito ao processo seja fundamental, ele não tem índole absoluta. O exercício dos direitos individuais deve ser pautado pela consideração do interesse social. Se este, por um lado, concebe como relevantes a segurança e a garantia de acesso do indivíduo ao Poder Judiciário, por outro lado, também busca impedir a litigiosidade frívola e emulativa; ademais, ainda que seja a litigiosidade legítima, se esta se revelar evitável, tende o sistema a desestimular seu exercício[135].

Percebe-se que a garantia de proteção judiciária implica ser possível acessar a jurisdição para definir situações controvertidas relevantes, sem que tal possibilidade impeça a adoção de outros meios de distribuição de justiça. Como afirmado, o acesso à justiça, no sentido de composição justa do litígio, difere do acesso ao Poder Judiciário (mecanismo jurisdicional heterocompositivo).

Ao tratar da garantia da via judiciária, José Augusto Delgado pondera que, dada sua amplitude, deve-se considerar a existência de "uma jurisdição comum competente para apreciar a demanda, sem prejuízo, porém, que outras jurisdições especiais sejam estabelecidas para o exercício dessa missão"[136].

Para Rodolfo Mancuso, ao Poder Judiciário deve caber a apreciação apenas das questões incompossíveis por outras vias e das que, por sua natureza, demandam obrigatória passagem judiciária, constituindo "ações necessárias"[137].

---

[132] *O plano piloto de conciliação em segundo grau de jurisdição, do Egrégio Tribunal de Justiça de São Paulo, e sua possível aplicação aos feitos de interesse da Fazenda Pública*, cit., p. 14.

[133] *Ibidem.*

[134] *Ibidem.*

[135] MORI, Celso Cintra; TRALDI, Maurício; PEREIRA, Fernanda Chuster. *A valorização da conciliação como instrumento de pacificação de conflitos*, cit.

[136] DELGADO, José *et al*. A supremacia dos princípios nas garantias processuais do cidadão. In: Teixeira, Sálvio de Figueiredo. *As garantias do cidadão na justiça*. São Paulo: Saraiva, 1993, p. 70.

[137] MANCUSO, Rodolfo de Camargo. *Jurisdição coletiva e coisa julgada*, cit., p. 268.

Cap. 3 • ACESSO AO PODER JUDICIÁRIO E INAFASTABILIDADE DA JURISDIÇÃO ESTATAL | **129**

Também não se revela possível valer-se unicamente da autocomposição no âmbito das ações ditas "necessárias"; como exemplo, o divórcio de casais que têm filhos incapazes precisa ser feito em juízo. Ainda que a passagem judicial seja obrigatória, havendo consenso haverá facilitação da resolução da situação mediante a propositura de divórcio consensual.

3.3.3 Exemplo de nova visão: improbidade administrativa

Um exemplo recorrente usado como referência sobre inadmissão de transação por força de disposição legal era o caso que envolvia improbidade: em virtude da legalidade estrita limitadora da atuação administrativa, um dispositivo inviabilizador da autocomposição foi inserido na versão original da Lei de Improbidade Administrativa (art. 17, § 1.º, da Lei n. 8.429/1992)[138].

A ideia era não admitir acordo que permitisse ao agente público corrupto se furtar às sanções legais e continuar exercendo a atividade administrativa; afinal, o direito a uma administração proba e lícita é um direito cívico que corresponde ao interesse público primário e tem índole indisponível[139].

A apreciação de alegação de improbidade deve atender ao princípio de reserva de jurisdição ou de reserva absoluta de competência dos Tribunais. Explica Mônica Sifuentes que tal princípio, segundo a Constituição portuguesa, implica a impossibilidade de a lei ordinária atribuir validamente competências jurisdicionais a órgãos que não os tribunais[140]. Relata, então, que, no Brasil, o Supremo Tribunal Federal apreciou a questão ao discutir a extensão e a natureza dos poderes das Comissões Parlamentares de Inquérito. Em tal oportunidade, delimitou certas matérias que deveriam sujeitar-se exclusivamente à apreciação judicial por força da cláusula de reserva de jurisdição: busca domiciliar, interceptação telefônica e decretação de prisão (fora da hipótese de flagrância); sobre tais temas, ao Poder Judiciário compete não só dizer a última, mas também a prerrogativa de dizer a primeira palavra com exclusão da apreciação de outros órgãos e autoridades estatais[141].

No que tange à improbidade administrativa, houve um movimento legislativo significativo: a previsão limitadora de transação em demandas que a discutiam deixou de constar no ordenamento brasileiro por certo período, voltou a viger e então foi novamente retirada do sistema.

A Medida Provisória n. 703/2015, que alterou alguns pontos da Lei n. 12.846/2013 (Lei Anticorrupção), revogou expressamente o (então vigente) art. 17, § 1.º, da Lei de Improbidade Administrativa, retirando do sistema o dispositivo que vedava a ocorrência de transações em demandas sobre a apuração de atos ímprobos.

A mudança foi considerada positiva por facilitar a aceleração da reparação de danos causados ao patrimônio público; contudo, afirmava-se a necessidade de haver melhor regulamentação da matéria especialmente para atos ímprobos não abrigados pela Lei

---

[138] Art. 17. § 1.º "É vedada a transação, acordo ou conciliação nas ações de que trata o *caput*".

[139] PAZZAGLINI FILHO, Marino; FAZZIO JÚNIOR, Waldo; ROSA, Márcio Fernando Elias. *Improbidade administrativa*: aspectos jurídicos da defesa do patrimônio público. 2. ed. São Paulo: Atlas, 1997, p. 162.

[140] SIFUENTES, Mônica. *Súmula vinculante*: um estudo sobre o poder normativo dos tribunais. São Paulo: Saraiva, 2005, p. 87.

[141] *Idem*, p. 88-90, *passim*. No STF, o mandado de segurança (MS) foi registrado sob o n. 23452/RJ.

Anticorrupção com a fixação de parâmetros tendentes a reduzir a discricionariedade dos seus operadores de modo a conferir maior segurança e objetividade nas negociações.[142]

A Medida Provisória 703/2015 teve o prazo de vigência encerrado em 29.05.2016; como não houve renovação de seu teor em outro ato normativo, a previsão limitadora de iniciativas consensuais em conflitos sobre improbidade voltou ao ordenamento jurídico.

Como destaquei na edição anterior deste livro, embora de curta duração a adoção do movimento legislativo de favorecer transações se coadunava com a contemporânea tendência de fomento à autocomposição, a revelar que possibilidades normativas em prol de posturas negociais tenderiam a voltar a ser prestigiadas adiante.

Pois isso realmente aconteceu: a Lei n. 13.964/2019 (conhecida como "pacote anticrime") alterou o citado art. 17 da Lei de Improbidade para nele inserir as seguintes regras: "as ações de que trata este artigo admitem a celebração de acordo de não persecução cível, nos termos desta Lei" (§ 1.º); "havendo a possibilidade de solução consensual, poderão as partes requerer ao juiz a interrupção do prazo para a contestação, por prazo não superior a 90 (noventa) dias" (§ 10-A).

Como se percebe, o ordenamento jurídico delineia de modo dinâmico o campo da necessária atuação estatal mediante a eleição expressa de certos temas especialmente caros ao Estado.

Fora, portanto, dos casos em que a apreciação jurisdicional estatal é eleita como essencial, há significativa liberdade para a adoção de diferentes meios de abordagem de controvérsias. Devem-se considerar, para tanto, as características cada mecanismo para definir o âmbito de sua aplicação.

Carlos Alberto de Salles destaca a necessidade de recolocar a inafastabilidade a partir de uma nova consideração teórica de modo que esta tenha a aptidão de responder à tendência atual de uso dos meios alternativos de composição de controvérsias; como bem expõe, isso se revela importante para possibilitar a assimilação, pelo sistema, de novos instrumentos de resolução de controvérsias. Tal postura não visa enfraquecer a garantia do direito de ação, mas sim "apontar caminhos para o seu correto entendimento em face dos desafios colocados por uma realidade de constante transformação da atividade jurisdicional do Estado brasileiro"[143].

Vale destacar que não há pretensão de substituir a via judiciária por outras instâncias de composição de conflitos; busca-se, em realidade, disponibilizar mecanismos adicionais para permitir a adoção de vias adequadas ao tratamento das controvérsias em relação de complementaridade com o mecanismo jurisdicional clássico.

3.4 ACESSO À JUSTIÇA POR MEIO DA TUTELA JURISDICIONAL ESTATAL: VANTAGENS E DESVANTAGENS

O uso da via judicial como forma de acesso à justiça é dotado tanto de vantagens quanto de desvantagens. Para a correta abordagem do acesso à justiça, é preciso compreender as possibilidades e as dificuldades inerentes a tal mecanismo adjudicatório com o intuito de

---

[142] GIAMUNDO NETO, Giuseppe. MP 703/2015 permite acordo em ações de improbidade administrativa. Disponível em: <http://www.conjur.com.br/2016-fev-12/giamundo-neto¬-mp-703-permite-acordo-acoes-improbidade>. Acesso em: 19 mai. 2016.

[143] SALLES, Carlos Alberto de. *Mecanismos alternativos de solução de controvérsias e acesso à justiça*, cit., p. 780.

Cap. 3 · ACESSO AO PODER JUDICIÁRIO E INAFASTABILIDADE DA JURISDIÇÃO ESTATAL | 131

definir se ele provê as melhores respostas aos questionamentos formulados pelos envolvidos em certos conflitos.

3.4.1 Vantagens da prestação jurisdicional estatal

A adjudicação (denominação inglesa que designa a atividade judicial de heterocomposição de conflitos) constitui, segundo Owen Fiss, o processo social pelo qual os magistrados dão significado aos valores públicos[144], conferindo sentido concreto e aplicação aos valores constitucionais[145].

Em tal exercício do poder estatal, o juiz não deve se ater a uma ideologia dominante, mas aplicar os princípios e os valores constitucionais; suas decisões devem propiciar a concretização do sentimento da Constituição e das leis, zelando para que as garantias processuais permitam ao indivíduo posicionar-se em situação de igualdade nas sedes judiciais[146].

Em certa perspectiva, especialmente perante uma situação de grande desigualdade entre os litigantes, a utilização da via jurisdicional pode ser relevante para que o juiz protagonize a proteção dos interesses socialmente relevantes e garanta a isonomia entre as partes. Afirma Owen Fiss que, muitas vezes, as partes não são iguais, e diferenças atinentes, por exemplo, às suas condições econômicas poderão ser mais bem trabalhadas pelo magistrado na qualidade de defensor e garantidor da justiça[147].

Nessa medida, afigura-se importante a atuação estatal no sentido de zelar pela adequação da prestação jurisdicional e da observância de garantias constitucionais. Ademais, não se pode olvidar que, além de aplicar os valores constitucionais, o juiz deve tutelar o Direito material. Nas precisas palavras de Luiz Guilherme Marinoni, incumbe-lhe "atribuir sentido ao caso, definindo suas necessidades concretas, para então buscar na lei a regulação da situação que lhe foi apresentada, ainda que isso deva ser feito à luz da Constituição"[148].

No Brasil, o tema do desequilíbrio entre os litigantes ganha relevo quando se pensa em diversas demandas. Em lides previdenciárias, por exemplo, é evidente a disparidade de condições quando há, de um lado, alguém desprovido de informações técnicas (muitas vezes atuando sem advogado no Juizado Especial Federal para buscar benefício previdenciário por doença ou tempo de contribuição, padecendo de condição precária de saúde e/ou idade avançada) e, de outro, um representante judicial do INSS, profissional concursado e altamente experiente nesse tipo de demanda.

Constituindo a jurisdição uma das atividades do Estado, seu exercício conta com todo um aparato institucional para conferir às partes uma série de garantias, bem como a perspectiva de maior estabilidade e segurança no tocante ao resultado obtido.

A indeclinabilidade da jurisdição é uma garantia para o cidadão, que certamente sairá do estado de indefinição ao contar com uma decisão judicial sobre a matéria. Assim, seu direito há de ser tutelado com a manifestação do Poder Judiciário; diante de tal garantia (de que os

---

[144] FISS, Owen. *Um novo processo civil*, cit., p. 26.

[145] *Idem*, p. 36.

[146] BARACHO, José Alfredo de Oliveira. *Teoria geral da cidadania*, cit., p. 34.

[147] FISS, Owen. Against Settlement. In: RISKIN, Leonard L.; WESTBROOK, James E. *Dispute Resolution and Lawyers*, cit., p. 20.

[148] MARINONI, Luiz Guilherme. A jurisdição no Estado contemporâneo. In: MARINONI, Luiz Guilherme (coord.). *Estudos de Direito processual civil*, cit., p. 65.

132 | MEDIAÇÃO NOS CONFLITOS CIVIS – *Fernanda Tartuce*

direitos deverão ser assegurados em instância definitiva pela via jurisdicional), não precisa nem deve o jurisdicionado transigir com a quebra ou a afronta aos seus direitos[149].

A resolução da controvérsia por meio da solução judicial tem a vantagem de ser pautada por princípios e garantias como o devido processo legal, o contraditório e a ampla defesa.

Nas palavras de Luigi Paolo Comoglio, o direito de agir e defender-se, garantido pelo *due process of law*, é entendido como a possibilidade efetiva (e não meramente teórica) de atuar em um juízo com um mínimo legal de atividades processuais, que proporcione às partes envolvidas uma concreta e paritária oportunidade de participar do contraditório, para fazer valer suas respectivas razões[150].

Como bem lembra Ada Pellegrini Grinover, o acesso à justiça não se esgota nem se confunde com a simples possibilidade de acesso aos tribunais, mas

> [...] significa a oportunidade de efetiva e concreta proteção judiciária, mediante o justo processo, entendido como conjunto de garantias que permita efetivamente às partes a sustentação de suas razões, a produção de suas provas, a possibilidade de influir sobre a formação do convencimento do juiz[151].

Diante de partes em cuja relação há desequilíbrio de poder, a jurisdição opera como elemento de reestruturação da relação em bases que preservam a igualdade processual dos sujeitos, viabilizando uma decisão justa, a despeito da disparidade de recursos; como lembra Bruno Takahashi, o mesmo se aplica aos meios consensuais: "o poder não pode ser mensurado e, por isso, não pode ser equilibrado. Logo, o importante é existir uma base adequada de poder para que a conciliação seja viável".[152]

A publicidade do processo constitui importante garantia[153]: como regra, todos os atos processuais devem ser acessíveis ao conhecimento. Tal diretriz tem previsão na Constituição Federal[154] e no Código de Processo Civil[155], funcionando como um mecanismo de legitimação das decisões judiciais por possibilitar certo controle dos atos do juiz.

---

[149]   ROCHA, Cármen Lúcia Antunes. *O direito constitucional à jurisdição*, cit., p. 45.

[150]   "Il diritto di agire e di difendersi, da esso garantito, va quindi inteso come *possibilità effetiva* (e non meramente teorica) di svolgere nel giudizio un *minimo legale* di attività processuali, che consenta a tutte le parti coinvolte una concreta e paritaria opportunità di partecipazione al contraddittorio per far valere le rispettive ragioni" (Comoglio, Luigi Paolo. Il "giusto processo" nela dimensione comparatistica. *Rivista di Diritto Processuale 3*, v. 57, p. 720-721, 2002).

[151]   GRINOVER, Ada Pellegrini. Deformalização do processo e deformalização das controvérsias. *Revista de Processo*, n. 46, p. 69, São Paulo, abr.-jun. 1987.

[152]   TAKAHASHI, Bruno. *O papel do terceiro facilitador na conciliação de conflitos previdenciários*. São Paulo, 2015. 236 p. Dissertação (Mestrado em Direito Processual). Faculdade de Direito da Universidade de São Paulo, p. 101.

[153]   Sobre o tema merece leitura a ótima obra *Mídia e processo*, de Helena Najjar Abdo (São Paulo: Saraiva, 2011).

[154]   CF, art. 5.º, LX ("A lei só poderá restringir a publicidade dos atos processuais quando a defesa da intimidade ou o interesse social o exigirem") e art. 93, IX ("Todos os julgamentos dos órgãos do Poder Judiciário serão públicos, e fundamentadas todas as decisões, sob pena de nulidade, podendo a lei limitar a presença, em determinados atos, às próprias partes e a seus advogados, ou somente a estes, em casos nos quais a preservação do direito à intimidade do interessado no sigilo não prejudique o interesse público à informação").

[155]   CPC, art. 189: "Os atos processuais são públicos, todavia tramitam em segredo de justiça os processos: I – em que o exija o interesse público ou social; II – que versem sobre casamento, separação de corpos,

Como bem destaca Helena Abdo, a garantia da publicidade aproveita "principalmente às partes, verdadeiras interessadas no desenvolvimento de um processo justo, mediante um procedimento legítimo, *imparcial* e conforme o *devido processo legal*[156]".

A garantia de publicidade envolve o direito à discussão das provas, a obrigatoriedade de motivação das decisões (e sua publicação) e a faculdade de intervenção das partes e de seus advogados em todas as fases do processo. Para que o juiz e seus auxiliares possam limitar o acesso a documentos e atos jurisdicionais, deve haver justificativa de proteção da intimidade ou do interesse social, casos excepcionais para os quais a lei processual prevê trâmite em segredo de justiça.

O princípio da publicidade é integrado pela necessária e prévia existência, em relação ao conflito, dos órgãos que o apreciarão, sendo proibida a instalação de tribunais de exceção (especialmente formados para o julgamento da causa).

Pelo princípio constitucional do juiz natural, ninguém será processado nem sentenciado senão pela autoridade competente, bem como não haverá juízo ou tribunal de exceção[157].

A imparcialidade, garantia de grande importância, se traduz na equidistância e na ausência de compromisso entre as partes e o juiz. Aos magistrados deve ser assegurada independência funcional, razão pela qual são muito relevantes as garantias da magistratura previstas[158] na Constituição Federal para conferir-lhe vitaliciedade, inamovibilidade e irredutibilidade de vencimentos.

A motivação das decisões também estabelece uma vantagem relevante. Por tal princípio, previsto no art. 93, IX, da Constituição Federal, o Poder Judiciário deverá fundamentar todas as suas decisões, sob pena de nulidade; tal comando se revela essencial para permitir o controle dos atos do juiz e de sua imparcialidade, bem como para possibilitar impugnações ao conteúdo de seu julgamento. Para reforçar a aplicabilidade prática de tal garantia, o CPC contempla a fundamentação das decisões em diversos dispositivos[159] na busca de reforçar o compromisso com a sua qualidade.

---

divórcio, separação, união estável, filiação, alimentos e guarda de crianças e adolescentes; III – em que constem dados protegidos pelo direito constitucional à intimidade; IV – que versem sobre arbitragem, inclusive sobre cumprimento de carta arbitral, desde que a confidencialidade estipulada na arbitragem seja comprovada perante o juízo"; art. 368: "a audiência será pública, ressalvadas as exceções legais".

[156] ABDO, Helena Najjar. *Mídia e processo*, cit., p. 51.

[157] CF, art. 5.º, LIII: "Ninguém será processado nem sentenciado senão pela autoridade competente". Art. 5.º XXXVII: "Não haverá juízo ou tribunal de exceção".

[158] CF, art. 95. "Os juízes gozam das seguintes garantias: I – vitaliciedade, que, no primeiro grau, só será adquirida após dois anos de exercício, dependendo a perda do cargo, nesse período, de deliberação do tribunal a que o juiz estiver vinculado e, nos demais casos, de sentença judicial transitada em julgado; II – inamovibilidade, salvo por motivo de interesse público, na forma do art. 93, VIII; III – irredutibilidade de subsídio, ressalvado o disposto nos arts. 37, X e XI, 39, § 4.º, 150, II, 153, III, e 153, § 2.º, I".

[159] CPC, art. 11: "Todos os julgamentos dos órgãos do Poder Judiciário serão públicos, e fundamentadas todas as decisões, sob pena de nulidade"; art. 489. § 1.º Não se considera fundamentada qualquer decisão judicial, seja ela interlocutória, sentença ou acórdão, que: I – se limitar à indicação, à reprodução ou à paráfrase de ato normativo, sem explicar sua relação com a causa ou a questão decidida; II – empregar conceitos jurídicos indeterminados, sem explicar o motivo concreto de sua incidência no caso; III – invocar motivos que se prestariam a justificar qualquer outra decisão; IV – não enfrentar todos os argumentos deduzidos no processo capazes de, em tese, infirmar a conclusão adotada pelo julgador; V – se limitar a invocar precedente ou enunciado de súmula, sem identificar seus fundamentos determinantes nem demonstrar que o caso sob julgamento se ajusta àqueles fundamentos; VI – deixar de seguir enunciado de súmula, jurisprudência ou precedente invocado pela parte, sem demonstrar a existência de distinção

Como bem expõe Owen Fiss, a motivação da decisão deve transcender as transitórias crenças pessoais do juiz ou do corpo político que o cerca, revelando valores que sejam merecedores do *status* constitucional por constituírem diretrizes duradouras aptas a dar à moralidade pública uma coerência interna e a serem amplamente aplicados pelas Cortes[160].

Ademais, a jurisdição, além de irresistível, é imperativa; ela não é prestada de forma precária ou condicional, mas sim em atendimento a um objetivo que assinala sua qualidade terminativa e obrigatória[161].

No que tange à estabilidade da decisão final, a coisa julgada desponta como importante vantagem da solução judicial em relação a outros meios. Enquanto atividade estatal, a jurisdição é soberana e dotada de imperatividade: dito o direito aplicável no caso concreto, a jurisdição é afirmada de forma derradeira e definitiva, não mais permitindo a persistência oficial da situação conflituosa. O comando da decisão proferida é vinculativo e obriga os jurisdicionados a se submeterem ao seu teor[162].

A coisa julgada visa proteger os valores da segurança jurídica e da pacificação social[163]. É importante que a prestação jurisdicional seja validamente configurada para resultar em um comando indiscutível e imutável[164], para sanar o conflito e evitar que perdure a indefinição jurídica da controvérsia; desse modo, poderá efetivamente operar a função substitutiva da jurisdição, de forma que, no lugar da atividade (ou vontade) privada, passe a imperar a atividade pública, que é a "vontade da lei"[165].

Afinal, a coisa julgada, ao projetar efeitos no mundo fático, gera a reorganização do *status quo* anterior, propiciando o estabelecimento de um patamar de estabilidade na relação (que decorre da resolução do mérito) e proporcionando, consequentemente, a potencial eliminação da lide em definitivo[166].

Nesta medida, a existência da coisa julgada promove uma espécie de imunização contra os ataques dos contrariados; espera-se que, conscientes do exaurimento dos escalões de julgamento, os vencidos, ainda que descontentes, não insistam em condutas de desobediência[167].

Outra importante vantagem da utilização da via judicial é a possibilidade de coerção dos indivíduos infratores ao cumprimento dos comandos emanados pelos órgãos estatais. Há

---

no caso em julgamento ou a superação do entendimento". Além desses dois dispositivos, diversos outros no Código reiteram o dever de motivar a decisão (como o art. 298, segundo o qual, "na decisão que conceder, negar, modificar ou revogar a tutela provisória, o juiz motivará seu convencimento de modo claro e preciso").

[160] FISS, Owen. *Um novo processo civil*, p. 43.

[161] ROCHA, Cármen Lúcia Antunes. O direito constitucional à jurisdição, p. 45.

[162] *Idem*, p. 46.

[163] DELLORE, Luiz. *Estudos sobre a coisa julgada e o controle de constitucionalidade*. Rio de Janeiro: Forense, 2013, p. 186.

[164] A respeito da distinção entre imutabilidade e indiscutibilidade, Dellore esclarece que imutabilidade é a impossibilidade de rediscussão da lide julgada, o que se dá com a proibição de propositura de ação idêntica a que já decidida anteriormente. Já a indiscutibilidade tem o condão de fazer com que, em futuros processos (diferentes do anterior – pois, se forem iguais, a imutabilidade impossibilitará o processamento), a conclusão a que anteriormente se chegou seja observada e respeitada: o juiz do segundo processo fica obrigado a tomar como premissa de sua decisão a conclusão esposada no primeiro feito (*Estudos sobre a coisa julgada e o controle de constitucionalidade*, p. 53 e ss.).

[165] ALVIM, Arruda. *Manual de Direito processual civil*, v. 1, p. 173.

[166] MANCUSO, Rodolfo de Camargo. *Jurisdição coletiva e coisa julgada*, p. 171.

[167] DINAMARCO, Cândido Rangel. *A instrumentalidade do processo*, cit., p. 195.

3.4.2 Desvantagens da solução estatal

Em virtude da crise do sistema judicial de administração e distribuição da justiça, ensejada principalmente pela limitação de recursos materiais e humanos em face do grande volume de causas em trâmite, a prestação da tutela jurisdicional tem se verificado com grandes percalços.

Obstáculos têm sido verificados no acesso às Cortes de Justiça por múltiplos fatores. Além de notórios problemas na gestão administrativa de aparatos judiciários complexos, há tanto a existência de uma demanda reprimida[168], impossibilitada de fazer uso do sistema jurisdicional, como também a perversa verificação de uma litigância estimulada por quem se vale do uso da jurisdição estatal para obter vantagens diversas.

Deve-se reconhecer, infelizmente, que o Poder Judiciário é visto por muitos como o mais burocratizado e ineficiente dos poderes estatais, além de ser considerado o mais ritualista e mais refratário à modernização. Tais circunstâncias atrapalham a superação da morosidade de sua atuação, especialmente em face do "esclerosamento de suas rotinas operacionais"[169].

Estudos sociológicos revelaram que, quanto mais baixo o estado social em que se situam os cidadãos, maior a sua distância em relação à administração da justiça em razão de fatores econômicos, sociais e culturais; faltam informações sobre seus direitos e sobre como exercê-los, bem como disposição para demandar por desconfiança quanto aos possíveis resultados e insegurança concernente a possíveis represálias posteriores[170].

Também as classes de nível mais elevado tendem a resolver seus conflitos de forma extrajudicial para que seus interesses econômicos sejam solucionados com certa privacidade[171].

O elevadíssimo número de processos pode estar concentrado em uma fatia específica da população, que acessa a Justiça estatal para usufruir das vantagens de sua utilização e gera crescimento notável no número de processos que entram no sistema de justiça. A maior parte da população tende a desconhecer por completo a existência do Poder Judiciário até ser compelida a usá-lo (como ocorre nas questões criminais)[172].

Estudos revelaram uma clara correlação entre o grau de desenvolvimento socioeconômico e a quantidade de demandas, de forma que, quanto maior o Índice de Desenvolvimento

---

[168] Na elucidativa expressão de Kazuo Watanabe, tal situação configura o fenômeno da "litigiosidade contida": como alguns dos litígios não são resolvidos, configuram um fator perigoso à estabilidade da sociedade, representando um ingrediente a mais na "panela de pressão social" que já vem revelando deterioração com muitos atos de violência (*Filosofia e características básicas do Juizado Especial de Pequenas Causas*. In: WATANABE, Kazuo (coord.). *Juizado Especial de Pequenas Causas*. São Paulo: RT, 1985, p. 2).

[169] THEODORO JÚNIOR, Humberto. *Celeridade e efetividade da prestação jurisdicional. Insuficiência da reforma das leis processuais*, cit., p. 30.

[170] SANTOS, Boaventura de Sousa. *Introdução à sociologia da administração da justiça*, cit., p. 127.

[171] *Idem*, p. 133-134.

[172] SADEK, Maria Tereza; LIMA, Fernão Dias de; ARAÚJO, José Renato de Campos. O Judiciário e a prestação de justiça. In: Sadek, Maria Tereza (org.). *Acesso à justiça*. São Paulo: Fundação Konrad Adenauer, 2001, p. 40.

Humano (IDH[173]), maior o número de processos. A dificuldade, porém, é identificar a partir de qual nível as melhorias nas condições de vida estimulam a busca de soluções judiciais e até que ponto o Poder Judiciário deixa de ser acessado para garantir direitos, sendo procurado principalmente para a obtenção de vantagens[174].

Pode-se concluir, portanto, que a excessiva facilidade de acesso a certo tipo de litigante e o estímulo à litigiosidade podem tornar a justiça não só seletiva, mas principalmente "inchada", estando repleta de demandas que pouco têm que ver com a garantia de direitos[175].

Superado o obstáculo inicial relativo ao ingresso no sistema judicial, podem ser apontados como males endêmicos da administração da justiça as incertezas do direito, a lentidão do processo e os seus altos custos[176].

As incertezas do direito configuram-se tanto em aspectos qualitativos (não há como saber exatamente qual será a interpretação aplicada à situação concreta) como em dados temporais (não se pode prever quando a satisfação do direito será realizada). Nesses termos, expõe João Baptista de Mello e Souza Neto que, "se, por um lado, o 'quando' é desconhecido, uma vez que não se sabe quanto tempo vai demorar um processo, por outro, igualmente, o resultado da demanda é sempre incerto"[177].

Afirma Cândido Dinamarco, quanto às muitas fontes dos problemas, que

> [...] da *lei* vêm defeitos como a extrema burocracia dos serviços judiciários e pequena abrangência dos julgamentos, com causas que se repetem às centenas e congestionam os juízos e tribunais [...]. *Da realidade econômica* vem a insuficiência de recursos das pessoas carentes para custear o litígio sem prejuízo da subsistência, associada à precariedade dos serviços de assistência judiciária. *Da realidade cultural* da nação vem a desinformação e, o que é pior, a descrença nos serviços judiciários. *Da estrutura política do Estado* vêm dificuldades como a que se apoia no mito da discricionariedade administrativa e exagerada impermeabilidade dos atos administrativos à censura judiciária (esse fator de resistência, felizmente, vai sendo atenuado na jurisprudência mais recente)[178].

Conclui o autor que, em decorrência da atuação conjugada de tais ilegítimos fatores limitativos, muitas pretensões são excluídas da análise do Poder Judiciário, não tendo como receber tratamento e solução em via jurisdicional[179].

Outra grave desvantagem da solução estatal judicial diz respeito à falta de alcance da efetiva pacificação das partes, ponto sensível e muito preocupante.

---

[173] "O IDH combina três componentes básicos: a longevidade, medida pela esperança de vida ao nascer; a educação, medida por uma combinação da taxa de alfabetização de adultos e da taxa combinada de matrícula e a renda baseada no PIB *per capita*. Quanto mais próximo de 1 o valor desse indicador, maior será o índice de desenvolvimento humano" (SANCHES FILHO, Alvino Oliveira. Experiências institucionais de acesso à justiça no estado da Bahia. In: SADEK, Maria Tereza (org.). *Acesso à justiça*, nota 2).

[174] SADEK, Maria Tereza; LIMA, Fernão Dias de; ARAÚJO, José Renato de Campos. *O Judiciário e a prestação de justiça*, cit., p. 41.

[175] *Ibidem*.

[176] A afirmação é do professor Ramón Soriano, em sua obra *Sociología del Derecho*, *apud* SOUZA NETO, João Baptista de Mello e. *Mediação em juízo*, cit., p. 24.

[177] SOUZA NETO, João Baptista de Mello e. *Mediação em juízo*, cit., p. 25.

[178] DINAMARCO, Cândido Rangel. *Instituições de Direito processual civil*, p. 112-113.

[179] *Idem*, p. 113.

Como bem pondera Ada Pellegrini Grinover, a sentença imposta pelo juiz não pacifica as partes: sempre haverá uma delas – ou mesmo frequentemente as duas – "descontente com a decisão do juiz e recalcitrante em seu cumprimento"; para a autora, o comprometimento da pacificação ainda é agravado pelo decurso do tempo do processo[180].

Joel Dias Figueira Júnior, ao tratar da crise jurisdicional marcada pela lentidão, pelo excesso de demandas, pela falta de infraestrutura, pelo número reduzido de funcionários públicos e pela qualidade duvidosa dos julgados, questiona:

> [...] o Poder Judiciário vem cumprindo, adequadamente, o seu papel social, político e jurídico de *pacificador social*? A absorção do modelo clássico de prestação da tutela jurisdicional (adversarial-conflituoso/litigioso-jurisdicionalizado) atende aos anseios do povo?[181]

A resposta vem se revelando, muitas vezes, negativa. A ausência de efetiva pacificação conduz ao inconformismo, que tem efeito multiplicador de condutas processuais e gera a adoção de cada vez mais medidas contra seu teor, acirrando – e não aplacando, como seria de se esperar – a litigiosidade.

Exemplo disso é a propositura de diversas demandas referentes ao um mesmo núcleo familiar em crise: ações de separação de corpos, guarda, visitas, arrolamento de bens e divórcio tendem a ser propostas separadamente a cada "derrota" vivenciada por um ou outro. Como se não bastassem tantas proposituras, ainda é possível que a cada decisão judicial haja a interposição de recurso pelo derrotado.

Como bem expõe Rodolfo Mancuso,

> [...] o "vencido nunca é convencido" e, por isso, sói ocorrer de o sucumbente, após esgotar as impugnações ordinárias, abalar-se para os recursos de extração constitucional; baldados estes, não raro tentará manejar uma ação rescisória. Isso sem falar num *dano marginal* por toda essa litigância, que é semente do ressentimento e do rancor, que num ponto futuro germinará na forma de novas lides, num ciclo interminável de demandas[182].

No tocante à delonga do processo, os efeitos são devastadores. Há um aumento nos custos para as partes, o que pressiona os que são economicamente fracos a abandonar suas causas ou a aceitar acordos por valores muito inferiores àqueles a que teriam direito[183].

Como elemento complicador neste grave quadro, há ainda a possibilidade de, apesar de vencer a demanda processual, a parte não conseguir realizar o comando da decisão junto à parte contrária. Nesse sentido, aponta João Baptista de Mello e Souza Neto:

---

[180] GRINOVER, Ada Pellegrini. A inafastabilidade do controle jurisdicional e uma nova modalidade de autotutela. Disponível em: http://www.esdc.com.br/RBDC/RBDC-10/RBDC-10-013-Ada_Pellegrini_Grinover.pdf. Acesso em: 26 jun. 2017.

[181] FIGUEIRA JÚNIOR, Joel Dias; TOURINHO NETO, Fernando da Costa. *Juizados especiais cíveis e criminais*, cit., p. 48.

[182] MANCUSO, Rodolfo de Camargo. *O plano piloto de conciliação em segundo grau de jurisdição, do Egrégio Tribunal de Justiça de São Paulo, e sua possível aplicação aos feitos de interesse da Fazenda Pública*, cit., p. 26.

[183] CAPPELLETTI, Mauro; GARTH, Bryant. *Acesso à justiça*, cit., p. 20.

Associadas a esses dissabores vêm a noção de descrédito nas instituições, a sensação de, mesmo ganhando, ser injustiçado, dado o tempo em que tudo transcorreu e a óbvia preocupação sobre, ainda vencendo a demanda, se será possível implementá-la (não custa lembrar que a responsabilidade civil é patrimonial e se neutro ou negativo o patrimônio do devedor, o credor obtém verdadeira vitória de Pirro)[184].

Os efeitos sociais da inobservância das normas e da incerteza nas relações jurídicas são excessivamente deletérios. Como bem aponta Cármen Lúcia Antunes Rocha, "sentença sem eficácia é jurisdição sem vida. A ineficácia da decisão jurisdicional frauda o direito afirmado e, principalmente, frustra o próprio direito à jurisdição constitucionalmente assegurado"[185].

Cria-se uma crise de incidência do ordenamento jurídico e, com a quebra de expectativas e insegurança, a iniciativa privada hesita em agir. Além disso, a descrença do jurisdicionado pode acabar gerando mais descumprimentos. Nas palavras de Antonio Álvares da Silva, acaba-se criando na sociedade a "síndrome da obrigação não cumprida": reverte-se a valoração das normas de conduta, já que quem se beneficia das leis é quem as descumpre e não o titular do direito[186]; a partir de então, a imoralidade e a má-fé passam a ser a tônica na sociedade, o que agrava os males do subdesenvolvimento e do atraso[187].

O descumprimento das leis reforça a desconfiança mútua entre os atores sociais, enquanto a demora na solução transforma a via judicial em bom negócio para alguns, transtorno para outros e tragédia para a maioria[188].

Também a publicidade do processo judicial pode representar uma desvantagem para os litigantes. Em determinadas situações, o tratamento judicial da controvérsia poderá ensejar a indesejada divulgação de circunstâncias pessoais ou econômicas que, de forma direta ou tangencial, inserem-se no núcleo da disputa[189].

As dificuldades enfrentadas na prestação jurisdicional também podem acarretar problemas quanto à qualidade do serviço judiciário e das decisões proferidas pelos magistrados. O imenso volume de causas exige uma complexa e eficiente organização nas repartições judiciais e as mazelas da falta de estrutura pública podem ensejar complicações indevidas na observância dos direitos das partes.

Finalmente, deve-se considerar que a busca da jurisdição proporciona ao cidadão a perda de certas disponibilidades: como o processo constitui uma esfera peculiar, em certas situações o interesse particular haverá de ceder passo ao interesse público, assim como o princípio dispositivo é preterido diante do princípio do debate. Concebe-se, em certa perspectiva, que "o juiz é tão (ou mais) interessado que a parte na justa solução do litígio"[190]. Assim, ao longo

---

[184] SOUZA NETO, João Baptista de Mello e. *Mediação em juízo*, cit., p. 26.

[185] ROCHA, Cármen Lúcia Antunes. *O direito constitucional à jurisdição*, cit., p. 41.

[186] ÁLVARES DA SILVA, Antonio. *A desjuridicização dos conflitos trabalhistas e o futuro da justiça do trabalho no Brasil*, cit., p. 257.

[187] *Idem*, p. 258.

[188] SIQUEIRA NETO, José Francisco. *A solução extrajudicial dos conflitos individuais do trabalho*, cit., p. 59.

[189] FIGUEIRA JÚNIOR, Joel Dias. *Arbitragem, jurisdição e execução*, cit., p. 118.

[190] PORTANOVA, Rui. *Princípios do processo civil*, cit., p. 149. O autor refere-se ao princípio do debate como sinônimo de princípio da oficiosidade, princípio dispositivo em sentido formal e princípio da autoridade do juiz. Aponta, como seu enunciado, o seguinte teor: "instaurada a jurisdição, o processo se desenvolve por regras próprias estabelecidas pelo Estado, a que as partes se submetem".

do tempo foram sendo aumentados os poderes do magistrado tanto para conhecer de ofício certas matérias como para, em certos casos, determinar condutas não requeridas expressamente pelas partes.

Merece também destaque a edição de súmulas vinculantes pelos órgãos julgadores, cujos conteúdos podem limitar o direito das partes de forma inicialmente não concebida na relação jurídica. Como assevera Rodolfo Mancuso, a força vinculativa da decisão a torna *fonte formal do Direito* pelo *plus* de que se reveste: "a nota de obrigatoriedade do enunciado sumulado, já que nela se cumulam o *comando* e sua própria interpretação"[191].

Em tal medida, a súmula acaba por ditar o sentido da norma jurídica, definindo e redefinindo seu alcance segundo os critérios de relevância eleitos pelo julgador[192]. Passa a ser dotada, portanto, de um poder de controlabilidade difusa, o que lhe permite alcançar seu desiderato de estabilizar as expectativas da clientela dos Tribunais sobre o que é ou não possível ser obtido em juízo[193]. A súmula é, pois, critério a ser considerado pelo julgador ao definir a resposta ao conflito. Como fica sua incidência no âmbito dos meios "alternativos de solução de conflitos"?

No âmbito da arbitragem, não há obrigatoriedade de julgar conforme os entendimentos sumulados; afinal, dada a autonomia da vontade, vale a escolha das partes quanto ao critério de julgamento a ser empreendido pelo árbitro (de direito ou por equidade). A aplicação das súmulas, portanto, não é de incidência obrigatória, podendo ser considerada segundo a conveniência das partes. Recomenda-se, todavia, que o árbitro considere o teor das súmulas a bem da escorreita aplicação do direito, tornando iguais as situações de direitos semelhantes[194].

No que concerne à mediação, o raciocínio é o mesmo empreendido no tocante à arbitragem: não há vinculação dos participantes quanto ao teor de qualquer súmula, de forma que o acordo pode contrariar o entendimento esposado pela jurisprudência consolidada.

A mediação, enquanto conversa entabulada para encontrar respostas produtivas, não precisa focar as discussões em aspectos legais; a partir da autodeterminação das partes, elas darão ao diálogo o tom desejado.

A mediação permite abordagens menos formalistas dos impasses. A combinação constante no ajuste celebrado entre os envolvidos poderá ser alvo da roupagem jurídica a ela atribuída por seus advogados – que precisarão analisar se, tecnicamente, haveria contrariedades em relação ao sistema para cogitar de como seria eventual apreciação técnico-jurídica da avença e o melhor caminho para a sua oficialização.

Caso os advogados pleiteiem a homologação de um acordo em juízo para que ele se torne título executivo judicial, o magistrado poderá entender inviável a homologação tanto por ques-

---

[191] MANCUSO, Rodolfo de Camargo. *Divergência jurisprudencial e súmula vinculante*. São Paulo: RT, 1999, p. 74.

[192] STRECK, Lenio Luiz. *Súmulas no Direito brasileiro*: eficácia, poder e função. Porto Alegre: Livraria do Advogado, 1995. p. 261-262.

[193] STRECK, Lenio Luiz. *Súmulas no direito brasileiro,* p. 265. Sobre a pretensão de estabilização, merecem transcrição as precisas palavras do autor: "As súmulas são típicas manifestações de discursos monológicos, que enquanto manifestações da dogmática jurídica, visam estabilizar os conflitos que chegam até o Poder Judiciário. A mi(s)tificação do uso das súmulas – como já demonstrado – resulta na supressão simbólica da autonomia dos sujeitos/atores jurídicos, construindo um imaginário coercitivo, no interior do qual os conflitos sociais são resolvidos através de *pret-à-porter* significativos" (p. 267-268).

[194] PARENTE, Eduardo de Albuquerque. *Jurisprudência*: da divergência à uniformização. São Paulo: Atlas, 2006, p. 108-109.

tões de direito (por apreciar a matéria segundo o critério de legalidade) como inconveniente ou inoportuno (se aplicar o juízo de equidade possibilitado pela jurisdição voluntária[195]). Assim, a falta de correspondência entre o conteúdo da transação e o teor de uma súmula sobre o tema poderia acarretar prejuízos à constituição do título executivo judicial. De todo modo, se as partes estivessem satisfeitas com seu teor e determinadas a cumpri-lo, poderiam renunciar à chancela judicial e seguir o pacto combinado espontaneamente.

Como se percebe, nem sempre a decisão de mérito, embora imbuída de uma série de garantias, revela-se o melhor instrumento para compor uma controvérsia. É essencial considerar aspectos variados, em confronto com as vantagens e desvantagens de diversos meios, para tomar a decisão de abordar o conflito por uma ou outra via de composição de conflitos.

---

[195] CPC, art. 723: "o juiz decidirá o pedido no prazo de 10 (dez) dias. Parágrafo único, O juiz não é obrigado a observar critério de legalidade estrita, podendo adotar em cada caso a solução que considerar mais conveniente ou oportuna".

MEIOS ALTERNATIVOS (ADEQUADOS) DE COMPOSIÇÃO DE CONFLITOS

4.1 CONCEITO E EXTENSÃO

O termo "resolução", que tem diversos significados, retrata o ato de resolver, elucidar e esclarecer, assim como o resultado dessa ação; significa também expediente, deliberação, propósito, desígnio, transformação, conversão e decisão de um problema[1]. O vocábulo é considerado sinônimo de "solução", que tem a mesmas acepções acima indicadas no dicionário[2].

Sob o prisma jurídico cível, resolução retrata "o modo ou o meio de dissolver, de anular ou de extinguir os contratos, os direitos ou as obrigações, quando não são cumpridas as condições ou os encargos, que são atribuídos às partes contratantes ou às pessoas"[3].

Há clássicas expressões para designar as técnicas diferenciadas de tratamento do conflito como alternativas à solução judicial. Fala-se em *alternative dispute resolution* (usando a sigla, no plural, ADRs), resolução alternativa de disputas (na sigla em português "RAD") e em meios alternativos de solução de conflitos (na sigla em português "MASCs").

Segundo Mauro Cappelletti, "à expressão *Alternative Dispute Resolution (ADR)* costuma-se atribuir acepção estritamente técnica, relativa sobretudo aos expedientes *extrajudiciais* ou *não judiciais*, destinados a resolver conflitos. Esse, porém, não é o único sentido", devendo o operador do Direito "ocupar-se de maneira mais geral dos expedientes – *judiciais* ou *não* – que têm emergido como alternativas aos tipos *ordinários* ou *tradicionais* de procedimen-

---

[1] *Grande Dicionário Larousse Cultural da Língua Portuguesa*, p. 787.
[2] *Idem*, p. 838.
[3] SILVA, De Plácido e. Resolução. *Vocabulário jurídico*. 31. ed. Rio de Janeiro: Forense, 2014. Edição eletrônica.

tos", mediante a "adoção desta perspectiva mais ampla" na análise no quadro do movimento universal de acesso à justiça[4].

O surgimento de mecanismos diferenciados para compor controvérsias ocorreu fora da seara jurídica.

Como decorrência da fortíssima necessidade de negociações no âmbito comercial, seu desenvolvimento alcançou significativa propagação. As formas alternativas começaram no direito privado, especialmente nas relações comerciais, e foram se estendendo para áreas maiores de interesses de índole patrimonial e transacional, atingindo finalmente grupos organizados (como os sindicatos)[5].

Diante da ineficiência do Estado na prestação jurisdicional, o cidadão e seus grupos começaram a preferir soluções negociadas em que pudessem se envolver por sua própria iniciativa; se não obtido o consenso, um terceiro isento, encomendado pelos contendores, deveria decidir a questão[6].

A institucionalização mais intensa de instrumentos variados nos tempos recentes iniciou-se no sistema americano no fim da década de 1970.

Em 1976, foi realizada nos Estados Unidos a Conferência Pound, encontro de teóricos e profissionais do direito para discutir a insatisfação com o sistema tradicional de distribuição estatal de justiça. Nessa oportunidade, Frank Sander propugnou que as cortes americanas tivessem "várias portas", algumas conduzindo ao processo e outras, a vias alternativas[7].

A "desprocessualização" de controvérsias no direito moderno representa uma retomada da longa tradição jurídica em que a solução dos litígios se dava pelos particulares sem vinculação com o Estado – embora este permanecesse disponível para prestar a tutela jurisdicional. Historicamente, "a solução dos litígios esteve por muito mais tempo entregue aos particulares do que ao Estado"[8].

Ada Grinover, ao tratar da resposta encontrada pelo processualista brasileiro para lidar com o desafio criado pela crise da justiça civil, indicou duas vertentes de atuação: uma judicial, em que se buscou a "deformalização do processo" (com o uso da técnica processual em busca de processos mais simples, rápidos, econômicos e acessíveis) e outra extrajudicial, por meio da "deformalização das controvérsias" (buscando, segundo sua natureza, equivalentes jurisdicionais como vias alternativas ao processo, capazes de evitá-lo por meio de instrumentos institucionalizados de mediação)[9].

Ao se preconizar a expressão "meio alternativo", reconhece-se que a via jurisdicional estatal constitui o mecanismo padrão de resolução de conflitos (já que toda alternativa é referenciada a algum padrão)[10].

---

[4] CAPPELLETTI, Mauro. *Os métodos alternativos de solução de conflitos no quadro do movimento universal de acesso à justiça*, cit., p. 82.

[5] ÁLVARES DA SILVA, Antonio. *A desjuridicização dos conflitos trabalhistas e o futuro da justiça do trabalho no Brasil*, cit., p. 259.

[6] *Ibidem.*

[7] KOVACH, Kimberlee K.; LOVE, Lola P. *Mapeando a mediação*: os riscos do gráfico de Riskin, cit., p. 116.

[8] *Ibidem.*

[9] GRINOVER, Ada Pellegrini. *Deformalização do processo e deformalização das controvérsias*, cit., p. 63.

[10] COSTA, Alexandre Araújo. *Cartografia dos métodos de composição de conflitos*, p. 162. A experiência das Casas de Cidadania em Fortaleza (CE) e outras iniciativas comunitárias em diversas localidades bem

Ante a ineficiência na prestação estatal da tutela jurisdicional, especialmente pela pequena efetividade em termos de pacificação real das partes, os meios diferenciados foram deixando de ser considerados "alternativos" para passar a integrar a categoria de formas "essenciais" de composição de conflitos (jurídicos e sociológicos), funcionando como efetivos equivalentes jurisdicionais ao promoverem a substituição da decisão do juiz pela decisão conjunta das partes[11].

Ademais, como bem aponta Carlos Alberto de Salles, na prática não há uma separação total entre as formas jurisdicionais estatais e os meios alternativos de solução de conflitos; a maioria destes não opera em instituições autônomas e independentes de sanções legais – ao contrário, eles geralmente estão próximos de instituições jurídicas, dependendo de normas e sanções e operando à sombra de uma possível atuação judicial[12].

A proposta da política judiciária que incentiva o desenvolvimento de vias diversas é criar, paralelamente à administração da justiça tradicional, novas vias de solução de litígios, preferencialmente por meio de instituições leves, relativa ou totalmente desprofissionaliza-das, a utilização deve ser barata – senão mesmo gratuita – e localizada de modo a facilitar (e maximizar) o acesso aos serviços, operando de forma simplificada e pouco regulamentada para obter soluções mediadas entre as partes[13].

Percebe-se uma diferenciação significativa no modo de ser e atuar de tais meios e das respectivas instituições que as operam, razão pela qual incumbe ao operador do Direito, aos contendores e aos protagonistas da administração da justiça uma considerável abertura de visão para conceber tão distintos mecanismos. Uma vez bem adaptados e aplicados, tais meios gerarão vantagens aos jurisdicionados, aos operadores do Direito, aos gestores de conflitos e aos administradores da justiça.

Nos últimos tempos, tem-se notado uma evolução com relação à pertinência dos diferentes mecanismos: a letra A na sigla "ADR" (inicialmente indicativa de *alternative* dispute resolution/solução alternativa de conflitos) passou a ser considerada majoritariamente como sinalizadora de "appropriate" (adequada).

Como explica Carrie Menkel-Meadow, essa evolução denota o reconhecimento de que nem todas as matérias devem ser submetidas ao mesmo tratamento, não sendo o processo judicial cabível a todas elas: diferentes tipos e números de partes, questões, estruturas e questões jurídicas podem ditar formatos distintos de processamento de disputas[14].

---

demonstram que tal possibilidade já vem se concretizando em nosso país. Sobre as Casas de Cidadania, remetemos o leitor à já citada obra de Lilia Maia de Moraes Salles (*Justiça e mediação de conflitos*).

[11] FIGUEIRA JÚNIOR, Joel Dias; TOURINHO NETO, Fernando da Costa. *Juizados especiais cíveis e criminais*, cit., p. 53.

[12] SALLES, Carlos Alberto de. *Mecanismos alternativos de solução de controvérsias e acesso à justiça*, cit., p. 785.

[13] SANTOS, Boaventura de Sousa. *Introdução à sociologia da administração da justiça*, cit., p. 132.

[14] "In recent years, I have labelled the progress of dispute resolution variations as 'process pluralism,' while others have used the label 'appropriate' (not alternative) dispute resolution, connoting recognition that not all matters should be subjected to the same treatment: one size of legal process does not fit all. Different kinds and numbers of parties, issues, structures [...]" (MENKEL-MEADOW, Carrie. Alternative and Appropriate Dispute Resolution in Context Formal, Informal, and Semiformal Legal. Disponível em: https://papers.ssrn.com/sol3/papers.cfm?abstract_id=2584188. Acesso em: 21 jan. 2020.

4.2 NOTÍCIA HISTÓRICA

O campo de resolução de disputas[15] tem raízes multidisciplinares e variadas: suas bases intelectuais e práticas têm como fontes a antropologia, a sociologia, a psicologia social, a psicologia cognitiva, a economia, a ciência política, a teoria dos jogos, as relações internacionais, o Direito e os estudos de paz[16].

Como campo de estudos[17], a resolução de disputas se divide nos espectros teórico e prático, tendo como principal preocupação aplicar a teoria à prática, desenvolver e testar a teoria em seu uso. Em outras palavras, a teoria da resolução de disputas se preocupa com a aplicação de conceitos, princípios e proposições para a resolução pragmática de disputas e a melhoria da qualidade das relações humanas.

As raízes multidisciplinares do campo de resolução de disputas foram aos poucos se fundindo: os cientistas sociais que se dedicavam à análise das disputas em campos mais abrangentes e em padrões de conflitos nas relações sociais se aproximaram de juristas; estes, por sua vez, mostravam-se mais focados na natureza concreta das disputas particulares[18].

Juristas-sociólogos construíram as pontes entre as disciplinas, e os praticantes da escola do realismo jurídico norte-americano também começaram a se debruçar em estudos sobre como as disputas se formam e são resolvidas, a criação da jurisprudência da resolução de disputas e a análise das instituições envolvidas[19].

O desenvolvimento da teoria moderna e dos consequentes programas de pesquisa e prática deriva de um corpo de conhecimento construído por distintos estudiosos; talvez a grande mãe intelectual da teoria moderna seja Mary Parker Follet[20], cientista política norte--americana focada em administração organizacional e consultora sobre gerenciamento de relações de trabalho.

No início do século XX, Follet afirmou que os conflitos podem ter três diferentes maneiras de resolução: dominação, compromisso ou integração[21].

A dominação pressupõe a imposição por uma parte de suas pretensões à outra, enquanto o compromisso pressupõe que as partes abram mão de elementos que valorizam para chegar a um acordo "no meio do caminho"; já a integração pressupõe o manuseio do conflito de

---

[15] A abordagem aqui tratada foi objeto de artigo escrito pela autora com Diego Faleck (Introdução histórica e modelos de mediação. Disponível em: www.fernandatartuce.com.br/artigosdaprofessora. Acesso em: 121 jan. 2020).

[16] MENKEL-MEADOW, Carrie. Roots and Inspirations: a Brief History of the Foundations of Dispute Resolution. In: MOFFITT, Michael L.; BORDONE, Robert C. (coords.). *The Handbook of Dispute Resolution*. São Francisco: Jossey-Bass, 2005, p. 13-14.

[17] Segundo Carrie Menkel-Meadow, as ciências sociais passaram a considerar um campo chamado resolução de conflitos (*conflict resolution*), que, no campo dos estudos legais, é normalmente referido como resolução de disputas (*disputes resolution*) (*Roots and Inspirations*: a Brief History of the Foundations of Dispute Resolution, cit., p. 14).

[18] TARTUCE, Fernanda; FALECK, Diego. Introdução histórica e modelos de mediação, cit.

[19] MENKEL-MEADOW, Carrie. *Roots and Inspirations*: a Brief History of the Foundations of Dispute Resolution, cit., p. 14-15.

[20] FOLLET, M. P. *Constructive Conflict*, cit., p. 67-68.

[21] *Ibidem*.

uma forma positiva, com a criação de novas opções e valores para atender aos objetivos, às necessidades e às vontades das partes[22].

Follet foi a primeira a apresentar otimismo com relação aos conflitos por ver a fricção como uma força positiva que incentivava as partes a encontrar novas possibilidades para criação de valor. Muito do conhecimento moderno sobre resolução integrativa, negociação baseada em princípios/interesses e resolução de disputas advém do trabalho de Follet no início do século passado.

O movimento do realismo jurídico norte-americano, com o estudo do "Direito em ação" e de propostas de avaliação de instituições jurídicas, provocou mudanças contextualizadas para lidar com uma gama de conflitos sociais e disputas individualizadas.

Sociólogos e psicólogos sociais desenvolveram paralelamente importantes estudos sobre resolução de disputas; dentre eles merece destaque o teórico Morton Deutsch, que identificou duas perspectivas distintas em estilos de lidar com conflitos: cooperação e competição[23]. Esse modelo foi ampliado recentemente e inclui cinco diferentes "modos" de se lidar com disputas: competição, acomodação, fuga, compromisso e colaboração[24].

Acadêmicos da teoria dos jogos trouxeram modelos para analisar a interação estratégica humana sob condições de incerteza; a contribuição desse campo para a teoria da resolução de disputas foi enorme, especialmente na esfera internacional.

Lon Fuller, professor de Harvard e porta-voz da escola de pensamento norte-americana de 1950 denominada "Legal Process", elaborou diretrizes sobre princípios e usos, para propósitos diferentes, de mediação, arbitragem, adjudicação e outros mecanismos de resolução de disputas.

Fuller defendia que cada método tem integridade funcional e moralidade distintas, sendo a mediação mais bem utilizada quando as partes estão envolvidas em relacionamentos continuados e precisam ser "reorientadas umas para as outras" ao invés de ter uma decisão proferida ou uma lei promulgada para elas. Fuller trouxe em primeira mão o conceito hoje denominado "pluralismo de processos", que preconiza que cada método de solução de disputas (mediação, arbitragem, adjudicação) deve ser considerado e aplicado de acordo com propósitos definidos[25].

A ciência e a arte da resolução de disputas floresceram nos Estados Unidos, evoluindo para a teoria do "problem solving" (resolução de problemas) com o princípio do enfoque em interesses e necessidades das partes, em ganhos mútuos, interdependência e participação (ou não) de neutros facilitadores, como os mediadores. Muitas pesquisas se desenvolveram para explorar as barreiras à resolução de disputas e a teoria dos jogos passou a ser mais estudada em conexão com o campo.

Em 1981, Roger Fisher, juntamente com William Ury, publicou a famosa obra *Getting to Yes: Negotiating Agreements Without Giving In* [*Como chegar ao sim: negociação de acordos sem*

---

[22] MENKEL-MEADOW, Carrie. *Roots and Inspirations*: a Brief History of the Foundations of Dispute Resolution, cit., p. 15.

[23] DEUTSCH, M. Cooperation and Conflict: a Personal Perspective on the History of the Social Psychological Study of Conflict Resolution. In: WEST, M. A.; TJOSVOLD, D.; SMITH, K.G. *International Organizational Teamwork and Cooperative Working* (Chicester/Hoboken: John Wiley, 2003).

[24] FULLER, L. L. Mediation: its Forms and Functions. *Southern California Law Review*, 44, 325, 1971.

[25] MENKEL-MEADOW, Carrie. *Roots and Inspirations*: A Brief History of the Foundations of Dispute Resolution, cit., p. 17.

146 | MEDIAÇÃO NOS CONFLITOS CIVIS – *Fernanda Tartuce*

concessões], atualizada em 1991 com a colaboração de Bruce Patton[26], relevante publicação em que foram esclarecidos princípios importantes para a teoria da negociação e da mediação, de que são exemplos mudar o foco de posição para interesses, separar as pessoas do problema, inventar opções para ganho mútuo e utilizar critérios objetivos.

4.3 NOTÍCIA DE DIREITO ESTRANGEIRO

Há diversos mecanismos reputados pelos operadores do Direito como "alternativos" (adequados). Enquanto no Brasil são assim considerados como principais meios a mediação, a conciliação e a arbitragem, o Direito comparado é rico em exemplos de técnicas diferenciadas. Os Estados Unidos se destacam como país que conta com uma grande variedade de mecanismos de solução de controvérsias.

Leonard Riskin e James Westbrook, à luz da *práxis* norte-americana, classificam os diferentes meios segundo sua inserção em sistemas de adjudicação, sua caracterização como técnicas consensuais e a combinação de vários elementos, a atribuir-lhes a índole de sistemas mistos[27].

Os processos de adjudicação são resolvidos pela decisão de um terceiro, que, impondo sua decisão às partes, produz um resultado do tipo "perde-ganha". Tais métodos incluem os procedimentos administrativos e judiciais, a arbitragem e os tribunais privados (também denominados *rent a judge*). Estes últimos estão disponíveis quando os regimentos dos tribunais permitem que certos casos sejam reportados a cortes com partes particularmente selecionadas e membros neutros pagos. A decisão do juiz privado é introduzida como julgamento da corte, cabendo recurso contra seu teor. As partes voluntariamente se submetem a tais tribunais com a esperança de eliminar atrasos e adquirir a habilidade de excluir o público dos procedimentos[28].

Dentre os mecanismos consensuais, merece destaque, além das clássicas negociação, mediação e conciliação, a figura do *ombudsman*, instituição com a tarefa de receber queixas e prevenir disputas de modo a facilitar sua resolução *interna corporis*.

Poder contar com o acesso a um ombudsman constitui uma porta adicional aos interessados e não exclui a apreciação judicial do conflito, que poderá ser necessária adiante; esta via, ao permitir a escuta qualificada, é pautada por um procedimento informal, flexível e célere que tende a facilitar a defesa de direitos[29].

Vale lembrar que, nos termos do art. 3.º, § 3.º, do CPC/2015, "a conciliação, a mediação e outros métodos de solução consensual de conflitos deverão ser estimulados por juízes, advogados, defensores públicos e membros do Ministério Público, inclusive no curso do processo judicial".

---

[26] FISHER, Roger; URY, William; PATTON, Bruce. *Getting to Yes: Negotiating Agreements Without Giving In*. Nova York: Penguin, 1983.

[27] An Introduction to the Alternative Processes for Preventing and Resolving Disputes. In: RISKIN, Leonard L.; WESTBROOK, James E. *Dispute Resolution and Lawyers*, cit., p. 4.

[28] *Ibidem*.

[29] DIAS, Aline Beatriz Henriques Oliveira. Desjudicialização de Conflitos Repetitivos entre Consumidores e Bancos: uma proposta. Dissertação (Mestrado em Direito) – Faculdade de Direito, Universidade de São Paulo, SP, 2017, p. 74.

Há ainda os processos mistos, que contêm elementos de ambos os perfis (contencioso e consensual); são eles *med-arb, fact finding, mini trial, summary jury trial, baseball arbitration* e *early neutral evaluation (avaliação neutra de terceiro)*.

No mecanismo misto denominado *med-arb*, o tratamento do conflito começa com uma mediação e, caso as partes não alcancem um acordo, parte-se para a arbitragem[30]; há também a variação *arb-med*, em que a sequência muda. Em ambos a proposta é que os meios sejam usados de maneira sucessiva e conduzidos por terceiros neutros; cada um deve exercer sua função, "mantendo-se a independência e autonomia principiológica e procedimental de cada método"[31].

A técnica do *fact finding* constitui o meio pelo qual um terceiro imparcial é escolhido para identificar fatos relevantes para a causa; sua atuação pode contribuir para avanços na negociação, na mediação ou na solução judicial[32].

O *minitrial*[33], utilizado geralmente para resolver disputas que podem ser objeto de litigância demorada, visa à obtenção de uma solução mutuamente satisfatória; por ser talhado às necessidades dos participantes, pode agregar diversas técnicas. As partes, por seus advogados, apresentam suas teses a um consultor neutro, geralmente um advogado com experiência em relevantes áreas jurídicas, que dará sua opinião sobre o que ocorreria se o caso estivesse no tribunal; a partir de então as partes voltam a negociar um acordo, com ou sem a presença do consultor neutro[34].

No *summary jury trial,* os advogados testam suas teses antes de levar o caso ao tribunal. Os advogados realizam breves apresentações de seus casos a um júri que não tem autoridade para resolver o conflito, mas cujos membros apresentam as mesmas características dos reais jurados. Seu veredicto não vincula as partes, mas as auxilia a melhor compreender seus casos e talvez encoraje a realização de um acordo[35].

---

[30] *Idem*, p. 5.

[31] LEVY, Fernanda Rocha Lourenço. *Cláusulas escalonadas:* a mediação comercial no contexto da arbitragem. São Paulo: Saraiva, 2013, p. 203.

[32] RISKIN, Leonard L.; WESTBROOK, James E. An Introduction to the Alternative Processes for Preventing and Resolving Disputes, p. 4. "Fact Finding is the use of an impartial expert (or group) selected by the parties, by the agency, or by an individual with the authority to appoint a fact finder, in order to determine what the "facts" are in a dispute. The fact finder may be authorized only to investigate or evaluate the matter presented and file a report establishing the facts in the matter. In some cases, s/he may be authorized to issue either a situation assessment or a specific procedural or substantive recommendation as to how a dispute might be resolved. If used as an ADR technique, the findings of fact must remain confidential" (Fact Finding. Disponível em: http://www.eeoc.gov/federal/adr/factfinding.cfm. Acesso em: 21 jan; 2020).

[33] "The mini-trial is in essence a structured negotiated settlement technique. Although designed like an expedited trial, it is actually a means for the parties to hear the other side's point of view and attempt a negotiated settlement. If a settlement is not reached, one benefit of the mini-trial is that the parties have already prepared a significant amount of their cases which will be useful for any subsequent trial. Although there are many variations, the mini-trial in its most common form involves a brief presentation of each parties' case to a panel made up of senior party representatives with authority to settle. The panel is chaired by a neutral, selected jointly by the parties. At the close of the hearing, the neutral recommends a specific outcome. The other panel members then attempt to negotiate a resolution, with the evidence presented during the mini-trial and the recommended outcome serving as a basis for the negotiations" (The Mini Trial. Disponível em: http://www.justice.gc.ca/eng/rp-pr/csj-sjc/dprs-sprd/res/drrg-mrrc/05.html. Acesso em: 17 jul. 2023).

[34] *An Introduction to the Alternative Processes for Preventing and Resolving Disputes*, cit., p. 5.

[35] *Ibidem.*

Na *baseball arbitration*[36], as partes negociam e submetem duas possíveis soluções a um árbitro, que deve optar por uma delas.

A *avaliação neutra de terceiro*[37] objetiva reduzir os custos e a demora do processamento da demanda, possibilitando que as partes confrontem as forças e as fraquezas de suas teses em um estágio inicial; para tanto, contam com a assistência de um conhecedor prático e neutro para identificar pontos em que elas concordam ou discordam, fornecendo uma análise da tese de cada lado. Ele pode ainda predizer o possível resultado caso a demanda vá a juízo, bem como oferecer auxílio às partes em um processo de negociação[38].

É importante conhecer o perfil de tais mecanismos não só para poder cogitar sobre seu uso, como também para saber reagir a uma eventual proposta para sua adoção.

A existência de tão diversos e peculiares instrumentos revela a sofisticação e a riqueza de opções decorrentes da larga experiência americana no manejo de tais meios, ensejando interessante reflexão sobre em que medida o jurisdicionado brasileiro pode se beneficiar de institutos afins; afinal, variadas técnicas podem ser adotadas contratualmente pelas partes em sua livre disponibilidade.

4.4 PRINCIPAIS FUNDAMENTOS PARA A ADOÇÃO

A adoção de mecanismos adequados de composição de conflitos na seara extrajudicial, em um primeiro momento, parece ter como grande motor a dificuldade na obtenção de uma sentença de mérito por força das dificuldades para obter a prestação jurisdicional pelo Poder Judiciário.

Ainda, porém, que este seja um fundamento pragmático de inegável relevância para muitos, ele não deve ser o primordial condutor para tal adoção. Embora efetivamente o uso de tais mecanismos possa gerar alívio no volume de trabalho dos órgãos estatais, a utilização deve se pautar pela intenção de prover uma abordagem adequada dos conflitos em prol de sua proveitosa composição. Além disso, em atendimento aos comandos constitucionais, revela-se importante possibilitar a disseminação, no tecido social, da cultura de paz; assim, justifica-se a adoção de meios que propiciem a solução harmônica e pacífica de controvérsias no contexto da justiça coexistencial.

Para cada tipo de conflito deve ser adotada a via adequada à sua abordagem a partir da consideração de fatores como as intenções das partes, o perfil da controvérsia e as possibilidades inerentes a cada mecanismo.

---

[36] "A form of binding arbitration wherein each of the parties chooses one and only one number, and the arbitrator may select only one of the figures as the award. In a baseball arbitration, there are only two possible outcomes" (Arbitration Defined: What is Arbitration?". Disponível em: http://www.jamsadr.com/arbitration-defined/. Acesso em: 21 jan. 2020).

[37] "Neutral Evaluation is a process in which the parties or their counsel present their cases to a neutral third party (usually an experienced and respected lawyer with expertise in the substantive area of the dispute) who renders a non-binding reasoned evaluation on the merit of the case. This process combines features of both a decision-making and a non-decision-making process. During the process, the neutral may be invited to serve as mediator or facilitator" (The Language of ADR. Disponível em: http://www.justice.gc.ca/eng/rp-pr/csj-sjc/dprs-sprd/res/drrg-mrrc/eval.html#ftn1. Acesso em: 17 jun. 2023).

[38] *An Introduction to the Alternative Processes for Preventing and Resolving Disputes*, cit., p. 5.

Cap. 4 · MEIOS ALTERNATIVOS (ADEQUADOS) DE COMPOSIÇÃO DE CONFLITOS | **149**

A crise na prestação jurisdicional estatal surge como fator pragmático último; embora ela possa ser considerada, não deve ser tida como o fator determinante para adoção dos meios ditos "alternativos".

Caso se revele ser a solução judicial a mais adequada, ela haverá de ser adotada, não se justificando a realização de um acordo apenas por questões estruturais de dificuldade na prestação jurisdicional.

4.4.1 Solução pacífica de conflitos

Nas precisas palavras de Cândido Dinamarco, pacificar com justiça é "o mais elevado escopo social das atividades jurídicas do Estado"[39]; este positiva seu poder ao tratar as insatisfações verificadas no tecido social e, definindo a respectiva situação concreta, imuniza-a contra os ataques dos contrariados[40].

A Constituição Federal, no preâmbulo[41], menciona a justiça, a harmonia social e a solução pacífica de conflitos como diretrizes do sistema. Tal previsão sintetiza, sumariamente, os grandes fins da Constituição, funcionando como fonte interpretativa e rumo para a atividade política governamental[42].

Nesse diapasão, merece especial destaque a previsão dos juizados de paz, cujas atribuições estão previstas expressamente em diversos dispositivos constitucionais[43].

Segundo Leonardo Greco, em áreas nas quais não há população suficiente para justificar a presença permanente de juiz togado deveria haver um juízo de paz ou outro tipo de órgão com poder de julgar causas de menor complexidade e de conceder medidas provisórias urgentes – mas a Constituição Federal, no art. 98, II, proíbe a outorga ao juiz de paz de qualquer poder decisório[44].

Falta regulamentação de tal atividade por lei federal, elemento exigido pela Constituição e descumprido pelo Congresso Nacional. Segundo Cândido Rangel Dinamarco, a restauração dos *juizados de paz* é um ditame constitucional, até agora não cumprido, que visa à conciliação

---

[39] DINAMARCO, Cândido Rangel. *A instrumentalidade do processo*, cit., p. 197.

[40] *Idem*, p. 194-195.

[41] "Nós, representantes do povo brasileiro, reunidos em Assembleia Nacional Constituinte para instituir um Estado democrático, destinado a assegurar o exercício dos direitos sociais e individuais, a liberdade, a segurança, o bem-estar, o desenvolvimento, a igualdade e a *justiça* como valores supremos de uma sociedade fraterna, pluralista e sem preconceitos, fundada na *harmonia social* e comprometida, na ordem interna e internacional, com a *solução pacífica das controvérsias,* promulgamos, sob a proteção de Deus, a seguinte Constituição da República Federativa do Brasil" (grifos nossos).

[42] MORAES, Alexandre de. *Direito constitucional*, cit., p. 49.

[43] Constituição Federal, art. 98, II, c/c o art. 14, § 3.º, VI, *c*; art. 30 do Ato das Disposições Constitucionais Transitórias.

[44] "Cappelletti mostra que foram os regimes autoritários que acabaram com essa justiça de leigos, dos juízes de paz, dos juízes da comunidade. Para as ditaduras, é mais fácil controlar os juízes togados, porque são juízes profissionais, do que os juízes leigos, que normalmente exercem a função em caráter altruístico. No entanto, as melhores justiças do mundo são aquelas que utilizam ao mesmo tempo juízes togados ou profissionais e juízes leigos. É o caso da justiça inglesa, que possui mais juízes leigos do que togados" (GRECO, Leonardo. *Instituições de processo civil*, v. I: *Introdução ao Direito processual civil*. 5. ed. Rio de Janeiro: Forense, 2015, edição eletrônica (item 1.3.2, O acesso à justiça).

extraprocessual; sua prática anterior se verificou nos juizados informais de conciliação e fora identificada desde a pioneira experiência gaúcha dos conselhos de conciliação e arbitragem[45].

Ante a ausência da instalação de adicionais espaços aptos a realizar atividades consensuais, incumbe ao Poder Judiciário empreender os melhores esforços para pacificar com justiça. Os meios "alternativos" podem colaborar decisivamente para tal mister ao proporcionar uma abordagem célere e eficiente das controvérsias instaladas no tecido social.

4.4.2 Adequação do método ao tipo de conflito

A tarefa da ordem jurídica é gerar a harmonia das relações intersubjetivas com o intuito de promover a máxima realização dos valores humanos com o mínimo de sacrifício e desgaste[46].

O gestor de conflitos deve ter conhecimento sobre todos os canais existentes para a sua abordagem, considerando vantagens, desvantagens e analisando sua pertinência no caso concreto. Nesse diapasão, revela-se importante a conscientização sobre as múltiplas possibilidades ensejadas pelas técnicas diferenciadas.

Para Ada Grinover, são as pretensões de Direito material que devem balizar a técnica processual na busca da solução adequada a cada uma delas[47].

Warren Burger, ex-presidente da Suprema Corte dos Estados Unidos, afirmava, já nos idos de 1982, que a obrigação do operador do Direito é (ou pelo menos deveria ser) gerar lenitivos aos conflitos humanos; para cumprir essa tradicional obrigação, devem ser providenciados mecanismos aptos a produzir um resultado aceitável no menor tempo possível, com o mínimo de desgaste e tensão dos participantes[48].

Merece destaque a interessante classificação da abordagem de controvérsias, proposta por Morton Deutsch, em processos *destrutivos* ou *construtivos*. Nos processos destrutivos, a forma de condução da disputa gera o enfraquecimento ou o rompimento da relação preexistente ao conflito; este tende a se expandir ou a se tornar ainda mais acentuado, assumindo as partes posições altamente competitivas para "vencer". Já nos processos construtivos há o fortalecimento da relação social anterior à disputa; eles se caracterizam:

> i) pela capacidade de estimular as partes a desenvolverem soluções criativas que permitam a compatibilização dos interesses aparentemente contrapostos; ii) pela capacidade das partes ou do condutor do processo (*e.g.*, magistrado ou mediador) a motivar todos os envolvidos para que prospectivamente resolvam as questões sem atribuição culpa; iii) pelo desenvolvimento de condições que permitam a reformulação das questões diante de eventuais impasses; e iv) pela disposição das partes ou do condutor do processo a abordar, além das questões juridicamente tuteladas, todas e quaisquer questões que estejam influenciando a relação (social) das partes[49].

---

[45]   DINAMARCO, Cândido Rangel. *Instituições de Direito processual civil*, v. 1, p. 123-124.

[46]   CINTRA, Antonio Carlos de Araújo; GRINOVER, Ada Pellegrini; DINAMARCO, Cândido R. *Teoria geral do processo*, cit., p. 19.

[47]   GRINOVER, Ada Pellegrini. *Deformalização do processo e deformalização das controvérsias*, cit., p. 71.

[48]   BURGER, Warren W. Isn't There a Better Way? Annual Report on the State of the Judiciary. In: RISKIN, Leonard L.; WESTBROOK, James E. *Dispute Resolution and Lawyers*. 2. ed. Saint Paul: West, 2004, p. 13.

[49]   AZEVEDO, André Gomma de. *Autocomposição e processos construtivos*: uma breve análise de projetos-piloto de mediação forense e alguns de seus resultados, cit., p. 139-140.

A escolha da via de solução da disputa não é arbitrária nem ocorre por acaso: ela guarda relação com o grau de legitimidade das instituições e com o grau de consciência dos direitos; assim, além de conhecer as opções existentes, deve-se atentar para o nível de conhecimento dos direitos e para o grau de confiança nas instituições (e nos indivíduos nomeados para administrar o conflito)[50].

O ordenamento jurídico processual, nos tempos atuais, oferece grandes oportunidades de melhoria; há concretas demonstrações (decorrentes de iniciativas já em curso) de que processos construtivos são não apenas viáveis, como também determinantes para a efetividade do sistema processual[51].

Com base em tais premissas, a Resolução n. 125/2010 do CNJ instituiu "a Política Judiciária Nacional de Tratamento Adequado dos Conflitos de Interesses, tendente a assegurar a todos o direito à solução dos conflitos por meios adequados à sua natureza e peculiaridade".

Na mesma linha, a Resolução 398/2016 do Conselho da Justiça Federal trata da composição consensual de controvérsias no âmbito de tal justiça especializada.

A Resolução n. 174/2016 do Conselho Superior da Justiça do Trabalho "dispõe sobre a Política Judiciária Nacional de tratamento adequado das disputas de interesses no âmbito da Justiça do Trabalho e dá outras providências".

Em regra, a solução da disputa é mais eficiente se o mecanismo tiver enfoque primário nos interesses das partes. Afinal, nada menos custoso e mais eficiente do que os próprios envolvidos conseguirem resolver a disputa pela negociação direta que: a) possibilite a criação de opções vantajosas para ambas as partes; b) distribua valores com base em critérios objetivos acordados pelas partes. Quando o enfoque nos interesses não for suficiente para resolver a disputa sem a intervenção de um terceiro, deve-se ponderar qual método é mais adequado[52].

Frank Sander e Stephen Goldberg estabelecem critérios para adequar o método à espécie de conflito que se busca resolver[53].

O primeiro critério para entender qual meio é mais adequado são os objetivos das partes com a resolução da disputa. Segundo Sander e Goldberg, os objetivos a serem perseguidos com a resolução de disputas são normalmente os seguintes: (i) minimizar custos; (ii) celeridade; (iii) privacidade/confidencialidade; (iv) manter/aprimorar o relacionamento; (v) revanche; (vi) necessidade de obter uma opinião neutra; (vii) precedente; (viii) maximizar/minimizar recuperação[54].

Infrutífera a negociação, a mediação como escolha subsequente, por exemplo, satisfaz melhor os itens i, ii, iii e iv, mas não é o melhor mecanismo para os demais anseios. A arbitragem, por seu turno, atende melhor à necessidade de obter uma opinião neutra de terceiro e a maximizar/minimizar recuperação (itens vi e viii).

---

[50] SADEK, Maria Tereza. Efetividade de direitos e acesso à justiça. In: RENAULT, Sérgio Rabello Tamm; BOTTINI, Pierpaolo. *Reforma do Judiciário*. São Paulo: Saraiva, 2005, p. 281.

[51] AZEVEDO, André Gomma de. *Autocomposição e processos construtivos*: uma breve análise de projetos-piloto de mediação forense e alguns de seus resultados, cit., p. 156.

[52] TARTUCE, Fernanda; FALECK, Diego; GABBAY, Daniela. *Meios alternativos de solução de conflitos*. Rio de Janeiro: FGV, 2014, p. 11-12.

[53] O tema foi desenvolvido pelos autores no artigo Fitting the Forum to the Fuss: A User-Friendly Guide to Selecting an ADR Procedure. *Negotiation Journal*, Cambridge, MA, v.10, p. 49-68, 1994.

[54] *Idem*.

O segundo critério para avaliar qual é o melhor mecanismo diz respeito aos impedimentos ao acordo e aos meios de ultrapassá-los[55]. Os autores enumeram os seguintes impedimentos comuns: (i) comunicação falha; (ii) necessidade de expressar emoções; (iii) diferentes visões dos fatos; (iv) diferentes visões do direito; (v) questões de princípio; (vi) pressões de constituintes; (vii) ligações com outras disputas; (viii) existência de múltiplas partes; (ix) conflitos de agência e (x) "jackpot syndrome", ou a síndrome de preferir arriscar para atingir o benefício máximo.

Sander e Goldberg recomendam que a análise sobre a escolha do método adequado à disputa faça distinção entre o interesse público e o interesse privado das partes. Como exemplo, há casos em que uma parte prefere a revanche ou vingança, ainda que precise se valer de um método mais custoso. Todavia, não é aderente ao interesse público gastar tantos recursos com a solução de tal disputa, sendo mais interessante, pela perspectiva do interesse público, que as pessoas busquem superar consensualmente suas diferenças[56].

Destacam os autores que em alguns casos os métodos facilitativos (como os consensuais) podem ser menos benéficos ao interesse público do que a adjudicação; eis exemplos: (i) definição de precedente que traga segurança e previsibilidade a uma série de outras disputas semelhantes; (ii) má-fé ou fraude, para ajudar a estancar violações recorrentes; (iii) necessidade de sanção ou coerção estatal; (iv) desequilíbrio excessivo de poder e habilidades porque uma das partes é incapaz de negociar efetivamente.

O tema do desequilíbrio, por ser sensível, voltará a ser analisado adiante.

4.4.3 Crise no Poder Judiciário

A adoção de caminhos extrajudiciais para a condução dos conflitos é justificada, em grande medida, pela intensa dificuldade do Poder Judiciário de administrar o sistema de justiça, que conta com um número cada vez maior de causas em trâmite.

Como pondera Ada Pellegrini Grinover, fatores como burocratização na gestão dos processos, mentalidade do juiz (que nem sempre lança mão dos poderes que os códigos lhe atribuem) e falta de informação dos detentores de interesses em conflito tendem a levar "à obstrução das vias de acesso à justiça e ao distanciamento entre o Judiciário e seus usuários"; isso acarreta não só o descrédito na magistratura e nos demais operadores do Direito, "mas tem como preocupante consequência a de incentivar a litigiosidade latente, que frequentemente explode em conflitos sociais, ou de buscar vias alternativas violentas ou de qualquer modo inadequadas (desde a justiça de mão própria, passando por intermediações arbitrárias e de prepotência, para chegar até os "justiceiros")[57].

Embora a Constituição Federal de 1988 tenha buscado ampliar o acesso à justiça, tal iniciativa não foi acompanhada do adequado aumento na estrutura dos órgãos prestadores de jurisdição.

Para Maria Teresa Sadek, o crescimento nos índices de procura por justiça oferecida pelo Estado está altamente relacionado às taxas de industrialização e ao processo de urbanização; o incremento desses indicadores gera aumento no número e no tipo de conflitos, tornando-se maior a probabilidade de que litígios se convertam em demanda judicial. Tal potencial con-

---

[55] SANDER, Frank. E. A., GOLDBERG, Stephen B. Fitting the Forum to the Fuss: A User-Friendly Guide to Selecting an ADR Procedure. *Negotiation Journal*, Cambridge, MA, v.10, 1994, p. 59.

[56] TARTUCE, Fernanda; FALECK, Diego; GABBAY, Daniela. *Meios alternativos de solução de conflitos*. Rio de Janeiro: FGV, 2014, p. 13.

[57] GRINOVER, Ada Pellegrini. Os fundamentos da justiça conciliativa. Disponível em: https://core.ac.uk/download/pdf/79072422.pdf. Acesso em: 22 jan. 2020.

versão de litígios em demanda por serviços judiciais exige que as partes tenham consciência de seus direitos e acreditem na máquina judicial[58].

Destaca ainda tal autora que, apesar de todas as críticas, os números referentes à atuação do Poder Judiciário são grandiosos; o fato de haver milhares de processos entrados e apreciados demonstra que a demanda pela solução judicial de conflitos vem se revelando extraordinária e crescente[59].

Quando da primeira edição deste livro, dados do Conselho Nacional de Justiça indicavam que havia 57 milhões de demandas em curso nas várias esferas do Poder Judiciário, em 2004. Eis a atordoadora progressão geométrica: o volume de processos no país em 2013, segundo o Relatório "Justiça em Números", alcançou 95,14 milhões[60]. O relatório de 2014 apontou o impressionante número de 99,7 milhões de processos[61], e, em setembro de 2015, outra ferramenta[62] indicou o volume de 105 milhões de processos no Poder Judiciário brasileiro.

Nas pesquisas empreendidas pelo CNJ a partir de 2016, houve mudanças nos indicadores. No relatório de 2017, consta que "a carga de trabalho e a taxa de congestionamento ganharam versões brutas e líquidas", sendo nos indicadores líquidos "subtraídos do estoque os casos suspensos ou sobrestados ou em arquivo provisório"; assim, "o Poder Judiciário finalizou o ano de 2016 com 79,7 milhões de processos em tramitação, aguardando alguma solução definitiva"[63].

Pelos dados divulgados em 2018, o Poder Judiciário chegou ao final de 2017 com o acervo de 80,1 milhões de processos aguardando solução definitiva; o ano de 2017 foi o de menor crescimento quanto ao estoque desde 2009, com variação de 0,3% – percentual que implicou o incremento de 244 mil casos em relação a 2016[64].

O Relatório Justiça em Números 2019 registrou, pela primeira vez, uma redução: o acervo de 80 milhões passou para 78,7 milhões de processos pendentes em 2018. A contração é atribuída: a) à diminuição de 1,9% no ingresso de casos novos (em especial de processos

---

[58] Prossegue a autora: "a mera transformação estrutural por que passou a sociedade brasileira, de predominantemente agrária e rural para industrial e urbana, num intervalo de menos de 50 anos, tomando como ponto de partida o início da década de 1930, justificaria a multiplicação dos conflitos. Esta potencialidade de conflitos foi, no entanto, em grande parte, contida pela ausência de vida democrática e pelo descrédito na justiça. Efetivamente, dados do IBGE de 1988 mostram que a maior parte dos litígios sequer chega a uma corte de justiça – apenas 33% das pessoas envolvidas em algum tipo de litígio procuram solução no Judiciário" (*Judiciário*: mudanças e reformas, cit., p. 86).

[59] *Idem*, p. 87. Aponta a autora em tal estudo um cálculo impressionante: caso não mais fossem intentadas novas demandas, seriam necessários de cinco a oito anos (dependendo do órgão do Poder Judiciário e da unidade da Federação) para que fossem colocados em dia todos os processos em curso (p. 88).

[60] Relatório Justiça em Números 2014. Disponível em: http://www.cnj.jus.br/programas-e-acoes/pj-justica-em-numeros. Acesso em: 12 jun. 2020.

[61] Relatório Justiça em Números 2015. Disponível em: http://s.conjur.com.br/dl/relatorio-justica-numeros-2015-final-web.pdf. Acesso em: 24 maio 2020.

[62] "O 'Placar da Justiça' faz uma estimativa em tempo real do número de processos judiciais. E revela mais: 42 milhões dessas ações (40% do total) poderiam ser solucionadas sem a intermediação de magistrados, o que acarretaria uma economia estimada em R$ 63 bilhões aos cofres públicos. A iniciativa é da Associação dos Magistrados Brasileiros (AMB)" (Brasil tem mais de 105 milhões de processos na Justiça. Disponível em: http://congressoemfoco.uol.com.br/noticias/brasil-tem-mais-de-105-milhoes-de-processos-na-justica/. Acesso em: 24 maio 2020).

[63] Relatório Justiça em Números 2017. Disponível em: http://www.cnj.jus.br/files/conteudo/arquivo/2017/12/b60a659e5d5cb79337945c1dd137496c.pdf, p. 67. Acesso em: 7 set. 2018.

[64] CNJ apresenta Justiça em Números 2018, com dados dos 90 tribunais. Disponível em: http://www.cnj.jus.br/noticias/cnj/87512-cnj-apresenta-justica-em-numeros-2018-com-dados-dos-90-tribunais. Acesso em: 7 set. 2018.

trabalhistas); b) ao aumento de 3,8% no número de processos baixados; c) à queda de 0,4% no número de processos pendentes de execução fiscal (primeiro recuo em dez anos)[65].

O Relatório Justiça em Números 2020 aponta que o Poder Judiciário finalizou 2019 com 77,1 milhões de processos em tramitação aguardando alguma solução definitiva (patamar semelhante ao verificado em 2015)[66].

Segundo o relatório referente a 2021, o ano 2020 findou com 75,4 milhões de processos aguardando solução[67].

O Relatório Justiça em Números 2022 revelou que 2021 terminou com 62 milhões de ações judiciais em andamento, número que retrata a diferença entre os 77,3 milhões de processos em tramitação e os 15,3 milhões (19,8%) que estão sobrestados ou em arquivo provisório aguardando definição jurídica futura[68].

Em 2022 ingressaram 31,5 milhões de casos no Poder Judiciário, maior número registrado desde 2009. Esse aumento foi influenciado sobretudo pelo período pós-Covid-19 e pelo incremento no acesso à Justiça. Em comparação ao ano anterior, o volume representou um aumento de 10% de casos novos[69].

De acordo com o Justiça em Números 2023, tramitaram 81,4 milhões de processos em 2022, dos quais 17,7 milhões (21,7%) encontravam-se suspensos. Ao final do ano foram julgados 29,1 milhões de processos, 10,9% a mais que o ano anterior[70].

Embora o montante soe invencível, muitas tentativas vêm sendo empreendidas para buscar sanar (ou pelo menos amenizar) a crise enfrentada pelo Poder Judiciário. Em termos legislativos, reformas priorizam iniciativas como a diminuição do número de recursos e instâncias processuais, a aceleração de julgamentos e a adoção de procedimentos urgentes[71].

Também o Poder Judiciário foi sendo alvo de mudanças estruturais. Tal instituição, que sempre teve um perfil arraigado na tradição, nela se apoiava como garantia segura contra inovações; todavia, reformas alteraram a identidade e o perfil desse importante poder[72].

Uma das mais fortes razões pelo grande interesse na adoção de mecanismos ditos "alternativos" de composição de controvérsias é a lentidão do aparato judiciário[73]. O tempo é um

---

[65] Justiça em Números 2019: Maior produtividade resultou em queda de processos pendentes. Disponível em: https://www.jfrj.jus.br/noticia/justica-em-numeros-2019-maior-produtividade-resultou-em-queda--de-processos-pendentes. Acesso em: 22 jan. 2020.

[66] Justiça em Números 2020: nova edição confirma maior produtividade do Judiciário Disponível em https://www.cnj.jus.br/justica-em-numeros-2020-nova-edicao-confirma-maior-produtividade-do-judiciario/. Acesso em: 08 set. 2020.

[67] Justiça em Números 2021. Disponível em: https://www.cnj.jus.br/wp-content/uploads/2021/09/relatorio--justica-em-numeros2021-12.pdf. Acesso em: 17 jul. 2023.

[68] Justiça em Números 2022: Judiciário julgou 26,9 milhões de processos em 2021. Disponível em: https://www.cnj.jus.br/justica-em-numeros-2022-judiciario-julgou-269-milhoes-de-processos-em-2021/. Acesso em: 17 jul. 2023.

[69] CONSELHO NACIONAL DE JUSTIÇA. Sumário Executivo Justiça em Número 2023. Brasília: CNJ, 2023, p. 6. Disponível em: https:// www.cnj.jus.br/wp-content/uploads/2023/08/sumario-executivo--justica-em-numeros-v-2023-08-29.pdf. Acesso em 30 ago. 2023.

[70] CONSELHO NACIONAL DE JUSTIÇA. Sumário Executivo Justiça em Número 2023. Brasília: CNJ, 2023, p. 7. Disponível em: https:// www.cnj.jus.br/wp-content/uploads/2023/08/sumario-executivo--justica-em-numeros-v-2023-08-29.pdf. Acesso em 30 ago. 2023.

[71] ROCHA, Cármen Lúcia Antunes. *O direito constitucional à jurisdição*, cit., p. 37.

[72] *Judiciário*: mudanças e reformas, cit., p. 79.

[73] Segundo Barbosa Moreira, a demora da solução judicial "explica a preferência de inúmeros litigantes por vias extrajudiciais", razão pela qual "o fenômeno da *Alternative Dispute Resolution* encontrou nos

grande inimigo da efetividade da função pacificadora, porque a permanência[74] de situações conflituosas indefinidas é fator de angústia e infelicidade pessoal.

Há de considerar, todavia, que a adoção de mecanismos diferenciados não deve ser pautada por uma lógica economicista e de maximização da eficiência pela prestação de serviços de segunda classe, como se a justiça togada só estivesse disponível a quem pudesse arcar com seus custos.

Os meios "alternativos" devem ser complementares em relação à prestação jurisdicional estatal, e não substitutivos em relação a ela. Como bem aponta Joel Dias Figueira Júnior,

> [...] faz-se mister a realização da difícil tarefa de canalização de múltiplos fatores internos e externos em direção a um único quadro de superação da crise jurídica e jurisdicional que temos vivido nos últimos tempos, na busca de resultados diversificados que se materializem na efetividade e efetivação do processo civil por meio da rápida e eficiente solução dos conflitos intersubjetivos, coletivos ou difusos dos jurisdicionados[75].

A realidade atual demonstra que Estados e sociedades estão construindo um novo sistema de resolução de litígios; nele devem ser reorganizadas as funções do Estado e da sociedade civil, sendo desenvolvidas parcerias entre o público, a comunidade e, eventualmente, o mercado.

Há quem preconize que, dada a grave crise na prestação jurisdicional, as formas alternativas passaram a ser não mais uma opção propriamente dita, mas sim uma necessidade inadiável para evitar o colapso do Poder Judiciário[76]. Pode-se concluir, a partir de tal perspectiva, que

> [...] o novo sistema integrado de resolução de litígios deve ter como consequência a promoção, pelo Estado, duma política pública de justiça, que inclui os tribunais judiciais e que reconhece, também, aos meios não judiciais legitimidade para dirimir litígios. A informalização da justiça e a desjudicialização, incluindo todo o movimento ADR, constituem, assim, caminhos da reforma da administração da justiça, desde que defendam a igualdade das partes e que promovam o acesso ao direito, dado que só esta multiplicidade de processos pode tornar a justiça mais democrática[77].

4.5 NATUREZA JURÍDICA: EQUIVALENTES JURISDICIONAIS, MECANISMOS DE JUSTIÇA PARAJURISDICIONAL OU JURISDIÇÃO CONVENCIONAL?

Como abordado, em muitos sistemas jurídicos houve a priorização da solução judicial estatal como meio primário de solução de conflitos; a atividade substitutiva do Estado tendeu a prevalecer como meio reputado preferível pelos litigantes.

Estados Unidos o solo de sua máxima florescência" (O futuro da justiça: alguns mitos. In: BARBOSA MOREIRA, José Carlos. *Temas de Direito processual: oitava série*. São Paulo: Saraiva, 2004, p. 3).

[74] CINTRA, Antonio Carlos de Araújo; GRINOVER, Ada Pellegrini; DINAMARCO, Cândido R. *Teoria geral do processo*, cit., p. 26.

[75] FIGUEIRA JÚNIOR, Joel Dias; TOURINHO NETO, Fernando. *Juizados especiais cíveis e criminais*, cit., p. 41.

[76] ÁLVARES DA SILVA, Antonio. *A desjuridicização dos conflitos trabalhistas e o futuro da justiça do trabalho no Brasil*, cit., p. 259.

[77] ÁLVARES DA SILVA, Antonio. *A desjuridicização dos conflitos trabalhistas e o futuro da justiça do trabalho no Brasil*, cit., p. 259.

Usa-se a expressão "equivalentes jurisdicionais" para designar os meios pelos quais se pode atingir a composição da lide por atuação dos próprios litigantes ou pela atuação de um particular (que, embora desprovido de poder jurisdicional estatal, é eleito pelas partes para definir o impasse)[78].

Curiosamente, são chamados de equivalentes jurisdicionais os atos que resgatam o que originalmente competia às partes realizar. Há certo contrassenso em tal ideia, já que o cumprimento direto pelos interessados é que constitui a forma primária de realização das normas; a sentença que, diante de um conflito, "substitui" a omissão verificada configura a (talvez última) alternativa que resta ao litigante para proteger seus interesses.

Como bem aponta Rodolfo de Camargo Mancuso ao abordar controvérsias protagonizadas pela Administração Pública, a função judicante tem natureza substitutiva e não primária; apenas se esta não for atendida pela Administração é que se abre espaço para a jurisdicionalização do conflito[79]. Como observado, tende a se generalizar a ideia de composição por solução judicial como via residual a ser provocada quando se revelar estritamente necessária.

Há certos atos que, apesar de não serem oriundos de uma autoridade judiciária, podem conduzir, em determinadas situações, ao mesmo resultado que seria obtido com a intervenção estatal jurisdicional, a composição definitiva da lide; tais atos são tradicionalmente denominados "substitutivos da jurisdição" ou "equivalentes jurisdicionais"[80].

A noção de equivalentes jurisdicionais foi desenvolvida por Francesco Carnelutti para quem certos atos, embora não determinados pelo interesse estatal de solução de conflitos, contam com o reconhecimento de, sobre certas condições, serem dotados de idoneidade para alcançar o mesmo escopo ao qual tende a jurisdição[81].

Niceto Alcalá-Zamora y Castillo lista os equivalentes jurisdicionais apontados por Carnellutti: a) processo estrangeiro; b) processo eclesiástico; c) autocomposição (composto por três formas de extinção do processo com julgamento de mérito: renúncia, reconhecimento e transação); d) composição processual; e) conciliação; e f) compromisso (intervenção de juízes privados). O autor registra crítica no sentido de que, na verdade, autocomposição e composição processual se confundem por alcançarem resultado jurídico-material idênticos, sejam realizadas dentro ou fora do processo. Quanto à conciliação, ou ela é frustrada e não terá característica de equivalente jurisdicional, ou se realiza e é englobada, então, em uma das três modalidades de autocomposição; para o autor, o rol de equivalentes jurisdicionais ficaria reduzido a quatro figuras apenas: processo estrangeiro, processo eclesiástico, autocomposição e arbitragem[82].

Diferente é a noção de mecanismos parajurisdicionais; por obra de atividades da sociedade organizada, são criadas instâncias de solução de controvérsias fora do mecanismo estatal clássico. Fala-se, então, em justiça parajurisdicional para denominar os "sistemas paralelos extraestatais de Direito nos quais os conflitos não são dados à solução da sociedade estatal, mas

---

[78] LEITE, Gisele. Desenvolvimento do Direito processual. *Jus Vigilantibus*, Vitória, 19 ago. 2004. Disponível em: http://jusvi.com/doutrinas_e_pecas/ver/2165. Acesso em: 1.º dez. 2005.

[79] *O plano piloto de conciliação em segundo grau de jurisdição, do Egrégio Tribunal de Justiça de São Paulo, e sua possível aplicação aos feitos de interesse da Fazenda Pública*, cit., p. 45.

[80] CARNEIRO, Athos Gusmão. *Jurisdição e competência*, cit., p. 78.

[81] CARNELUTTI, Francesco. *Sistema di Diritto processuale civile*, v. 1, cit., p. 154.

[82] ALCALÁ-ZAMORA Y CASTILLO, Niceto. *Proceso, autocomposición y autodefensa*, cit., p. 73-74.

são resolvidos pelas pessoas em seus próprios grupos não institucionalizados e sem qualquer ingerência das instituições estatais"[83].

Geovanni Gerber, ao tratar de arbitragem e jurisdição estatal, afirma que a tumultuosa experiência dos últimos anos "demonstra que a imagem do Estado onipotente e centralizador é um mito que não pode e talvez não mereça ser cultivado. Desse mito faz parte a ideia de que a justiça deva ser administrada, exclusivamente, pelos seus juízes[84].

Em realidade, é a necessidade do jurisdicionado que deve nortear a modalidade de jurisdição a ser prestada, assim como o direito a ela deve ser assegurado pelo Estado[85]. Segundo tal diretriz, os meios ditos "alternativos de solução de controvérsias" constituem uma forma especial de jurisdição.

A arbitragem já teve reconhecida sua índole jurisdicional por força da configuração dada pela Lei n. 9.307/96. Revela-se essencial ampliar o espectro dos órgãos encarregados de realizar atividade jurisdicional; afinal, o Estado não consegue oferecer órgãos jurisdicionais suficientes para compor todos os conflitos ocorrentes, razão pela qual diferenciadas formas de jurisdição convencional vêm surgindo como ancilares à jurisdição estatal[86].

Nesse sentido, vale atestar a configuração dos títulos executivos judiciais prevista na legislação processual; entre as hipóteses contempladas, três fazem referência a situações relativas a autocomposição (conciliação, transação e acordo extrajudicial[87]) e a heterocomposição pela via arbitral[88].

O incremento ao estímulo às vias alternativas à jurisdição revela-se marcante, visto que se busca atribuir ao resultado do consenso das partes a mesma eficácia da decisão proferida pelo órgão estatal. Confirma-se, então, a assertiva de que a prestação jurisdicional do Estado não é, definitivamente, o único mecanismo eficiente de distribuição de justiça, nem constitui a exclusiva sede de atividade jurisdicional.

Merecem transcrição as precisas palavras de Carlos Alberto de Salles sobre o tema:

> Aceitar a inclusão no conceito de jurisdição de mecanismos não judiciais de solução de conflitos permite uma interpretação mais próxima das finalidades da norma da inafastabilidade discutida acima. Afinal, o objetivo do legislador constitucional não é outro do que aquele de propiciar uma resposta adequada a qualquer ameaça ou lesão a direito[89].

---

[83] ROCHA, Cármen Lúcia Antunes. *O direito constitucional à jurisdição*, cit., p. 35.

[84] *Apud* FIGUEIRA JÚNIOR, Joel Dias. *Arbitragem e o Poder Judiciário*, cit., p. 74.

[85] ROCHA, Cármen Lúcia Antunes. *O direito constitucional à jurisdição*, cit., p. 51.

[86] BENETI, Sidnei. Arbitragem e tutelas de urgência. *Revista do Advogado*, ano XXVI, v. 26, n. 87, p. 100-108, São Paulo, set. 2006, especialmente p. 100.

[87] CPC/2015, art. 515: São títulos executivos judiciais, cujo cumprimento dar-se-á de acordo com os artigos previstos neste Título: [...] II – a decisão homologatória de autocomposição judicial; III – a decisão homologatória de autocomposição extrajudicial de qualquer natureza:

[88] Lei 13.105/2015, art. 515. São títulos executivos judiciais, cujo cumprimento dar-se-á de acordo com os artigos previstos neste Título: [...] VII – a sentença arbitral.

[89] "A jurisdição estatal, nessa abordagem, deve ser vista como um recurso final, uma maneira de obter uma palavra final acerca de determinada controvérsia. A alternativa judicial deixa de significar, entretanto, a saída melhor ou necessária de solucionar uma controvérsia" (*Mecanismos alternativos de solução de controvérsias e acesso à justiça*, cit., p. 784).

4.6 ATUAÇÃO DO ESTADO NO FOMENTO AOS MEIOS ALTERNATIVOS/ ADEQUADOS DE COMPOSIÇÃO DE CONFLITOS

A "distribuição de justiça" comporta inegável relevância pública, sendo essencial contar com a atuação do Estado de forma marcante e eficiente em todos os sentidos.

Como exposto, a amplitude da garantia de inafastabilidade enseja a necessária coexistência de diversos órgãos e entidades para realizar a distribuição de justiça e a aplicação de normas jurídicas. Nesse contexto, pode-se conceber a presença de uma jurisdição comum ao lado de outras possíveis jurisdições especiais a serem organizadas para auxiliar em tal missão[90].

Segundo Kazuo Watanabe, incumbe ao Estado organizar os "meios alternativos", ao lado dos mecanismos tradicionais e formais já em funcionamento[91].

Obviamente não se intenciona a eliminação da atividade jurisdicional clássica nem sua substituição. Pretende-se a coexistência de meios acessíveis para integrar um sistema pluriprocessual eficiente e adequado para a composição de soluções para controvérsias. A relação entre as diversas formas de composição de conflitos, portanto, é de complementaridade.

Como destaca Carlos Alberto de Salles, meios "alternativos" de solução de controvérsias não são formas de excluir ou limitar a jurisdição estatal, mas instrumentos auxiliares desta última para atingir o objetivo de prestar universalmente serviços de solução de controvérsias: vistos dessa forma, tais mecanismos "não concorrem com a jurisdição estatal, mas a ela se somam, propiciando novos canais para dar efetividade à garantia de prestação do serviço judiciário"[92].

O Estado não deve se imiscuir da tarefa constitucional de promoção da solução pacífica dos conflitos, dado que esta é uma de suas missões constitucionais.

a) Atuação dos Poderes Legislativo, Executivo e Judiciário.

Impulsos doutrinários em prol dos meios consensuais de solução de conflitos resultaram em diversas medidas concretas por parte das instituições do Estado; merece ser reconhecido, para além de atos isolados e pontuais, um conjunto de atitudes das autoridades estatais que se unem pela coesão, ainda que mínima, no sentido de levar o Brasil para um novo patamar em termos de soluções consensuais de controvérsias[93].

O Poder Legislativo sempre esteve às voltas com esse movimento – até porque, dada a relevância das normas no nosso sistema, os atos dos demais Poderes só puderam avançar porque havia substrato legislativo para tanto. Há alguns atos legislativos especialmente conec-

---

[90] DELGADO, José *et al. A supremacia dos princípios nas garantias processuais do cidadão*, cit., p. 70.

[91] "É importante que o Estado estimule a criação desses serviços, controlando-os convenientemente, pois o perfeito desempenho da justiça dependerá, doravante, da correta estruturação desses meios alternativos e informais de solução de conflitos de interesses" (WATANABE, Kazuo. *Acesso à justiça e sociedade moderna*, cit., p. 133).

[92] SALLES, Carlos Alberto de. *Mecanismos alternativos de solução de controvérsias e acesso à justiça*, cit., p. 782.

[93] TARTUCE, Fernanda; MEGNA, Bruno Lopes. Fomento estatal aos meios consensuais de solução de conflitos pelos poderes judiciário, executivo e legislativo. In: ÁVILA, Henrique et al. Desjudicialização, justiça conciliativa e poder público. São Paulo: Thomson Reuters Brasil, 2021, p. 274.

tados com o movimento relatado; tais atos, somados àqueles dos demais Poderes, demonstram um movimento próprio a tal "promoção do Estado" à solução consensual de conflitos. Esse movimento merece ser atentamente observado dada a sua determinante relevância para a consolidação das formas pacificadoras de controvérsias no Brasil[94].

Sob a perspectiva de fomento ao setor privado para que auxilie na concretização da política pública de tratamento adequado dos conflitos de interesses, o Poder Legislativo, como um dos Poderes do Estado, cumpre o mandamento de "promover sempre que possível a solução consensual dos conflitos", instituído por ele próprio no CPC/2015 ao conferir tratamento legislativo institucionalizado[95].

Prova disso é que a cada edição da presente obra precisam ser acrescentadas novas linhas sobre disposições relativas a meios consensuais inseridas em diversos atos normativos para regrar diferentes temáticas. Como exemplo, constou na nota desta autora à anterior 6.ª edição que "no segundo semestre de 2019 três novas leis foram promulgadas com menções à mediação".

O legislador direciona ao Estado o papel de promover a política pública de consensualidade quando: *a)* prevê na principal legislação processual inúmeros momentos próprios, além da sempre disponível oportunidade, de tentar a solução consensual da disputa; *b)* atribui aos agentes públicos o dever de estimular os meios consensuais em juízo; *c)* insere previsões legais sobre possível consenso nos contratos de que o Estado é parte (por ex., no art. 23-A da Lei Geral de Concessões)[96].

Em relação ao Poder Executivo, nota-se que a missão de fomentar a consensualidade se dá, de um lado, por meio da direta "prestação do serviço de mediação" ou outros mecanismos de resolução para controvérsias surgidas entre a população em geral, e, de outro lado, por práticas negociais nos conflitos em que o próprio Estado é parte[97].

Vale reiterar que no âmbito extrajudicial a Administração Pública pode se engajar em meios autocompositivos mediante negociações (por ex., em procedimentos administrativos que resultam em aditamentos contratuais), conciliações e mediações, entre outros mecanismos.

Na seara federal, os primeiros passos ao encontro das práticas consensuais facilitadas por terceiros foram dados com a criação da Câmara de Conciliação e Arbitragem da Administração Federal (CCAF), pelo Ato Regimental n. 5/2007, da Advocacia-Geral da União.

Com o advento do CPC/2015, a competência da CCAF foi ampliada para permitir também que particulares em conflito com a Administração federal pudessem se valer da atuação da Câmara para dirimir tais disputas.

Nos âmbitos estadual e municipal, também vão sendo estruturadas câmaras de mediação, conciliação e arbitragem.

Além disso, o Poder Executivo tem se dedicado a fomentar atos negociais por outros mecanismos – entre os quais se destaca o desenvolvimento, pelo Ministério da Justiça do governo federal, da plataforma "consumidor.gov.br".

---

[94]   Idem, ibidem.

[95]   TARTUCE, Fernanda; MEGNA, Bruno Lopes. Fomento estatal aos meios consensuais de solução de conflitos pelos poderes judiciário, executivo e legislativo, cit., p. 276.

[96]   TARTUCE, Fernanda; MEGNA, Bruno Lopes. Fomento estatal aos meios consensuais de solução de conflitos pelos poderes judiciário, executivo e legislativo, cit., p. 277.

[97]   TARTUCE, Fernanda; MEGNA, Bruno Lopes. Fomento estatal aos meios consensuais de solução de conflitos pelos poderes judiciário, executivo e legislativo, cit., p. 282.

No âmbito judicial, nos procedimentos dos Juizados Especiais da Fazenda Pública Federal (Lei n. 10.259/2001, art. 10, parágrafo único) e das Fazendas Públicas estaduais e municipais (Lei n. 12.153/2009, art. 8.º), assim como em quaisquer outros procedimentos judiciais de que seja parte, a Fazenda pode solucionar seus litígios por autocomposição[98].

O Poder Judiciário vem desenvolvendo relevante papel na institucionalização da consensualidade – a começar pelo fato de que a segurança jurídica garantida aos acordos firmados em juízo tem sido essencial para que os resultados advindos da autocomposição sejam considerados potencialmente melhores do que os efeitos de sentenças judiciais. Além disso, as diversas campanhas promovidas pelo Poder Judiciário também são importantes para divulgar as possibilidades consensuais à população[99].

O CNJ também segue dando contribuições sob o prisma normativo: para tanto, emitiu as Resoluções n. 358/2020 (que regula a criação de soluções tecnológicas para a solução de conflitos pelo Poder Judiciário por meio de conciliação e mediação) e n. 406/2021 (que dispõe sobre a criação e o funcionamento do Núcleo de Mediação e Conciliação (Numec), no âmbito do CNJ).

O STF também se estruturou para lidar com iniciativas consensuais. O Centro de Soluções Alternativas de Litígios (CESAL/STF) foi instituído pela Resolução n. 790/2022 para integrar o Centro de Mediação e Conciliação (CMC/STF), o Centro de Cooperação Judiciária (CCJ/STF) e o Centro de Coordenação de Apoio às Demandas Estruturais e Litígios Complexos (CADEC/STF), tendo por objetivos: *1.* apoiar os Gabinetes na busca de soluções consensuais de situações jurídicas; *2.* prestar auxílio na solução de litígios estruturais e demandas complexas da competência da Suprema Corte; *3.* promover a cooperação judiciária do STF com os demais órgãos do Poder Judiciário[100].

Para além de incentivar a promoção do consenso com vistas a reduzir o congestionamento judiciário, vale lembrar: ao Poder Judiciário cabe criar condições efetivas para o bom desenvolvimento das atividades de mediadores e conciliadores judiciais (inclusive assegurando sua devida remuneração), bem como zelar pela qualidade do consenso em atenção à "adequação" do mecanismo[101].

b) Pesquisas sobre iniciativas consensuais no País.

Merece destaque uma particularidade prática: como ocorre em outros países[102], o Brasil em sua grande maioria o investimento para a instalação de instituições responsáveis por essa distribuição de justiça dita "alternativa" é feito pelo Estado, direta ou indiretamente.

A pesquisa *Acesso à justiça por sistemas alternativos de administração de conflitos,* realizada pelo Ministério da Justiça, promoveu o mapeamento nacional de programas públicos não governamentais; eis elucidativa tabela sobre a configuração dos protagonistas das iniciativas então existentes:

---

[98] TARTUCE, Fernanda; MEGNA, Bruno Lopes. Fomento estatal aos meios consensuais de solução de conflitos pelos poderes judiciário, executivo e legislativo, cit., p. 285.

[99] TARTUCE, Fernanda; MEGNA, Bruno Lopes. Fomento estatal aos meios consensuais de solução de conflitos pelos poderes judiciário, executivo e legislativo, cit., p. 281.

[100] Apresentação. Disponível em: https://portal.stf.jus.br/textos/verTexto.asp?servico=cmc&pagina=apre sentacao#:~:text=O%20Centro%20de%20Solu%C3%A7%C3%B5es%20Alternativas,Complexos%20 (CADEC%2FSTF). Acesso em: 17 ago. 2023.

[101] Idem, ibidem.

[102] Em praticamente todos os países em que as técnicas se firmaram houve institucionalização de sua prática, incumbindo-se o Estado de sua organização; é o que ocorre nos Estados Unidos, na França, na Argentina e na Espanha, por exemplo.

Tabela 4.1 Distribuição dos programas de administração alternativa de conflitos por tipo

Tipo de programa	Frequência	%
Governamental	33	49,2
ONG diversa	21	31,3
ONG específica	11	16,4
Universidade	2	2,9
Total	67	100

Fonte: Sistemas de administração alternativa de conflitos. Secretaria da Reforma do Judiciário/ Ministério da Justiça e Programa das Nações Unidas para o Desenvolvimento (PNUD)[103].

Praticamente 50% dos programas eram executados diretamente por entes governamentais dos Poderes Judiciário ou Executivo; as organizações não governamentais (ONGs) ocupavam grande parte dos 50% restantes e muitas delas contavam com subsídios públicos diretos[104].

Percebe-se, assim, que os programas não eram completamente "alternativos" em relação ao Estado: eles podiam ser considerados opcionais em relação à prestação jurisdicional estatal clássica, mas certamente não o eram no tocante ao sistema de justiça do Estado. Vale destacar que mesmo o Poder Executivo trabalhava a instalação de tais órgãos, como se depreende dos dados seguintes:

Tabela 4.2 Distribuição dos programas governamentais de administração alternativa de conflitos segundo o poder que o instituiu

Poder	Frequência
Poder Judiciário	20
Executivo Direto	10
Defensoria Pública	2
Ministério Público	1
Total	33

Fonte: Sistemas de administração alternativa de conflitos. Secretaria da Reforma do Judiciário/ Ministério da Justiça e Programa das Nações Unidas para o Desenvolvimento (Pnud)[105].

Entre as iniciativas do Poder Executivo, destacou-se, no estado de São Paulo, a instalação dos Centros de Integração da Cidadania (CIC), programa da Secretaria da Justiça e da Defesa

---

[103] Acesso à justiça por meios alternativos de solução de conflitos. Disponível em: http://www.acessoajustica. gov.br/pub/_downloads/downloads_acesso_justica.pdf. Acesso em: 16 jun. 2015.

[104] Foram identificadas 67 iniciativas em curso, sendo 33 programas regidos por instituições públicas governamentais, 32 desenvolvidos por organizações não governamentais e dois programas criados por universidades.

[105] Acesso à justiça por meios alternativos de solução de conflitos. Disponível em: http://www.acessoajustica. gov.br/pub/_downloads/downloads_acesso_justica.pdf. Acesso em: 16 jun. 2015.

da Cidadania criado para levar à população de baixa renda vários serviços públicos e oferecer meios alternativos de solução de conflitos[106].

Percebe-se, portanto, no que tange ao financiamento das iniciativas, que o aporte dos recursos estatais foi significativo, o que revela a importância do investimento público para o seu desenvolvimento[107]. Com efeito, faz parte da política pública estatal a administração da justiça em geral, de forma que mesmo nas "redes paralelas" de distribuição de justiça sua presença é marcante.

Merece registro outra importante iniciativa de mapeamento: o Centro Brasileiro de Estudos e Pesquisas Judiciais (Cebepej) e a Escola de Direito da Fundação Getulio Vargas (FGV Direito SP) realizaram para a Secretaria de Reforma do Judiciário do Ministério da Justiça uma interessante pesquisa empírica sobre boas práticas de mediação no país[108].

Tal estudo qualitativo faz referência a outra pesquisa muito interessante, o Mapeamento de Práticas Alternativas de Administração de Conflitos Interpessoais (MPACI). O estudo examinou 2.575 iniciativas brasileiras distribuídas em nove bancos de dados; após as devidas verificações, restou um grupo de 193 práticas; segundo sua autora, Moema Prudente, enquanto no citado estudo de 2005 do Ministério de Justiça havia 67 iniciativas, em 2011 foram encontradas 193 práticas – número considerado pequeno à luz das dimensões do país[109].

Como se percebe, à luz da realidade brasileira a adoção de meios diferenciados de composição de controvérsias no contexto da atividade jurisdicional do Estado é plenamente admissível e já opera no plano concreto.

A pluralidade de iniciativas é interessante, já que a missão constitucional de promover a solução pacífica de conflitos e a harmonia social demanda esforços multifacetados.

Aos que entendem ser jurisdicional apenas e tão somente a atuação do Poder Judiciário ao pronunciar-se sobre o mérito de uma demanda, a consideração de tais mecanismos pelo menos como equivalentes jurisdicionais revela-se adequada, inclusive no tocante à sua valorização como partes integrantes de um sistema maior de distribuição de justiça.

---

[106] Informações disponíveis no *site* do Governo do Estado de São Paulo: http://www.justica.sp.gov.br/portal/site/SJDC/menuitem.220ea16fda5b8da8e345f391390f8ca0/?vgnextoid=a98dcc533f73e310VgnVCM10000093f0c80aRCRD. Acesso em: 16 jun. 2015.

[107] "A solução alternativa de conflitos que se tem feito no Brasil caracteriza-se como alternativa ao recurso à intervenção judicial clássica (através do processo judicial comum), porém não pode ser considerada como alternativa à judicialização dos conflitos, já que boa parte dos programas governamentais – e mesmo dos não governamentais – é diretamente patrocinada pelos Judiciários Estaduais e Federal, ou estabelece com eles convênios e parcerias na prestação de serviços jurisdicionais (...) Muito menos se pode dizer que a utilização de administração alternativa de conflitos seja uma alternativa à intervenção estatal nesse campo, já que o Estado, através de diferentes agências governamentais, financia a maior parte dos programas estudados, seja diretamente prestando esse tipo de serviço ao cidadão, seja financiando ou estabelecendo convênios com organizações civis" (Acesso à justiça por meios alternativos de solução de conflitos, cit.).

[108] Estudo qualitativo sobre boas práticas em mediação no Brasil. Coordenação: Ada Pellegrini Grinover, Maria Tereza Sadek e Kazuo Watanabe (Cebepej), Daniela Monteiro Gabbay e Luciana Gross Cunha (FGV Direito SP); colaboradores: Adolfo Braga Neto [*et al.*]. Brasília: Ministério da Justiça, Secretaria de Reforma do Judiciário, 2014. Disponível em: Estudo-qualitativo-sobre-boas-praticas-em-mediacao--no-Brasil. Acesso em: 8 ago. 2023.

[109] PRUDENTE, Moema Dutra Freire. Pensar e fazer justiça: a administração alternativa de conflitos no Brasil. Tese. Brasília: UnB, Departamento de Sociologia, 2015. Disponível em: http://repositorio.unb.br/bitstream/10482/11227/3/2012_MoemaDutraFreirePrudente.pdf. Acesso em: 14 jul. 2015.

Cap. 4 • MEIOS ALTERNATIVOS (ADEQUADOS) DE COMPOSIÇÃO DE CONFLITOS | **163**

Como apontado, é importante contar com um sistema pluriprocessual de abordagem de controvérsias, cabendo ao Estado multiplicar formas e táticas para lidar com disputas.

4.7 ACESSO À JUSTIÇA POR MEIOS "ALTERNATIVOS"/ADEQUADOS: VANTAGENS E DESVANTAGENS

O debate sobre as vantagens e as desvantagens dos diferentes meios de composição de conflitos é útil não para fomentar um posicionamento contrário ou favorável à sua adoção, mas para que se possa apreciar como, quando e sob quais circunstâncias as pessoas podem resolver o conflito consensualmente sem precisar da interferência de um julgador para tal mister[110].

É importante que o gestor do conflito domine o espectro de possibilidades, conhecendo tanto as vantagens como as desvantagens na adoção de cada meio. A partir de tal constatação, será possível encontrar a resposta mais apropriada ao encaminhamento da controvérsia, considerando elementos variados (como a índole do conflito e o perfil das partes).

4.7.1 Vantagens

A adoção de meios alternativos/adequados de solução de conflitos é uma tendência mundial que vem sendo estimulada não só em virtude dos problemas vivenciados pelos sistemas jurídicos e judiciários[111], mas também pela evolução da sociedade rumo a uma cultura participativa em que o cidadão é protagonista da busca da solução por meio do diálogo e do consenso[112].

As vantagens da adoção de mecanismos alternativos à via jurisdicional são várias: obtenção de resultados rápidos, confiáveis, econômicos e ajustados às mudanças tecnológicas em curso; ampliação de opções ao cidadão, que teria oportunidades diversas de tratamento do conflito; aperfeiçoamento do sistema de justiça estatal por força da redução do número de processos em curso[113].

Além disso, a administração eficiente de tais meios pode permitir o estabelecimento de uma interação produtiva entre as pessoas, compondo a controvérsia instalada e prevenindo a verificação de outros impasses.

Destaca-se como fator importante a intenção de contar com o cumprimento voluntário de certas iniciativas pela parte contrária. Quando as pessoas concorrem com sua vontade para

---

[110] MENKEL-MEADOW, Carrie. Whose Dispute is it Anyway? A Philosophical and Democratic Defense of Settlement (in Some Cases) 83 Geo.LJ. 2663, 2663-71, 2692 (1995). In: RISKIN, Leonard L.; WESTBROOK, James E. *Dispute Resolution and Lawyers*, cit., p. 30.

[111] As vantagens das soluções alternativas, segundo Cândido Rangel Dinamarco, consistem principalmente em evitar as dificuldades que empecem e dificultam a tutela jurisdicional: o custo financeiro do processo, a excessiva duração dos trâmites processuais e o necessário cumprimento das formas processuais; em relação à arbitragem, o autor acrescenta ainda as vantagens de haver melhor conhecimento do *thema decidendum* pelos árbitros especializados, menor apego à rigidez da lei (diante da opção possível pelo juízo de equidade) e ausência de publicidade (favorecendo a preservação da privacidade ou de segredos profissionais) (DINAMARCO, Cândido Rangel. *Instituições de Direito processual civil*, v. 1. São Paulo: Malheiros, 2013. p. 124).

[112] COLAIÁCOVO, Juan Luis; COLAIÁCOVO, Cynthia Alexandra. *Negociação, mediação e arbitragem*, cit., p. 61.

[113] *Ibidem.*

164 | MEDIAÇÃO NOS CONFLITOS CIVIS – *Fernanda Tartuce*

a construção de uma saída produtiva para ambas, elas cumprem espontaneamente os ajustes entabulados, sendo desnecessário promover iniciativas adicionais para fazer jus ao combinado.

José Renato Nalini ressalta o aspecto extremamente válido do acordo em seu aspecto psicológico: sua configuração é capaz de inspirar nas partes a convicção de que se ajustaram espontaneamente, tendo prevalecido o bom-senso, o desapego e a luta contra a intransigência e o egoísmo[114].

No tocante à possível intenção de manter o relacionamento entre as partes em uma perspectiva de futuro, os resultados são, sem dúvida, melhores quando os próprios envolvidos protagonizam a solução do que quando um terceiro impõe a decisão.

4.7.2 Desvantagens

As críticas à adoção dos mecanismos alternativos podem ser resumidas às seguintes: deletéria privatização da justiça (retirando do Estado, a ponto de enfraquecê-lo, uma de suas funções essenciais e naturais, a administração do sistema de justiça); falta de controle e confiabilidade de procedimentos e decisões (sem transparência e lisura); exclusão de certos cidadãos e relegação ao contexto de uma "justiça de segunda classe"[115]; frustração do jurisdicionado e enfraquecimento do Direito e das leis.

No que tange à privatização da justiça, há quem suspeite que o estímulo à adoção de alternativas à atividade estatal represente atitude harmonizada com correntes políticas e econômicas internacionais, que, na América Latina, após privatizarem grande parte das empresas e serviços públicos, estariam buscando a privatização da justiça com o fito de respaldar seus interesses[116].

Tal argumentação decorre do teor do Documento Técnico 319/96, intitulado *O Setor Judiciário na América Latina e no Caribe: elementos para reforma*; editado pelo Banco Mundial, ele traz recomendações para a descentralização na administração da justiça. Nos termos do documento, há "uma necessidade de reformas para aprimorar a qualidade e eficiência da justiça, fomentando um ambiente propício ao comércio, financiamentos e investimentos"; afinal, "um poder judiciário eficaz e funcional é relevante ao desenvolvimento econômico"[117]. Especificamente no que concerne aos meios alternativos, afirma-se que

> [...] o acesso à justiça pode ser fortalecido através de mecanismos alternativos de resolução de conflitos (Marc). Esses mecanismos, que incluem arbitragem, mediação, conciliação e juízes de paz, podem ser utilizados para minimizar a morosidade e a corrupção no sistema [...]. Visando aprimorar o acesso à justiça, os programas da reforma devem considerar tanto os Marc vinculados às Cortes quanto os Marc privados. Esta estratégia permite uma competição na resolução de conflitos e consequentemente a discussão sobre o monopólio do judiciário. Os programas pilotos podem ser desenvolvidos em uma ampla variedade de áreas incluindo os Marc vinculados às Cortes e os Marc privados, ou

---

[114] NALINI, José Renato. *O juiz e o acesso à justiça*, cit., p. 90.

[115] FIGUEIRA JÚNIOR, Joel Dias; TOURINHO NETO, Fernando da Costa. *Juizados especiais cíveis e criminais*, cit., p. 40.

[116] Tal conjectura é referida por SILVA, Eduardo Silva da. *Meios alternativos de acesso à justiça*, cit., p. 170.

[117] O teor completo do documento está disponível em: https://www.anamatra.org.br/attachments/article/24400/00003439.pdf. Acesso em: 22 jan. 2020.

juízes de paz. Estes programas também devem se concentrar em prover representação legal qualificada para as populações de baixa renda. Além disso, devem ser asseguradas informações que facilitem o uso do Judiciário, podendo incluir, conforme o caso, o uso de tradutores para os que não falam a língua oficial, bem como assistência aos analfabetos[118].

Percebe-se que tais ideias não são novas e já vinham sendo defendidas por Mauro Cappelletti na obra *Acesso à justiça;* a propósito, um dos responsáveis pela pesquisa que resultou no documento elaborado pelo Banco Mundial foi Bryant Garth, que atuou junto com o autor italiano no Projeto Florença.

Mauro Cappelletti aborda algumas das críticas e problematiza a melhor saída para alguns pontos controvertidos, além de tratar quais seriam as melhores espécies de instituições para promover os meios "alternativos" e quais seriam as garantias mínimas a serem observadas na condução do conflito:

> O risco, obviamente, é o de que a alternativa só proporcione uma *justiça de segunda classe,* porque é quase inevitável que faltem aos julgadores nos tribunais alternativos, pelo menos em parte, as salvaguardas de independência e treino de que dispõem os Juízes ordinários. E aos próprios procedimentos poderiam faltar, pelo menos em parte, as garantias formais de equidade processual que são típicas do procedimento ordinário [...][119].

Para Vittorio Denti, que diverge de Mauro Cappelletti sobre o tema, o movimento em prol dos procedimentos conciliatórios se destinaria a perseguir duas finalidades: (i) uma eficiência maior na predisposição de meios para a administração da justiça, mediante a submissão de causas menores a órgãos de conciliação, com o que se subtrairia, porém, a possibilidade de essas mesmas causas poderem aspirar por um Juízo "de primeira classe"; (ii) a finalidade de privatização dos conflitos ao aceitar o ingresso, para a atividade mediadora, de grupos econômicos e sociais que proliferam nas sociedades de capitalismo avançado[120].

Nas palavras de José Ignácio Botelho de Mesquita, na autocomposição o litígio

> [...] se resolve por ato das próprias partes apaziguadas pelo juiz (que passa a agir como amigo de ambas, em lugar de atuar como órgão da jurisdição). Configura administração pública de interesses privados, que qualifica a função como sendo de jurisdição voluntária, administrativa ou graciosa. O Estado se abstém de definir a norma aplicável e atuá-la no caso concreto, subtraindo-se ao dever de prestar a jurisdição. Essa forma de extinção do processo pode, em certos casos, ter suas vantagens. Preferi-la, porém, emprestando-lhe valor maior do que à solução do conflito mediante sentença, pode ter para as partes, e a meu ver tem, um custo institucional muito alto, porque transfere para elas a responsabilidade pela solução do litígio[121].

---

118 Disponível em: https://www.anamatra.org.br/attachments/article/24400/00003439.pdf Acesso em: 22 jan. 2020.

119 CAPPELLETTI, Mauro. *Os métodos alternativos de solução de conflitos no quadro do movimento universal de acesso à justiça,* cit., p. 89.

120 *Apud* CUNHA, J. S. Fagundes. Da mediação e da arbitragem endoprocessual. Disponível em: http://www.uepg.br/rj/a1v1at16.htm. Acesso em: 10 mar. 2015.

121 BOTELHO DE MESQUITA, José Ignácio. *As novas tendências do Direito processual,* cit., p. 62.

Segundo o autor, tal atuação geraria a frustração ao jurisdicionado e o enfraquecimento do Direito, dado que sua expectativa, ao ir a juízo, seria contar com que o Estado lhe desse razão,

> [...] confirmando sua confiança no império do Direito e reforçando na parte contrária a consciência da responsabilidade pelo cumprimento das próprias obrigações. Essa expectativa se frustra ao ver a parte que o juiz, sem lhe negar razão, insta a que ela abra mão de parte do seu direito em favor daquele que nenhum direito tem. A preferência estatal pela conciliação constitui um fator de enfraquecimento do Direito, enquanto método para a solução dos conflitos intersubjetivos, porque abala a confiança no império da lei. Torna desconfiados os homens simples e mais confiados os aventureiros. Para cada processo a que põe fim, estimula o nascimento de outros tantos. Abala os alicerces da coesão social[122].

Inicialmente, cumpre considerar que a atividade de apaziguar os ânimos tem sido incluída em todos os mecanismos de composição de conflitos – o que não significa que o facilitador do consenso se torne "amigo das partes". Ademais, não necessariamente há enfraquecimento, podendo haver até o fortalecimento do Direito a partir do momento em que as partes o cumpram espontaneamente (sem atender a ilegítimos elementos de coerção). A autoridade dos institutos jurídicos há de ser mais bem reconhecida a partir do momento em que sua observância seja discutida e genuinamente admitida pelos contendores.

A introdução dos meios alternativos não visa substituir ou enfraquecer o Poder Judiciário, mas, pelo contrário, oferecer meios mais apropriados de resolução de conflitos e inserir-se no âmbito de modernização do Poder Judiciário, facilitando a efetiva prestação jurisdicional por esse poder[123].

A perspectiva adotada objetiva justamente obter o cumprimento do Direito pelos próprios envolvidos, no resgate de sua responsabilidade pessoal.

No que tange à coesão social, esta é mais bem assegurada a partir do momento em que as partes se comunicam eficientemente e conseguem compor seus interesses de forma pacífica.

4.8 RESOLUÇÃO *ON-LINE* DE DISPUTAS (ODRS)

O número de interações eletrônicas vinha gradualmente se ampliando em diversas searas até que a crise gerada pela pandemia do novo coronavírus promoveu sua vigorosa consagração em 2020: a valorização de meios eletrônicos viabilizadores de possibilidades relacionais na área jurídica direcionou cada um(a) de nós a atuar de maneira remota sempre que possível.

A inviabilidade de encontros presenciais e a acelerada "virtualização" dos contatos humanos ensejaram o exponencial aumento do uso de plataformas de comunicação síncrona (em que as interações ocorrem simultaneamente), geralmente por meio de vídeo e/ou áudio para reuniões, aulas e encontros sociais[124]; a familiarização com essas vias facilitou sua adoção maciça em audiências (judiciais e arbitrais) e em sessões consensuais (de mediação e conciliação).

---

[122] *Ibidem*.

[123] SALES, Lilia Maia de Morais. *Justiça e mediação de conflitos*, cit., p. 73.

[124] TARTUCE, Fernanda; ASPERTI, Cecilia. A conciliação e a mediação online a partir da pandemia do novo coronavírus: limites e possibilidades. *Revista do Advogado da AASP*, n. 148 (no prelo).

Para muitas pessoas, pulsa vivamente a sensação de que fomos obrigados, por força da pandemia do coronavírus, a olhar detidamente para os meios eletrônicos e adotá-los, ainda que não constituíssem a opção preferida nem mais segura: precisamos aprender intensamente a usar os mecanismos digitais enquanto lidávamos com dilemas e angústias inerentes ao árduo momento vivenciado.

Uma forma interessante de lidar com situações desconhecidas é refletir com profundidade sobre possibilidades e limites na busca de ampliar conhecimentos sobre elementos evolutivos e aspectos proveitosos do tema enfocado.

4.8.1 Aspectos evolutivos

Como podemos compreender a passagem maciça de interações do modo presencial para a prodigalizada atuação em meios eletrônicos?

Embora em 2020 tenhamos constatado a intensa tendência de ampliar o uso de meios digitais, o tema vem sendo objeto de iniciativas e estudos há considerável tempo. Como chegamos ao atual "estado da arte"?

Dentre os aspectos impulsionadores do desenvolvimento de meios extrajudiciais de solução de conflitos merecem destaque: o crescimento do comércio eletrônico; o aumento do tempo que as pessoas gastam com deslocamento físico (principalmente em razão de congestionamentos cada vez maiores); o aumento do custo do transporte; o incremento do volume de trabalho desenvolvido pelas pessoas no dia a dia e a crescente morosidade dos meios tradicionais de resolução de conflitos (Poder Judiciário)[125].

Com o incremento de formas diversificadas de comunicação, logo se constatou que a realização de práticas ligadas aos meios extrajudiciais de composição de controvérsias não precisava se limitar ao formato presencial.

O mundo dos negócios foi o espaço em que floresceram de modo mais intenso as negociações *on-line* – lugar no qual, aliás, deu-se o surgimento de meios diferenciados para compor controvérsias.

Com o tempo, a tecnologia e a inteligência artificial deixaram de estar disponíveis apenas para grandes indústrias; ao se tornarem acessíveis à maior parte da população (por vezes sem custos diretos de aquisição, como no caso das redes sociais), foi se ampliando cada vez mais a adoção de ferramentas digitais para automatizar a execução de tarefas até então dependentes de agentes humanos[126].

Empresários do comércio eletrônico perceberam a necessidade de melhor lidar com expectativas de clientes insatisfeitos e desenvolveram plataformas próprias para tratar de controvérsias entre consumidores e vendedores; os meios *on-line* desenvolveram-se então com o impulso da globalização e do uso massivo da internet, fatores responsáveis pelo incremento na interação e nos negócios entre pessoas situadas em locais longínquos – em

---

[125] MAGALHÃES, Rodrigo Almeida; SARAIVA, Marina de Souza. Arbitragem Eletrônica, p. 32.

[126] NUNES, Dierle; MARQUES, Ana Luiza Pinto Coelho. Inteligência artificial e direito processual: vieses algorítmicos e os riscos de atribuição de função decisória às máquinas. Disponível em: https://www.academia.edu/37764508/INTELIG%C3%8ANCIA_ARTIFICIAL_E_DIREITO_PROCES-SUAL_VIESES_ALGOR%C3%8DTMICOS_E_OS_RISCOS_DE_ATRIBUI%C3%87%C3%83O_DE_FUN%C3%87%C3%83O_DECIS%C3%93RIA_%C3%80S_M%C3%81QUINAS_Artificial_intelligence_and_procedural_law_algorithmic_bias_and_the_risks_of_assignment_of_decision_making_function_to_machines?campaign=upload_email. Acesso em: 14 set. 2020.

muitos dos casos, diga-se de passagem, seria praticamente inviável adotar meios presenciais de composição de conflitos[127].

Além da superação da distância geográfica, a utilidade e a necessidade de adotar meios *on-line* para compor disputas foram identificadas a partir de fatores como limitação de recursos financeiros e alcance de agilidade; ao ponto, segue explicando Ricardo Dalmaso Marques:

> O ODR foi criado para tentar ultrapassar uma das maiores barreiras existentes para um maior desenvolvimento desse mercado: a prevenção e a resolução de disputas em grande volume, cuja falha em muitas instâncias poderia levar à falta de confiança de consumidores no *e-commerce*. Não é incompreensível: usuários de serviços *on-line* – ou seja, que contratam com agilidade – buscam resolver suas demandas também com a mesma eficiência, e nenhuma confiança há em um sistema que possibilita uma transação em segundos, mas a resolução de uma disputa em anos ou décadas. Nesse ponto, resolver conflitos – mormente demandas de consumidores – de forma eficiente significa contribuir para o crescimento, a lucratividade e a confiança de um mercado[128].

A expansão de meios *on-line* para resolver controvérsias de consumo busca sobretudo encontrar formas inovadoras de lidar com disputas que, de outra forma, permaneceriam sem solução devido aos altos custos do litígio, aos desafios transfronteiriços ligados ao conflito de leis e à exigência de presença física em certos mecanismos; embora todos reconheçam que os meios *on-line* para consumidores devam ser facilmente acessíveis, amigáveis e econômicos, a tarefa de atribuir-lhes tais características não é fácil principalmente em disputas transfronteiriças, onde novos desafios afetam o paradigma da resolução *on-line* de disputas[129].

4.8.2 Conceituação e realidade brasileira

A expressão *Online Dispute Resolution* (ODR) retrata a utilização da tecnologia da informação e da comunicação para compor conflitos, sendo tal uso referente à totalidade do procedimento ou somente a parte dele[130].

A maior parte dos autores considera adequado adotar um conceito aberto: a expressão ODR inclui todo e qualquer uso de tecnologia no procedimento, incluindo desde *e-mails* com documentos até um sistema sofisticado de coleta/armazenamento de dados, com respostas

---

[127] MAGALHÃES, Rodrigo Almeida; SARAIVA, Marina de Souza. Arbitragem Eletrônica, p. 31.

[128] MARQUES, Ricardo Dalmaso. A Resolução de Disputas Online (ODR): do comércio eletrônico ao seu efeito transformador sobre o conceito e a prática do acesso à justiça, p. 7.

[129] CORTÉS, Pablo. Online Dispute Resolution for Consumers. Disponível em: <https://www.academia.edu/3347977/Online_Dispute_Resolution_for_Consumers>. Acesso em: 27 maio 2020. Trecho original: "The expansion of ODR in the consumer context is not simply about reducing the cost of resolving disputes that could be settled face to face. It is mostly about finding innovative ways to settle niche disputes which otherwise would remain unresolved due to the high costs of litigation (not to mention cross-border challenges of conflict of laws) and face to face ADR methods. ODR for consumers should be characterised by being of easy access and user-friendly as well as being cost-effective. Yet, this is not an easy task, particularly in cross-border disputes, where new challenges enter into the paradigm of resolving disputes online".

[130] LIMA, Gabriela Vasconcelos; FEITOSA, Gustavo Raposo Pereira. Online Dispute Resolution (Odr): A Solução de Conflitos e as Novas Tecnologias" *Revista do Direito*, Santa Cruz do Sul, v. 3, n. 50, p. 53-70, set./dez. 2016.

automáticas e resoluções assistidas por computadores, dentre outras ferramentas; nessa linha, a tecnologia seria não só capaz de melhorar os procedimentos, "mas também de alterar substancialmente a forma como funciona o sistema"[131].

A visão mais estrita também merece atenção: segundo Daniel Arbix, que adota o conceito clássico delineado por Ethan Katsh, *Online Dispute Resolution* (ODR) pode ser definida como "resolução de controvérsias em que tecnologias de informação e comunicação não se limitam a substituir canais de comunicação tradicionais, mas agem como vetores para oferecer às partes ambientes e procedimentos ausentes em mecanismos convencionais de dirimir conflito"[132].

Superando resistências e desconfianças, aos poucos foi sendo ampliada no Brasil a adoção de meios eletrônicos para viabilizar reclamação, notificação e eventual troca de propostas negociais em conflitos de consumo.

Na prática anterior à pandemia, o uso de vias eletrônicas acabava sendo restrito a iniciativas pontuais ou a plataformas de comunicação assíncrona (nas quais as interações independem da presença simultânea da outra parte)[133] usadas para troca de propostas por meio de *chats* ou mensagens; em relação aos meios consensuais, tal dinâmica era muito mais próxima da negociação do que propriamente da conciliação e da mediação[134].

Nas plataformas de negociação, há uma diferença marcante em relação aos meios tradicionais: não há resolução do conflito por um terceiro neutro, elemento que torna o procedimento mais oneroso por força do custo econômico e do dispêndio de bens imateriais de que as partes terão de dispor (como tempo e deslocamento, dentre outros); nessa medida, "experiências de outros países demonstram que o custo da resolução de uma disputa do consumidor por meio de mecanismos tradicionais é atualmente muito alto"[135].

Como bem pontuam Antônio José Maristrello Porto, Rafaela Nogueira e Carina de Castro Quirino,

> Há diversos debates sobre a eficiência desses mecanismos, que dependem essencialmente dos desenhos regulatórios de *e-commerce*. Os mais bem-sucedidos são aqueles em que a maioria das disputas é resolvida sem a intervenção de terceiros neutros. Os esquemas efetivos de reparação do consumidor geralmente adotam uma forma de pirâmide, onde a maioria das disputas é resolvida em sua base, depois que as partes trocaram todas as informações necessárias e apenas uma pequena proporção do progresso das reclamações para a próxima etapa em que um terceiro neutro intervém para facilitar as negociações[136].

---

[131] MARQUES, Ricardo Dalmaso. A Resolução de Disputas Online (ODR): do comércio eletrônico ao seu efeito transformador sobre o conceito e a prática do acesso à justiça, p. 4-5.

[132] ARBIX, Daniel do Amaral. *Resolução Online de Controvérsias*. São Paulo: Editora Intelecto, 2017, p. 58.

[133] ECKSCHMIDHT, Thomas; MAGALHÃES, Mario E. S.; MUHR, Diana. *Do conflito ao acordo na era digital* (meios eletrônicos para solução de conflitos – MESC). 2. ed. Curitiba: Doyen, 2016, p. 125.

[134] ASPERTI, Cecilia; TARTUCE, Fernanda. "Conversando a gente se entende": negociação, mediação e conciliação como meios eficientes após a pandemia. In: TARTUCE, Fernanda; DIAS, Luciano Souto (coord.). *Coronavírus*: direito do cidadão e acesso à justiça. Indaiatuba: Foco, 2020 (no prelo).

[135] PORTO, Antônio José Maristrello; NOGUEIRA, Rafaela; QUIRINO, Carina de Castro. Resolução de conflitos on-line no Brasil: um mecanismo em construção. *Revista de Direito do Consumidor*, v. 114, p. 297, nov.-dez. 2017.

[136] PORTO, Antônio José Maristrello; NOGUEIRA, Rafaela; QUIRINO, Carina de Castro. Resolução de conflitos on-line no Brasil: um mecanismo em construção. *Revista de Direito do Consumidor*, v. 114, p. 297, nov.-dez. 2017.

O uso da tecnologia em meios de solução de conflitos pautados na participação de terceiros (julgadores e fomentadores de consenso) ocorria pontualmente em alguns procedimentos (sobretudo arbitrais); em prol da útil realização de atos específicos, como a assinatura de termos iniciais de arbitragem e a escuta de testemunhas por videoconferência, a prática eletrônica atendia a necessidade de prover maior comodidade aos participantes e permitir a superação de restrições geográficas.

Como se nota, apesar de os mecanismos *on-line* terem sido pensados inicialmente para tratar de relações estabelecidas no ambiente eletrônico, o uso da tecnologia em meios adequados de composição de conflitos surgidos em interações físicas também se verifica: trocas de *e-mails*, conferências telefônicas e videoconferências, assim como outros recursos tecnológicos, passaram a ser adotados por força da conveniência, da agilidade e da economia que ensejam[137].

O uso dos meios *on-line* de resolução de disputas, como bem explicam Rodrigo Magalhães e Marina Saraiva, vem sendo objeto de gradual evolução:

> Do ponto de vista histórico, Katsh e Rifikin (2001) ensinam que o uso dos ODR pode ser dividido em três fases. O primeiro estágio perdurou até aproximadamente o ano de 1995, quando os métodos se mantinham adstritos praticamente à resolução de controvérsias ligadas a usuários e provedores de *e-mail*, permanecendo a sua utilização em contextos específicos. A segunda fase ocorreu entre os anos de 1995 e 1998, quando foi percebida a necessidade do uso de meios eletrônicos para solução de controvérsias que surgiam no ciberespaço de forma geral. Na terceira fase, que teve início em 1998 estendendo-se até os dias atuais, passa-se a compreender os MESC como capazes de resolver conflitos surgidos tanto fora como dentro do ambiente eletrônico[138].

Estamos então inseridos nessa terceira etapa. Atualmente as plataformas *on-line* no Brasil têm focado no uso de quatro institutos: (i) negociação automatizada e assistida, (ii) mediação *on-line*, (iii) arbitragem *on-line*, (iv) *ombudsman on-line*[139].

A adoção de plataformas públicas de negociação e mediação *on-line* tem sido incentivada pelo Poder Judiciário brasileiro tanto em fases pré-processuais como no curso de processos judiciais. Há atualmente plataformas (públicas e privadas) que atuam na autocomposição de conflitos favorecendo negociações; dentre as mais conhecidas destacam-se a Mediação Digital do Conselho Nacional de Justiça (CNJ) e a Consumidor.gov.br[140], mantida e gerenciada pela Secretaria Nacional do Consumidor do Ministério da Justiça[141].

O tema vem crescendo sob o prisma quantitativo e merece ser devidamente compreendido pelos atores do cenário jurídico também em aspectos qualitativos.

---

[137] MAGALHÃES, Rodrigo Almeida; SARAIVA, Marina de Souza. Arbitragem Eletrônica, p. 32.

[138] MAGALHÃES, Rodrigo Almeida; SARAIVA, Marina de Souza. Arbitragem Eletrônica, p. 30-31.

[139] PORTO, Antônio José Maristrello; NOGUEIRA, Rafaela; QUIRINO, Carina de Castro. Resolução de conflitos on-line no Brasil: um mecanismo em construção. *Revista de Direito do Consumidor*, v. 114, p. 295-318, nov.-dez. 2017.

[140] VIEIRA, Laísa Fernanda Alves; DOI, Lina Tieco. Online Dispute Resolution (ODR) e regulamentação nos tribunais brasileiros. *Revista Jurídica da Escola Superior de Advocacia da OAB-PR*. n. 3, p. 311, dez. 2018.

[141] BRASIL. Ministério da Justiça. Sobre o serviço Consumidor.gov.br, 2020. Disponível em: https://consumidor.gov.br/pages/conteudo/sobre-servico. Acesso em: 8 set. 2020.

Cap. 4 · MEIOS ALTERNATIVOS (ADEQUADOS) DE COMPOSIÇÃO DE CONFLITOS

Afinal, um tratamento padronizado desatento às características dos conflitos, das partes e da acessibilidade destas aos meios virtuais poderá ensejar obstrução de seu acesso à justiça[142] e ensejar uma grave ameaça à qualidade e à reputação dos meios extrajudiciais.

4.8.3 *Online Dispute Resolution*: quarta parte na interação?

Como podemos compreender a adoção de meios eletrônicos na resolução de disputas: ela representa apenas uma nova forma de suporte dos mecanismos tradicionais ou chega a constituir uma quarta parte na interação entre as pessoas envolvidas na comunicação?

O conciliador, o mediador, o árbitro ou o assessor das partes, quando presentes, seriam a terceira parte; havendo um destacado "papel da tecnologia de gestão do procedimento e de estabelecimento da agenda, efetivamente guiando os litigantes a uma solução consensual, quando possível"[143], a mídia se configuraria como quarto elemento.

Ricardo Dalmaso Marques explica como a questão pode ser respondida por diferentes prismas:

> Para alguns, os métodos de ODR seriam nada mais do que métodos adequados (ADR), porém auxiliados ou ampliados por meio do uso da tecnologia da informação e da comunicação (*information and communications technology* – ICT). Na realidade, todavia, os métodos de ODRs podem até ter começado como métodos de ADR executados ou administrados *on-line*, mas o fato é que a tecnologia forneceu aos sujeitos envolvidos "novos poderes", pois possibilitou a criação de novos ambientes, inexistentes no mundo físico, a partir do uso dos crescentes tipos de comunicação *on-line* que foram se fazendo disponíveis (inclusive para esfera judicial, conforme o caso)[144].

São exemplos de ferramentas que podem ser agregadas pela plataforma: a possibilidade de que o sistema realize cálculos complexos, o fornecimento de lista de opções com possibilidades não vislumbradas pelas partes e a inclusão de ferramentas de realidade virtual e/ou aumentada; como se nota, a influência sobre as interações das partes pode ser revolucionária[145].

Como se nota, a partir do conceito restritivo, as plataformas que ofertam serviços para compor controvérsias *on-line* apenas inserindo meios tradicionais (como negociação, mediação e arbitragem) no ambiente virtual não poderiam ser classificadas propriamente como ODR, já que trabalhariam com uma espécie de E-ADR; nessa linha, as empresas de ODR propriamente ditas seriam "aquelas com plataformas plenamente automatizadas, que contam com robôs, ou

---

[142] TARTUCE, Fernanda; ASPERTI, Cecilia. A conciliação e a mediação online a partir da pandemia do novo coronavírus: limites e possibilidades. *Revista do Advogado da AASP*, n. 148 (no prelo).

[143] MARQUES, Ricardo Dalmaso. A Resolução de Disputas Online (ODR): do comércio eletrônico ao seu efeito transformador sobre o conceito e a prática do acesso à justiça, p. 4.

[144] MARQUES, Ricardo Dalmaso. A Resolução de Disputas Online (ODR): do comércio eletrônico ao seu efeito transformador sobre o conceito e a prática do acesso à justiça, p. 3.

[145] ARBIX, Daniel; MAIA, Andrea. Resolução online de disputas. In: FEIGELSON, Bruno; BECKER, Daniel; RAVAGNANI, Giovani (coord.). *O advogado do amanhã*: estudos em homenagem ao professor Richard Susskind. São Paulo: RT, 2019. (Coleção Direito e Novas Tecnologias.)

algoritmos, que participam ativamente das negociações, como se fossem uma 'quarta parte' na busca da resolução da disputa"[146].

Em interessante pesquisa, constatou-se que, na prática, ainda preponderava no Brasil em 2018 a concepção ampla de ODR, que inclui tanto as resoluções de conflitos em que os meios alternativos tradicionais ocorrem *on-line* quanto as plataformas de negociações plenamente automatizadas; concluiu-se então que a percepção da tecnologia como quarta parte "ainda não tem sido explorada de modo representativo no país"[147].

Tem razão a perspectiva de que mídia viabilizadora da comunicação configura uma quarta parte na interação, assim como a adoção da visão ampliativa para abarcar diversas práticas no conceito de resolução *on-line* de disputas melhor se coaduna com a postura inclusiva e gradual para que possamos ir nos familiarizando, gradualmente, com novos suportes de tramitação e interferência.

4.8.4 Influências da mídia e atuação nos procedimentos

O uso de meios tecnológicos para transmitir informações naturalmente influencia o comportamento dos destinatários. São considerados efeitos da mídia (*media effects*) tanto os impactos na condução do procedimento como a forma como as partes dividem, recebem e interpretam as informações[148].

A relevância da plataforma, como se nota, passa a ser considerável nesse cenário, razão pela qual caberá aos profissionais que lidam com ela saber atuar de forma adequada.

Nas interações por meio eletrônico, antes de atuar segundo as diretrizes do meio de composição de conflitos propriamente dito, será importante abordar as condições tecnológicas para que os contatos se verifiquem sem solução de continuidade.

A título de contribuição, eis sugestões sobre o que merece ser abordado para haver clareza sobre como a comunicação pode (ou não) fluir. Antes de ir ao cerne do objetivo buscado no meio de solução de disputa, será importante abrir espaço para escutar informações sobre o estado da rede dos usuários: a internet está operando bem ou apresenta instabilidades? Havendo conhecimento de problemas, será bom reportá-los desde o início. Se o sinal de algum usuário está bom mas o de outro(s), será importante cessar um pouco e verificar se realmente a pessoa está presente. E o som, funciona bem? Sobre a imagem, há boa visualização ou aspectos como a luminosidade precisam ser melhorados?

---

[146] ROSA, Camila da; SPALER, Mayara Guibor. Experiências privadas de ODR no Brasil. *Revista Jurídica da Escola Superior de Advocacia da OAB-PR*, ano 3, n. 3, dez. 2018. Disponível em: http://revistajuridica. esa.oabpr.org.br/wp-content/uploads/2018/12/revista_esa_8_10.pdf. Acesso em: 14 set. 2020.

[147] ROSA, Camila da; SPALER, Mayara Guibor. Experiências privadas de ODR no Brasil. *Revista Jurídica da Escola Superior de Advocacia da OAB-PR*, ano 3, n. 3, dez. 2018. Disponível em: http://revistajuridica. esa.oabpr.org.br/wp-content/uploads/2018/12/revista_esa_8_10.pdf. Acesso em: 14 set. 2020.

[148] BARROCAS, Carolina; FERREIRA, Daniel Brantes. *Online Dispute Resolution* como forma de solução de conflitos em tempos de pandemia no Brasil e Canadá: habilidades e competências dos profissionais. Disponível em: https://www.direitoprofissional.com/odr-em-tempos-de-pandemia-no-brasil-e-canada/. Acesso em: 25 maio 2020.

Cap. 4 · MEIOS ALTERNATIVOS (ADEQUADOS) DE COMPOSIÇÃO DE CONFLITOS | **173**

Orientações direcionadas a cuidados técnicos constam nas recomendações sobre procedimentos remotos de resolução de disputas estruturadas pelo Chartered Institute of Arbitrators (CIArb)[149] nos seguintes termos:

> 1.3. Devem ser alocados períodos de tempo suficientes para resolver possíveis falhas de conexão ou outras falhas técnicas uma vez iniciada uma reunião ou audiência. A assistência técnica e o monitoramento do *status* da conexão em todas as etapas dos procedimentos remotos devem ser providenciados sempre que possível e organizados com antecedência. 1.4. A conexão de áudio e/ou vídeo da mais alta qualidade disponível para as partes deve ser utilizada. As conexões devem ser capazes de proporcionar uma imagem completa das pessoas envolvidas e um som claro de suas alegações e intervenções. Isso não só garantirá procedimentos mais dinâmicos, mas também eliminará a necessidade de postergação de prazos e cronogramas para a observância do devido processo[150].

Após assegurar que há condições tecnológicas de participação, já se poderá concretizar praticamente o meio de composição de conflitos?

Ainda não: será preciso falar sobre a plataforma utilizada, sendo interessante questionar se as partes estão familiarizadas com ela e se precisam de informações detalhadas sobre como interagir.

A pluralidade de ferramentas[151] (definitivamente uma marca do Poder Judiciário brasileiro) é sentida desde o início da informatização do processo judicial, coexistindo desde 2006 diversos sistemas de tramitação eletrônica (como PJe, E-saj e Projudi).

Como se nota, a parte e seu(s) advogado(s) precisarão ser versáteis para saber lidar com uma miríade de opções – que, aliás, se ampliou com a pandemia.

Ao ponto, merecem destaque as ponderações de Daniel Ferreira e Carolina Barrocas: "toda mídia possui suas vantagens e falhas e é nesse momento que um profissional bem treinado fará a diferença e utilizará a mídia como sua aliada"[152].

---

[149] "O Chartered Institute of Arbitrators – CIArb, instituição fundada em Londres em 1915 com representação no Brasil (CIArb Brazil Branch) desde 2019, edita regularmente diretrizes acerca de aspectos variados dos sistemas de resolução de disputas. As diretrizes do CIArb condensam práticas consolidadas e procedimentos recomendados a partir da experiência de grupos de especialistas. São divulgadas em seu website www.ciarb.org e amplamente aplicadas, por escolha das partes ou como *soft law*, para orientar a atuação dos envolvidos na resolução de controvérsias" (Disponível em: https://www.migalhas.com.br/depeso/324412/chartered-institute-of-arbitrators-ciarb-recomendacoes-sobre-procedimentos-remotos--de-resolucao-de-conflitos. Acesso em: 25 ago. 2020).

[150] Recomendações sobre procedimentos remotos de resolução de disputas. Disponível em: https://9961956e--d2ed-4f68-b6f9-5d9c38694afb.filesusr.com/ugd/f51e52_cd6a16d84d404118b4972084386f72ce.pdf. Acesso em. 25 ago. 2020.

[151] Há considerável diversidade: no início de 2020 o Conselho Nacional de Justiça passou a indicar o uso da plataforma Cisco Webex; alguns juízes passaram a usar Zoom, enquanto certos tribunais adotaram Google Meet ou Microsoft Teams; houve também registros de sessões conciliatórias realizadas por meio do aplicativo WhatsApp.

[152] BARROCAS, Carolina; FERREIRA, Daniel Brantes. *Online Dispute Resolution* como forma de solução de conflitos em tempos de pandemia no Brasil e Canadá: habilidades e competências dos profissionais. Disponível em: https://www.direitoprofissional.com/odr-em-tempos-de-pandemia-no-brasil-e-canada/. Acesso em 25 maio 2020.

Orientação direcionada à chance de preparação prévia consta nas recomendações sobre procedimentos remotos de resolução de disputas estruturado pelo Chartered Institute of Arbitrators (CIArb) nos seguintes termos: "a tecnologia, o *software*, o equipamento e o tipo de conexão a serem utilizados em um procedimento remoto devem ser objeto de consenso pelas partes e testados com todos os participantes antes de quaisquer reuniões ou audiências"[153].

A proposta é muito interessante por permitir que as pessoas estejam minimamente familiarizadas com o sistema no dia da sessão ou audiência. Contudo, será preciso combinar datas e horários para os testes e isso ensejará adicional investimento de tempo (bem precioso e raro atualmente).

Caso não seja disponibilizada pelo Tribunal a oportunidade de teste, será importante que o advogado busque, por sua conta, fazer uma experimentação da plataforma com o cliente, de modo a familiarizá-lo com ela.

Além de buscar preparar o cliente para aspectos tecnológicos antes da reunião, caberá ao advogado prestar redobrada atenção durante a sessão *on-line*.

Nas reuniões presenciais muitas vezes um contato visual do cliente sinaliza ao advogado a necessidade de solicitar uma pausa ou mesmo realizar uma intervenção mais assertiva; esse tipo de indicação acaba sendo inviabilizado em uma tela (onde todos em princípio olham para todos ao mesmo tempo).

Após a sessão, conversas de corredor e/ou na saída acabam também não ocorrendo, sendo substituídas por uma ligação ou chamada de vídeo – nem sempre capaz de captar as percepções e os sentimentos que fluíram durante e após a sessão. Em suma: a dinâmica cliente-advogado, sem dúvida, é bem diferente quando ambos não estão fisicamente no mesmo ambiente, o que pode trazer prejuízos tanto para a preparação prévia quanto para a atuação durante a sessão e o diálogo subsequente[154].

Adicionais relevantes impactos da adoção de mídia(s) na atuação de mediadores serão apontados e comentados nos próximos capítulos.

---

[153] Item 1.2 das Recomendações sobre procedimentos remotos de resolução de disputas, cit.

[154] TARTUCE, Fernanda; ASPERTI, Cecilia. A conciliação e a mediação online a partir da pandemia do novo coronavírus: limites e possibilidades. *Revista do Advogado da AASP*, n. 148 (no prelo).

MEDIAÇÃO: CONCEITO, PRINCÍPIOS E PROCEDIMENTO

5.1 CONCEITUAÇÃO

Até o advento do marco legal brasileiro sobre mediação, a doutrina vinha trabalhando o conceito desse importante meio consensual de modo cuidadoso para evitar confusões em relação a outros institutos.

Partindo do dicionário, constata-se que "mediação" indica o ato ou efeito de mediar, retratando intercessão, intervenção, intermédio e interposição[1].

A mediação consiste no meio consensual de abordagem de controvérsias em que alguém imparcial atua para facilitar a comunicação entre os envolvidos e propiciar que eles possam, a partir da percepção ampliada dos meandros da situação controvertida, protagonizar saídas produtivas para os impasses que os envolvem.

A mediação configura um meio consensual porque não implica a imposição de decisão por uma terceira pessoa; sua lógica, portanto, difere totalmente daquela em que um julgador tem autoridade para impor decisões.

Destaca Águida Arruda Barbosa que a mediação constitui

> [...] um método fundamentado, teórica e tecnicamente, por meio do qual uma terceira pessoa, neutra e especialmente treinada, ensina os mediandos a despertarem seus recursos pessoais para que consigam transformar o conflito em oportunidade de construção de outras alternativas, para o enfrentamento ou a prevenção de conflitos[2].

No mesmo sentido, pondera Fernanda Levy que a mediação consiste em um meio consensual, voluntário e informal de prevenção, condução e pacificação de conflitos conduzido

---

[1] *Grande Dicionário Larousse Cultural da Língua Portuguesa*, cit., p. 603.
[2] BARBOSA, Águida Arruda. *Mediação familiar*, cit., p. 54.

por um mediador; este, com técnicas especiais, "atua como terceiro imparcial, sem poder de julgar ou sugerir, acolhendo os mediandos no sentido de propiciar-lhes a oportunidade de comunicação recíproca e eficaz para que eles próprios construam conjuntamente a melhor solução para o conflito[3]".

A mediação permite que os envolvidos na controvérsia atuem cooperativamente em prol de interesses comuns ligados à superação de dilemas e impasses; afinal, quem poderia divisar melhor a existência de saídas produtivas do que os protagonistas da história?

No sentir de Adolfo Braga Neto, a mediação é uma técnica não adversarial de resolução de conflitos pela qual duas ou mais pessoas recorrem a um especialista neutro e capacitado "que realiza reuniões conjuntas e/ou separadas, com o intuito de estimulá-las a obter uma solução consensual e satisfatória, salvaguardando o bom relacionamento entre elas"[4].

No modelo transformativo, mediação é um processo em que um terceiro ajuda as pessoas em conflito a agirem com maior grau de autodeterminação e responsividade enquanto debatem e exploram vários tópicos e possibilidades de resolução[5].

Como se percebe, as definições doutrinárias têm em comum o destaque à abordagem construtiva propiciada pela mediação, que conta com alguém isento e capacitado para contribuir na conversação de modo que os envolvidos possam assumir posturas protagonistas na abordagem da controvérsia.

Após considerável desenvolvimento doutrinário, atos normativos brasileiros passaram a se ocupar da temática; iniciaremos uma breve abordagem dessa evolução pelo critério cronológico.

No âmbito público foram traçadas diretrizes importantes pela Resolução 125 do Conselho Nacional de Justiça, que instituiu a Política Judiciária Nacional de Tratamento Adequado dos Conflitos de Interesses, tendente a assegurar a todos o direito à solução dos conflitos por meios adequados à sua natureza e peculiaridade[6]. As previsões da resolução mencionam conjuntamente a mediação e a conciliação; apesar de traçar diretrizes éticas e princípios, o ato normativo não definiu os meios consensuais.

O Código de Processo Civil contempla previsão sobre a atuação do mediador: ao atuar preferencialmente nos casos em que houver vínculo anterior entre as partes, ele auxiliará os interessados a compreender as questões e os interesses em conflito de modo que eles possam, pelo restabelecimento da comunicação, identificar por si mesmos soluções consensuais que gerem benefícios mútuos[7].

---

[3] LEVY, Fernanda Rocha Lourenço. *Cláusulas escalonadas: a mediação comercial no contexto da arbitragem.* São Paulo: Saraiva, 2013, p. 58.

[4] BRAGA NETO, Adolfo. Os advogados, o conflito e a mediação. In: OLIVEIRA, Ângela (coord.). *Mediação: métodos de resolução de controvérsia.* São Paulo: LTr, 1999, p. 93.

[5] FOLGER, Joseph P.; BUSH, Robert A. A mediação transformativa e intervenção de terceiros: as marcas registradas de um profissional transformador. In: SCHNITMAN, Dora Fried; LITTLEJOHN, Stephen. *Novos paradigmas em mediação.* Porto Alegre: ArtMed, 1999, p. 86.

[6] Uma das considerações que embasou o ato normativo destaca que, sendo os meios consensuais instrumentos efetivos de pacificação social, solução e prevenção de litígios, sua apropriada disciplina em programas implementados no país tem reduzido a excessiva judicialização dos conflitos de interesses, a quantidade de recursos e de execução de sentenças (Resolução n. 125 de 29/11/2010. Disponível em: https://atos.cnj.jus.br/files/compilado18553820210820611ffaaaa2655.pdf. Acesso em: 17 jul. 2023).

[7] CPC, art. 165, § 3.º.

A Lei de Mediação brasileira considera tal meio como a atividade técnica exercida por um terceiro imparcial sem poder decisório, que, escolhido ou aceito pelas partes, as auxilia e estimula a identificar ou desenvolver soluções consensuais para a controvérsia[8].

As definições indicam que a mediação busca proporcionar um espaço qualificado de conversação que permita a ampliação de percepções e propicie ângulos plurais de análise aos envolvidos.

Uma das possibilidades de promover movimentos úteis é gerar um ambiente de conversação que permita às pessoas dedicarem atenção aos interesses envolvidos em uma perspectiva produtiva.

Como exemplo, imagine uma discussão familiar sobre o valor da pensão alimentícia em que há posições de resistência (do alimentante) e insistência (da responsável legal do alimentando) quanto a um certo montante. Caso ambos, consensualmente, comuniquem-se para compreender as despesas que embasam o valor pretendido, fazendo uma lista dos gastos da criança e abordando sua pertinência, visualizarão cada custo e decidirão como considerá-lo. Enquanto se comunicarem, eles também poderão concluir que mais importante do que a posição de cada um é o atendimento dos interesses da criança em termos de cuidado e proteção.

A mediação pode ser considerada uma ferramenta importante para a abordagem de impasses sob diversas perspectivas. Interessa analisar, neste capítulo, seu viés como meio de composição de controvérsias.

Situando-se como mecanismo afeito à justiça consensual, a mediação pode ser definida como um meio de solução de conflitos em que, a partir da atuação das próprias partes, elas se tornam aptas a construir uma solução rápida, ponderada, eficaz e satisfatória para os envolvidos[9]. A responsabilidade e a autoridade para chegar à composição do impasse competem aos próprios envolvidos na controvérsia. Assim, a mediação se configura como

> [...] um modo de construção e de gestão da vida social graças à intermediação de um terceiro neutro, independente, sem outro poder que não a autoridade de lhes reconhecerem as partes que a escolheram ou reconheceram livremente. Sua missão fundamental é (re)estabelecer a comunicação[10].

Nessa medida, a vantagem da mediação sobre outros métodos é permitir, caso as pessoas assim o desejem, a continuidade da relação em uma perspectiva de futuro. Como ela propõe que se finalize a situação controvertida sem comprometer a relação interpessoal em sua integralidade[11], a mediação permite que os envolvidos possam cogitar atuações futuras se isso se revelar necessário e/ou desejável.

---

[8] Lei n. 13.140/2015, art. 1.º, parágrafo único.

[9] MORAIS, José Luis Bolzan de. *Mediação e arbitragem*, cit., p. 145.

[10] *Ibidem.*

[11] Nesse sentido, deve-se destacar a vantagem da mediação indicada pelo *site* da American Bar Association; em caso de relações continuadas, como as que envolvem vizinhos, pais divorciandos, supervisores e seus empregados, parceiros comerciais e membros da família, as pessoas devem continuar a lidar umas com as outras cooperativamente. Ir à corte pode desunir as pessoas e aumentar a hostilidade. A mediação visa ao futuro. Ajuda a finalizar o problema, não o relacionamento (What are the Advantages to Mediation? Disponível em: https://www.americanbar.org/groups/public_education/resources/law_related_education_network/how_courts_work/mediation_advantages.html. Acesso em: 16 jun. 2017).

MEDIAÇÃO NOS CONFLITOS CIVIS – *Fernanda Tartuce*

Percebe-se que o método se insere por inteiro na noção de justiça coexistencial, sendo totalmente coerente com o estímulo à cultura de paz.

5.2 SEMELHANÇAS E DIFERENÇAS ENTRE MEDIAÇÃO E CONCILIAÇÃO

No Brasil a chance de vivenciar experiências consensuais em juízo foi tradicionalmente pautada pela designação de audiências conciliatórias, mecanismo previsto em lei como etapa processual. Por força de tal tradição brasileira, para compreender bem o conceito de mediação é importante identificar em que medida os dois principais meios consensuais de abordagem de controvérsias se aproximam e diferem.

São pontos comuns à mediação e à conciliação: 1. A participação de um terceiro imparcial; 2. A promoção da comunicação entre os envolvidos; 3. A não imposição de resultados; 4. O estímulo à busca de saídas pelos envolvidos; 5. O exercício da autonomia privada na elaboração de opções para os impasses.

Como bem esclarece Erica Barbosa e Silva, em ambos os mecanismos alguém intervém para facilitar o diálogo e estabelecer uma comunicação eficaz: pela ética inerente aos meios consensuais, o terceiro imparcial não pode expressar opiniões pessoais, realizar julgamentos nem se aliar aos envolvidos[12].

Com tantas semelhanças, haveria efetivamente distinções?

A questão lembra a assertiva de Leonard Riskin: quase toda conversa sobre mediação sofre de ambiguidade porque, como há visões diversas sobre o que ela é ou deveria ser, pode haver confusão quando as pessoas tentam escolhê-la ou quando resolvem integrá-la[13]. Vale destacar que tal autor vê a mediação como um processo em que "um terceiro imparcial, a quem falta autoridade para impor uma solução, ajuda as partes a resolver a disputa ou a planejar uma transação"[14].

Há quem sustente não haver diferença entre mediação e conciliação: na prática o terceiro que as realiza poderia escolher entre uma ou outra vertente de atuação.

Grande parte dos estudiosos de mediação diverge: há diferenças principalmente no que tange à elaboração das propostas de solução (o mediador não deve sugeri-las) e também na profundidade da abordagem de certas situações (na mediação, as questões subjetivas costumam ter maior espaço porque as relações envolvem relações continuadas, enquanto na conciliação o foco tende a ser objetivo, porque as interações entre os envolvidos costumam ser episódicas). Para Lília Maia de Morais Sales,

> A diferença fundamental entre a mediação e a conciliação reside no conteúdo de cada instituto. Na conciliação, o objetivo é o acordo, ou seja, as partes, mesmo adversárias, devem chegar a um acordo para evitar um processo judicial. Na mediação as partes não

---

[12] BARBOSA E SILVA, Erica. *Conciliação judicial*. Brasília: Gazeta Jurídica, 2013, p. 173.

[13] RISKIN, Leonard L. Mediator Orientations, Strategies and Techniques. In: MENKEL-MEADOW, Carrie J.; LOVE, Lela Porter; SCHNEIDER, Andrea Kupfer; STERNLIGHT, Jean R. *Dispute Resolution: Beyond the Adversarial Model*. Nova York: Aspen, 2005, p. 303.

[14] RISKIN, Leonard L. Compreendendo as orientações, estratégias e técnicas do mediador: um mapa para os desnorteados. Disponível em: http://www.arcos.org.br/livros/estudos-de-arbitragem-mediacao-e--negociacao-vol1/compreendendo-as-orientacoes-estrategias-e-tecnicas-do-mediador-um-padrao--para-perplexos/i-introducao. Acesso em: 16 jun. 2017.

devem ser entendidas como adversárias e o acordo é a consequência da real comunicação entre as partes. Na conciliação o conciliador sugere, interfere, aconselha. Na mediação, o mediador facilita a comunicação, sem induzir as partes ao acordo[15].

Na mesma linha manifesta-se Fernanda Levy: enquanto o conciliador auxilia as partes a chegar ao acordo mediante concessões recíprocas, o mediador, com técnicas especiais, atuará imparcialmente sem poder julgar ou sugerir, "acolhendo os mediandos para propiciar-lhes oportunidades de comunicação eficaz de modo que eles construam conjuntamente a melhor solução para o conflito"[16].

Há quem afirme que a conciliação realizada no Brasil se aproxima do modelo da mediação avaliativa, razão pela qual merece destaque a distinção realizada em outros sistemas em relação a tais modalidades de mediação.

Nos Estados Unidos também é considerada por muitos uma espécie de mediação aquela abordagem consensual em que o terceiro imparcial é chamado pelas partes a opinar. Nessa vertente avaliativa, o mediador usa estratégias e técnicas para estimar o que é importante na discussão; se entender que as partes precisam de uma orientação qualificada, ele poderá elaborar, sugerir e dirigir a solução dos problemas, avaliando as fraquezas e as forças de cada caso[17].

De forma diversa, na diretriz "facilitativa" o mediador usa estratégias (como o uso de perguntas) para favorecer o diálogo, sendo sua função aumentar e melhorar a comunicação entre as pessoas para que elas possam decidir o que é melhor para si[18].

Nos Estados Unidos, instalou-se grande polêmica sobre qual modelo deve prevalecer. Em atenção à valorização da autonomia, merece adesão a posição de que mediação deve ser eminentemente facilitativa; a avaliação deve ser vista com cuidado e praticada com muita cautela para não minorar nem impedir a colaboração ou a autodeterminação[19].

O mediador deve estimular e impulsionar os sujeitos para que eles consigam, saindo da acomodação, partir em busca de soluções aptas a transformar sua realidade[20].

Além de impactar negativamente a autodeterminação das partes, uma atuação avaliadora do mediador poderá acabar afetando sua imparcialidade. Ele precisa atuar com equidistância perante os participantes durante todo o procedimento, sob pena de ver comprometida a credibilidade de sua intervenção; ainda que não seja efetivamente parcial, há o risco de o mediador soar como tal perante um dos interessados e isso poderá comprometer a continuidade do procedimento.

A prática da mediação, inicialmente mais marcante em controvérsias internacionais, vem se expandindo de forma expressiva no panorama mundial nas últimas décadas em diversas searas. Também no Brasil tem havido um significativo crescimento da utilização da mediação;

---

[15] SALES, Lília Maia de Morais. *Justiça e mediação de conflitos*, cit., p. 38.

[16] LEVY, Fernanda Rocha Lourenço. *Cláusulas escalonadas: a mediação comercial no contexto da arbitragem*, cit., p. 57-58.

[17] SALES, Lilia Maia de Morais. Mediação facilitativa e "mediação" avaliativa – estabelecendo diferença e discutindo riscos. Disponível em: http://siaiweb06.univali.br/seer/index.php/nej/article/view/3267/2049. Acesso em: 9 jul. 2015.

[18] *Ibidem.*

[19] *Ibidem.*

[20] SIX, Jean-François. *Dinâmica da mediação*. Trad. Giselle Groeninga, Águida Arruda Barbosa e Eliana Riberti Nazareth. Belo Horizonte: Del Rey, 2001, p. 220.

MEDIAÇÃO NOS CONFLITOS CIVIS – Fernanda Tartuce

segundo dados coletados em 1997, havia no país 18 instituições de mediação e arbitragem, tendo tal número saltado para 77 em 2004[21].

5.3 NOTAS HISTÓRICAS E DE DIREITO ESTRANGEIRO

Traçar o panorama histórico e mundial da mediação não é tarefa simples; conflitos e disputas sempre existiram no convívio social, assim como, de algum modo, sempre houve meios de abordá-los em diferentes tempos, lugares e culturas[22].

A maneira pela qual os primeiros indivíduos em conflito resolviam seus impasses (por negociação, assistência de uma terceira parte, violência, mediação, arbitragem ou adjudicação) foi tratada por antropólogos e historiadores[23].

As análises históricas hoje existentes preferem abordar a história da mediação tal qual a entendemos atualmente, já que o moderno estudo sobre composição de conflitos enfoca os diferentes fatores para analisar quais meios são mais apropriados[24] para lidar com diferentes controvérsias.

É possível identificar a adoção da mediação, de forma constante e variável, desde os tempos mais remotos[25] em várias culturas (judaicas, cristãs, islâmicas, hinduístas, budistas, confucionistas e indígenas)[26].

Embora diversos autores identifiquem o início do uso da mediação na Bíblia, é viável cogitar que ela exista mesmo antes da história escrita, sobretudo em um contexto mais amplo em que um terceiro imparcial servia a diversas funções[27].

Há centenas de anos a mediação era usada na China e no Japão como forma primária de resolução de conflitos; por ser considerada a primeira escolha (e não um meio alternativo à luta ou a intervenções contenciosas), a abordagem ganha-perde não era aceitável[28].

---

[21] Dados indicados na Conferência internacional "Acesso à justiça por meios alternativos de resolução de conflitos. Mediação – perspectivas nacionais", realizada em Brasília em 15.06.2005, por Adolfo Braga Neto.

[22] A abordagem aqui tratada foi objeto do seguinte artigo: TARTUCE, Fernanda; FALECK, Diego. Introdução histórica e modelos de mediação. Disponível em: www.fernandatartuce.com.br/artigosdaprofessora. Acesso em: 1.º jul. 2015.

[23] MENKEL-MEADOW, Carrie. Roots and Inspirations: a Brief History of the Foundations of Dispute Resolution. In: MOFFITT, Michael L.; BORDONE, Robert C. (coords.). *The Handbook of Dispute Resolution*. São Francisco: Jossey-Bass, 2005, p. 13.

[24] *Ibidem.*

[25] Destaca Juan Vezzulla que os povos antigos costumavam adotar a mediação por sua busca pela harmonia interna e em prol da preservação da união necessária à defesa contra-ataques de outros povos. Também no ocidente sua busca revela-se ligada à procura da preservação da paz interna, que possa assegurar uma sociedade na qual se viva melhor e com condições de enfrentar a globalização sem perda da individualidade (VEZZULLA, Juan Carlos. *Mediação: teoria e prática. Guia para utilizadores e profissionais.* Lisboa: Agora, 2001, p. 88).

[26] MENDONÇA, Angela Hara Buonomo. A reinvenção da tradição do uso da mediação. *Revista de Arbitragem e Mediação*, ano 1, n. 3, p. 142, São Paulo, RT, set.-dez. 2004.

[27] KOVACH, Kimberlee K. *Mediation: Principles and Practice.* 3. ed. St. Paul: Thomson West, 2004, p. 28.

[28] *Ibidem.*

Na China, a mediação decorria diretamente da visão de Confúcio sobre a harmonia natural e a solução de problemas pela moral em vez da coerção; a abordagem conciliatória do conflito persistiu ao longo dos séculos e se enraizou na cultura[29].

No Japão, a conciliação foi, historicamente, o meio primário de resolução de conflitos entre os aldeãos, que também atuavam como mediadores; o estilo japonês de negociação ainda se preocupa com a manutenção do relacionamento, sendo normalmente considerado um estilo conciliatório[30]. Em uma negociação muito tempo é gasto construindo-se a relação, iniciativa sem a qual um acordo não é atingido[31].

A resolução informal e consensual de conflitos não se restringiu ao Oriente, podendo também ser encontrada em diversas outras culturas, como as de pescadores escandinavos, tribos africanas e em kibutzim israelitas; o elemento comum a todas é o primado da paz e da harmonia em detrimento do conflito, da litigância e da vitória[32].

O uso da mediação pode ser historicamente encontrado na solução de disputas entre nações[33], sendo ele tão comum quanto a própria ocorrência do conflito no cenário internacional.

O número crescente de controvérsias internacionais, sua complexidade e seus custos demandam um estudo mais aprofundado sobre a diplomacia preventiva, e a mediação deve ser considerada uma componente-chave dessa atividade: eis a premissa adotada por Jacob Bercovitch em interessante pesquisa quantitativa sobre a composição de conflitos internacionais por meio de mediação[34].

A abordagem de disputas por pessoas neutras intermediárias possui uma rica história em todas as culturas (tanto no Oriente quanto no Ocidente)[35].

Com o tempo, alguns princípios inerentes à solução informal de disputas e ligados à busca de satisfação mútua sem o uso da força foram se desenvolvendo com maior intensidade nos Estados Unidos[36] e em diversos outros países.

Desde os primórdios da civilização, o acesso à justiça (enquanto possibilidade de composição justa da controvérsia) sempre pôde ser concretizado pela negociação direta ou pela mediação de um terceiro[37].

Em certo momento histórico, porém, a distribuição da justiça acabou centralizada no Poder Judiciário; nos estados liberais burgueses dos séculos XVIII e XIX, o direito ao acesso à

---

[29]   Segundo a autora, "os comitês de mediação, formados por vários membros de cada comunidade local, resolvem mais de 80% dos conflitos civis. Hoje, os *People's Mediation Committees* são as instituições dominantes em mediação e resolvem cerca de 7.2 milhões de disputas por ano, mantendo o controle social nas comunidades rurais e urbanas" (KOVACH, Kimberlee K. *Mediation: Principles and Practice*, cit., p. 28).

[30]   *Idem*, p. 29.

[31]   *Ibidem*.

[32]   *Ibidem*.

[33]   *Ibidem*.

[34]   Os estudos deste autor e outras ponderações sobre a mediação no Direito internacional foram expostas pela coautora em outro artigo: TARTUCE, Fernanda; VEÇOSO, Fabia Fernandes Carvalho. A mediação no Direito internacional: notas a partir do caso Colômbia-Equador. Disponível em: www.fernandatartuce.com.br/artigosdaprofessora. Acesso em: 1.º jul. 2015.

[35]   BERCOVITCH, Jacob. Understanding Mediation's Role in Preventative Diplomacy. *Negotiation Journal*, v. 12, n. 3, p. 246, 1996.

[36]   KOVACH, Kimberlee K. *Mediation: Principles and Practice*, cit., p. 30.

[37]   MENDONÇA, Angela Hara Buonomo. *A reinvenção da tradição do uso da mediação*, cit., p. 145.

182 | MEDIAÇÃO NOS CONFLITOS CIVIS – *Fernanda Tartuce*

proteção judicial significava essencialmente o direito formal do indivíduo agravado de propor ou contestar uma demanda[38].

É interessante identificar em que ponto o pêndulo da história se moveu para resgatar a mediação como meio eficiente de enfrentamento de controvérsias; para proceder a um breve panorama sobre o tema, será exposta a recente retomada da mediação nos Estados Unidos, na Europa e em países da América Latina[39].

5.3.1 Estados Unidos

A história do uso atual da mediação nos EUA tem duas raízes distintas dissociadas do sistema formal legal: o desenvolvimento da justiça comunitária e a resolução de conflitos trabalhistas (valendo destacar que apenas recentemente as cortes incorporaram a mediação de forma sistemática)[40].

Subestima-se o uso de abordagens facilitadoras entre nativos norte-americanos e colonos; na cultura dos nativos, a construção da paz era a principal forma de resolução dos conflitos e, por ser fortemente ligada a uma justiça que se acreditava sagrada, as disputas eram conduzidas de modo a lidar com as questões subjacentes aos conflitos e reconstruir relacionamentos (o que é feito até os dias atuais)[41].

Durante a colonização dos Estados Unidos, muitos grupos de colonos enfatizaram a manutenção da paz, tendo contribuído para tal promoção a proximidade dos povoados e a necessária junção de esforços para sobreviver diante da Coroa[42]. A prioridade cultural do consenso comunitário em detrimento do individualismo e da beligerância formou a base da mediação; além disso, muitos colonos desenvolveram uma visão depreciativa do trabalho dos advogados, o que desencorajou o uso da via litigiosa[43].

No final do século XVII, porém, o uso de formas não legais de solução de disputas entrou em declínio, tendo sido alguns fatores identificados como determinantes para tal ocorrência: 1. Aumento da população e consequente dissipação do sentimento de comunidade; 2. Desenvolvimento da indústria e do comércio com o natural incremento na complexidade das disputas e dos documentos, resultando na necessidade de contratação de advogados focados em questões comerciais; 3. Aumento da aceitabilidade de muitas *common laws*; 4. Substituição da cooperação pela competitividade[44]. Nesse cenário, a litigância assumiu um grande papel ao prover moldura para a ordem e para a autoridade[45].

A mediação foi historicamente usada na seara trabalhista: no começo da industrialização norte-americana, quando as disputas ocorriam internamente nos negócios, uma solução rápida era imperativa – sobretudo quando verificadas entre trabalhador e gerente e com perfil tal que, se não resolvidas, poderiam levar a golpes e até ao fechamento do negócio[46].

---

[38]   CAPPELLETTI, Mauro; GARTH, Bryant. *Acesso à justiça*, cit., p. 9.
[39]   TARTUCE, Fernanda; FALECK, Diego. Introdução histórica e modelos de mediação, cit.
[40]   KOVACH, Kimberlee K. *Mediation: Principles and Practice*, cit., p. 29.
[41]   *Ibidem.*
[42]   *Idem*, p. 30.
[43]   *Ibidem.*
[44]   *Ibidem.*
[45]   *Ibidem.*
[46]   *Idem*, p. 31.

Cap. 5 • MEDIAÇÃO: CONCEITO, PRINCÍPIOS E PROCEDIMENTO | **183**

Com a coletivização dos conflitos, o Congresso americano criou em 1931 o Departamento de Trabalho e instituiu a realização de mediação pela Secretaria de Trabalho, o que possibilitaria a prevenção da paralisação da produção[47].

Para a população em geral, as cortes se tornaram o principal *locus* da solução de disputas, substituindo a comunidade e a igreja, mesmo que o descontentamento com a via judicial fosse expresso (pelos custos elevados de dinheiro e tempo); como a imposição externa de uma decisão também não contribui para a satisfação das partes, a insatisfação catalisou o atual movimento das ADRs[48].

No movimento mais recente de resgate da mediação, embora normalmente se atribua seu início à *Pound Conference* (em 1976), constata-se que mesmo antes de tal evento muitos programas existiram (alguns originários de uma forma alternativa de justiça comunitária); a *American Arbitration Association* (AAA), por exemplo, proveu programas-piloto de mediação financiados pela Fundação Ford para acalmar as tensões sociais existentes[49].

Não há como negar, porém, que o desenvolvimento sistematizado da mediação apenas viria com a *Pound Conference*, já que os programas desenvolvidos até então se situavam em poucas comunidades e não eram coordenados entre si[50].

Em 1976, Frank Sander, professor de Harvard, iniciou uma grande revolução no campo de resolução de disputas com seu famoso discurso "Variedades de Processos de Resolução de Disputas"[51] na Conferência Roscoe Pound sobre as Causas da Insatisfação Popular com a Administração da Justiça. Ele trouxe a visionária ideia, recentemente recepcionada no Brasil pela Resolução 125 do Conselho Nacional de Justiça, de que os tribunais estatais não poderiam ter apenas uma "porta" de recepção de demandas relacionada ao litígio, mas sim que poderiam direcionar casos para vários outros meios de resolução de disputas, entre os quais a mediação, a conciliação e a arbitragem; esse evento é visto por muitos como o "Big Bang" da teoria e prática moderna da resolução de disputas[52].

As ideias de Sander receberam amplo apoio da Suprema Corte norte-americana e de movimentos sociais que defendiam a ideia de empoderamento político. Suas ideias germinaram

---

[47] *Ibidem*. Relata a autora que "com o desenvolvimento das relações de trabalho e o aumento pela demanda de mediação, o Congresso criou em 1947 o *Federal Mediation and Conciliation Service*, uma agência federal independente com jurisdição sobre disputas nas indústrias, e que é ativa até hoje, focando nas disputas trabalhistas".

[48] *Ibidem*.

[49] *Idem*, p. 31-32. Destaca a autora que, no começo dos anos 1970, a AAA também implantou centros de resolução de disputas na Filadélfia e em Rochester (p. 32). A autora conta que em 1971 teve lugar o primeiro programa ligado ao sistema judiciário: o Prosecutor's Office de Ohio estabeleceu um programa de mediação para disputas entre os cidadãos utilizando estudantes de Direito como mediadores para questões que envolviam pequenos crimes; em 1977 o programa foi tido como exemplar pela *Law Enforcement Assistance Administration* (do Departamento de Justiça americano) e sua reprodução foi encorajada ao longo do país.

[50] KOVACH, Kimberlee K. *Mediation*: Principles and Practice, cit., p. 32.

[51] SANDER, Frank. E. A. Varieties of Dispute Processing. *Federal Rules Decisions*, 77, p. 111-123, 1976.

[52] MENKEL-MEADOW, Carrie. Roots and Inspirations: a Brief History of the Foundations of Dispute Resolution. In: MOFFITT, Michael L.; BORDONE, Robert C. (coords.). *The Handbook of Dispute Resolution*. São Francisco: Jossey-Bass, 2005, p. 19.

e culminaram na concretização de uma série de iniciativas no setor público, o que acarretou o subsequente desenvolvimento da resolução de disputas no setor privado[53].

O movimento da mediação comunitária floresceu alimentado pelo apoio público, assim como cresceu a utilização da mediação em questões de Direito de família (com maior envolvimento também de psicólogos). A mediação familiar passou a ser obrigatória em alguns estados americanos e gerou também um movimento chamado de "*collaborative law*" (advocacia colaborativa). No final da década de 1980, reformistas do movimento de mediação comunitária propuseram uma alternativa para a justiça criminal, preconizando a justiça restaurativa[54].

Um novo campo de estudos, denominado "Desenho de Sistemas de Disputas" surgiu nos Estados Unidos para ajudar as partes a criar um menu (sistema) de resolução de disputas desenhado sob medida para organizações ou certos tipos de disputas, especialmente em causas repetitivas ou disputas legais complexas[55].

A institucionalização de várias formas de mediação e negociação facilitadas prosseguiu da teoria à prática pela convergência de uma série de disciplinas nos anos 1980.

O Programa de Negociação (PON) da Harvard Law School foi fundado em 1983 e reuniu acadêmicos de diferentes áreas do conhecimento e de diversas escolas de Harvard (o próprio Frank Sander, Roger Fisher, William Ury e Lawrence Susskind, entre outros). As teorias estudadas tinham enfoque na negociação criativa para solução de problemas, ao invés da perspectiva de uma "vitória" na negociação. Essas teorias também encorajavam e estudavam a mediação para garantir que as negociações fossem, tanto quanto possível, mais eficientes e criativas.

A negociação, a mediação e os meios "alternativos" de solução de disputas alcançaram notável avanço nos Estados Unidos no setor público, na seara privada e nas relações internacionais. Mesmo assim, como reconhece o próprio Frank Sander[56], ainda que muitos avanços tenham sido alcançados, ainda há muito a ser feito no país para o desenvolvimento pleno de tais institutos.

5.3.2 Europa e América Latina

Ao lado dos Estados Unidos, a mediação desenvolveu-se na Grã-Bretanha impulsionada pelo movimento "*Parents Forever*", que focava a composição de conflitos entre pais e mães separados e ensejou a fundação do primeiro serviço de mediação, em 1978, na cidade de Bristol, pela assistente social Lisa Parkinson; como se tratava de projeto universitário que

---

[53] A abordagem aqui tratada foi objeto do seguinte artigo: TARTUCE, Fernanda; FALECK, Diego. Introdução histórica e modelos de mediação. Disponível em: www.fernandatartuce.com.br/artigosdaprofessora. Acesso em: 1.º jul. 2015.

[54] TARTUCE, Fernanda; FALECK, Diego. *Introdução histórica e modelos de mediação*, cit.

[55] O campo já tem suas manifestações teóricas e práticas no Brasil, desde 2007, como a criação de sistemas de resolução de disputas para o acidente aéreo da TAM de 2007 e da Air France de 2009. Sobre o tema, merecem leitura dois escritos de Diego Faleck: o artigo Introdução ao Design de Sistemas de Disputas: Câmara de Indenização 3054 (*Revista Brasileira de Arbitragem*, ano V, n. 23, p. 7-32, Porto Alegre/Curitiba: Síntese/CBAr, jun.-ago.-set. 2009) e a tese de doutorado Desenho de sistemas de disputas: criação de arranjos procedimentais adequados e contextualizados para gerenciamento e resolução de controvérsias (São Paulo: Faculdade de Direito da USP, 2017).

[56] SANDER, Frank E. A. The Future of ADR, *J. DISP. RESOL.* 3, 2000.

Cap. 5 • MEDIAÇÃO: CONCEITO, PRINCÍPIOS E PROCEDIMENTO | 185

contou com estudantes de variadas localidades, logo a prática da mediação expandiu-se por toda a Inglaterra[57].

Pela facilidade do idioma inglês, rapidamente a mediação desenvolveu-se também na Austrália e no Canadá[58].

A partir de Quebec engendrou-se a adaptação do instituto da mediação à língua francesa[59]; na década de 1970 a mediação familiar foi trabalhada seriamente[60], tendo a prática se enraizado sob o enfoque da interdisciplinaridade a partir de 1980[61].

Na América Latina, o desenvolvimento de "meios alternativos de solução de conflitos" ganhou atenção na década de 1990. Documento técnico editado pelo Banco Mundial em 1996[62] exortou a descentralização na administração da justiça com a adoção de políticas de mediação e justiça restaurativa (recomendação igualmente preconizada pelo Conselho Econômico e Social Nações Unidas, na Resolução n. 1.999/1996, para que os Estados contemplassem procedimentos alternativos ao sistema judicial tradicional).

Além disso, na década de 1990 uma série de conferências sobre o tema passou a ser realizada em diferentes localidades da América Latina com vistas a sensibilizar os gestores de conflitos[63]; as iniciativas, definitivamente, surtiram efeitos.

Na Colômbia, a Lei n. 23/1991 criou uma série de mecanismos para descongestionar o Poder Judiciário, prevendo a criação de centros de mediação sob controle do Ministério da Justiça; a lei ainda obrigou Faculdades de Direito a organizar centros próprios e previu a mediação comunitária (os juízes podiam eleger, de uma lista, os mediadores que atuariam gratuitamente, por equidade, em certos conflitos)[64].

---

[57] BARBOSA, Águida Arruda. História da mediação familiar no Direito de família comparado e tendências. Disponível em: www.bvs-psi.org.br/local/file/congressos/AnaisPgsIntrod-parteI.pdf. Acesso em: 2 nov. 2012.

[58] *Ibidem.*

[59] *Ibidem.*

[60] HIGHTON DE NOLASCO, Elena I.; ALVAREZ, Gladys S. *Mediación para resolver conflictos.* 2. ed. Buenos Aires: Ad Hoc, 2008, p. 153.

[61] BARBOSA, Águida Arruda. *História da mediação familiar no direito de família comparado e tendências,* cit.

[62] O Documento Técnico n. 319/96 foi editado pelo Banco Mundial sob o título "O Setor Judiciário na América Latina e no Caribe: elementos para reforma".

[63] "Ao longo da década de 1990, uma série de conferências internacionais e nacionais envolvendo o tema do acesso à justiça por meios alternativos de resolução de controvérsias (ADRs) foram dirigidas especialmente para os países da América Latina a fim de sensibilizar os quadros jurídicos da região, bem como os seus gestores no que se refere à replicabilidade das metodologias. Essas conferências, na sua grande maioria, contaram com o apoio ou financiamento de OIs. Dentre os tantos encontros, destacamos as três versões de 'Los Encuentros Interamericanos de RAD (Resolução Alternativa de Disputas)' organizados pela Fundación Libra, conjuntamente com o National Center for State Courts e o apoio da Ussaid, ocorridos em Buenos Aires (1993), Santa Cruz de la Sierra (1995), San José da Costa Rica (1997)" (SANTOS, André Luis Nascimento dos. A influência das organizações internacionais na reforma dos judiciários de Argentina, Brasil e México: o Banco Mundial e a agenda do acesso à Justiça. Dissertação de Mestrado. Salvador: Universidade Federal da Bahia. Escola de Administração, 2008. Disponível em: http://www.adm.ufba.br/sites/default/files/publicacao/arquivo/andre_luis_atual.pdf. Acesso em: 9 jul. 2015).

[64] HIGHTON DE NOLASCO, Elena I.; ALVAREZ, Gladys S. *Mediación para resolver conflictos,* cit., p. 154-155.

Também em 1991, na Argentina, o Ministério da Justiça começou a capitanear a elaboração do Plano Nacional de Mediação para implementar programas consensuais em diversos setores da sociedade[65]. A partir de tal ano diversas iniciativas foram engendradas para ampliar a mediação no país, até que em 1995 foi promulgada a Lei n. 24.573 para instituir a mediação prévia judicial em caráter obrigatório.

No Brasil a tradição legislativa contempla diversas previsões sobre conciliação desde tempos remotos; a partir da década de 1990, porém, regras esparsas passaram a mencionar a mediação especialmente na área trabalhista[66]. Apesar de sua baixa aplicabilidade, a sensibilização sobre a pertinência da mediação começou a ser sentida por força de diversas contribuições doutrinárias[67].

5.4 MEDIAÇÃO *ON-LINE*: BASES E CUIDADOS

Como explicado no item 4.8, a pandemia da Covid-19 precipitou o avanço de práticas eletrônicas de solução de disputas (ODRs).

A base normativa federal para a prática eletrônica de conciliações e mediações já podia ser encontrada no Código de Processo Civil e na Lei de Mediação[68].

No plano legislativo adveio uma mudança significativa em 2020: a Lei n. 13.994 fez constar na Lei dos Juizados Especiais Estaduais[69] dispositivos autorizadores da realização de sessões consensuais eletrônicas. Embora já tivessem sido aprovados enunciados em eventos organizados por algumas instituições reconhecendo a possibilidade[70], a lei veio promover segurança ao evitar dúvidas.

---

[65] *Idem*, p. 176.

[66] A mediação na negociação coletiva de natureza trabalhista vem prevista no Decreto n. 1.572, de 28/07/1995, cujo artigo 2.º prevê que, frustrada a negociação direta entre as partes na data-base, essas poderão escolher um mediador de comum acordo para a solução do conflito. A Medida Provisória n. 1.950-70/2000 prevê, no artigo 11, a realização de negociações prévias antes do ajuizamento da ação de dissídio coletivo; em tal regramento, é prevista a escolha do mediador. A Medida Provisória n. 1.982-76/2000, no artigo 4.º, ao dispor sobre impasses na participação dos trabalhadores nos lucros ou resultados da empresa, indica a utilização dos mecanismos de mediação e arbitragem para a solução do litígio.

[67] "A mediação chega ao Brasil por duas vertentes: em São Paulo veio o modelo francês em 1989. Pela Argentina, chegou ao Sul do país o modelo dos Estados Unidos, no início da década de 1990" (BARBOSA, Águida Arruda. Composição da historiografia da mediação: instrumento para o Direito de família contemporâneo. *Revista Direitos Culturais*, v. 2, n.3, dez. 2007, p. 19). Águida Arruda Barbosa conheceu o tema na França em 1989, ano a partir do qual passou a estudá-lo e divulgá-lo no Brasil sob o prisma familiar.

[68] CPC, art. 334, § 7º: "A audiência de conciliação ou de mediação pode realizar-se por meio eletrônico, nos termos da lei"; Lei 13.140/2015, art. 46: "A mediação poderá ser feita pela internet ou por outro meio de comunicação que permita a transação à distância, desde que as partes estejam de acordo".

[69] Lei n. 9.099/1995, art. 22, § 2º: "É cabível a conciliação não presencial conduzida pelo Juizado mediante o emprego dos recursos tecnológicos disponíveis de transmissão de sons e imagens em tempo real, devendo o resultado da tentativa de conciliação ser reduzido a escrito com os anexos pertinentes. Art. 23. Se o demandado não comparecer ou recusar-se a participar da tentativa de conciliação não presencial, o Juiz togado proferirá sentença".

[70] I Jornada "Prevenção e solução extrajudicial de litígios" do Centro de Estudos Judiciários do Conselho da Justiça Federal (CJF), Enunciado 58: "A conciliação/mediação, em meio eletrônico, poderá ser utilizada no procedimento comum e em outros ritos, em qualquer tempo e grau de jurisdição".

Cap. 5 • MEDIAÇÃO: CONCEITO, PRINCÍPIOS E PROCEDIMENTO | 187

Atos normativos de tribunais foram delineados no contexto pandêmico, sendo importante pesquisar a conjuntura da realidade local.

Atento à necessidade de regular a situação pandêmica em termos de sessões consensuais realizadas no CEJUSC, o Tribunal de Justiça paulista publicou o ato normativo do NUPEMEC/SP n. 1/2020 em 26.06.2020. Dentre as interessantes regras, destaca-se o art. 5º: "nas sessões de conciliação e mediação realizadas por videoconferência serão observados todos os princípios que regem os institutos da conciliação e da mediação".

Na busca pelas melhores práticas, merecem leitura orientações de órgãos especializados, como as recomendações sobre procedimentos remotos de resolução de disputas estruturadas pelo Chartered Institute of Arbitrators (CIArb[71]).

Mesmo antes da pandemia, embora não fossem objeto de práticas recorrentes, foram aprovados enunciados com a contemplação de diversas possibilidades de ferramentas para realizar sessões consensuais fora do modo presencial, merecendo destaque dois deles:

> As audiências de conciliação, mediação e negociação direta podem ser realizadas por meios eletrônicos síncronos ou assíncronos, podendo ser utilizados: fórum virtual de conciliação, audiência virtual, videoconferência, whatsapp, webcam, skype, scopia, messenger e outros, sendo todos os meios igualmente válidos (Enunciado 48 no Fórum Nacional de Conciliação e Mediação – Fonacom);

> As audiências de conciliação ou mediação, inclusive dos juizados especiais, poderão ser realizadas por videoconferência, áudio, sistemas de troca de mensagens, conversa *on-line*, conversa escrita, eletrônica, telefônica e telemática ou outros mecanismos que estejam à disposição dos profissionais da autocomposição para estabelecer a comunicação entre as partes (Jornadas de Direito Processual Civil do Centro de Estudos Judiciários do Conselho da Justiça Federal – CJF, Enunciado 25).

Em 2020, percebeu-se a preferência (de tribunais, câmaras privadas e profissionais da área) pela realização de mediações e conciliações por videoconferência.

Diante do fenômeno da exclusão digital, muitas dificuldades poderão se impor sobretudos às pessoas: a) desprovidas de computador e aparatos adjacentes; b) que, apesar de disporem de equipamentos, revelam dificuldade de manipulá-los; c) que padecem de falta (total ou qualitativa) de acesso à internet.

Ao ponto, vale destacar: as sessões consensuais por vídeo só podem ocorrer se houver concordância de todas as partes[72].

É inadequado impor mediação ou conciliação eletrônica se a estrutura para que ela ocorra não pode ser provida aos vulneráveis. Nessa linha, ocorrendo instabilidade na conectividade

---

[71] "O Chartered Institute of Arbitrators – CIArb, instituição fundada em Londres em 1915 com representação no Brasil (CIArb Brazil Branch) desde 2019, edita regularmente diretrizes acerca de aspectos variados dos sistemas de resolução de disputas. As diretrizes do CIArb condensam práticas consolidadas e procedimentos recomendados a partir da experiência de grupos de especialistas. São divulgadas em seu website www.ciarb.org e amplamente aplicadas, por escolha das partes ou como soft law, para orientar a atuação dos envolvidos na resolução de controvérsias" (Disponível em: https://www.migalhas.com.br/depeso/324412/chartered-institute-of-arbitrators-ciarb-recomendacoes-sobre-procedimentos-remotos--de-resolucao-de-conflitos. Acesso em: 25 ago. 2020).

[72] Como bem consta no art. 3.º do Ato Normativo n. 1/2020 do NUPEMEC/SP, as sessões por videoconferência somente serão realizadas com o consentimento de todas as partes.

188 | MEDIAÇÃO NOS CONFLITOS CIVIS – *Fernanda Tartuce*

não deverá haver deletéria consequência processual – exceto a redesignação –, arcando as partes com o ônus de suportar mais tempo para a resolução do conflito em curso. Como se nota, é essencial devotar preocupação em honrar o devido acesso à justiça, sendo essencial a observância das diretrizes que tornam a mediação e a conciliação mecanismos apropriados para compor certos conflitos[73].

5.5 PRINCÍPIOS INFORMADORES

A mediação tem importantes diretrizes para sua escorreita verificação. Sua base de sustentação e expansão ao longo do tempo tem sido

> [...] o reconhecimento dos direitos humanos e da dignidade dos indivíduos, a consciência da necessidade de participação democrática em todos os níveis sociais e políticos, a crença de que o indivíduo tem o direito de participar e ter controle das decisões que afetam a própria vida, os valores éticos que devem nortear os acordos particulares e, finalmente, a tendência a uma maior tolerância às diversidades que caracterizam toda cultura no mundo moderno-contemporâneo[74].

Assim, destacam-se como suas diretrizes essenciais o princípio da dignidade humana – já que um dos pilares dos meios consensuais é o reconhecimento do poder de decisão das partes (com liberdade e autodeterminação) –, a informalidade, a participação de terceiro imparcial e a não competitividade.

A observância dos princípios da mediação é crucial para que sua prática seja realizada de forma adequada em proveito das pessoas em crise. Jurisdicionados e advogados brasileiros padeceram de muitas mazelas ao longo dos anos por conta de práticas enviesadas que, apesar de denominadas conciliatórias, não respeitavam princípios nem técnicas, revelando uma perversa busca de extinção de processos judiciais a qualquer custo.

No plano normativo a relevância dos princípios tem sido amplamente reconhecida. O CPC afirma, no art. 166, serem princípios regentes da mediação e da conciliação em juízo a independência, a imparcialidade, a autonomia da vontade, a confidencialidade, a oralidade, a informalidade e a decisão informada.

Na mesma linha, a Lei 13.140/2015 destaca, no art. 2.º, que a mediação será orientada pelos seguintes princípios: I – imparcialidade do mediador; II – isonomia entre as partes; III – oralidade; IV – informalidade; V – autonomia da vontade das partes; VI – busca do consenso; VII – confidencialidade; VIII – boa-fé.

Serão destacadas as principais diretrizes regentes dos meios consensuais a partir de sua configuração no sistema normativo brasileiro.

Vale destacar que os princípios inerentes à mediação e à conciliação precisam ser observados tanto em sua realização presencial quanto no modo *on-line*.

Atento à necessidade de regular a situação pandêmica em termos de sessões consensuais realizadas no CEJUSC, o Tribunal de Justiça paulista publicou o ato normativo do NUPE-

---

[73] TARTUCE, Fernanda; BRANDÃO, Débora. Mediação e conciliação on-line, vulnerabilidade cibernética e destaques do ato normativo n. 1/2020 do NUPEMEC/SP. In: CUSTÓDIO, João José (coord.). *Novos paradigmas jurídicos no pós-pandemia* (no prelo).

[74] MENDONÇA, Angela Hara Buonomo. *A reinvenção da tradição do uso da mediação*, cit., p. 145.

MEC/SP n. 1/2020 em 26.06.2020, que bem destaca no art. 5º: "nas sessões de conciliação e mediação realizadas por videoconferência serão observados todos os princípios que regem os institutos da conciliação e da mediação".

5.5.1 Autonomia da vontade e decisão informada

O reconhecimento da autonomia da vontade implica em que a deliberação expressa por uma pessoa plenamente capaz, com liberdade e observância dos cânones legais, deva ser tida como soberana.

O termo "vontade" expressa interessantes acepções: 1. faculdade que tem o ser humano de querer, escolher, livremente praticar ou deixar de praticar certos atos; 2. força interior que impulsiona o indivíduo a realizar aquilo a que se propôs, a atingir seus fins ou desejos – ânimo, determinação e firmeza; 3. grande disposição em realizar algo por outrem – empenho, interesse, zelo; 4. capacidade de escolher, de decidir entre alternativas possíveis – volição; 5. sentimento de desejo ou aspiração motivado por um apelo físico, fisiológico, psicológico ou moral – querer; 6. deliberação, determinação, decisão que alguém expressa no intuito de que seja cumprida ou respeitada[75].

A autonomia da vontade, também entendida como autodeterminação, é um valor essencial destacado como princípio na Lei de Mediação (art. 2.º, V), no CPC (art. 166) e na Resolução 125/2010 do CNJ (Anexo III, art. 2.º, II).

A mediação permite que o indivíduo decida os rumos da controvérsia e protagonize uma saída consensual para o conflito: ao incluir o sujeito como importante ator na abordagem da crise, valoriza-se sua percepção e considera-se seu senso de justiça. Como facilmente se percebe, a autonomia da vontade está ligada à dignidade e à liberdade.

O tema da autonomia traz a mente um ponto importante: a voluntariedade. Por tal diretriz, que para muitos é nota essencial da mediação, a conversação só pode ser realizada se houver aceitação expressa dos participantes; eles devem escolher o caminho consensual e aderir com disposição à mediação do início ao fim do procedimento. O tema voltará a ser abordado quando da análise da obrigatoriedade da mediação; de todo modo, vale aqui pontuar que, para quem leva a sério a autonomia da vontade, a voluntariedade precisa ser objeto de considerável atenção, já que ela se conecta com a disposição das partes em engajar-se no diálogo.

Ao abordar o tema no cenário da autocomposição judicial, a Resolução 125/2010 do CNJ reconhece ser a autonomia da vontade o dever de respeitar os diferentes pontos de vista dos envolvidos, assegurando-lhes que cheguem a uma decisão voluntária e não coercitiva com liberdade para tomar as próprias decisões durante ou no final do processo, podendo interrompê-lo a qualquer momento (Anexo III, art. 2.º, II).

Ao conceber a pessoa como protagonista de suas decisões e responsável por seu próprio destino, a mediação revela ter como fundamento ético a dignidade humana em seu sentido mais amplo.

A dignidade é princípio da República e ícone entre os direitos fundamentais. No mundo do Direito, sua representação é árdua, visto que a vacuidade da expressão acaba por torná-la

---

[75] Vontade. *Dicionário Houaiss da Língua Portuguesa*. Disponível em: http://houaiss.uol.com.br. Acesso em: 30 out. 2014.

um "enigma que pode forçar uma submissão do Direito a padrões inversos à própria dogmática jurídica"[76]. Sobreleva a consideração da dignidade em seu aspecto dinâmico de atuação do indivíduo sobre os rumos de seu destino e o encaminhamento de seus conflitos. Nas palavras de Alexandre de Moraes,

> [...] a dignidade é um valor espiritual e moral inerente à pessoa, que se manifesta singularmente na autodeterminação consciente e responsável pela própria vida e que traz consigo a pretensão ao respeito por parte das demais pessoas, constituindo um mínimo invulnerável que todo estatuto jurídico deve assegurar, de modo que, somente excepcionalmente, possam ser feitas limitações ao exercício dos direitos fundamentais, mas sempre sem *menosprezar a necessária estima que merecem todas as pessoas enquanto seres humanos*[77].

A dignidade da pessoa humana, importantíssimo princípio jurídico e imperativo categórico da intangibilidade da vida humana, origina três preceitos fundamentais: o respeito à integridade física e psíquica do indivíduo, a consideração pelos pressupostos mínimos para o exercício da vida e o respeito pelas condições mínimas de liberdade e convivência social[78]. Como bem salienta Maria Celina Bodin de Moraes,

> [...] problema maior do Direito tem sido, justamente, o de estabelecer um compromisso aceitável entre os valores fundamentais comuns, capazes de fornecer os enquadramentos éticos e morais nos quais as leis se inspiram, e espaços de liberdade, os mais amplos possíveis, de modo a permitir a cada um a escolha de seus atos e a condução de sua vida em particular, de sua trajetória individual, de seu projeto de vida[79].

A autonomia da vontade implica o reconhecimento também do princípio da liberdade: os participantes da mediação têm o poder de definir e protagonizar o encaminhamento da controvérsia, o que inclui desde a opção pela adoção do método compositivo até a responsabilidade pelo resultado.

Na mediação não há imposição externa: os envolvidos irão atuar para divisar saídas para suas disputas.

---

[76] HIRONAKA, Giselda Maria Fernandes Novaes. *Responsabilidade pressuposta*. Belo Horizonte: Del Rey, 2006, p. 213. Nessa obra, a autora empreende, na terceira parte (Dignidade da pessoa humana e cidadania: norte constitucional e atributo valorativo fundante do dever de indenizar, p. 158-224), uma profunda análise sobre o tema partindo da abordagem de importantes estudiosos, razão pela qual se justifica intensamente a leitura de tal obra para a completa abordagem do assunto.

[77] MORAES, Alexandre de. *Direito constitucional*, cit., p. 18.

[78] A ponderação é de Antônio Junqueira de Azevedo, cuja obra a seguir citada é de leitura obrigatória ao interessado pelo tema: A caracterização jurídica da dignidade da pessoa humana, *Revista Trimestral de Direito Civil*, n. 9, p. 3-24, 2002 (*apud* MORAES, Maria Celina Bodin de. O princípio da dignidade humana. In: MORAES, Maria Celina Bodin de (coord.). *Princípios do Direito civil contemporâneo*. Rio de Janeiro: Renovar, 2006. p. 12, nota 34).

[79] MORAES, Maria Celina Bodin de. *O princípio da dignidade humana*, cit., p. 5.

Sob a perspectiva transformativa, a mediação "é um processo que permite que as pessoas em conflito ajam com maior autodeterminação e responsividade em relação aos outros, ao mesmo tempo que exploram soluções para questões específicas"[80].

O princípio da liberdade individual, nos tempos atuais, consubstancia a possibilidade de realizar, sem interferências de qualquer natureza, as próprias escolhas; assim, cada um poderá buscar concretizar seu projeto de vida como melhor lhe convier em uma perspectiva de privacidade, intimidade e livre exercício da vida privada[81].

Não há, porém, como exercer a liberdade sem conhecer as múltiplas opções que a realidade enseja. Muitas vezes, as partes não têm a exata noção sobre as possibilidades de encaminhamento do conflito, faltando-lhes informação, comunicação e direcionamento às várias possibilidades existentes para tal mister[82]. Uma primeira conduta na abordagem do conflito, portanto, deve ser a explanação das possibilidades disponíveis para lidar com a controvérsia.

O consentimento para aderir à via consensual deve ser genuíno, assim como legítima deve ser sua concordância quanto a eventual resultado obtido a partir da mediação.

Na mediação, como o poder de definição do conflito compete às partes, o mediador deve atuar como um facilitador do diálogo. Após o restabelecimento da comunicação, as pessoas devem estar aptas a decidir a controvérsia sem qualquer indução por parte do mediador quanto ao mérito da avença[83]. Nas palavras de Lilia Maia de Moraes Sales,

> [...] as partes é que decidirão todos os aspectos do problema sem intervenção do mediador, no sentido de induzir as respostas ou as decisões, mantendo a autonomia e controle das decisões relacionadas ao conflito. O mediador facilita a comunicação, estimula o diálogo, auxilia na resolução dos conflitos, mas não os decide[84].

Ao mediador caberá gerar oportunidades para que as pessoas esclareçam pontos relevantes e se abram à comunicação necessária de modo que, sendo esse seu desejo, possam se beneficiar da ampliada compreensão sobre os rumos da controvérsia.

Como esclarecem Maria Berenice Dias e Giselle Groeninga, "a mediação, ao confrontar as modificações do passado e ensejar sua transposição para o presente, oportuniza que a composição seja encontrada por ambos. Permite a reorganização das relações de modo a contemplar o futuro"[85].

---

[80] FOLGER, Joseph P.; BUSH, Robert A. A mediação transformativa e intervenção de terceiros: as marcas registradas de um profissional transformador. In: SCHNITMAN, Dora Fried; LITTLEJOHN, Stephen. *Novos paradigmas em mediação*. Porto Alegre: ArtMed, 1999, p. 86.

[81] MORAES, Maria Celina Bodin de. *O princípio da dignidade humana*, cit., p. 43.

[82] Para Humberto Dalla Bernardina de Pinho, a tarefa maior do mediador é justamente revelar às partes tais possibilidades (Mediação: a redescoberta de um velho aliado na solução de conflitos. In: MASCARENHAS, Geraldo Luiz Prado (coord.). *Acesso à justiça e efetividade do processo*. Rio de Janeiro: Lumen Juris, 2005, p. 122).

[83] Nas palavras de Luis Alberto Warat, "o que o mediador faz é ajudar na interpretação das partes, elas é que devem interpretar no entre-nós de seu vínculo, de seus corações, interpretar para se encontrar no entre-nós de seus vínculos, consigo mesmas" (*O ofício do mediador*, apud SALES, Lilia Maia de Morais. *Justiça e mediação de conflitos*, cit., p. 50).

[84] SALES, Lilia Maia de Morais. *Justiça e mediação de conflitos*, cit., p. 47.

[85] DIAS, Maria Berenice; GROENINGA, Giselle. A mediação no confronto entre direitos e deveres. *Revista do Advogado*, n. 62, p. 62, mar. 2001.

Em certa medida, proporcionar a chance de aprender a lidar de forma organizada com problemas pessoais e relacionais é valioso.

Na perspectiva transformativa, a principal meta da mediação é dar aos participantes a oportunidade de aprender ou de mudar; com isso, pode-se alcançar uma sorte de evolução moral ou "transformação" por meio do aprimoramento da autonomia (ou "empoderamento", como capacidade de decidir sobre os problemas da própria vida) e de "identificação" (como capacidade de reconhecer e simpatizar com a condição alheia)[86].

No modelo transformativo, a proposta é ajudar as partes a aproveitarem as oportunidades que o conflito apresenta para promover o exercício de autodeterminação e empatia[87]. Ao facilitar o diálogo, o mediador transformativo atua para promover esses dois fatores: o "empoderamento" (senso de "autofortalecimento") e o reconhecimento; ambos são reputados muito importantes por atenderem à vontade dos indivíduos. Quem passa por uma crise certamente quer debelar percepções negativas ligadas a sensações de fraqueza e isolamento; a mediação transformativa busca dar-lhe voz para que, clarificando condições e possibilidades, possa se habilitar a encontrar novos caminhos. Também é importante sair de uma posição excessivamente autocentrada para fazer movimentos em relação à outra pessoa.

A Resolução n. 125/2010 do CNJ reconheceu tamanha importância a tais fatores, que os contemplou como princípios da mediação e da conciliação judiciais. O empoderamento é identificado como "o dever de estimular os interessados a aprenderem a melhor resolverem seus conflitos futuros em função da experiência de justiça vivenciada na autocomposição", enquanto o reconhecimento é referido como validação, "dever de estimular os interessados perceberem-se reciprocamente como serem humanos merecedores de atenção e respeito"[88].

Como o princípio da autonomia interfere na adoção de sessões consensuais por videoconferência? Decisivamente: a mediação poderá ser feita pela internet ou por outro meio de comunicação que permita a transação à distância desde que as partes estejam de acordo (art. 46 da Lei de Mediação).

É essencial que as sessões consensuais eletrônicas se verifiquem com base no consentimento de todas as partes[89]; afinal, muitas pessoas poderão padecer de ausência de acesso à internet, equipamentos e/ou de analfabetismo digital.

É inadequado impor mediação ou conciliação digital quando a estrutura para que ela aconteça não pode ser provida aos vulneráveis. Nessa linha, ocorrendo instabilidade na conectividade não deverá haver deletéria consequência processual – exceto a redesignação –, arcando as partes com o ônus de suportar mais tempo para a resolução do conflito em curso. Como se nota, é essencial devotar preocupação em honrar o devido acesso à justiça, sendo essencial a observância das diretrizes que tornam a mediação e a conciliação mecanismos apropriados para compor certos conflitos[90].

---

[86] RISKIN, Leonard L. *Compreendendo as orientações, estratégias e técnicas do mediador*: um mapa para os desnorteados, cit., p. 26.

[87] FOLGER, Joseph P.; BUSH, Robert A. A mediação transformativa e intervenção de terceiros: as marcas registradas de um profissional transformador. In: SCHNITMAN, Dora Fried; LITTLEJOHN, Stephen. *Novos paradigmas em mediação*. Porto Alegre: ArtMed, 1999, p. 85.

[88] CNJ, Resolução 125/2010, anexo III, art. 1.º, VII e VIII.

[89] Como bem consta no art. 3.º do Ato Normativo n. 1/2020 do NUPEMEC/SP, as sessões por videoconferência somente serão realizadas com o consentimento de todas as partes.

[90] TARTUCE, Fernanda; BRANDÃO, Débora. Mediação e conciliação on-line, vulnerabilidade cibernética e destaques do ato normativo n. 1/2020 do NUPEMEC/SP. In: CUSTÓDIO, João José (coord.). *Novos paradigmas jurídicos no pós-pandemia* (no prelo).

É importante repensar as penalidades processuais ou contratuais incidentes em caso de não comparecimento a sessões virtuais caso a ausência seja justificada por dificuldades tecnológicas. A exemplo, o recém-alterado art. 22, § 2.º, da Lei n. 9.099/1995, que determina ser "cabível a conciliação não presencial conduzida pelo Juizado mediante o emprego dos recursos tecnológicos disponíveis de transmissão de sons e imagens em tempo real", não deverá conduzir à extinção do processo ou à revelia em caso de ausência justificada pela falta de acesso à internet para participar da audiência; sendo possível realizar audiências presenciais com os devidos protocolos sanitários, essa possibilidade deve ser sempre disponibilizada às partes, particularmente às hipossuficientes e vulneráveis, ainda que o formato *on-line* pareça preferível em certo contexto[91].

Merece destaque o apontamento de outra diretriz intensamente relacionada à autonomia: pelo princípio da decisão informada, é dever do facilitador da comunicação manter o jurisdicionado plenamente ciente quanto aos seus direitos e ao contexto fático no qual está inserido (Resolução n. 125/2010 do CNJ, anexo III, art. 1.º, II).

Daniel Amorim Assumpção Neves, ao analisar o tema, questiona: como não há exigência de que o mediador tenha formação jurídica, como exatamente se pode exigir que pessoas sem qualificação jurídica mantenham o jurisdicionado plenamente informado quanto aos seus direitos[92]?

Em realidade, o princípio da decisão informada impõe o esclarecimento, por parte dos mediadores, sobre os direitos de aceitar participar da via consensual[93] e de seguir participando das sessões. Durante todo o procedimento a participação deve ser voluntária; caso alguém queira interromper ou suspender sua atuação, isso é obviamente possível.

Em relação ao mérito da disputa, não cabe ao terceiro imparcial atuar como assessor técnico ou advogado, mas checar se os envolvidos conhecem dados suficientes para que as soluções construídas consensualmente possam ser acolhidas como fruto de genuíno e esclarecido consentimento.

Nas sessões consensuais, o condutor imparcial, antes de iniciar a comunicação sobre o mérito da disputa, deve se certificar se os envolvidos estão devidamente informados sobre o contexto em que se inserem e sobre o direito envolvido; se for o caso, ele deve também advertir sobre a necessidade de que se informem com um profissional. Essas iniciativas são importantes para que não venham a ser celebrados "pseudoacordos": sem haver consentimento genuíno e informado, podem advir avenças inexistentes no plano jurídico e ineficazes em termos de cumprimento espontâneo.

A importância do tema pode ser depreendida a partir de um caso concreto em que diretrizes informativas deixaram, infelizmente, de ser observadas.

Uma consumidora promoveu, em certo Juizado Especial Cível, sem advogado, demanda pedindo declaração de inexistência de débitos e indenização por danos morais por inscrição em cadastro de proteção ao crédito. Instruído o feito, adveio julgamento de procedência

---

[91]   TARTUCE, Fernanda; ASPERTI, Cecilia. A conciliação e a mediação online a partir da pandemia do novo coronavírus: limites e possibilidades. *Revista do Advogado da AASP*, n. 148 (no prelo).

[92]   NEVES, Daniel Assumpção. *Novo CPC: Código de Processo Civil: Lei 13.105/2015: inovações, alterações e supressões comentadas*. São Paulo: Método, 2015.

[93]   ALBERTON, Genaceia da Silva. O Núcleo de Estudos no contexto da mediação no Rio Grande do Sul e as proposições legislativas na área da mediação. Disponível em: http://www.ajuris.org.br/sitenovo/wp- -content/uploads/2014/12/o-nucleo-de-estudos-no-contexto-da-mediacao.pdf. Acesso em: 9 jul. 2015.

com condenação do réu a pagar R$ 3.000,00 (três mil reais) por danos morais. Antes de ser intimada da sentença (que já constava nos autos), a autora firmou acordo extrajudicial com o demandado: este reconheceu a inexistência da dívida e se comprometeu a retirar a inscrição indevida pagando a quantia de R$ 500,00 (quinhentos reais) para plena quitação da pretensão indenizatória.

Submetida a avença à homologação judicial, o juiz indeferiu-a porque o valor era "substancialmente inferior ao da condenação estabelecida na sentença, em manifesto prejuízo à autora". Suspeitando que a autora não tivera conhecimento da sentença proferida, o magistrado informou-a e checou seu consentimento, momento em que ela afirmou que "não manteria os termos do acordo".

A demandada apresentou então reclamação regimental contra a decisão que rejeitou a homologação da avença. A pretensão teve êxito: entendeu o juiz do colégio recursal que "a simples circunstância de que a sentença judicial seria mais favorável a uma das partes não significa a existência de qualquer vício que impeça a sua homologação, ainda que se trate de consumidor considerado hipossuficiente". Quanto à falta de informação sobre os termos da sentença, decidiu que a invalidação do acordo dependeria da comprovação de vício de vontade; ademais,

> Ainda que se pudesse cogitar da ocorrência de erro por parte da interessada, pois já havia sido proferida sentença mais favorável da qual ela ainda não tinha conhecimento, é preciso considerar que ela tinha plenos meios de tomar ciência do ato judicial, bastando acompanhar o andamento processual por um dos meios disponibilizados às partes. A autorização legal para que a parte ajuíze ações perante os Juizados Especiais sem a presença de advogado acaba por exigir dela maior diligência no acompanhamento do feito, comprometendo-se a manter seus dados de contato atualizados e, quando necessário, realize pessoalmente as diligências para saber da situação do processo. Portanto, entendo que o fato de que o acordo foi feito entre as datas de prolação e intimação da sentença não significa, por si só, erro substancial da parte interessada, pois o processo estava à sua disposição na Secretaria do Juízo para ser intimada de eventuais atos pendentes, o que era do seu interesse acompanhar[94].

Como se percebe, exigiu-se da parte sem representação um zelo considerável sobre o qual provavelmente ela nem sequer tinha informações. A consumidora era vulnerável tecnicamente; por atuar sem advogado no Juizado, ela não tinha conhecimento da prolação da sentença por ignorar os meandros jurídicos (um leigo ordinariamente ignora informações relativas à prolação e ao lapso temporal em relação à divulgação de decisões). Atuou muito bem o magistrado de primeira instância ao checar o consentimento da autora, assim como, constatando ter havido comprometimento na informação, fez bem ao recusar homologação ao acordo ante a ausência de decisão informada.

Infelizmente a segunda instância optou por uma aplicação mais teórica do que prática do sistema normativo em termos de isonomia, decisão informada e mesmo boa-fé objetiva (apesar do evidente desnível em termos de informação).

---

[94] TJDF; Rec 2014.00.2.018818-8; Ac. 818.123; Segunda Turma Recursal dos Juizados Especiais do Distrito Federal; Rel. Juiz Antônio Fernandes da Luz; *DJDFTE* 12.09.2014, p. 283.

Ao abordar experiências na seara previdenciária, Marco Antonio Serau Júnior relata ocorrências nos Juizados Especiais Federais em que o INSS formula propostas de acordos apenas quando sabe de antemão que terá uma derrota judicial. Em casos como este, o acordo formulado resume-se a um abatimento do valor devido ao segurado em troca do reconhecimento imediato do benefício e do pagamento dos valores em atraso. Para o autor, o que ocorre não é propriamente um acordo: este se daria se houvesse uma zona cinzenta e imprecisa, que poderia gerar controvérsia sobre o valor do benefício ou de seu termo inicial. A percepção dos magistrados que atuam nas conciliações é de que há um "mercado de desconto de direitos"; segundo o autor, o "acordo" nada mais é que um "calote chancelado pelo Judiciário" – isso provavelmente ocorre pelo baixo grau de informação do beneficiário quanto ao possível sucesso de uma sentença judicial[95].

Como se percebe, os princípios da autonomia da vontade e da decisão informada são essenciais para que haver pleno proveito do mecanismo consensual para os interessados; estes precisam ser contemplados ao máximo em sua liberdade e contar com informações suficientes para que possam obter resultados satisfatórios. Violar tais diretrizes tende a ser fatal em termos de credibilidade e mesmo utilidade da autocomposição.

5.5.2 Informalidade e independência

A mediação, como mecanismo que busca facilitar o diálogo entre as pessoas, não tem regras fixas (embora o mediador conte com técnicas para o estabelecimento de conversações pautadas pela clareza). Não há forma exigível para a condução de um procedimento de mediação, dado que esta constitui, essencialmente, um "projeto de interação, de comunicação eficaz"[96].

A mediação se desenvolve por meio de conversas com a contribuição de um terceiro imparcial – que se vale de técnicas para clarificar situações, percepções, afirmações e possibilidades aventadas nas interações.

Tratando-se de mecanismo que busca o restabelecimento da comunicação, muitas vezes o encaminhamento da controvérsia deverá ser conduzido segundo as situações pessoais dos envolvidos e as condições concretas de sua relação naquele momento. Em geral, muitas são as oportunidades de atuação do mediador junto às partes, e cada encontro pode gerar formas diversas de interação. Geralmente, as sessões de mediação são várias e não há regras fixas de condução do procedimento.

Vale destacar que, embora a Lei de Mediação aponte ser a informalidade um de seus princípios[97], ela direciona a atuação do mediador ao dispor que, no início da primeira reunião, e sempre que julgar necessário, ele deva alertar as partes sobre as regras de confidencialidade aplicáveis ao procedimento[98]. A previsão não deve ser vista como uma contradição: a lei regula o tema para trazer parâmetros úteis e alguma previsibilidade, mas não impõe um modo rígido de atuação.

---

[95] SERAU JÚNIOR, Marco Aurélio. Conciliação nas ações previdenciárias. *Revista do Advogado*, n. 123, p. 130-131, São Paulo, AASP, ago. 2014.

[96] MENDONÇA, Angela Hara Buonomo. *A reinvenção da tradição do uso da mediação*, cit., p. 149.

[97] Lei n. 13.140/2015, art. 2.º, IV.

[98] Lei n. 13.140/2015, art. 14.

Embora haja pautas de ação e várias ferramentas, não há um roteiro fechado a seguir durante a mediação. As técnicas são úteis e devem ser utilizadas com preparo e cautela, mas muitas vezes não é viável precisar o certo e o errado em uma lógica reducionista... por isso, aliás, é comum que no fim de um encontro o mediador se questione: "será que fiz intervenções adequadas?".

A formulação da pergunta denota comprometimento com uma boa atuação. Mesmo se valendo de técnicas, o mediador precisa escolher... selecionar implica optar por algo excluindo outras possibilidades. Qual critério adotar para decidir, naquela fração de segundos, entre ouvir/falar, perguntar/calar? Podem ser cogitados vários parâmetros, na teoria e longe do calor dos acontecimentos; na prática, a intuição acaba sendo determinante para a atuação do mediador[99].

A informalidade na conversa pode favorecer a comunicação tanto entre as pessoas em conflito como entre elas e o mediador; afinal, havendo maior descontração e tranquilidade, facilita-se o encontro de uma composição favorável a ambas as partes[100].

Mecanismos pautados por privacidade e informalidade acabam deixando as partes mais à vontade[101].

A informalidade permite relaxamento, descontração e tranquilidade; tais sentimentos colaboram para o desarmamento dos espíritos e otimizam as chances de resultarem soluções consensuais[102].

É importante que haja flexibilidade no procedimento porque a dinâmica das relações demanda objetividade e interatividade em um processo permanente de negociação entre as partes[103].

Para Carrie Menkel-Meadow, uma das maiores vantagens na adoção dos mecanismos alternativos é justamente a possível informalidade em sua condução: os processos em que se busca o consenso (*settlement*) podem ser muito mais reais, humanos, democráticos e catárticos[104] que processos mais formalizados, possibilitando, em seus melhores momentos, oportunidades de transformação e educação[105].

Os meios "alternativos" são mais "amigáveis" e flexíveis; como muitas vezes não há advogados envolvidos, as partes são estimuladas a tomar atitudes que fariam com que a decisão estivesse mais de acordo com suas reais necessidades. O processo sem advogados seria menos rígido, menos formal e muito mais barato; além disso, mesmo nas modalidades em que haveria a presença de advogados o resultado seria melhor porque os procedimentos

---

[99] TARTUCE, Fernanda. Técnicas de mediação. Disponível em: www.fernandatartuce.com.br/artigosda-professora. Acesso em: 9 jul. 2015.

[100] SALES, Lilia Maia de Morais. *Justiça e mediação de conflitos*, cit., p. 51.

[101] RESNIK, Judith. Many Doors? Closing Doors? Alternative Dispute Resolution and Adjudication. 10 Ohio ST. J. on Disp Resol. 211, 212, 216-18, 241-58, 261-65 (1995). In: RISKIN, Leonard L.; WESTBROOK, James E. *Dispute Resolution and Lawyers*. 2. ed. Saint Paul: West Group, 2004, p. 30.

[102] NEVES, Daniel Assumpção. *Novo CPC: Código de Processo Civil: Lei 13.105/2015: inovações, alterações e supressões comentadas*, cit., item 3.2.5.8.

[103] MENDONÇA, Angela Hara Buonomo. *A reinvenção da tradição do uso da mediação*, cit., p. 149.

[104] Liberadores de emoções ou tensões reprimidas.

[105] Whose Dispute is it Anyway? A Philosophical and Democratic Defense of Settlement (in Some Cases) 83 Geo.LJ. 2663, 2663-71, 2692, 1995. In: RISKIN, Leonard L.; WESTBROOK, James E. *Dispute Resolution and Lawyers*, cit., p. 30.

Cap. 5 · MEDIAÇÃO: CONCEITO, PRINCÍPIOS E PROCEDIMENTO

obrigam os advogados a serem mais civilizados, educados e a realmente buscarem a satisfação das necessidades dos clientes[106].

Em sentido contrário, há quem defenda a presença de certo formalismo no procedimento. Para Marc Galanter, os meios alternativos não podem ser confundidos com informalismo: haveria, sim, uma diminuição nas formalidades, de forma que as amarras legais e processuais para a aplicação normativa seriam mais flexíveis. Todavia, isso não significaria um decréscimo na participação de profissionais, podendo apenas ensejar uma modificação dos protagonistas do processo; como exemplo, na mediação familiar, em vez de juristas, podem atuar psicólogos ou assistentes sociais[107].

Exigências puramente formalistas associadas a visões antigas sobre o processo civil vem sendo questionadas. Nas palavras de Carlos Alberto Alvaro de Oliveira,

> [...] o rigor do formalismo resulta temperado pelas necessidades da vida, agudizando-se o conflito entre o aspecto unívoco das características externas e a racionalização material, que deve levar a cabo o órgão judicial, entremeada de imperativos éticos, regras utilitárias e de conveniência ou postulados políticos, que rompem com a abstração e a generalidade[108].

Vale ressaltar que mesmo nos países em que a mediação tem previsão legislativa (como França, Argentina, Estados Unidos e Espanha), as regras são marcadas pelo princípio da simplicidade processual[109]. Não há, portanto, em geral, exigência formal na condução da mediação ou quanto ao seu possível resultado.

Nas sessões consensuais por videoconferência, é preciso atentar para que o princípio da informalidade não seja negativamente afetado. A conversa presencial envolve natural proximidade entre as pessoas, elemento que acaba se perdendo nas conversas eletrônicas.

As plataformas *on-line*, por melhores que sejam, não são capazes de reproduzir um ambiente de interações verbais e não verbais. O papel do advogado se torna então ainda mais importante: cabe a ele explicar para a parte o que esperar do procedimento, deixando-a o mais confortável possível para se expressar de modo franco e bem informado[110].

Como bem apontam Carolina Barrocas e Daniel Ferreira,

> Quando falamos de mediação online a tecnologia pode se tornar uma grande aliada se bem utilizada uma vez que aproxima as partes que não podem ou não desejam estar no mesmo lugar fisicamente, ou uma grande inimiga uma vez que a comunicação à distância pode gerar níveis maiores de desconfiança. Em pesquisa publicada no ano de 2000 comprovou-se que o nível de confiança entre as partes era maior em negociações

---

[106] RESNIK, Judith. Many Doors? Closing Doors? Alternative Dispute Resolution and Adjudication, cit., p. 30.

[107] SALLES, Carlos Alberto de. *Mecanismos alternativos de solução de controvérsias e acesso à justiça*, cit., p. 785.

[108] OLIVEIRA, Carlos Alberto Alvaro de. O processo civil na perspectiva dos direitos fundamentais. Disponível em: http://www.abdpc.org.br/abdpc/artigos/Carlos%20A%20A%20de%20Oliveira(6)%20-%20 formatado.pdf. Acesso em: 24 jan. 2020.

[109] SALES, Lilia Maia de Morais. *Justiça e mediação de conflitos*, cit., p. 50-51.

[110] TARTUCE, Fernanda; ASPERTI, Cecilia. A conciliação e a mediação online a partir da pandemia do novo coronavírus: limites e possibilidades, cit.

face-to-face do que por telefone e ocorria até mesmo diferença no nível de confiança quando os negociadores eram colocados lado a lado e não frente a frente. A principal explicação disso é que as partes se pautam muito pelo que é dito, mas o nível de confiança aumenta significativamente pelo que não é dito, ou seja, o comportamento não verbal[111].

Durante a sessão, muitas vezes um contato visual pode sinalizar ao advogado a necessidade de uma pausa ou até uma intervenção mais assertiva, o que acaba sendo inviabilizado em uma tela (onde todos em princípio olham para todos ao mesmo tempo). Após a sessão, a conversa de corredor ou na saída acaba também não ocorrendo, sendo substituída por uma ligação ou chamada de vídeo – nem sempre capaz de captar as percepções e os sentimentos que fluíram durante e após a mediação. Em suma: a dinâmica cliente-advogado, sem dúvida, é bem diferente quando ambos não estão fisicamente no mesmo ambiente, o que pode trazer prejuízos tanto para a preparação prévia quanto para a atuação durante a sessão e o diálogo subsequente[112].

Orientação direcionada à chance de preparação prévia consta nas recomendações sobre procedimentos remotos de resolução de disputas estruturadas pelo Chartered Institute of Arbitrators (CIArb) nos seguintes termos:

> A tecnologia, o *software*, o equipamento e o tipo de conexão a serem utilizados em um procedimento remoto devem ser objeto de consenso pelas partes e testados com todos os participantes antes de quaisquer reuniões ou audiências[113].

Caso não seja disponibilizada pelo Tribunal uma oportunidade de teste, será importante que o advogado busque, por sua conta, fazer uma experimentação da plataforma com o cliente de modo a familiarizá-lo com ela.

A informalidade conecta-se a outra importante diretriz: pelo princípio da independência, a atuação de conciliadores e mediadores judiciais deve se dar com autonomia e liberdade, sem subordinação nem influência de qualquer ordem[114].

Ao abordar o tema, o Código de Ética de Mediadores e conciliadores judiciais da Resolução 125/2010 do CNJ associa independência e autonomia, destacando que implicam o dever de atuar com liberdade sem sofrer qualquer pressão interna ou externa; permite-se ao mediador e ao conciliador recusar, suspender ou interromper a sessão se ausentes as condições necessárias para seu bom desenvolvimento, não sendo os condutores do meio consensual obrigados a redigir acordos ilegais ou inexequíveis (anexo III, art. 1.º, V).

---

[111] BARROCAS, Carolina; FERREIRA, Daniel Brantes. *Online Dispute Resolution* como forma de solução de conflitos em tempos de pandemia no Brasil e Canadá: habilidades e competências dos profissionais. Disponível em: https://www.direitoprofissional.com/odr-em-tempos-de-pandemia-no-brasil-e-canada/. Acesso em: 25 maio 2020.

[112] TARTUCE, Fernanda; ASPERTI, Cecilia. A conciliação e a mediação online a partir da pandemia do novo coronavírus: limites e possibilidades, cit.

[113] Recomendações sobre procedimentos remotos de resolução de disputas. Disponível em: https://9961956e--d2ed-4f68-b6f9-5d9c38694afb.filesusr.com/ugd/f51e52_cd6a16d84d404118b4972084386f72ce.pdf. Acesso em: 25 ago. 2020.

[114] TARTUCE, Fernanda. Comentários aos artigos 166-175, item 2. In: WAMBIER, Teresa Arruda Alvim, DIDIER JR., Fredie; TALAMINI, Eduardo; DANTAS, Bruno (coords.). *Breves Comentários ao Novo Código de Processo Civil*. São Paulo: RT, 2015, p. 525.

Cap. 5 • MEDIAÇÃO: CONCEITO, PRINCÍPIOS E PROCEDIMENTO | **199**

Como se percebe, a diretriz da independência sinaliza que conciliadores e mediadores não possam sofrer interferências capazes de reduzir sua atuação perante as partes; por tal razão, durante seu desempenho eles são dotados de "autonomia para conduzir a negociação da melhor forma e no interesse dos litigantes, desde que não excedam os limites legais, morais ou impostos pelos próprios envolvidos"[115].

No ponto, andou bem o legislador ao promover certo ajuste normativo: pela redação originária constante no Projeto[116] do CPC/2015, incumbia ao juiz controlar a atuação do conciliador e do mediador; a equivocada regra incorreria em evidente afronta ao princípio da independência[117].

5.5.3 Oralidade

A mediação se desenvolve por meio de conversações e/ou negociações entre as pessoas. Como meio focado no (r)estabelecimento da comunicação, a mediação é pautada em iniciativas verbais: por meio de expressões, questionamentos e afirmações, busca-se viabilizar espaços de comunicação entre os envolvidos para que eles possam divisar saídas para seus impasses, relatando sua percepção e contribuindo para eventual elaboração de propostas.

As técnicas para obter tal mister são variadas, tendo por núcleo principal a clarificação de percepções, a provocação de reflexões e a elaboração de perguntas que abram canais de escuta e novas possibilidades para os envolvidos.

Compete ao mediador viabilizar espaços de comunicação entre as partes[118] de modo a promover o debate e estimular a compreensão mútua pela apresentação de novos pontos de vista sobre a situação controvertida; tais percepções, que são extraídas da conversação instaurada, podiam ser até então imperceptíveis por falhas de comunicação inerentes ao estado conflituoso[119].

Como bem pontua Cezar Peluso, a maior integração das partes na solução dos conflitos é guiada, sobretudo, pelo princípio da oralidade, e "não teria sentido se não lhes fosse dada a oportunidade de engendrar ou conceber sua própria decisão, compondo por si mesmas o litígio"[120].

A exposição oral de fatos e percepções é importante para que cada pessoa tenha voz ao abordar suas perspectivas e possa se sentir efetivamente escutada.

Por força da ausência da oralidade, algumas iniciativas identificadas por certas pessoas como propiciadoras de mediação e conciliação na realidade não o são: muitas plataformas configuram veículos de reclamação e potencial negociação entre as partes, não contando com uma pessoa imparcial que fomente a oralidade.

---

[115] CAMBI, Eduardo; FARINELLI, Alisson. *Conciliação e Mediação no Novo Código de Processo Civil* (PLS 166/2010). *Revista de Processo*, v. 194, p. 280, abr. 2011.

[116] Projeto de Lei do Senado n. 166/2010, art. 333 § 1.º: O juiz determinará a forma de atuação do mediador ou do conciliador, onde houver, observando o que dispõe a lei de organização judiciária.

[117] CAMBI, Eduardo; FARINELLI, Alisson. *Conciliação e mediação no Novo Código de Processo Civil (PLS 166/2010)*, p. 280, cit.

[118] CAPPELLETTI, Mauro (org.). *Access to Justice*, v. II, livro 1. Milão: Sijthoff/Giuffrè, 1978, p. 60.

[119] *Idem*, p. 97.

[120] PELUSO, Cezar. Mediação e conciliação. *Revista de Arbitragem e Mediação*, ano 8, v. 30, p. 16, jul.-set. 2011.

Retratando diversidade de possibilidades, as plataformas *on-line* têm focado no uso de quatro institutos peculiares: (i) negociação automatizada e assistida, (ii) mediação *on-line*, (iii) arbitragem *on-line*; (iv) *ombudsman on-line*[121].

Na mediação, como a proposta é que o indivíduo possa falar sobre a situação controvertida com liberdade e sem formalismo, a tendência é que o peso da linguagem jurídica tenha menor impacto.

Nessa perspectiva, a mediação surge como um espaço democrático porque o mediador, ao invés de se posicionar em um local superior às partes, encontra-se no meio delas para partilhar um espaço participativo voltado para a construção do consenso[122].

Para permitir a percepção apropriada do contexto que envolve as partes, uma técnica essencial na mediação (assim como na negociação) é escutar com atenção, perguntar para saber mais e ir resumindo o que compreendeu para esclarecer pontos importantes da controvérsia.

Como bem explana Helena Mandelbaum, facilitadores da comunicação têm "a responsabilidade de, no fluxo de suas falas e escutas, criar condições que possibilitem cenários colaborativos"[123].

A "escuta ativa" configura importante técnica da mediação; por meio dela, busca-se valorizar o sentido do que é dito com vistas a compreender o que foi exposto pelo interlocutor.

Como bem esclarece Arménio Rego, a escuta ativa implica ouvir uma mensagem pressupondo interesse pela pessoa e pela comunicação com vistas à boa compreensão da mensagem; ela é uma pedra de toque da eficácia comunicacional[124].

Tal técnica é importante porque permite perceber que a pessoa é destinatária de atenção, mostrando-se o interlocutor interessado em seus pensamentos e em suas opiniões; é também conhecida como "reciprocidade", já que "as duas pessoas estão comprometidas no processo de ouvir ativamente e trocar informações"[125].

Pela escuta ativa, o mediador não só ouve como também considera atentamente as palavras ditas e as mensagens não expressas verbalmente (mas reveladas pelo comportamento de quem se comunica). Muitos elementos relevantes podem ser depreendidos a partir de posturas, expressões faciais e mesmo contatos visuais[126]. A percepção do mediador supera a

---

[121] PORTO, Antônio José Maristrello; NOGUEIRA, Rafaela; QUIRINO, Carina de Castro. Resolução de conflitos on-line no Brasil: um mecanismo em construção. *Revista de Direito do Consumidor*, v. 114, p. 295-318, nov.-dez. 2017.

[122] MORAIS, José Luis Bolzan de; SPENGLER, Fabiana Marion. *Mediação e arbitragem*: alternativas à jurisdição. 2. ed. rev. e ampl. Porto Alegre: Livraria do Advogado, 2008, p. 134-136.

[123] MANDELBAUM, Helena Gurfinkel. Comunicação: teoria, axiomas e aspectos. In: PRADO DE TOLEDO, Armando Sérgio; TOSTA, Jorge; ALVES, José Carlos Ferreira (orgs.). *Estudos avançados de mediação e arbitragem*, v. 1. Rio de Janeiro: Elsevier, 2014, p. 45-68.

[124] REGO, Arménio; OLIVEIRA, Carlos Miguel; MARCELINO, Ana Regina; PINA E CUNHA, Miguel. *Coaching para executivos*. 2. ed. Lisboa: Escolar, 2007, p. 301.

[125] MINISTÉRIO PÚBLICO DO CEARÁ. *A escuta ativa e a mediação. Informe NMC*, XLIII, 9- 15 abr. 2010. Disponível em: http://www.pgj.ce.gov.br/nespeciais/nucleomed/pdf/NMC_Informe_43.pdf. Acesso em: 24 jan. 2020.

[126] "A mediação valoriza o verbal e o não verbal, o sensorial, a postura corporal, o que acontece no nível energético das pessoas, e nada, em princípio, deve ser desprezado" (BUITONI, Ademir. A função da intuição na mediação. Disponível em: https://jus.com.br/artigos/10746/a-funcao-da-intuicao-na-mediacao. Acesso em: 09 set. 2020).

mera consideração das palavras, razão pela qual se costuma afirmar que "escutar é diferente de ouvir"[127].

Nas sessões não presenciais, a percepção da linguagem corporal é muito dificultada – especialmente quando algumas partes não conseguem ligar as câmeras durante a sessão; é papel do mediador/conciliador incentivar o uso de câmeras abertas para mitigar a perda comunicacional – respeitando, porém, eventuais dificuldades que os participantes possam ter de manter as câmeras ligadas. Na situação em que alguns ou todos estejam sem imagem, caberá ao mediador/conciliador incentivar a expressão de sentimentos e percepções verbalmente, criando um ambiente seguro e confortável para tanto[128].

Eis uma pergunta recorrente: deve o mediador, antes da sessão consensual, ler documentos e/ou autos que integrem eventual processo em curso?

Pelo prisma da oralidade, a resposta tende à negativa: a proposta da mediação é permitir que as partes assumam sua voz e relatem suas percepções. A iniciativa de evitar ler os autos permite que o foco seja a escuta direta das pessoas em relação às suas necessidades e aos seus interesses[129].

Há que se respeitar, porém, o estilo pessoal de cada mediador e respeitar sua forma de atuação com independência. Assim, soa evidente que, se não constitui obrigação ler previamente documentos, essa iniciativa pode ser tida como faculdade: em alguns casos o mediador pode querer ler materiais por entender ser isso pertinente à sua atuação; deve, porém, tomar cuidado para não se "contaminar" pela versão encontrada, evitando fazer julgamentos.

Eis outro questionamento interessante: o teor do que é dito deve ser registrado por escrito e constar em eventual termo da sessão consensual?

Há quem reconheça que sim: embora nos meios consensuais a palavra falada predomine sobre a escrita, "não se exclui o registro das falas em termo próprio, subscrito pelas partes, e pelo conciliador ou mediador"[130].

Para responder positivamente, porém, é preciso verificar se houve consenso das partes em relação ao registro do teor da sessão consensual. Como bem explicitado na lei processual, a confidencialidade se estende a todas as informações produzidas no curso do procedimento, cujo teor não poderá ser utilizado para fim diverso daquele previsto por expressa deliberação das partes (CPC, art. 166, § 1.º).

Em princípio, portanto, a resposta é negativa: a não ser que as partes deliberem que o teor constará no termo de mediação, o que foi dito não é registrado. Também por força do princípio da independência, no cenário judicial o mediador não deve travar contato com o juiz nem colacionar dados aos autos; sua atuação se verifica perante os envolvidos no conflito na busca de despertar neles recursos aptos a permitir o equacionamento da controvérsia.

Exige-se a formalização do eventual acordo celebrado entre as partes?

---

[127] TARTUCE, Fernanda. *Técnicas de mediação*. In: DA SILVA. Luciana Aboim Machado Gonçalves. (org.). *Mediação de conflitos*, v. 1. São Paulo: Atlas, 2013, p. 42-57.

[128] TARTUCE, Fernanda; ASPERTI, Cecilia. A conciliação e a mediação online a partir da pandemia do novo coronavírus: limites e possibilidades, cit.

[129] AZEVEDO, André Gomma de. *Manual de mediação judicial*. 4. ed. Brasília: Ministério da Justiça, 2013, p. 126.

[130] CAMBI, Eduardo; FARINELLI, Alisson. *Conciliação e mediação no Novo Código de Processo Civil* (PLS 166/2010), cit., p. 280.

Na mediação extrajudicial, em que a autonomia da vontade é respeitada com maior intensidade, não há exigência nesse sentido; cabe aos envolvidos a definição sobre como o final da sessão consensual será registrado. Tendo o conflito sido tratado e resolvido efetivamente, eventual acordo derivará da vontade livre e consciente dos envolvidos – o que pode conduzir ao cumprimento espontâneo e dispensar a formalização do pacto por escrito.

Na perspectiva judicial a preocupação com o registro do resultado final das sessões consensuais é intenso.

Dados coletados em relatório do Tribunal de Justiça de Santa Catarina revelaram que muitas controvérsias foram encerradas no serviço de mediação – 60% do total – sem posterior encaminhamento à via judicial ou a outras sessões de mediação. A atividade ali desenvolvida foi reputada suficiente por algumas pessoas que celebraram acordos informais e não quiseram (ou não precisaram) formalizar nem sequer a celebração de seus termos[131].

Em alguns casos, a exigência de formalizar o fruto do consenso pode acabar restaurando a desconfiança entre as partes e prejudicar sua relação futura. Assim, compete ao mediador escutá-las para perceber se atende à sua vontade reduzir por escrito os termos da avença.

Como exposto, em mediações extrajudiciais as pessoas têm liberdade para isso, decidindo com autonomia como findará a sessão e o que constará no termo; no cenário judicial, porém, costuma haver certo controle estatal sobre isso.

Por ser vista como pertinente, em atenção à cultura processual brasileira e com o intuito de atribuir maior efetividade ao resultado obtido, muitos mediadores formalizam eventuais acordos obtidos, a eles garantindo força de título executivo extrajudicial ou mesmo judicial (nesse caso, com homologação pelo Poder Judiciário[132])[133].

A Lei de Mediação brasileira concretiza a tendência de reduzir por escrito o encaminhamento final. Segundo o art. 20, o procedimento de mediação será encerrado com a lavratura do seu termo final, quando for celebrado acordo ou quando não se justificarem novos esforços para a obtenção de consenso, seja por declaração do mediador nesse sentido ou por manifestação de qualquer das partes. O termo final de mediação, na hipótese de celebração de acordo, constitui título executivo extrajudicial; quando ele é homologado judicialmente, constitui título executivo judicial (Lei n. 13.140/2015, art. 20, parágrafo único).

Como se percebe, a lei determina a necessidade de haver um termo final de encerramento, mas deixa espaços ao não trazer uma regulamentação detalhada sobre o seu teor; andou bem o legislador, já que o princípio da autonomia da vontade enseja a consideração da intenção das partes. Na seara extrajudicial, o nível de liberdade é evidentemente superior, já que no âmbito judicial critérios como a produtividade e o impacto numérico do resultado tendem a ensejar significativa interferência estatal sobre o assunto.

A participação de advogados na formulação por escrito do pacto é importante para garantir a exequibilidade do ajuste e sua adequação às normas vigentes, especialmente considerando a indesejável (porém possível) ocorrência de descumprimento do pactuado[134].

---

[131] Relatório de atividades do TJSC/2004. Disponível em: http://www2.tjsc.jus.br/web/gestao-estrategica/relatorios-estatisticos-institucionais/2004.pdf. Acesso em: 20 jan. 2020.

[132] CPC/2015, art. 515, III: é título executivo judicial a decisão homologatória de autocomposição extrajudicial de qualquer natureza.

[133] SALES, Lilia Maia de Morais. *Justiça e mediação de conflitos*, cit., p. 61.

[134] PINHO, Humberto Dalla Bernardina de. *Mediação*: a redescoberta de um velho aliado na solução de conflitos, cit., p. 119.

Cap. 5 · MEDIAÇÃO: CONCEITO, PRINCÍPIOS E PROCEDIMENTO | **203**

Nas sessões consensuais eletrônicas, caso as partes cheguem a um acordo, este poderá ser redigido por escrito (pelos servidores do Poder Judiciário ou pelos advogados), mas o consentimento poderá ser dado de forma oral dada a impossibilidade de assinatura física durante a sessão; será então fundamental que todos escutem e compreendam com clareza os termos do acordo antes de manifestar sua concordância, que será gravada para fins de registro[135].

Em relação a audiências por videoconferência, o Ato Normativo n. 1/2020 do NUPEMEC/SP prezou pela fidedignidade de eventual acordo verbalizado: o mediador deverá reduzi-lo a termo e fazer sua inserção no *chat* para que as partes ratifiquem o ali disposto. Se concordarem com o texto, o mediador fará o envio ao CEJUSC para que formalize o termo de sessão, com os documentos pessoais das partes (arts. 15 e 26); tal procedimento vale tanto para as sessões processuais como para as pré-processuais.

5.5.4 Imparcialidade

Essencial diretriz dos meios de solução de conflitos, a imparcialidade representa a equidistância e a ausência de comprometimento em relação aos envolvidos no conflito. Crucial tanto nos meios adjudicatórios como nos consensuais, sua presença é um fator determinante para que seja reconhecida como válida a atuação do terceiro que intervém no conflito (seja para decidir, seja para fomentar o consenso).

Para atuar em uma causa, o terceiro imparcial deve ser completamente estranho aos interesses em jogo, não sendo ligado às partes por especiais relações pessoais: tal abstenção é fundamental para o reconhecimento de sua credibilidade em relação aos litigantes e à opinião pública pela certeza de sua independência[136].

Qualquer vínculo anterior do mediador com os envolvidos deve ser revelado[137].

Na mediação extrajudicial é comum que antes do início do procedimento o mediador seja consultado para responder se conhece as partes, se já atuou em seu nome e se entende haver algum fato capaz de comprometer sua isenção que deva ser comunicado.

Essa prática foi reconhecida como devida pela Lei de Mediação: a pessoa designada para atuar como mediador tem o dever de revelar às partes, antes da aceitação da função, qualquer fato ou circunstância que possa suscitar dúvida justificada em relação à sua imparcialidade para mediar o conflito, oportunidade em que poderá ser recusado por qualquer delas (Lei n. 13.140/2015, art. 5º, parágrafo único).

Como os mediadores e os conciliadores judiciais são reconhecidos como auxiliares da justiça, sofrem a incidência dos motivos de impedimento e de suspeição atribuídos aos magistrados (CPC, art. 148, II). A Lei de Mediação também afirma que se aplicam ao mediador as mesmas hipóteses legais de impedimento e suspeição do juiz (Lei n. 13.140/2015, art. 5º).

---

[135] ASPERTI, Cecilia; TARTUCE, Fernanda. "Conversando a gente se entende": negociação, mediação e conciliação como meios eficientes após a pandemia. In: TARTUCE, Fernanda; DIAS, Luciano Souto (coord.). *Coronavírus*: direito do cidadão e acesso à justiça. Indaiatuba: Foco, 2020 (no prelo).

[136] As menções, que são feitas aos magistrados, aplicam-se plenamente aos mediadores: "não basta que o juiz, no íntimo, se sinta capaz de exercer seu ofício com a habitual imparcialidade: é necessário que não reste sequer a dúvida de que motivos pessoais possam influir em seu ânimo" (LIEBMAN, Enrico Tullio. *Manual de Direito processual civil*, v. 1. 3. ed. Trad. e notas Cândido Rangel Dinamarco. São Paulo: Malheiros, 2005, p. 113).

[137] LEVY, Fernanda Rocha Lourenço. *Cláusulas escalonadas*: a mediação comercial no contexto da arbitragem, cit., p. 97.

Há ainda previsões específicas na lei processual sobre como mediadores e conciliadores judiciais externarão fatores que ensejem parcialidade. Eles comunicarão imediatamente o impedimento, de preferência por meio eletrônico, e devolverão os autos ao juiz do processo ou ao coordenador do centro judiciário de solução de conflitos; se a causa de impedimento for apurada quando já iniciado o procedimento, a atividade será interrompida, lavrando-se ata com relatório do ocorrido e solicitação de distribuição para novo conciliador ou mediador (CPC, art. 170, *caput* e parágrafo único).

Vale questionar: que tal perguntar às partes se elas realmente veem tal impedimento como determinante para o afastamento do mediador? Essa checagem é consentânea com a autonomia da vontade e configura a postura adotada em arbitragens em que são deflagradas constatações de anteriores atuações advocatícias, por exemplo. Em muitos casos as partes podem não se sentir afetadas por conta de fatores como a antiguidade da ocorrência, a confiança na honestidade da pessoa nomeada e a imparcialidade demonstrada nas abordagens até então empreendidas[138].

A imparcialidade demanda um comportamento de equânime tratamento (*fairness*) no sentido de garantir aos participantes a adequada oportunidade de fazer valer as próprias razões[139].

Como decorrência do poder decisório das partes, o mediador deve funcionar como um terceiro imparcial durante todo o procedimento. Sua função precípua, longe de buscar induzir as partes a um acordo, é contribuir para o restauro do diálogo em condições proveitosas para as pessoas. Como bem expõe Lilia Maia de Moraes Sales,

> [...] é função do mediador ajudar as partes a reconhecerem os reais conflitos existentes, produzindo as diferenças com o outro e não contra o outro, criando assim novos vínculos entre elas [...]. A intervenção do mediador, manipulando a argumentação, e daí a decisão, descaracteriza a mediação, pois a igualdade de oportunidade do diálogo é imprescindível a esse procedimento[140].

A atuação do mediador deve ocorrer de forma que a mediação represente uma instância não julgadora em que os indivíduos possam discutir seus papéis e reavaliar interesses e posições[141]. O mediador não decide pelos envolvidos: a essência da dinâmica é possibilitar que os envolvidos na controvérsia "resgatem a responsabilidade por suas próprias escolhas"[142].

O mediador, assim, deve interferir com imparcialidade sem buscar induzi-las ou instigá-las a adotar qualquer sorte de iniciativa em relação a mérito da demanda.

Na Resolução 125/2010 do CNJ a imparcialidade é retratada como o dever de agir com ausência de favoritismo, preferência ou preconceito, assegurando que valores e conceitos

---

[138] TARTUCE, Fernanda. Comentários ao artigo 170. In: WAMBIER, Teresa Arruda Alvim, DIDIER JR., Fredie; TALAMINI, Eduardo; DANTAS, Bruno (coords.). *Breves comentários ao Novo Código de Processo Civil*, cit., p. 538.

[139] CAPPELLETTI, Mauro. *Juízes legisladores?* Tradução Carlos Alberto Álvaro de Oliveira. Porto Alegre: Sérgio Antonio Fabris, 1999, p. 82-83.

[140] SALES, Lilia Maia de Morais. *Justiça e mediação de conflitos*, cit., p. 48.

[141] PINTO, Ana Célia Roland Guedes. *O conflito familiar na justiça*: mediação e o exercício dos papéis, cit., p. 70.

[142] BARBOSA, Águida Arruda. *Mediação familiar*, cit., p. 54.

pessoais não interfiram no resultado do trabalho, compreendendo a realidade dos envolvidos no conflito e jamais aceitando qualquer espécie de favor ou presente (Anexo III, art. 1.º, IV).

Nessa perspectiva, o mediador não deve se manifestar ou expor juízo de valor sobre o resultado que entende adequado para compor o conflito. Assim, por exemplo, não deve fazer propostas para que um proponente dobre o montante inicialmente proposto. A postura de tentar influir no *quantum* tende a comprometer a impressão sobre sua imparcialidade; além disso, pode ser improdutiva, já que as partes não costumam externar sua margem de negociação nem apreciam quem busca desvendar e/ou interferir em seus limites.

Ao abordar as propostas, preconiza-se grande cautela por parte do mediador. A manifestação de opinião quanto a uma ou outra pode ser deletéria e influir decisivamente na conduta dos envolvidos, seja para gerar um acordo artificialmente entabulado (sem aderência à situação das pessoas em conflito), seja para desanimá-las quanto ao procedimento ante um suposto comprometimento ético do mediador.

A ressalva, porém, vale para a mediação sob o prisma facilitativo. Como já destacado, na mediação avaliativa concebe-se que o mediador estime alguns pontos que lhe são submetidos pelos participantes – mas também nesse cenário ele deve atuar com cautela para não comprometer sua isenção.

Como antes asseverado, o mediador precisa se manter imparcial durante todo o procedimento; na aplicação das técnicas, deve evitar a todo custo fazer "alianças" com os participantes.

Vale destacar que, por atuar com transparência, empatia e comprometimento, o mediador tende a angariar a confiança das partes.

Usa-se a expressão *rapport* para expressar o relacionamento harmonioso ou o estado de compreensão em que, por fatores como simpatia e empatia, há confiança e comprometimento recíprocos; no caso da mediação, busca-se uma interação harmoniosa em relação ao processo, suas regras e objetivos[143].

É comum que o mediador atue de modo compreensivo e valide sentimentos para mostrar que compreendeu a perspectiva do envolvido na controvérsia; o tema será abordado quando da exposição das técnicas de mediação.

O magistrado pode atuar como mediador ou conciliador sem comprometer sua imparcialidade?

A resposta é negativa por algumas razões. A isenção tende a ser comprometida pelo potencial alívio no volume de trabalho decorrente de eventual celebração de acordos nas sessões consensuais, fator que faz que magistrados tenham interesse direto na autocomposição. Muitas vezes as partes não são propriamente estimuladas à autocomposição, mas se sentem praticamente coagidas a transacionar por incisivas insistências.

Como exposto no item 2.2.2, embora faltem estatísticas sobre a ocorrência, qualquer pessoa experiente em audiências consegue facilmente se lembrar de pelo menos uma situação em que indevidos "esforços conciliatórios" ensejaram o comprometimento da imparcialidade. Entre nós, Calmon de Passos abordou o tema com sua peculiar agudez:

> Nosso único receio é que nossa "tara" por autoritarismo leve à irritação os magistrados que pretenderem conciliar a todo custo, como temos visto tanto. Não é o aproximar as

---

[143] AZEVEDO, André Gomma de. *Manual de mediação judicial*, cit., p. 128.

partes o que importa para eles, mas sim acabar com o "abacaxi" do processo e findá-lo nos moldes em que a "equidade" do magistrado recomenda[144].

Além disso, o autor ressaltou a inviabilidade de cumular as funções conciliatórias e judicantes, já que para conciliar o magistrado precisaria se envolver, mas para julgar bem precisaria se preservar[145].

Ao ponto, bem se expressou Valeria Lagrasta, magistrada estudiosa dos meios consensuais:

> O juiz, devido à sobrecarga de trabalho, não tem tempo e, muitas vezes, não tem vocação para se dedicar à conciliação. Os advogados, por sua vez, na grande maioria, foram treinados para litigar, e não para conciliar. E as próprias partes, perante o juiz, sentem-se constrangidas, com receio de dialogarem de forma aberta, por não saberem de que forma isso será interpretado pelo julgador. Por fim, o juiz, em relação às partes, também sente uma limitação ao atuar como conciliador, por receito de quebrar sua imparcialidade ou de antecipar o julgamento[146].

5.5.5 Busca do consenso, cooperação e não competitividade

A mediação, como mecanismo consensual, é marcada pela realização de reuniões para promover conversações entre os envolvidos.

A proposta é abrir espaço para a comunicação e a cooperação.

Verifica-se uma situação cooperativa quando um participante do processo, ligado de forma positiva a outro, comporta-se de maneira a aumentar suas chances de alcançar o objetivo, aumentando com isso também a chance de que o outro o faça; na situação competitiva, diferentemente, o participante se comporta de modo a elevar suas próprias chances de sucesso e diminuir as chances do outro[147].

A proposta é que o mediador propicie condições para que os indivíduos, atentos à sua autodeterminação, possam se engajar na conversa e deflagrar pontos úteis a serem trabalhados.

Mesmo na prestação da atividade jurisdicional em que o processo é de índole contenciosa vem-se preconizando a cooperação das partes. Nesse sentido, menciona Ada Grinover que a participação dos sujeitos no processo, em colaboração com o juiz, deve implicar colaboração para o exercício da jurisdição com o intuito de uma prestação jurisdicional de boa qualidade[148].

O CPC contempla, dentre suas normas fundamentais, o princípio da cooperação no art. 6.º: "todos os sujeitos do processo devem cooperar entre si para que se obtenha, em tempo razoável, decisão de mérito justa e efetiva".

---

[144]   CALMON DE PASSOS, José Joaquim. *Comentários ao Código de Processo Civil*. Rio de Janeiro: Forense, 1998. v. 3, p. 452.

[145]   CALMON DE PASSOS, José Joaquim. *Comentários ao Código de Processo Civil*, cit., p. 451.

[146]   LAGRASTA, Valeria Ferioli. Histórico evolutivo brasileiro, cit., p. 28.

[147]   DEUTSCH, Morton. A resolução do conflito. In: Azevedo, André Gomma de (org.). *Estudos em arbitragem, mediação e negociação*, v. 3. Brasília: Grupos de Pesquisa, 2004, p. 38.

[148]   GRINOVER, Ada Pellegrini. Defesa, contraditório, igualdade e *par conditio* na ótica do processo de estrutura cooperatória. In: GRINOVER, Ada Pellegrini. *Novas tendências do Direito processual de acordo com a Constituição de 1988*. Rio de Janeiro: Forense Universitária, 1990, p. 3.

Se essa perspectiva deve se verificar no processo judicial clássico, especialmente no âmbito de procedimentos consensuais a cooperação deve ser a tônica na atuação das pessoas – tanto entre si como entre elas e o mediador.

Ao atuar como facilitador da comunicação, o mediador deve se valer de técnicas e estratégias (sem renunciar à imparcialidade) para conduzir o procedimento de forma produtiva[149].

O mediador atuará para que a negociação entre as partes possa avançar contribuindo para que a conversa evolua; é importante, então, que conheça estratégias de negociação e esteja atento para as barreiras que impedem o sucesso dela.

Um dos modelos mais conhecidos, o da negociação baseada em princípios preconizados pela Escola de Harvard, é orientado por quatro diretrizes básicas: (i) *Separar as pessoas dos problemas*, reconhecendo que os negociadores envolvidos em uma questão têm sempre dois tipos de interesses: na substância do problema e na relação; (ii) *Focar em interesses e não em posições*, buscando identificar os desejos, as necessidades e as preocupações subjacentes à postura externada; (iii) *Inventar opções de ganho mútuo*: identificados os diversos interesses, os negociadores devem se apresentar como "solucionadores de problemas", estimulando a criatividade e buscando desenvolver diversas opções para o seu atendimento; (iv) *Insistência em critérios objetivos* para ponderação das opções criadas: negociar com base apenas na vontade ("é assim porque quero que assim seja"), típico da barganha posicional, é ineficiente e não se amolda a critérios justos, podendo, assim, comprometer a relação[150].

Como exemplo, na disputa sobre o reajuste contratual do aluguel, pode-se descobrir que o interesse não se volta apenas ao valor econômico, mas também à realização de benfeitorias no bem: a partir de tal percepção, as partes podem combinar a realização da reforma sem mexer, ao menos provisoriamente, no valor do aluguel. Essa solução pode atender ao interesse de ambos em manter o contrato e preservar a boa situação do imóvel.

O princípio da busca do consenso, como se percebe, é inerente à autocomposição, permeando a pauta de atuação do facilitador do diálogo. Tal diretriz não consta no CPC, mas foi destacada como princípio na Lei de Mediação (Lei n. 13.140/2015, art. 2.º, VI).

A previsão sobre tal diretriz entrou no sistema jurídico contando com resistência, tendo havido defesa de sua exclusão como princípio pelas seguintes razões: 1. A busca do consenso faz parte de todo o procedimento autocompositivo, não sendo essencial para a mediação; 2. Uma mediação pode não redundar em acordo e ainda assim ter uma repercussão positiva para os envolvidos ante a restauração do diálogo; "a mediação, portanto, não pode e não deve ser medida unicamente pelo êxito constante no Termo de Entendimento"[151].

A crítica procede: em uma lógica quantitativa e desarrazoada, pode-se acabar achando que a "busca" do consenso precisa resultar no "alcance" de acordos a qualquer custo.

Há no CPC uma previsão que indica "sucesso ou insucesso da atividade" como fator relevante para o credenciamento de conciliadores, mediadores e câmaras privadas de conci-

---

[149] TARTUCE, Fernanda. Comentários ao artigo 165, § 3.º. In: WAMBIER, Teresa Arruda Alvim, DIDIER JR., Fredie; TALAMINI, Eduardo; DANTAS, Bruno (coords.). *Breves comentários ao Novo Código de Processo Civil*. São Paulo: RT, 2015, p. 527.

[150] FISHER, Roger; URY, William; PATTON, Bruce. *Como chegar ao sim: a negociação de acordos sem concessões*. Trad. Vera Ribeiro e Ana Luiza Borges. 2. ed. Rio de Janeiro: Imago, 2005, p. 22.

[151] ALBERTON, Genaceia da Silva. O Núcleo de Estudos no contexto da mediação no Rio Grande do Sul e as proposições legislativas na área da mediação, cit.

liação e mediação[152]. A previsão precisa ser bem compreendia e aplicada sob pena de acabar incentivando uma perigosa busca de consenso a todo custo sob o viés meramente quantitativo.

É preciso compreender que o "sucesso da mediação" não está ligado à celebração de um acordo: afinal,

> [...] a definição de qualidade em mediação consiste no conjunto de características necessárias para o processo autocompositivo que irá, dentro de condições éticas, atender e possivelmente até exceder as expectativas e necessidade do usuário. Pode-se, portanto, considerar "bem-sucedida" a mediação quando o "sucesso" está diretamente relacionado à satisfação da parte[153].

Acordos são apenas alguns dos diversos bons resultados de mediações de sucesso. Elas podem ser consideradas exitosas, por exemplo, quando os envolvidos saem satisfeitos pelo esclarecimento quanto a possibilidades e limites. Como exemplo, se em uma mediação sobre divórcio a esposa percebe que precisa buscar mais informações para se habilitar a negociar (ainda que em um outro momento), houve êxito: a retomada do diálogo permitiu uma importante clarificação.

Sob a perspectiva da mediação transformativa, a sessão consensual pode ser bem-sucedida se novos *insights* forem obtidos, escolhas forem esclarecidas ou novas compreensões dos pontos de vista de cada um forem alcançadas[154].

O tema voltará a ser trabalhado quando da exposição das finalidades da mediação.

5.5.6 Boa-fé

A mediação é um meio consensual que envolve a participação voluntária dos participantes na conversa, sendo essencial que haja disposição e boa-fé para que possam se comunicar e buscar soluções.

A boa-fé consiste no sentimento e no convencimento íntimos quanto à lealdade, à honestidade e à justiça do próprio comportamento em vista da realização dos fins para os quais este é direcionado[155].

O princípio da boa-fé é de suma relevância na mediação: participar com lealdade e real disposição de conversar são condutas essenciais para que a via consensual possa se desenvolver de forma eficiente. Afinal, se um dos envolvidos deixar de levar a sério a mediação, sua postura gerará lamentável perda de tempo para todos.

---

[152] CPC, art. 167, § 3.º: "Do credenciamento das câmaras e do cadastro de conciliadores e mediadores constarão todos os dados relevantes para a sua atuação, tais como o número de processos de que participou, *o sucesso ou insucesso da atividade*, a matéria sobre a qual versou a controvérsia, bem como outros dados que o tribunal julgar relevantes" (g.n).

[153] AZEVEDO, André Gomma (org.). *Manual de Mediação Judicial*. 6. ed. Brasília: Ministério da Justiça, 2016. Disponível em: https://www.cnj.jus.br/wp-content/conteudo/arquivo/2016/07/f247f5ce-60df2774c59d6e2dddbfec54.pdf. Acesso em: 22 jan. 2020.

[154] FOLGER, Joseph P.; BUSH, Robert A. A mediação transformativa e intervenção de terceiros: as marcas registradas de um profissional transformador. In: SCHNITMAN, Dora Fried; LITTLEJOHN, Stephen. Novos paradigmas em mediação. Porto Alegre: ArtMed, 1999, p. 89.

[155] Este ótimo conceito, pertencente a Gino Zani, é citado por Helena Abdo em sua obra *Abuso do processo* (São Paulo: RT, 2007).

Cap. 5 · MEDIAÇÃO: CONCEITO, PRINCÍPIOS E PROCEDIMENTO | **209**

Quando as pessoas têm um histórico de negociações de má-fé, pode haver comprometimento da mediação: partes que assim barganham costumam fazer ofertas de acordo e depois retirá-las para tentar obter lucro na negociação[156]. Nesse cenário, pode ser ineficaz a atuação do mediador.

Negociações de má-fé geralmente ocorrem quando as partes estão emocionalmente instáveis, quando a ira se transformou em ódio e quando uma das partes deseja punir a outra[157].

É essencial reconhecer, porém, que mudanças podem ensejar posturas diferentes e condizentes com novos momentos de vida.

Ao longo do tempo, a visão das pessoas sobre suas vivências pode se alterar. Logo após o advento do conflito, é comum haver sentimentos de negação, inconformismo e raiva, sendo natural que não se creia na boa-fé alheia para cumprir combinados. Com o passar do tempo, contudo, pode haver diminuição no acirramento e revisão de posições, admitindo-se a possibilidade de novas definições, com a escuta do outro, para finalizar pendências do passado.

Assim, pode ser que alguém decida mudar o histórico de tratativas infrutíferas e passar a atuar de forma cooperativa; nesse cenário, será importante contar com um mecanismo que propicie a redução das desconfianças e permita a demonstração da disposição em resolver problemas.

Ainda que não se creia na mudança do perfil de alguém, a mediação pode contribuir.

No modelo transformativo busca-se trabalhar a conversa para que advenham novas percepções. Pessoas em crise apresentam estados de enfraquecimento (com raiva, medo, desorganização, insegurança) e autocentramento (com reações defensivas, tendentes ao isolamento); os mediadores que atuam pelo viés transformativo são otimistas em relação à possibilidade de que as pessoas avancem rumo ao fortalecimento e ao reconhecimento, assumindo "um ponto de vista positivo em relação aos motivos dos disputantes – a boa-fé e a decência por trás de seu comportamento na situação de conflito, independentemente das aparências"[158].

No mais, a estrutura de realização da mediação preconiza um ambiente de respeito mútuo; esse importante fator engendra confiança e boa-fé entre as pessoas[159].

Se as partes se dispuserem a comparecer, o mediador terá oportunidade de aplicar as técnicas consensuais e propiciar espaço para a busca de saídas produtivas para os impasses.

A boa-fé está intrinsecamente ligada à confidencialidade; o sigilo, aliás, costuma ser identificado como uma das vantagens decorrentes da adoção da mediação.

O mediador deve ser alguém com quem as partes possam falar abertamente sem preocupações quanto a eventuais prejuízos decorrentes da atuação de boa-fé[160].

Nas sessões consensuais eletrônicas, uma conversa franca (no início do procedimento e sempre que se revelar necessário) sobre possibilidades e limites da interação virtual será

---

[156] COOLEY, John W. *A advocacia na mediação*. Trad. René Loncan. Brasília: Universidade de Brasília, 2001, p. 65.

[157] *Ibidem*.

[158] FOLGER, Joseph P.; BUSH, Robert A. A mediação transformativa e intervenção de terceiros: as marcas registradas de um profissional transformador. In: SCHNITMAN, Dora Fried; LITTLEJOHN, Stephen. *Novos paradigmas em mediação*. Porto Alegre: ArtMed, 1999, p. 91.

[159] MARSHALL, Chris; BOYARD, Jim; BOWEN, Helen. Como a justiça restaurativa assegura a boa prática? Uma abordagem baseada em valores. Disponível em: http://www.susepe.rs.gov.br/upload/1323798246_Coletania%20JR.pdf. Acesso em: 24 jan. 2020.

[160] AZEVEDO, André Gomma de *Manual de mediação judicial*, cit., p. 90.

210 | MEDIAÇÃO NOS CONFLITOS CIVIS – *Fernanda Tartuce*

importante; afinal, o compromisso com a lealdade será essencial para que as conversações ocorram da melhor forma.

5.5.7 Confidencialidade

Para que os participantes da sessão consensual possam se expressar com abertura e transparência, é essencial que se sintam protegidos em suas manifestações e contem com a garantia de que o que disserem não será usado contra eles em outras oportunidades.

Nessa medida, a confidencialidade é o instrumento apto a conferir um elevado grau de compartilhamento para que as pessoas se sintam "à vontade para revelar informações íntimas, sensíveis e muitas vezes estratégicas" que certamente não exteriorizariam em um procedimento pautado pela publicidade[161].

O CPC reconhece a importância da confidencialidade ao dispor, no art. 166, § 1.º, que ela se estende a todas as informações produzidas no curso do procedimento, cujo teor não poderá ser utilizado para fim diverso daquele previsto por expressa deliberação das partes.

Assim, por exemplo, não tendo as partes celebrado um acordo, a proposta feita na sessão não deverá constar no termo a não ser que elas concordem com tal registro[162].

O fato de poderem dispor sobre o que querem ver coberto pela confidencialidade (disciplinando os fins a que se destinarão as informações obtidas na sessão consensual) é mais uma expressão do princípio da autonomia da vontade[163].

Ao advogado diligente mais uma tarefa se apresenta: ao se preparar junto ao cliente para a sessão consensual, deve atentar para o fato de que, ante a potencialidade de serem apresentadas propostas, será preciso decidir sobre a conveniência de haver o registro de seu teor; isso se aplicará tanto às próprias propostas quanto às que porventura sejam apresentadas pela outra parte.

Como em tudo, há vantagens e desvantagens no fato de as propostas serem registradas no termo. Como aspectos positivos, por exemplo, o apontamento pode mostrar boa-fé e disposição para resolver a situação controversa; como aspecto negativo, porém, seu teor pode acabar soando como assunção de responsabilidade. Caberá a advogados e clientes a consideração da situação específica em que se inserem para aferir a produtividade do registro.

A Lei de Mediação dedicou ainda maior atenção ao sigilo, abordando-o em diversos dispositivos. A lei destaca que no início da primeira reunião de mediação, e sempre que julgar necessário, o mediador deverá alertar as partes sobre as regras de confidencialidade aplicáveis ao procedimento[164].

O § 1.º do art. 30 da Lei n. 13.140/2015 aponta que o dever de confidencialidade é aplicável não só aos participantes da sessão consensual (mediador e partes) como também

---

[161] PINHO, Humberto Dalla Bernardina de. Confidencialidade. A nova lei de mediação brasileira: comentários ao Projeto de Lei n. 7.169/14. *Revista Eletrônica de Direito Processual – REDP*, ano 8, v. esp., ed. eletrônica, Rio de Janeiro, UERJ, 2014.

[162] TARTUCE, Fernanda. Comentários ao artigo 166, § 2.º. In: WAMBIER, Teresa Arruda Alvim, DIDIER JR., Fredie; TALAMINI, Eduardo; DANTAS, Bruno (coords.). *Breves Comentários ao Novo Código de Processo Civil*. São Paulo: RT, 2015, p. 528.

[163] GUERRERO, Luis Fernando. Os métodos de solução de controvérsias. Disponível em: http://www.dinamarco.com.br/wp-content/uploads/SolucaoDeControversias.pdf. Acesso em: 24 jan. 2020.

[164] Lei n. 13.140/2015, art. 14.

Cap. 5 · MEDIAÇÃO: CONCEITO, PRINCÍPIOS E PROCEDIMENTO | **211**

a prepostos, advogados, assessores técnicos e outras pessoas de sua confiança que tenham, direta ou indiretamente, participado da mediação.

A norma dispõe também sobre o conteúdo alcançado, expressando ser confidencial: I – a declaração, opinião, sugestão, promessa ou proposta formulada por uma parte à outra na busca de entendimento para o conflito; II – o reconhecimento de fato por qualquer das partes no curso do procedimento de mediação; III – a manifestação de aceitação de proposta de acordo apresentada pelo mediador; IV – o documento preparado unicamente para os fins do procedimento de mediação.

O inciso III causa espécie ao mencionar "proposta de acordo apresentada pelo mediador": como já mencionado, o mediador não faz proposta quanto ao mérito, sendo tal formulação uma possibilidade apenas para o conciliador.

Podem ser identificadas duas formas de interpretar a previsão:

a) a partir dela, retorna-se à concepção tradicional (anterior ao CPC/2015) no sentido de que o mediador também pode formular sugestões e apresentar propostas de acordo às partes[165];

b) para dar ao dispositivo legal coerência com a definição atual e preponderante de mediação, deve-se interpretar a expressão não no sentido de proposição quanto ao mérito da disputa, mas quanto a eventual encaminhamento na comunicação. Em uma disputa quanto a valores, por exemplo, o mediador não pode sugerir certo montante, mas eventualmente aventar que uma parte analise detidamente a proposta da outra para verificar se há margem adicional com que trabalhar. Esta parece ser a resposta mais consentânea com a atuação do mediador prevista na lei processual vigente, que foca o perfil facilitativo da mediação.

Voltando ao tema do sigilo, vale questionar: se uma parte e/ou seu advogado viola a confidencialidade e leva aos autos os dados obtidos de modo privilegiado na sessão consensual, eles devem ser admitidos no processo?

A resposta é negativa: a prova é ilícita por violar o ordenamento e os princípios processuais. Como destaca Leonardo Carneiro da Cunha, a quebra da confiança e a apresentação de documento usado com a específica finalidade de tentar a autocomposição violam a boa-fé e a lealdade que integram o devido processo legal, devendo ser reconhecida sua invalidade por se tratar de prova ilícita[166].

A Lei de Mediação é expressa nesse sentido: a prova apresentada em infração à confidencialidade não será admitida em processo arbitral ou judicial (art. 30, § 2.º).

Obviamente o terceiro facilitador do diálogo não pode expor a outrem o teor do que ouviu nas sessões consensuais.

A Resolução n. 125/2010 do CNJ enfoca a confidencialidade como dever de manter sigilo sobre as informações obtidas na sessão, salvo autorização expressa das partes, violação

---

[165] GARCIA, Gustavo Filipe Barbosa. Mediação e Autocomposição: Considerações sobre a Lei n. 13.140/2015 e o novo CPC. *Revista Síntese de Direito Empresarial*, n. 45, jul.-ago./2015, p. 197.

[166] CUNHA, Leonardo Carneiro da. Notas sobre ADR, confidencialidade em face do julgador e prova inadmissível. Disponível em: http://www.leonardocarneirodacunha.com.br/opiniao/opiniao-26-notas--sobre-adrconfidencialidade-em-face-do-julgador-eprova-inadmissivel/. Acesso em: 10 jun. 2020.

212 | MEDIAÇÃO NOS CONFLITOS CIVIS – *Fernanda Tartuce*

à ordem pública ou às leis vigentes; não pode o conciliador/mediador ser testemunha do caso nem atuar como advogado dos envolvidos em qualquer hipótese (Anexo III, art. 1.º, I).

O CPC segue a mesma linha: segundo o art. 166, § 2.º, em razão do dever de sigilo inerente às suas funções, o conciliador e o mediador, assim como os membros de suas equipes, não poderão divulgar ou depor sobre fatos ou elementos oriundos da sessão consensual.

A grave consequência prevista para o mediador judicial que porventura violar a confidencialidade, segundo o CPC[167], é a exclusão do cadastro.

Além de proteger a privacidade das partes, o sigilo evita que, em um possível cenário litigioso, o mediador/conciliador seja indicado como testemunha para que exponha o que ouviu nas sessões consensuais; tal medida merece ser veementemente rechaçada para evitar o comprometimento da confiabilidade da via consensual e do sigilo profissional.

Afinal, se fosse possível ao mediador testemunhar sobre as informações reveladas na mediação, uma parte de má-fé poderia se valer de tal procedimento consensual para obter vantagens estratégicas em futuras disputas judiciais[168] ou arbitrais.

Merecem destaque as exceções previstas na Lei n. 13.140/2015, pelas quais a confidencialidade:

a) não se verifica quando as partes expressamente a afastam (art. 30);

b) não incide quando a divulgação é exigida por lei ou necessária para cumprimento de acordo obtido na mediação (art. 30);

c) não abrange a informação relativa à ocorrência de crime de ação pública (art. 30 § 3.º);

d) não afasta o dever dos envolvidos de prestar informações à administração tributária após o termo final da mediação, aplicando-se aos seus servidores a obrigação de manter sigilo das informações compartilhadas conforme o art. 198 do Código Tributário Nacional (art. 30, § 4.º).

Por fim, reputa-se confidencial a informação prestada pela parte ao mediador durante a sessão privada; o facilitador não poderá revelá-la às demais, a não ser que seja expressamente autorizado por quem a externou (art. 31).

A sessão privada, como será oportunamente exposto, configura um interessante recurso de que se vale o mediador quando identifica travas graves na comunicação.

Ao terem a chance de falar reservadamente com o mediador, muitas pessoas se abrem e, sem amarras, compartilham sentimentos e percepções com clareza, liberdade e serenidade. Como bem expõe Gustavo Azevedo Trancho,

---

[167] CPC, art. 173: "Será excluído do cadastro de conciliadores e mediadores aquele que: I – agir com dolo ou culpa na condução da conciliação ou da mediação sob sua responsabilidade ou violar qualquer dos deveres decorrentes do art. 166, §§ 1.º e 2.º; II – atuar em procedimento de mediação ou conciliação, apesar de impedido ou suspeito".

[168] AZEVEDO, Gustavo Trancho. Confidencialidade na mediação. Disponível em: http://www.arcos.org. br/livros/estudos-de-arbitragem-mediacao-e-negociacao-vol2/terceira-parte-artigo-dos-pesquisadores/confidencialidade-na-mediacao. Acesso em: 08 jul. 2017.

Sendo a informação importante moeda de troca nas negociações e de exposição sensível à confiança e à promessa de reciprocidade, não é raro que um mediador somente consiga os dados cruciais para a inteligibilidade de um conflito numa sessão privada, após a promessa de confidencialidade. Em razão disso, trair a confiança depositada pela parte confidente abala toda credibilidade do processo de mediação[169].

É inviável, à luz do sigilo, que o magistrado que julgará a causa (se da sessão consensual não advier acordo) tenha nela antes atuado como mediador ou conciliador. A diretriz da confidencialidade, contemplada como princípio e regra no art. 166 para a conciliação e a mediação, restará completamente comprometida se isso ocorrer.

Como apontado na abordagem do princípio da confidencialidade, além de as partes se sentirem constrangidas para conciliar (por não saberem como o diálogo aberto será interpretado pelo juiz), o magistrado também sente, em relação às partes, uma limitação ao atuar como conciliador "por receio de quebrar sua imparcialidade ou de antecipar o julgamento"[170].

Pelas razões expostas, apresentei e vi aprovado pelos demais membros do Centro de Estudos Avançados de Processo (CEAPRO) o Enunciado 14: o juiz deve estimular a adoção da autocomposição, sendo a ele vedada a condução da sessão consensual por força dos princípios da imparcialidade e confidencialidade (arts. 139, V, 166, § 1.º, do CPC).

Nesse sentido, uma decisão do Tribunal de Justiça do Rio de Janeiro reconheceu em certo caso que a audiência consensual não deve ser presidida pelo juiz da causa, mas por conciliador ou mediador, sob pena de ofensa ao princípio da confidencialidade; caso, contudo, excepcionalmente a coincidência de atuações se verifique, o magistrado não poderá julgar a causa – salvo para homologar eventual acordo obtido[171].

Em sessões consensuais por meio eletrônico resguardar a confidencialidade é tarefa ainda mais desafiadora; afinal, às vezes nem sequer é possível saber se partes e/ou advogados estão trocando mensagens com pessoas de fora da sessão; por isso, é necessário alertar os participantes para que adotem cuidados de modo a assegurar que o sigilo seja observado, zelando para que a conversa não seja escutada por terceiros nem gravada por alguém sem autorização de todos os participantes[172].

Uma recomendação interessante do Chartered Institute of Arbitrators (CIArb) é útil para prover maior segurança às sessões por videoconferência:

---

[169] AZEVEDO, Gustavo Trancho. *Confidencialidade na mediação*, cit.

[170] LAGRASTA, Valeria Ferioli. Histórico evolutivo brasileiro, cit., p. 28.

[171] Eis a sequência da ementa da decisão: "3. No caso em tela, verifica-se que os réus foram citados para oferecimento de contestação e intimados para comparecimento à audiência inaugural de conciliação, presidida pelo próprio magistrado da causa, com depoimento pessoal das partes, sob pena de confissão e aplicação da multa prevista no art. 334, § 8.º, do CPC/2015, concluída com o proferimento de sentença de procedência do pedido autoral, configurando evidente violação ao princípio do devido processo legal, por inobservância de diversos dispositivos legais que orientam o procedimento comum. 4. Anulação da sentença *ex officio* que se impõe, por *error in procedendo*, com retorno dos autos à origem para regular prosseguimento, a partir das providências preliminares e saneamento (art. 347)..." (TJRJ, 7.ª Câmara Cível, APL 0248819-20.2016.8.19.0001, Rio de Janeiro, Rel. Des. Luciano Sabóia Rinaldi de Carvalho, j. 26.07.2017, *DORJ* 31.07.2017, p. 210).

[172] TARTUCE, Fernanda; ASPERTI, Cecilia. A conciliação e a mediação online a partir da pandemia do novo coronavírus: limites e possibilidades, cit.

As salas físicas ocupadas pelos participantes em um procedimento remoto, seja em suas casas, escritórios ou em locais específicos de audiência, devem ser completamente separadas dos não participantes do procedimento remoto, com isolamento acústico sempre que possível, e ter visibilidade suficiente para eliminar a possibilidade da presença de indivíduos desconhecidos não participantes na sala e/ou qualquer equipamento de gravação de áudio/vídeo que não tenha sido acordado. O uso de *headsets* é recomendado para aumentar a privacidade e a audibilidade dos participantes[173].

5.5.8 Isonomia

A mediação deve proporcionar igualdade de oportunidades aos envolvidos para que eles tenham plenas condições de se manifestar durante todo o procedimento.

Como deve se dar a atuação do mediador para atender aos desígnios isonômicos[174]?

A primeira providência do imparcial facilitador é informar aos presentes o perfil do procedimento para que não haja equívoco quanto ao teor das comunicações, gerando o devido esclarecimento sobre as consequências da celebração ou não de um acordo[175].

É também papel do terceiro imparcial checar se os envolvidos conhecem os dados relevantes para que eventuais soluções construídas consensualmente possam ser acolhidas como fruto de genuíno e esclarecido consentimento.

Cientes da confidencialidade e do potencial colaborativo do encontro, as pessoas poderão ter condições de dialogar em um espaço útil à comunicação. Sendo um dos objetivos a busca de interesses comuns, é importante que o terceiro imparcial, ao facilitar a conversação, atue de modo adequado para que os litigantes consigam divisar pontos produtivos a serem trabalhados caso queiram encontrar saídas para seus impasses.

Durante a exposição das partes e de suas razões, pode ser percebida uma gritante disparidade de poder entre os envolvidos na negociação: como deve o terceiro imparcial (conciliador ou mediador) reagir a essa constatação?

Há duas respostas possíveis a essa questão.

Em uma primeira perspectiva, compete ao mediador estar atento a necessidades e dificuldades pessoais dos sujeitos; se, por exemplo, um deles não é alfabetizado, o mediador deve intervir para estabelecer a igualdade de condições. Uma iniciativa possível seria perguntar se alguém poderia acompanhá-lo nas reuniões destinadas a tratar de contratos e questões formais; a pergunta também deve ser feita à outra parte... é bom externar preocupação com

---

[173] Recomendações sobre procedimentos remotos de resolução de disputas. Disponível em: https://9961956e--d2ed-4f68-b6f9-5d9c38694afb.filesusr.com/ugd/f51e52_cd6a16d84d404118b4972084386f72ce.pdf. Acesso em: 25 ago. 2020.

[174] Essa abordagem foi exposta na obra *Igualdade e vulnerabilidade no processo civil* (RJ: Forense, 2012, p. 310-311).

[175] A assertiva vale também para a mediação: a primeira conduta do conciliador deve ser explicar "o procedimento que será observado", esclarecendo "os objetivos da conciliação, suas regras e as implicações da celebração, ou não, do acordo" (DEMARCHI, Juliana. Técnicas de conciliação e mediação. In: GRINOVER, Ada Pellegrini; LAGRASTA NETO, Caetano; WATANABE, Kazuo (coords.). *Mediação e gerenciamento do processo: revolução na prestação jurisdicional*. 2. tir. São Paulo: Atlas, 2007, p. 55).

a igualdade em relação a ambas as partes, embora seja muito provável que a mais esclarecida dispense tal auxílio por achá-lo desnecessário[176].

Vale destacar que a diferença de poder não decorre necessariamente de poderio econômico ou potencial de influência, mas de elementos como a legitimidade dos argumentos invocados, a formulação de ideias criativas, a determinação de não ceder ou a habilidade de invocar princípios morais[177].

Em alguns casos o poder não decorre das pessoas, mas do próprio relacionamento: como a influência de uma das partes deve ser aferida em comparação à da outra, as relações de poder geralmente se verificam de duas formas: simétrica/igual ou assimétrica/desigual[178].

Nas disputas em que as partes têm poderio desigual, o mediador/conciliador pode encarar dois tipos de problemas: de percepção (em que a disparidade de poder não é percebida e há uma errônea consideração da situação) e de existência de relações extremamente assimétricas (em que uma parte está em uma posição muito mais fraca e ambas as partes sabem disso)[179].

Há quem defenda que, sendo o juiz o conciliador, ele deva assumir um papel ativo a ponto de "atuar assistencialmente para garantir a 'igualdade de armas' entre as partes, mostrando as vantagens da conciliação, sem chegar a ponto de adiantar o seu julgamento sobre a causa"[180].

Como destacado, por força dos princípios da confidencialidade e da imparcialidade não é possível que o juiz (que julgará a causa se não houver acordo) participe de sessões consensuais. É inviável a situação do magistrado que precisa realizar a autocomposição no que tange à preservação de sua isenção enquanto fomenta o acordo – especialmente se este não ocorrer e ele precisar julgar a causa...

Uma possibilidade para buscar superar o desequilíbrio é promover a comunicação sobre pontos de comum interesse: em vez de enfrentar diretamente o mérito e adiantar impressões sobre a quem assistiria a razão em um potencial julgamento, o facilitador do consenso deve enfocar aquele momento, e não o eventual prosseguimento sob o prisma contencioso.

---

[176] O exemplo é de Azevedo, André Gomma (org.). *Manual de mediação judicial*, cit., p. 172.

[177] "[…] objective power or stats in the world does not necessarily translate into leverage at the bargaining table. Negotiating power can result from the legitimacy of one's arguments, a good alternative to negotiation or creative ideas for resolution. It can derive from a sense of righteous indignation, a determination not to give in or the ability to appeal to moral principle. It can result from personal abilities such as self-confidence, quick-wittedness or good communication skills. It can result from having the *status quo*, or a body of legal rules, on one's side. In addition, real power does not provide any bargaining leverage unless its holder is aware of it. Conversely, the perception of power can often provide a negotiator bargaining leverage even if not real. Thus, assessing who has actual power at the bargaining table is a complex task" (FRENKEL, Douglas N. STARK, James H. *The Practice of Mediation*, FRENKEL, Douglas N.; STARK, James H. *The practice of mediation*. New York: Aspen Publishers: 2008, p. 297).

[178] MOORE, Christopher W. *The Mediation Process: Practical Strategies for Resolving Conflicts*. 3. ed. São Francisco: Jossey Bass, 2003, p. 389.

[179] "Mediators in disputes in which parties have asymmetrical or unequal power relationships face two kinds of problems: (1) perceptual problems (situations in which the stronger party believes that the weaker party has equal power, or in which the weaker party has an inflated view of his or her strength); and (2) extremely asymmetrical relationships (situations in which a party is in a much weaker position, and both parties know it)" (MOORE, Christopher W. *The Mediation Process: Practical Strategies for Resolving Conflicts*, cit., p. 389).

[180] SANTANA DE ABREU, Leonardo. Comentários ao art. 331 do CPC. Da audiência preliminar. Disponível em: www.tex.pro.br. Acesso em: 9 jul. 2015.

Avançada na prática da mediação, a doutrina americana indica elementos sobre a melhor atitude a ser assumida pelo terceiro imparcial.

Identificada a desigualdade de poder, o mediador pode tentar obscurecer a força ou a influência de ambas as partes, valendo-se de técnicas estratégicas – *v.g.*, criando dúvidas sobre o verdadeiro poder de ambas (questionando a exatidão de dados e a infalibilidade dos peritos, entre outros elementos)[181].

Eis atitudes que podem ser adotadas pelo terceiro imparcial para bem trabalhar uma eventual disparidade de poder: assistir a parte mais fraca a obter, organizar e analisar dados, bem como identificar e mobilizar seus meios de influência[182]; ajudar e educar a parte a planejar uma efetiva estratégia de negociação; colaborar para que o litigante desenvolva recursos financeiros de forma a poder continuar a participar das negociações; indicar a parte a um advogado ou outra pessoa de recursos; encorajar a parte a fazer concessões realistas[183].

Com base nessas lições, uma proposição da autora desta obra foi aprovada na I Jornada de Prevenção e Solução Extrajudicial de Conflitos (realizada pelo Conselho da Justiça Federal em agosto de 2016): "se constatar a configuração de uma notória situação de desequilíbrio entre as partes, o mediador deve alertar sobre a importância de que ambas obtenham, organizem e analisem dados, estimulando-as a planejarem uma eficiente atuação na negociação" (Enunciado 34).

Percebe-se, portanto, que pode ser adotada uma atitude firme por parte do terceiro imparcial para buscar minar eventuais vantagens de influência que poderiam comprometer a celebração do acordo em bases satisfatórias a ambas as partes.

Pode haver alguma preocupação pelo fato de que certos participantes estejam na mediação sem assessoramento; nesse cenário, recomenda-se ao mediador informar sobre os riscos da participação e da potencial necessidade de patrocínio por alguém letrado na área[184].

É também conveniente que as partes saibam que o mediador: 1. Não tem obrigação de proteger seus interesses ou fornecer informações sobre seus direitos; 2. Que a assinatura de um acordo alcançado na mediação pode afetar de maneira adversa seus direitos; 3. Que as partes devem consultar um advogado antes de assinar qualquer acordo a que tenham chegado pela mediação caso não estejam seguras sobre seus direitos[185].

No final, caso se constate que a pessoa não dispõe de conhecimentos relevantes, não tem qualquer poder em relação ao outro participante e não está representada por advogado, pode-

---

[181] "In power situations in which parties appear to have an asymmetrical relationship and the bases of power differ, the mediator may attempt to obscure the strength or influence of both parties. He or she can pursue this strategy to create doubt about the actual power of the parties by questioning the accuracy of data, the infallibility of experts, the capability or costs of mobilizing coercive power, or the degree of support from authority figures. These techniques can prevent the parties form ascertaining the balance of power. If a party cannot determine absolutely that he or she has more power than another, he or she usually does not feel free to manipulate or exploit an opponent without restraint" (MOORE, Christopher W. *The Mediation Process: Practical Strategies for Resolving Conflicts*, cit., p. 389).

[182] *Idem*, p. 392.

[183] *Idem*, p. 393.

[184] HIGHTON DE NOLASCO, Elena I.; ALVAREZ, Gladys S. *Mediación para resolver conflictos*. 2. ed. Buenos Aires: Ad Hoc, 2008, p. 419.

[185] *Ibidem*.

-se concluir não ser a mediação o mecanismo adequado; a situação colocaria o mediador em uma situação muito delicada ao tentar ser neutro e ao mesmo tempo promover equilíbrio[186].

Há, porém, uma exceção à regra de que desequilíbrios de força tendam a negar a eficácia da mediação: em conflitos de família, um mediador experiente e bem treinado pode conseguir, ao menos temporariamente, equilibrar a relação ao lidar com aspectos emocionais e psicológicos, sugerindo estratégias e técnicas para melhorar a comunicação, ao menos para resolver o atual conflito[187].

Como o terceiro facilitador do diálogo tem compromisso com a imparcialidade, não deve atuar como advogado nem assessor técnico litigante mais fraco; contudo, permanece seu dever de colaborar para que as pessoas, se assim desejarem, alcancem um acordo efetivo em bases razoáveis. Para tanto, deverá atuar de modo atento às finalidades da mediação e comprometido com a adoção de técnicas apropriadas para realizá-la.

Voltando à situação de desequilíbrio, há outra resposta possível, segundo o modelo de mediação transformativa. Quando parece haver uma clara vantagem de poder em um lado, é natural que o facilitador da conversa sinta que precisa defender ou auxiliar a parte aparentemente mais fraca. Esse sentimento, porém, envolve julgamento e suposições em diversos níveis:

> que o equilíbrio de poder é, de fato, o que parece ser (embora relações de poder sejam frequentemente complexas e multifacetadas); que a parte "poderosa" está sendo estratégica ou conivente, embora ela possa, na verdade, estar incerta sobre como agir e basear-se em padrões de poder que ela própria preferiria mudar; ou que a parte "mais fraca" deseja uma mudança no equilíbrio do poder, embora ela prefira a situação atual por motivos dos quais o interventor não tem conhecimento[188].

Na perspectiva transformativa, a autodeterminação é levada muitíssimo a sério, de modo que o mediador não deve ser diretivo. A realização de qualquer julgamento e a adoção, pelo mediador, de estratégias para equilibrar o poder negam o "autofortalecimento" preconizado na linha transformativa; embora mudanças no poder possam ocorrer, o mediador não presume ser o desencadeador delas[189].

Ao invés de proceder a um julgamento independente quanto ao equilíbrio do poder, o mediador se orienta pelo julgamento da parte: após procurar sinais, indaga sobre o que ela sente:

> Se e quando tal insatisfação for expressa, o mediador ajuda o disputante a esclarecer exatamente o que deseja, a transmitir o que deseja expressar à outra parte e a tomar as decisões que têm de enfrentar. No entanto, se uma parte aparentemente fraca não dá sinais de necessidade quando parece ser dominada por um disputante mais forte, se o mediador enfatizar a questão do desequilíbrio, isso substituiria o julgamento da parte

---

[186] COOLEY, John. *A advocacia na mediação*, cit., p. 65.

[187] *Ibidem.*

[188] FOLGER, Joseph P.; BUSH, Robert A. A mediação transformativa e intervenção de terceiros: as marcas registradas de um profissional transformador. In: SCHNITMAN, Dora Fried; LITTLEJOHN, Stephen. *Novos paradigmas em mediação*. Porto Alegre: ArtMed, 1999, p. 91.

[189] FOLGER, Joseph P.; BUSH, Robert A. A mediação transformativa e intervenção de terceiros: as marcas registradas de um profissional transformador, cit., p. 91.

pelo seu, passando a assumir um papel de interventor extremamente direcionador que é inconsistente com a abordagem transformativa[190].

Como se percebe, as iniciativas do mediador variam conforme a finalidade de sua intervenção. O mediador pode estar focado em desempenhar seu papel com vistas a atender diferentes propósitos; é importante conhecê-los para compreender bem como as técnicas serão utilizadas para seu alcance.

Todas as preocupações com a isonomia se aplicam tanto no modo presencial quanto no meio eletrônico de facilitação de diálogos. Na seara *on-line* pode haver uma série de adicionais dificuldades, já que a pessoa pode não estar acostumada a se comunicar no formato digital. Caberá ao mediador explicar o que for preciso para que ela seja devidamente esclarecida e se sinta apta a conversar da forma mais adequada possível nesse meio.

O mediador, ao usar a tecnologia no procedimento, terá um trabalho extra: estabelecer estratégias para vencer as dificuldades criadas pelo meio tecnológico; para tanto, deverá, "por exemplo, estabelecer confiança com as partes o quanto antes e fazer com que estas não dependam da leitura do comportamento não verbal"[191].

Além disso, ele precisará atentar ainda mais para a boa distribuição de tempo entre os participantes. A maioria das plataformas não permite que mais de uma pessoa fale ao mesmo tempo, reduzindo o volume de falas simultâneas ou mesmo silenciando-as; se, de um lado, isso faz que todas se escutem melhor e evita interrupções, por outro lado a comunicação soa menos natural, o que pode dificultar a fluidez da conversa; nessa medida, o mediador deverá ter cuidado redobrado para permitir espaços de fala de modo cadenciado e igualitário[192].

5.6 FINALIDADES

5.6.1 Restabelecimento da comunicação

Um primeiro objetivo importante na mediação é permitir que as pessoas envolvidas no conflito possam voltar a entabular uma comunicação eficiente, habilitando-se a discutir elementos da controvérsia e eventualmente encontrar saídas para o impasse.

Sendo a finalidade da mediação a responsabilização dos protagonistas, é fundamental fazer deles sujeitos capazes de elaborar, por si mesmos, caso este seja o seu desejo, acordos duráveis. Para tanto, o grande trunfo da mediação é restaurar o diálogo e propiciar o alcance da pacificação duradoura[193].

Percebe-se assim que, antes de cogitar a extinção do conflito como objetivo primordial, deve o mediador contribuir para que deficiências de comunicação entre os sujeitos não im-

---

[190] FOLGER, Joseph P.; BUSH, Robert A. A mediação transformativa e intervenção de terceiros: as marcas registradas de um profissional transformador, cit., p. 91.

[191] BARROCAS, Carolina; FERREIRA, Daniel Brantes. *Online Dispute Resolution* como forma de solução de conflitos em tempos de pandemia no Brasil e Canadá: habilidades e competências dos profissionais. Disponível em: https://www.direitoprofissional.com/odr-em-tempos-de-pandemia-no-brasil-e-canada/. Acesso em: 25 maio 2020.

[192] TARTUCE, Fernanda; ASPERTI, Cecilia. A conciliação e a mediação online a partir da pandemia do novo coronavírus: limites e possibilidades, cit.

[193] VILELA, Sandra Regina. Meios alternativos de resolução de conflitos: arbitragem, mediação e juizado especial. Disponível em: http://www.pailegal.net/mediacao/mais-a-fundo/monografias/366-meios--alternativos-de-resolucao-de-conflitos-arbitragem-mediacao-parte-1-2. Acesso em: 22 jan. 2020.

peçam suas conversas. Afinal, a ideia é permitir que eles próprios possam superar o impasse, transformando o conflito em oportunidade de crescimento e viabilizando mudanças de atitude.

A mediação pode ser considerada uma proposta não de solução do conflito simplesmente, mas de reorganização e reformulação da comunicação entre as pessoas. Nesse contexto, a composição de um conflito pode ocorrer como consequência do trabalho de mediação; todavia,

> [...] o objetivo básico é que os envolvidos desenvolvam um novo modelo de inter-relação que os capacite a resolver ou discutir qualquer situação em que haja a possibilidade de conflito. É, pois, uma proposta educativa e de desenvolvimento de habilidades sociais no enfrentamento de situações adversas[194].

Muitas vezes, é impossível que os interessados estabeleçam um diálogo direto em virtude de fatores emocionais críticos, como rancor, insegurança ou desprezo. Até serem trabalhadas as tensões, a comunicação dificilmente será satisfatória; a participação de um terceiro neutro e ativo pode ser essencial para o restabelecimento do contato entre as partes[195].

Na perspectiva da mediação transformativa, a expressão da emoção – por sentimentos como raiva, mágoa e frustração – é considerada parte integrante do conflito; o mediador espera e permite que as partes expressem suas emoções, estando preparado para lidar com essas expressões à medida que o conflito se desenrola[196].

A função do mediador é trabalhar pautas de comunicação para que esta se realize de forma eficiente com atenção, clareza e consideração do ponto de vista do outro[197].

O mediador atuará contribuindo para que as pessoas em conflito possam, sendo este o seu desejo, estabelecer uma comunicação produtiva.

Pela mediação as pessoas poderão encontrar saídas originais para a controvérsia, trabalhando por si mesmas e tornando-se autoras (em vez de meras espectadoras) de eventual decisão a ser tomada[198].

Quando os sujeitos em conflito não têm condições de compartilhar espaços por força do grave histórico que os acometeu, em alguns modelos de mediação é possível avançar no procedimento consensual por meio de sessões privadas entre cada um deles e o mediador. Após a fase de sessões individuais, costuma-se agendar uma sessão conjunta para buscar abordar os interesses revelados; nessa etapa poderão ser debatidas eventuais possibilidades de acordo[199], se este for o desejo das partes.

---

[194] PINTO, Ana Célia Roland Guedes. *O conflito familiar na justiça*: mediação e o exercício dos papéis, cit., p. 69.

[195] BACELLAR, Roberto Portugal. A mediação, o acesso à justiça e uma nova postura dos juízes. Disponível em: https://revistadoutrina.trf4.jus.br/index.htm?https://revistadoutrina.trf4.jus.br/artigos/edicao002/roberto_bacelar.htm. Acesso em: 22 jan. 2020.

[196] FOLGER, Joseph P.; BUSH, Robert A. A mediação transformativa e intervenção de terceiros: as marcas registradas de um profissional transformador. In: SCHNITMAN, Dora Fried; LITTLEJOHN, Stephen. Novos paradigmas em mediação. Porto Alegre: ArtMed, 1999, p. 93.

[197] VEZZULLA, Juan Carlos. *Mediação: teoria e prática*, cit., p. 26-27.

[198] MICHELON, Maria Helena Dias. O processo de mediação. *Revista da Escola de Direito*, 5 (1), p. 341, Pelotas, jan.-dez. 2004.

[199] AZEVEDO, André Gomma de. *Manual de mediação judicial*, cit., p. 147.

5.6.2 Preservação do relacionamento entre as partes

É importante empreender uma análise estrutural do instituto da mediação; tal abordagem, porém, acaba sendo acobertada por uma perspectiva cotidiana e pragmática, que acaba por ocultar

> [...] o que há de mais importante nesse instituto: a necessidade de manutenção de boas relações entre as partes mesmo depois de solucionada a controvérsia, em uma sociedade que caminha para a prevalência de uma economia em que a concorrência se manifesta cada vez mais presente[200].

Mauro Cappelletti e Bryant Garth destacam que a mediação e outros meios de interferência apaziguadora são os mecanismos mais apropriados para preservar o relacionamento entre os envolvidos; dada a interdependência nas relações sociais, renasce a necessidade de solução harmônica dos problemas, de modo a preservar as relações e a evitar novos litígios[201].

Como bem aponta o autor italiano, há situações em que a justiça conciliatória (ou co-existencial) é apta a gerar resultados que, "longe de serem de 'segunda classe', são melhores, *até qualitativamente*, do que os resultados do processo contencioso":

> A melhor ilustração é ministrada pelos casos em que o conflito não passa de um episódio em relação complexa e permanente; aí, a justiça conciliatória, ou – conforme se lhe poderia chamar – a "justiça reparadora", tem a possibilidade de preservar a relação, tratando o episódio litigioso antes como perturbação temporária do que como ruptura definitiva daquela; isso além do fato de que tal procedimento costuma ser mais acessível, mais rápido e informal, menos dispendioso, e os próprios julgadores podem ter melhor conhecimento do ambiente em que o episódio surgiu e mostrar-se mais capazes e mais desejosos de compreender os dramas das partes[202].

Pela mediação, um terceiro será adicionado à relação polarizada entre as partes para permitir uma mudança na dinâmica até então verificada.

Ao permitir a entrada do mediador, as partes já estão empreendendo uma importante abertura, e soluções que nunca estiveram presentes podem começar a ser cogitadas. Como bem explica Águida Arruda Barbosa, "a arte da mediação está em despolarizar a postura binária existente entre os litigantes, instalando uma posição ternária, deslocando as resistências dos protagonistas"[203].

A partir de tal nova concepção, as partes poderão, se desejarem, melhorar seu relacionamento ao aprender a perdoar ou a reconhecer sua interdependência; podem ainda aprender a compreender a si mesmas, deixando de lado o ódio ou o desejo de vingança e trabalhando

---

[200] PRIETO, Tania. *Mediação no Brasil. Anais do Seminário sobre Métodos Alternativos de Solução de Conflitos.* Rio de Janeiro: Confederação Nacional do Comércio, 2001, p. 46.

[201] CAPPELLETTI, Mauro; GARTH, Bryant. *Acesso à justiça,* cit., p. 72.

[202] CAPPELLETTI, Mauro. *Os métodos alternativos de solução de conflitos no quadro do movimento universal de acesso à justiça,* cit., p. 90.

[203] BARBOSA, Águida Arruda. *Mediação familiar,* cit., p. 89.

pela paz interior e pelo próprio desenvolvimento; finalmente, podem também aprender a viver em harmonia com os ensinamentos e os valores da comunidade a que pertencem[204].

Deve o mediador ter sempre presente que a mediação apenas poderá ajudar os envolvidos a preservar seu relacionamento, melhorando-o ou, pelo menos, não o prejudicando, se esta for a vontade das partes. Ausente tal interesse, a mediação não tem o condão de suplantar a falta de intencionalidade; eventuais acordos entabulados sem reais intenções correm o risco de não ser cumpridos pela falta de desejo de trabalhar o relacionamento pessoal[205].

5.6.3 Prevenção de conflitos

Uma das finalidades da mediação é evitar o acirramento da litigiosidade e, pelo restabelecimento da comunicação, evitar que outros conflitos venham a surgir.

Como bem destaca Oscar Ermida Uriarte, "enquanto se negocia, não há conflito aberto. Conflito latente sempre haverá; ameaça de conflito, pressão de uma parte sobre a outra, sim; porém, não um conflito aberto"[206].

A partir do momento em que as pessoas restabelecem a comunicação, suas divergências podem ser objeto de conversação, negociação e composição, atuando elas mesmas como protagonistas na condução do episódio controvertido. A proposta é que os interessados possam se ver como parceiros[207] e não propriamente como adversários.

Além disso, a experiência anterior de composição pela mediação gera aprendizado sobre formas proveitosas de comunicação e serve como diretriz para futuros encaminhamentos de controvérsias.

O Tribunal de Justiça do Distrito Federal realizou pesquisas de opinião sobre os serviços de mediação forense; em uma delas, 92% dos advogados atendidos nas sessões de mediação afirmaram que aconselhariam seus clientes a participar de uma sessão em situações semelhantes às vivenciadas no serviço de mediação forense[208].

---

[204] RISKIN, Leonard L. *Compreendendo as orientações, estratégias e técnicas do mediador*: um mapa para os desnorteados, cit., p. 26.

[205] VEZZULLA, Juan Carlos. *Mediação: teoria e prática*, cit., p. 34.

[206] URIARTE, Oscar Ermida. *Negociação coletiva. Anais do Seminário sobre Métodos Alternativos de Solução de Conflitos*. Rio de Janeiro: Confederação Nacional do Comércio, 2001, p. 58.

[207] Eis o conceito de parceiragem: "processo de prevenção de disputa em que as duas partes envolvidas formam uma equipe ou sociedade para fim específico que trabalha em conjunto pelo alcance de objetivos em comum. Tem como finalidade evitar conflitos, resolvendo problemas antes que eles venham a se tornar disputas. É um trabalho de senso comum baseado na confiança entre as partes, que procuram ajudar um ao outro por meio de objetivos coincidentes em um time integrado. A equipe formada maximiza as habilidades e os recursos comuns das partes, maximizando, assim, as oportunidades. O resultado esperado é um ganho para cada parte que não poderia ter sido alcançado através da relação tradicional, na qual as partes veem-se como adversárias. Oferece vantagens porque evita surpresas desagradáveis, promove uma melhoria contínua das resoluções obtidas e preserva a relação entre as partes, além de ser um processo de baixo custo e resultados rápidos" (Glossário: métodos de resolução de disputas – RDS. In: AZEVEDO, André Gomma de (org.). *Estudos em arbitragem, mediação e negociação*, v. 3. Brasília: Brasília Jurídica, 2002, p. 308-309).

[208] O resultado de tal pesquisa e de outras que vêm sendo feitas desde 2003 está disponível em: http://www.tjdft.jus.br/tribunal/institucional/prog_estimulo_mediacao/resultado_qualidade.asp. Acesso em: 16 out. 2006.

Percebe-se, assim, a importância de que a experiência gere bons registros sobre a utilização do mecanismo consensual para que este possa ser cogitado e efetivamente acessado em ulteriores oportunidades.

Assim, desponta a mediação como ferramenta eficiente para que se evite a ocorrência do fenômeno da litigiosidade remanescente quanto à controvérsia abordada, assim como a litigiosidade sobre pontos controvertidos relativos a outros potenciais impasses naquela ou em outras relações jurídicas entre os envolvidos.

Na I Jornada de Prevenção e Solução Extrajudicial de Conflitos promovida pelo Conselho da Justiça Federal, a perspectiva preventiva foi contemplada expressamente em 10 (dez) enunciados[209].

No plano normativo, a Lei de Mediação contempla a prevenção como finalidade a ser perseguida pelas câmaras estatais de solução de controvérsias[210]; a previsão pode ser vista como ampliação e aperfeiçoamento em relação à previsão similar presente na lei processual[211] (que foca apenas na solução de conflitos pelos entes públicos).

5.6.4 Inclusão social

A participação da comunidade na administração da justiça é vantajosa por ensejar maiores celeridade e aderência da justiça à realidade social, propiciando maior credibilidade às instituições judiciárias e ao sentido pedagógico de sua administração, estimulando o senso de colaboração entre os indivíduos[212].

Ao propiciar boas práticas de inclusão, a mediação pode contribuir para o resgate do prestígio do Poder Judiciário.

Pesquisas realizadas pelo Tribunal de Justiça do Distrito Federal junto a participantes de sessões consensuais revelam uma externalidade positiva gerada pela autocomposição: para 80,2% dos respondentes, a visão que tinham sobre o Poder Judiciário mudou; o resultado é complementado "por inúmeros comentários que ressaltam a celeridade na resolução dos litígios e a resolução efetiva do conflito por meio do consenso"[213].

---

[209] A prevenção foi objeto dos Enunciados 15, 25, 28 52, 53, 66, 73, 75, 80; seu teor pode ser encontrado no item J do anexo desta obra.

[210] Lei n. 13.140/2015, art. 32: "A União, os Estados, o Distrito Federal e os Municípios poderão criar câmaras de *prevenção* e resolução administrativa de conflitos, no âmbito dos respectivos órgãos da Advocacia Pública, onde houver, com competência para: I – dirimir conflitos entre órgãos e entidades da administração pública; II – avaliar a admissibilidade dos pedidos de resolução de conflitos, por meio de composição, no caso de controvérsia entre particular e pessoa jurídica de direito público; III – promover, quando couber, a celebração de termo de ajustamento de conduta. (...) § 5.º Compreendem-se na competência das câmaras de que trata o *caput* a *prevenção* e a resolução de conflitos que envolvam equilíbrio econômico-financeiro de contratos celebrados pela administração com particulares" (g.n).

[211] CPC/2015, art. 174: "A União, os Estados, o Distrito Federal e os Municípios criarão câmaras de mediação e conciliação, com atribuições relacionadas à solução consensual de conflitos no âmbito administrativo, tais como: I – dirimir conflitos envolvendo órgãos e entidades da administração pública; II – avaliar a admissibilidade dos pedidos de resolução de conflitos, por meio de conciliação, no âmbito da administração pública; III – promover, quando couber, a celebração de termo de ajustamento de conduta".

[212] WATANABE, Kazuo. *Acesso à justiça e sociedade moderna*, cit., p. 133.

[213] Relatório Nupemec 2014, p. 25. Disponível em: https://www.tjdft.jus.br/informacoes/cidadania/nupemec/institucional/publicacoes/relatorios/nupemec/2014/relatorio-anual-nupemec-2014.pdf. Acesso em: 22 jan. 2020.

Cap. 5 · MEDIAÇÃO: CONCEITO, PRINCÍPIOS E PROCEDIMENTO | 223

Os procedimentos de autocomposição são os mecanismos de compor conflitos mais coadunáveis com o modelo de democracia pluralista previsto no art. 1.º, V, da Constituição[214]. Nesse contexto, deve-se preconizar, em vez do paternalismo na elaboração das leis, o estímulo a procedimentos consensuais como a negociação coletiva, a conciliação e a mediação[215].

É muito importante o incentivo à participação do cidadão para alcançar a verdadeira e real democracia. Nesse sentido, como bem pondera Rodolfo de Camargo Mancuso,

> [...] o Estado-administrador pode (e mesmo deve) desempenhar sua tarefa de boa gestão da coisa pública em colaboração com os administrados, no contexto global da chamada *democracia participativa*, estimulada em vários dispositivos da Constituição de 1988 [...]. Mesmo na legislação infraconstitucional nota-se o incentivo à participação da comunidade [...][216].

Afinal, para que a distribuição da justiça seja efetivamente racionalizada e tornada eficiente, é preciso contar com todos os setores da sociedade. Incumbe ao cidadão a importante tarefa de colaborar para o exercício da jurisdição, reconhecendo também sua responsabilidade na busca da justiça e do consenso[217].

A participação do indivíduo na administração da coisa pública (em geral) e na administração da justiça (em particular) fortalece seu senso cívico e revela-se importantíssima para a credibilidade e para a eficiência das instituições; no ponto, afirma José Oliveira Baracho que a democracia implica a participação dos cidadãos não só nos negócios públicos, mas também na realização de todos os direitos e garantias contemplados na Constituição e no ordenamento jurídico em geral[218].

A juíza de paz portuguesa Maria Judite Matias, ao mencionar a inserção de práticas de mediação nos Juizados de Paz em seu país, sustenta que os instrumentos de solução dos conflitos devem ser encarados pela ótica da convivência, sendo geradores de sociabilidade e transformando as controvérsias em um pretexto para o exercício da cidadania. A autora conclui que

> [...] a introdução da mediação como fase voluntária no âmbito do procedimento nos Julgados de Paz permite aos indivíduos experimentar a gestão do conflito na primeira pessoa, numa perspectiva de diálogo, expressando a forma mais elevada do exercício dos direitos de cidadania, participando activamente na construção de uma solução possível, equilibrada e justa[219].

---

[214] "A República Federativa do Brasil, formada pela união indissolúvel dos estados e municípios e do Distrito Federal, constitui-se em Estado democrático de Direito e tem como fundamentos: [...] V – o pluralismo político."

[215] MAGANO, Octavio Bueno. *Legislação e autocomposição*, cit., p. 159.

[216] *O plano piloto de conciliação em segundo grau de jurisdição, do egrégio Tribunal de Justiça de São Paulo, e sua possível aplicação aos feitos de interesse da Fazenda Pública*, cit., p. 13.

[217] ANDRIGHI, Fátima Nancy. *A arbitragem*: solução alternativa de conflitos, cit.

[218] BARACHO, José Alfredo de Oliveira. *Teoria geral da cidadania*, cit., p. 63.

[219] MATIAS, Maria Judite. Julgados de paz versos centros de arbitragem e estruturas de mediação de consumo: conflito ou convergência? Disponível em: http://www.conselhodosjulgadosdepaz.com.pt/ficheiros/Intervencoes/Juizes/2002-JPaz-vs-CArbitragem.pdf. Acesso em: 22 jan. 2020.

A democratização exsurge de forma cristalina na via consensual. Ao valorizar as ponderações das partes, o facilitador do consenso as libera, em muitos casos, do "jugo hermético da linguagem jurídica". Com isso, aproxima-se do destinatário do serviço público essencial, alcançando de forma mais transparente o desiderato da justiça[220].

A valorização do consenso pode resultar na concretização de vivências que propiciem o despontar de uma mentalidade menos formalista, menos burocrática e mais atenta às demandas da cidadania[221].

A estrutura dialética da mediação tira o envolvido no conflito da situação de inércia e afasta qualquer pretensão ao paternalismo do Estado, que passa a estimular que as partes busquem alcançar por si próprias a composição efetiva dos conflitos e colaborem para o alcance da paz social.

5.6.5 Pacificação social

Pacificar com justiça é a finalidade almejada por todo método idôneo de composição de controvérsias. Não se trata, porém, de tarefa simples; por envolver o alcance de um estado de espírito humano, pacificar abrange aspectos não apenas jurídicos, mas sobretudo psicológicos e sociológicos.

No ponto, vale perquirir: será que algum mecanismo de abordagem de controvérsias consegue efetivamente promover pacificação? Reconhecer a existência do conflito e buscar abordá-lo com eficiência são atitudes relevantes, sem dúvida, para que a pessoa sinta que está cuidando da situação controvertida. Para que a pessoa se sinta internamente tranquila, porém, provavelmente precisará passar por algumas etapas.

A ocorrência de perdas significativas (como o fim de uma união importante) pode gerar comprometimentos no perfil psicológico das pessoas; findo um projeto pessoal delineado com afinco em momentos pretéritos, será hora de recomeçar uma nova história – mas nem sempre elas conseguem identificar e aceitar o novo cenário em que se inserem.

Diante de mudanças verificadas na realidade, rompe-se o padrão anterior de interpretação dos fatos e isso pode ameaçar a estrutura de significados em que a continuidade se ampara[222].

Ao longo do tempo, a visão das pessoas sobre suas vivências tende a se alterar. Como já apontando, é comum haver sentimentos de negação, inconformismo e raiva após a constatação da resistência alheia, sendo natural que não se creia na boa-fé do outro para cumprir combinados. Com o passar do tempo, porém, pode haver alívio no acirramento das posições e admitir-se a possibilidade de novas definições, com a escuta do outro, para findar pendências do passado.

Na mediação transformativa, as emoções não são vistas como fatores a serem eliminados: o mediador as trata como ricas formas de expressão que, uma vez "desembrulhadas" e compreendidas, podem revelar muitas informações sobre os pontos de vista das partes (sobre

---

[220] NALINI, José Renato. *O juiz e o acesso à justiça*, cit., p. 91.

[221] SADEK, Maria Teresa. *Judiciário*: mudanças e reformas, cit., p. 96.

[222] ZAPPAROLLI, Celia Regina; KRÄHENBÜHL, Mônica Coelho. Instrumentos não adjudicatórios de gestão de conflitos em meio ambiente. *Revista do Advogado/Associação dos Advogados de São Paulo (AASP)*, v. 34, n. 123, p. 175, São Paulo, AASP, ago. 2014.

a sua situação e a da outra parte); tais dados podem ser utilizados para fomentar o "autofortalecimento" e o reconhecimento do outro[223].

A vivência de perdas significativas, como as decorrentes do fim de uma união, pode ser sentida como "morte" e ensejar um processo de luto (reação emocional a uma perda significativa[224]). Tal processo, embora doloroso, pode propiciar uma nova maneira para o sujeito ser e estar no mundo.[225]

O interessante modelo delineado pela psiquiatra suíça Klüber-Ross[226] aponta as cinco fases da perda (ou do processo de luto): negação, raiva, depressão, barganha e aceitação. Tais estágios nem sempre ocorrem nessa ordem nem precisam ser todos experimentados, mas a pessoa sempre passará por pelo menos dois deles[227].

A negação implica a recusa em assumir a perda. A pessoa pode não crer na informação recebida, tentar esquecê-la, deixar de refletir sobre ela ou buscar provas ou argumentos de que ela não retrata a realidade[228]. A negação funciona como um para-choque após notícias chocantes e inesperadas, sendo útil para permitir que a pessoa se recupere com o tempo[229].

Como é fácil perceber, nesse estágio é muito difícil trabalhar o conflito, já que o indivíduo nem sequer assume a ocorrência dos fatos que o ensejaram.

Comumente a negação configura uma defesa temporária que acaba sendo substituída por uma aceitação parcial[230]. No mais, não sendo possível viver (ao menos por muito tempo) no mundo do "faz de conta", a partir do momento em que não é viável manter a negação ela é substituída pela raiva[231]. Tal etapa é marcada pelo aparecimento de emoções como revolta, inveja e ressentimento; a pessoa se sente inconformada e vê a situação como injusta[232].

Também aqui a abordagem consensual do conflito pode ser infrutífera, já que dificilmente são trabalhadas com eficiência as responsabilidades recíprocas nessa árdua fase de indignação.

Na fase de barganha, a pessoa busca "algum tipo de acordo que adie o desfecho inevitável"[233]; há uma sorte de negociação, buscando-se algum pacto para que as coisas possam voltar a ser como antes. Essa barganha geralmente se verifica internamente no indivíduo, que

---

[223]   FOLGER, Joseph P.; BUSH, Robert A. A mediação transformativa e intervenção de terceiros: as marcas registradas de um profissional transformador. In: SCHNITMAN, Dora Fried; LITTLEJOHN, Stephen. *Novos paradigmas em mediação*, cit., p. 93.

[224]   O luto, forma natural de recuperação emocional diante da perda, ocorre em diversos tipos de privações (morte de alguém importante; fim de um relacionamento significativo; vivência, por alguém próximo, de doença crônica/terminal; perda de fatores relevantes como segurança econômica, emprego ou um curso apreciado; morte de animal de estimação; mudança negativa na saúde ou no funcionamento psicofísico) (The Student Counseling Virtual Pamphet Collection. O luto. Trad. e adap. Iolanda Boto. Disponível em: https://www.fc.ul.pt/sites/default/files/fcul/institucional/gapsi/O_luto.pdf. Acesso 08 jul. 2017).

[225]   ZAPPAROLLI, Celia Regina; KRÄHENBÜHL, Mônica Coelho. Instrumentos não adjudicatórios de gestão de conflitos em meio ambiente, cit., p. 175.

[226]   Modelo de Kübler-Ross. Disponível em: http://pt.wikipedia.org/wiki/Modelo_de_K%C3%BCbler-Ross. Acesso em: 19 abr. 2015).

[227]   Modelo de Kübler-Ross, cit.

[228]   PETROFF, Thaís. Processo de perda e luto possui cinco fases. Disponível em: http://www2.uol.com.br/vyaestelar/tcc_perda_luto.htm. Acesso 23 em: jan. 2015.

[229]   KÜBLER-ROSS, Elisabeth. *Sobre a morte e o morrer*. São Paulo: Martins Fontes, 2012, p. 44.

[230]   *Idem*, p. 45.

[231]   *Idem*, p. 63.

[232]   PETROFF, Thaís. *Processo de perda e luto possui cinco fases*, cit.

[233]   KÜBLER-ROSS, Elisabeth. *Sobre a morte e o morrer*, cit., p. 95.

MEDIAÇÃO NOS CONFLITOS CIVIS – *Fernanda Tartuce*

pode se voltar à sua espiritualidade; promessas e pactos são comuns neste estágio, ainda que ocorram em segredo[234].

Se a pessoa estiver em condições de se comunicar bem com o outro, pode ser o início de tratativas para ajustar novas fases adiante, desde que ela tenha clareza sobre o fim. Na realidade, porém, ela precisará aceitá-lo para poder negociar uma nova configuração em sua vida.

Finalmente, a última etapa é a da aceitação, que pode ser expressa pela frase "tudo vai acabar bem"[235]. Este é o estágio em que efetivamente a pessoa tem condições de seguir adiante; a partir de tal consciência, poderá buscar uma nova configuração para sua situação e abrir-se a saídas consensuais de modo produtivo.

É importante, contudo, considerar: quanto tempo pode demorar até que alguém alcance este estágio? Não há como prever, mas pode demorar anos para alguns, enquanto para outros pode nem terminar... [236].

A razão dessa pequena digressão sobre as fases da perda foi promover uma breve reflexão sobre como o tempo pode variar para cada um e como é importante respeitar o processo interno de cada pessoa, não sendo legítimo (nem útil) aplicar pressões para que ela busque ou atue em prol de uma suposta pacificação.

Com base nessa ideia, uma proposição da autora desta obra foi aprovada no Fórum Permanente de Processualistas Civis: "No emprego de esforços para a solução consensual do litígio familiar, são vedadas iniciativas de constrangimento ou intimidação para que as partes conciliem, assim como as de aconselhamento sobre o objeto da causa" (Enunciado 187).

Em razão da metodologia que lhe é peculiar, a mediação vai mais longe do que outros meios de composição de conflitos ao buscar as causas da controvérsia para tentar sanar o sofrimento humano. Por meio da mediação, as pessoas, em diversas sessões, tomam contato com diferentes aspectos do impasse, respondendo a si mesmas e ao mediador perguntas importantes sobre as origens do litígio e os destinos pretendidos[237].

Pacificar, portanto, revela-se uma tarefa alcançável desde que as técnicas da mediação sejam bem empregadas junto a pessoas interessadas em seu alcance e engajadas em atuar para obtê-la.

Diversamente, na solução imposta por um terceiro, havendo a marca da litigiosidade, os ânimos dos contendores podem acabar ainda mais acirrados, distanciando-os cada vez mais da efetiva pacificação. No final, havendo um vencedor e um vencido, a chance de que o derrotado não se conforme é muito grande, o que compromete a efetiva pacificação. Como bem ponderam Maria Berenice Dias e Giselle Groeninga,

> [...] faltam instrumentos ao Judiciário para lidar com a esfera afetiva e psíquica dos afetos e desejos e com a esfera psicossocial (papéis e funções) dos vínculos desfeitos.

---

[234] PETROFF, Thaís. *Processo de perda e luto possui cinco fases*, cit.

[235] KÜBLER-ROSS, Elisabeth. *Modelo de Kübler-Ross*, cit.

[236] ZAPPAROLLI, Celia Regina; KRÄHENBÜHL, Mônica Coelho. *Instrumentos não adjudicatórios de gestão de conflitos em meio ambiente*, cit., p. 176. Como destacam as autoras, o luto pode ser normal ou patológico: "O luto patológico permanece tão intenso e duradouro que não permite ao sujeito a vitalização, a disposição necessária para uma aceitação e ressignificação ao novo contexto vivido, acorrentando-se ao passado. Já no luto normal o impacto da perda pode ser diminuído em breve espaço de tempo, pela formação de novos vínculos afetivos substitutivos, de investimentos produtivos em uma nova situação ou atividade e da aceitação do apoio social (p. 176).

[237] OLIVEIRA, Euclides de. O percurso entre o conflito e a sentença nas questões de família. *Revista do Advogado*, n. 62, p. 106-107, São Paulo, mar. 2001.

Nesta sede é que a mediação pode dar sua melhor contribuição, pois vem resgatar o indivíduo e suas responsabilidades. Ajuda a entender o sentido dos direitos e deveres em nível legal e sua tradução para a esfera das relações familiares. À medida que estas ficam mais claras para as partes, também se clarificam para o Estado, assim como as responsabilidades deste para com os indivíduos[238].

Afirmam ainda as autoras que

> [...] as pessoas, por meio da mediação, têm a oportunidade de distinguir o lado emocional e o lado econômico da situação. A mediação serve para diminuir o descompasso entre o nível jurídico da distribuição de direitos e deveres, o nível sociopsicológico dos papéis e funções, bem como o desequilíbrio econômico e psicológico dos afetos. Contribuindo para a conscientização do par, resta facilitada a execução dos acertos feitos, diminuindo a distância entre a sentença e o que é negociado entre as partes[239].

Daí por que há quem sustente que

> [...] a verdadeira Justiça só se alcança quando os casos se solucionam mediante consenso que resolva não só a parte do problema em discussão, mas também todas as questões que envolvam o relacionamento entre os interessados. Com a implementação de um "modelo mediacional" de resolução dos conflitos, o Estado estará mais próximo da conquista da pacificação social e da harmonia entre as pessoas[240].

Sem dúvida o cumprimento do acordo pactuado tem muito mais chance de ser efetivado do que a sentença imposta pelo magistrado, porquanto o ânimo das partes em relação à observância espontânea é completamente diverso quando a decisão se origina de sua vontade.

Como destacado, não necessariamente o sucesso da mediação deve ser representado pela obtenção de um acordo formalizado. Para Águida Arruda Barbosa, o método pode resultar na percepção dos mediandos de que, com a recuperação da capacidade de se responsabilizar pelas próprias escolhas, possam dar outro significado à relação, transformando o conflito ou o impasse[241].

5.6.6 Celebração de acordos e sucesso da mediação

Vem se firmando, especialmente no plano doutrinário, a noção de que obtenção de acordos não deve ser vista como o objetivo maior do engajamento em meios consensuais.

Análises aprofundadas permitem concluir que negociações, mediações e conciliações não precisam resultar em pactos para que as iniciativas consideradas exitosas.

---

[238] DIAS, Maria Berenice; GROENINGA, Giselle. *A mediação no confronto entre direitos e deveres*, cit., p. 62.

[239] *Ibidem.*

[240] BACELLAR, Roberto Portugal. A mediação no contexto dos modelos consensuais de resolução de conflitos. *Revista da Escola da Magistratura do Estado de Rondônia*, n. 8, p. 53-61, 2001. Disponível em: https://emeron.tjro.jus.br/images/biblioteca/revistas/emeron/revista-emeron-2001-08.pdf#PAGE=53. Acesso em: 22 jan. 2020..

[241] BARBOSA, Águida Arruda. *Mediação familiar*, cit., p. 54.

MEDIAÇÃO NOS CONFLITOS CIVIS – *Fernanda Tartuce*

Pioneira no estudo da mediação no Brasil, Águida Arruda Barbosa sempre explicou que a mediação não visa ao acordo, mas objetiva a comunicação entre os protagonistas:

> Trata-se de uma dinâmica na qual, em alternância, cada mediando tem a palavra para expressar seu sentimento, e cada qual escuta o outro, com mudança de comportamento, posto que não haja aí espaço para julgar o que é certo ou errado, atividade da linguagem binária, própria para a jurisdição do Estado. A palavra articulada e escutada ganha vida, é dinamizada, daí decorrendo um amálgama indestrutível, porque nesse diálogo há valoração da essência humana[242].

O esclarecimento é importante porque, como mencionado na exposição sobre o princípio da busca do consenso, há na legislação processual[243] referência ao sucesso ou insucesso dos meios consensuais.

Para bem compreender o tema, é interessante contrastar as definições da mediação presentes na lei específica e no CPC.

Pela Lei n. 13.140/2015, mediação é um "meio de solução de controvérsias entre particulares" (art. 1.º, *caput*), "atividade técnica exercida por terceiro imparcial sem poder decisório, que, escolhido ou aceito pelas partes, as auxilia e estimula a identificar ou desenvolver soluções consensuais para a controvérsia".

O art. 165, § 3º, do CPC não define o meio consensual, mas destaca as funções de seu realizador: o mediador "atuará preferencialmente nos casos em que houver vínculo anterior entre as partes" e "as auxiliará a compreender as questões e os interesses em conflito, de modo que eles possam, pelo restabelecimento da comunicação, identificar, por si próprios, soluções consensuais que gerem benefícios mútuos".

Embora se identifique, em ambos os textos, a tendência de conceber a mediação como "meio de solução de controvérsias" – de modo que o objetivo "resolver" aparente constituir a essência do procedimento –, a definição encontrada no CPC explicita objetivos paralelos: alguns são de ordem cognitiva (compreender questões e interesses) e outros de prisma comunicativo (restabelecer a comunicação). Ao assim proceder, o CPC se aproxima da definição de mediação para a qual convergem os especialistas e que é muitas vezes sintetizada na fórmula "trabalhar o conflito". Sob tal perspectiva, a mediação visa permitir que as situações controvertidas sejam mais bem apreciadas pelas partes, o que tende a conduzir a um diálogo proveitoso e, eventualmente, à solução do problema (consubstanciada na celebração de acordos).

Nessa linha, merece destaque a edição do Enunciado 625 do Fórum Permanente de Processualistas Civis: "o sucesso ou insucesso da mediação ou da conciliação não deve ser apurado apenas em função da celebração de acordo".

Essa afirmação deixa clara a pluralidade de objetivos dos meios consensuais ao distinguir entre sucesso e acordo. O procedimento pode ser bem-sucedido sem haver um pacto final, uma vez que a mediação tem objetivos múltiplos que não se reduzem ao consenso consubstanciado em um acordo.

---

[242] BARBOSA, Águida Arruda. *Mediação familiar interdisciplinar*. São Paulo: Atlas, 2015, p. 174.

[243] CPC/2015, art. 167, §3.º: "Do credenciamento das câmaras e do cadastro de conciliadores e mediadores constarão todos os dados relevantes para a sua atuação, tais como o número de processos de que participou, o sucesso ou insucesso da atividade, a matéria sobre a qual versou a controvérsia, bem como outros dados que o tribunal julgar relevantes".

Na conciliação, essa mesma lógica é plenamente aplicável. Nos termos do art. 165, § 2º, do CPC, o conciliador poderá sugerir soluções para o litígio, mas eventual falta de acolhimento das propostas não significa falta de êxito.

Escutar as propostas e o delineamento de opções realizados nas sessões consensuais promove clareza sobre como a controvérsia é vista sob diferentes prismas, ampliando percepções. As partes poderão deixar de acatar as propostas naquele momento, mas promover reflexão e eventualmente aceitá-las depois (ou mesmo propor uma versão alternativa contemplando outros pontos).

Se houve, como efeito da sessão de autocomposição, o resgate na comunicação (de modo que as pessoas conseguiram voltar a dialogar de forma respeitosa), os meios consensuais alcançaram seu desiderato (ainda que não tenha havido a definição total do caso sob o prisma jurisdicional).

Nesse sentido, pondera Taís Ferraz que, ainda que eventual sessão de mediação ou círculo restaurativo não culmine na solução de um processo ou na assunção de responsabilidade penal, "o restabelecimento da capacidade de comunicação, o processo de autorresponsabilização que pode decorrer do uso desses caminhos é algo com efeitos mais abrangentes, que ocorrem no tempo e a despeito, inclusive, da finalização de um processo judicial"[244].

Vale destacar que o teor em análise foi objeto de conclusão similar em outro encontro de estudiosos. Segundo o Enunciado 22 da I Jornada de Prevenção e Solução extrajudicial de conflitos do Conselho da Justiça Federal (realizada em agosto de 2016), a expressão "sucesso ou insucesso" do art.167, § 3.º, do Código de Processo Civil não deve ser interpretada como quantidade de acordos realizados, mas a partir de uma avaliação qualitativa da satisfação das partes com o resultado e com o procedimento, fomentando a escolha da câmara, do conciliador ou do mediador com base nas suas qualificações, e não nos resultados meramente quantitativos.

Como bem explicita Fabiana Spengler, a previsão do CPC é relevante por permitir certo controle do andamento e do sucesso/insucesso das atividades de mediação e conciliação; é uma forma de medir se esses meios consensuais, enquanto políticas públicas, alcançaram seus objetivos e metas – mas os números não deverão ser usados "para medir a competência de mediadores e de conciliadores. Se assim não for, o risco é que exista uma insistência grande (e até uma imposição) na busca pelo acordo, o que fere não só o artigo anterior como o código de ética desses profissionais"[245].

5.7 TÉCNICAS DE MEDIAÇÃO

5.7.1 Conexão entre técnica e objetivos da mediação

O valor da técnica na mediação é tão grande que, como visto, muitos autores a associam com o método, de sorte que em muitas definições a expressão aparece logo no início para denotar um dos aspectos principais do mecanismo consensual[246].

---

[244] FERRAZ, Taís Schilling. A litigiosidade como fenômeno complexo: quanto mais se empurra, mais o sistema empurra de volta. Revista Jurídica da Presidência, Brasília, v. 25, n. 135, jan./abr. 2023, p. 173.

[245] SPENGLER, Fabiana Marion. *Mediação de conflitos: da teoria à prática*. 2. ed. Porto Alegre: Livraria do Advogado, 2017, p. 152.

[246] Nesse sentido, afirma Marcial Casabona ser a mediação a técnica pela qual uma terceira pessoa, treinada, capacitada e neutra, auxilia as pessoas em conflito no conhecimento das multifacetadas origens da controvérsia, de modo a que elas, portadoras de um conhecimento ampliado, construam, por si, a composição do litígio da maneira mais satisfatória (ou menos insatisfatória possível) à sua realidade interna e externa (Mediação e lei. *Revista do Advogado*, n. 62, p. 86, mar. 2001).

A prioridade desse elemento foi o foco, por exemplo, dos legisladores responsáveis por um dos primeiros projetos de lei sobre mediação no Brasil; engendrado para institucionalizar a mediação do país, o art. 2.º do Projeto de Lei 94/2002 definia mediação como "a atividade técnica exercida por terceiro imparcial que, escolhido ou aceito pelas partes interessadas, e mediante remuneração, as escuta, orienta e estimula, sem apresentar soluções, com o propósito de lhes permitir a prevenção ou solução de conflitos de modo consensual".

A temática não se limita ao aspecto teórico porque, na atuação concreta, a técnica é fundamental: como bem destacou Giselle Groeninga, "na mediação, técnica e teoria se constroem em paralelo"[247].

Em que viés pode e/ou deve ser concebida a técnica na mediação[248]?

Destaca-se, desde já, que não há apenas um modo de realizar a mediação; especialistas entendem que cada uma das formas pode reproduzir resultados únicos segundo os perfis das pessoas envolvidas[249].

A técnica liga-se ao conhecimento prático e revela o "conjunto dos métodos e pormenores práticos essenciais à execução perfeita de uma arte ou profissão"[250]. Percebe-se, de pronto, que tal definição engendra forte exigência ao mencionar a perfeição como qualificativo da atividade.

Sob a perspectiva jurídica, especialmente no âmbito processual, a técnica é reconhecida por seu grande valor, sendo vista como "a predisposição ordenada de meios destinados a obter certos resultados".

Para Cândido Dinamarco, em razão de sua clara finalidade instrumental, a existência da técnica só se justifica em razão da finalidade a ser cumprida: "daí a ideia de que todo objetivo traçado sem o aporte de uma técnica destinada a proporcionar sua consecução é estéril; e é cega toda técnica construída sem a visão clara dos objetivos a serem atuados"; conclui então:

> Nesse contexto bipolar, acontece então que se todo instrumento, como tal, destina-se a ajudar o homem a obter determinados resultados, por outro lado ele exige do homem a sua manipulação segundo normas adequadas, sob pena de inutilidade ou distorção [...]. A técnica está a serviço da eficiência do instrumento, assim como este está a serviço dos objetivos traçados pelo homem e todo o sistema deve estar a serviço deste[251].

Aceita a premissa sobre a conexão entre técnica e finalidades, cabe identificar os objetivos da mediação. Como já apontado, é possível identificar como finalidades o restabelecimento da comunicação, a possibilidade de preservação de relacionamento em bases satisfatórias (caso tal manutenção seja necessária e/ou desejada), a prevenção de conflitos, a inclusão dos cidadãos e a pacificação social.

---

[247] GROENINGA, Giselle. Minicurso de mediação: caso de mediação até a 3.ª sessão. Disponível em: http://www.ibdfam.org.br/_img/artigos/VII%20Congresso%20-%20MINICURSO%20de%20MEDIA%C3%87%C3%83O%20-%20II.pdf. Acesso em: 20 jan. 2020.

[248] A abordagem aqui transcrita foi publicada no artigo Técnicas de mediação (publicado na coletânea *Mediação de conflitos*, v. 1. DA SILVA. Luciana Aboim Machado Gonçalves (org.). São Paulo: Atlas, 2013, p. 42-57).

[249] HIGHTON DE NOLASCO, Elena I.; ALVAREZ, Gladys S. *Mediación para resolver conflictos*, cit., p. 235.

[250] *Dicionário Michaelis*. Disponível em: www.michaelis.uol.com.br/moderno/português. Acesso em: 20 jun. 2008.

[251] DINAMARCO, Cândido Rangel. *A instrumentalidade do processo*. 11. ed. São Paulo: Malheiros, 2003, p. 273-274.

Cap. 5 · MEDIAÇÃO: CONCEITO, PRINCÍPIOS E PROCEDIMENTO | 231

Na mediação transformativa os propósitos são promover fortalecimento ("empowerment") e reconhecimento em respeito pleno à autodeterminação das partes.

Como se pode perceber, as finalidades são ambiciosas e a tarefa do mediador não é fácil; em tal contexto, sobreleva a importância da adoção de técnicas apropriadas na condução dos mecanismos consensuais.

5.7.2 Apropriada aplicação de técnicas na autocomposição

É de grande relevância a conscientização sobre a necessária aplicação de técnicas adequadas no manejo dos meios de composição de controvérsias.

Especialmente no que tange aos meios consensuais, por muito tempo no Brasil não houve a devida atenção; quando o juiz e certos auxiliares (muitas vezes estudantes/estagiários) tinham a incumbência de, dentre outras atribuições, conciliar, comumente não havia preparo específico para atuar; o bom conciliador acabava sendo a pessoa naturalmente "vocacionada" que descobria em si virtudes que o habilitavam a promover conversas.

Talento, vocação, dom... sem dúvida é muito interessante contar com pessoas virtuosas; tal postura, porém, não é suficiente nem apropriada. Sendo dever de alguém atuar em prol da autocomposição, é essencial que esteja devidamente preparada para se desincumbir da missão.

Mediar é facilitar a comunicação entre as pessoas para propiciar que elas possam entender melhor os meandros da situação controvertida e, sendo este o seu desejo, engendrar respostas conjuntas sobre questões relevantes ligadas ao conflito.

Conforme a Lei de Mediação, o mediador conduzirá o procedimento de comunicação entre as partes buscando o entendimento e o consenso para facilitar a resolução do conflito (art. 4.º, § 1.º).

O terceiro facilitador da comunicação busca a retomada da comunicação em bases proveitosas; a partir do diálogo os envolvidos poderão ser mutuamente esclarecidos sobre a controvérsia, seus anseios e suas perspectivas, passando a poder perceber pontos comuns favoráveis ao alcance do consenso[252].

Para uma compreensão maior sobre as técnicas utilizadas na mediação, sob o aspecto da comunicação merece destaque a diferenciação entre as linguagens binária e ternária; enquanto no pensamento binário há o terceiro excluído e se está diante do princípio da alternativa lógica, complementar ao princípio da contradição, o pensamento ternário enseja outras possibilidades: "inclui o terceiro na atividade da comunicação e busca ampliar o espaço-tempo em que se situa o conflito, gerando mais elementos e aumentando a valorização das partes, possibilitando-lhes transformar o conflito"[253].

Percebe-se então que a linguagem binária é regida pela conjunção "ou", enquanto a linguagem ternária é regida pela conjunção "e"; esta última torna possível a adoção de infinitas alternativas para determinada situação de acordo com os recursos pessoais das partes envolvidas na comunicação[254].

---

[252] DEMARCHI, Juliana. *Técnicas de conciliação e mediação*, cit., p. 57.
[253] BARBOSA, Águida Arruda. *Mediação familiar*, cit., p. 87-88.
[254] BARBOSA, Águida Arruda. *Mediação familiar interdisciplinar*, cit., p. 174,

MEDIAÇÃO NOS CONFLITOS CIVIS – *Fernanda Tartuce*

O sistema jurídico se pauta pela diretriz binária, em que o paradigma "ganhar-perder" funciona com uma lógica que reduz as chances de cogitar saídas diferenciadas; a realidade, contudo, é no mínimo ternária, multifacetada.

Quando se cogita da utilização da técnica ternária para auxiliar a atribuir a cada um o que é devido, prioriza-se a dinâmica da intersubjetividade, visando ao exercício da humanização do acesso à justiça[255].

Afinal, como destaca Ademir Buitoni, "reduzir tudo ao dualismo do lícito/ilícito, permitido/proibido, inocente/culpado, é mutilar as infinitas possibilidades do comportamento humano. A mente humana tem inúmeras possibilidades de argumentar e avaliar as situações comportamentais, muito além do raciocínio binário do Direito"[256].

5.7.2.1 Informações e abertura

A abertura é um momento crucial para o início da conversação. O mediador pode não saber como os litigantes ali chegaram: se foram encaminhados por uma instituição (comunitária ou do sistema de Justiça), se um deles teve a iniciativa e o outro foi convidado a comparecer... pode ser interessante começar a conversa comentando como os participantes chegaram ali.

É importante agradecer a presença, fazer as devidas apresentações e estar pronto para fornecer informações sobre a mediação.

A primeira atuação do mediador pode ocorrer em um encontro especial denominado "pré-mediação". O foco será prestar esclarecimentos sobre a dinâmica para explicar o que é mediação, que o mediador não tem poder decisório[257], destacar a relevância da vontade das partes, que a proposta é ouvir e fomentar a comunicação, que o mediador é isento, imparcial, equidistante, que poderão ser realizadas sessões individuais/privadas, que há sigilo...

Informa-se ainda que um dos objetivos da mediação é o estabelecimento (ou restabelecimento) da comunicação, compondo o objeto da mediação "o presente e futuro"[258].

Como destaca Giselle Groeninga, a mediação pode começar antes do momento cogitado para seu início oficial. Quando uma das pessoas em conflito, por exemplo, telefona para o mediador para se informar sobre o procedimento, pode começar a contar seu lado da história. Valendo-se de técnica e cuidado, o mediador deve estar preparado para cautelosamente interrompê-lo e dizer ser importante "compartilhar as informações"; dirá então que, para que não se crie diferença, ele terá oportunidade, juntamente com a outra pessoa, "de conversar com o mediador posteriormente"[259].

O cuidado ao se expressar deve estar sempre presente, já que tanto para interromper como para inserir uma temática é preciso cautela; afinal, o mediador, "embora seja o admi-

---

[255] Justificação a projeto de lei sobre mediação familiar. Disponível em: http://www.camara.gov.br/sileg/MostrarIntegra.asp?CodTeor=288153. Acesso 11 jul. 2015.

[256] BUITONI, Ademir. A ilusão do normativismo e a mediação. Disponível em: http://www2.oabsp.org.br/asp/esa/comunicacao/esa1.2.3.1.asp?id_noticias=68. Acesso em: 11 jul. 2015.

[257] É preciso sempre destacar junto às partes que o terceiro facilitador (seja ele mediador ou conciliador) não tem poder para impor decisões, sendo sua função dirigir as regras de comunicação entre as partes (VEZZULLA, Juan Carlos. *Mediação: teoria e prática*, cit., p. 27).

[258] GROENINGA, Giselle. *Minicurso de mediação*: caso de mediação até a 3.ª sessão, cit.

[259] *Ibidem.*

nistrador e organizador da mediação, mostra-se também como o modelo de comunicação para os participantes"[260].

A comunicação anterior ao início do procedimento é essencial para gerar empatia[261].

Recomenda-se que o mediador inicialmente proceda de forma cerimoniosa, abordando as pessoas como *senhor/senhora*, e então pergunte como elas preferem ser chamadas; algumas pessoas, a depender da idade ou de características pessoais, podem preferir uma maneira menos formal[262].

a) Mediações *on-line*

Nas interações por meio eletrônico, antes de falar sobre a mediação propriamente dita será importante tratar do modo digital de interação.

A título de contribuição, eis sugestões úteis sobre o que merece ser abordado para haver clareza sobre como a comunicação pode (ou não) fluir.

Antes de entrar no mérito do tema da reunião, será importante abrir espaço para falar e escutar sobre o estado da rede dos usuários: a internet está operando bem ou apresenta instabilidades? Havendo conhecimento, é bom reportar desde o início. Se o sinal do usuário está bom mas o do destinatário não (alguns sistemas apontam perda de conexão), será importante cessar um pouco e verificar se realmente a pessoa está presente. E o som, funciona bem? Sobre a imagem, há boa visualização ou aspectos como a luminosidade precisam ser melhorados?

Após assegurar que há condições materiais de participação, será preciso falar sobre a plataforma utilizada, sendo interessante questionar se as partes estão familiarizadas com ela.

O mediador poderá se deparar com pessoas que jamais fizeram uso da mídia adotada: nesse caso, uma explicação inicial sobre a tecnologia poderá ser essencial para tornar o ambiente mais confortável para as partes, deixando claro ser normal eventual desconforto em um primeiro momento – essa fala poderá gerar um grau de empatia já no início do procedimento; como se nota, o bom mediador deve ser capaz de prever a desconfiança e atuar imediatamente para amainá-la[263].

O uso de meios tecnológicos para transmitir informações naturalmente influencia o comportamento dos participantes. São considerados efeitos da mídia (*media effects*) tanto os impactos na condução do procedimento como a forma como as partes dividem, recebem e interpretam as informações[264].

---

[260] AZEVEDO, André Gomma de (org.). *Manual de mediação judicial.* 6. ed. Brasília: Ministério da Justiça, 2016. Disponível em: https://www.cnj.jus.br/wp-content/uploads/conteudo/arquivo/2016/07/f247f5ce-60df2774c59d6e2dddbfec54.pdf. Acesso em: 22 jan. 2020.

[261] BARROCAS, Carolina; FERREIRA, Daniel Brantes. *Online Dispute Resolution* como forma de solução de conflitos em tempos de pandemia no Brasil e Canadá: habilidades e competências dos profissionais. Disponível em: https://www.direitoprofissional.com/odr-em-tempos-de-pandemia-no-brasil-e-canada/. Acesso em: 25 maio 2020.

[262] *Ibidem.*

[263] BARROCAS, Carolina; FERREIRA, Daniel Brantes. *Online Dispute Resolution* como forma de solução de conflitos em tempos de pandemia no Brasil e Canadá: habilidades e competências dos profissionais, cit.

[264] BARROCAS, Carolina; FERREIRA, Daniel Brantes. *Online Dispute Resolution* como forma de solução de conflitos em tempos de pandemia no Brasil e Canadá: habilidades e competências dos profissionais, cit.

MEDIAÇÃO NOS CONFLITOS CIVIS – *Fernanda Tartuce*

O uso da tecnologia enseja a necessidade de que o mediador atue para esclarecer ao máximo o perfil da mídia usada para viabilizar a comunicação, devendo ele se certificar de que as partes compreenderam adequadamente as mensagens:

> Toda mídia possui suas vantagens e falhas e é nesse momento que um profissional bem treinado fará a diferença e utilizará a mídia como sua aliada. O mediador, ao usar a tecnologia em um procedimento de ODR, deverá estabelecer estratégias para vencer as dificuldades criadas pela mesma, como por exemplo, estabelecer confiança com as partes o quanto antes e fazer com que estas não dependam da leitura do comportamento não verbal.

Orientação direcionada à chance de preparação prévia consta nas recomendações sobre procedimentos remotos de resolução de disputas estruturadas pelo Chartered Institute of Arbitrators (CIArb) nos seguintes termos:

> A tecnologia, o *software*, o equipamento e o tipo de conexão a serem utilizados em um procedimento remoto devem ser objeto de consenso pelas partes e testados com todos os participantes antes de quaisquer reuniões ou audiências[265].

Como se nota, o mediador terá que envidar adicionais esforços na interação *on-line*, mostrando habilidade para conectar-se com as partes e estabelecer confiança tão logo possível; desfazer o sentimento de desconfiança; demonstrar que a tecnologia é uma aliada e aproximar as partes, apesar do distanciamento natural gerado pela mídia[266].

b) Possíveis combinações

Voltando aos esclarecimentos sobre a dinâmica consensual, em certos modos de atuação recomenda-se que na apresentação sejam combinadas regras de comunicação[267].

O mediador pode iniciar esclarecendo que algumas pautas de conduta são essenciais para que a conversa evolua bem: evitar abordagens desrespeitosas, respeitar a fala do outro (que depois ouvirá por igual tempo), evitar interrupções, buscar falar sempre na primeira pessoa[268]... Uma boa forma de trabalhar essas regras é brevemente expô-las, apontar suas razões e perguntar se há concordância quanto a elas. Havendo resistência, podem ser trabalhados eventuais ajustes propostos pelos participantes; caso haja plena adesão, será possível continuar.

---

[265] Recomendações sobre procedimentos remotos de resolução de disputas. Disponível em: https://9961956e--d2ed-4f68-b6f9-5d9c38694afb.filesusr.com/ugd/f51e52_cd6a16d84d404118b4972084386f72ce.pdf. Acesso em: 25 ago. 2020.

[266] BARROCAS, Carolina; FERREIRA, Daniel Brantes. *Online Dispute Resolution* como forma de solução de conflitos em tempos de pandemia no Brasil e Canadá: habilidades e competências dos profissionais, cit.

[267] "Es importante para el mediador señalar las reglas a que se ajustarán las partes y el mismo, para luego seguirlas y cumplir-las. Muchas veces, le será necesario recordar-las a los intervinientes, cuando ello convenga para calmar los ánimos y prevenir La escalada en el conflicto" (HIGHTON DE NOLASCO, Elena I.; ALVAREZ, Gladys S. *Mediación para resolver conflictos*, cit., p. 225).

[268] Propor que os mediandos digam o que cada um fez (e não o que o outro realizou ou omitiu) costuma ser interessante para ajudar a resgatar o protagonismo. Como bem lembra Giselle Groeninga, "a culpa é poderoso instrumento de vitimização. Todos nós padecemos, de alguma forma, do sentimento de culpa. No entanto, o objetivo da mediação é o de responsabilizar-se pelos próprios atos e motivações, mesmo que estas sejam inconscientes" (*Minicurso de mediação*: caso de mediação até a 3.ª sessão, cit.).

Nessa sessão geralmente não se inicia a abordagem do conflito, mas são organizadas as condições para os encontros seguintes (ajustam-se datas, assinam-se termo de confidencialidade etc.). Nada impede, porém, que havendo vontade das partes elas já avancem começando a relatar os fatos relevantes.

No modelo transformativo, o mediador inicia a conversa com a declaração clara de que o objetivo é criar um contexto para permitir e ajudar as partes a: "(a) esclarecerem seus próprios objetivos, recursos, opções, preferências e a tomarem, por conta própria, decisões sobre sua situação; e (b) considerarem e entenderem melhor a perspectiva da outra parte, se decidirem que assim o desejam"[269].

Nesse modelo a conversa de abertura tem uma estrutura dialógica: o mediador esclarece seu papel e ouve as partes sobre como a conversa pode se estabelecer, respeitando sua vontade e não propondo regras fixas.

Feita a apresentação e providenciada a organização para os próximos encontros, o mediador poderá começar a se valer de ferramentas muito usadas durante a mediação: a escuta ativa, o modo afirmativo e modo interrogativo.

5.7.2.2 Escuta ativa

Sendo a mediação uma conversação, falas e escutas são essenciais para que a dinâmica evolua.

A escuta ativa permite à pessoa perceber que ela é objeto de atenção, mostrando-se o interlocutor interessado em seus pensamentos e em suas opiniões; é também conhecida como "reciprocidade", já que "as duas pessoas estão comprometidas no processo de ouvir ativamente e trocar informações"[270].

Pela escuta ativa, o mediador não só ouve, mas considera atentamente as palavras ditas e as mensagens não expressas verbalmente (mas reveladas pelo comportamento de quem se comunica). A demonstração de muitos elementos relevantes pode ser depreendida a partir de sua postura, de sua expressão facial e mesmo do contato visual[271]. Como se percebe, a percepção supera a mera consideração das palavras; "escutar é diferente de ouvir".

Falhas, contudo, podem fazer que o "escutar" se torne "ouvir", passando o mediador a pressupor, a selecionar, a ouvir apenas parte do conteúdo revelado. Por essa razão, é essencial que o mediador não se deixe envolver pela complexa experiência conflituosa das partes, que podem tentar manipulá-lo.

Como esclarece Fabiana Spengler, "escutar ativamente é, antes de tudo, ouvir sem julgar"[272].

---

[269] FOLGER, Joseph P.; BUSH, Robert A. A mediação transformativa e intervenção de terceiros: as marcas registradas de um profissional transformador, cit., p. 88.

[270] MINISTÉRIO PÚBLICO DO CEARÁ. A escuta ativa e a mediação. *INFORME NMC*, XLIII, 9-15 abr. 2010. Disponível em: http://www.pgj.ce.gov.br/nespeciais/nucleomed/pdf/NMC_Informe_43.pdf. Acesso em: 14 set. 2020.

[271] "A mediação valoriza o verbal e o não verbal, o sensorial, a postura corporal, o que acontece no nível energético das pessoas, e nada, em princípio, deve ser desprezado" (BUITONI, Ademir. *A função da intuição na mediação*, cit.).

[272] SPENGLER, Fabiana Marion. *Mediação de conflitos: da teoria à prática*, cit., p. 61.

Eis algumas técnicas inerentes à escuta ativa: manter postura relaxada, mas atenta; participar ativamente da conversa, mostrando-se receptivo e disponível para escutar; evitar escutar e digitar/escrever ao mesmo tempo; usar incentivos verbais como "Fale mais", "Verdade?"; reduzir ao máximo gestos que possam distrair o interlocutor (como brincar com uma caneta, estalar os dedos...); manter um contato visual eficiente, procurando evitar desviar o olhar; fugir à tentação de interromper a pessoa no meio de sua fala; fazer perguntas para checar o que foi dito; usar a empatia e ser compreensivo[273].

A partir das experiências, o mediador vai aprendendo a "deixar ligados todos os sentidos" e a buscar no outro "sinais de entendimento e de aceitação para que assim sejam resolvidos os problemas"[274].

É muito importante que o mediador devote atenção à dinâmica da interação entre as partes.

Na abordagem transformativa o mediador permanece estreitamente concentrado no "aqui e agora", na corrente dos comentários individuais que as partes fazem durante a sessão; ao focar sua atenção na discussão que está acontecendo "no recinto", ele "evita olhar para a interação de conflito que se está desenrolando com um gabarito de problema/solução porque a estrutura transformativa deixa claro que fazer isso tornaria difícil localizar e aproveitar oportunidades para capacitação e reconhecimento[275]".

5.7.2.3   Modo afirmativo

Presente especialmente na primeira fase do procedimento de mediação (em que se abordam as pautas de atuação), as afirmações destinam-se a destacar os objetivos da técnica, clarificar, reafirmar e reformular.

Sob certo prisma podem ser apontadas como técnicas inerentes ao modo afirmativo separar as pessoas dos problemas, compartilhar percepções, usar palavras positivas e focar no futuro.

Uma técnica interessante para buscar separar as pessoas dos problemas é construir, com a participação das partes, a lista de pontos a serem trabalhados: o mediador propõe que os participantes expressem o que gostariam de abordar e os vai anotando em um local visível a todos (por exemplo, um quadro ou um *flip-chart*). Eleitos os pontos, destaca a impossibilidade de conversarem sobre todos de uma só vez e ressalta o efeito benéfico de elegerem aquele sobre o qual seja possível conversar primeiro a respeito[276].

Sobre o compartilhamento de percepções e o uso de palavras positivas, o modo afirmativo também pode se revelar importante. Como exemplo, imagine-se que logo nas primeiras falas os mediandos formulem acusações recíprocas; o mediador poderá destacar a regra fun-

---

[273]   MINISTÉRIO PÚBLICO DO CEARÁ. *A escuta ativa e a mediação*, cit.

[274]   WARAT, Luis Alberto. Surfando na pororoca: o ofício do mediador. Fichamento disponível em: http://www.investidura.com.br/biblioteca-juridica/resumos/negociacao-mediacao/100. Acesso em: 13 set. 2011. Prossegue o autor: "O seu ser está ligado no interior dos outros, em buscar aquilo que está escondido, a verdade real, para assim então surgir ou trazer à tona a transformação que resultará na solução dos problemas".

[275]   FOLGER, Joseph P.; BUSH, Robert A. A mediação transformativa e intervenção de terceiros: as marcas registradas de um profissional transformador. In: SCHNITMAN, Dora Fried; LITTLEJOHN, Stephen. *Novos paradigmas em mediação*. Porto Alegre: ArtMed, 1999, p. 94.

[276]   GROENINGA, Giselle Câmara. *Minicurso de mediação*: caso de mediação até a 3.ª sessão, cit.

damental da mediação no sentido de que "toda e qualquer coisa que falarem será utilizada em favor deles. Para tanto, se ocorrer qualquer tipo de desqualificação ou agressão, mesmo que não percebida por eles, a comunicação será interrompida e será eleito outro caminho. As desqualificações podem acontecer sem que percebam, mas os mediadores estarão atentos para promover uma comunicação proveitosa para todos"[277].

Vale apontar que na mediação transformativa não há tal tipo de reação. Evitar expressões emocionais ou promover o controle rígido delas não se coaduna com os propósitos almejados (de promover fortalecimento e reconhecimento). O mediador estimula as partes a expressarem seus sentimentos pedindo-lhes que descrevam o que há por trás deles; as respostas

> muitas vezes revelam os pontos específicos com os quais as partes estão tendo dificuldades de lidar, tanto para obter controle sobre sua situação quanto para entenderem e serem entendidas pela outra parte. Quando esses pontos são revelados, o mediador ajuda as partes a lidarem com os mesmos da forma que quiserem, de modo direto e claro[278].

Além disso, o mediador deve checar a compreensão de certas afirmações para seguir evoluindo na comunicação. Ao parafrasear e resumir o que foi dito, o mediador permite que o interlocutor possa escutar e perceber melhor o que expressou. Para tanto, o mediador pode repetir algumas falas e pedir que o mediando verifique se elas correspondem ao que foi dito.

É importante que o mediador tenha cautela ao expor o resumo: "qualquer incoerência ou exposição que não seja neutra pode gerar a perda de percepção de imparcialidade que o mediador começou a adquirir com a declaração de abertura"[279].

Pode ocorrer que o interlocutor, ao escutar a frase dita pelo mediador, constate algum tipo de falha em sua própria afirmação e reformule o conteúdo expresso anteriormente, admitindo que possa ter havido exagero ou má interpretação. Ou então que se sensibilize: por não tolerar mais a outra parte, ao ouvir o teor a partir do mediador pode se permitir sensibilizar-se[280].

O modo afirmativo também costuma ser utilizado um pouco antes do término da sessão sob o aspecto clarificador; o mediador resume de forma sintética o que foi expressado pelas partes para pontuar em que ponto as partes se situam.

As técnicas de resumir e parafrasear são importantes porque permitem perceber se o mediador compreendeu o que foi dito e assegura às partes que ele realmente as está escutando[281].

Também é interessante, no início de cada sessão, recapitular o que houve no ínterim entre os encontros para que possam ser percebidos os efeitos das intervenções[282].

---

[277] *Ibidem.*

[278] FOLGER, Joseph P.; BUSH, Robert A. A mediação transformativa e intervenção de terceiros: as marcas registradas de um profissional transformador, cit., p. 93.

[279] SPENGLER, Fabiana Marion. *Mediação de conflitos: da teoria à prática*, cit., p. 80.

[280] Giselle Groeninga exemplifica a situação em um conflito familiar, destacando que o intuito é retomar, com outra voz, o que a pessoa disse: "num casal em crise, é frequente a intolerância inclusive com a voz do outro. Mas, se escutar numa outra voz, traz a sensação de ser escutado e compreendido. E o outro pode escutar o mesmo conteúdo com mais boa vontade" (*Minicurso de mediação*: caso de mediação até a 3.ª sessão, cit.).

[281] HIGHTON DE NOLASCO, Elena I.; ALVAREZ, Gladys S. *Mediación para resolver conflictos*, cit., p. 299.

[282] GROENINGA, Giselle. *Minicurso de mediação*: caso de mediação até a 3.ª sessão, cit.

5.7.2.4 Modo interrogativo

As perguntas têm várias funções: permitir ao mediando falar por si mesmo diretamente ao outro, revelar sentimentos, dúvidas, emoções, demonstrar a complexidade do conflito e estimular a criação de ideias.

O modo interrogativo é ainda uma expressão importante por ser o melhor meio de preservar a imparcialidade do mediador; afinal, quando perguntamos deixamos de assessorar, aconselhar ou emitir juízos de valor[283].

Há vários tipos de perguntas. As perguntas exploradoras são úteis para evidenciar o que está omisso; questionar *o que, quando, onde, com que, com quem, para que, para onde* é importante para que a narrativa aborde todos os pontos e não sejam omitidos dados essenciais.

Ao prover um maior detalhamento de informações sobre situações, "perguntas sobre as particularidades da situação podem fazer o problema parecer menos complicado e levar as pessoas a pensar as soluções de maneira específica e prática".[284]

As perguntas também podem ser importantes para evocar memórias da relação entre as partes que permitam uma compreensão mais ampla da situação.[285]

O mediador transformativo busca a discussão sobre o passado para construir bases para trocas de reconhecimento no presente; ele convida e ajuda as partes "de diversas maneiras, mas sempre sem pressioná-las, a reconsiderar e revisar seus pontos de vista em relação ao passado e a ampliar o reconhecimento em relação à outra parte"[286].

Adverte Giselle Groeninga, porém, que "o mediador não deve se deixar seduzir pela história, pelo passado. Este é utilizado no contexto judicial binário, muito mais como prova de quem tem razão. Os mediandos devem ser trazidos para o presente e convidados a explorar as possibilidades do futuro"[287].

Como se percebe, a visão sobre perguntas a respeito do passado pode variar muito conforme o enfoque empreendido pelo mediador.

Algumas pessoas podem fixar suas falas em certas frases taxativas e peremptórias. Para abrir possibilidades de pensamento, o mediador pode se valer de perguntas reflexivas para suscitar a meditação sobre as bases dos pressupostos, como: *o que o faz pensar que essa pressuposição está certa? Isso é mesmo assim? Você acha que hoje em dia isso se mantém?*

Em uma perspectiva negocial, o mediador pode perguntar a cada um dos mediandos, caso este seja o tema em discussão, qual oferta ele julga que poderia ser aceita pela outra parte[288].

Como se percebe, as opções de perguntas são muitas e o mediador precisará dosar com calma e serenidade o uso dessa útil ferramenta.

---

[283] CARAM, Maria Elena; ELIBAUM, Diana Teresa; RISOLIA, Matilde. *Mediación: diseño de una práctica.* Buenos Aires: Historica, 2006, p. 268.

[284] AZEVEDO, André Gomma de (org.). *Manual de mediação judicial,* cit.

[285] "A história serve como um pretexto para ampliar a compreensão dos vários determinantes latentes do conflito manifesto" (GROENINGA, Giselle. *Minicurso de mediação:* caso de mediação até a 3.ª sessão, cit.).

[286] FOLGER, Joseph P.; BUSH, Robert A. A mediação transformativa e intervenção de terceiros: as marcas registradas de um profissional transformador. In: SCHNITMAN, Dora Fried; LITTLEJOHN, Stephen. *Novos paradigmas em mediação.* Porto Alegre: ArtMed, 1999, p. 95.

[287] GROENINGA, Giselle. *Minicurso de mediação:* caso de mediação até a 3.ª sessão, cit.

[288] AZEVEDO, André Gomma de (org.). *Manual de mediação judicial,* cit.

O exercício da pergunta deve ser prudente, já que não é interessante abrir espaço para temas que não sejam pertinentes ao conflito específico que vem sendo tratado[289].

Sob a perspectiva da autodeterminação das partes, perguntar demais pode acabar direcionando-as a caminhos que não escolheram; por essa razão, na mediação transformativa seu uso tende a ser feito com parcimônia.

5.8 MESCLA DE DIFERENTES MODOS

5.8.1 Humor e flexibilidade

A verificação dos diferentes modos de atuação por parte dos envolvidos em uma mediação não ocorre de forma linear. Durante as falas e as escutas podem surgir ruídos, avanços e retrocessos, configurando-se a necessidade de retomar os pontos importantes e o compromisso das partes com as regras.

Uma ferramenta que pode ser de extrema valia é o bom humor. A depender do clima emocional, utilizar certa dose dele pode ser um ótimo recurso[290] para aliviar tensões e criar um clima favorável[291]. Recomenda-se, porém, a adoção de um "humor ingênuo", não ofensivo às partes e que objetive criar um ambiente mais agradável sem desvirtuar o propósito do encontro[292].

Vale ainda destacar que o bom humor não é uma ferramenta obrigatória, mas auxiliar: o mediador deve se sentir confortável para atuar com leveza e serenidade – caso não seja coerente com seu perfil uma intervenção desse tipo, não deve dela se valer.

É importante que o mediador considere sua intuição e aja com flexibilidade. A dupla desses valores traz à memória outra famosa (e valiosa) combinação, razão e sensibilidade.

Embora haja certas pautas de atuação e várias ferramentas indicadas como úteis para a mediação, não há um roteiro fixo e fechado a ser seguido. As técnicas são úteis, valiosas, devem ser utilizadas com preparo e cautela, mas não se pode precisar o certo e o errado em uma lógica reducionista... Por isso, aliás, é comum que no fim de um encontro o mediador se questione: "será que fiz a coisa certa?".

A pergunta é boa e sua formulação denota comprometimento com o capricho que se espera de um empenhado aplicador. Mas o mediador, tendo garantido a observância dos princípios da mediação, não deve se preocupar; ainda que o resultado não tenha sido bom como esperado, ele deve se lembrar que, como em praticamente todas as vivências, não há gabarito: a interação humana naturalmente demanda coragem e assunção de riscos.

Mesmo valendo-se de técnicas, o mediador precisa escolher. Selecionar implica optar por algo, excluindo outra possibilidade. Qual critério adotar para decidir, naquela fração de segundos, entre *ouvir/falar, perguntar/calar*? Podem ser cogitados vários parâmetros, na teoria e longe do calor dos acontecimentos; na prática, a intuição acaba sendo determinante para a atuação do mediador.

---

[289] CARAM, Maria Elena; ELIBAUM, Diana Teresa; RISOLIA, Matilde. *Mediación – diseño de una práctica*, p. 272.

[290] *Ibidem.*

[291] HIGHTON DE NOLASCO, Elena I; ALVAREZ, Gladys S. *Mediación para resolver conflictos*, cit., p. 217.

[292] AZEVEDO, André Gomma de (org.). *Manual de mediação judicial*, cit.

Como destaca Ademir Buitoni, além de certas técnicas, "o ofício do mediador exige muito talento e intuição" por tratar-se de "um todo complexo que não pode ser reduzido à forma fixas e predeterminadas": "é um trabalho artesanal que busca encontrar soluções diferenciadas para cada caso. Não há resposta única na mediação, há sempre várias possibilidades de escolherem várias respostas"[293].

A mediação é flexível, sendo este um de seus mais importantes predicados. A consciência sobre as várias possibilidades de atuação e sobre a diversificação das técnicas é de suma relevância para a realização de uma mediação proveitosa. A sensibilidade também é um ponto essencial a ser desenvolvido pelo mediador.

As respostas e os discursos precisarão ser objeto de uma escuta muito atenta; integrar vários canais de percepção e promover reciprocidade revela-se muito útil na atuação do facilitador da comunicação (especialmente quando ele precisa retomar pontos importantes discutidos anteriormente para seguir adiante).

Como bem pontuou Daniele Ganancia, a mediação, bem mais que uma técnica,

> [...] é uma filosofia, um passo ético: ela coloca o diálogo, restituindo aos interessados seu poder de decisão, como ponto de partida de todas as soluções duradouras. Porque ela vai ao cerne do conflito para tratá-lo, ela constitui um instrumento privilegiado de pacificação[294].

5.8.2 Aplicação das técnicas em sessões conjuntas e privadas

Valendo-se das técnicas apropriadas o mediador deve atuar tendo por base dois pilares: "postura firme e continente ao sofrimento" e "valorização dos recursos das partes"[295].

São condutas apropriadas para fomentar a comunicação eficiente escutar com atenção e contribuir para que sejam esclarecidos aspectos importantes das percepções dos envolvidos.

As atividades de falar, escutar, questionar e responder devem ser apropriadamente praticadas pelo terceiro imparcial para promover o diálogo, identificar os interesses envolvidos na relação interpessoal e colaborar para a retomada de conversações produtivas.

A tarefa de promover e realizar a mediação, como se pode notar, não é fácil. As técnicas deverão ser aplicadas durante toda a mediação, que pode se desenvolver em sessões conjuntas e/ou reuniões individuais (reuniões privadas ou *caucus*).

É importante que logo no início do procedimento o mediador destaque a possibilidade de haver tal dinâmica interativa:

> Deve-se deixar claro que tanto as pessoas envolvidas no conflito devem saber sobre a possibilidade de uma conversa em particular como devem concordar com esse mecanismo. Todo e qualquer ato no processo de mediação deve ser voltado para os interesses

---

[293] BUITONI, Ademir. A função da intuição na mediação. Disponível em: http://www.usjt.br/cursos/direito/arquivos/intuicao.pdf. Acesso em: 13 set. 2011.

[294] GANANCIA, Daniele. Justiça e mediação familiar: uma parceria a serviço da parentalidade. *Revista do Advogado*, n. 62, p. 13, São Paulo, mar. 2001.

[295] GROENINGA, Giselle. *Minicurso de mediação*: caso de mediação até a 3.ª sessão, cit.

das pessoas, por isso elas devem participar ativamente de todas as decisões no decorrer do processo de mediação[296].

Além de ser informada desde o início a possibilidade de reuniões individuais, os participantes devem ter ciência de que tanto o mediador quanto eles podem solicitá-la caso entenda haver benefícios em sua adoção[297].

A realização de sessões individuais entre o mediador e uma das partes (e seus advogados, se presentes) é uma técnica usada para a obtenção de informações, novos enquadres e encaminhamentos que não seriam adequados na presença dos demais envolvidos[298].

A Lei de Mediação reconhece a possibilidade de sua realização ao dispor que, no desempenho de sua função, o mediador pode se reunir com as partes, em conjunto ou separadamente, além de solicitar as informações que entender necessárias para facilitar o entendimento entre elas[299].

A regra demonstra a fluidez do procedimento e merece ser louvada por permitir, "em última análise, que as partes e o mediador não sejam engessados por uma ortodoxia procedimental contrária à essência da mediação"[300].

Eis casos em que podem ser vistas como recomendáveis as sessões individuais: 1. Há um elevado grau de animosidade entre as partes; 2. Há dificuldade (de uma ou ambas) de se comunicar ou expressar adequadamente quanto a interesses e questões presentes no conflito; 3. O mediador percebe que há particularidades importantes que só serão obtidas por meio de uma comunicação reservada; 4. Há necessidade de uma conversa com as partes sobre suas expectativas quanto ao resultado, por exemplo, de eventual sentença judicial[301].

Também é possível que a mediação ocorra em *caucus* por requisição dos envolvidos; afinal,

> As reuniões privadas são especialmente úteis quando se lida com situações extremamente carregadas de tensão e de emoção, uma vez que possibilitam às partes falar abertamente e, ao mediador, fazer perguntas mais diretas, que implicam, por exemplo, rever a própria contribuição para a situação conflituosa. No espaço privado, o discurso dos litigantes é predominantemente na terceira pessoa do singular, as acusações prevalecem e os mediadores podem ajudar os mediandos a redefinir suas queixas em preocupações, identificando valores morais que estariam sendo violados pelo comportamento do outro, como o respeito e a confiança, entre outros[302].

---

[296] SALES, Lilia Maia de Morais. Ouvidoria e mediação: instrumentos de acesso à cidadania. *Revista Pensar*, v. 11, p. 164, Fortaleza, fev. 2006.

[297] MUNIZ, Miriam Blanco. Mediação: técnicas e ferramentas. In: PRADO DE TOLEDO, Armando Sérgio; TOSTA, Jorge; ALVES, José Carlos Ferreira (orgs.). Estudos avançados de mediação e arbitragem, v. 1. Rio de Janeiro: Elsevier, 2014, p. 236.

[298] ZAPPAROLLI, Regina Célia; KRAHENBUHL, Mônica Coelho. *Negociação, mediação, conciliação, facilitação assistida, prevenção, gestão de crises nos sistemas e suas técnicas*. São Paulo: LTr, 2012, p. 84.

[299] Lei n. 13.140/2015, art. 19.

[300] CAVACO, Bruno de Sá Barcelos. Procedimento: disposições gerais. *Revista Eletrônica de Direito Processual – REDP*, ano 8, v. esp., ed. eletrônica, Rio de Janeiro, Uerj, 2014.

[301] AZEVEDO, André Gomma de (org.). *Manual de mediação judicial*, cit., p. 144.

[302] ALMEIDA, Tania; PELAJO, Samantha. A mediação de conflitos em casos concretos. In: SALLES, Carlos Alberto de; LORENCINI, Marco; ALVES DA SILVA, Paulo Eduardo (orgs.). *Negociação, mediação, conciliação e arbitragem*. São Paulo/Rio de Janeiro: Método/Forense, 2020, p. 136.

O mediador precisará, a partir do cenário delineado diante de si, perceber qual a melhor forma de promover a dinâmica entre os envolvidos.

Eis um exemplo: em certa mediação empresarial, após a troca de duas propostas uma das partes simplesmente parou de se manifestar, mostrando falta de condições para seguir conversando. A mediadora perguntou se a parte queria conversar reservadamente e ouviu situações que a parte não queria admitir à outra. Após tal momento, a parte refletiu sobre certos critérios e se sentiu apta a voltar à sessão conjunta. As partes então evoluíram em suas perspectivas e encontraram pontos comuns a serem trabalhados na negociação.

Como se percebe, para poder se valer da técnica da sessão privada o mediador precisará dispor de uma boa estrutura, contando com pelo menos dois ambientes para o caso de precisar fazer sessões individuais.

Em câmaras e entidades privadas realizadoras de mediação e arbitragem no modo presencial, costuma haver espaços para atender a essa necessidade. Também na mediação judicial é preciso haver essa possibilidade para que o mediador, com independência, possa desempenhar sua função da melhor maneira.

O mediador precisará, antes do início da mediação, preparar-se para a possibilidade de haver sessões individuais, decidindo onde elas serão realizadas e o local em que a outra parte ficará esperando[303]. Mostra zelo o mediador que se preocupa quanto a tal espera; há quem sugira ser interessante disponibilizar jogos que trabalhem com a criatividade ou revistas[304].

Em procedimentos virtuais, como bem consta em recomendação do Chartered Institute of Arbitrators (CiArb),

> 3.2. Uma sala privada, ou uma reunião separada da sala de audiência virtual, pode ser usada para sessões de *caucus* (reuniões privadas). A outra parte não deve poder ouvir ou assistir às sessões de *caucus* mesmo se em modo "mudo", uma vez que a linguagem corporal dos participantes e as suas reações podem frustrar a ideia de confidencialidade das sessões de *caucus*. Isso é particularmente importante em procedimentos de mediação[305].

Por fim, vale lembrar que o mediador observará a confidencialidade em relação ao teor comunicado na sessão privada, só podendo comunicá-lo à outra parte se houver autorização expressa do mediando.

Ao fazê-lo (após ter conquistado a confiança das partes para que estas exponham informações confidenciais relevantes), ele deverá comunicar os dados colhidos de forma positiva[306].

---

[303] AZEVEDO, André Gomma de (org.). *Manual de mediação judicial*, cit., p. 144.

[304] *Idem*, p. 145. Segundo o autor, "tratando-se de uma sala de espera em um fórum, onde um televisor com vídeos relaxantes pode ser proibitivo do ponto de vista orçamentário, a colocação de cartazes motivacionais (*e.g.*, 'a mudança da nossa atitude quanto aos nossos problemas muitas vezes é o início da resolução') poderá atender a essa finalidade melhor do que cartazes genéricos sobre mediação (*e.g.*: 'vamos conciliar?')".

[305] Recomendações sobre procedimentos remotos de resolução de disputas. Disponível em: https://9961956e--d2ed-4f68-b6f9-5d9c38694afb.filesusr.com/ugd/f51e52_cd6a16d84d404118b4972084386f72ce.pdf. Acesso em: 25 ago. 2020.

[306] VILAR, Silvia Barona. *Solución extrajurisdiccional de conflicto*: "alternative dispute resolution" (ADR) y Derecho procesal, cit., p. 75-76.

5.9 ETAPAS DA MEDIAÇÃO

Como se pode perceber, o mediador deve estar apto a, superando resistências pessoais e obstáculos decorrentes do antagonismo de posições, restabelecer a comunicação entre as partes. Seu papel é facilitar o diálogo para que as partes possam voltar a protagonizar a condução de seus rumos.

Para bem compreender o perfil desejável de um mediador, será feita uma breve descrição do procedimento que ele conduzirá.

Antes de apresentar tal quadro, porém, é importante lembrar que, sendo a mediação pautada pela informalidade, não há um procedimento único a ser seguido:

> Dependendo da instituição ou dos mediadores que estejam realizando a mediação, ela poderá ser conduzida de forma diferente. O processo pode ser acompanhado por apenas um mediador ou, se for o caso, dois mediadores. Pode haver ou não a pré-mediação ou as reuniões em separado (*caucus*). O procedimento pode ser reduzido a termo (escrito em um documento) e assinado, ou essa providência pode ser dispensada. Enfim, dependendo da instituição, do mediador e das partes serão definidos procedimentos diferentes. Evidentemente que os princípios da mediação e o código de ética devem ser seguidos por esses profissionais e por essas instituições[307].

Embora certas vertentes defendam um modo mais livre[308] de atuação, pode ser interessante que o mediador conte com uma sequência lógica de iniciativas para abordar as diferenças entre as pessoas na gestão dos conflitos[309].

A consideração de etapas na mediação serve para fornecer linhas mestras norteadoras do caminho a ser percorrido, não devendo ser tidas como "passos inflexíveis que trariam o retorno da linearidade, do raciocínio binário e da rigidez"[310].

A partir de certo prisma, o procedimento da mediação pode ser dividido em dois grandes principais momentos: a pré-mediação e a mediação propriamente dita[311].

De modo mais pormenorizado, é viável vislumbrar a divisão do procedimento nas seguintes etapas: pré-mediação; abertura; investigação; agenda; criação de opções; escolha das opções e solução[312].

---

[307] SALES, Lilia Maia de Morais. *Ouvidoria e mediação*: instrumentos de acesso à cidadania, cit., p. 165.

[308] No modelo de mediação transformativa, por exemplo, não se fala em fases: a mediação é vista como uma conversação em que o mediador alinha com as partes a forma de desenvolvimento da conversa sem ficar preso a regras e parâmetros pré-estabelecidos. Respeita-se a dinâmica de interação das partes em respeito pleno à sua autodeterminação.

[309] BRAGA NETO, Adolfo. Mediação de conflitos: conceito e técnica. In: SALLES, Carlos Alberto de; LORENCINI, Marco Antônio Garcia Lopes; SILVA Paulo Eduardo da (coords.). *Negociação, mediação e arbitragem: curso básico para programas de graduação em Direito*. São Paulo: Método, 2012, p. 110.

[310] CEZAR-FERREIRA, Verônica A. da Motta. Mediação: notas introdutórias. Conceito e procedimento. In: PRADO DE TOLEDO, Armando Sérgio; TOSTA, Jorge; ALVES, José Carlos Ferreira (orgs.). *Estudos avançados de mediação e arbitragem*. Rio de Janeiro: Elsevier, 2014, p. 209.

[311] NAZARETH, Eliana Riberti. *Mediação*: algumas considerações. *Revista do Advogado*, São Paulo, ano XXVI, v. 26, n. 87, set. 2006, p. 132.

[312] BRAGA NETO, Adolfo. *Mediação de conflitos*: conceito e técnicas, p. 110.

A pré-mediação inicia com o encaminhamento dos interessados ao mediador; muitas vezes ela é feita por seus advogados e enseja a reunião dos envolvidos para esclarecer as funções e as atribuições de cada um no processo[313].

Em alguns casos atuarão dois profissionais: um para realizar a pré-mediação e outro para mediar o conflito; isso geralmente ocorre na mediação institucional[314]. Algumas câmaras de mediação e arbitragem contam com um pré-mediador; após sua atuação, será escolhido um mediador para atuar na gestão da controvérsia[315].

É possível, por outro lado, que o mediador exerça dupla função, atuando também como pré-mediador; essa hipótese é recorrente na mediação realizada por mediador autônomo e independente[316].

Na pré-mediação há a explicação do perfil do procedimento. No caso de mediações privadas (institucionais ou autônomas), o mediador faz a proposta de contrato de prestação de serviços; tal etapa pode se dar na presença das partes em conjunto ou individualmente[317].

São objetivos da pré-mediação eliminar a contenciosidade, informar as partes sobre sua responsabilidade pelo processo, promover cooperação e respeito mútuo, escutar atentamente o que cada um deseja e fomentar a confiança entre os indivíduos[318].

Como se percebe, a pré-mediação é importante para que as pessoas comecem a vislumbrar oportunidades de trabalhar as controvérsias que as afligem. Na prática, muitas vezes a pessoa se interessa pela mediação extrajudicial e participa de uma sessão de pré-mediação, mas não se sente apta a imediatamente iniciá-la; é comum que se passem semanas ou meses até que ela se decida a participar do procedimento consensual. Sendo isso importante para que ela se engaje no processo quando começá-lo, não há problemas; é melhor que a pessoa decida participar da mediação e o faça com intenção do que simplesmente participar sem vontade genuína.

Iniciando um segundo momento, a mediação propriamente dita, é possível divisar as seguintes etapas: abertura, investigação, agenda, criação de opções, escolha das opções e solução[319].

Na mesma linha, pode-se considerar o desenvolvimento do processo de mediação em cinco fases: i) declaração de abertura; ii) exposição de razões pelas partes; iii) identificação

---

[313] NAZARETH, Eliana Riberti. *Mediação*: algumas considerações. *Revista do Advogado*, ano XXVI, v. 26, n. 87, p. 132, São Paulo, set. 2006.

[314] CEZAR-FERREIRA, Verônica A. da Motta. *Mediação*: notas introdutórias. Conceito e procedimento, cit., p. 209.

[315] Esse é o formato, por exemplo, constante no regimento da mediação do centro de arbitragem e mediação da Câmara de Comércio Brasil-Canadá. O procedimento inicia com uma entrevista de pré-mediação e, após as pertinentes explicações, a pré-mediadora apresenta aos mediandos a Lista de Mediadores para que eles escolham o profissional que conduzirá o procedimento (Regimento de Mediação, itens 3.2 e 3.3. Disponível em: http://ccbc.org.br/Materia/1132/regimento-de-media%C3%A7%C3%A3o. Acesso em: 11 jul. 2015).

[316] CEZAR-FERREIRA, Verônica A. da Motta. *Mediação*: notas introdutórias. Conceito e procedimento, cit., p. 209.

[317] *Ibidem.*

[318] VEZZULLA, Juan Carlos. *Mediação: teoria e prática*, cit., p. 92.

[319] BRAGA NETO, Adolfo. *Mediação de conflitos*: conceito e técnicas, cit., p. 110.

de questões, interesses e sentimentos; iv) esclarecimento acerca de questões, interesses e sentimentos; e v) resolução de questões[320].

A abertura (já destacada no item 5.6.2.1) tem grande importância: logo no início da sessão, após saudar as partes e promover as devidas apresentações, o mediador esclarece o que é a mediação, qual é o seu papel (explicando que não atua como juiz ou conselheiro) e aponta os possíveis resultados que podem advir da conversação.

O mediador abordar junto às partes o que pode advir de uma sessão "bem-sucedida"; em uma perspectiva alinhada ao viés da mediação transformativa, o facilitador esclarece que, além de acordos ou acertos formais, também são resultados possíveis o esclarecimento de escolhas, o alcance de novos *insights* e a compreensão de outros pontos de vista[321].

Na abertura também são destacados princípios importantes como a confidencialidade, a autonomia e a isonomia.

Essa fase inicial tem ainda outro objetivo: fazer que as partes adversárias se habituem a sentar, uma ao lado da outra, em um mesmo ambiente[322].

Como destacado, há exceções: havendo um histórico grave que comprometa o compartilhamento do ambiente, as partes poderão ser escutadas separadamente; nesses casos, a mediação começa por sessões privadas (por solicitação dos mediandos e/ou por escolha do mediador).

A abertura é importante, em certa perspectiva, para que o mediador firme sua presença como condutor do processo; para tanto, ele deve inspirar confiança e demonstrar imparcialidade, conversando com cada um de forma equilibrada e serena, agindo "como um educador do processo de mediação e como definidor do tom que deverá ser apresentado durante seu desenvolvimento"[323].

Também pode fazer parte da abertura a combinação sobre o cronograma das reuniões e sua duração; aqui a autonomia das partes é considerável, sendo possível formatar todo tipo de calendário. Uma programação que pode funcionar bem é agendar reuniões periódicas com a duração desejada pelas partes (por ex., encontros semanais com duração entre uma[324] e três horas)[325].

Por fim, as partes podem perguntar quanto tempo deve demorar a mediação; a resposta não é fechada porque depende de uma série de fatores ligados ao perfil dos mediandos e à evolução da comunicação. Sendo interesse das partes, é preciso falar sobre isso; pode-se ajustar tanto um certo número de reuniões como combinar que, a cada uma delas, será combinado se haverá outra.

---

[320] AZEVEDO, André Gomma de (org.). *Manual de mediação judicial*, cit., p. 109.

[321] FOLGER, Joseph P.; BUSH, Robert A. *A mediação transformativa e intervenção de terceiros*: as marcas registradas de um profissional transformador, cit., p. 89.

[322] AZEVEDO, André Gomma de (org.). *Manual de mediação judicial*, cit., p. 117.

[323] *Ibidem*.

[324] Aguida Arruda Barbosa aponta a duração média de uma hora para cada reunião (*Mediação familiar interdisciplinar*, cit., p. 113).

[325] "Quando a dinâmica da mediação não é estruturada com significativa ênfase nas reuniões privadas, a agenda de encontros é constituída levando-se em conta a fluidez do procedimento e a disponibilidade das partes e de seus advogados. Geralmente é mantido um ritmo de encontros semanais, em alguns por meios digitais, cada um com duração de duas a três horas" (LEVY, Fernanda Rocha Lourenço. *Cláusulas escalonadas: a mediação comercial no contexto da arbitragem*, cit., p. 158).

Na mediação institucional, por exemplo, o mediador pode se comprometer a destinar certo número de horas à mediação (por exemplo, vinte horas). Igualmente, na mediação privada *ad hoc* o mediador pode pactuar sua atuação em um certo número de horas ou ajustar a combinação em cada sessão.

Quantas reuniões serão necessárias? Não há como dizer *a priori*; pode-se afirmar que: a) em geral uma mediação conta com pelo menos quatro[326] sessões e tende a durar até três meses[327]; b) realizam-se por volta de cinco sessões – mas não se deve ultrapassar dez encontros, em princípio – embora cada caso tenha suas peculiaridades que precisarão ser avaliadas[328].

Nada impede, obviamente, que ela dure menos que quatro sessões: basta que as partes combinem um espaçamento menor de sessões e uma duração alongada de cada uma para que possam ter respostas mais expeditas.

Realizada a abertura, será hora de iniciar a exposição das partes (por alguns denominada investigação); nessa etapa elas terão chance de expor, a viva voz, sua percepção do que ocorreu para que chegassem até ali.

Algo interessante que pode ajudar no resgate de responsabilidades e na percepção recíproca é falar na primeira pessoa; o mediador propõe que a pessoa diga o que ela sentiu, de que modo ela percebeu as experiências, e pede que o foco não seja o outro, mas ela mesma. Ao expor sua visão com expressões como "eu fiz", "eu não consegui" e "eu me senti", o mediando se reconhece como protagonista de sua história e permite ao outro que compreenda seu ponto de vista.

No modelo da mediação transformativa, o mediador não faz esse tipo de proposta: no exercício da autodeterminação, cada pessoa escolhe como quer se manifestar.

O mediador deve escutar com atenção e, se preciso, formular questões para ajudar a clarificar o cenário em que se situam as partes e/ou suas percepções.

A atenção deve ser esmerada; afinal, cada detalhe tem grande importância para que o mediador estabeleça estratégias para a gestão da controvérsia e as adapte quando necessário[329].

A etapa do relato é importante para que haja a identificação de questões, interesses e sentimentos dos mediandos, assim como o esclarecimento das controvérsias e a elucidação das questões controvertidas[330].

Pode ocorrer, nessa fase, alguma manifestação de ansiedade por parte dos mediandos no sentido de querer logo ouvir propostas de acordo. Será importante então que compreendam que faz parte da mediação a abordagem dos interesses subjacentes à controvérsia, não sendo o foco a mera discussão sobre números e posições – cuja análise superficial, aliás, tende a ser improdutiva.

É possível mostrar calma ao lidar com o desconforto das partes e com o ímpeto de findar logo o conflito:

> Ao assim proceder, explorando propostas já nessa etapa, é bem possível que as partes realizem um acordo que não englobe todas as questões relevantes do conflito, como

---

[326] BRAGA NETO, Adolfo. *Mediação de conflitos*: conceito e técnicas, cit., p. 113.

[327] LEVY, Fernanda Rocha Lourenço. *Cláusulas escalonadas: a mediação comercial no contexto da arbitragem*, cit., p. 158.

[328] BARBOSA, Águida Arruda. *Mediação familiar*, cit., p. 87-88.

[329] *Idem*, p. 157.

[330] AZEVEDO, André Gomma de (org.). *Manual de mediação judicial*, cit., p. 102.

também não abordem seus interesses reais. É melhor, portanto, esperar uma etapa em que o mediador e as partes tenham uma visão mais madura de todo o contexto, como também as questões e os interesses presentes. Ao mesmo tempo, é importante dar às partes um certo tempo para refletirem acerca das informações prestadas e obtidas antes de estarem emocionalmente preparadas para iniciar a fase de resolução de questões[331].

No modelo transformativo, por sua vez, não há tal direcionamento: se as partes estabelecerem um "vai e volta" caótico, não há problemas – desde que isso atenda à sua autodeterminação, a mediação avança bem; o mediador não deve ser diretivo em relação ao mérito nem ao procedimento.

Como se percebe, a compreensão adequada dos parâmetros da mediação enseja uma considerável mudança de paradigma. Afinal, a intervenção de um terceiro, independente, imparcial e alheio ao conflito, para facilitar o diálogo entre as partes, não dará continuidade ao modelo com o qual a sociedade está acostumada, no sentido de terceirizar a resolução da polêmica. Pelo contrário, tal atuação há de proporcionar momentos de diálogo para que os próprios envolvidos procurem, se quiserem, soluções. Às partes é oferecida oportunidade para refletir e questionar, tendo por base o paradigma de que todos sairão ganhando com a resolução do conflito[332].

Durante a negociação, resistências de ordem pessoal podem obstar a evolução das tratativas de forma comprometedora. Assim, embora seja recomendável separar as pessoas do problema, algumas vezes as pessoas são o próprio problema. Eis por que os participantes da mediação frequentemente precisam trabalhar os aspectos relacionais e emocionais para pavimentar a estrada para o assentamento dos aspectos controvertidos[333].

O mediador deve atuar de modo imparcial, assegurando a todos a oportunidade de expor sua versão dos fatos[334].

Pode-se ver a atuação do mediador como a de um agente catalisador: na química, há certos corpos que não se atraem, sendo necessário o fenômeno de catálise para que a atração ocorra; o mediador opera exatamente como esse agente[335].

Após a exposição das partes e a identificação de seus interesses, vem a fase da agenda. Embora costume ser curta, ela configura uma etapa fundamental no sentido de organizar as questões controvertidas[336].

A proposta é objetivar os pontos que serão trabalhados. Será importante verificar se, além dos pontos aparentes, há outros, latentes. A proposta é que se proceda à listagem dos itens a serem abordados a partir a identificação dos interesses envolvidos na controvérsia. Como exemplo, em um conflito entre locador e locatário que inicialmente chegaram à mesa para

---

[331] *Ibidem.*

[332] BRAGA NETO, Adolfo. Mediação de conflitos em relações familiares. *Valor Econômico*, 1.º out. 2004, Caderno E2.

[333] RISKIN, Leonard L. *Compreendendo as orientações, estratégias e técnicas do mediador*, cit., p. 25.

[334] VILAR, Silvia Barona. *Solución extrajurisdiccional de conflicto:* "alternative dispute resolution (ADR) y Derecho procesal", cit., p. 75.

[335] MAGANO, Octavio Bueno. Soluções alternativas para os conflitos individuais e coletivos do trabalho. Disponível em: http://www.egov.ufsc.br/portal/sites/default/files/anexos/22543-22545-1-PB.htm. Acesso em: 11 jul. 2011.

[336] AZEVEDO, André Gomma de (org.). *Manual de mediação judicial*, cit., p. 148.

debater o reajuste do aluguel podem constar na agenda, além desse item, a má comunicação entabulada entre os contratantes e o conserto do problemático telhado.

Nos modelos em que o mediador opta por dirigir o procedimento com maior diretividade, a escolha do ponto que será abordado primeiro depende, principalmente, da estratégia por ele pensada; ele poderá iniciar pelo que parece mais simples ou pelo que enseja efeitos produtivos sobre outros[337].

No modelo transformativo, como a autodeterminação é levada muito a sério, as partes é que escolhem o que querem tratar primeiro – muitas vezes naturalmente, sem haver uma escolha deliberada (elas simplesmente seguem falando sobre o assunto).

Na sequência vem, em certos modelos, a etapa da busca de soluções para trabalhar a criação de opções com incentivo à criatividade.

Nessa perspectiva, cabe ao mediador contribuir para diferenciação entre interesses e posições, trabalhando com as partes para cogitar soluções criativas e eficientes; ele também deve atuar como um agente da realidade, contribuindo para que as partes sejam mais realistas quanto às suas alternativas[338].

Vale lembrar que o mediador não deve proceder a análises sobre o mérito da demanda, mas provocar, especialmente por questionamentos, reflexões sobre as possibilidades de cada um.

Finalmente vem a fase conclusiva, que pode resultar no agendamento de uma nova reunião, na assunção de algum compromisso (ainda que represente uma solução parcial e provisória), na celebração de um acordo, na suspensão momentânea das reuniões ou no decreto do fim da tentativa consensual. Essa deliberação dependerá das partes, que no exercício de sua autodeterminação escolherão o caminho que desejam trilhar.

---

[337] AZEVEDO, André Gomma de (org.). *Manual de mediação judicial*, p. 148-149.

[338] VILAR, Silvia Barona. *Solución extrajurisdiccional de conflicto*: "alternative dispute resolution (ADR) y Derecho procesal", p. 75-76.

NORMATIVIDADE, PERFIL DO MEDIADOR E APLICAÇÃO NOS CONFLITOS CIVIS

6.1 PANORAMA NORMATIVO BRASILEIRO

Na primeira edição desta obra, o tema era tratado no final do capítulo anterior por força da lacuna legislativa então existente. Diante dos intensos movimentos legislativos que resultaram na edição de inúmeras previsões sobre mediação em 2015, passou-se a abordar o panorama legislativo antes das exposições sobre o perfil do mediador, as modalidades de mediação e a abrangência de sua aplicação.

Até o capítulo anterior, como as abordagens foram prevalentemente conceituais, foi possível fazer breves menções sobre as previsões legais sem detalhar os movimentos normativos; para abordar aspectos práticos, porém, é essencial se debruçar sobre o cenário gerado pelas normas que passaram a integrar o ordenamento brasileiro.

Antes, porém, da abordagem da seara interna será exposto o panorama normativo internacional em que o Brasil se insere.

6.1.1 Plano internacional

Como em outros países tanto a expressão "mediação" como o termo "conciliação" são usados para fazer referência aos meios consensuais, neste tópico ambos serão mencionados.

O Brasil é signatário de atos internacionais que preveem a adoção de conciliação em disputas sobre certas matérias. Uma busca rápida permite identificar a existência de atos bilaterais prevendo a tentativa de conciliação: a) entre Brasil e França, em casos sobre propriedade intelectual; b) entre Brasil e Peru, em disputas comerciais; c) entre Brasil e Guiné-Bissau, no contexto de intercâmbio comercial; d) entre Brasil e Cabo Verde em relação a acordos de comércio.

Além disso, o Brasil firmou, há considerável tempo, convenções com Itália[1], Suíça[2] e Libéria[3] para submeter à conciliação conflitos porventura verificados.

Buscas com o termo "mediação" resultam apenas em acordos de cooperação técnica segundo os quais os países se ajudarão reciprocamente a desenvolver sistemas de soluções de disputas em determinadas áreas[4].

No âmbito da ONU, a Uncitral viu aprovado seu modelo de mediação comercial internacional pela Assembleia Geral em 2002; o Brasil estava presente e aprovou tal modelo. Não há como afirmar, porém, que o país seja seu "signatário" porque tais normas não são vinculantes, retratando apenas tentativas de uniformização das normas de comércio internacional.

6.1.2 Plano interno: movimentos legislativos

Na atual conjuntura brasileira, há ampla normatização sobre os meios consensuais; como houve significativas mudanças e a mudança de mentalidades tende a demorar, é interessante compreender o cenário da mediação antes e depois de 2015.

Até tal ano, a mediação vinha sendo realizada: a) por programas de acesso à justiça desenvolvidos por tribunais (que promoviam mediação judicial); b) por entidades não governamentais (realizadoras de mediação comunitária); c) por câmaras de mediação e arbitragem (prestadoras de serviços privados de mediação); e d) por mediadores privados independentes (profissionais prestadores de serviços atuantes em áreas diversas como familiar, cível e empresarial).

As práticas geraram interessantes oportunidades de promover a salutar aproximação do instituto com a sociedade e permitiram o reconhecimento de sua eficácia.

Até 2015, apenas os mediadores judiciais contavam com regras específicas para sua atuação (definidas pela Resolução n. 125/2010 do CNJ), não havendo norma oficial que regulasse a atuação de mediadores privados.

Mesmo assim, os práticos e os teóricos da mediação desenvolveram cartas de princípios orientadores e de deveres do mediador (incluindo diretrizes ligadas à confidencialidade e à imparcialidade, entre outras), havendo inúmeros exemplos[5] de mediação privada em que essas "normas não escritas" eram seguidas à risca.

---

[1] Em 24.11.1954 foi celebrada a Convenção sobre Conciliação e Solução Judiciária entre Brasil e Itália; pelo art. I, "As controvérsias de qualquer natureza que possam surgir entre as Altas Partes Contratantes, e que não tenham podido ser resolvidas por via diplomática ordinária, serão submetidas ao processo de conciliação previsto nos artigos IV a XV da presente Convenção. Se a conciliação não for obtida, proceder-se-á de acordo com a solução judiciária prevista no art. XVI e seguintes da presente Convenção".

[2] O Decreto n. 16.887/1925 promulgou o tratado para a solução judicial de controvérsias entre os dois países; segundo o artigo I, "as Altas Partes Contractantes obrigam-se a submeter à Côrte Permanente de Justiça Internacional as controvérsias que surgirem entre ellas e que não tenham sido resolvidas por via diplomática ou por outro qualquer meio de conciliação, contanto que taes controvérsias não versem sôbre questões que affectem preceitos constitucionaes de um ou outro dos Estados Contractantes".

[3] O Decreto n. 216/1935 promulgou o tratado para a solução judicial de controvérsias firmado entre o Brasil e a República da Libéria, em Paris, a 15.07.1925.

[4] Eis exemplo: em 2006 foi celebrado o ajuste complementar de cooperação entre o Brasil e a Comunidade Europeia para abordar "Manejo Florestal, Apoio à Produção Sustentável e Fortalecimento da Sociedade Civil na Amazônia"; há atos que envolvem o Chile, a Venezuela e a Organização Internacional do Trabalho, entre outros.

[5] A título de exemplo, merece menção o regimento de mediação da Câmara de Comércio Brasil Canadá (disponível em: http://ccbc.org.br/default.asp?categoria=5&id=39).

Cap. 6 · NORMATIVIDADE, PERFIL DO MEDIADOR E APLICAÇÃO NOS CONFLITOS CIVIS | 251

A experiência brasileira sofreu inegável influência do movimento norte-americano: técnicas inerentes à mediação comercial e ao desenho de sistemas de disputas já chegaram ao Brasil, que vem habilmente delineando seus primeiros passos para a "tropicalização" de conceitos, princípios e proposições da teoria estrangeira[6].

Por força da evolução da prática sobre mediação no país havia quem sustentasse a desnecessidade de regulação detalhada; representante de tal visão, asseverou Águida Arruda Barbosa que

> [...] a análise da evolução do instituto da mediação revela que seu conceito já está amadurecido, com a ampla colaboração de estudiosos que se debruçam sobre a composição teórica deste conhecimento. Não há mais necessidade de regulação legal do instituto, pois se trata de um princípio a ditar um comportamento humanizado de todos os envolvidos nos conflitos familiares, sejam os protagonistas da relação jurídica, sejam os profissionais responsáveis, tais como advogados, magistrados e membros do Ministério Público[7].

Assistia certa razão à autora; afinal, a falta de lei não vinha impedindo que mediações ocorressem com proveito para os envolvidos. Assegurada a observância escorreita de princípios e técnicas inerentes ao mecanismo consensual, já ocorriam experiências satisfatórias para as pessoas em conflito.

Havia, contudo, um ponto em que a regulação normativa poderia inegavelmente ser útil: na esfera contratual, havia questionamento sobre o valor da convenção de mediação, cláusula em que as partes se comprometiam a tentar resolver as diferenças pela mediação antes de buscar soluções contenciosas.

A falta de previsão legal expressa ensejava diferentes interpretações sobre o valor vinculante de tal cláusula – embora o ordenamento jurídico, ao contar com princípios como a boa-fé objetiva e o *pacta sunt servanda*, contivesse diretrizes aptas a prover a resposta ao suposto dilema.

A cláusula compromissória de mediação sempre pôde ser vista como vinculante por força dos princípios do Direito contratual: autonomia privada, consensualismo, força obrigatória dos contratos e, principalmente, boa-fé objetiva e função social do contrato são diretrizes ancoradas nos princípios constitucionais da solidariedade e da dignidade humana[8] que sempre recomendaram o necessário respeito ao que foi pactuado.

Se os contratantes ajustaram buscar a mediação antes de "terceirizar" a decisão do conflito a alguém externo à relação, viola a lealdade inerente à boa-fé objetiva simplesmente ignorar a cláusula e partir diretamente para a via litigiosa.

Apesar de tal resposta, havia quem entendesse ser necessária existência de previsão legal expressa determinando o caráter vinculante da cláusula compromissória de mediação.

---

[6]   TARTUCE, Fernanda; FALECK, D. Introdução histórica e modelos de mediação. In: PRADO DE TOLEDO, Armando Sérgio; TOSTA, Jorge; ALVES, José Carlos Ferreira (orgs.). *Estudos avançados de mediação e arbitragem*. Rio de Janeiro: Elsevier, 2014, p. 11.

[7]   BARBOSA, Águida Arruda. A implantação do instituto da mediação familiar no Brasil. In: DIAS, Berenice; PINHEIRO, Jorge Duarte (coords.). *Escritos de Direito das famílias: uma perspectiva luso-brasileira*. Porto Alegre: Magister, 2008, p. 377-394.

[8]   LEVY, Fernanda Rocha Lourenço. *Cláusulas escalonadas: a mediação comercial no contexto da arbitragem*, cit., p. 250.

252 | MEDIAÇÃO NOS CONFLITOS CIVIS – *Fernanda Tartuce*

Outra perspectiva da normatização era direcionada ao Estado: normas (legais ou infralegais) podem ser elaboradas para fomentar, permitir ou até mesmo obrigar órgãos do Estado a disponibilizar mediação à população. Nesse ponto, a normatização interfere na *oferta* de mediação pelo Estado.

O primeiro destinatário que se imagina para esse tipo de norma é o Poder Judiciário, seara tradicional de solução de conflitos; há, contudo, diversas iniciativas interessantes no âmbito de entidades como Procons, Defensoria Pública e Ministério Público.

Conquanto importante essa perspectiva, não parece bastar que o Estado seja obrigado a implantar serviços de mediação para que esta ocorra de modo apropriado; é essencial zelar por sua realização adequada, cuidando com afinco do treinamento dos praticantes e do esclarecimento da população sobre o meio consensual para que as experiências vivenciadas sejam produtivas a ponto de inspirar a vontade de repetir a experiência quando ocorrerem novos conflitos.

De todo modo, embora as propostas visadas pela regulamentação se revelassem árduas de serem alcançadas com o mero advento da lei, iniciativas de legislar nunca faltaram. Afinal, o Brasil é marcado pela "inflação legislativa[9]" há longo tempo e essa tendência não tem perspectiva de ser amainada.

Ao longo dos anos foi sendo delineado um consistente movimento em prol da institucionalização da mediação para prevê-la de forma exaustiva e minuciosa por meio da formulação de propostas legislativas, chegando-se até a cogitar sua obrigatoriedade em certas hipóteses[10].

Diversos projetos de lei tramitaram no cenário legislativo brasileiro entre 1998 e 2014 contemplando diferentes abordagens sobre a mediação.

Em 2014, houve incremento na exploração do tema sob o argumento de que, como a crise da justiça demandava elementos aptos a "desafogar" o Poder Judiciário e prover celeridade, a mediação figurava como um instrumento útil ao atendimento de tal desiderato[11].

Em 2015, o panorama normativo finalmente mudou: com o advento do CPC, a mediação passou a ser reconhecida expressamente no cenário jurídico. Enquanto o CPC/1973 não trazia qualquer menção a ela, o atual CPC passou a se referir à mediação em diversas passagens, somando 39 ocorrências ao longo da legislação.

Como se não bastasse tal advento, poucos meses depois foi promulgada a Lei de Mediação (Lei n. 13.140/2015).

Para que o leitor possa compreender a evolução legislativa, será apresentada a realidade normativa vivenciada no Brasil em diferentes épocas.

---

[9]   Francesco Carnelutti usou as expressões "inflação legislativa" e "hipertrofia da lei" para destacar a produção de leis em massa (CARNELUTTI, Francesco. *A morte do Direito*. Trad. Hiltomar Martins Oliveira. Belo Horizonte: Líder, 2003, p. 9).

[10] BARBADO, Michelle Tonon. *Reflexões sobre a institucionalização da mediação no Direito positivo brasileiro*, cit., p. 196.

[11] A assertiva constava em diversos veículos de comunicação e era propalada também por senadores e deputados; eis trecho que representa tal vertente de consideração: o objetivo da proposta "é desafogar a Justiça brasileira por meio de acordos entre as partes, antes mesmo de uma decisão nos tribunais" (PLENÁRIO deve votar lei de mediação amanhã. Jornal do Senado, Brasília, 1.º jun. 2015. Disponível em: http://www2.senado.leg.br/bdsf/bitstream/handle/id/509800/2015-06-01.pdf?sequence=1. Acesso em: 11 jul. 2015).

6.1.2.1 Cenário normativo inicial

Como aponta Adolfo Braga Neto, em nosso ordenamento a existência de menções em leis esparsas à palavra mediação (como método de resolução de conflitos) revelava a intenção de implementá-la em situações determinadas[12].

O desenvolvimento institucional e a abordagem legislativa da mediação se verificaram inicialmente de modo mais marcante na área trabalhista, ramo em que é tradicional encontrar referências a técnicas de negociação e conciliação de conflitos tanto individuais como coletivo (sindicais).

Na Lei n. 7.783/1989, o art. 3.º trata do direito de greve, afirmando que, após "frustrada a negociação ou verificada a impossibilidade de recursos via arbitral, é facultada a cessação coletiva do trabalho".

A mediação na negociação coletiva de natureza trabalhista possui regras no Decreto n. 1.572/1995: o art. 2.º prevê que, frustrada a negociação direta entre as partes na data-base, estas poderão escolher um mediador de comum acordo para a solução do conflito.

A Lei n. 10.192/2001 dispõe, no art. 11, sobre a realização de negociações prévias antes do ajuizamento da ação de dissídio coletivo; em tal regramento, também se prevê a possível atuação de um mediador para facilitar a comunicação entre as partes[13].

A Lei n. 10.101/2000, no art. 4.º[14], ao dispor sobre impasses na participação dos trabalhadores nos lucros ou resultados da empresa, indicava a utilização de mediação e arbitragem para a solução do litígio. Finalmente, a Lei n. 9.958/2000 instituiu as já citadas comissões de conciliação prévia para o tratamento das controvérsias trabalhistas.

A Lei n. 9.870/1999, no art. 4.º[15], prevê a possibilidade de adoção da mediação em conflitos entre pais, associação de pais e alunos e escolas no que tange ao reajuste de mensalidades

---

[12]   Mediação de conflitos e legislação brasileira. *Valor Econômico,* 24 set. 2004, Caderno E2.

[13]   Art. 11. "Frustrada a negociação entre as partes, promovida diretamente ou através de mediador, poderá ser ajuizada a ação de dissídio coletivo. § 1.º O mediador será designado de comum acordo pelas partes ou, a pedido destas, pelo Ministério do Trabalho e Emprego, na forma da regulamentação de que trata o § 5.º deste artigo. § 2.º A parte que se considerar sem as condições adequadas para, em situação de equilíbrio, participar da negociação direta, poderá, desde logo, solicitar ao Ministério do Trabalho e Emprego a designação de mediador, que convocará a outra parte. § 3.º O mediador designado terá prazo de até trinta dias para a conclusão do processo de negociação, salvo acordo expresso com as partes interessadas. § 4.º Não alcançado o entendimento entre as partes, ou recusando-se qualquer delas à mediação, lavrar-se-á ata contendo as causas motivadoras do conflito e as reivindicações de natureza econômica, documento que instruirá a representação para o ajuizamento do dissídio coletivo. § 5.º O Poder Executivo regulamentará o disposto neste artigo".

[14]   Art. 4.º: "Caso a negociação visando à participação nos lucros ou resultados da empresa resulte em impasse, as partes poderão utilizar-se dos seguintes mecanismos de solução do litígio: I – mediação; II – arbitragem de ofertas finais, utilizando-se, no que couber, os termos da Lei n. 9.307, de 23 de setembro de 1996. § 1.º Considera-se arbitragem de ofertas finais aquela em que o árbitro deve restringir-se a optar pela proposta apresentada, em caráter definitivo, por uma das partes. § 2.º O mediador ou o árbitro será escolhido de comum acordo entre as partes. § 3.º Firmado o compromisso arbitral, não será admitida a desistência unilateral de qualquer das partes. § 4.º O laudo arbitral terá força normativa, independentemente de homologação judicial".

[15]   "A Secretaria de Direito Econômico do Ministério da Justiça, quando necessário, poderá requerer, nos termos da Lei n. 8.078, de 11/09/1990, e no âmbito de suas atribuições, comprovação documental referente a qualquer cláusula contratual, exceto dos estabelecimentos de ensino que tenham firmado acordo com alunos, pais de alunos ou associações de pais e alunos, devidamente legalizadas, bem como quando o valor arbitrado for decorrente da decisão do mediador".

escolares. O dispositivo, todavia, não tem aplicabilidade, dado que sua redação dá margem a confusão entre mediação e outros meios de solução de disputas, como a arbitragem e a conciliação. Não há notícia de seu emprego na resolução desses conflitos[16].

Além das leis federais mencionadas, houve a promulgação de leis estaduais contemplando a mediação.

Em Minas Gerais, a Lei n. 23.172/2018 criou a Câmara de Prevenção e Resolução Administrativa de Conflitos, vinculada ao Governador do Estado, com a finalidade de instituir a conciliação e a mediação como meios de solução de controvérsias administrativas ou judiciais envolvendo a administração pública. Antes dela, a Lei n. 22.623/2017 já previra "a criação de equipe multidisciplinar nas superintendências regionais de ensino para mediação de conflitos no âmbito das escolas estaduais e acompanhamento psicológico, social e jurídico da vítima no ambiente escolar para fins de prevenção e combate à violência nas escolas" (art. 3º, IV).

No Amapá, a Lei n. 1.995/2016 "dispõe sobre criação da Monitoria de Mediação de Conflitos nas escolas da rede pública de ensino do Estado do Amapá".

No Distrito Federal, o Decreto n. 29.561/2008 criou a "Câmara de Mediação e Arbitragem Fundiária do Distrito Federal na Procuradoria-Geral" com o objetivo de acelerar a solução de conflitos de interesse público decorrentes da propriedade (art. 1º). O Decreto n. 39.629 instituiu o "Comitê de Mediação de Regularização Fundiária" como instância legitimada para promover a conciliação e mediação administrativa em conflitos fundiários urbanos e rurais do interesse do Distrito Federal, suas Autarquias e Empresas Públicas" (art. 1.º).

Em Goiás, a Lei Complementar n. 144/2018 criou a Câmara de Conciliação, Mediação e Arbitragem da Administração Estadual (CCMA), vinculada à Procuradoria-Geral do Estado, com vistas a instituir medidas para a redução da litigiosidade administrativa e perante o Poder Judiciário (art. 1º). A Lei n. 20.517/2019 dispôs sobre "a instituição de programa de mediação escolar nas escolas públicas e privadas de Educação Básica do Estado de Goiás".

No Pará, a Lei Complementar n. 121/2019 criou a Câmara de Negociação, Conciliação, Mediação e Arbitragem da Administração Pública Estadual, vinculada à Procuradoria-Geral do Estado, instituindo medidas para a redução da litigiosidade administrativa e perante o Poder Judiciário (art. 1º).

No Paraná, o Decreto n. 10.438/2018 criou a Comissão de Mediação de Conflitos Fundiários, de caráter consultivo e opinativo, com atribuições relacionadas à solução consensual envolvendo os conflitos fundiários no âmbito estadual (art. 1.º).

Em Pernambuco, a Lei Complementar n. 417/2019 criou a Câmara de Negociação, Conciliação e Mediação da Administração Pública Estadual, no âmbito da Procuradoria-Geral do Estado, instituindo medidas para a redução de litigiosidade administrativa e judicial, regulamentada pelo Decreto n. 48.505/2020.

Em Rondônia, a Lei n. 3.765/2016 criou "o Sistema Integral de Mediação Escolar, denominado Pró-Mediação, com a finalidade de difundir, promover e instituir a implementação de métodos cooperativos e pacíficos de abordagem de conflitos para todos os atores da comunidade educacional, considerando-se suas especificidades" (art. 1.º).

Em Mato Grosso do Sul, a Lei n. 2.348/2001 instituiu a justiça comunitária no Poder Judiciário com vistas a propiciar mais informações ao jurisdicionado e "intermediar os conflitos sociais junto à própria comunidade". A lei criou a figura do "agente comunitário

---

[16]   BRAGA NETO, Adolfo Braga. Mediação de conflitos e legislação brasileira, cit.

Cap. 6 • NORMATIVIDADE, PERFIL DO MEDIADOR E APLICAÇÃO NOS CONFLITOS CIVIS | **255**

de justiça", que deve desempenhar funções ligadas à mediação e à informação[17]; segundo registros, houve um elevado número de mediações consideradas exitosas nos seus primeiros anos de funcionamento[18].

Como se percebe, os textos legais já engendrados não trouxeram um panorama claro sobre a pertinência e o *modus operandi* da mediação no Brasil, razão pela qual outras iniciativas foram concebidas para abordá-los.

A despeito da inexistência de legislação específica sobre o tema, diversos órgãos jurisdicionais começaram a implementar programas de mediação a fim de administrar melhor a gestão de controvérsias a si destinadas.

No Direito comparado, sempre houve importantes iniciativas das Cortes de Justiça para a institucionalização da mediação.

O caso mais emblemático é o da Argentina, em que se implementou, por iniciativa conjunta do Poder Judiciário e do Ministério da Justiça, um Programa Nacional de Mediação conduzido principalmente por magistrados, com ampla atuação em diversos setores da sociedade, como escolas, empresas e organizações não governamentais[19]. Foi a partir dessa experiência que a legislação sobre a mediação foi desenvolvida e implementada.

Também no Brasil o Poder Judiciário vem atuando há anos para implementar os meios consensuais de forma mais ampla. Os Tribunais começaram a instaurar projetos-piloto, muitos deles contando com a edição de norma institucionalizada para a sua aplicação (como nos casos do Distrito Federal, de São Paulo[20] e de Goiás).

Além da iniciativa de vários Tribunais que antecederam a publicação de normas federais, em diversas comarcas brasileiras a mediação teve aplicação pela iniciativa de magistrados ali atuantes; também em primeiro grau muitos juízes vêm há anos empreendendo louváveis e profícuas iniciativas para o estabelecimento da mediação[21].

Merece destaque a experiência do Tribunal de Justiça do Distrito Federal, dentre outros fatores, pela existência de pesquisa entre os advogados que atuaram no sistema. Por meio da Resolução 02/2002 foi institucionalizada em tal tribunal a atividade de mediação a ser aplicada aos processos de primeira instância por iniciativa do magistrado quando ele considerasse pertinente o encaminhamento das partes a essa via[22]. Eis relato interessante:

---

[17] Segundo o art. 8.º, "são atribuições do agente comunitário de justiça: I – atuar como mediador na composição dos conflitos da comunidade; II – prestar informações, individual ou coletivamente, às pessoas que buscam orientação, encaminhando-as aos órgãos competentes, quando for o caso; III – mobilizar a comunidade no sentido de encontrar a solução para seus próprios problemas; IV – auxiliar a comunidade na identificação de suas potencialidades, onde sejam criadas oportunidades para a autossustentabilidade econômica, social, cultural e em outros seguimentos (...)".

[18] Segundo notícia no *site* da OAB local, os agentes comunitários realizaram 5.242 mediações, "sendo que 4.892, ou 93%, resultaram em acordo entre as partes" (*Justiça Comunitária: seis anos e 142 mil atendimentos*. Disponível em: http://www.caams.org.br/?conteudo=noticias&noti_id=8490. Acesso 26 mai. 2016).

[19] CUNHA, J. S. Fagundes. *Da mediação e da arbitragem endoprocessual*, cit.

[20] No estado de São Paulo, a conciliação em segundo grau foi instituída pelo Provimento CSM 783/2002 do Tribunal de Justiça do Estado.

[21] AZEVEDO, André Gomma de. Autocomposição e processos construtivos, cit., p. 141-142.

[22] Serviços de Mediação no TJDFT, 10 anos. Disponível em: http://www.tjdft.jus.br/institucional/centro--de-memoria-digital/publicacoes/monumentum/monumentuma3ed21.pdf/view. Acesso em: 11 jul. 2015.

Por meio de pesquisa de opinião com partes e advogados que participaram das mediações, em 2006, 77% dos entrevistados avaliaram o serviço como excelente e, entre os advogados questionados, 96% consideraram válida a tentativa de mediação mesmo sem ter chegado ao acordo; 94% afirmaram que aconselhariam seus clientes a participarem de uma sessão de mediação para resolverem seus litígios; e 86% consideraram excelente a iniciativa do TJDFT em implantar o Programa de Estímulo à Mediação[23].

A concretização centralizada dessa tendência de regrar a autocomposição judicial despontou no advento da Resolução n. 125/2010 do CNJ; tal ato normativo passou a reconhecer que a política de tratamento adequado de conflitos é uma pauta pública, devotando maior atenção à conciliação e à mediação. Cezar Peluso destaca os dois objetivos básicos da elaboração de tal ato normativo:

1. "Firmar, entre os profissionais do Direito, o entendimento de que, para os agentes sociais, é mais importante prevenir e chegar a uma solução rápida para os litígios do que ter que recorrer, sempre, a um Judiciário cada vez mais sobrecarregado, ou de perpetuar nele, de certo modo, reflexos processuais de desavenças que tendem a multiplicar-se, senão a frustrar expectativas legítimas"; 2. "Oferecer instrumentos de apoio aos tribunais para a instalação de núcleos de conciliação e mediação, que certamente terão forte impacto sobre a quantidade excessiva de processos apresentados àquelas cortes"[24].

Destaca-se na resolução a proposta de nivelar as práticas ligadas à autocomposição e obrigar o Poder Judiciário a ofertar meios consensuais aos jurisdicionados[25].

6.1.2.2   Projetos de lei sobre mediação

A iniciativa legislativa pioneira de contemplar um marco legal para a mediação foi engendrada no fim da década de 1990.

O Projeto de Lei n. 4.827/1998[26] adotou o modelo europeu da mediação com foco na visão de transformação do conflito: com uma proposta simples e descrita em apenas sete artigos, buscava trazer o conceito legal de mediação para que ela passasse a ser adotada ou recomendada pelo Poder Judiciário[27].

---

[23]   Relatório Nupemec 2012. Disponível em: http://www.tjdft.jus.br/institucional/2a-vice-presidencia/relatorios/nupemec/relatorio-semestral-nupemec-1o-2013/anexo-03-relatorio-anual-de-atividades--nupemec-2012/Relatorio%20NUPEMEC_2012.pdf/view. Acesso em: 11 jul. 2015.

[24]   PELUSO, Cezar. Mediação e conciliação. *Revista de Arbitragem e Mediação*, ano 8, v. 30, p. 16, jul.-set. 2011.

[25]   BARBOSA E SILVA, Erica. *Conciliação judicial*, cit., p. 165.

[26]   O projeto foi apresentado como iniciativa da então deputada Zulaiê Cobra Ribeiro, sendo de autoria de um seleto grupo composto por Águida Arruda Barbosa, Antonio Cesar Peluso, Eliana Riperti Nazareth, Giselle Groeninga e Luís Caetano Antunes.

[27]   BARBOSA, Águida Arruda. A implantação do instituto da mediação familiar no Brasil. In: DIAS, Berenice; PINHEIRO, Jorge Duarte (coord.) *Escritos de Direito das famílias*: uma perspectiva luso-brasileira. Porto Alegre: Magister, 2008, p. 377-394.

A proposta não era regulamentar o procedimento com minúcias, mas sim contemplar as diretrizes mais importantes da mediação, como a facultatividade de sua adoção e a flexibilidade de suas formas[28].

Posteriormente veio a lume um segundo projeto de lei: capitaneado principalmente pelo Instituto Brasileiro de Direito Processual e pela Associação dos Magistrados Brasileiros, ele detalhou vários pontos da mediação ao institucionalizá-la e aproximá-la das diretrizes da conciliação, com clara inspiração no modelo argentino[29].

Por ocasião de uma audiência pública realizada em 2002, promoveu-se a reunião dos dois projetos e passou a tramitar no Congresso Nacional uma versão unificada que, ao trazer regras mais detalhadas, buscava formar diretrizes para a mediação (sobretudo judicial).

Na Câmara dos Deputados, o projeto foi aprovado pela Comissão de Constituição e Justiça e enviado ao Senado Federal, onde recebeu o número PLC 94/2002. Em 2004, ante a propositura, pelo Governo Federal, do movimento denominado "Pacote Republicano", diversas propostas legislativas para mudar o Código de Processo Civil tiveram êxito. Foi então feito um novo relatório do projeto de lei e elaborado um projeto substitutivo que foi encaminhado à Comissão de Constituição e Justiça; "desde então, dele não se teve mais notícia até meados de 2013, quando voltou a tramitar, provavelmente por inspiração dos projetos que já tramitavam no Senado"[30].

Em 2011, foi apresentado o Projeto de Lei n. 517 para prover a regulamentação da mediação judicial e extrajudicial criando um sistema afinado com o atual CPC que se projetava e a Resolução n. 125 do CNJ[31]; embora tenha tido alguma tramitação, ele não avançou rumo à aprovação.

Em 2013, o tema voltou a ter destaque na Casa Legislativa e foram criadas duas iniciativas para apresentar projetos: uma Comissão do Senado para mudar a Lei de Arbitragem e abordar a mediação privada, e uma Comissão do Ministério da Justiça para tratar da mediação nos âmbitos judicial e privado, estabelecendo um "marco regulatório".

Tais projetos acabaram somados ao anterior PL n. 517/2011 e redundaram no Projeto n. 7.169/2014, para dispor sobre "a mediação entre particulares como o meio alternativo de solução de controvérsias e sobre a composição de conflitos no âmbito da Administração Pública". Esse projeto foi objeto de debates e alterações até resultar na Lei n. 13.140, promulgada em 26.06.2015.

---

[28] Eis as principais características do projeto: a) institucionalização de um procedimento não obrigatório que poderia ser instaurado antes ou no curso do processo judicial, desde que a matéria admitisse conciliação, reconciliação, transação ou acordo de outra ordem; b) em qualquer tempo e grau poderia o juiz buscar convencer as partes da conveniência de se submeterem à mediação extrajudicial ou, com a concordância delas, designar mediador, suspendendo o processo por até três meses (prorrogável por igual período); c) o acordo alcançado, ainda que extrajudicial, poderia ser homologado em juízo, constituindo título executivo judicial; d) seria admitido como mediador qualquer pessoa capaz, escolhida ou aceita pelas partes, que tivesse formação técnica ou experiência adequada à natureza do conflito e que procedesse, no exercício da função, com imparcialidade, independência, competência, diligência e sigilo (BARBADO, Michelle Tonon. Reflexões sobre a institucionalização da mediação no Direito positivo brasileiro, cit., p. 207-208).

[29] *Idem*, p. 202.

[30] A detalhada narrativa foi feita por Humberto Dalla Bernardina de Pinho no artigo O marco legal da mediação no Direito brasileiro (Disponível em: https://www.academia.edu/9192642/O_Marco_Legal_da_Media%C3%A7%C3%A3o_no_Brqsil. Acesso em: 21 jan. 2020).

[31] *Ibidem*.

258 | MEDIAÇÃO NOS CONFLITOS CIVIS – *Fernanda Tartuce*

Pouco antes da Lei de Mediação, porém – mais precisamente em 16.03.2015 – havia sido aprovado o Código de Processo Civil, instrumento normativo que trouxe dezenas de previsões sobre a mediação judicial.

6.1.3 Mediação no Código de Processo Civil: visão geral

O Ato n. 379/2009, de lavra do então Presidente do Senado Federal (senador José Sarney), instituiu uma Comissão de Juristas – presidida pelo então Ministro do Superior Tribunal de Justiça Luiz Fux – para elaborar o Anteprojeto do novo Código de Processo Civil. Em curtíssimo espaço de tempo a Comissão apresentou ao Senado Federal o fruto de seu trabalho, vindo o texto base a dar ensejo ao PLS n. 166/2010. Com a remessa para Câmara, o projeto tomou o n. 8.046/2010 e, após passar por Comissão Especial (com conduções dos deputados Sérgio Barradas Carneiro e Paulo Teixeira), aprovou-se texto final na Câmara dos Deputados em março de 2014[32].

O Projeto de Novo Código, após sofrer consideráveis alterações de conteúdo nos quase quatro anos em que tramitou, finalmente foi encaminhado à sanção presidencial. Em 16.03.2015 ele foi sancionado, tendo o Código de Processo Civil vindo a lume pela Lei n. 13.105.

A menção aos meios consensuais se deu de forma recorrente durante os debates legislativos. Como bem destacam Leonardo Cunha e João Lessa, havia no projeto "uma valorização do consenso e uma preocupação em criar no âmbito do Judiciário um espaço não apenas de julgamento, mas de resolução de conflitos", elemento apto a "um redimensionamento e democratização do próprio papel do Poder Judiciário e do modelo de prestação jurisdicional pretendido":

> O distanciamento do julgador e o formalismo típico das audiências judiciais, nas quais as partes apenas assistem ao desenrolar dos acontecimentos, falando apenas quando diretamente questionadas em um interrogatório com o objetivo de obter sua confissão, são substituídos pelo debate franco e aberto, com uma figura que pretende facilitar o diálogo: o mediador ou o conciliador[33].

A referência aos meios consensuais também se verificou no discurso proferido na ocasião da sanção legislativa: a presidente destacou que o CPC "valoriza, como nunca, a conciliação, a busca do entendimento, o esforço pelo consenso como forma de resolver naturalmente litígios"[34].

Segundo a comissão de legisladores do CPC, a disciplina dos meios consensuais de solução de conflitos busca dar-lhes "todo o destaque que modernamente eles têm tido"[35].

---

[32] TARTUCE, Fernanda; MAZZEI, Rodrigo. Inventário e partilha no Projeto de Novo CPC: pontos de destaque na relação entre os Direitos material e processual. *Revista Nacional de Direito de Família e Sucessões*, n. 1, p. 81, jul.-ago. 2014.

[33] MORAES, Maria Celina Bodin de. *O princípio da dignidade humana*, cit., p. 5; CUNHA, Leonardo Carneiro da; AZEVEDO NETO, João Luiz Lessa de. A mediação e a conciliação no projeto do Novo CPC: meios integrados de resolução de disputas. Disponível em: http://api.ning.com/files/UpKW6mK9MKPx5lopkhr-PXK9JyMaPb-wqMJ-txddfqYdLYlXBJzuMefVgbOS9v-BfpeDxr71oQ-kMdb0ruQRNgZCbz71qoNLK/Artigo15.pdf. Acesso em: 11 jul. 2015.

[34] Disponível em: http://blog.planalto.gov.br/novo-codigo-significa-mais-justica-para-todos-num-pais--menos-desigual-e-mais-exigente-afirma-dilma/. Acesso em: 12 jul. 2015.

[35] As principais modificações do PL 8.046 de 2010. Disponível em: http://www2.camara.leg.br/atividade--legislativa/comissoes/comissoes-temporarias/especiais/54a-legislatura/8046-10-codigo-de-processo--civil/arquivos/ParecerRelatorGeralautenticadoem18091222h47.pdf. Acesso em: 11 jul. 2015.

Cap. 6 · NORMATIVIDADE, PERFIL DO MEDIADOR E APLICAÇÃO NOS CONFLITOS CIVIS | 259

A localização dos dispositivos é variada, o que revela a apropriada percepção de que a mediação tem potencial para lidar com controvérsias não apenas no início da abordagem do conflito, mas em qualquer momento.

Sob a perspectiva numérica, eis as ocorrências diretas: no CPC a mediação é mencionada em 39 dispositivos, a conciliação aparece em 37, a autocomposição é referida em 20 e a solução consensual consta em 7, o que totaliza 103 previsões[36].

Desde que haja disposição dos envolvidos, o tratamento consensual das controvérsias é possível: ainda que escolhida inicialmente a via contenciosa, as partes podem, com base em sua autonomia, decidir buscar saídas conjuntas. Por essa razão, o Código prevê ser dever do juiz promover, a qualquer tempo, a autocomposição, preferencialmente com auxílio de conciliadores e mediadores judiciais (art. 139, V).

A incitação à adoção de meios consensuais foi explicitada como diretriz essencial do Código: nos termos do art. 3.º, § 3.º, "a conciliação, a mediação e outros métodos de solução consensual de conflitos deverão ser estimulados por juízes, advogados, defensores públicos e membros do Ministério Público, inclusive no curso do processo judicial". A iniciativa se justifica porque, sendo o Poder Judiciário a arena preferencialmente buscada para dirimir conflitos sob o prisma contencioso, é importante a explicitação sobre a possibilidade de encontrar saídas proveitosas para os envolvidos com a adoção de mecanismos consensuais.

Na parte geral do CPC, há ainda uma seção dedicada a conciliadores e mediadores judiciais entre os auxiliares da justiça. Merece também destaque o pioneiro dispositivo que prevê a criação de câmaras de conciliação e mediação para dirimir conflitos no âmbito administrativo.

Há ainda um capítulo dedicado à audiência inicial de conciliação ou mediação com diversas regras sobre a sessão consensual.

Sobre o tema, vale perquirir: a expressão audiência é apropriada para se referir ao encontro consensual? O Código usa o termo audiência de forma questionável para se referir à autocomposição, já que tal expressão remete à circunstância em que o magistrado conduz os trabalhos sob a vertente contenciosa para proferir decisões; como se demonstrará adiante, muitos entendem ser mais apropriado usar a expressão "sessão" para designar os encontros pautados pela consensualidade.

Ao tratar da audiência de instrução e julgamento, prevê o art. 359 do Código que logo após sua instalação "o juiz tentará conciliar as partes, sem prejuízo de encaminhamento para outras formas adequadas de solução de conflitos, como a mediação, a arbitragem e a avaliação imparcial por terceiro".

Mais adiante a mediação é referenciada no livro de procedimentos especiais em duas oportunidades: no capítulo destinado às demandas familiares e no âmbito do procedimento possessório.

Com a inserção de dispositivos sobre mediação e a ampliação de previsões sobre a conciliação, dois modos diferentes de lidar com as controvérsias passam a conviver mais intensamente no CPC: a lógica de julgamento e a lógica conciliatória[37].

---

[36] TARTUCE, Fernanda. Estímulo à autocomposição no Novo Código de Processo Civil. Disponível em http://www.cartaforense.com.br/m/conteudo/artigos/estimulo-a-autocomposicao-no-novo-codigo-de--processo-civil/17017. Acesso em: 08 jul. 2017.

[37] "[...] há duas formas distintas de prática judiciária, baseadas em lógicas também distintas: uma que visa o acordo entre as partes por meio da conciliação, conduzida por um advogado que desempenha a função de conciliador, e outra que busca a aplicação da justiça por meio do poder de decisão do juiz. Estas duas

Diante das tradicionais previsões sobre conciliação em nossa legislação processual, de alguma maneira a interação entre as lógicas do julgamento e do consenso sempre existiu[38]. O reforço no estímulo à adoção dos meios consensuais, contudo, exige dos operadores do Direito uma imersão mais aprofundada sobre aspectos importantes da vertente autocompositiva.

O CPC, por força da *vacatio legis* de um ano, entrou em vigor em março de 2016 – data posterior à da entrada em vigor da legislação especial sobre mediação (dezembro de 2015).

As previsões do CPC sobre mediação precisam ser compatibilizadas com o teor da Lei n. 13.140/2015, marco legal de tal mecanismo consensual no ordenamento brasileiro. A interação entre os dois instrumentos legislativos será abordada adiante.

6.1.4 Lei de Mediação (Lei n. 13.140/2015): olhar panorâmico

Após o trâmite, por mais de dez anos, do Projeto de Lei n. 4.827/1998 (que redundou no PL n. 94/2002 e restou estagnado no Congresso Nacional), em 2011 foi apresentado o PL n. 517 para regular mediações judiciais e extrajudiciais.

Em 2013, foram criadas duas comissões para apresentar diferentes projetos: uma Comissão do Senado atuava para mudar a Lei de Arbitragem e abordar a mediação privada, enquanto a Comissão do Ministério da Justiça visava tratar da mediação nos âmbitos judicial e privado, estabelecendo um "marco regulatório".

Tais projetos somaram-se ao PL n. 517/2011 e resultaram no Projeto n. 7.169/2014, que tinha a propalada intenção "de uniformizar e compatibilizar os dispositivos do atual CPC e da Resolução n. 125 do CNJ, regulando os pontos que ainda estavam sem tratamento legal"[39].

Após a fase de debates legislativos, que gerou alterações no texto-base, o projeto foi encaminhado à sanção presidencial e deu origem à Lei n. 13.140, que foi promulgada em 26.06 e publicada em 29.06.2015. A Lei conta com 48 artigos e é dividida em três capítulos.

O Capítulo I trata da mediação, prevendo disposições gerais e regras sobre os mediadores (divididas em seções sobre disposições comuns, mediadores extrajudiciais e mediadores judiciais). Há também previsões sobre o procedimento de mediação distribuídas em seções sobre Disposições Comuns, Mediação Extrajudicial, Mediação Judicial, Confidencialidade e suas Exceções.

O Capítulo II versa sobre a autocomposição de conflitos em que for parte pessoa jurídica de Direito público, trazendo disposições comuns e regras sobre os conflitos envolvendo a Administração Pública federal direta, suas autarquias e fundações.

---

lógicas representam, portanto, uma tensão entre as duas pautas distintas da justiça contemporânea: a justiça formal da decisão e a justiça informal da mediação" (FAISTING, André Luiz. O dilema da dupla institucionalização do Poder Judiciário: o caso do Juizado Especial de Pequenas Causas. In: SADEK, Maria Tereza (org.). O sistema de Justiça, Série Justiça, IDESP. São Paulo: Sumaré, 1999, p. 43-44).

[38] Como bem destaca Athos Gusmão Carneiro, "a conciliação judicial marca um ponto de encontro entre a autocomposição e a heterocomposição da lide [...]. A doutrina tradicional e majoritária encara a conciliação como um negócio, confiado à autonomia privada; os autores mais modernos inclinam--se em considerá-la como forma de atuação da jurisdição contenciosa, pela analogia funcional entre conciliação e sentença" (A conciliação no novo Código de Processo Civil. Disponível em: http://icj. com.br/portal/artigos/a-conciliacao-no-novo-codigo-de-processo-civil/. Acesso em: 11 fev. 2015).

[39] PINHO, Humberto Dalla Bernardina de. Preâmbulo do P.L. 7.169/14. In: PINHO, Humberto Dalla Bernardina de (org.). A nova lei de mediação brasileira: comentários ao Projeto de Lei n. 7.169/14. PINHO, Humberto (org.). *Revista Eletrônica de Direito Processual,* ano 8, v. esp., ed. eletrônica, Rio de Janeiro, UERJ, 2014.

O Capítulo III contempla as disposições finais entre os arts. 41 e 48.

As regras dos capítulos I e II foram parcialmente expostas no capítulo anterior e serão abordadas em relação a outros aspectos adiante; cumpre-nos, nesse momento, abordar as principais disposições que findam a Lei de Mediação.

Segundo o parágrafo único do art. 42 da Lei n. 13.140/2015, a mediação nas relações de trabalho será regulada por lei própria.

Em versão anterior do projeto constava a menção à possibilidade de realização de mediações trabalhistas. Contudo, por conta de nota técnica encaminhada por sugestão da Associação Nacional dos Magistrados Trabalhistas (Anamatra), optou-se por deixar de contemplar expressamente a possibilidade de mediação na seara laboral. A resistência teve o seguinte embasamento:

> A pretensão legislativa de aplicação da mediação no âmbito das relações de trabalho é medida que afronta a essência própria do Direito do trabalho, bem como o patamar mínimo de dignidade conferido ao trabalhador. Tal inviabilidade decorre do fato de que as normas de Direito do trabalho são normas de ordem pública, assim consideradas porque estabelecem os princípios cuja manutenção se considera indispensável à organização da vida social, segundo os preceitos de Direito, sendo que a ordem pública interna denota a impossibilidade de disponibilidade pela vontade privada[40].

A assertiva, contudo, não tinha como prevalecer. A Justiça do Trabalho tem uma tradicional e forte política conciliatória sobre a qual embasa grande parte de sua atuação, sendo evidente a existência de certo grau de disponibilidade nos direitos do trabalhador – cujos aspectos pecuniários são claramente negociáveis. Não fosse assim, seria inviável a designação de audiências conciliatórias, assim como os projetos e mutirões de conciliação seriam todos eivados de comprometimentos insuperáveis.

Como anunciado em edições anteriores do livro, esperava-se maior compreensão sobre a mediação e seu potencial de contribuir para a gestão das lides laborais, merecendo o tema ser trabalhado sem preconceito e de modo construtivo.

Em sinal de amadurecimento, um movimento normativo foi feito: em 30.09.2016 veio a lume a Resolução n. 174 do Conselho Superior da Justiça do Trabalho (CSJT) para dispor sobre a política judiciária nacional de tratamento adequado das disputas de interesses no âmbito do Poder Judiciário Trabalhista.

Após expor o trabalho plural de construção de tal ato normativo, Rogerio Neiva Pinheiro sistematizou os principais pontos do texto:

> – esclarecimento da diferença conceitual entre conciliação e mediação, inclusive de modo a evitar confusões relacionadas à incompreensão do tema (artigo 1º, I e II) [...];
>
> – determinação de criação de Centros de Conciliação na Justiça do Trabalho, (artigo 6º, *caput*);
>
> – restrição à atuação como conciliadores e mediadores aos servidores ativos, bem como servidores e magistrados togados inativos (artigo 6º, parágrafos 6.º e 8.º);

---

[40] Mediação de conflitos que inclui relações trabalhistas aguarda parecer na CCJ. Disponível em: http://ww1. anamatra.org.br/index.php/anamatra-na-midia/mediacao-de-conflitos-que-inclui-relacoes-trabalhistas- -aguarda-parecer-na-ccj. Acesso em: 12 jul. 2015.

– necessidade da presença física e visualmente disponível do juiz no ambiente onde se realizam as audiências de conciliação e/ou mediação (artigo 6.º, parágrafo 1.º), bem como limitação da supervisão de 6 sessões concomitantes por magistrado (artigo 7.º, parágrafo 8.º);

– obrigatoriedade da participação do advogado do reclamante nas audiências realizadas nos Centros de Conciliação (artigo 6.º, parágrafo 1.º);

– vedação à atuação na fase pré-processual para dissídios individuais, em função da definição do conceito de "disputa" no art. 1.º, V, bem como do disposto no artigo 7.º, parágrafo 6.º;

– vedação à admissão de acordos firmados em Câmaras Privadas de Conciliação e Mediação (artigo 7.º, parágrafo 6.º);

– criação do Código de Ética de Conciliação e Mediação para a Justiça do Trabalho (Anexo II)[41].

6.1.5 Interação entre o CPC/2015 e a Lei n. 13.140/2015

É essencial falar da interação entre a Lei de Mediação e o CPC/2015.

Diversos projetos de lei sobre mediação tramitaram no Congresso brasileiro ao longo de 17 anos; considerando a primeira grande iniciativa engendrada em 1998, após muitos movimentos, finalmente, a normatividade projetada tornou-se concreta.

O CPC/2015 contempla regras sobre a mediação judicial em diversos dispositivos. O legislador, contudo, não pareceu satisfeito nem disposto a deixar que o Código processual se tornasse o marco legal sobre o tema.

A Lei de Mediação foi prevista para incidir no ordenamento antes do CPC/2015. Embora haja dispositivos semelhantes, há também diferenças marcantes entre as previsões. Quais merecerão prevalecer? É útil sistematizar dados sobre as leis para compreender seu perfil.

O atual CPC, promulgado em 16.03.2015, traz regras sobre a mediação judicial em dezenas de dispositivos; sua entrada em vigor, após *vacatio legis* de um ano, deu-se em março de 2016.

A Lei de Mediação, promulgada em 29.06.2015, prevê regras sobre a mediação nos âmbitos judicial e extrajudicial e teve *vacatio legis* de seis meses, entrando em vigor em dezembro de 2015.

Como apontado, embora as leis contenham previsões semelhantes, também há discrepâncias em relação a algumas de suas regras.

Para entender como pode se dar a interação entre as leis, é preciso analisar a Lei de Introdução às Normas do Direito Brasileiro: o Decreto-Lei n. 4.657/1942 contempla relevantes critérios de hermenêutica jurídica a serem cotejados pelo intérprete caso, no momento de aplicação das normas, constate imperfeições[42].

---

[41] PINHEIRO, Rogério Neiva. Resolução 174 do CSJT é exemplo de construção democrática no Judiciário. Disponível em: https://www.conjur.com.br/2016-out-11/rogerio-pinheiro-resolucao-174-csjt-exemplo--democratico#author. Acesso em: 9 set 2018.

[42] TARTUCE, Flávio. *Direito civil*, v. 1. São Paulo: Método, 2013, p. 14.

Cap. 6 · NORMATIVIDADE, PERFIL DO MEDIADOR E APLICAÇÃO NOS CONFLITOS CIVIS | 263

Seu art. 2.º[43] consagra o princípio da continuidade da lei: a norma, a partir de sua entrada em vigor, tem eficácia contínua até vir outra que a modifique ou revogue[44].

Tal diretriz trabalha com o referencial de vigor das leis. Sob tal prisma, uma primeira questão a ser respondida é: qual seria a lei posterior? Se considerarmos a publicação, lei posterior é a Lei de Mediação, que adveio três meses depois do CPC. Contudo, como ela integrou o ordenamento jurídico antes (por sua *vacatio legis* ser mais curta), em termos de vigor o CPC veio ao ordenamento depois.

De todo modo, a tendência não é falar pura e simplesmente em revogação. Como já apontado, a apresentação do Projeto de Lei n. 517/2011 (que redundou na Lei n. 13.140/2015) foi justificada pela necessidade de criar um sistema de mediação afinado com o CPC e a Resolução n. 125 do CNJ[45]. Nessa linha, se fosse interesse dos legisladores revogar previsões do CPC, a Lei de Mediação o teria feito expressamente.

No mais, vale lembrar como se opera a revogação segundo a Lei de Introdução: "a lei posterior revoga a anterior quando expressamente o declare, quando seja com ela incompatível ou quando regule inteiramente a matéria de que tratava a lei anterior" (art. 2.º, § 1.º); contudo, se a lei nova vier a estabelecer disposições gerais ou especiais diversas das já existentes, não revogará nem modificará a lei anterior (§ 2.º).

Eis um exercício para testar a aplicabilidade de tais previsões em relação ao CPC e a Lei de Mediação.

Se considerarmos que a Lei de Mediação é a lei posterior, é forçoso reconhecer que não há em seu teor qualquer declaração expressa sobre revogação. É ela incompatível com o CPC? Não: apesar de haver regras pontuais diferenciadas, a estrutura de princípios e diretrizes é similar. Pode-se dizer que a Lei de Mediação regula inteiramente a matéria de que trata o CPC? Tampouco: como este se dedica a disciplinar a atuação dos sujeitos processuais em juízo, traz mais regras detalhadas do que a Lei de Mediação em relação a certos temas – por exemplo, ao dispor sobre a adoção da via consensual em conflitos familiares e em demandas possessórias. Assim, pode-se conceber que a Lei de Mediação, considerada lei nova que prevê disposições gerais e especiais diferentes das que constam no CPC, não o revoga nem modifica.

Consideremos agora o CPC como lei nova (posterior). Não há, obviamente, regra sobre a revogação da Lei de Mediação (que ainda nem existia quando do advento do atual códex). É ele incompatível com a Lei de Mediação? Não: apesar de haver regras pontuais diversas, a estrutura de princípios é em sua maior parte similar. Pode-se dizer que o CPC regula inteiramente a matéria objeto da Lei de Mediação? Não: esta é mais detalhada em alguns temas (como a confidencialidade e a mediação extrajudicial). Assim, pode-se conceber que o CPC, considerado lei nova contempladora de disposições gerais e especiais diferentes das que constam na Lei de Mediação, não a revoga nem modifica.

Por tais vertentes, percebe-se que a resposta não será simples em termos de considerar verificada a derrogação de certas previsões legais. Quem, porém, entender que há revogação

---

[43] Decreto-Lei n. 4.657/1942, art. 2.º: "Não se destinando à vigência temporária, a lei terá vigor até que outra a modifique ou revogue. § 1.º A lei posterior revoga a anterior quando expressamente o declare, quando seja com ela incompatível ou quando regule inteiramente a matéria de que tratava a lei anterior. § 2.º A lei nova, que estabeleça disposições gerais ou especiais a par das já existentes, não revoga nem modifica a lei anterior".

[44] TARTUCE, Flávio. *Direito civil*, cit., p. 14.

[45] PINHO, Humberto Dalla Bernardina. O marco legal da mediação no Direito brasileiro, cit.

tácita precisará examinar as disposições das leis (anterior e posterior) para verificar eventual incompatibilidade entre elas, dizendo quais prevalecem.

O advento de novas normas traz à tona a temática da antinomia, situação de incompatibilidade entre leis válidas e emanadas da autoridade competente.

Inicialmente, vale esclarecer que o conflito aqui tratado pode ser sido aparente: enquanto as antinomias reais conduzem a uma situação sem saída, nos conflitos aparentes é possível, a partir da adequada interpretação e utilização de critérios apropriados, distinguir qual previsão tem precedência sobre a outra[46]. Via de regra, os critérios invocados[47] para a solução das antinomias entre normas costumam ser de três ordens: cronológico[48], hierárquico[49] e de especialidade[50].

Consideremos, exemplificativamente, um conflito de previsões do CPC e da Lei de Mediação; pelos critérios recém-apontados temos o primeiro como norma mais recente (em relação ao vigor) e de índole geral, enquanto a segunda configura norma mais antiga (porquanto incidente antes) e mais específica. O critério hierárquico em nada interfere, já que nesse quesito ambas ocupam o mesmo patamar.

Conforme apontado, como há diferenças entre a publicação da norma e sua entrada em vigor, a depender do referencial, o CPC ou a Lei de Mediação poderá ser reputado(a) como lei posterior.

É essencial verificar o critério da especialidade; afinal, ante um conflito ele deverá prevalecer sobre o critério cronológico por força do princípio constitucional da isonomia[51] (que enseja a necessidade de prover tratamento peculiar a situações diferenciadas). Como bem pondera Norberto Bobbio,

> A passagem de uma regra mais extensa (que abrange um certo *genus*) para uma regra derrogatória menos extensa (que abrange uma *species* do *genus*) corresponde a uma exigência fundamental de justiça, compreendida como tratamento igual das pessoas que pertencem à mesma categoria. A passagem da regra geral à regra especial corresponde a um processo natural de diferenciação das categorias, e a uma descoberta gradual, por parte do legislador, dessa diferenciação. Verificada ou descoberta a diferenciação, a persistência na regra geral importaria no tratamento igual de pessoas que pertencem a categorias diferentes, e, portanto, numa injustiça. Nesse processo de gradual especialização, operado através de leis especiais, encontramos uma das regras fundamentais da justiça, que é a *suum cuique tribuere* (dar a cada um o que é seu). Entende-se, portanto, por que que a lei especial deva prevalecer sobre a geral: ela representa um momento

---

[46] ENGISCH, Karl. *Introdução ao pensamento jurídico*. Trad. J. Batista Machado. 10. ed. Lisboa: Fundação Calouste Gulbenkian, 2008, p. 313.

[47] BOBBIO, Norberto. *Teoria do ordenamento jurídico*. Trad. Maria Celeste C. J. Santos. 9. ed. Brasília: UnB, 1997, p. 91-110, *passim*.

[48] *Lex posterior derogat priori*.

[49] *Lex superior* prevalece sobre a *lex inferiori*.

[50] *Lex speciallis derogat generali*.

[51] DINIZ, Maria Helena. *Lei de Introdução às normas do Direito brasileiro interpretada*. 18. ed. São Paulo: Saraiva, 2013, p. 97.

ineliminável do desenvolvimento de um ordenamento. Bloquear a lei especial frente à geral significaria paralisar este desenvolvimento[52].

No ponto, vale perquirir: a Lei de Mediação pode ser considerada lei especial? A resposta é positiva: apresentada para compor o marco legal regulatório sobre o tema no Brasil, ela cumpre tal papel.

Como bem explana Maria Helena Diniz,

> Uma norma é especial se possuir em sua definição legal todos os elementos típicos da norma geral e mais alguns de natureza objetiva ou subjetiva, denominados *especializantes*. A norma especial acresce um elemento próprio à descrição legal do tipo previsto na norma geral, tendo prevalência sobre esta [...]. O tipo geral está contido no tipo especial. A norma geral só não se aplica ante a maior relevância jurídica dos elementos contidos na lei especial que a tornam mais suscetível de atendibilidade do que a norma genérica[53].

E como fica o CPC nesse cenário? Segundo seu art. 1.046, § 2.º, "permanecem em vigor as disposições especiais dos procedimentos regulados em outras leis, aos quais se aplicará supletivamente este Código".

Sendo a Lei de Mediação uma norma especial, pode-se afirmar que ela regula um procedimento? Sim: embora reconheça a informalidade como um dos princípios inerentes a tal meio consensual, a lei traz um detalhamento consistente sobre a sequência de atos a ser observada na mediação – referindo-se, por exemplo, à necessidade de advertência sobre confidencialidade no início do procedimento. Nessa perspectiva, pode-se concluir que o CPC deveria ter reconhecida sua aplicação supletiva no que tange às regras de mediação judicial.

Vale ainda destacar a proposta contemporânea (formulada pelos partidários da teoria do diálogo das fontes) no sentido de promover a substituição da análise estrita desses clássicos critérios.

A tese do diálogo das fontes, desenvolvida na Alemanha por Erik Jayme e trazida ao Brasil por Claudia Lima Marques, preconiza, em essência, que as normas jurídicas não se excluem – supostamente porque pertencentes a ramos jurídicos distintos –, mas se complementam; esse marco teórico contempla a premissa de uma visão unitária do ordenamento jurídico[54]. Como bem expõe Claudia Lima Marques,

> Nestes tempos, a *superação* de paradigmas é substituída pela *convivência dos paradigmas*, a revogação expressa pela incerteza da revogação tácita indireta através da incorporação [...]. Há convivência de leis com campos de aplicação diferentes, campos por vezes convergentes e, em geral, diferentes (no que se refere aos sujeitos), em um mesmo sistema jurídico; há um "diálogo das fontes" especiais e gerais, aplicando-se ao mesmo caso concreto[55].

---

[52] BOBBIO, Norberto. *Teoria do ordenamento jurídico*. Trad. Cláudio de Cicco e Maria Celeste C. J. Campos. Rev. téc. João Ferreira. Brasília: UnB, 1991, p. 96.

[53] DINIZ, Maria Helena. *Lei de Introdução* às *normas do Direito brasileiro interpretada*, cit., p. 96.

[54] TARTUCE, Flávio. *O Novo CPC e o Direito civil*. São Paulo: Método, 2015, p. 59.

[55] "A solução sistemática pós-moderna, em um momento posterior à decodificação, à tópica e à microrecodificação, procura uma eficiência não só hierárquica, mas funcional do sistema plural e complexo do nosso Direito contemporâneo; deve ser mais fluida, mas flexível, tratar diferentemente os diferentes,

A primeira justificativa para a aplicação do diálogo das fontes refere-se à funcionalidade: como vivenciamos uma explosão de leis (um "Big Bang Legislativo", na feliz expressão de Ricardo Lorenzetti), nesse mundo pós-moderno, globalizado e complexo abunda a quantidade de normas jurídicas – a ponto de deixar o aplicador do Direito desnorteado[56], diga-se de passagem.

Por força do diálogo das fontes é viável reconhecer a possibilidade de subsunção concomitante do CPC e da Lei de Mediação; afinal, os dois sistemas normativos dispõem de princípios comuns ao expressar ter como pilares a autonomia da vontade, a imparcialidade, a confidencialidade, a oralidade e a informalidade.

Em casos de dúvida quanto à aplicação de normas de um ou outro instrumento normativo, o intérprete deverá conduzir sua conclusão rumo à resposta que mais se coadune com os princípios da mediação. Tal análise será feita oportunamente quando da apreciação de diversas ocorrências normativas e do perfil de sua aplicação prática.

6.1.6 Audiências ou sessões de mediação?

A expressão audiência é apropriada para se referir ao encontro consensual? A pergunta é polêmica.

O uso do termo é compreensível no Código de Processo Civil, *locus* de contemplação da atuação em juízo e que tem tradição em seu uso. Considerando a gênese do exercício do direito de ação, perante o "juiz" realizava-se um ato audível; como ele era realizado pela troca oral de palavras, a expressão "audiência" começou a ser usada para retratar o ato processual durante o qual se fala e se ouve[57]. A análise do teor da expressão "audiência" retrata que ela efetivamente

> [...] exprime ou possui o sentido de *escuta, atenção, audição*. É, pois, o ato de receber alguém a fim de escutar ou de atender sobre o que fala ou sobre o que alega. E assim se diz que a pessoa, *recebida em audiência* por outra, foi admitida à presença dela para lhe falar acerca de assuntos de seu interesse. O escutante é quem dá audiência. O locutor é quem é recebido[58].

Com a evolução da prática e dos estudos processuais, a expressão passou a ser utilizada com maior requinte, sendo hoje identificada com a situação em que um magistrado preside o ato; nessa medida, a audiência é considerada o ato processual solene realizado na sede do juízo que se presta para que o juiz possa colher prova oral, ouvir os procuradores das partes e proferir decisão[59]. Eis explanação mais detida sobre o perfil da expressão:

> Na linguagem do Direito processual, audiência é *sessão*, ou o momento em que o magistrado, instalado em sua sala de despachos, ou em outro local reservado a esse fim, *atende* ou *ouve* as partes, determinando medidas acerca das questões trazidas a seu

---

a permitir maior mobilidade e fineza de distinções" (MARQUES, Claudia Lima; BENJAMIN, Antonio Herman V.; MIRAGEM, Bruno. Comentários ao Código de Defesa do Consumidor. 7. ed. rev., atual. e ampl. São Paulo: Thomson Reuters Brasil, 2021, p. 60).

[56] TARTUCE, Flávio. *O Novo CPC e o Direito civil*. cit., p. 59.

[57] PEREIRA, José Horácio Cintra Gonçalves. Das provas em audiência. *Revista EPD*, v. 3, p. 354, 2006.

[58] SILVA, De Plácido e. *Vocabulário Jurídico*. 31. ed. Rio de Janeiro: Forense, 2014.

[59] PEREIRA, José Horácio Cintra Gonçalves. *Das provas em audiência*, cit., p. 356.

conhecimento, ou proferindo decisões acerca das mesmas questões. Por essa forma, todas as vezes que o juiz determina a realização de atos processuais, sob sua presidência, entende-se que *está em audiência*. Está a *ouvir* as partes ou está em sessão para lhes decidir a pendência[60].

Em favor do uso da expressão "audiência de conciliação ou mediação" pelo CPC, lembra Carlos Alberto de Salles que o § 1.º do 334 do Código ressalta que ela estará a cargo de mediador/conciliador "onde houver"; não havendo tal facilitador, o encontro deverá/poderá ser conduzido pela autoridade judicial, ao que tudo indica e não seria pertinente apontar que o juiz conduziria a "sessão" de mediação/conciliação – nessa linha, o Código adota, corretamente, a designação "audiência"[61].

Ainda assim, há quem questione o uso do termo "audiência" para se referir à sessão de autocomposição, já que tal expressão remete à circunstância em que o magistrado conduz os trabalhos sob a vertente contenciosa para coletar informações relevantes para o julgamento. Por tal vertente, é mais apropriado o uso da expressão "sessão" para designar os encontros pautados pela consensualidade.

Esse entendimento também foi externado por um grupo de mediadores judiciais do Rio Grande do Sul:

> Ainda que, em ambiente judicial, as conciliações e mediações realizadas nos centros judiciários de solução de conflitos e, principalmente, nos centros/câmaras privadas, devem ser qualificadas como sessões, eis que se constituem processos de diálogo regidos pela informalidade, no qual não há a presença de uma autoridade e, sim, de facilitador. Além disso, esta diferença de denominação ajuda na construção do entendimento sobre a nova orientação legislativa e a nova postura do sistema de justiça. Ao utilizarmos o termo sessão, consolidamos junto à comunidade as diferenças e o protagonismo do processo autocompositivo frente ao processo heterocompositivo[62].

Como fundamento para defender o uso da expressão "sessão" (ao invés de audiência), vale lembrar que a mediação pode se verificar não apenas em ambientes judiciais, mas também na seara extrajudicial em que geralmente há referências a reuniões, encontros e sessões. Seria apropriado afirmar que o mediador extrajudicial e independente realiza "audiências de mediação" em seu escritório? A resposta é negativa; é melhor evitar, aliás, misturar expressões aptas a ensejar confusões entre atuações estatais e privadas.

No ponto, vale lembrar que o Ministério Público[63] já atuou contra instituição arbitral que usava logotipos e fazia referência à expressão "tribunal", porque, no entendimento do Parquet, tais condutas ensejavam indevida confusão entre julgadores estatais e privados.

---

[60] SILVA, De Plácido e. *Vocabulário Jurídico*, cit.

[61] A afirmação foi feita em comunicação direta à autora em setembro de 2021.

[62] ALBERTON, Genaceia da Silva. O Núcleo de Estudos no contexto da mediação no Rio Grande do Sul e as proposições legislativas na área da mediação. Disponível em: http://www.ajuris.org.br/sitenovo/wp--content/uploads/2014/12/o-nucleo-de-estudos-no-contexto-da-mediacao.pdf. Acesso em: 9 jul. 2015.

[63] MPF ajuíza ação contra Tribunal Arbitral do DF. Disponível em: http://www.mpf.mp.br/df/sala-de--imprensa/noticias-df/ministerio-publico-federal-ajuiza-acao-contra-tribunal-arbitral-do-df. Acesso em: 22 jan. 2020.

A Resolução n. 125/2010 do CNJ veda às Câmaras Privadas de Conciliação e Mediação o uso de símbolos da República, a denominação de "tribunal" ou expressão semelhante e a de "juiz" ou equivalente para designar seus membros[64].

Em reforço, na I Jornada "Prevenção e Solução Extrajudicial de Litígios" do Conselho da Justiça Federal (CJF) foi aprovado o Enunciado 8: "são vedadas às instituições de arbitragem e mediação a utilização de expressões, símbolos ou afins típicos ou privativos dos Poderes da República, bem como a emissão de Carteiras de Identificação para árbitros e mediadores"[65].

Vale então refletir: o uso da expressão "audiência" por mediadores extrajudiciais não poderia acabar atraindo esse tipo de postura contrária por suposta confusão e indevida associação de entidades privadas com entes judiciais? Na dúvida, é melhor apartar as expressões, sendo mais adequado falar em "sessões consensuais". Como, porém, o CPC adotou a expressão "audiência" para se referir a sessões de mediação ou conciliação, não é errado usar tal vocábulo.

6.1.7 Tempo de designação e diversas sessões

Como mencionado em capítulo anterior, a duração razoável do processo é uma garantia que enseja atenção e recomenda cuidado, sendo um vetor importante na interpretação e na aplicação de regras processuais.

Para Carlos Alberto de Salles, a mediação ou qualquer outro mecanismo processual serão inconstitucionais se ensejarem demasiada demora do processo; pondera, todavia, que "as desvantagens do atraso, fatalmente ocorrente, não poderão ser superiores à vantagem de alcançar uma solução do caso por via consensual mais rápida e barata"[66].

Em nosso sistema, como visto, a Lei foi omissa em estabelecer um prazo mínimo para que a audiência seja agendada. Contudo, previu que, caso iniciada a tentativa de autocomposição, outras sessões poderão acontecer, não sendo possível que o tempo total do procedimento a partir da primeira sessão exceda dois meses[67] ou sessenta dias[68].

Em ambas as leis, o prazo pode ser prorrogado.

Pelo Código de Processo Civil, o prazo será prorrogado caso se entenda que adicionais reuniões sejam necessárias para a composição das partes – mas o art. 334, § 2.º, não explicita quem decidirá a respeito. Poderá, então, o mediador ou o conciliador agendar mais uma sessão, extrapolando o prazo permitido pela lei, por conta de seu entendimento particular de que as partes deveriam seguir tentando se compor? A resposta é negativa.

---

[64] Resolução n. 125/2010 do CNJ, art. 12-F: "Fica vedado o uso de brasão e demais signos da República Federativa do Brasil pelas Câmaras Privadas de Conciliação e Mediação ou órgãos semelhantes, bem como por seus mediadores e conciliadores, estendendo-se a vedação ao uso da denominação de 'Tribunal' ou expressão semelhante para a entidade e a de 'juiz' ou equivalente para seus membros".

[65] CONSELHO NACIONAL DE JUSTIÇA. Símbolos. Disponível em: https://www.cnj.jus.br/programas--e-acoes/conciliacao-e-mediacao/perguntas-frequentes-7/simbolos/. Acesso em: 23 jan. 2020.

[66] SALLES, Carlos Alberto de. *Mecanismos alternativos de solução de controvérsias e acesso à justiça*, cit., p. 790.

[67] CPC, art. 334, § 2.º: "Poderá haver mais de uma sessão destinada à conciliação e à mediação, não podendo exceder a 2 (dois) meses da data de realização da primeira sessão, desde que necessárias à composição das partes".

[68] Lei n. 13.140/2015, art. 28: "O procedimento de mediação judicial deverá ser concluído em até sessenta dias, contados da primeira sessão, salvo quando as partes, de comum acordo, requererem sua prorrogação".

Cap. 6 · NORMATIVIDADE, PERFIL DO MEDIADOR E APLICAÇÃO NOS CONFLITOS CIVIS | **269**

A Lei de Mediação traz previsão mais adequada no art. 28: o prazo pode ser prorrogado apenas mediante concordância de ambas as partes. Em nosso entendimento, tal previsão é a mais correta e deve ser aplicada também nas sessões consensuais regidas pelo CPC por ser consentânea com um dos principais princípios regentes da autocomposição: a autonomia da vontade.

Relatou Jean-François Six a existência, na França, de regra sobre o tema[69]: o magistrado costuma fixar um prazo inicial para a realização[70] da mediação. O autor destaca a importância de que o acordo para a passagem pela mediação seja genuíno; afinal, ante a sobrecarga dos tribunais, é "tentador" para o juiz enviar as partes autoritariamente à saída da mediação – e a situação é preocupante, uma vez que é necessário um real acordo para que a mediação se encaminhe[71].

Com base no princípio da autonomia, propus e vi aprovado o Enunciado 577 no Fórum Permanente de Processualistas Civis: "a realização de sessões adicionais de conciliação ou mediação depende da concordância de ambas as partes".

Não será possível haver conversas favorecidas por uma pessoa imparcial de quem se interessa, se houver indisposição para seguir dialogando; em cenários assim, forçar um ou mais encontros adicionais poderá causar irritação e mal-estar, incrementando resistências e gerando improdutivos monólogos[72].

Considerando que se deve levar a sério o princípio da autonomia da vontade, a intencionalidade dos participantes deve ser considerada. O CPC já limita a autonomia ao prever multa de 2% da vantagem econômica auferível no processo em caso de ausência injustificada à sessão conciliatória (art. 334, § 8º), de modo que soa excessivo considerar obrigatório o seguimento da conciliação ou da mediação havendo discordância de uma das partes[73].

Não apenas do ponto de vista da autonomia, mas também da efetividade, o enunciado traz uma proposta coerente: se uma das partes, mesmo tendo sido devidamente apresentada ao meio consensual na primeira sessão, decide não ser pertinente seguir dialogando, deve-se considerar que ela tomou a decisão de forma esclarecida e entendeu que a ausência é melhor para si e para a gestão da disputa, não sendo produtivo o prosseguimento das conversações (ao menos naquele momento)[74]. Com relação ao *timing* da realização de sessões consensuais, vale destacar o teor do Enunciado 371 do Fórum Permanente de Processualistas Civis: os

---

[69] A Lei n. 95-125/1995, refere-se à organização das jurisdições e ao processo civil, penal e administrativo; em seu art. 21 assim consta: "o juiz pode, depois de ter obtido o acordo das partes, designar uma terceira pessoa que preencha as condições fixadas pelo decreto do Conselho do Estado para proceder: 1) seja às tentativas prévias de conciliação prescritas pela lei, salvo em matéria de divórcio e separação de corpos; 2) seja a uma mediação, em qualquer tempo do processo, compreendido em recurso de urgência, para tentar o acordo entre as partes" (SIX, Jean-François. *Dinâmica da mediação*, cit., p. 143).

[70] Lei n. 95-125/1995, art. 23: "A duração da missão de conciliação ou de mediação é inicialmente fixada pelo juiz sem que possa exceder um prazo fixado por decreto do Conselho do Estado. O juiz pode, no entanto, renovar a missão de conciliação ou de mediação. Ele pode igualmente encerrá-la antes da expiração do prazo que fixou, de ofício ou a pedido do conciliador, do mediador ou de uma parte" (SIX, Jean-François. *Dinâmica da mediação*, cit. p. 144).

[71] *Idem*, p. 145-146.

[72] TARTUCE, Fernanda. Da audiência de conciliação ou mediação. In: PEIXOTO, Ravi (Coord.). *Enunciados do Fórum Permanente de Processualistas Civis* – FPPC: organizados por assunto, anotados e comentados. 2. ed. Salvador: JusPodivm, 2019, p. 361.

[73] *Idem*.

[74] TARTUCE, Fernanda. *Da audiência de conciliação ou mediação*, p. 362.

métodos de solução consensual de conflitos devem ser estimulados também nas instâncias recursais. Tal assertiva alinha-se ao teor do art. 932, I, do CPC ("incumbe ao relator, quando for o caso, homologar autocomposição das partes").

Pode soar estranho que, após investirem na prolação de uma decisão judicial, as partes se disponham a buscar respostas conjuntas. Mas tal visão ignora que o contexto das partes (que muda com o passar do tempo) pode ter elementos favoráveis ao consenso; como exemplos, pode ter havido parcial procedência e/ou a solução judicial não ter enfrentado pontos considerados fulcrais (*v.g.*, quanto ao alegado descumprimento de certa obrigação)[75].

Além disso, o tempo que cada pessoa demanda para se abrir a possibilidades consensuais é extremamente variável – assim como o é o tempo que o Poder Judiciário utiliza para apreciar os recursos que lhe são dirigidos. Perguntar, em diferentes momentos, se as pessoas estão dispostas a tentar soluções consensuais é uma iniciativa interessante que abre espaço para a (re)consideração de elementos úteis para o exercício da autonomia da vontade das partes.

Do ponto de vista da estrutura da negociação a ser travada em segunda instância, há um elemento importante a ser considerado: na maior parte dos cenários em que há recurso(s) pendente(s) de apreciação, uma das partes já possui, ainda que de forma provisória, o pronunciamento de uma autoridade competente reconhecendo o direito em seu favor (por exemplo, mandando efetivar um direito exigido ou declarando que algo não pode ser exigido em face dela); o elemento "existência de uma decisão" pode mudar o equilíbrio de uma negociação.

Costuma-se dizer que pessoas engajadas em negociar se orientam, entre outros elementos, pelas alternativas à solução negociada que podem alcançar, ou seja, soluções que não passam por se compor com a outra parte (como o simples seguimento do processo e a espera pelo julgamento do recurso). A parte que já dispõe da declaração de primeiro grau em seu favor pode perceber a apreciação do recurso como fator mais favorável do que renegociar o resultado provisório. Como se nota, parte da incerteza do processo judicial já foi dissipada por um pronunciamento judicial (ainda que não definitivo).

Outra questão diz respeito à percepção da própria parte quanto ao seu interesse: a sentença favorável é um elemento objetivo que pode gerar um senso de fortalecimento, deixando o beneficiado em uma posição mais confortável. O trabalho de persuasão da outra parte pode ser mais árduo nesse cenário.

Assim, outros elementos devem ganhar destaque na tentativa de autocomposição em segundo grau, como a exequibilidade da decisão proferida, o custo para sua implementação, a segurança da manutenção ou a chance de reforma da decisão, o dano que o cumprimento ou o descumprimento pode causar à relação... esses fatores devem ser considerados ao se cogitar sobre a pertinência da adoção de meios consensuais, estando o feito em trâmite no segundo grau de jurisdição.

Como se percebe, o advento da sentença de primeiro grau promove um rearranjo nos elementos a serem considerados no momento da tentativa de autocomposição – mas isso não significa, necessariamente, que ele seja apto a inviabilizar a ocorrência de conciliações e mediações proveitosas.

---

[75]   O tema exposto daqui até o final do tópico foi abordado por mim na seguinte publicação: TARTUCE, Fernanda. Da audiência de conciliação ou mediação. In: PEIXOTO, Ravi (Coord.). *Enunciados do Fórum Permanente de Processualistas Civis* – FPPC: organizados por assunto, anotados e comentados. Salvador: JusPodivm, 2018, p. 332-334.

6.2 PERFIL DO MEDIADOR

Como já destacado, o mediador precisa ser apto a trabalhar com resistências pessoais e obstáculos decorrentes do antagonismo de posições para restabelecer a comunicação entre os participantes. Seu papel é facilitar o diálogo para que os envolvidos possam protagonizar a condução da controvérsia de forma negociada.

Mediar constitui uma tarefa complexa que demanda preparo, sensibilidade e habilidades, sendo interessante delinear o perfil desejável de seu realizador.

6.2.1 Formação e relevância da capacitação

a) Visão geral

Temáticas ligadas à formação e à capacitação de mediadores têm despertado considerável preocupação. Avulta a importância de tal assunto, visto que "o cuidado com a competência do mediador tem sido um caminho para o aperfeiçoamento dessa atividade"[76].

Há polêmica considerável sobre a necessidade de ser o mediador um operador do Direito (especialmente um advogado), atentando-se especialmente à aptidão para conduzir o procedimento e a verificação de condições para o estabelecimento de um acordo exequível.

O mediador deve ser treinado para propiciar o (r)estabelecimento da comunicação entre as pessoas em conflito. Para tanto, deve ser paciente, sensível, despido de preconceitos e hábil para escutar os envolvidos de modo a proporcionar espaço para a reflexão sobre seus papéis e a responsabilização quanto à reorganização de condições.

A interdisciplinaridade é uma diretriz basilar da mediação, razão pela qual "as atribuições do mediador transcendem o aspecto meramente jurídico da questão"[77].

Pode-se afirmar, em certa perspectiva, que o mediador deve representar um novo profissional: ele não pode agir como advogado (porque a hipótese não é de subsunção dos fatos às normas e porque ele não pode ser parcial em sua atuação); não pode agir como psicólogo (porque a escuta não tem finalidade propriamente terapêutica, e sim didática), nem pode agir simplesmente como um médico que ouve e delimita um diagnóstico (porque são as partes que definirão os contornos da controvérsia e as saídas para o impasse); como se percebe, o mediador fica em uma posição incômoda por não se encaixar no modelo das profissões existentes[78].

Especialmente no tocante ao conflito familiar, o mediador deve contar com preparo científico de natureza interdisciplinar, dado que as controvérsias costumam envolver complexos elementos que comprometem a assunção das respectivas responsabilidades pessoais[79].

Em regra, não se afigura essencial que o mediador (especialmente o que atua na seara extrajudicial) tenha formação jurídica ou de qualquer outra área do conhecimento: o que se exige é que ele conte com a confiança das partes e seja capacitado para seu mister por meio de um treinamento que proporcione noções apropriadas sobre a dinâmica da comunicação.

---

[76] SALES, Lilia Maia de Morais. *Justiça e mediação de conflitos*, cit., p. 102.

[77] BARBADO, Michelle Tonon. *Reflexões sobre a institucionalização da mediação no Direito positivo brasileiro*, cit., p. 216.

[78] VEZZULLA, Juan Carlos. *Mediação: teoria e prática*, cit., p. 43-44.

[79] BARBOSA, Águida Arruda. *Mediação familiar*: instrumento transdisciplinar em prol da transformação dos conflitos decorrentes das relações jurídicas controversas, cit., p. 110.

Como se perceberá, porém, quando se trata de mediação judicial costuma haver normas estipulando requisitos específicos referentes à formação do profissional, exigindo qualificação também em outras searas do conhecimento.

Deve-se conceber um treinamento especial para que a atividade do mediador seja eficiente no tratamento consensual dos conflitos, levando-se em conta especialmente as resistências inerentes ao perfil contencioso de solução de conflitos.

Embora haja significativa polêmica quanto à adequação do conteúdo programático e da carga horária, é pacífica a visão sobre a necessidade de capacitação, sendo corrente afirmar que ela deve incluir estágio supervisionado, educação continuada e práticas de mediação com supervisão de casos[80].

Como bem destaca Érica Barbosa e Silva, a profissionalização está atrelada ao desenvolvimento dos meios consensuais; estes constituem uma nova área de atuação que requer formação específica com disciplinas sobre tipologia dos conflitos e diversas formas de solução, além da abordagem de temas como interdisciplinaridade, teoria de sistemas e pensamento complexo[81].

No Brasil, a mediação privada vem sendo desenvolvida por centros, institutos e câmaras de mediação. Diversas instituições costumam realizar cursos de capacitação para mediadores, nos quais são ministrados e exigidos conhecimentos teóricos e práticos para a participação em tais instituições[82].

Nos termos do art. 9.º da Lei de Mediação, poderá funcionar como mediador extrajudicial qualquer pessoa capaz que tenha a confiança das partes e seja capacitada para fazer mediação, independentemente de integrar qualquer tipo de conselho, entidade de classe ou associação, ou nele inscrever-se.

Sob o prisma da mediação judicial também é relevante que o mediador tenha considerável preparação para exercer seu mister. Como o mediador será o primeiro contato das partes com o Poder Judiciário, há grande responsabilidade na adequada implementação do sistema de mediação[83].

A capacitação de mediadores judiciais foi objeto da Resolução n. 125/2010 do CNJ, instrumento normativo que traça diretrizes importantes sobre os meios consensuais no Brasil.

Tal resolução, antes das alterações feitas pela Emenda n. 1/2013, distinguia a capacitação de conciliadores e mediadores. No Anexo I (que tratava de cursos de capacitação e aperfeiçoamento), percebia-se que a formação era diversa; exigia-se de conciliadores e mediadores o curso do Módulo II ("Conciliação e suas técnicas"), enquanto dos mediadores exigia-se cursar, além do módulo de conciliação, um módulo extra (Módulo III – "Mediação e suas técnicas"); nesse programa eram contempladas etapas próprias (planejamento da sessão, apresentação ou abertura, esclarecimentos ou investigação das propostas das partes, criação de opções, escolha da opção) e técnicas não contempladas no programa de conciliação (comediação).

---

[80] LEVY, Fernanda Rocha Lourenço. *Cláusulas escalonadas*: a mediação comercial no contexto da arbitragem, cit., p. 98.

[81] BARBOSA E SILVA, Érica. Profissionalização de conciliadores e mediadores. *Revista Científica Virtual da Escola Superior de Advocacia*, São Paulo: OAB/SP, n. 23, 2016, p. 66.

[82] SALES, Lilia Maia de Morais. *Justiça e mediação de conflitos*, cit., p. 102.

[83] ANDRIGHI, Fátima Nancy. Mediação: um instrumento judicial para a paz social. *Revista do Advogado*, ano XXVI, v. 26, n. 87, p. 136-137, São Paulo, set. 2006.

Como se percebe, havia a pressuposição de que a mediação era um processo mais complexo e exigente, de mais cuidados do que a conciliação[84].

As previsões, contudo, não subsistiram; a Emenda n. 1/2013 alterou a Redação do Anexo I e remeteu o conteúdo dos cursos de capacitação a publicações constantes no Portal da Conciliação do CNJ[85].

A Emenda n. 2/2016 alterou o Anexo I da Resolução n. 125 para destacar as diretrizes curriculares do curso de capacitação básica dos terceiros facilitadores[86].

A Resolução n. 6/2016 do ENFAM, que estabelece procedimentos de reconhecimento de escolas e instituições formadoras de mediadores judiciais, apenas repete o anexo da Resolução n. 125. Contudo, o art. 5.º, § 2.º, da Resolução n. 6 passou a prever, a partir de 2017, que "os tribunais poderão estabelecer conteúdos complementares ao conteúdo programático constante do Anexo III como exigência para o reconhecimento da instituição formadora, desde que o conteúdo adicional seja requisito para o ingresso do mediador no banco de mediação do tribunal local"[87].

Constitui orientação do CNJ que todos os mediadores atuantes em órgãos judiciários sejam capacitados. Cabe aos tribunais organizar e disponibilizar cursos de formação por sua própria estrutura ou em parceria com entidades públicas e privadas; a maior parte dos tribunais tem contado com instrutores formados pelo CNJ para capacitar mediadores e conciliadores judiciais[88].

Pela importância do tema há normas com diversos perfis que dedicam dispositivos a temas como o registro e a fiscalização de mediadores e conciliadores, instituindo atribuições de controle aos tribunais. O assunto será analisado quando da abordagem da mediação judicial.

Utilizando as lições de Direito comparado, deve-se considerar que na Argentina (cuja legislação inspirou um dos nossos primeiros projetos de lei sobre mediação) a falta de treinamento dos mediadores, aliada à falta de incentivo que os acomete pela fixação de honorários em valor baixo, representa um grande problema, razão pela qual o tema merece especial cuidado e consideração para que não se incida nos mesmos erros da nação vizinha[89].

Avulta sobremaneira o reconhecimento da importância dos recursos humanos envolvidos, sendo essencial a existência de cursos de formação de qualidade voltados à preparação dos mediadores. Ainda em termos de Direito estrangeiro, os Estados Unidos constituem valiosa

---

[84] BERGAMASCHI, André. *A resolução dos conflitos envolvendo a Administração Pública por mecanismos consensuais*, cit., p. 114.

[85] Disponível em: http://www.cnj.jus.br/programas-de-a-a-z/acesso-a-justica/conciliacao.

[86] "O curso de capacitação básica dos terceiros facilitadores (conciliadores e mediadores) tem por objetivo transmitir informações teóricas gerais sobre a conciliação e a mediação, bem como vivência prática para aquisição do mínimo de conhecimento que torne o corpo discente apto ao exercício da conciliação e da mediação judicial. Esse curso, dividido em 2 (duas) etapas (teórica e prática), tem como parte essencial os exercícios simulados e o estágio supervisionado de 60 (sessenta) a 100 (cem) horas" (Resolução n. 125. Disponível em: https://atos.cnj.jus.br/files/resolucao_comp_125_29112010_19082019150021.pdf. Acesso em: 22 jan. 2020).

[87] Disponível em: https://www.cnj.jus.br/programas-e-acoes/conciliacao-e-mediacao/perguntas-frequentes-7/cursos-de-formacao-capacitacao/. Acesso em: 24 jan. 2020.

[88] Guia de conciliação e mediação judicial: orientação para instalação de CEJUSC. Brasília: Conselho Nacional de Justiça, 2015, p. 15.

[89] BARBADO, Michelle Tonon. *Reflexões sobre a institucionalização da mediação no Direito positivo brasileiro*, p. 213.

referência, "dado o alto grau de organização das entidades, tanto públicas quanto privadas, para captação de recursos, investimento em pesquisa e formação de profissionais altamente qualificados"[90].

b) Desnecessidade ou necessidade de especialização?

O avanço das práticas consensuais no Brasil enseja a natural tendência de diversificação do mercado e de olhares exigentes em termos de especialização dos facilitadores do consenso. Para analisar a necessidade (ou não) de especialização dos mediadores, será traçada a diferença entre as mediações empresarial e familiar[91].

A mediação empresarial é diferente de outras mediações? Em que ela difere, por exemplo, da mediação familiar? Mesmo na mediação empresarial, há muitas subáreas de atuação, como a societária e a recuperação judicial, com especificidades e arcabouços legais que as preveem e regulam de forma específica.

Considerando o cenário vigente, há seis aspectos fundamentais que diferenciam a mediação empresarial:

a) Objetividade no trato – as partes, especialmente no início, usam menos espaço para falar sobre sentimentos. "Dramas" tendem a soar inapropriados na mediação empresarial;

b) Presença marcante de reuniões privadas (*caucus*): enquanto em algumas mediações civis/familiares preponderam as reuniões conjuntas, em mediações empresariais há mais reuniões privadas das partes com o mediador;

c) A relação pode ser continuativa ou não (apenas episódica) na situação controvertida empresarial, já que a interação pode ser a primeira (e talvez a última, dependendo da gestão do conflito) entre as companhias;

d) O repertório de expressões usadas pelas partes tende a ser específico em certos contextos; por exemplo, em uma mediação empresarial sobre *M&A*[92], a disputa pode centrar-se no levantamento em favor do vendedor do valor depositado na conta *Escrow*[93];

e) *Timing* variável: o senso de oportunidade tende a variar muito – o impacto de fatores como mudanças no dia a dia da empresa é significativo na decisão sobre se engajar ou não na mediação;

f) Confiabilidade pelo *ethos* (modo de ser) e pelo discurso do mediador tendem a ser muito relevantes.

Para quem defende a especialização, alguns argumentos confirmam sua necessidade. A falta de conhecimento sobre termos técnicos ligados à área conflituosa pode dificultar muito.

---

[90] BARBADO, Michelle Tonon. *Reflexões sobre a institucionalização da mediação no Direito positivo brasileiro*, p. 217.

[91] O teor aqui transcrito foi tratado pela autora juntamente com Celia Zapparolli no artigo "Mediação entre empresas" (publicado na coletânea *Mediação empresarial*: experiências brasileiras, organizada por Adolfo Braga Neto. São Paulo: Editora CL-A Cultural, 2022, volume II).

[92] M&A é a sigla em inglês para *Mergers and Acquisitions*, que significa fusões e aquisições (de empresas).

[93] *Escrow Account*, expressão sem tradução literal para o português, é a "conta controlada" ou "conta de garantia", em que montantes são depositados por certo período para, caso algum fato novo impacte o preço ajustado, haver a devida compensação.

Cap. 6 · NORMATIVIDADE, PERFIL DO MEDIADOR E APLICAÇÃO NOS CONFLITOS CIVIS | 275

Além disso, ao nos concentrarmos em um problema sem o devido mapeamento do contexto, apenas com olhos para a controvérsia posta, podemos perder de vista aspectos relevantes do conflito – que é sempre mais profundo – e, ao não os resolver, outras controvérsias surgirão tirando o foco dos objetivos empresariais[94].

Segundo Vaéria Lagrasta,

> [...] sendo a mediação interdisciplinar, para atuação adequada em conflitos complexos, é necessário que o mediador tenha conhecimentos específicos de outras áreas do conhecimento. E é exatamente isso que ocorre nos conflitos empresariais, nos quais é necessário que o conciliador/mediador detenha, além do conhecimento das técnicas e do procedimento da mediação, conhecimentos específicos de outras áreas, como Direito Empresarial e do Trabalho, economia, contabilidade etc.[95]

Por outro lado, em relação ao repertório específico da área conflituosa, entendo que o mediador não precisa conhecer com antecedência todos os termos – só é essencial ter tranquilidade para aprender sobre ele por meio da oralidade inerente à mediação.

No mais, mesmo que ele seja advogado especializado em certa área, pela imparcialidade inerente à função mediadora e pela necessária desvinculação da profissão de origem[96], o mediador não poderá dar orientações sobre o mérito da disputa.

6.2.2 Comediação

Caso se revele necessária a atuação conjunta de mediadores, pode haver atuação em equipe, razão pela qual as leis[97] sobre mediação destacam a possibilidade de atuação pelo regime de comediação.

Eis os motivos apontados como relevantes para a adição de mediador:

> i) permitir que as habilidades e experiência de dois ou mais mediadores sejam canalizadas para a realização dos propósitos da mediação, entre as quais a resolução da disputa; ii)

---

[94] O tema foi desenvolvido com maior detalhamento na obra *Negociação, mediação, conciliação, facilitação assistida, prevenção, gestão de crise nos sistemas e suas técnicas* (ZAPPAROLLI, C. R.; KRAHENBÜHL, M. C. São Paulo: LTr, 2012).

[95] LAGRASTA, Valéria Ferioli. CEJUSC Empresarial ou Adequada Formação de Conciliadores e Mediadores? In: MOREIRA, António Júdice et al. *Recuperação Judicial e Falência*. Métodos de Solução de Conflitos – Brasil e Portugal. São Paulo: Almedina, 2022, p. 35.

[96] CNJ, Resolução 125/2010. Anexo III – art. 2.º – As regras que regem o procedimento da conciliação/ mediação são normas de conduta a serem observadas pelos conciliadores/mediadores para o bom desenvolvimento daquele, permitindo que haja o engajamento dos envolvidos, com vistas à sua pacificação e ao comprometimento com eventual acordo obtido, sendo elas: [...] IV – Desvinculação da profissão de origem – dever de esclarecer aos envolvidos que atuam desvinculados de sua profissão de origem, informando que, caso seja necessária orientação ou aconselhamento afetos a qualquer área do conhecimento poderá ser convocado para a sessão o profissional respectivo, desde que com o consentimento de todos.

[97] CPC, art. 168, § 3.º: "Sempre que recomendável, haverá a designação de mais de um mediador ou conciliador; Lei n. 13.140/2015, art. 15: A requerimento das partes ou do mediador, e com anuência daquelas, poderão ser admitidos outros mediadores para funcionarem no mesmo procedimento, quando isso for recomendável em razão da natureza e da complexidade do conflito".

oferecer mediadores com perfis culturais ou gêneros distintos, de modo que as partes sintam menor probabilidade de parcialidade e interpretações tendenciosas por parte dos terceiros neutros; iii) treinamento supervisionado de mediadores aprendizes[98].

A existência de equipes com diferentes profissionais revela-se interessante em face da abordagem abrangente proposta pela mediação; no Projeto de Lei n. 94/2002 era expressa a recomendação de atuação em regime de comediação com profissional de área diversa[99].

A comediação interdisciplinar, caracterizada pela complementaridade de conhecimentos, possibilita identificar o perfil multifatorial de conflitos (marcados por aspectos legais, psicológicos, financeiros e sociais) e trabalhar em uma abordagem mais ampla do litígio, levando em consideração seus diferentes aspectos[100].

Apesar de as leis não trazerem balizas detalhadas para a adoção da atuação conjunta, um fator que pode orientar essa escolha é a possibilidade de uma equipe multidisciplinar que combine conhecimentos para abordar adequadamente o conflito[101].

Recomenda-se a atuação conjunta quando as partes preferirem contar com mais facilitadores e quando a controvérsia for complexa; a pluralidade permite uma maior abrangência na intelecção de elementos do conflito e uma ampliada possibilidade de comunicação entre os envolvidos, facilitando caminhos para o encontro de soluções[102].

Assim, em demandas que envolvam conflitos passíveis de apreciação sob variados prismas – por exemplo, por terem claras repercussões psicológicas e legais –, pode haver comediação com mediadores de diferentes formações. Nessa medida, em certo conflito familiar complexo pode atuar uma dupla diferenciada; a mediadora (terapeuta na origem) poderá enfocar situações emocionais e afetivas ligadas às crianças, enquanto o mediador de formação jurídica focará questões legais e/ou financeiras relacionadas à empresa familiar. Ambos poderão atuar nas sessões conforme as necessidades das partes e o melhor proveito para a comunicação entre elas entabulada.

Como lembra Águida Arruda Barbosa, a mediação realizada em dupla pode enriquecer a atividade pelas diferenças de ótica e de personalidade; "as duplas podem ser organizadas por dois mediadores advogados ou dois psicólogos, ou dois assistentes sociais, importando aí tão somente a aptidão criativa para mediar"[103].

A comediação ou conciliação conjunta são também indicadas, segundo Ada Grinover, em conflitos agrários e "em casos em que a economia e a contabilidade, o direito e a engenharia sejam importantes para o entendimento do conflito[104]".

---

[98]   AZEVEDO, André Gomma de (org.). *Manual de mediação judicial.* 5. ed. Brasília/DF: CNJ, 2015, p. 136.

[99]   Projeto de Lei n. 94/2002, art. 33: "Em razão da natureza e complexidade do conflito, o mediador judicial ou extrajudicial, a seu critério ou a pedido de qualquer das partes, prestará seus serviços em regime de comediação com profissional especializado em outra área que guarde afinidade com a natureza do conflito".

[100]   ALMEIDA, Tania; PELAJO, Samantha. *A mediação de conflitos em casos concretos,* cit., p. 138.

[101]   BRAGA NETO, Adolfo. *O que é mediação de conflitos.* São Paulo: Brasiliense, 2007, p. 64.

[102]   QUEIROZ, Claudia Lemos. Aspectos relevantes do mediador. In: GROSMAN, Claudia. MANDELBAUM, Helena Gurfinkel (coords.). *Mediação no judiciário: teoria na prática e prática na teoria.* São Paulo: Primavera, 2011, p. 85.

[103]   BARBOSA, Águida Arruda. *Mediação familiar interdisciplinar,* cit., p. 45.

[104]   GRINOVER, Ada Pellegrini. O minissistema brasileiro de Justiça consensual: compatibilidades e incompatibilidades, cit.

Também em conflitos empresariais a comediação pode se revelar pertinente. Exemplo desse reconhecimento consta na Recomendação n. 58/2019 do CNJ, segundo a qual os magistrados responsáveis pela apreciação de processos de recuperação empresarial e falências, de varas especializadas ou não, devem promover, sempre que possível, o uso da mediação. Nos termos do art. 3º, § 6º, o mediador que aceitar a designação poderá sugerir às partes e ao magistrado, conforme o caso, a nomeação de um ou mais comediadores e/ou a consulta a técnicos especializados, sempre em benefício do bom desenvolvimento da mediação, considerando a natureza e a complexidade do caso ou o número de procedimentos de verificação de créditos em que deverá atuar.

Como no regime do CPC não há indicação sobre quem definirá se a comediação é recomendável, Fernando Gajardoni entende que poderão decidir por sua adoção:

> a) o juiz do caso ou o juiz coordenador do Cejusc, logo ao designar a audiência de conciliação/mediação; b) as partes, no caso em que elegerem, de comum acordo, os mediadores/conciliadores judiciais (com a condição de que paguem a remuneração de ambos); e c) o próprio mediador/conciliador atuante, ao verificar as particularidades do conflito durante o processo de mediação/conciliação, caso em que comunicará a ocorrência o juiz do caso ou o juiz coordenador do Cejusc[105].

A Lei de Mediação adota parâmetro diverso e explana a quem incumbirá a escolha: segundo o art. 15, a requerimento das partes ou do mediador, e com anuência daquelas, poderão ser admitidos outros mediadores para funcionar no mesmo procedimento quando isso for recomendável em razão da natureza e da complexidade do conflito.

Ao exigir que as partes consintam, a Lei de Mediação se revela mais restritiva do que o CPC[106].

Há quem veja com ressalvas a possibilidade de comediação: a pluralidade de intermediários deve ser reservada para situações excepcionais em que realmente seja imprescindível a presença de diferentes sujeitos com formações distintas porque, além do encarecimento gerado pela presença de mais de um mediador, a multiplicidade pode tornar a mediação mais complexa do que seria necessário e demandar mais tempo para chegar a um resultado positivo[107].

Quando a mediação é realizada por meio eletrônico, a comediação pode ser interessante por força dos efeitos da mídia. A plataforma usada na comunicação tende a ensejar especial zelo e/ou distrações; contar com um(a) mediador(a) mais focado na plataforma e outro(a) facilitador(a) liberado dessa função irá permitir uma atuação mais completa e permitir atenção total ao cumprimento escorreito das diretrizes do meio consensual.

6.2.3 Remuneração

Uma das propaladas vantagens da mediação é seu baixo custo; pelo fato de se desenvolver em reuniões para a promoção de conversas, ela não demanda consideráveis investimentos.

---

[105] GAJARDONI, Fernando. Comentário ao art. 168. In: DELLORE, Luiz; DUARTE, Zulmar; ROQUE, André; GAJARDONI, Fernando (coords.). *Teoria geral do processo: Comentários Ao CPC de 2015.* Rio de Janeiro: Forense, 2015, p. 548.

[106] GRINOVER, Ada Pellegrini. O minissistema brasileiro de Justiça consensual: compatibilidades e incompatibilidades, cit.

[107] NEVES, Daniel Assumpção. *Código de Processo Civil comentado artigo por artigo.* Salvador: JusPodivm, 2019, p. 322.

A baseda remuneração geralmente considera, na mediação privada, as horas do mediador e, em caso de mediação institucional, eventual taxa de manutenção da câmara em que ele atua.

No Poder Judiciário brasileiro a remuneração de mediadores e conciliadores é polêmica, sendo objeto de variadas concepções e aplicações.

O tema precisa ser bem tratado; afinal, sendo conciliadores e mediadores reconhecidos como auxiliares da justiça no sistema normativo, é necessário que eles possam desenvolver uma identidade profissional. Para tanto, o estabelecimento da adequada remuneração é um elemento fundamental[108].

a) Concursos e processos seletivos

O CPC[109] reconhece a possibilidade de os tribunais optarem por estruturar quadro próprio de conciliadores e mediadores a ser preenchido por concurso público de provas e títulos, sendo observadas as disposições do Código.

Embora na maior parte do Brasil não haja tradição consolidada de concursos para conciliadores e mediadores (sendo mais comum usar profissionais independentes), a opção poderá ser livremente exercida.

Pesquisa realizada em programas de conciliação e mediação no Brasil e nos EUA demonstrou vantagens no uso de terceiros ligados e remunerados pelo tribunal (*staff mediators*): em situações de desequilíbrio de poder, por estarem vinculados ao Judiciário, é cobrada dos facilitadores uma postura mais interventiva para assegurar o reequilíbrio, sendo até estimulados a fornecer informações importantes à parte vulnerável e exigir da outra parte o compartilhamento de dados; além disso, eles são responsáveis pelo caso até o final, mantendo uma relação mais próxima com as partes[110].

Um ponto, contudo, que dificulta tal iniciativa entre nós é a falta de dotação orçamentária decorrente da crise financeira reportada pelos tribunais brasileiros. Ainda assim, alguns casos de concursos merecem ser citados.

O Tribunal de Justiça da Bahia realizou em 2015 um concurso público para a contratação de 753 conciliadores, tendo admitido candidatos com bacharelado em Direito, Administração, Psicologia ou Serviço Social ou matrícula regular nesses cursos (a partir do 4.º ano ou do 7.º semestre letivo)[111]. Posteriormente, o Tribunal abriu processo seletivo público para a formação de cadastro de reserva nas funções de conciliador e de juiz leigo[112].

---

[108] SILVA, Érica Barbosa e. Profissionalização de conciliadores e mediadores. Revista Científica Virtual da Escola Superior da Advocacia, n. 23, 2016. Disponível em: https://goo.gl/s7M8yJ. Acesso em: 7 set. 2018.

[109] CPC, art. 167, § 6.º: "O tribunal poderá optar pela criação de quadro próprio de conciliadores e mediadores, a ser preenchido por concurso público de provas e títulos, observadas as disposições deste Capítulo".

[110] ASPERTI, Maria Cecília de Araújo. *A mediação e a conciliação de demandas repetitivas*: os meios consensuais de resolução de disputas e os grandes litigantes do Judiciário. Belo Horizonte: Fórum, 2020, p. 170-171.

[111] Os ganhos seriam por produtividade: audiências com acordo renderiam R$ 35,00 e, caso este não ocorresse, o valor recebido seria R$ 17,50; o salário mensal não poderia ultrapassar R$3.091,26 para conciliadores. A carga horária seria de 30 horas semanais para o cargo e a contratação seria temporária, sem vínculo empregatício (Inscrições para 1.251 vagas de juiz leigo e conciliador vão até as 23h59. Disponível em: http://g1.globo.com/bahia/noticia/2015/03/inscricoes-para-1251-vagas-de-juiz-leigo-e-conciliador-vao--ate-23h59.html. Acesso em: 8 jul. 2017).

[112] Disponível em: https://conhecimento.fgv.br/sites/default/files/concursos/tjba-minuta-de-edital_20.04.23_0.pdf. Acesso em: 20 jun. 2023.

Cap. 6 · NORMATIVIDADE, PERFIL DO MEDIADOR E APLICAÇÃO NOS CONFLITOS CIVIS 279

O Tribunal de Justiça do Acre abriu, em 2016 e 2021, processos seletivos para formar cadastros de reserva de conciliadores com ensino superior completo ou incompleto, desde que regularmente matriculados a partir do 4.º ano ou 7.º semestre; os selecionados seriam contratados por dois anos, admitida recondução uma vez, com carga horária de 40 horas semanais e remuneração de R$ 5.472,79 (cinco mil, quatrocentos e setenta e dois reais e setenta e nove centavos)[113].

O Tribunal de Justiça de Alagoas realizou, em 2017 e 2022, processos seletivos para a contratação temporária e a formação de cadastro reserva de graduandos e graduados em direito para atuação como conciliadores em Juizados Cíveis, Criminais, de Violência Doméstica e Familiar contra a Mulher e da Fazenda Pública do Estado[114].

Há ainda notícias de concursos nos Tribunais de Justiça dos Estados de Pernambuco[115], Paraná[116], Piauí[117] e Rio Grande do Sul[118], assim como da Justiça Federal na Paraíba[119].

b) Remuneração avulsa

O CPC prevê que, ressalvados os casos de concursos públicos, mediadores e conciliadores serão remunerados[120] pelo exercício de sua valiosa função.

No mesmo sentido, dispõe o art. 13 da Lei de Mediação que a remuneração devida aos mediadores judiciais será fixada pelos tribunais e custeada pelas partes, observado o disposto no § 2.º do art. 4.º desta Lei.

As previsões sobre a necessidade de remuneração são coerentes com a exigência de capacitação e cadastramento, pauta que demanda tempo e dedicação.

A partir da concretização dos pagamentos em valores apropriados, haverá maior chance de que passem a integrar os quadros do Poder Judiciário profissionais dedicados e/ou experientes que precisam trabalhar com uma pauta remuneratória adequada.

A remuneração deverá ser prevista em uma tabela do Tribunal e observar parâmetros ditados pelo CNJ; as leis, como se percebe, permitem significativa abertura aos órgãos jurisdicionais para fixar os montantes devidos.

Sobre o tema, questiona Ana Marcato: a despeito da previsão de regulamentação de valores, não seria possível – ou mesmo salutar – que partes e facilitadores, no exercício da autonomia da vontade, pudessem combinar livremente os honorários? A autora responde positivamente: a opção seria viável e saudável, "servindo de incentivo à atuação de profis-

---

[113] Disponível em: https://www.tjac.jus.br/adm/processos-seletivos/juiz-leigo-e-conciliador/juiz-leigo-e--conciliador-2021/. Acesso em: 20 jun. 2023.

[114] Disponível em: https://drive.google.com/file/d/1l6FU0sFRlDTqgkl_3-0Dwt4PXfwxj6FL/view. Acesso em: 20 jun. 2023.

[115] Conciliadores 2016. Disponível em: https://www.tjpe.jus.br/web/concursos-e-selecoes/selecao-publica--de-voluntarios/conciliadores-2016. Acesso em: 20 jun. 2023 .

[116] Processos seletivos. Disponível em: https://www.tjpr.jus.br/processos-seletivos. Acesso em: 20jun. 2023.

[117] Seleções TJPI. Disponível em: https://www.tjpi.jus.br/selecoes/concursos/7. Acesso em: 20 jun. 2023.

[118] Processos Seletivos para Conciliadores e Juízes Leigos. Disponível em: https://www.tjrs.jus.br/novo/institucional/concursos-e-processos-seletivos/conciliadores-e-juizes-leigos/. Acesso em: 20 jun. 2023.

[119] Seleção de Conciliadores. Disponível em: https://www.jfpb.jus.br/index.php/selecao-de-conciliador. Acesso em: 20 jun. 2023 .

[120] Art. 169: "Ressalvada a hipótese do art. 167, § 6.º, o conciliador e o mediador receberão pelo seu trabalho remuneração prevista em tabela fixada pelo tribunal, conforme parâmetros estabelecidos pelo Conselho Nacional de Justiça".

sionais experientes e qualificados nos cadastros dos tribunais de justiça, que merecem ser remunerados apropriadamente"[121]. Em seu sentir, a opção seria consentânea com a situação verificada quanto a outros auxiliares da Justiça, os peritos judiciais: estes não se pautam por valores fixos de honorários, mas estimam eles mesmos o montante devido (cabendo impugnação das partes antes da determinação judicial)[122].

É importante que tais valores não sejam aviltantes nem desanimadores, sob pena de a arena judicial ser um local de valorização questionável do trabalho de mediadores e conciliadores, deixando de contar com profissionais experientes e bem avaliados que não possam ou mesmo não desejem trabalhar de modo voluntário. A remuneração de conciliadores e mediadores deve ser suficientemente atrativa para que bons profissionais[123] desejem atuar na seara judicial.

Infelizmente, a crônica falta de recursos que pauta os discursos sobre gestão estatal é invocada quando se aborda a remuneração de facilitadores do consenso. A situação acaba gerando a contemplação de valores praticamente simbólicos, que representam singela "ajuda de custo" para mediadores e conciliadores.

Segundo ato normativo do Tribunal de Justiça carioca, conciliadores e mediadores judiciais serão remunerados pela atuação em cada processo "em que realizado e homologado acordo judicial – exceto nos casos em que ao menos uma das partes seja beneficiária de gratuidade de justiça e nos processos de Juizados Especiais Cíveis, Criminais e Fazendários, hipóteses em que não haverá remuneração" (art. 10)[124].

O Tribunal de Justiça de Goiás apresentou uma tabela em que a remuneração, por audiência, varia conforme o valor da causa[125].

---

[121] "Como exemplo, poderíamos imaginar a circunstância de as partes escolherem em conjunto seu facilitador e, ato contínuo, já combinarem com ele qual será o valor de sua remuneração (na hipótese de uma mediação judicial regulada também pelos termos do art. 168, CPC)" (MARCATO, Ana Cândida Menezes. Art. 13. In: CABRAL, Trícia Navarro Xavier; CURY, Cesar Felipe (coord.). *Lei de mediação comentada artigo por artigo*. Indaiatuba: Foco, 2018, p. 73).

[122] MARCATO, Ana Cândida Menezes. Art. 13, cit., p. 73.

[123] TAKAHASHI, Bruno. De novo, os meios consensuais no Novo CPC. *Revista Científica Virtual da Escola Superior de Advocacia*, São Paulo: OAB/SP, n. 23, 2016, p. 33.

[124] Ato Normativo Conjunto TJ/CGJ n. 73/2016. Disponível em: http://www.tjrj.jus.br/documents/10136/1077812/ato-normativo-73-2016.pdf. Acesso em: 8 set. 2018. Pelo § 1.º do art. 10, quando houver remuneração, ela será, para os conciliadores judiciais, R$ 10,00 e para os mediadores, R$ 20,00 por cada processo realizado em que seja homologado acordo judicial. Havendo mais de um mediador ou conciliador, o valor será rateado entre os profissionais (art. 10, § 3.º).

[125] Em procedimentos sem gratuidade processual, por exemplo, o conciliador receberá por audiência o valor de R$ 30,00 (para causas de até R$ 50.000,00), R$ 50,00 (para demandas entre R$ 50.000,01 e R$ 100.000,00) e R$ 280,00 (faixa entre R$ 500.000,01 e R$ 1.000.000,00); o montante máximo é R$ 580,00 para causas de valor superior a R$ 10.000.000,01. Os valores dos mediadores são um pouco mais altos: R$ 50,00 (para causas de até R$ 50.000,00), R$ 70,00 (para demandas entre R$ 50.000,01 e R$ 100.000,00) e R$ 300,00 (faixa entre R$ 500.000,01 e R$ 1.000.000,00); o montante máximo é de R$ 600,00 para causas de valor superior a R$ 10.000.000,01. Havendo gratuidade processual, a remuneração será paga pelo Estado nos seguintes valores: I – Audiência de conciliação: R$ 7,98; II – Audiência de mediação: R$ 23,96. Tabela de remuneração do conciliador judicial. Disponível em: http://tjdocs.tjgo.jus.br/documentos/510237/download. Acesso em: 23 jan. 2020.

Em São Paulo, a Lei estadual n. 15.804/2015 veio a lume para estabelecer valores de remuneração e carga horária[126]; após ter sido objeto de ação direta de inconstitucionalidade com liminar deferida para suspender a eficácia da lei, esta voltou ao ordenamento, já que a ADIN teve o pedido julgado improcedente em julho de 2017.

Recentemente o Tribunal de Justiça de São Paulo editou a Resolução n. 809/2019[127] com parâmetros para remunerar mediadores. A tabela prevê referências horárias considerando o valor estimado da causa e o nível que o mediador se atribui (básico, intermediário ou avançado). O mediador que diz se situar no patamar básico (nível de remuneração 1) pode cobrar R$ 75,42 por hora em causas de até R$ 62.852,00 e o valor de R$ 879,92 em causas de valor superior a R$ 12.570.357,01. No patamar intermediário (nível 2), para os mesmos valores de causa a remuneração vai de R$ 226,27 a R|$ 1.257,03 a hora. Para o mediador de patamar avançado (nível 3), a remuneração pode variar de R$ 439,97 até R$ 1.571,30[128].

Mesmo com o advento da Resolução n. 809, a situação não foi plenamente resolvida. Por falta de previsão orçamentária definitiva do Tribunal de Justiça, muitos mediadores judiciais permanecem trabalhando gratuitamente[129]. Concorrem para esse cenário diversos fatores; houve, por exemplo, quem suspendesse a cobrança diante de protestos[130] de advogados, enquanto outros magistrados estariam convidando os facilitadores a se comprometerem a trabalhar voluntariamente.

c) Trabalho voluntário

A realização de mediação judicial como trabalho voluntário é prevista no art. 169, § 1.º, do CPC; tal tradicional prática vem sendo mantida no cenário brasileiro em diversos tribunais brasileiros.

Por questão de transparência, exigem-se para a atuação voluntária dois elementos normativos: legislação pertinente e regulamentação por parte do tribunal.

Quanto à legislação, incide a Lei n. 9.608/1998, que conceitua trabalho voluntário como "atividade não remunerada prestada por pessoa física a entidade pública de qualquer natureza ou a instituição privada de fins não lucrativos que tenha objetivos cívicos, culturais, educacionais, científicos, recreativos ou de assistência à pessoa" (art. 1.º).

A lei estipula que o serviço voluntário não gera vínculo empregatício (art. 1.º, parágrafo único), devendo ser exercido mediante a celebração de termo de adesão entre a entidade (pública ou privada) e o prestador do serviço voluntário (art. 2.º), com direito apenas ao res-

---

[126] O texto prevê jornada semanal máxima de 16 horas semanais (mínimo de duas e máximo de oito horas diárias), com remuneração de 2 UFESPs (Unidades Fiscais do Estado de São Paulo), ou R$ 42,50, por hora (CABRAL, Trícia Navarro Xavier. Art. 4.º In: CABRAL, Trícia Navarro Xavier; CURY, Cesar Felipe (coord.). *Lei de mediação comentada artigo por artigo*. Indaiatuba: Foco, 2018, p. 33).

[127] Segundo o art. 1.º, a tabela foi elaborada conforme os parâmetros sugeridos na tabela constante do anexo da Resolução CNJ n. 271/2018, que estabeleceu diretrizes da remuneração a ser paga a conciliadores e mediadores judiciais (Resolução n. 809/2019. Disponível em: https://www.tjsp.jus.br/Download/Conciliacao/Resolucao809-2019.pdf. Acesso em: 18 jul. 2023).

[128] Resolução n. 809/2019. Anexo Tabela de Remuneração. Disponível em: https://www.tjsp.jus.br/Download/Conciliacao/TabelaDeRemuneracao.pdf. Acesso em: 18 jul. 2023.

[129] MARCATO, Ana Cândida Menezes. Art. 13, cit., p. 74.

[130] Esse fundamento se encontra na Portaria n. 3/2019 do CEJUSC do Foro Regional de Santana na capital paulista. Além do protesto de advogados (que afirmaram não ter pedido o encaminhamento ao Centro e já ter pagado custas e despesas), a experiência nas duas primeiras semanas não teria sido bem-sucedida, havendo ainda grande volume de casos sob o pálio da gratuidade processual.

sarcimento de despesas incorridas no desempenho das atividades, desde que expressamente ressarcidas (art. 3.º). Obviamente o trabalho dos mediadores judiciais voluntários deve respeitar as previsões de tal Lei.

Já a "regulamentação por parte do Tribunal" diz respeito à previsão da forma de remuneração ou da voluntariedade do mediador.

No Tribunal de Justiça de São Paulo a previsão atual consta nas "Normas de Serviço" expedidas pela Corregedoria-Geral de Justiça: "os conciliadores e mediadores prestarão seus serviços sem nenhum vínculo com o Estado e o pagamento de sua remuneração, quando cabível, far-se-á de acordo com a Resolução TJSP n.º 809/2019" (art. 605)"[131].

Por fim, o CPC/2015 menciona a atuação gratuita das câmaras privadas cadastradas no art. 169, § 2.º[132]. Tanto o CPC quanto o art. 4º, § 2º[133], da Lei de Mediação revelam a preocupação do legislador com a situação dos beneficiários da justiça gratuita (que não têm condições de arcar com despesas processuais).

A regra do CPC dá uma resposta a tal inquietação: se uma câmara privada tem o benefício de atuar mediante remuneração, deve suportar certo percentual de atuações gratuitas como contrapartida de seu credenciamento; o percentual, segundo o dispositivo, será determinado pelo tribunal.

Há quem veja no sistema uma vantagem em termos de previsibilidade, já que o percentual permitirá ao mediador saber de antemão em quantos processos atuará sem contrapartida pecuniária[134].

A ideia parece interessante, embora fomente uma atuação *pro bono* sem a espontaneidade que geralmente embasa tal tipo de atividade.

Há que se considerar ainda que, diante da resistência de muitas pessoas em participar de sessões consensuais, é possível que haja um volume maior de mediações sob o pálio da gratuidade do que mediante remuneração. Nesse caso, tendo sido ultrapassada a cota das câmaras privadas, poderá ser necessário usar outras fontes para remunerar os auxiliares do juízo (a exemplo do que se faz quando se trata do pagamento de honorários a peritos).

Para Daniel Amorim Assumpção Neves, caso sejam necessárias mais audiências do que aquelas previstas originariamente, o Estado deve pagar as entidades privadas pela realização da atividade[135].

Por fim, vale destacar que a contrapartida de realização gratuita de sessões consensuais só é imposta pelo CPC/2015 a pessoas jurídicas; as pessoas físicas que atuarem como mediadoras deverão receber o montante devido, pelo que tudo indica, pelo sistema tradicional.

---

[131] Disponível em: https://api.tjsp.jus.br/Handlers/Handler/FileFetch.ashx?codigo=117060. Acesso em: 23 jan. 2020.

[132] "Os tribunais determinarão o percentual de audiências não remuneradas que deverão ser suportadas pelas câmaras privadas de conciliação e mediação, com o fim de atender aos processos em que deferida gratuidade da justiça, como contrapartida de seu credenciamento."

[133] "Aos necessitados será assegurada a gratuidade da mediação."

[134] MACHADO JUNIOR, Dario Ribeiro. Mediadores judiciais. A nova lei de mediação brasileira: comentários ao Projeto de Lei n. 7.169/14. PINHO, Humberto (org.). *Revista Eletrônica de Direito Processual*, ano 8, v. esp., ed. eletrônica. Rio de Janeiro, UERJ, 2014.

[135] NEVES, Daniel Assumpção. *Código de Processo Civil comentado artigo por artigo*, p. 323.

A Lei de Mediação aborda o tema no art. 13: a remuneração devida aos mediadores judiciais será fixada pelos tribunais e custeada pelas partes, sendo assegurada aos necessitados a gratuidade da mediação.

Em relação a tal custeio, eis a explanação de Fernando Gajardoni:

> Quem pagará pela mediação/conciliação são as partes, na forma do artigo 82 do CPC/2015. O autor só antecipará o pagamento do ato se não o refutar, i.e., se não declinar na inicial, expressamente, desinteresse pela conciliação/mediação (artigo 334, § 4.º, CPC/2015). Não havendo interesse, competirá ao réu, caso também não manifeste desinteresse pelo ato, antecipar o pagamento. Tratando-se de feitos que tenham como parte a Defensoria Pública, a Fazenda Pública ou o Ministério Público, não haverá antecipação da remuneração do mediador/conciliador caso elas sejam consideradas as responsáveis pelo custeio, cabendo ao vencido, no final da demanda, pagar pelo ato (artigo 91 do CPC/2015)[136].

O autor manifesta a impressão de que, apesar da aparente cogência da sessão consensual, poucos vão querer antecipar o custo da mediação judicial, o que fará que declinem desinteresse pelo ato – afinal, se quisessem, teriam pagado pela mediação extrajudicial. Em sua visão, a sessão consensual, "de quase obrigatória (art. 334, § 4.º, do CPC), somente acabará por acontecer":

> a) nos raros casos em que as partes se dispuserem antecipar o pagamento pelo ato; b) nas ações de partes beneficiárias da Justiça Gratuita, caso em que câmaras privadas de mediação, se houver, suportarão a realização do ato em contrapartida ao seu credenciamento (artigo 169, § 2.º, do CPC/2015); e c) nas ações que tenham como parte a Fazenda Pública e o Ministério Público (considerando que as ações ajuizadas pela Defensoria Pública já estão abarcadas pela situação anterior) e eles, apesar da desistência da outra parte, não declinem do ato[137].

Visões restritivas à parte, não há como deixar de reconhecer a relevância do tema. Como ressalta Érica Barbosa e Silva, conciliadores e mediadores são definitivamente os novos sujeitos do sistema de Justiça, sendo importante o reconhecimento dos serviços por eles prestados; isso influirá de forma decisiva na qualidade dos meios consensuais, sendo "preciso desenvolver uma identidade profissional, sobretudo com o estabelecimento de uma remuneração mínima, bem como incentivos constantes voltados para a qualificação permanente de seus quadros"[138].

6.3 MODALIDADES DE MEDIAÇÃO

6.3.1 Mediação extrajudicial

a) Configuração

A mediação pode ser realizada por mediadores independentes ou por instituições voltadas à sua realização. Quando é operada sem componentes dos quadros jurisdicionais, ela é denominada mediação privada ou extrajudicial.

---

[136] GAJARDONI, Fernando. Comentário ao art. 169. In: DELLORE, Luiz; DUARTE, Zulmar; ROQUE, André; GAJARDONI, Fernando (coords.). *Teoria geral do processo: comentários ao CPC de 2015*. Rio de Janeiro: Forense, 2015, p. 549.

[137] GAJARDONI, Fernando. Comentário ao art. 169, cit. p. 550.

[138] BARBOSA E SILVA, Érica. Profissionalização de conciliadores e mediadores, cit. p. 73.

284 | MEDIAÇÃO NOS CONFLITOS CIVIS – *Fernanda Tartuce*

A mediação privada (extrajudicial) pode ser classificada como mediação comum, podendo ser conduzida por qualquer pessoa de confiança dos interessados; a mediação comum pode ser subdividida em mediação institucional (organizada por centros ou associações de mediação) ou independente (conduzida por mediadores sem vínculo com qualquer entidade e escolhidos livremente pelas partes)[139].

A mediação privada se apresenta como uma alternativa para reduzir tempo e custos na solução de conflitos. Embora normalmente ela seja realizada antes da instauração de uma relação processual, nada obsta que litigantes em conflito busquem dirimi-lo pela mediação extrajudicial mesmo havendo um processo pendente; nesse caso, é possível pedir a suspensão do feito[140] enquanto participam das sessões consensuais.

Como, porém, há a sensação de que os processos no Brasil demoram muito, é comum que os envolvidos atuem em uma dupla perspectiva, participando da mediação e "tocando" o processo.

A Lei de Mediação, porém, traz um parâmetro exigente ao dispor de modo imperativo que, ainda que haja processo (arbitral ou judicial) em curso, as partes poderão submeter-se à mediação, caso em que requererão ao juiz ou árbitro a suspensão do processo por prazo suficiente para a solução consensual do litígio (Lei n. 13.140/2015, art. 16[141]).

Um ponto que pode ensejar dúvidas é a seguinte: quando, no curso de uma demanda judicial, a adoção da mediação é estimulada ou sugerida pelo magistrado, ajustada sua realização fora do processo ela deve ser considerada judicial ou extrajudicial?

Há duas formas de responder a essa questão.

Pode-se afirmar que nesse cenário a característica privada da mediação permanece, já que a ocorrência das sessões se verificará fora do ambiente público e não será objeto de registros judiciais[142]; essa resposta soa coerente com a percepção dos envolvidos e com a sistemática do ordenamento.

Por outro lado, é possível desvincular a classificação em relação ao local da realização do ato e adotar como parâmetro a iniciativa da escolha; em certa versão do projeto de lei de mediação constava, no art. 6.º, que a mediação seria reputada judicial quando os mediadores fossem designados pelo Poder Judiciário e extrajudicial quando as partes escolhessem o mediador ou a instituição de mediação privada[143]. A previsão, contudo, não resistiu aos debates legislativos. Entendo que, nesse caso, a mediação deve ser considerada extrajudicial.

---

[139] BACELLAR, Roberto Portugal. *Juizados especiais*, cit., p. 210-211.

[140] CPC, art. 313. "Suspende-se o processo: (...) II – pela convenção das partes"; art. 694, parágrafo único. "A requerimento das partes, o juiz pode determinar a suspensão do processo enquanto os litigantes se submetem a mediação extrajudicial ou a atendimento multidisciplinar."

[141] A suspensão do processo não obstará a concessão de medidas de urgência pelo juiz ou pelo árbitro (art. 16, § 2.º).

[142] VEZZULLA, Juan Carlos. *Mediação: teoria e prática*, cit., p. 88. Prossegue o autor: "Na acepção de método privado enquanto serviço, também a mediação o é na medida em que o mediador, na sua tarefa, não representa o Estado. Actua como um profissional que até pode ser um funcionário do Estado, ou estar autorizado por ele, mas sem exercer a sua função em seu nome, nem recebendo instruções alheias ao exercício de sua profissão" (p. 89).

[143] PINHO, Humberto Dalla Bernardina de. Preâmbulo do P.L. 7.169/14. A nova lei de mediação brasileira: comentários ao Projeto de Lei n. 7.169/14. *Revista Eletrônica de Direito Processual*, ano 8, v. esp., ed. eletrônica, Rio de Janeiro, 2014.

b) Perfil do mediador privado e presença de advogado(a)/defensor(a)

A Lei de Mediação destinou uma seção aos mediadores extrajudiciais, merecendo destaque as regras que a compõem.

Segundo o art. 9.º da Lei n. 13.140/2015, poderá funcionar como mediador extrajudicial qualquer pessoa capaz que tenha a confiança das partes e seja capacitada para fazer mediação, independentemente de integrar qualquer tipo de conselho, entidade de classe ou associação, ou nele inscrever-se.

Como se percebe, três requisitos essenciais devem ser observados por quem pretende atuar como mediador extrajudicial: 1. Capacidade de Direito; 2. Confiança das partes; 3. Capacitação em mediação.

A capacidade de Direito é um requisito objetivo aferível a partir das regras civis; a confiança das partes, por seu turno, configura um fator subjetivo[144]. Muitas câmaras de mediação contam com listas de mediadores formadas por profissionais reconhecidos por sua reputação e suas habilidades; no mais, a indicação de pessoas que conhecem mediadores e podem afiançar sobre sua honestidade costuma ser um fator importante para a aceitação do nome.

Quanto à capacitação do mediador extrajudicial, não há previsão expressa sobre seu teor ou qualquer exigência de vinculação a uma instituição; esta, aliás, é claramente dispensada, não se exigindo que ele esteja associado a qualquer entidade para atuar. A previsão é salutar para preservar, por exemplo, a possibilidade de atuação de facilitadores que realizam mediações escolares e comunitárias. Além disso, muitos mediadores privados vêm desempenhando sua função há tempo significativo: como seus estudos antecederam a regulamentação, não dispõem da capacitação oficial promovida pelo CNJ (embora alguns deles lecionem em cursos de formação).

Na I Jornada de Prevenção e Solução Extrajudicial de Conflitos do Conselho da Justiça Federal, entendeu-se que "a menção à capacitação do mediador extrajudicial, prevista no art. 9.º da Lei n. 13.140/2015, indica que ele deve ter experiência, vocação, confiança dos envolvidos e aptidão para mediar, bem como conhecimento dos fundamentos da mediação, não bastando formação em outras áreas do saber que guardem relação com o mérito do conflito" (Enunciado 47).

A Lei de Mediação destaca, no art. 10, que as partes poderão ser assistidas por advogados ou defensores públicos; segundo o parágrafo único, caso uma das partes compareça acompanhada de advogado ou defensor público, o mediador suspenderá o procedimento até que todas estejam devidamente assistidas.

Em edições anteriores do livro, apontei que tal previsão, por retratar a possibilidade de dispensa de advogados, tenderia a ensejar considerável polêmica. Realmente isso ocorreu e ensejou reação considerável.

Por não contemplar a advocacia como essencial, o citado art. 10 foi visto como "impreciso, se não inconstitucional"; em reação, a OAB/SP lançou a campanha "não se faz justiça sem Advocacia: conciliação nos Cejuscs, só com advogado ou advogada"[145].

A visão tem fundamento quando se refere a sessões consensuais realizadas em CEJUSCs porque há formação de título executivo judicial quando homologado o acordo celebrado pelas partes em tal ambiente.

---

[144] IWAKURA, Cristiane. Disposições finais. A nova lei de mediação brasileira: comentários ao Projeto de Lei n. 7.169/14. *Revista Eletrônica de Direito Processual*, ano 8, v. esp., ed. eletrônica, Rio de Janeiro, UERJ, 2014.

[145] CANTON FILHO, Fabio. Advogado é necessário também na mediação. Disponível em: https://www.conjur. com.br/2017-set-10/fabio-canton-advogado-necessario-tambem-mediacao. Acesso em: 8 set. 2018.

Como se poderá conferir adiante no item 6.3.2.1, concluo que as sessões consensuais realizadas em tais Centros são judiciais – ainda que se configurem como pré-processuais. A partir de tal constatação, a participação de advogados ou defensores é essencial por força da Constituição Federal e de disposições expressas do CPC (art. 334, § 9.º, e art. 695, § 4.º).

A Lei de Mediação tem regra no mesmo sentido: acertou o legislador ao "prever, de forma adequada para a tomada de decisões consensuais em caráter definitivo, que a participação do advogado é obrigatória na mediação *judicial*" – ressalvados os procedimentos inerentes aos Juizados Especiais[146].

Como, porém, muitos Tribunais seguem tratando as conciliações e mediações pré-processuais feitas nos CEJUSCs como se extrajudiciais fossem, há uma tentativa legislativa de mudar o cenário. O Projeto de Lei n. PLC n. 80/2018 (antigo PL 5.511-B/2016) foi apresentado pela OAB/SP ao Senado Federal para alterar a Lei n. 8.906/1994 (Estatuto da Advocacia) de modo a estabelecer a obrigatoriedade da participação da advocacia na solução consensual de conflitos[147]. A iniciativa é realmente importante.

Na Ação Direta de Inconstitucionalidade (ADIN) 6.324, ajuizada pela OAB, o STF julgou constitucional a disposição do CNJ que prevê a facultatividade de representação por advogado ou defensor público nos Centros Judiciários de Solução de Conflitos e Cidadania (CEJUSCs)[148].

De acordo com o Ministro Relator Luís Roberto Barroso, a Resolução 125/2010 não é inconstitucional do ponto de vista formal porque o CNJ tem competência para disciplinar a conciliação e a mediação enquanto formas de gestão do Poder Judiciário. No mérito, o pedido da ADIN foi julgado improcedente porque tal resolução somente torna prescindível a presença de advogados em "(i) procedimentos judiciais em que, por força de lei, é desnecessária a atuação do procurador (art. 26 da Lei n. 13.140 /2015), como os juizados; (ii) atos de resolução consensual em momento pré-processual ou de mera informação sobre direitos". Nesses casos, a dispensa do advogado seria possível por se tratar de direitos patrimoniais disponíveis, permanecendo a garantia – à parte desacompanhada por advogado – de suspensão do procedimento para obtenção de assistência jurídica (Lei de Mediação, art. 10, parágrafo único)[149].

Para o Ministro Relator, a obrigatória presença de advogados em toda forma de solução de controvérsias violaria a autonomia privada restringindo a possibilidade de as pessoas resolverem seus conflitos por si mesmas. Ademais, a referida resolução "impôs a conciliadores, mediadores e demais servidores o dever de esclarecimento aos envolvidos, para que possam tomar uma decisão informada (Resolução CNJ n. 125 /2010, art. 1º, II, e art. 2º, I)". A norma impugnada estimularia "uma atuação mais eficiente e menos burocratizada do Poder Judiciário para assegurar direitos"[150].

---

[146] MOESSA DE SOUZA, Luciane. Mediação, acesso à justiça e desenvolvimento institucional: análise histórico--crítica da legislação brasileira sobre mediação. In: MOESSA DE SOUZA, Luciane (coord.). *Mediação de conflitos*: novo paradigma de acesso à justiça. Santa Cruz do Sul: Essere nel Mondo, 2015, p. 68.

[147] Propõe-se a inserção, no Estatuto da OAB, do seguinte dispositivo: "É obrigatória a participação do advogado na solução consensual de conflitos, tais como a conciliação e a mediação, ressalvado o disposto no art. 791 da Consolidação das Leis do Trabalho (CLT), aprovada pelo Decreto-lei n.º 5.452, de 1.º de maio de 1943" (art. 2.º, § 4.º).

[148] STF valida norma do CNJ que dispensa advogados nos CEJUSCs. Disponível em: https://www.migalhas.com. br/quentes/392174/stf-valida-norma-do-cnj-que-dispensa-advogados-nos-cejuscs. Acesso em: 31 ago. 2023.

[149] Voto do Ministro Relator Luís Roberto Barroso na ADI 6324. Disponível em: https://www.migalhas. com.br/arquivos/2023/8/F5AE98E87AB7C6_votobarrosoadin6324.pdf. Acesso em: 31 ago. 2023.

[150] Voto do Ministro Relator Luís Roberto Barroso na ADI 6324.

Cap. 6 • NORMATIVIDADE, PERFIL DO MEDIADOR E APLICAÇÃO NOS CONFLITOS CIVIS | 287

Como se nota, à luz de tais interpretações, será essencial contar com regra expressa para apontar a necessária presença da advocacia nas sessões consensuais realizadas em CEJUSCs, em centros de conciliação e/ou mediação judiciais sob qualquer denominação e em núcleos, câmaras ou profissionais com inscrição, encaminhamento e/ou fiscalização do Poder Judiciário (ressalvada, obviamente, as situações legalmente previstas sobre os Juizados Especiais). O caminho já começou a ser trilhado pela OAB/SP para que isso ocorra.

c) Meios consensuais em serventias extrajudiciais

Os cartórios podem ser considerados uma "porta" de acesso à justiça apta a realizar mediações e conciliações extrajudiciais?

Desde o início da cogitação sobre tal possibilidade o tema gerou polêmicas e desconfianças – sobretudo porque haveria interesse precipuamente econômico na gestão de meios consensuais.

Ora, sob o prisma da evolução do sistema multiportas, a resposta é positiva: os cartórios têm uma excelente dispersão geográfica. Soa infundada a resistência com relação aos cartórios, já que tais serventias são referências tradicionais de informação e regularização de situações jurídicas. A existência de interesse econômico é natural e permeia todos os que exercem atividades na seara privada.

Apesar das resistências então existentes, em 2013 uma iniciativa do Tribunal estadual paulista buscou prever a possibilidade de realização de mediação em cartórios; em pioneira normatização, a Corregedoria-Geral da Justiça do TJSP editou o Provimento n. 17/2013 para autorizar a realização de mediação e conciliação nos tabelionatos do Estado; nos termos do art. 3.º, apenas direitos patrimoniais disponíveis poderiam ser objeto de tais meios consensuais.

A proposta buscou permitir que a via consensual encontrasse mais espaços no campo extrajudicial, alinhando-se ao interesse do Tribunal de estimular que a atuação no âmbito dos serviços notariais favorecesse a "desjudicialização" no tratamento de conflitos.

O Provimento foi alvo imediato de críticas por parte da advocacia. A OAB-SP apresentou Pedido de Providências ao CNJ pedindo[151] a suspensão do provimento porque: 1. A Corregedoria do TJSP teria extrapolado funções, já que apenas lei específica poderia atribuir funções às serventias extrajudiciais; 2. Não foi repetida a tendência legislativa quanto à necessária presença do advogado; 3. A Resolução n. 125 do CNJ não delegou aos cartórios competência para atuar em meios alternativos de solução de conflitos, não sendo possível que, por um Provimento, a Corregedoria-Geral de Justiça do Estado regulamentasse o tema, "descurando da necessária intervenção de um advogado para condução transparente e orientação jurídica aos cidadãos envolvidos nas formas consensuais de composição de interesses".

O CNJ suspendeu a vigência do Provimento por entender que a Resolução n. 125/2010 não abrangia as serventias extrajudiciais. Nos dizeres da conselheira Gisele Godin Ramos, o provimento paulista "dirige-se às serventias extrajudiciais, criando mecanismo paralelo – e privado – de resolução de conflitos. Sua regulamentação escapa à incidência da Política Judiciária Nacional de tratamento adequado dos conflitos de interesse no âmbito do Poder Judiciário"[152].

---

[151] No pedido de providências n. 0003397-43.2013.2.00.0000 requereu-se a imediata suspensão do provimento quanto à atuação de serventias extrajudiciais na solução consensual de conflitos sem a necessária participação direta do Poder Judiciário ou de membro da advocacia.

[152] Decisão proferida no mencionado pedido de providências em 26.08.2013.

288 | MEDIAÇÃO NOS CONFLITOS CIVIS – *Fernanda Tartuce*

Embora não tenha tido êxito em uma perspectiva imediata, o provimento teve o mérito de estimular o debate em torno da adequada realização de meios consensuais no âmbito dos cartórios. Alinhado a tal possibilidade, em 2014 foi proposto um projeto legislativo[153] para que passasse a ser prevista expressamente em lei a possibilidade de notários atuarem como conciliadores e mediadores extrajudiciais[154].

Também houve evolução porque a realização de meios consensuais nos cartórios foi referenciada na Lei n. 13.140/2015. Nos termos do art. 42, aplica-se a lei de mediação, no que couber, às outras formas consensuais de resolução de conflitos (como mediações comunitárias e escolares) e àquelas levadas a efeito nas serventias extrajudiciais, desde que no âmbito de suas competências.

Como se nota, ao longo do tempo o tema foi evoluindo, as resistências foram diminuindo e finalmente o CNJ se manifestou regulamentando o art. 42 da Lei de Mediação por meio do Provimento n. 67/2018.

Como bem destaca Érica Barbosa e Silva, o ato promove a consolidação da política de permanente incentivo e aperfeiçoamento da composição de conflitos por conciliação e mediação ao inserir as serventias extrajudiciais no ambiente autocompositivo:

> Notários e Registradores devem exercer essa nova atribuição relacionada à aplicação específica dessas técnicas, atuando como facilitadores da comunicação e, pela investigação das suas razões, favorecendo a resolução do conflito. Dessa forma, é evidente que não está atrelada a nenhuma especialidade cartorial, tanto que o provimento não fala em distinção por atribuição [...] É certo que essa interpretação favorece a população, pois as Serventias Extrajudiciais estão espalhadas por todo o território e estão presentes até mesmo nos locais mais longínquos. Sem essas restrições, haverá grande ampliação das arenas de solução consensual de conflitos, favorecendo o desenvolvimento da Justiça colaborativa[155].

Para a autora, como o provimento não exige que o mediador seja graduado há pelo menos dois anos em curso de ensino superior, essa "grande restrição, que contradiz as bases constitutivas da mediação", não é aplicável aos cartórios; estes, mesmo sob a supervisão dos Tribunais Estaduais, devem ser entendidos "como câmaras privadas no desenvolvimento dos meios consensuais"[156].

Pelo Provimento n. 67/2018 do CNJ, a adesão das serventias extrajudiciais ao desempenho de atividades consensuais é ser facultativa e o processo de autorização deverá ser regulamentado

---

[153] O Projeto de Lei n. 7.600/2014 acrescenta incisos ao art. 6.º da Lei n. 8.935/1994 a fim de estabelecer novas atribuições aos notários. Tal projeto foi apensado a outro de teor similar, o PL 850/2011; até a elaboração desta edição o último movimento legislativo datava de 25.11.2011 (Disponível em http://www.camara.gov.br/proposicoesWeb/fichadetramitacao?idProposicao=496354. Acesso em: 10 jul. 2017).

[154] Consta na justificativa que o projeto visa possibilitar que notários possam atuar nos meios alternativos de solução de conflitos, poderosas ferramentas de pacificação social e instrumentos efetivos de solução e prevenção de litígios (Disponível em: http://www.camara.gov.br/proposicoesWeb/prop_mostrarinteg ra;jsessionid=BA4A0B5F5AB2ECFD30133098635AFC01.proposicoesWeb1?codteor=1255962&filena me=PL+7600/2014. Acesso em: 8 jul. 2017).

[155] BARBOSA E SILVA, Érica. Conciliação e mediação nas serventias extrajudiciais. Disponível em: https://www.conjur.com.br/2018-abr-09/erica-silva-conciliacao-mediacao-serventias-extrajudiciais. Acesso em: 8 set. 2018.

[156] BARBOSA E SILVA, Érica. Conciliação e mediação nas serventias extrajudiciais, cit.

Cap. 6 · NORMATIVIDADE, PERFIL DO MEDIADOR E APLICAÇÃO NOS CONFLITOS CIVIS | 289

pelos Núcleos Permanentes de Métodos Consensuais de Solução de Conflitos (NUPEMEC) e pelas Corregedorias de Justiça dos Estados[157].

Destaca Trícia Navarro Cabral ser ideal, para manter uma padronização nacional, que todos os tribunais regulem de forma semelhante a matéria, "ainda que observadas as peculiaridades de cada estado ou região, assegurando a implementação de uma política institucional uniforme"[158].

Quanto aos custos, o *caput* do art. 36 do Provimento prevê a referência dos emolumentos para uma hora de conciliação ou mediação: o menor valor cobrado na lavratura de escritura pública sem valor econômico. Segundo o art. 38, caso seja arquivado o requerimento antes da sessão consensual, 75% do valor recebido deverá ser restituído[159].

Como pondera Érica Barbosa e Silva, "os emolumentos das conciliações e mediações devem corresponder ao efetivo custo e à adequada remuneração dessa nova atribuição"; afinal,

> [...] a natureza pública das atividades notariais e registrais está ligada ao dever do Estado de proporcionar meios econômicos necessários ao exercício de novas atribuições, garantindo a qualidade do serviço público pela fixação de remuneração que seja correspondente ao seu efetivo custo. Essa sistemática permitiria maior adesão das serventias extrajudiciais aos meios consensuais, sobretudo daquelas deficitárias. Certamente, não é o que ocorrerá[160].

Tem plena razão a autora; a falta de incentivos econômicos tende a ensejar ínfima adesão de serventias à realização de sessões consensuais.

Embora contem com atos normativos locais autorizadores, em poucos Estados da federação há cartórios se dispondo a atuar nessa seara. O Distrito Federal é um exemplo; contudo, mesmo lá apenas um cartório tem autorização para realizar procedimentos de conciliação e mediação[161].

Vale destacar que o art. 39 do Provimento n. 67/2018 ainda determina que as serventias extrajudiciais, como contrapartida da autorização para prestar o serviço, realizem sessões não remuneradas de conciliação e mediação para atender demandas de gratuidade.

Nesse cenário, as vantagens existentes para o engajamento dos cartórios no movimento consensual, se existem, são meramente simbólicas; a persistir esse cenário, infelizmente não passaremos a contar com as serventias extrajudiciais, perdendo a chance de evoluir rumo a um sistema multiportas eficiente e amplo sob o prisma geográfico.

---

[157] Completa Érica Barbosa e Silva: "Tal exigência faz parecer que será necessário permanecer aguardando para que os meios consensuais se tornem uma realidade nas Serventias Extrajudiciais. Isso porque, além do cumprimento de todas as exigências por parte das serventias, corregedoria e núcleos de conciliação e mediação deverão trabalhar juntas na regulamentação dessa nova atribuição dada aos Notários e Registradores" (BARBOSA E SILVA, Érica. Conciliação e mediação nas serventias extrajudiciais, cit.).

[158] CABRAL, Trícia Navarro Xavier. Permitir que cartórios façam conciliação e mediação é iniciativa bem-vinda. Disponível em: https://www.conjur.com.br/2018-abr-05/tricia-navarro-permitir-conciliacao-cartorios-medida-bem-vinda. Acesso em: 8 set. 2018.

[159] Eis um exercício para aferir a dimensão de tais montantes: em SP, em 08.09.2018, o valor de uma escritura pública sem valor declarado era de R$ 79,57. Se uma das partes desistisse antes da sessão consensual, o cartório restituiria R$ 59,67 à parte e ficaria com meros R$ 19,89.

[160] BARBOSA E SILVA, Érica. Conciliação e mediação nas serventias extrajudiciais, cit.

[161] Mediação nos Cartórios. Disponível em: https://www.tjdft.jus.br/informacoes/extrajudicial/mediacao-nos-cartorios. Acesso em: 24 jan. 2020.

d) Mediação comunitária

Voltando ao art. 42 da Lei de Mediação, propugnou-se que o principal objetivo de tal norma é "assegurar a acomodação geral das normas sobre mediação a outras formas de resolução de conflitos extrajudiciais ou judiciais, independentemente das matérias ora versadas"[162].

A expressão "no que couber" concebe a necessária abertura para que possa ser feita a adaptação das regras legais às realidades vivenciadas no âmbito de mediações extrajudiciais em que a informalidade naturalmente predomina. A previsão tem a vantagem de prestigiar instituições que há tempos já vêm cumprindo, com empenho e dedicação, a tarefa de mediar conflitos com eficiência e cuidado; a experiência angariada ao longo da vivência na mediação habilita tais entidades a promover suas atividades com grande eficácia.

Nas palavras de Lilia Maia de Morais Sales, a mediação comunitária é aquela realizada nos bairros periféricos que "visa a oferecer àqueles que vivem em condições menos afortunadas possibilidades de conscientização de direitos, resolução e prevenção de conflitos em busca da paz social"[163].

Em seu viés coexistencial (participativo), a distribuição da justiça pode ser desenvolvida em juízos conciliatórios manejados por cidadãos leigos da comunidade local, utilizando a oralidade em grau máximo (com simplicidade, informalidade, concentração e economia), em busca da composição não contenciosa dos conflitos[164]. Como pondera Jean-François Six, a primeira mediação a ser feita é

> [...] devolver confiança às cidades e aos subúrbios, estudando-se a fundo sua realidade e potencialidades, com a criação de uma democracia urbana, na qual hão de ser pesquisadas novas maneiras de os cidadãos tornarem-se cidadãos de fato, de responsabilizarem-se por sua cidade, por seu subúrbio, de criarem novos projetos para si[165].

Na França, além dos mediadores institucionais, há os mediadores cidadãos (também denominados "naturais"). Originalmente, surgiram dentro dos grupos sociais, sendo procurados não por estar vinculados a uma instituição ou contar com a indicação de um juiz, mas por ser dotados do dom de mediar, o que gerava a confiança dos cidadãos que os conheciam. Assim, sua autoridade sempre foi eminentemente moral. Com o desenvolvimento urbano e o grande movimento populacional, tais mediadores tradicionais foram sendo substituídos por associações independentes, geralmente consagradas ao bem comum[166].

No Brasil há diversas iniciativas desenvolvendo a mediação comunitária, cujo grande mérito é aproximar o cidadão da administração da justiça; nesse cenário destacam-se as Casas de Cidadania e as Casas de Mediação instaladas para tal mister em várias cidades de diferentes estados da Federação.

A mediação comunitária no Brasil costuma ser realizada por instituições e mediadores autônomos; eventual acordo ali entabulado pode ser configurado de forma tal a receber o caráter de título executivo extrajudicial[167] ou mesmo ser homologado em juízo para constituir título executivo judicial.

---

[162] IWAKURA, Cristiane. *Disposições finais*, cit.
[163] SALES, Lilia Maia de Morais. *Justiça e mediação de conflitos*, cit., p. 135.
[164] FIGUEIRA JÚNIOR, Joel Dias; TOURINHO NETO, Fernando. *Juizados especiais cíveis e criminais*, cit., p. 53.
[165] SIX, Jean-François. *Dinâmica da mediação*, cit., p. 171.
[166] SIX, Jean-François. *Dinâmica da mediação*, cit., p. 31-32.
[167] BRAGA NETO, Adolfo. *Mediação de conflitos e legislação brasileira*, cit.

6.3.2 Mediação judicial

6.3.2.1 Centros judiciários e requisitos para mediar

A mediação será judicial quando efetivada no curso de uma demanda já instaurada, sendo conduzida por mediadores judiciais (previamente cadastrados e habilitados segundo as regras do respectivo Tribunal) designados pelo juiz da causa[168] ou indicados pelos Centros (CEJUSCs).

A mediação judicial foi objeto de regramento no CPC/2015 e na Lei de Mediação em diversos dispositivos.

Há regras[169] praticamente semelhantes[170] que repetem iniciativa inaugurada pela Resolução n. 125/2010 do CNJ, que no art. 8.º estipulou aos Tribunais o dever de criar Centros Judiciários de Solução de Conflitos e Cidadania ("Centros" ou "Cejuscs") para atender aos Juízos, Juizados ou Varas com competência nas áreas cível, fazendária, previdenciária e de família, assim como aos Juizados Especiais Cíveis, Criminais e Fazendários.

Tais unidades judiciárias são responsáveis pela realização de sessões consensuais a cargo de conciliadores e mediadores, bem como pelo atendimento, orientação e estímulo aos meios consensuais. Como destaca Fernando Gajardoni,

> A criação destes órgãos, dotados de certa autonomia em relação às unidades judiciais, é essencial para o funcionamento do modelo de processo civil proposto pelo CPC/2015, em que as tarefas de conciliação/mediação, preferencialmente, não serão afetas ao magistrado[171].

A previsão reconhece que, em termos administrativos, a composição e a organização dos centros serão definidas pelo respectivo tribunal; esclarece, porém, a necessária observância das normas do Conselho Nacional de Justiça.

O reconhecimento de autonomia aos tribunais locais justifica-se para que possam atuar com certa flexibilidade ao aprimorar ou ajustar as experiências exitosas implementadas até a entrada em vigor das leis.

Analisemos o perfil normativo no que tange aos requisitos para ser mediador judicial.

Para fins de organização e transparência quanto à composição dos quadros judiciais de mediadores e conciliadores, o CPC prevê expressamente a necessidade de capacitação e cadastramento duplo: um nacional e outro local (realizado pelo Tribunal Estadual ou Federal da localidade onde for atuar o mediador/conciliador ou a câmara).

---

[168] BACELLAR, Roberto Portugal. *Juizados especiais*: a nova mediação paraprocessual. São Paulo: RT, 2003, p. 212.

[169] CPC, art. 165: "Os tribunais criarão centros judiciários de solução consensual de conflitos, responsáveis pela realização de sessões e audiências de conciliação e mediação e pelo desenvolvimento de programas destinados a auxiliar, orientar e estimular a autocomposição. § 1.º A composição e a organização dos centros serão definidas pelo respectivo tribunal, observadas as normas do Conselho Nacional de Justiça".

[170] Lei n. 13.140/2015, art. 24: "Os tribunais criarão centros judiciários de solução consensual de conflitos, responsáveis pela realização de sessões e audiências de conciliação e mediação, *pré-processuais e processuais*, e pelo desenvolvimento de programas destinados a auxiliar, orientar e estimular a autocomposição. Parágrafo único. A composição e a organização do centro serão definidas pelo respectivo tribunal, observadas as normas do Conselho Nacional de Justiça".

[171] GAJARDONI, Fernando. Comentário ao art. 165. In: DELLORE, Luiz; DUARTE, Zulmar; ROQUE, André; GAJARDONI, Fernando (coords.). *Teoria geral do processo: comentários ao CPC de 2015*. Rio de Janeiro: Forense, 2015, p. 538.

MEDIAÇÃO NOS CONFLITOS CIVIS – *Fernanda Tartuce*

Embora soe relevante contar com um cadastro nacional para haver informações centralizadas, a exigência é alvo de crítica. Para Ada Grinover e Kazuo Watanabe, exigir dos facilitadores também o cadastramento nacional implica conferir monopólio aos órgãos nacionais quanto a critérios de cadastramento e capacitação de mediadores e conciliadores, o que compromete a participação local dos tribunais e a eficiência dos diversos cursos de formação oferecidos pelas entidades privadas, pelo próprio Estado e pelas universidades[172].

Como se percebe, é preciso haver cautela para que a exigência de duplo cadastro não configure um deletério empecilho à célere composição do quadro de mediadores e conciliadores judiciais.

A Lei de Mediação, nessa temática, segue uma linha simplificadora; com perfil mais sucinto, menciona apenas o cadastramento em tribunal local[173].

Apesar disso, ela traz um elemento complicador ao exigir, no art. 11, que o mediador judicial tenha, além das óbvias capacidades de Direito e capacitação, graduação há pelo menos dois anos em curso de ensino superior de instituição reconhecida pelo Ministério da Educação.

No que tange ao nível de formação dos mediadores, o Ministério da Justiça realizou há anos uma pesquisa que revela dados interessantes:

Exigência de formação dos mediadores ou facilitadores	Frequência	%
Não é necessária uma formação específica ou experiência	7	10,4
É necessária experiência em trabalhos comunitários ou assistenciais, mas não formação específica	11	16,4
É necessária formação específica, não universitária (mas não experiência)	8	11,9
É necessária formação específica, não universitária, e experiência em trabalhos comunitários ou assistenciais	5	7,5
É necessária formação universitária específica (mas não experiência)	25	37,3
É necessária formação universitária específica e experiência em trabalhos comunitários ou assistenciais	10	14,9
Não responde/recusa	1	1,5
Total	67	100,0

Fonte: Sistemas de administração alternativa de conflitos. Secretaria da Reforma do Judiciário/ Ministério da Justiça e Programa das Nações Unidas para o Desenvolvimento (Pnud)[174].

Percebia-se uma preferência por participantes de perfil universitário, ainda que sua formação fosse desvinculada da vivência da mediação; deve-se atentar, de todo modo, que ainda quando os universitários se originam de cursos jurídicos, nem sempre têm conhecimento técnico e prático sobre os meios consensuais dada a limitação das grades curriculares quanto ao ensino de tal conteúdo. Assim, é o treinamento prévio para que possam atuar eficientemente.

---

[172] Especialistas criticam projeto de Mediação. Disponível em: http://www1.folha.uol.com.br/poder/2014/05/1451827-frederico-vasconcelos-especialistas-criticam-projeto-de-mediacao.shtml. Acesso em: 6 jan. 2015.

[173] Lei n. 13.140/2015, art. 12: "Os tribunais criarão e manterão cadastros atualizados dos mediadores habilitados e autorizados a atuar em mediação judicial. § 1.º A inscrição no cadastro de mediadores judiciais será requerida pelo interessado ao tribunal com jurisdição na área em que pretenda exercer a mediação. § 2.º Os tribunais regulamentarão o processo de inscrição e desligamento de seus mediadores".

[174] *Acesso à justiça por meios alternativos de solução de conflitos*, cit.

Cap. 6 · NORMATIVIDADE, PERFIL DO MEDIADOR E APLICAÇÃO NOS CONFLITOS CIVIS | 293

No mais, as exigências em termos de graduação e tempo de formatura não têm embasamento; se a pessoa é capacitada, domina a abordagem consensual de controvérsias e por força da imparcialidade não pode fornecer consultoria técnica, qual é o sentido de sua observância? A regra não merece prevalecer.

Como apontado, infelizmente faltou diálogo entre os legisladores do CPC e da Lei de Mediação. A situação pode ser resolvida pela aplicação da teoria do diálogo das fontes, devendo o aplicador considerar os princípios regentes dos meios consensuais para aplicar as regras que se revelem conflitantes.

Assim, propõe-se uma saída que inclui todos os capacitados: no caso da habilitação de mediadores judiciais – em que a Lei de Mediação exige que a pessoa seja graduada em curso de ensino superior por mais de dois anos, requisito não trazido pelo atual CPC –, os Tribunais devem admitir o cadastramento de todas as pessoas capacitadas (já que a capacitação é o critério comum nas duas legislações). Devem os tribunais, porém, dar publicidade ao fato de serem os mediadores formados ou não há mais de dois anos; as partes então poderão, sabendo de tal fato, escolher um mediador formado ou não, atribuindo a essa característica o valor que entenderem apropriado com base em sua autonomia da vontade.

Não foi essa, porém, a saída divisada pelo Conselho Nacional de Justiça. Em resposta à consulta formulada pelo Núcleo Permanente de Métodos Consensuais de Solução de Conflitos/ Sistema de Conciliação do Tribunal Regional Federal da 4.ª Região, ele decidiu que: (i) para ser conciliador, não há necessidade de ser graduado no ensino superior há mais de dois anos; (ii) estudantes universitários que tenham passado por capacitação conforme o Anexo I da Resolução 125/2010 do CNJ podem ser conciliadores; (iii) estudantes que não passaram pela capacitação podem atuar apenas como auxiliares, estagiários ou observadores. A exigência para atuar como mediador, no entanto, é aquela estipulada no art. 11 da Lei de Mediação: ser graduado há pelo menos dois anos e capacitado de acordo com os requisitos mínimos definidos pelo CNJ em conjunto com o Ministério da Justiça[175].

Sobre a atuação de estudantes como conciliadores, merecem destaque as palavras de Kazuo Watanabe: em diversas comarcas, embora os alunos de faculdades de Direito tenham a orientação de um professor da área jurídica, falta-lhes capacitação específica para mediação ou conciliação; além disso, "sua atuação não é continuada"[176].

Outro ponto importante merece destaque: o art. 167, § 3.º, do CPC exemplifica os dados relevantes que devem constar no credenciamento das câmaras e no cadastro de conciliadores e mediadores: número de causas de que participou, sucesso ou insucesso da atividade, matéria sobre a qual versou a controvérsia.

Quanto ao número de causas de que participou o mediador/conciliador, o dado tenta passar elementos objetivos sobre a vivência na prática consensual.

6.3.2.2 Sucesso

Nos termos do art. 167, § 3.º, do CPC, "do credenciamento das câmaras e do cadastro de conciliadores e mediadores constarão todos os dados relevantes para a sua atuação, tais

---

[175] Disponível em: https://www.jusbrasil.com.br/diarios/140136763/cnj-16-03-2017-pg-33. Acesso em: 8 jul. 2017.

[176] WATANABE, Kazuo. Tratamento adequado de conflitos: noções gerais. In: SILVEIRA, José Custódio da (org. e coord.). *Manual de negociação, conciliação, mediação e arbitragem*. Belo Horizonte: Letramento, 2018, p. 21.

como o número de processos de que participou, o sucesso ou insucesso da atividade, a matéria sobre a qual versou a controvérsia, bem como outros dados que o tribunal julgar relevantes".

A expressão "sucesso" tem as seguintes acepções: "1 Aquilo que sucede; acontecimento, fato; 2. Qualquer resultado de um negócio; 3. Bom resultado; êxito, sucedimento"[177]. Já o vocábulo "insucesso" é identificado como mau resultado e falta de sucesso[178].

Qualificar o efeito de uma conversação é complicado, razão pela qual eventual "êxito" da atividade consensual é um elemento a ser considerado com cautela. Afinal, diferentes resultados podem ser vistos como satisfatórios pelos participantes; além disso, a não obtenção de acordos é decorrência do respeito à sua autodeterminação.

Os tribunais, as partes e os advogados devem estar cientes de que muitas vezes se deixa de celebrar pactos não por conta de limitações do facilitador, mas sim por características do conflito, pelo perfil das partes, pelo momento vivido e/ou por anteriores negociações pautadas por má-fé, dentre tantos outros fatores.

Para aferir o resultado do mediador em sua atuação, devem-se considerar a observância dos princípios inerentes à via consensual e o cumprimento escorreito das melhores práticas recomendadas para o bom encaminhamento das sessões.

Não se pode desprezar o fato de que, mesmo não se atingindo um acordo em certo momento, a mediação venha a cumprir seu papel ao restabelecer a comunicação perdida e esclarecer dados relevantes inerentes ao conflito.

Escutar propostas e opções gera clareza sobre como a controvérsia é vista sob prismas diversos e amplia possibilidades; as partes poderão não acatar as propostas naquela oportunidade, mas eventualmente aceitarem-nas depois ou mesmo propor uma versão alternativa contemplando outros pontos[179].

Se houve, como efeito da sessão de autocomposição, o resgate na comunicação (de modo que as pessoas conseguiram voltar a dialogar de forma respeitosa), os meios consensuais alcançaram seu desiderato (ainda que não tenha havido a definição total do caso sob o prisma jurisdicional)[180].

Por fim, a matéria da controvérsia anteriormente tratada tampouco deve ser determinante para se concluir pela inaptidão do facilitador em relação a outros tipos de impasses, já que as boas técnicas consensuais podem ser aplicadas com eficiência na abordagem de praticamente todo tipo de conflito.

Como bem consta no Enunciado 625 do Fórum Permanente de Processualistas Civis, "o sucesso ou insucesso da mediação ou da conciliação não deve ser apurado apenas em função da celebração de acordo".

No mesmo sentido esclarece o Enunciado 22 da I Jornada de Prevenção e Solução Extrajudicial de Conflitos do Conselho da Justiça Federal: a expressão "sucesso ou insucesso" do art. 167, § 3.º, do Código de Processo Civil não deve ser interpretada como quantidade

---

[177] Sucesso. *Dicionário Michaelis*. Disponível em: http://michaelis.uol.com.br/busca?r=0&f=0&t=0&palavra=sucesso. Acesso em: 21 jan. 2020.

[178] Insucesso. *Dicionário Michaelis*. Disponível em: http://michaelis.uol.com.br/busca?r=0&f=0&t=0&palavra=insucesso. Acesso em: 21 jan. 2020.

[179] TARTUCE, Fernanda. Da audiência de conciliação ou mediação. In: PEIXOTO, Ravi (Coord.). *Enunciados do Fórum Permanente de Processualistas Civis* – FPPC: organizados por assunto, anotados e comentados. 2. ed. Salvador: JusPodivm, 2019, p. 366.

[180] TARTUCE, Fernanda. Da audiência de conciliação ou mediação, p. 366.

de acordos realizados, mas a partir de uma avaliação qualitativa da satisfação das partes com o resultado e com o procedimento, fomentando a escolha da câmara, do conciliador ou do mediador com base nas suas qualificações, e não nos resultados meramente quantitativos. O art. 167, § 4.º, do CPC determina que os Tribunais classifiquem e publiquem (ao menos anualmente) os dados sobre a atuação dos mediadores e conciliadores judiciais. A proposta visa dar conhecimento da atuação à população, permitindo o atendimento de fins estatísticos e a avaliação dos meios consensuais e de seus condutores (câmaras privadas de conciliação/mediação, conciliadores e mediadores).

Nos termos do art. 8.º, § 9.º, da Resolução n. 125/2010 do CNJ, "para o efeito de estatística referido no art. 167, § 4.º, do Código de Processo Civil de 2015, os Tribunais disponibilizarão às partes a opção de avaliar Câmaras, conciliadores e mediadores, segundo parâmetros estabelecidos pelo Comitê Gestor da Conciliação". Segundo o art. 12, § 2.º, da mesma resolução, "todos os conciliadores, mediadores e outros especialistas em métodos consensuais de solução de conflitos deverão submeter-se a aperfeiçoamento permanente e a avaliação do usuário".

Embora as iniciativas avaliativas soem interessantes em termos de transparência, será preciso tomar cuidado para que não degenerem em um tipo de *ranking* baseado apenas em fatores numéricos. Como assevera Humberto Dalla Bernardina de Pinho, o apego às estatísticas e a busca frenética de resultados rápidos são conceitos absolutamente incompatíveis com a mediação[181].

Além disso, o foco em números pode acabar gerando competitividade entre os mediadores/conciliadores, ensejando práticas desfocadas do interesse de proporcionar vivências consensuais produtivas.

É de grande importância que os programas de mediação e conciliação envolvam aspectos diversos de avaliação – por exemplo, a satisfação das partes[182] com a atuação do conciliador ou mediador e, em casos de programas que envolvam grandes litigantes, a satisfação com a atuação de seus prepostos[183].

6.3.2.3 *Restrições ao mediador advogado*

O mediador judicial cadastrado não pode exercer a advocacia no juízo em que exerce suas funções (CPC, art. 167, § 5.º).

A regra visa evitar a impressão de favorecimentos indevidos ao mediador, já que este, por atuar como auxiliar do juízo em outras oportunidades, poderia encontrar menos embaraços em sua atividade advocatícia.

Cabe, porém, questionar a legitimidade do *discrímen*. Se a lógica é evitar influências, não deveria haver igual previsão no regramento do perito quando este for advogado? Quando este é nomeado para atuar como perito em demanda de arbitramento de honorários, atua como auxiliar da justiça; há, a partir de então, impedimento de atuar como advogado em outras causas naquele juízo? O CPC vigente, como o anterior, é silente, sendo a resposta negativa

---

[181] O novo CPC e a mediação: reflexões e ponderações. Disponível em: https://www2.senado.leg.br/bdsf/item/id/242895. Acesso em: 22 jan. 2020.

[182] Sobre o tema, merece leitura a tese de doutorado *Conciliação e acesso à justiça*: um estudo qualitativo dos Centros Judiciários de Solução de Conflitos e Cidadania, de Paulo Henrique Raiol Ostia, defendida na USP em 2018.

[183] ASPERTI, Maria Cecília de Araújo. *A mediação e a conciliação de demandas repetitivas*: os meios consensuais de resolução de disputas e os grandes litigantes do Judiciário. Belo Horizonte: Fórum, 2020, p. 181-182.

em relação ao perito – que, destaque-se, costuma ser ainda mais depositário de confiança do magistrado do que os facilitadores do consenso. Por que efetuar tal sorte de discriminação em relação a mediadores/conciliadores[184]?

A previsão aborda aspecto ligado à liberdade profissional, tema que configura caso de reserva legal qualificada. Por seu perfil constitucional, a liberdade profissional somente poderá ser restringida por lei formal[185].

Como aponta o Regulamento Geral da OAB, a atividade advocatícia é exercida com observância do Estatuto da Advocacia, do Regulamento Geral, do Código de Ética e Disciplina e dos Provimentos (art. 1.º). Incompatibilidades, impedimentos e violações éticas de advogados são objeto do Estatuto da Advocacia; previsões sobre elas não encontram *locus* apropriado no CPC, cuja vocação é trabalhar parâmetros para a atuação dos sujeitos processuais em juízo. Assim, para vigorarem legitimamente as restrições à atuação do mediador da área jurídica será preciso haver regramento específico, já que à OAB foi reconhecida a prerrogativa de autorregulação[186]. Nos termos do art. 54, V, da Lei n. 8.906/1994, compete ao Conselho Federal editar e alterar o Regulamento Geral, o Código de Ética e Disciplina e os Provimentos que julgar necessários[187].

Como lembra Fernando Gajardoni, a regra pode gerar o deletério efeito de gerar nos advogados o desinteresse de atuar como mediadores por conta do impedimento na atuação especialmente em Comarcas menores – justamente as mais necessitadas de profissionais; "afinal, caso haja atuação como mediador/conciliador, o profissional estará impedido de exercer a advocacia no juízo, o que pode vir a comprometer sua principal atuação profissional"[188].

Ada Grinover criticou a previsão por trazer "presunção absoluta de que o advogado possa aliciar clientela entre os participantes do processo consensual":

> Isso parece absolutamente insensato, pois a regulamentação da conduta ética e das sanções que podem ser impostas ao terceiro facilitador é mais que suficiente para desencorajar qualquer iniciativa nesse sentido. Parece, também, insultuoso para a classe dos advogados. Desencoraja os advogados a exercerem as funções de conciliador/mediador. E é de duvidosa aplicabilidade, pois o Estatuto da OAB não prevê o impedimento. Cumpre notar que no âmbito dos Juizados Especiais a mesma regra não vem sendo aplicada quando o trabalho do conciliador é voluntário[189].

A autora destacou que, embora o impedimento não esteja previsto na Lei de Mediação, não houve sua revogação expressa – mas como a Lei trata de mediadores judiciais e seus impedimentos entre os arts. 5.º e 8.º, poder-se-ia sustentar que houve revogação tácita do impedimento[190].

---

[184] TARTUCE, Fernanda. Comentário ao art. 167, § 5.º, cit., p. 525.

[185] MENDES, Gilmar Ferreira; BRANCO, Paulo Gustavo Gonet. *Curso de Direito constitucional*. 6. ed. São Paulo: Saraiva, 2011, p. 234.

[186] STF, RE 603583/RS, Tribunal Pleno, Rel. Min. Marco Aurélio, j. 26.10.2011.

[187] TARTUCE, Fernanda. Comentário ao art. 167, § 5.º. In: WAMBIER, Teresa Arruda Alvim, DIDIER JR., Fredie; TALAMINI, Eduardo; DANTAS, Bruno (coords.). *Breves comentários ao Novo Código de Processo Civil*, cit., p. 525.

[188] GAJARDONI, Fernando. Comentário ao art. 167. In: DELLORE, Luiz; DUARTE, Zulmar; ROQUE, André; GAJARDONI, Fernando (coords.). *Teoria geral do processo: comentários ao CPC de 2015*, cit., p. 547.

[189] GRINOVER, Ada Pellegrini. O minissistema brasileiro de Justiça consensual: compatibilidades e incompatibilidades, cit.

[190] GRINOVER, Ada Pellegrini. O minissistema brasileiro de Justiça consensual: compatibilidades e incompatibilidades, cit.

Cap. 6 · NORMATIVIDADE, PERFIL DO MEDIADOR E APLICAÇÃO NOS CONFLITOS CIVIS | 297

Como se não bastasse o impedimento, há ainda previsão de quarentena: o mediador judicial fica impedido, pelo prazo de um ano contado do término da última sessão em que atuou, de assessorar, representar ou patrocinar qualquer das partes[191].

A vedação buscar evitar potenciais comprometimentos de ordem ética ao criar vedação de atuação temporária. Após o prazo de um ano contado da última sessão consensual em que atuou, o conciliador/mediador estará liberado para ser contratado como assessor, representante ou patrono de qualquer dos litigantes; vale destacar que são contempladas amplas atuações: não poder assessorar, representar ou patrocinar qualquer das partes por um ano enseja significativas restrições ao facilitador consensual[192].

Segundo Fernando Gajardoni,

[...] para que se preserve a imparcialidade do conciliador/mediador, não pode ele ter expectativa de, com a sua atuação, receber vantagens ou benefícios posteriores das partes mediadas/conciliadas, como, por exemplo, ser contratado por elas para a prestação de serviços, especialmente de advocacia (formação comum, mas não única, de mediadores/conciliadores)[193].

Afirma-se que esse tipo de previsão de "resguardo" visa coibir eventuais aproveitamentos de dados e informações obtidas em sessões consensuais para fins estranhos em relação aos quais foram fornecidos.

A restrição só faz sentido se considerar a vedação de atuação advocatícia em causa ligada à mesma controvérsia em que sejam conhecidas informações privilegiadas. Qual é a razão para sustentar que um mediador que atuou há dez meses em uma demanda cível não possa ser contratado por uma das partes em uma causa familiar posteriormente instaurada diante de outra pessoa? No ponto, vale perquirir: presume-se a boa ou a má-fé? O mediador, o conciliador e a câmara que atuam em juízo zelam por sua reputação, assim como o árbitro nomeado pelas partes[194].

Há quem externe preocupação com a possibilidade de que advogados se registrem junto ao tribunal apenas para captar clientela para si ou para terceiros, em clara vedação ao Código de Ética e Disciplina da OAB; embora não se parta da premissa de que essa será a regra (já que muitos advogados prezam a ética), há quem viole o Regulamento Geral e o Código de Ética por ganância e possa buscar atuar na via consensual para ter ciência de fatos importantes ligados às partes. Nessa linha, seria o caso de declinar o patrocínio de causa para não beneficiar em juízo uma ou outra parte a partir informações privilegiadas obtidas na sessão consensual, havendo impedimento ético, independentemente do tempo decorrido da tentativa de conciliação ou

---

[191]   A previsão consta no art. 172 do CPC e no art. 6.º da Lei n. 13.140/2015.

[192]   TARTUCE, Fernanda. *Comentário ao art. 172*. In: WAMBIER, Teresa Arruda Alvim, DIDIER JR., Fredie; TALAMINI, Eduardo; DANTAS, Bruno (coords.). *Breves comentários ao Novo Código de Processo Civil*, cit., p. 529.

[193]   GAJARDONI, Fernando. Comentário ao art. 172. In: DELLORE, Luiz; DUARTE, Zulmar; ROQUE, André; GAJARDONI, Fernando (coords.). *Teoria geral do processo: comentários ao CPC de 2015*, cit., p. 553.

[194]   TARTUCE, Fernanda. Comentário ao art. 172. In: WAMBIER, Teresa Arruda Alvim, DIDIER JR., Fredie; TALAMINI, Eduardo; DANTAS, Bruno (coords.). *Breves comentários ao Novo Código de Processo Civil*, cit., p. 530.

mediação. Para evitar prejuízos financeiros, surge como alternativa, ao advogado inscrito na OAB, deixar de se registrar como conciliador ou mediador junto ao tribunal[195].

Como se percebe, tal tipo de entendimento gera desincentivo a que mediadores da área jurídica se cadastrem no tribunal – o que não é interessante nem recomendável por gerar a perda de pessoas de boa formação aptas a contribuir com esmero nos cenários consensuais em juízo.

No mais, a regra padece de vício por conta da existência de reserva de lei sobre a matéria. A temática aborda aspecto ligado à liberdade profissional (CF, art. 5.º, XIII) e configura caso de reserva legal qualificada. Nos termos do Regulamento Geral da OAB, a atividade advocatícia é exercida com observância da Lei n. 8.906/1994 (Estatuto), do Regulamento Geral, do Código de Ética e Disciplina e dos Provimentos (art. 1.º).

Como destacado, temáticas ligadas a incompatibilidades, impedimentos e violações éticas de advogados são objeto do Estatuto da Advocacia; previsões ligadas a tais temas não encontram *locus* apropriado no CPC, cuja vocação é trabalhar apenas parâmetros para a atuação dos sujeitos processuais em juízo. Assim, para vigorar legitimamente a restritiva quarentena proposta no dispositivo será necessária sua previsão em regramento específico, já que à OAB foi reconhecida a prerrogativa de autorregulação[196].

6.3.2.4 Escolha do mediador e outros acordos

Dispõe o art. 168 do CPC que as partes podem escolher, de comum acordo, o mediador ou a câmara privada de conciliação e de mediação; o facilitador escolhido poderá ou não estar cadastrado junto ao tribunal (§ 1.º). Se não houver acordo para a escolha do mediador, haverá distribuição entre aqueles cadastrados no registro do tribunal, observada a respectiva formação (art. 168, § 2.º).

Na mesma linha, o art. 4.º da Lei de Mediação afirma que o mediador será designado pelo tribunal ou escolhido pelas partes.

As previsões reconhecem a primazia da autonomia privada, sinalizando a litigantes e advogados a importância da comunicação para entabular saídas produtivas; a escolha conjunta do facilitador do diálogo promove confiança e prestigia a vontade dos envolvidos, sendo apta a viabilizar um bom começo para as tratativas por demonstrar ser o ambiente judicial um local adequado a respeitar suas opções[197].

Como bem aponta Daniel Amorim Assumpção Neves, é natural que a vontade das partes seja prestigiada desde o momento da escolha do terceiro responsável pela intermediação consensual[198].

Ao ponto, merece destaque o Enunciado 628 do Fórum Permanente de Processualistas civis: as partes podem celebrar negócios jurídicos processuais na audiência de conciliação ou mediação.

Caso as partes estejam participando de uma sessão consensual que finalizará sem acordo, ao perceberem que há espaço para adicionais conversações (a ser mais bem aproveitado

---

[195] CAMBI, Eduardo; FARINELLI, Alisson. Conciliação e mediação no Novo Código de Processo Civil. PLS 166/ 2010. *Revista de Processo*, ano 36, v. 194, São Paulo, RT, p. 289-290, abr. 2011.

[196] Lei n. 8.906/1994, art. 54: "Compete ao Conselho Federal [...] V – editar e alterar o Regulamento Geral, o Código de Ética e Disciplina, e os Provimentos que julgar necessários".

[197] A escolha do mediador usualmente leva em conta fatores como honestidade, idoneidade técnica e respeitabilidade (TARTUCE, Fernanda. Comentário ao art. 168. In: ALVIM, Teresa Arruda, DIDIER JR., Fredie; TALAMINI, Eduardo; DANTAS, Bruno (coords.). *Breves comentários ao Novo Código de Processo Civil*, cit., p. 534).

[198] NEVES, Daniel Assumpção. *Novo CPC*: *Código de Processo Civil*: Lei 13.105/2015, cit., item 3.2.7.

Cap. 6 · NORMATIVIDADE, PERFIL DO MEDIADOR E APLICAÇÃO NOS CONFLITOS CIVIS | 299

na seara extrajudicial), elas poderão realizar negócios jurídicos processuais – inclusive para nomear o mediador.

O CPC/2015 ensejou considerável mudança na concepção do processo ao introduzir a cláusula aberta de negociação sobre convenções processuais[199].

Os negócios jurídicos processuais, que constituem acordos relativos ao procedimento, podem realizar-se antes do processo (por exemplo, quando da celebração de um contrato, por meio da inserção de cláusulas em que as partes acordam sobre elementos de eventual procedimento judicial) ou mesmo quando o processo está em curso (há vários momentos para tanto, como a inovadora audiência de saneamento e organização do processo do art. 357, §§ 2º e 3º).

A audiência de conciliação ou de mediação é, por óbvio, um momento privilegiado para negociar.

Pode ser que não haja acordo sobre toda a matéria *sub judice* no decorrer da audiência; com a celebração de um acordo parcial, outras questões serão efetivamente submetidas à decisão imperativa do juiz.

Vale também lembrar que a mediação pode versar sobre todo o conflito ou parte dele (Lei de Mediação, art. 3.º, § 1.º). Exemplo claro verifica-se na ação de divórcio: os cônjuges muitas vezes concordam com a decretação do fim da união, mas controvertem sobre a partilha de bens. Por essa razão, é inclusive tradicional no ordenamento a previsão de que o juiz pode relegar às partes a uma posterior partilha; no CPC o tema é tratado no art. 731, parágrafo único (se os cônjuges não acordarem sobre a partilha dos bens, far-se-á esta depois de homologado o divórcio, na forma estabelecida nos arts. 647 a 658).

O tema foi objeto do Enunciado 576 do Fórum Permanente de Processualistas Civis: admite-se a solução parcial do conflito em audiência de conciliação ou mediação. O verbete está em consonância com a regra que permite o julgamento antecipado parcial do mérito (prevista no art. 356 do CPC). Nesse caso, a composição sobre parcela do conflito será homologada gerando título executivo judicial (art. 515, II); caso se trate de parte do pedido deduzido, ocorrerá resolução parcial do mérito na forma do art. 487, III, *c*, do CPC[200].

Pode até ser que não haja qualquer acordo sobre as questões de direito material, não havendo zona incontroversa nas alegações das partes sobre os fatos da vida que as levaram a juízo. Isso não impede, obviamente, que as partes concordem a respeito de como realizar os atos processuais futuros; como exemplo, elas poderão, ao fim da audiência, identificando haver potencial para que a negociação evolua com a contribuição de um terceiro imparcial, combinar que o feito seja suspenso para uma adicional rodada de sessões extrajudiciais de mediação, combinando desde já quem será a mediadora atuante.

Andou bem o Enunciado 628 ao explicitar tal possibilidade menos porque se trataria de ponto controverso – não parece haver leitura razoável do art. 190 que exclua essa possibilidade – e mais por chamar a atenção dos operadores do Direito, especialmente no período inicial de vigência do CPC/2015, para a importante oportunidade de ampliar o espectro de consenso no processo judicial.

O mediador escolhido pelas partes pode ou não estar cadastrado junto ao tribunal; afinal, o fator preponderante para sua escolha é a confiança das partes, já que elas conjuntamente o esco-

---

[199] CPC, art. 190: "Versando o processo sobre direitos que admitam autocomposição, é lícito às partes plenamente capazes estipular mudanças no procedimento para ajustá-lo às especificidades da causa e convencionar sobre os seus ônus, poderes, faculdades e deveres processuais, antes ou durante o processo".

[200] TARTUCE, Fernanda. Da audiência de conciliação ou mediação, cit., p. 361.

lheram. Sob o prisma prático, é imperioso reconhecer que há no Brasil mediadores experientes que não fizeram cursos de capacitação recentemente oferecidos; por atuarem com êxito há anos, são reputados tecnicamente aptos, contando com a confiança das partes e de seus advogados. Exigir desses profissionais a realização de cursos apenas para obter o cadastramento soa desproporcional e burocratiza a prática consensual, contrariando a promessa facilitadora do ordenamento[201].

Caso os advogados e/ou as partes não tenham se comunicado para indicar um facilitador, ou tenham tentado fazê-lo sem lograr êxito, caberá ao tribunal promover o encaminhamento a um mediador cadastrado na lista do tribunal, sendo considerada a respectiva formação.

No ponto, vale destacar que as partes podem interferir, destacando, por exemplo, qual área de formação entendem mais apropriada no caso. Um advogado de família, por exemplo, pode entender pertinente, em causa em que as partes mostram certa necessidade de escuta qualificada sobre aspectos não só jurídicos, mas também psicológicos, indicar a pertinência de atuar uma mediadora com formação em psicologia; por outro lado, se o conflito é empresarial e as partes mostram-se dispostas a trabalhar propostas com viés mais pontual e objetivo, podem sinalizar a pertinência da atuação de conciliador/mediador da área jurídica[202].

Os mediadores judiciais não estarão sujeitos à prévia aceitação das partes (Lei n. 13.140/2015, art. 25); assim, não tendo havido escolha, uma vez sorteado o terceiro facilitador não será necessária a expressa aceitação pelas partes.

6.3.2.5 *Mediação judicial obrigatória*

Há um grande questionamento sobre a maneira apropriada de inserir a mediação no contexto geral de tratamento de conflitos. Deve a legislação exigir que as pessoas se submetam ao procedimento consensual ou compete ao juiz, caso a caso, incentivar sua adoção mas respeitar a liberdade das partes?

O tema passa a gravitar sobre a institucionalização do instituto, que pode ser discutida em seu aspecto bifronte: ao mesmo tempo em que a obrigatoriedade é apontada por alguns especialistas como o meio mais propício para o desenvolvimento da mediação, ela também pode gerar um desvirtuamento das características essenciais do mecanismo pela falta de consagração empírica representada pela imposição legal de um modelo[203].

6.3.2.5.1 Notícias de direito estrangeiro

A partir de estudos sobre as experiências na União Europeia após a Diretiva n. 200/52/CE (engendrada para fomentar a mediação), pesquisadores identificaram quatro modelos de implementação de tal meio consensual: 1) voluntariedade total (*Full Voluntary Mediation*); 2) voluntariedade com incentivos e sanções (*Voluntary Mediation with Incentives and Sanctions*); 3) pré-mediação obrigatória (*Required Initial Mediation Session*); 4) mediação totalmente obrigatória (*Full Mandatory Mediation*)[204].

---

[201] TARTUCE, Fernanda. Comentário ao art. 168, cit., p. 534.

[202] *Idem*, p. 534-535.

[203] BARBADO, Michelle Tonon. *Reflexões sobre a institucionalização da mediação no Direito positivo brasileiro*, cit., p. 207.

[204] CEBOLA, Cátia Marques. Mediação voluntária ou obrigatória: eis a questão! *Notícias Mediare* – 3.º newsletter, Porto, 2017, p. 2. A autora refere-se a um estudo feito por Giuseppe de Palo e Leonardo D'Urso como fonte da classificação.

Cap. 6 · NORMATIVIDADE, PERFIL DO MEDIADOR E APLICAÇÃO NOS CONFLITOS CIVIS | 301

a) Obrigatoriedade

Comecemos pela última: em alguns ordenamentos jurídicos prevê-se a obrigatoriedade da mediação, exigindo-se das partes que esgotem todas as tentativas de acordo antes de submeter sua pretensão à decisão do magistrado.

Na Argentina, a Lei de Mediação e Conciliação parcialmente revogada (Lei n. 24.573/1995) instituía a obrigatoriedade de que as partes, antes de ter sua pretensão examinada em juízo, se dirigissem ao setor de mediação (público, organizado pelo Ministério da Justiça) para tentar compor o conflito. As partes apenas se isentavam de tal obrigação se provassem já ter tentado a mediação perante os mediadores registrados no Ministério da Justiça[205]. A atual Lei de Mediação e Conciliação (Lei n. 26.589/2010) segue exigindo como requisito de admissão da demanda a apresentação de ata expedida e firmada por mediador interveniente.

Também há mediação obrigatória na Itália para reclamações de pequeno montante entre consumidores e operadores de telecomunicações: como a participação em mediação configura pressuposto processual, somente a obtenção do acordo é voluntária e dependente do arbítrio das partes[206].

Constituem argumentos a favor da obrigatoriedade da mediação: a) a possibilidade de diminuir a procura judicial e, consequentemente, o número de processos nos tribunais; b) a promoção dos meios consensuais aos cidadãos e aos agentes do foro[207].

São argumentos contrários à obrigatoriedade: a) a possibilidade de gerar antipatia ou resistência nas partes que, pela "presença forçada, poderiam remeter-se ao silêncio, inibindo a comunicação entre si e, consequentemente, a resolução dialogada do conflito"; b) a interferência com o direito fundamental à tutela judicial efetiva; c) as dificuldades metodológicas perante relações de poder em desequilíbrio (*power imbalance*); d) a possibilidade de ocultação de litígios da esfera pública[208].

Como se nota, há dúvidas quanto à eficácia da mediação compulsória: havendo obrigatoriedade, as partes não têm motivação suficiente para chegar a uma solução negociada, sendo a fase consensual apenas mais uma etapa a ser superada; por outro lado, a partir do momento em que há voluntariedade, as partes acham a mediação atrativa por poderem controlar o procedimento e assumir a responsabilidade pessoal de resolver os próprios problemas[209].

b) Voluntariedade total

Nesse modelo, as partes são livres para escolher, devendo concordar espontaneamente com sua realização[210].

---

[205] CUNHA, J. S. Fagundes. *Da mediação e da arbitragem endoprocessual*, cit.

[206] CEBOLA, Cátia Marques. Mediação voluntária ou obrigatória: eis a questão!, cit., p. 3.

[207] CEBOLA, Cátia Marques. Mediação voluntária ou obrigatória: eis a questão!, cit., p. 3.

[208] CEBOLA, Cátia Marques. Mediação voluntária ou obrigatória: eis a questão!, cit., p. 2.

[209] LOPES, Dulce; PATRÃO, Afonso. *Lei da Mediação comentada*. Coimbra: Almedina, 2014 (edição eletrônica – comentário ao art. 4.º).

[210] CEBOLA, Cátia Marques. Mediação voluntária ou obrigatória: eis a questão!, cit., p. 3.

Em Portugal, a Lei de Mediação contempla expressamente o princípio da voluntariedade[211], que se desdobra em quatro dimensões de liberdade: de escolha do método, de abandono da mediação, de conformação de eventual acordo e de escolha do mediador[212].

A voluntariedade é nota essencial da mediação, já que conversações só podem ocorrer com a aceitação expressa dos participantes; eles devem escolher o caminho e aderir à mediação genuinamente do início ao fim do procedimento.

Indica-se como vantagem desse modelo a alta probabilidade de sucesso: como optaram livremente pela mediação, as pessoas terão maior predisposição para alcançar acordos para seus conflitos. Eis a desvantagem: como todos os envolvidos terão de concordar com a realização da mediação, a vontade partilhada pode ser reduzida; assim, não obstante haja altas taxas de sucesso em termos de obtenção de acordo, o número de mediações pode ser extremamente baixo[213].

c) Pré-mediação obrigatória

Nesse arquétipo, as partes são obrigadas a comparecer a uma sessão para se informar sobre o mecanismo consensual; depois disso elas poderão se recusar a continuar conversando.

Esse foi o modelo adotado na Itália no art. 5.º, n.º 1, do Decreto Legislativo n. 28/2010, para as matérias ali indicadas, após as alterações introduzidas pelo Decreto Legislativo n. 69/2013 e pelo Decreto Legislativo n. 130/2015[214].

Na França, o *Code de Procedure Civil*, em sua versão consolidada em 1.º.04.2015, diz que o juiz, incumbido de proceder a uma tentativa prévia de conciliação ou mediação, pode ordenar que as partes procurem um conciliador nos termos do art. 22 da Lei n. 95-125, de 09.01.1995 (ou seja, que preencha as condições previstas pela norma pertinente – decreto do Conselho de Estado) para informá-los sobre a finalidade e processo de conciliação (art. 129, com redação dada pelo Decreto n. 2015-282, de 11.03.2015).

Há notícia de que em Quebec, no Canadá, foi instituído um serviço de pré-mediação obrigatório na apreciação dos conflitos familiares. Por meio de uma palestra com duração de menos de uma hora, os interessados recebem informações sobre tal meio consensual e seu procedimento. Após certo prazo, as partes optam por usar ou não tal mecanismo com plena liberdade[215].

---

[211] "Art. 4.º Princípio da voluntariedade. 1 – O procedimento de mediação é voluntário, sendo necessário obter o consentimento esclarecido e informado das partes para a realização da mediação, cabendo-lhes a responsabilidade pelas decisões tomadas no decurso do procedimento. 2 – Durante o procedimento de mediação, as partes podem, em qualquer momento, conjunta ou unilateralmente, revogar o seu consentimento para a participação no referido procedimento. 3 – A recusa das partes em iniciar ou prosseguir o procedimento de mediação não consubstancia violação do dever de cooperação nos termos previstos no Código de Processo Civil" (Lei n. 29/2013, de 19 de abril. Disponível em: http://www.pgdlisboa.pt/leis/lei_mostra_articulado.php?nid=1907&tabela=leis. Acesso em: 5 ago. 2015).

[212] LOPES, Dulce; PATRÃO, Afonso. *Lei da Mediação comentada*. Coimbra: Almedina, 2014 (edição eletrônica – comentário ao art. 4º).

[213] CEBOLA, Cátia Marques. Mediação voluntária ou obrigatória: eis a questão!, cit., p. 2.

[214] CEBOLA, Cátia Marques. Mediação voluntária ou obrigatória: eis a questão, cit., p. 3.

[215] VEZZULLA, Juan Carlos. *Mediação: teoria e prática*, cit., p. 110. "Marie-Claire Belleau e Aldo Moroni, mediadores de Québec, esclareceram o polêmico caráter obrigatório da mediação prevista na Lei canadense. Trata-se de prática de objetivo meramente informativo, e a Lei prevê, com minúcias, as várias hipóteses de compor esta sessão inaugural. Este primeiro encontro com a mediação pode ser realizado de modo individual ou em grupo, de acordo com a escolha do casal. Quando os cônjuges ou companheiros

Esse modelo é muito interessante. Possibilitar informação sobre a mediação por um breve período, exigindo conhecimento e opção pelas partes quanto à técnica, soa condizente com uma apropriada gestão do conflito. Diferentemente, impor às partes o comparecimento compulsório às sessões não se revela pertinente ao instituto, visto que comprometerá a autonomia privada.

Segundo os estudiosos, o sucesso desse modelo depende de três condições:

> 1) garantia da realização de uma sessão pré-mediação a baixos custos ou com possíveis sanções nos subsequentes procedimentos judiciais se uma ou ambas as partes não comparecerem de boa-fé; 2) realização da sessão de pré-mediação por um mediador qualificado; 3) possibilidade de qualquer das partes declinar seguir para mediação após esta sessão inicial, sem a cominação de quaisquer sanções ou consequências negativas[216].

Como se nota, mesmo nos sistemas jurídicos no quais se exige passar por uma sessão de mediação (ou pré-mediação), como requisito para a apreciação da demanda, a obrigatoriedade não ultrapassa a primeira sessão: nesta, as partes podem manifestar sua negativa em iniciar a mediação ou optar por interrompê-la sempre que desejarem[217].

d) Voluntariedade com incentivos e sanções

Nesse modelo, as partes são encorajadas a participar de pelo menos uma sessão de mediação por conta da consagração de incentivos ou da aplicação de sanções.

São incentivos à participação na mediação: o reembolso das taxas de justiça (na Eslovênia e na Estônia), a devolução do imposto de selo (na Bulgária e na Letônia) e a consagração de benefícios fiscais (caso da Itália)[218].

Quanto às sanções, alguns ordenamentos preveem consequências para a recusa infundada à participação na sessão de mediação por penalizações em termos do pagamento de taxas judiciárias no final do processo judicial; é o que ocorre no Reino Unido, na Itália, na República Tcheca e na Eslovênia[219].

e) Possíveis resultados

Quais são os efeitos advindos dos diferentes modelos?

Nos ordenamentos em que a obrigatoriedade foi definida de forma mais intensa, o resultado tem sido menos efetivo. Na cidade de Buenos Aires, a compulsória submissão à mediação (aliada à falta de preparação de alguns mediadores e à baixa remuneração por eles percebida) tem gerado um baixo índice de acordos[220].

No modelo italiano de pré-mediação obrigatória (existente para algumas matérias), estatísticas do Ministério de Justiça indicam que, em 2016, após a realização de sessões de

---

optam por participações individuais e, simultaneamente, escolhem grupos diferentes, cada qual pode se inscrever no serviço de mediação de sua preferência, exclusivamente para a sessão de informação, com outro critério para as sessões sucessivas" (BARBOSA, Águida Arruda. Fim do silêncio. Disponível em: http://www.ibdfam.com.br/artigos. Acesso em: 12 jul. 2015).

[216] CEBOLA, Cátia Marques. Mediação voluntária ou obrigatória: eis a questão!, cit., p. 3.

[217] VEZZULLA, Juan Carlos. *Mediação: teoria e prática*, cit., p. 89.

[218] CEBOLA, Cátia Marques. Mediação voluntária ou obrigatória: eis a questão!, cit., p. 2.

[219] CEBOLA, Cátia Marques. Mediação voluntária ou obrigatória: eis a questão!, cit., p. 2.

[220] VEZZULLA, Juan Carlos. *Mediação: teoria e prática*, cit., p. 110.

pré-mediação obrigatória, 46,9% dos procedimentos seguiram para a mediação e 50,4% dos participantes rejeitaram continuar; quando as partes aceitaram continuar na mediação, foi alcançado acordo em 43,6% dos litígios[221].

Ainda na Itália, nas matérias para as quais a mediação tinha natureza voluntária, a taxa de obtenção de acordo foi de 61%, enquanto na mediação obrigatória a percentagem de obtenção de acordo foi de 44%[222].

Os dados mostram que a obrigatoriedade influi na disposição das partes para celebrar acordos, não restando incólume nem mesmo a consagração da pré-mediação como obrigatória[223].

De todo modo, a estipulação da pré-mediação obrigatória na Itália é provisória porque foi estabelecida como regime experimental até 2018; espera-se que após tal ano a mediação tenha se enraizado na cultura italiana: será necessário aguardar algum tempo para aferir "se os efeitos desejados foram alcançados e, uma vez eliminada a pré-mediação obrigatória, as taxas de recurso a este mecanismo se mantêm"[224].

Como se nota, os meios autocompositivos exigem, como pressuposto para sua implementação eficaz, a intenção dos envolvidos de participar de conversações; para que estas sejam proveitosas, devem ocorrer de forma não impositiva, sob pena de comprometimento da livre manifestação de vontade e da obtenção de consensos reais.

A iniciativa condizente com os meios consensuais é disponibilizar e divulgar, ao máximo, iniciativas profícuas e incentivar as partes e os advogados a conhecê-los por meio de palestras informativas ou sessões de pré-mediação. Embora o caminho possa se apresentar mais longo e demorado em termos de adesão generalizada à mediação, esta tem sido a experiência mais produtiva em outros ordenamentos.

Como bem destaca José Carlos Barbosa Moreira, embora os Estados Unidos tenham a fama de ser uma nação litigiosa, seu povo se vale com crescente intensidade da negociação, da mediação, da arbitragem e de diversas formas de combinação entre essas figuras,

> [...] florescendo no país uma quantidade surpreendente, para nós, de órgãos e instituições que se encarregam de exercer extrajudicialmente tais atividades. Enquanto isso, no Brasil, setores doutrinários conseguem, sim, que o legislador se mova no sentido de prestigiar os métodos alternativos, mas até agora nem a doutrina nem as leis vêm obtendo êxito em desviar para esse canal um volume de litígios comparável, mesmo de longe, à torrente dos que deságuam na Justiça[225].

---

[221] CEBOLA, Cátia Marques. Mediação voluntária ou obrigatória: eis a questão!, cit., p. 3.

[222] CEBOLA, Cátia Marques. Mediação voluntária ou obrigatória: eis a questão!, cit., p. 3.

[223] Segue a autora: "Claro que se pode afirmar que, não obstante essa interferência, o importante é promover a mediação e a resolução amigável dos conflitos em 44% dos procedimentos (dos 43,6% em que as partes aceitam continuar após a pré-mediação obrigatória)" (CEBOLA, Cátia Marques. Mediação voluntária ou obrigatória: eis a questão!, cit., p. 3).

[224] CEBOLA, Cátia Marques. Mediação voluntária ou obrigatória: eis a questão!, cit., p. 3.

[225] BARBOSA MOREIRA, José Carlos. O processo civil brasileiro entre dois mundos. In: BARBOSA MOREIRA, José Carlos. *Temas de Direito processual civil: oitava série*. São Paulo: Saraiva, 2004, p. 51-52.

Cap. 6 · NORMATIVIDADE, PERFIL DO MEDIADOR E APLICAÇÃO NOS CONFLITOS CIVIS | **305**

O relato é muito interessante e pode ser útil para fomentar reflexões. Em instigante artigo[226], mediadores romenos comentaram a evolução e a derrocada da mediação judicial no país por força de normas sobre a obrigatória realização de sessão informativa quanto aos benefícios da mediação e de sanção pelo não comparecimento a ela.

Os autores iniciam a abordagem identificando que muito se tem falado sobre a aparente falha da mediação em cumprir seu potencial. Afinal, ante o enorme número de litígios em juízo e o baixo montante de mediações em curso, a via consensual parece ter perdido a oportunidade de se tornar uma tendência dominante. Reportam então que para muitos especialistas o futuro da mediação será sombrio até que medidas sejam tomadas para tornar obrigatória sua utilização prévia à instauração de processos; compelir pessoas a escolher a mediação, ou pelo menos a ir a uma primeira sessão consensual, tem se tornado uma bandeira para muitos mediadores que buscam melhores políticas para o meio consensual[227].

Segundo tal olhar, o princípio da voluntariedade seria o responsável pelo baixo número de mediações, sendo a solução reverter tal princípio; se houver mediação voluntária, resultará em baixo número de casos, então é lógico que determinar a ida ao meio consensual aumentará a quantidade.

O artigo pode interessar a muitas pessoas – mediadores, usuários, educadores e criadores de políticas – ao mostrar como estatísticas e números podem ser enganadores no contexto de definição de metas, assim como "falsos" objetivos enterram fundamentos e criam efeitos desastrosos no longo prazo. Há também argumento em prol da paciência na implementação da mediação e recomendação de cautela ao usar números para determinar políticas que podem afetar a vida de milhões[228].

O artigo retrata a experiência romena com medidas obrigatórias, mais especificamente o requerimento das partes para comparecer à sessão de mediação previamente à propositura de processo judicial, e aborda suas (in)desejáveis consequências.

Alguém pode questionar a sabedoria de delinear uma conclusão geral a partir de uma situação particular; os autores dizem concordar com a ressalva e apontam que seu objetivo não é provar que a obrigatoriedade é uma medida disparatada na promoção do uso da mediação, mas apenas recomendar cautela quando os números parecem bons, destacando que eles devem ser acompanhados de muitas outras perspectivas para que a mediação funcione para todos[229].

Em julho de 2013, de acordo com a evolução legislativa sobre mediação na Romênia (Lei n. 115/2012), todo litigante passou a ser obrigado a provar que, antes de ir ao tribunal, participou de uma sessão informativa com um mediador sobre as vantagens da mediação. A exigência foi aplicada a diversas áreas do Direito (como família, comercial, civil e, de forma limitada, a casos criminais). A comprovação do comparecimento a essa sessão devia se dar por meio de um certificado emitido pelo mediador que realizou a sessão informativa. De acordo com a lei, os mediadores não podiam cobrar pela atividade profissional relacionada a tais sessões informativas[230].

---

[226] CHEREJI, Christian-Radu; GAVRILA, Constantin-Adi. Don't rush. Disponível em: http://kluwermediationblog.com/2015/03/02/dont-rush/. Acesso em: 6 mar. 2015.

[227] CHEREJI, Christian-Radu; GAVRILA, Constantin-Adi. Don't rush. Disponível em: http://kluwermediationblog.com/2015/03/02/dont-rush/. Acesso em: 6 mar. 2015.

[228] *Ibidem.*

[229] *Ibidem.*

[230] *Ibidem.*

306 | MEDIAÇÃO NOS CONFLITOS CIVIS – *Fernanda Tartuce*

Segundo narram, essa evolução criou um impulso de otimismo na comunidade mediadora romena. Na época, pouco mais de 4 mil mediadores eram autorizados pelo Conselho de Mediação Romeno a prestar serviços de mediação no país. A comunidade estava prestes a dobrar de tamanho, chegando a quase 10 mil mediadores em junho de 2014.

Outro ato legislativo (Portaria Governamental de Emergência n. 90/2012, com efeitos a partir de agosto de 2013), criou a sanção de inadmissibilidade do caso se o requerente não conseguisse participar da sessão informativa sobre os benefícios de mediação. Como resultado, muitos mediadores começaram a ter casos; advogados e seus clientes começaram a usar mediadores e o sistema judiciário estava apoiando essa nova forma de filtragem de processos. Os mediadores romenos começaram a se tornar uma presença diária na vida das pessoas; as estimativas mostravam que, de mais de 3 milhões de ações na Romênia, as partes chegaram a considerar a mediação para resolver seus casos em 1,5 milhões delas todo ano[231].

Segundo os autores, tudo foi muito promissor e parecia honrar as metas estabelecidas pela Diretiva Comunitária 2008/52/CE do Parlamento Europeu e do Conselho, de 21/05/2008, relativa a certos aspectos da mediação em matéria civil e comercial – um acesso facilitado à resolução alternativa de litígios, com a promoção da solução amigável de litígios incentivando a ida à mediação e assegurando uma relação equilibrada entre a mediação e os processos judiciais; no entanto, a moeda tem outro lado e o processo tinha riscos associados à sua realização[232].

Em termos de implementação, em princípio um programa que visa elevar o nível da educação coletiva vale o esforço; além disso, quando a educação diz respeito a mudança e a novos caminhos, para além do processo de formação-padrão, os educadores têm de lidar com a rotina das pessoas, seus hábitos e a incerteza que vem com a mudança. Nesse contexto, quando as sanções são usadas como meios para conseguir a mudança, o efeito oposto pode acontecer[233].

Narram então o que aconteceu na Romênia a partir agosto de 2013: fora alguns casos em que funcionou muito bem, o procedimento de sessões informativas obrigatórias tornou--se formal e criou verdadeiras barreiras na maioria dos casos. Por ser obrigatório, passou-se a focar não na necessidade de tomar decisões informadas sobre o uso da mediação, mas simplesmente na finalidade de obter o certificado do mediador que permitia que as pessoas acessassem o tribunal.

Apesar da previsão legal de gratuidade, o processo envolvia dispêndio de recursos pelos mediadores: cartas tinham de ser enviadas aos réus, reuniões tinham de ser organizadas nos escritórios dos mediadores e papéis tinham de ser liberados. Alguns mediadores não cobravam taxas, mas a maioria deles encontrava soluções para contornar a obrigação legal sobre gratuidade – que fora criada para tornar a mediação acessível, mas se revelava injusta para os mediadores profissionais.

Na maioria dos casos, portanto, o requerente e, por vezes, seus advogados, iriam apresentar o pedido de mediação; o mediador convidaria o réu ao escritório em certo dia; o réu não iria responder ou aceitar o convite; o mediador informaria o requerente sobre os benefícios de mediação e liberaria o precioso certificado. Infelizmente o Ministério Romeno de Justiça e o Conselho de Mediação não tinham um mecanismo de monitoramento preparado para

---

[231] *Ibidem.*
[232] *Ibidem.*
[233] *Ibidem.*

Cap. 6 · NORMATIVIDADE, PERFIL DO MEDIADOR E APLICAÇÃO NOS CONFLITOS CIVIS | **307**

criar estatísticas que poderiam ter sido de grande valor; assim, o sistema todo funcionou cegamente[234].

No ponto, tal fato lembra a realidade brasileira ligada às comissões de conciliação prévia; tampouco havia mecanismos de aferição das práticas e dos resultados, tendo havido boas e más práticas em diversas localidades sem qualquer tipo de controle.

Na Romênia muitas reclamações surgiram ao longo do caminho sobre a eficácia do sistema, sobre mediadores que visavam unicamente vantagens financeiras em troca de certificados, sobre advogados que eram também mediadores e agiam como tal para seus próprios clientes e seus adversários, sobre partes que censurariam o juiz por ele ter dito que seria gratuito (mas não era), sobre juízes começarem a ignorar todo o sistema, e assim por diante... Exceto quanto aos mediadores, todos os outros começaram a se unir em torno de uma preocupação: como contornar o sistema da maneira mais eficaz[235].

Os mediadores estavam mediando muito menos casos do que aqueles que atravessavam a fase de sessões informativas, de forma que o impacto mais cruel começou a tomar forma: as pessoas começaram a confundir mediação com as atividades relacionadas à fase preliminar de sessões informativas. Pior ainda: como tiveram de passar por essa fase, independentemente das informações recebidas dos mediadores, elas começaram a se desconectar cada vez mais de sua autodeterminação[236].

Em dado momento, mais confusão surgiu. A fim de afastar o monopólio do mediador, segundo a Lei n. 214/2013, o procedimento informativo sobre as vantagens da mediação também podia ser realizado por juízes, procuradores, assessores jurídicos, advogados e notários, casos em que a ocorrência podia ser atestada por escrito. Isso levou a um novo e complexo debate sobre a sutileza da lei, as extensões dos direitos criados, a interpretação das palavras usadas nos documentos legais e outras coisas - exceto a discussão fundamental de estimular as pessoas a escolher livremente serviços de mediação de acesso por suas próprias e pessoais razões[237].

Houve então um "basta" com a decisão da corte constitucional romena. Segundo os autores, era apenas uma questão de tempo até que alguém dissesse que, embora cheia de virtudes, a mediação havia se tornado uma barreira de tempo, dinheiro e outros recursos na tentativa das pessoas de acessar os tribunais. Uma petição foi direcionada para o Tribunal Constitucional romeno; de acordo com a Decisão n. 266 de 07/05/2014, tanto a obrigação do requerente de assistir à sessão informativa sobre os benefícios de mediação como a sanção para o caso de inadmissão eram inconstitucionais[238]. Eis trecho da decisão:

> 23. Como pode haver situações em que pessoas singulares ou coletivas queiram resolver seu conflito exclusivamente no Tribunal, o Tribunal observa que a regulamentação legal criticada não lhes permitiu avaliar por si mesmos se precisavam ou não dessa informação. Acesso gratuito à justiça é a faculdade de o indivíduo recorrer a um tribunal para defender os seus direitos ou interesses legítimos. Qualquer limitação desse direito, por menor que seja, deve ser devidamente justificada, analisando em que medida as des-

---

[234] *Ibidem.*

[235] *Ibidem.*

[236] *Ibidem.*

[237] *Ibidem.*

[238] *Ibidem.*

vantagens decorrentes dela de alguma forma não ultrapassam os possíveis benefícios. Tanto o Tribunal Constitucional como o Tribunal de Estado de Direitos Humanos determinam que "a mera consagração legal, mesmo ao mais alto nível, constitucionalmente, não é suscetível de garantir a sua eficácia real, enquanto na prática o exercício deste direito enfrente obstáculo. Deve ser assegurado o acesso à justiça, portanto, eficaz e eficientemente".

24. Assim, o Tribunal considera que o procedimento obrigatório preliminar de informações sobre as vantagens da mediação é um desincentivo à obtenção de direitos dos cidadãos nos tribunais de justiça. Além disso, o procedimento consistente em informações sobre a existência de uma lei aparece, sem dúvida, como uma violação do direito de acesso à justiça, o que enseja fardo indevido sobre os litigantes, especialmente porque o procedimento é limitado a um dever de informar, sem nenhuma tentativa real para resolver o conflito por meio da mediação, de modo que as instruções das partes pelo mediador têm um caráter formal.

25. No contexto do acima exposto, o Tribunal considera que a obrigação imposta às partes, pessoas singulares ou coletivas, de participar das instruções sobre as vantagens da mediação, ou ter como inadmissível o pedido de convocação, é uma medida inconstitucional, contrária ao artigo 21 da Constituição.

No último item, denominado "queda livre: nada de mediação[239]", os autores apontam que a imagem de um apocalipse é próxima ao que o mercado de serviços de mediação se parecia na Romênia em janeiro de 2015: quase não havia pedidos de serviços de mediação – a decisão do Tribunal Constitucional foi projetada e "dirigiu" a visão do público em geral no sentido de que "a mediação não é constitucional"[240].

Apesar de a Romênia ter um padrão de oitenta horas para o treinamento básico de mediação desde 2007, a experiência reabriu a discussão sobre a qualidade de mediadores e dos serviços de mediação. Segundo os autores, o maior desafio seria tirar lições desta experiência, "porque é muito fácil para qualquer um misturar o lado substancial com os interesses e valores pessoais"; apresentaram então uma lista provisória de aprendizados:

> Qualquer ato de parlamento deve almejar melhor compreensão, respeito e aceitação. O número de casos deve melhorar, consequentemente, como um resultado da compreensão, respeito e aceitação.

> Os dispositivos compulsórios dos regimes jurídicos da mediação vêm com riscos elevados que devem ser cuidadosa e previamente avaliados. Embora os números possam subir, a prática é artificialmente sustentada e se nada mais motiva as partes a pedir serviços de mediação, elas esquecerão completamente a mediação se os componentes dispositivos compulsórios forem revogados.

> Qualquer política pode funcionar muito bem em alguns lugares e não tão bem assim em outros. Somos culturalmente diferentes. Por isso, as instituições devem ter em conta o componente cultural como fator fundamental para avaliar os efeitos de qualquer regra possível.

---

[239] Free Fall: Mediation no More.
[240] CHEREJI, Christian-Radu; GAVRILA, Constantin-Adi. Don't rush, cit.

Por fim, asseveraram que a discussão sobre o que precisa ser feito para avançar as atividades de mediação (no sentido de haver maior nível de compreensão, aceitação, respeito e uso) deve incluir uma abordagem estratégica no que diz respeito a fatores como colaboração, cultura, interesses das partes interessadas e princípios da mediação; os números, embora sejam sempre úteis, não devem ser invocados sozinhos,

> especialmente quando estatísticas sólidas e sadias na mediação ainda são uma coisa do futuro. Mais: a mediação deve ser promovida tendo em mente as necessidades das pessoas, não como um argumento para diminuir acúmulos dos tribunais ou aliviar um fardo de um orçamento governamental cada vez mais minguado[241].

Como se percebe, lidar com a obrigatoriedade é não só delicado como também perigoso, sendo essencial haver cautela para evitar repetir experiências desastrosas.

O respeito à autodeterminação é essencial para que a sessão de autocomposição permita experiências proveitosas para todos. A compulsoriedade pode ensejar resistências comprometedoras à adesão genuína aos meios consensuais, que demandam o engajamento dos envolvidos nas conversações para que avanços sejam possíveis.

6.3.2.5.2   Sistema brasileiro: voluntariedade?

Costuma-se afirmar que uma das principais funções da criação de normas sobre mediação no Brasil é contribuir para a mudança de cultura do jurisdicionado e/ou de seu advogado. Grassa entre nós a cultura da sentença, quando na verdade o que se deve buscar é a cultura da pacificação[242].

Considerando-se a cultura "o conjunto de vivências de ordem espiritual e material que singularizam determinada época de uma sociedade"[243], cabe questionar: o advento de leis sobre mediação tem efetivamente o condão de mudar a concepção cultural vigente?

Se o jurisdicionado e/ou seu advogado entendem apropriado buscar prioritariamente no Poder Judiciário a definição de suas crises atribuindo a um ente estatal o poder de decidir imperativamente, basta haver uma "lei de mediação" para mudar tal olhar, gerando plena adesão à pauta consensual?

A resposta tende a ser negativa. Como bem lembra Michele Tonon, pelas características intrínsecas à mediação, que tem aspectos inovadores e interdisciplinares, não há como concluir que seu autêntico desenvolvimento irá se concretizar com a mera institucionalização pelo Direito positivo no plano estritamente jurídico-legal[244].

No ponto, vale lembrar as premissas que ainda dominam o pensamento de práticos e teóricos do Direito: 1. As partes são adversárias e, se um ganhar, o outro deve perder; 2. As disputas devem ser resolvidas pela aplicação de alguma lei abstrata e geral por um terceiro[245].

---

[241]   *Ibidem.*

[242]   WATANABE, Kazuo. *Cultura da sentença e cultura da pacificação*, cit., p. 684-690, *passim.*

[243]   LACERDA, Galeno. Processo e cultura. *Revista de Direito Processual Civil*, São Paulo, v. III, p. 75, 1961.

[244]   BARBADO, Michelle Tonon. *Reflexões sobre a institucionalização da mediação no Direito positivo brasileiro*, cit., p. 206.

[245]   RISKIN, Leonard L. Mediation and Lawyers (1982). In: RISKIN, Leonard L.; WESTBROOK, James E. *Dispute Resolution and Lawyers*. 2. ed. Saint Paul: West Group, 2004, p. 56-57.

Como é fácil constatar, esses pressupostos são absolutamente contrários às premissas da mediação, segundo as quais: a) todos os envolvidos podem ganhar com a criação de uma solução alternativa; b) a disputa é única, não sendo necessariamente governada por uma solução predefinida[246].

Para que mudanças significativas possam ocorrer em termos qualitativos, a existência da lei é insuficiente: é essencial que o profissional do Direito entenda que suas principais funções são não só representar e patrocinar o cliente (como advogado, defensor e conselheiro), mas também conceber o *design* de um novo enquadre que dê lugar a esforços colaborativos[247].

Vale ainda lembrar que a boa-fé é essencial na mediação; se um dos contendores não crê que o outro esteja imbuído de probidade e lealdade, dificilmente vai querer dedicar tempo e recursos para negociar com quem não merece confiança – e quem poderá criticá-lo por isso? Eis apenas um dos obstáculos à mudança de paradigma por parte dos jurisdicionados.

Assim, com todo o respeito aos que pensam em contrário, dificilmente a mera existência de uma lei sobre mediação terá o condão de, por si só, levar advogados e jurisdicionados a buscar esse interessante mecanismo consensual.

Não bastam alterações legislativas ou institucionais. Para que a mediação seja utilizada e prestigiada pelos operadores do Direito e pelos litigantes, o caminho a ser percorrido passa por conscientização, informação, disponibilização de iniciativas e gradual instauração de uma nova mentalidade sobre a condução e composição dos conflitos.

Não obstante – como já visto –, tanto o CPC quanto a Lei de Mediação preveem a ocorrência, no processo judicial, de uma sessão consensual antes do oferecimento da defesa.

O legislador andou bem em não condicionar o ingresso no Poder Judiciário ou o prosseguimento à realização da audiência para tentativa de autocomposição. Nas duas leis prevê-se que, após a propositura da ação, o juiz, verificando que estão presentes os seus requisitos essenciais e, se não for caso de improcedência liminar do pedido, mandará citar o réu para comparecimento à audiência de conciliação ou mediação[248]. À luz dessas e de outras regras, qual foi, afinal, o modelo adotado no Brasil quanto à obrigatoriedade ou à voluntariedade de participar de conciliações ou mediações?

Em edição anterior, concluí que a leitura integral do CPC revelava que o ordenamento brasileiro teria adotado uma "obrigatoriedade" branda quanto à realização da sessão consensual.

O posicionamento foi criticado por Carlos Alberto de Salles e Bruno Megna, para quem ele não faria sentido, já que a categoria jurídica "não parece aceitar meio-termo, possuindo um sentido binário, vale ou não vale"[249].

Na presente edição, a expressão da posição é revista. Embora a compreensão permaneça a mesma, há uma forma melhor de retratá-la.

---

[246] *Ibidem.*

[247] HIGHTON DE NOLASCO, Elena I.; ALVAREZ, Gladys S. *Mediación para resolver conflictos*, cit., p. 402.

[248] CPC, art. 334: "Se a petição inicial preencher os requisitos essenciais e não for o caso de improcedência liminar do pedido, o juiz designará audiência de conciliação ou de mediação com antecedência mínima de 30 (trinta) dias, devendo ser citado o réu com pelo menos 20 (vinte) dias de antecedência". Lei n. 13.140/2015, art. 27: "Se a petição inicial preencher os requisitos essenciais e não for o caso de improcedência liminar do pedido, o juiz designará audiência de mediação".

[249] SALLES, Carlos Alberto de; MEGNA, Bruno Lopes. Mediação e conciliação em nova era: conflitos normativos no advento do novo CPC e da Lei de Mediação. In: YARSHELL, Flávio Luiz; PESSOA, Fábio Guidi Tabosa. *Direito intertemporal*. Salvador: JusPodivm, 2016, p. 122.

Cap. 6 · NORMATIVIDADE, PERFIL DO MEDIADOR E APLICAÇÃO NOS CONFLITOS CIVIS | 311

Como explicado, pela classificação propugnada por pesquisadores europeus há quatro modelos: 1) voluntariedade total (*Full Voluntary Mediation*); 2) voluntariedade com incentivos e sanções (*Voluntary Mediation with Incentives and Sanctions*); 3) pré-mediação obrigatória (*Required Initial Mediation Session*); 4) mediação totalmente obrigatória (*Full Mandatory Mediation*)[250].

O Brasil adotou o modelo de "voluntariedade com incentivos e sanções"[251].

Na mediação extrajudicial isso é evidente. Nossa Lei de Mediação prevê que, havendo cláusula de mediação, o compromisso de comparecer diz respeito à primeira sessão – mas ninguém será obrigado a permanecer no procedimento (Lei n. 13.140/2015, art. 2.º, §§ 1.º e 2.º). Além disso, a lei indica ser necessária a estipulação de multa em caso de não comparecimento[252].

Entre as regras sobre mediação judicial, há um claro incentivo: solucionado o conflito pela mediação antes da citação do réu, não serão devidas custas judiciais finais (Lei n. 13.140/2015, art. 29). O CPC prevê uma sanção para "estimular" que as partes compareçam à audiência conciliatória: a ausência de uma das partes à audiência já designada é considerada ato atentatório à dignidade da justiça e acarreta multa de até 2% da vantagem econômica pretendida no processo ou do valor da causa[253].

A imposição de sanção é bastante questionável: a parte fica compelida a comparecer à audiência para tentar negociar por coerção da sanção pecuniária, em vez de comparecer pela sua própria predisposição em firmar acordo, ou mesmo dialogar e melhorar a comunicação com a parte contrária. Além disso, se a parte comparece apenas no intuito de evitar a multa, o que garante que a realização da audiência – que demanda recursos materiais e humanos, tempo das partes e de seus procuradores e tempo do processo –, não se configura apenas uma etapa formal no procedimento?

A conclusão sobre a voluntariedade da mediação (ainda que aliada a incentivos e sanções) é coerente com o cerne de tal mecanismo consensual: sendo a mediação um procedimento para viabilizar conversações, não é possível obrigar alguém a falar e/ou a negociar

O CPC fala em opção[254] do autor quanto à autocomposição e destaca ser um princípio regente dos meios consensuais a autonomia da vontade[255]. Ademais, há exceções à designação de audiência inicial, sendo uma delas a manifestação expressa, por *ambas* as partes, de seu desinteresse: o autor deve fazê-lo na petição inicial, e o réu, em petição específica apresentada

---

[250] Ao estudar as experiências da União Europeia, Giuseppe de Palo e Leonardo D'Urso delinearam essa classificação (CEBOLA, Cátia Marques. Mediação voluntária ou obrigatória: eis a questão!, cit., p. 2).

[251] Nesse modelo, as partes são encorajadas a participar de uma sessão de mediação por meio da consagração de incentivos ou da aplicação de sanções (CEBOLA, Cátia Marques. Mediação voluntária ou obrigatória: eis a questão!, cit., p. 2).

[252] Lei n. 13.140/2015, art. 22. "A previsão contratual de mediação deverá conter, no mínimo: [...] IV – penalidade em caso de não comparecimento da parte convidada à primeira reunião de mediação."

[253] CPC, art. 334, § 8.º.

[254] CPC, art. 319: "A petição inicial indicará: [...] VII – a opção do autor pela realização ou não de audiência de conciliação ou de mediação".

[255] "Art. 166. A conciliação e a mediação são informadas pelos princípios da independência, da imparcialidade, da autonomia da vontade, da confidencialidade, da oralidade, da informalidade e da decisão informada. [...] § 4.º A mediação e a conciliação serão regidas conforme a livre autonomia dos interessados, inclusive no que diz respeito à definição das regras procedimentais."

até dez dias antes da data agendada[256]. Por outros motivos menos ligados à vontade da parte, a sessão também não será realizada, se os direitos em jogo não admitirem composição[257].

Para Humberto Dalla Bernardino de Pinho a discussão sobre a obrigatoriedade da mediação parece esvaziada: o legislador brasileiro, "com extrema sabedoria e sensibilidade, opta por um sistema intermediário entre a mediação facultativa e a obrigatória, acolhendo a ideia de acesso adequado à justiça e a racionalização dos instrumentos de composição de litígio"[258].

A temática é polêmica e divide intérpretes; prova disso é que há diversos enunciados elaborados por diferentes grupos de estudiosos sobre o tema[259].

Como o consenso é essencial para a tentativa de estabelecer tratativas eficientes, soa contraproducente promover sua imposição.

A inclusão da mediação no sistema judicial só operará de forma positiva após a criação de uma mentalidade favorável à adoção do método autocompositivo; o aproveitamento da técnica exige tal requisito subjetivo, sob pena de desvirtuar a mediação, convertendo-a em um mecanismo híbrido ou em mais uma tentativa de conciliação no feito[260].

6.4 ESPECTRO DE ABRANGÊNCIA DA MEDIAÇÃO

Considerando-se a mediação uma das várias formas de compor controvérsias, importa levar em conta, com base na premissa de adoção do mecanismo mais adequado ao tratamento dos conflitos, a presença de elementos que confirmem a mediação como meio eficaz para tal mister.

A mediação vem sendo empregada como meio de composição em diversas modalidades de controvérsias. Tem-se adotado a mediação para tratar controvérsias não apenas sobre interesses de ordem estritamente privada, mas de praticamente todos os setores nos quais a autocomposição possa se efetivar. Prova disso é que a mediação tem terreno fértil de desenvolvimento em conflitos familiares cujo viés publicístico é notório, como nas já citadas causas em que se discutem improbidade e desapropriações. Ademais, merece menção a já citada preconização da justiça restaurativa, que prevê a possível consideração da mediação na esfera penal.

Assim, no tocante aos pressupostos objetivos para a verificação da mediação, a tendência é que haja a gradativa supressão das restrições ao seu uso, de forma que, nas situações em que não se revele possível a autocomposição, a lei o diga expressamente. Nesse sentido, segundo Lilia Maia de Morais Sales,

> [...] sem dúvida a mediação poderá fazer parte de quaisquer conflitos, considerando, no entanto, que em determinadas controvérsias, estabelecidas pelo Direito vigente, não poderá com exclusividade solucionar o impasse, visto que foge à sua competência[261].

---

[256] CPC, art. 334, § 2.º, I, e § 5.º.

[257] CPC, art. 334, § 4.º, II.

[258] PINHO, Humberto Dalla Bernardina de. Art. 3º. In CABRAL, Trícia Navarro Xavier; CURY, Cesar Felipe (coord.). Lei de mediação comentada artigo por artigo. 2. ed. Indaiatuba: Foco, 2020, p. 27.

[259] Para atestar o teor, confira o Anexo desta obra; ali foram compilados enunciados e recomendações sobre mediação disponíveis até a elaboração da presente edição.

[260] VEZZULLA, Juan Carlos. *Mediação: teoria e prática*, cit., p. 109-110.

[261] SALES, Lilia Maia de Morais. *Justiça e mediação de conflitos*, cit., p. 55.

Cap. 6 · NORMATIVIDADE, PERFIL DO MEDIADOR E APLICAÇÃO NOS CONFLITOS CIVIS | 313

A Lei de Mediação brasileira reconhece, no art. 3.º, que pode ser objeto de mediação o conflito que verse sobre: a) direitos disponíveis; ou b) direitos indisponíveis que admitam transação.

Se o conflito versar sobre direitos disponíveis ou sobre direitos indisponíveis em que caiba alguma sorte de negociação (havendo, portanto, indisponibilidade relativa), ele poderá ser objeto de mediação[262]. É o que ocorre com conflitos civis propriamente ditos, envolvendo Direito imobiliário, Direito do consumidor, Direito contratual, Direitos reais, relações possessórias etc.

As causas que hoje predominam no foro têm por objeto questões de massa e interesses imediatos das pessoas, como é o caso das demandas sobre Direito de família, locação, responsabilidade civil e relações de consumo. Em tais casos, geralmente, a solução não pode demorar[263], sob pena de comprometimento considerável da relação jurídica e da condição da parte. Nessa perspectiva, a mediação pode se revelar essencial para obter uma resposta rápida (em contemplação à noção de acesso à justiça em prazo razoável).

Como apontado, a Lei de Mediação esclarece, no § 1.º do art. 3.º, que a mediação pode versar sobre todo o conflito ou parte dele.

Ressalta a lei que o consenso das partes envolvendo direitos indisponíveis, mas transigíveis, deve ser homologado em juízo, exigida a oitiva do Ministério Público (Lei n. 13.140/2015, art. 3.º, § 2.º).

6.4.1 Impossibilidade de autocomposição e inadequação por situações peculiares

Em termos de pressupostos subjetivos para a adoção da mediação, devem ser cotejadas as mesmas exigências relativas à regularização da capacidade (mediante representação ou assistência) previstas na verificação de outros meios de composição de controvérsias.

No âmbito das relações privadas propriamente ditas, sendo marcante a disponibilidade dos direitos em jogo, a mediação constitui um mecanismo apto a ensejar a composição efetiva e válida das controvérsias, desde que não haja, por parte do legislador, expressa proibição quanto à realização de transação sobre o seu conteúdo.

São exemplos de direitos indisponíveis não transacionáveis situações ligadas à adoção (medida irrevogável) e qualquer ajuste econômico envolvendo tecidos, órgãos e partes do corpo humano (a Lei n. 9.434/97 só autoriza disposição gratuita).

A única regra que expressava vedação direta à realização de transação constava na Lei de Improbidade Administrativa. Como explicitado no item 3.3.3, a previsão não resistiu a iniciativas doutrinárias e legislativas: a Lei n. 13.964/2019 (conhecida como "pacote anticrime") alterou a Lei de Improbidade para nela inserir disposições claras sobre possibilidades negociais[264].

---

[262] *Idem*, p. 56-57.

[263] PERROT, Roger. O processo civil francês na véspera do século XXI. Tradução de José Carlos Barbosa Moreira. *Revista de Processo*, ano 23, n. 91, p. 205, São Paulo, jul.-set. 1998.

[264] Art. 17, § 1.º: "As ações de que trata este artigo admitem a celebração de acordo de não persecução cível, nos termos desta Lei"; § 10-A: "havendo a possibilidade de solução consensual, poderão as partes requerer ao juiz a interrupção do prazo para a contestação, por prazo não superior a 90 (noventa) dias".

Pode também não se revelar adequado o uso da mediação em relações jurídicas sob condições especiais.

Como destaca Águida Arruda Barbosa, para colaborar com o amadurecimento do conceito e da aplicabilidade da mediação, é importante destacar os limites de sua indicação; estes, que inicialmente podem parecer absolutos, eventualmente se transformarão em limitações relativas conforme a especificidade de cada caso. Embora haja situações em que os limites pareçam intransponíveis, na maioria das vezes a sua transformação depende da coragem do mediador e de sua conduta diante do impasse[265].

Nos Estados Unidos, discute-se se a mediação deve ser empregada nos casos que envolvam direitos constitucionais, violência doméstica ou atividade criminosa[266], bem como nos casos em que haja flagrante desproporcionalidade na condição das partes. A discussão é pertinente diante da premissa de conceber adequadamente a via propícia ao pacífico encaminhamento das controvérsias.

Se as partes derivaram para a violência exacerbada e nela insistem, não há como protagonizar tentativas de consenso enquanto as agressões persistirem; afinal, para que o consentimento genuíno possa ser formado e externado, a mediação exige respeito e possibilidade de comunicação sem prejuízo da própria saúde e da segurança do mediador. Aponta Águida Arruda Barbosa ser regra fundamental da mediação limitar sua indicação diante da "ocorrência de violência física ou abuso sexual, com risco iminente de graves danos a algum dos integrantes da família. Essa situação exige medidas incisivas e coercitivas, cuja eficácia venha a inibir a repetição do comportamento"[267].

Se viável, antes de discutir o cerne da controvérsia, pode o mediador atuar para buscar cessar a violência e estabelecer condições mínimas de contato com segurança. Eis por que o mediador precisa de uma fundamentada formação interdisciplinar que o habilite a identificar seus próprios limites em certas situações. Eventualmente, ele poderá recorrer à alternativa de propor aos litigantes a comediação; nesta poderá atuar outro mediador cuja profissão de origem o capacite a identificar a existência de enfermidades (por exemplo, o psicólogo ou o médico)[268].

Superada a situação de violência, é possível a promoção da mediação entre os indivíduos, com a vantagem de que, em tal método, as partes podem ter a oportunidade de entender o comportamento de cada um[269] e alterar o nocivo padrão de comportamento.

Há diversas instituições brasileiras atuando para buscar prevenir ou amenizar situações violentas; no relatório elaborado pelo Ministério da Justiça sobre meios alternativos realizado em 2004, do total da base pesquisada 18% dos registros mencionam a prevenção ou redução da violência entre os objetivos das instituições mediadoras (sendo a violência doméstica ou contra a mulher o tipo de violência mais mencionado)[270].

---

[265] BARBOSA, Águida Arruda. Os limites da mediação. Disponível em: http://www.ibdfam.org.br/artigos/autor/%C3%81guida%20Arruda%20Barbosa. Acesso em: 20 jun. 2015.

[266] RISKIN, Leonard L. *Compreendendo as orientações, estratégias e técnicas do mediador*: um mapa para os desnorteados, cit., p. 15. Quanto ao argumento dos valores constitucionais, ver a contundente defesa da utilização da via judicial por Owen Fiss (Against Settlement, cit., 93 Yale L. J., 1073, 1075, 1076-78, 1082-90, 1984).

[267] BARBOSA, Águida Arruda. *Os limites da mediação*, cit.

[268] *Ibidem.*

[269] *Ibidem.*

[270] *Acesso à justiça por meios alternativos de solução de conflitos*, cit.

Cap. 6 · NORMATIVIDADE, PERFIL DO MEDIADOR E APLICAÇÃO NOS CONFLITOS CIVIS | **315**

Havendo acusações paralelas de natureza penal ou pendências criminais que impossibilitem a atuação neutra do mediador e a posição igualitária das partes, não se deve conceber a utilização da mediação; jamais deve haver qualquer tipo de barganha envolvendo a ameaça de demandar no âmbito criminal para obter um acordo na esfera cível[271].

Deve-se considerar, porém, a possível pertinência de estabelecimento de consenso por meio do emprego dos mecanismos de justiça restaurativa. Previamente à mediação na área cível ou comercial, deve ser pacificada a circunstância na esfera criminal.

Existindo disparidade insuperável entre as partes em termos de conhecimento sobre seus direitos e orientação técnica sobre como se proteger, a mediação não se revela adequada. Assim, se uma parte não tem conhecimentos relevantes, tem pouco (ou nenhum) poder sobre o outro contendor e está sem assistência jurídica, a situação de desequilíbrio entre os mediandos pode comprometer a formação de um consentimento genuíno e a celebração de um acordo equânime e satisfatório; em tais circunstâncias, revela-se mais adequado o ambiente estatal de julgamento, no qual as regras do devido processo legal podem auxiliar a compensar o desequilíbrio de forças[272].

Finalmente, deve-se considerar o resultado de eventuais negociações anteriores; se realizadas de má-fé (seja porque pelo menos uma das partes revelou instabilidade emocional, seja porque o sentimento de ódio a impeliu a punir o contendor), há perda considerável de confiança e fundadas razões para crer que eventual acordo será enganoso, de sorte que insistir na técnica consensual pode ensejar perda de tempo e piora na situação conflituosa[273].

6.4.2 Mediação nos conflitos civis: possibilidades

Costuma-se afirmar que as relações mais propícias à adoção da mediação são aquelas em que o vínculo entre as partes é permanente; afinal, como as partes continuarão convivendo, uma saída conjunta para o impasse pode lhes proporcionar melhores condições de continuar o relacionamento em bases civilizadas.

Mauro Cappelletti, ao desenvolver a noção de justiça conciliatória, entendeu-a como mais pertinente nos casos em que as pessoas são forçadas a conviver constantemente: em tais casos a solução contenciosa poderia conduzir a uma maior e ainda mais efetiva exacerbação dos ânimos, ao passo que uma solução coexistencial seria vantajosa para todos[274].

Efetivamente tal conclusão se revela irrepreensível: se as partes travam contatos reiterados, é possível que outros problemas surjam e até se agravem em virtude do mau tratamento de uma controvérsia específica e de sua suposta "finalização" pela decisão impositiva de um terceiro alheio à relação.

Como expõe Humberto Dalla Bernardina de Pinho, de nada adianta contar com a decisão proferida por um julgador quanto à relação continuada se o conflito não foi adequadamente trabalhado, já que ele continuará existindo independentemente do teor da decisão;

---

[271] COOLEY, John W. *A advocacia na mediação*, cit., p. 66.

[272] *Idem*, p. 64-65.

[273] *Idem*, p. 65.

[274] CAPPELLETTI, Mauro. *Os métodos alternativos de solução de conflitos no quadro do movimento universal de acesso à justiça*, cit., p. 91.

em seu sentir, normalmente "é apenas uma questão de tempo para que volte a se manifestar concretamente[275]".

De todo modo, em variados tipos de conflitos civis a mediação pode constituir uma eficiente ferramenta, não havendo porque limitar sua incidência apenas às relações de trato sucessivo. A condição pessoal das partes, o histórico de sua relação e o grau de disponibilidade do Direito serão fatores interessantes para cogitar o encaminhamento das partes à mediação ou não.

Nesse sentido, andou bem o CPC ao dispor que a mediação será *preferencialmente* adotada em relações marcadas por um vínculo pretérito entre as partes, enquanto a conciliação abordará, *preferencialmente*, conflitos ligados a relações episódicas. Como exemplo, considere a pretensão indenizatória por uma colisão de veículos; nesse caso, o conciliador deve atuar tecnicamente, colaborando para que saídas possam ser divisadas pelos envolvidos em relação a um objeto pontual.

Vale frisar que as regras foram adequadas ao destacar o termo "preferencialmente": mesmo em relações episódicas pode-se utilizar a mediação e deixar que os próprios envolvidos elaborem a saída consensual sem que o terceiro imparcial faça sugestões quanto ao mérito, preservando a autoria e a maior chance de cumprimento espontâneo da avença[276].

Um estudo empreendido pelo Ministério da Justiça em 2004[277] para identificar as iniciativas existentes em nosso país no tocante à adoção de métodos alternativos constatou a seguinte divisão em termos de objeto litigioso:

Tabela 5.4 Distribuição dos programas de administração alternativa de conflitos segundo área de atuação

Tipo de programa	Frequência	%
Conflitos interpessoais em geral	40	59,7
Conflitos de gênero/família	18	26,9
Conflitos trabalhistas	2	3,0
Conflitos de propriedade e posse	1	1,5
Conflitos em relações de consumo	1	1,5
Acidentes de trânsito	1	1,5
Moradia, saúde, educação	1	1,5
Não responde/recusa	3	4,5
Total	67	100

Fonte: Sistemas de administração alternativa de conflitos. Secretaria da Reforma o Judiciário/Ministério da Justiça e Programa das Nações Unidas para o Desenvolvimento (Pnud).

---

[275] PINHO, Humberto Dalla Bernardina de. Mediação: a redescoberta de um velho aliado na solução de conflitos. Disponível em: http://www.humbertodalla.pro.br/arquivos/mediacao_161005.pdf. Acesso em: 6 jul. 2015.

[276] TARTUCE, Fernanda. Comentário ao art. 165, § 2.º, cit, p. 523.

[277] *Acesso à justiça por meios alternativos de solução de conflitos*, cit., p. 34.

Dez anos depois, a pesquisa promovida pela Secretaria de Reforma do Judiciário em parceria com o Centro Brasileiro de Estudos e Pesquisas Judiciais e a Fundação Getulio Vargas--Direito-SP localizou, *apenas na Região Sudeste* do Brasil, 23 práticas em mediação que não estavam ligadas a atores do sistema de justiça, enquanto outras 58 eram ligadas a esses atores; destas, 41% se localizavam especificamente no estado de São Paulo, sendo distribuídas em áreas temáticas da seguinte forma:

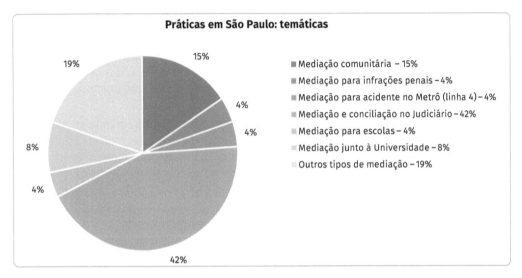

Gráfico 1: Localização das práticas de mediação (Fonte: GRINOVER, Ada Pellegrini *et al.* (coords.). *Estudo qualitativo sobre boas práticas em mediação no Brasil*. Brasília: Ministério da Justiça, SRJ, 2014, p. 14).

Os dados demonstram que o espectro de possibilidades de adoção dos meios consensuais é considerável. Eles não se limitam a abordar relações continuativas, mas têm o condão de alcançar grande parte dos conflitos interpessoais em que se revele possível a negociação de pelo menos algum dos pontos controvertidos. Considerando essa premissa, merece análise apurada a possibilidade de mediação nos principais ramos do Direito privado.

6.4.2.1 *Mediação e contratos*

Ao celebrar contratos, as pessoas buscam atender aos seus interesses. Apesar da existência de positivos incentivos e de altas expectativas na fase inicial da contratação, fatores variados (como desgastes no convívio, insatisfação pessoal e mudança na visão sobre a melhor forma de aplicação do teor pactuado) podem gerar impasses[278].

Na área contratual (especialmente relativa ao comércio em geral), constata-se a forte tendência ao afastamento, no máximo grau possível, da atuação do Estado na relação. Como os contratos constituem frequente causa de litígio e os negociantes necessitam de soluções céleres para seus impasses, é importante contar com vias pacíficas para abordá-los[279].

---

[278] TARTUCE, Fernanda. Mediação em conflitos contratuais. Disponível em: http://genjuridico.com.br/2019/08/29/a-mediacao-conflitos-contratuais/. Acesso em: 21 set. 2020.

[279] FRADERA, Véra Maria Jacob de. Aspectos problemáticos na utilização da arbitragem privada na solução de litígios relativos a direitos patrimoniais disponíveis: comentários à Lei de Arbitragem. In: MARQUES,

318 | MEDIAÇÃO NOS CONFLITOS CIVIS – *Fernanda Tartuce*

Nas palavras de Kazuo Watanabe,

> [...] além de iniciativas legislativas, há também a tendência, que se nota hoje no merca-do, de inclusão, principalmente nos contratos internacionais, de cláusula de mediação necessária antes do início de qualquer processo judicial ou de arbitragem. Isso se deve à percepção dos contratantes de que as soluções amigáveis de conflitos atendem melhor aos interesses deles, e também por causa da preocupação deles quanto à demora e ineficiência dos processos judiciais[280].

A crescente inclusão de cláusulas contratuais prevendo a adoção da mediação como etapa inicial na abordagem de controvérsias revela que a busca de saídas conjuntas como fase precedente à instauração de litígio tem sido considerada uma opção interessante ao trato contencioso.

Embora o caminho natural seja conversar para ajustar a situação, em momentos de crise nem sempre a negociação direta é reputada viável. Após experiências pautadas por fatores como comunicação ruim, trocas de acusações e atribuições de culpa, míngua a disposição de conversar; além disso, a descrença na boa-fé do outro arrefece o ânimo de dialogar[281].

A Lei de Mediação revela comprometimento com a boa-fé objetiva ao obrigar as partes que a contemplaram no contrato a comparecer à primeira reunião consensual[282] – embora reconheça não ser obrigatório que elas permaneçam no procedimento[283].

O conteúdo mínimo da cláusula de mediação consta na Lei[284], que também permite que as partes façam referência ao regulamento de uma instituição idônea de serviços de mediação[285]; sendo a cláusula omissa, há critérios legais para a realização da mediação no § 1.º do art. 22.

Retornando à importância da mediação nos conflitos contratuais, nota-se que a dinâmica das relações interpessoais pode gerar efeitos desgastantes no convívio entre as partes e causar alterações quanto ao entendimento sobre a melhor forma de aplicação das regras pactuadas; diante de tais mudanças de rumos, acaba havendo um elevado descumprimento de contratos e acordos[286].

Cláudia Lima; ARAÚJO, Nadia de (orgs.). *O novo Direito internacional: estudos em homenagem a Erik Jayme*. Rio de Janeiro: Renovar, 2005, p. 420-421.

[280] WATANABE, Kazuo. *Cultura da sentença e cultura da pacificação*, cit., p. 685.

[281] TARTUCE, Fernanda. Mediação em conflitos contratuais, cit.

[282] Lei n. 13.140/2015, art. 2.º, § 1.º: "Na hipótese de existir previsão contratual de cláusula de mediação, as partes deverão comparecer à primeira reunião de mediação".

[283] Lei n. 13.140/2015, art. 2.º § 2.º: "Ninguém será obrigado a permanecer em procedimento de mediação".

[284] Eis os elementos integrantes da cláusula de mediação: "I – prazo mínimo e máximo para a realização da primeira reunião de mediação, contado a partir da data de recebimento do convite; II – local da primeira reunião de mediação; III – critérios de escolha do mediador ou equipe de mediação; IV – penalidade em caso de não comparecimento da parte convidada à primeira reunião de mediação" (Lei n. 13.140/2015, art. 22).

[285] Lei n. 13.140/2015, art. 22, § 1.º: "A previsão contratual pode substituir a especificação dos itens acima enumerados pela indicação de regulamento, publicado por instituição idônea prestadora de serviços de mediação, no qual constem critérios claros para a escolha do mediador e realização da primeira reunião de mediação".

[286] Eis outros problemas lembrados por Adolfo Braga Neto: elevado grau de rotatividade de funcionários e reclamações trabalhistas; recusa ou devolução de produtos em altos níveis; absenteísmo; custos

Cap. 6 · NORMATIVIDADE, PERFIL DO MEDIADOR E APLICAÇÃO NOS CONFLITOS CIVIS | **319**

Ao relatar a experiência americana, a jurista Barbara Meierhoefer informa que, nos Estados americanos que contam com programas-piloto de tribunais multiportas, na maior parte das vezes, as questões tratam de contratos ou indenizações no valor de até US$ 50.000, que envolvam disputas acerca dos fatos e/ou valor do caso[287].

Em tais relações jurídicas, tratando-se de objeto de índole disponível em considerável grau, há uma grande possibilidade de que as partes reorganizem suas posições para cuidar eficientemente das controvérsias verificadas. É de todo recomendável que isso ocorra para que elementos peculiares da relação contratual possam ser considerados com maior detalhamento[288].

Na celebração de negócios jurídicos, o consenso, elemento fundamental para o estabelecimento da avença, pode se perder por inúmeros fatores[289].

A mediação é uma opção vantajosa porque, além de possibilitar o tratamento de aspectos objetivos do negócio jurídico, também permite levar em conta certos fatores subjetivos da inter-relação existente para superar as dificuldades.

Ao facilitar o diálogo o mediador trabalhará aspectos como o grau de facilidade de comunicação, a confiabilidade e a compreensão entre as partes e/ou seus representantes[290].

Ao propiciar o restabelecimento de uma comunicação eficiente entre as partes, a mediação pode ser aplicada satisfatoriamente para resgatar a vontade inicial de atender interesses comuns e gerar a composição das situações controvertidas considerando também uma perspectiva de futuro. Afinal, é recorrente que os contratantes desejem resolver suas pendências de tal modo que sintam ter deixado "portas abertas" para potenciais oportunidades de negócios que possam advir.

O ramo contratual sempre constituiu o hábitat da realização de meios diferenciados de abordagem de controvérsias. Merece ser traçado, neste momento, um breve paralelo[291] entre as técnicas de mediação e arbitragem para fins de consideração sobre qual se revela adequada para a abordagem da controvérsia negocial à luz de certos parâmetros:

---

operacionais muito altos; baixa produtividade. "Tudo isso, na maioria dos casos, é resultante da comunicação cheia de ruídos entre seus funcionários e desmotivação na execução de suas tarefas, não somente agravando a situação conflituosa, mas também comprometendo o desempenho da própria organização e onerando-a." (A mediação de conflitos nas organizações. *Valor Econômico*, 8 out. 2004, Caderno E2).

[287] A maioria dos casos, entretanto, é concluída antes de chegar à fase de *arbitration hearing*. MEIERHOEFER, Barbara. Federal Judicial Center, Court Annexed Arbitration in Ten District Courts, 1, 3-12 (1990). In: RISKIN, Leonard L.; WESTBROOK, James E. *Dispute Resolution and Lawyers*, cit., p. 595.

[288] No campo de seguros e resseguros, por exemplo, o natural incentivo ao uso de mediação e arbitragem decorre da "necessidade que as partes têm de alcançar um acordo de forma mais célere, ou, na impossibilidade deste, de obterem uma decisão proveniente de julgador familiarizado com as peculiaridades do instituto" (ALMEIDA, Tania; GOMMA Maurício. Um instrumento de pacificação social. Contratos de seguro: a importância da mediação na solução de conflitos. Disponível em: http://docvirt.com/docreader.net/DocReader.aspx?bib=cader_segur&pagfis=304&pesq 8. Acesso em: 10 mar. 2015).

[289] Resistências pessoais podem se instalar por fatores inesperados como antipatias, humores e sentimentos de índoles das mais diversas.

[290] BRAGA NETO, Adolfo. *A mediação de conflitos entre empresas*, cit.

[291] COOLEY, John W. *A advocacia na mediação*, cit., p. 37.

Quadro 5.1 Critérios importantes para escolher entre mediação e arbitragem

MEDIAÇÃO	ARBITRAGEM
Desejo de preservar relações futuras	Necessidade de equilibrar situações com diferença de forças
Ênfase no trato futuro	Necessidade de decisão sobre fatos passados
Necessidade de evitar decisões que impliquem ganhar ou perder totalmente	Grande volume de disputas
Contendores desejam ter controle sobre o processo	Necessidade de obrigar a participar
A disputa tem múltiplas partes e questões	Vantagens de rapidez e privacidade
Ausência de direitos legais claros	Vantagens do encerramento da questão

Em um interessante estudo foram analisadas 449 disputas conduzidas pelos quatro maiores fornecedores de serviços de meios alternativos de solução de conflitos nos Estados Unidos; feita a comparação entre mediação e arbitragem, comprovou-se que a mediação é substancialmente mais barata, rápida e preferida pelo público[292].

A principal vantagem da mediação diz respeito à postura protagonista das partes sobre o desfecho da controvérsia. Tal fator é muito relevante na seara contratual, espaço em que a autonomia privada ocupa predominância evidente.

Em sua elaboração o contrato considera, em princípio, certas expectativas dos contratantes que muitas vezes acabam não sendo plenamente atendidas ao longo de sua efetivação[293].

Apesar de vivências desfavoráveis momentâneas, as partes muitas vezes não querem (ou não podem) encerrar totalmente a relação, desejando apenas reorganizar uma específica situação. Os contratantes podem estar insatisfeitos com a aplicação de uma cláusula em certo contexto, mas não desejar romper todo o vínculo contratual: vantagens podem seguir presentes em outros pontos e manter a parceria pode ser essencial.

Nos conflitos contratuais, um julgador pode acabar decidindo com base em sua interpretação da linguagem e das intenções quando da celebração do contrato; todavia, estas podem ser muito diferentes daquelas existentes no momento do surgimento do problema... caso as partes envolvidas possam negociar sozinhas uma solução, a chance de obter um resultado melhor será maior[294].

---

[292] BRETT, Jeanne; BARSNESS, Zoe; GOLDBERG, Stephen. The Effectiveness of Mediation: an Independent Analysis of Cases Handled by Four Major Service Providers. 12 Neg.J 259, 260-67 (1996). In: RISKIN, Leonard L.; WESTBROOK, James E. *Dispute Resolution and Lawyers*, cit., p. 448.

[293] BRAGA NETO, Adolfo. *A mediação de conflitos entre empresas*, cit.

[294] GOLDBERG, Stephen. The Mediation of Grievances under a Collective Bargaining Contract: an Alternative to arbitration. 77 Nw.U.L.Rev. 270, 281-284, 303-305 (1982). In: RISKIN, Leonard L.; WESTBROOK, James E. *Dispute Resolution and Lawyers, cit.*, p. 659.

Cap. 6 · NORMATIVIDADE, PERFIL DO MEDIADOR E APLICAÇÃO NOS CONFLITOS CIVIS | **321**

Não sendo viável negociar diretamente, a mediação pode ser valiosa: por envolver a participação de profissionais capacitados e focados no aprofundamento da situação conflitiva, ela permite dosar riscos e buscar convertê-los em ganhos recíprocos, evitando a delegação da decisão a um terceiro que pode dar tudo a ganhar ou pôr tudo a perder[295].

Como se percebe, a mediação pode ser valiosa para proporcionar uma nova configuração negocial, eventualmente com o nascimento de um novo contrato adaptado às atuais expectativas das partes e cotejando a inclusão de outros elementos reputados relevantes, como fatores mutáveis da economia[296].

Assim como a negociação é fenômeno natural no estabelecimento de pactos e contratos, diante de um conflito a mediação desponta como importante mecanismo para que os envolvidos possam entabular uma comunicação eficiente e definir conjuntamente os destinos da controvérsia.

Tentativas de negociação podem ter ocorrido e restado infrutíferas. Quando alguém reporta essa situação, cabe perquirir: houve atuação esmerada de negociadores com paciência para escutar e refletir sobre opções? Muitas vezes a resposta é negativa... Quando a negociação ocorreu sem técnicas nem engajamento, é adequado considerar que o problema está no meio consensual? Cabe reconhecer que os envolvidos podem ter errado na comunicação[297]?

Havendo dificuldades para dialogar, contar com a presença de uma pessoa imparcial para favorecer a conversação poderá fazer toda a diferença. Embora o caminho consensual tenha forte potencial, há quem resista a trilhá-lo por acreditar que, se não foi apto a negociar sozinho, nada mais poderá ser feito. Apesar de compreensível, essa visão não merece prevalecer: o mediador é capacitado tecnicamente para, com técnicas apropriadas, favorecer o fluxo da comunicação e contribuir para a remoção de entraves na negociação[298].

Vale lembrar que os contratantes são as pessoas mais preparadas e mais bem informadas sobre os detalhes do dia a dia de suas operações e de potenciais saídas para seus dilemas. Em situações de erro na prestação de serviços ou no fornecimento de produtos, por exemplo, quem melhor que os contratantes para entender o que pode satisfazê-los? A busca de saídas criativas e a elaboração de propostas peculiares tendem a se mostrar muito produtivas em casos como esses.

6.4.2.2 *Mediação e responsabilidade civil*

Diante da perpetração de danos e da consequente aplicação das regras de responsabilidade civil, é possível vislumbrar a pertinência da mediação como meio adequado para compor controvérsias ligadas a pretensões indenizatórias.

Há quem defenda não ser o caso de aplicação de tal meio consensual quando a situação litigiosa encerra uma ocasião episódica (não havendo necessariamente continuação na relação)[299].

---

[295] TARTUCE, Fernanda; MARCATO, Ana Cândida Menezes. Mediação no direito empresarial: possibilidades interessantes em conflitos securitários. *Revista de Processo*, v. 279, p. 520, 2018.

[296] BRAGA NETO, Adolfo. *A mediação de conflitos entre empresas*, cit.

[297] TARTUCE, Fernanda. Mediação em conflitos contratuais, cit.

[298] TARTUCE, Fernanda. Mediação em conflitos contratuais, cit.

[299] Representando tal vertente, Humberto Dalla Bernardina de Pinho assevera que quando a relação entre as partes pode ser considerada "descartável", como em uma ação indenizatória por um ato ilícito qualquer (como um acidente de veículo), não se justifica a adoção da mediação (Mediação:

Tal assertiva, todavia, merece reflexão mais detida. É sempre recomendável evitar a demora ou até mesmo o inadimplemento no ressarcimento dos prejuízos. Para efetivar o princípio da reparação integral de forma eficiente e adequada, é conveniente tentar, consensualmente, obter o pagamento devido com a maior presteza possível. Para tanto, é viável que as partes se valham da mediação para que cada uma possa, ponderando sobre sua contribuição para o nexo causal danoso, resgatar a própria responsabilidade pelo acontecido e cumprir espontaneamente eventuais ajustes entabulados.

Dadas as resistências de alguns, revela-se pertinente a distinção entre as responsabilidades contratual e extracontratual, visto que há diferença no que tange ao vínculo estabelecido entre as partes.

Em casos ligados a responsabilidade contratual, sendo interessante a manutenção de vínculos profícuos para potencial relação negocial futura, a mediação revela-se um importante mecanismo. Valem, aqui, os argumentos favoráveis à adoção da mediação no Direito contratual acima expostos: em uma perspectiva de futuro, o estabelecimento de uma boa relação e de uma eficiente comunicação podem ensejar novas possibilidades de negócios.

No que tange à responsabilidade extracontratual, pode parecer, em um primeiro momento, que a mediação não seja interessante por não haver perspectiva futura a ser preservada nem vínculo entre os sujeitos envolvidos no ilícito. Todavia, outros objetivos devem ser também considerados.

Como mecanismo que permite resgatar a responsabilidade pessoal dos envolvidos na situação conflituosa, a mediação proporciona a eles, logo após a ocorrência do evento danoso, a chance de se comunicar e avençar sobre como minimizar os efeitos danosos.

A mediação se revela interessante para a vítima, para o ofensor e para a sociedade como um todo, por demonstrar que certo equilíbrio pode ser alcançado de forma mais branda do que pelos percalços trilhados na via jurisdicional. Quando as pessoas se envolvem em um acidente de veículos, por exemplo, é comum que comecem a entabular comunicações para que haja cobertura pela seguradora de um dos envolvidos. Se um tom excessivamente ríspido é adotado por um deles, o outro pode se esquivar do enfrentamento e deixar de conversar, sendo o diálogo interrompido antes dos ajustes necessários para a resolução do problema. A mediação pode ser útil para resgatar a comunicação que cessou e facilitar o encontro de saídas céleres e produtivas para resolver aquela pendência.

Eis um exemplo interessante de acidente de trânsito em que a mediação foi realizada com proveito: Gesilei atravessava a rua quando foi atropelado por Zelito. Reconhecendo-se culpado e consternado, este se propôs imediatamente a ajudar a vítima no que pudesse. Após levá-lo ao hospital, passou a buscá-lo todos os dias em casa para levá-lo a sessões de fisioterapia. Um mês depois, como Gesilei pediu-lhe ajuda financeira (já que era autônomo e precisou parar de trabalhar), Zelito se afastou e parou de colaborar. Com a mediação, ambos puderam se comunicar novamente e combinar uma forma adequada de reparação: Zelito voltou a levar Gesilei às sessões de fisioterapia e o levou à autarquia previdenciária para requerer o pedido de benefício previdenciário até que pudesse ajudá-lo financeiramente[300].

---

a redescoberta de um velho aliado na solução de conflitos. In: MASCARENHAS, Geraldo Luiz Prado (coord.). *Acesso à justiça e efetividade do processo*. Rio de Janeiro: Lumen Juris, 2005, p. 123).

[300] TARTUCE, Fernanda. Mediação em conflitos contratuais e indenizatórios. In: BERTASI, Maria Odete Duque; NACIBENDI, Asdrubal; RANZOLIN, Franco e Ricardo (coord.). *Temas de Mediação e Arbitragem*. São Paulo: Lex Editora, 2017.

Outra vantagem está no fato de que a mediação pode ajudar a corrigir distorções verificadas por conta de expectativas disparatadas. Algumas vezes as partes deixam de estabelecer uma saída consensual em virtude de interpretações equivocadas sobre seus direitos ou suas perspectivas caso se dirijam ao Poder Judiciário; muitos pleitos de reparação pelas mais diversas causas de pedir, por exemplo, retratam situações em que a parte pretende cifras altíssimas. Em casos de negativação do nome nos serviços de proteção ao crédito, um pedido de verbas elevadas dificilmente será deferido pelo magistrado; o mediador poderá comunicar-se com a parte e, valendo-se da confidencialidade, obter dados sobre as reais necessidades, os verdadeiros interesses e as genuínas expectativas de cada um[301].

Salienta André Gomma de Azevedo uma interessante constatação prática: as partes são geralmente mais flexíveis e francas quando lidam com um mediador confiável, pois ele permite que visualizem melhor o tipo de solução consensual que podem obter; além disso,

> [...] um bom mediador pode reduzir a chamada "reação desvalorizadora" – um conceito de psicologia cognitiva referente à tendência em uma negociação de as partes desacreditarem, desconfiarem ou desvalorizarem certa proposta tão somente porque foi apresentada pela parte contrária. Para auxiliar a resolver essa questão, o mediador frequentemente se coloca como fonte de eventuais propostas ou as apresenta de forma neutra e recontextualizada[302].

Percebe-se, assim, ser muito importante a atuação do mediador para que a responsabilidade civil opere de forma ampla, abrangente e eficiente na reparação dos danos perpetrados à vítima, cuja ocorrência, por afetar o equilíbrio social, deve ser minimizada (ou preferencialmente anulada) da forma mais rápida e eficaz possível.

No ponto, merece destaque o cenário proposto pela legislação brasileira. Quando não há uma relação *contratual* prévia entre as partes com previsão de realização da mediação, a adoção deste meio consensual não pode ser exigida – mas isso não exclui a possibilidade de que o interessado formule um convite para negociar diretamente ou com a contribuição de um mediador. No plano normativo o convite foi contemplado no art. 21 da Lei de Mediação[303].

6.4.2.3 *Mediação e Direito das coisas*

6.4.2.3.1 Pertinência

O Direito das coisas, ao regulamentar a situação jurídica da pessoa em relação aos bens sob seu poder e direito[304], lida com valores eminentemente patrimoniais.

---

[301] AZEVEDO, André Gomma de. *Autocomposição e processos construtivos*, cit., p. 151, nota 173.

[302] *Ibidem.*

[303] Lei n. 13.140/2015, art. 21: "O convite para iniciar o procedimento de mediação extrajudicial poderá ser feito por qualquer meio de comunicação e deverá estipular o escopo proposto para a negociação, a data e o local da primeira reunião. Parágrafo único. O convite formulado por uma parte à outra considerar-se-á rejeitado se não for respondido em até trinta dias da data de seu recebimento".

[304] SERPA LOPES, Miguel Maria de. *Curso de Direito civil*, v. 6. *Direito das coisas: princípios gerais, posse, domínio e propriedade imóvel*. 3. ed. São Paulo: Freitas Bastos, 1964, p. 8. Esclarece o autor que para que um bem possa ser objeto de um direito, deve apresentar os seguintes caracteres: aptidão a satisfazer um interesse econômico; suscetibilidade de gestão econômica autônoma; capacidade de ser objeto de uma subordinação jurídica (p. 40).

Por abordarem aspectos prevalentemente pecuniários, os direitos inerentes a tais relações são, em regra, disponíveis em alto grau. A mediação pode ser um mecanismo propício para obter saídas conjuntas em pendengas envolvendo a posse e o direito de propriedade em suas diversas gradações.

Há duas relações jurídicas em que é evidente a pertinência da justiça coexistencial para abordar a controvérsia instalada: a vizinhança e a copropriedade em regime de condomínio. Em ambas as hipóteses, a relação entre as partes tem índole continuativa, sendo profícuo o estabelecimento de uma eficiente comunicação entre os indivíduos; afinal, sair de tais comunidades e instituições, se não impossível, geraria custos muito pesados, além de desgaste psicológico por isolamento ou transferência para outro bairro[305]. Daí por que se revela essencial resgatar as possibilidades de contatos eficazes entre os potenciais contendores.

Em relação às vantagens do consenso, já nos idos de 1850 preconizava Abraham Lincoln:

> [...] desencoraje o litígio. Persuada seus vizinhos para um compromisso sempre que você puder. Demonstre a eles como o vencedor nominal é frequentemente um perdedor real – em honorários, custas e tempo. Como um pacificador, o advogado tem a oportunidade superior de ser um homem bom[306].

Sendo boa a comunicação, é possível convencionar sobre os interesses interpenetrantes, cujos aspectos poderão necessitar ser convencionados em futuras oportunidades (como o corte de árvores, o uso de vagas de garagens muito próximas e a realização de obras em paredes limítrofes).

Em cenários de convivência, é adequado cuidar do episódio litigioso da melhor forma para evitar a multiplicação de novos conflitos ou, caso estes se verifiquem, para que os próprios envolvidos possam cogitar saídas conjuntas.

Dada a ocorrência de um contato permanente entre as partes, como acontece entre vizinhos e condôminos, o meio compositiva deve buscar, mais do que a pacificação do conflito, a pacificação dos próprios conflitantes; afinal, se as partes não forem efetivamente pacificadas e não se convencerem da necessidade de uma convivência saudável, certamente retornarão ao tribunal outras vezes[307].

A pertinência da mediação em casos de convivência, portanto, é inegável. Nessa medida, merece menção o Enunciado 319, aprovado pelo Conselho da Justiça Federal na IV Jornada de Direito Civil: ao orientar a interpretação do art. 1.277 do Código Civil, ele dispõe que "a condução e a solução das causas envolvendo conflitos de vizinhança devem guardar estreita sintonia com os princípios constitucionais da intimidade, da inviolabilidade da vida privada e da proteção ao meio ambiente".

---

[305] CUNHA, J. S. Fagundes. *Da mediação e da arbitragem endoprocessual*, cit.

[306] LINCOLN, Abraham. Notes for a Law Lecture, *apud* SILVA, Adriana dos Santos. *Acesso à justiça e arbitragem*, cit., p. 139.

[307] A observação é de Kazuo Watanabe, que exemplifica mencionando "aquela história sobre o problema de dois vizinhos que brigam pelas bananeiras, que jogam água na parede do outro ou pelos galhos, e, quando o caso é levado ao juiz, este profere a sentença, segundo a lei, determinando que os galhos sejam cortados ou não, dependendo da solução que ele entender mais adequada. Digamos que ele determine o corte dos galhos; no ano seguinte, o galho terá crescido e os vizinhos voltarão novamente ao tribunal para obter a solução do juiz sobre o mesmo conflito" (WATANABE, Kazuo. *Modalidade de mediação*, cit., p. 5).

Cap. 6 · NORMATIVIDADE, PERFIL DO MEDIADOR E APLICAÇÃO NOS CONFLITOS CIVIS | **325**

A mediação pode ser uma técnica adequada de gestão do conflito por ensejar um procedimento discreto, informal e flexível. A postura litigiosa adotada em juízo, aliada à publicidade inerente aos processos judiciais, pode gerar ainda mais acirramento na relação litigiosa, razão pela qual a mediação pode ser vista como importante mecanismo para atender ao conteúdo do enunciado *supra*. Garantir a intimidade e a inviolabilidade da vida privada dos vizinhos é tarefa que pode ser mais bem desenvolvida pela mediação do que pela jurisdição estatal clássica.

Especialmente no condomínio edilício revela-se fundamental a existência de eficientes canais de comunicação entre os condôminos. Dada sua situação de comunhão de direitos e obrigações, pode ser valioso o emprego da mediação como ferramenta para o estabelecimento de uma convivência saudável entre os indivíduos. Vale lembrar que, dentre as atribuições do síndico e das administradoras de condomínio, é essencial haver a abordagem democrática das controvérsias instaladas entre os indivíduos, razão pela qual crescem o interesse na adoção da mediação nesse contexto.

O que fazer quando obras restam inacabadas? Diante de tais fatos, muitas vezes a judicialização não enseja bons resultados porque, ainda que o adquirente vença a demanda, não é viável a finalização da obra ou a devolução do dinheiro por parte do construtor. Em casos assim, prevalece o famigerado efeito "ganhou, mas não levou".

Em situações como essa a mediação pode contribuir. Como exemplo, o Poder Judiciário da Comarca de Praia Grande/SP promoveu, em novembro de 2022, visando minimizar os prejuízos e evitar a judicialização massiva da causa, uma mediação entre compradores dos imóveis inacabados, representantes da construtora em recuperação judicial, OAB local e Ministério Público. A medida ensejou um plano de indenização idealizado pelo juiz da 1.ª Vara Cível da Comarca, que teve adesão voluntária dos adquirentes dos imóveis; "uma das saídas encontradas foi um acordo para a concretização das obras com empreiteiros particulares" – cinco empreendimentos estavam na fase de acabamento quando teve início a recuperação judicial, enquanto outros sete ainda não foram construídos; segundo consta, "o ressarcimento deverá ser realizado em posterior negociação, em prazo a ser definido"[308].

6.4.2.3.2   Litígios coletivos por posse ou propriedade de imóvel

O CPC contempla pioneira previsão[309] sobre a designação de sessão de mediação para abordar litígios coletivos sobre posse consolidada no tempo há mais de um ano; a previsão também se aplica a lides sobre propriedade imobiliária[310].

---

[308]   PJ de Praia Grande promove mediação com clientes de construtora em recuperação judicial. Disponível em: https://www.tjsp.jus.br/Noticias/Noticia?codigoNoticia=88222&pagina=1. Acesso em: 25 jul. 2023.

[309]   Art. 565: "No litígio coletivo pela posse de imóvel, quando o esbulho ou a turbação afirmado na petição inicial houver ocorrido há mais de ano e dia, o juiz, antes de apreciar o pedido de concessão da medida liminar, deverá designar audiência de mediação, a realizar-se em até 30 (trinta) dias, que observará o disposto nos §§ 2.º e 4.º. § 1.º Concedida a liminar, se essa não for executada no prazo de 1 (um) ano, a contar da data de distribuição, caberá ao juiz designar audiência de mediação, nos termos dos §§ 2.º a 4.º deste artigo. (...) § 4.º Os órgãos responsáveis pela política agrária e pela política urbana da União, de Estado ou do Distrito Federal e de Município onde se situe a área objeto do litígio poderão ser intimados para a audiência, a fim de se manifestarem sobre seu interesse no processo e sobre a existência de possibilidade de solução para o conflito possessório".

[310]   Segundo o § 5.º do art. 565 do CPC, aplica-se a previsão sobre mediação ao litígio sobre propriedade de imóvel.

A regra, de cunho social inquestionável, revela preocupação com os conflitos coletivos de terras[311].

No plano doutrinário, o dispositivo enseja polêmica.

Para Adroaldo Furtado Fabricio, a regra foi concebida tendo como pressuposto o cabimento da liminar possessória, sendo viável apenas para a ação de força nova; como o dispositivo foi alterado durante a tramitação legislativa, "gostando-se ou não do dispositivo (e de sua inspiração e de sua arrevesada redação), sua incidência se faz impossível no cenário resultante"[312].

O advento da inusitada previsão é explicado por Ricardo Alexandre da Silva e Eduardo Lamy. A ideia inicial era obrigar a realização de audiência conciliatória antes da concessão de liminares de reintegração e manutenção; como a previsão buscava favorecer os movimentos sociais alinhados com o grupo ocupante do poder no governo federal à época de discussão e aprovação do código, houve forte resistência na base parlamentar vinculada ao agronegócio e, no fim, o "embate de forças no parlamento resultou em dispositivo em descompasso com seus objetivos originais"[313]; os autores concluem:

> É inegável que a razão de ser do dispositivo é tentativa de inviabilizar a retomada imediata da posse, condicionando-a à realização prévia de audiência de mediação. O artigo havia sido elaborado para incidir nas ações de força nova e é evidente que nesse caso seriam enormes os problemas para a obtenção da tutela jurisdicional da posse. Se prevalecesse a redação original do dispositivo, os interditos possessórios perderiam sua efetividade.[314]

Pode-se tentar, porém, dar aplicabilidade ao comando legal.

Para Luiz Guilherme Marinoni, Sergio Cruz Arenhart e Daniel Mitidiero,

> supondo o legislador que, em tais casos, o *periculum in mora* não é tão intenso, opta ele por submeter essas controvérsias a um modelo de solução consensual, com a designação de audiência de mediação. A ideia é que, nessa audiência, seja possível encontrar solução acordada para o problema, evitando o emprego da força para a remoção desse grupo de pessoas ou, até mesmo, talvez, consolidando a posse da área em favor dessa coletividade"[315].

Segundo Humberto Theodoro Júnior, a audiência não é marca de especialidade do procedimento:

> a determinação não tem o condão de conferir à ação de força velha natureza de procedimento especial. Pelo contrário, justamente por seguir o procedimento comum, a

---

[311] TARTUCE, Flávio. *O Novo CPC e o Direito civil*, p. 299.

[312] FABRICIO, Adroaldo Furtado. Comentários ao art. 565. In: DANTAS, Bruno; DIDIER JR., Fredie; TALAMINI, Eduardo; WAMBIER, Teresa (orgs.). *Breves comentários ao Novo CPC*. São Paulo: RT, 2015, p. 1.459.

[313] SILVA, Ricardo Alexandre da; LAMY, Eduardo. *Comentários ao Código de Processo Civil. Volume IX. Artigos 539 ao 673*. São Paulo: RT, 2016, p. 286.

[314] *Idem, Ibidem*, p. 288.

[315] MARINONI, Luiz Guilherme; ARENHART, Sérgio Cruz; MITIDIERO, Daniel. *Novo Curso de Processo Civil*, v. 3 – Tutela dos direitos mediante procedimentos diferenciados. São Paulo: RT, 2015, p. 175.

Cap. 6 · NORMATIVIDADE, PERFIL DO MEDIADOR E APLICAÇÃO NOS CONFLITOS CIVIS | 327

audiência de conciliação ou de mediação prévia é medida que se impõe, nos termos do art. 334 do NCPC[316].

Discordam de tal olhar Roberto Gouveia Filho e Venceslau Costa Filho, para quem o fato de o esbulho ou a turbação ter ocorrido há menos de ano e dia não obsta a possibilidade da audiência consensual: como o § 3.º do art. 3.º do CPC prescreve que os juízes devem estimular a autocomposição, a designação de tal audiência

> não depende da implementação dos prazos fixados no *caput* ou no § 1.º do dispositivo em análise. Portanto, mesmo que a turbação ou o esbulho tenham ocorrido há menos de ano e dia, ou o intervalo entre a concessão da liminar e a execução dela seja inferior a um ano da data da distribuição, será lícito ao juiz determinar a realização de audiência de conciliação ou de mediação.[317]

Merece também destaque o olhar de Antonio Carlos Marcato:

> ... eventualmente a concessão da medida liminar poderá revelar-se inócua, se por outros meios o litígio vier a ser solucionado antes de seu cumprimento (v.g., desapropriação do imóvel para assentamento dos ocupantes); contudo, permanecendo (ou até recrudescendo) o litígio, a ponto de ainda não ter sido executada a medida liminar de reintegração ou manutenção da posse no ânuo previsto, outra mediação poderá revelar-se frutífera – daí a previsão do § 1.º do art. 565.[318]

Por fim, vale perquirir: por que nesse caso o legislador cogitou apenas da realização de mediação, afastando-se do padrão do Código de trata-la juntamente com a conciliação?

A escolha da mediação, "em detrimento da conciliação, deve-se à prévia existência de conflito entre as partes"; como este já estaria "cristalizado no tempo", a mediação foi considerada mais adequada pelo legislador[319].

Analisar a existência de vínculo anterior entre as partes é um parâmetro interessante, mas pode ser que este não tenha chegado a se verificar no plano concreto. Imagine o caso de um terreno que não vinha sendo cuidado há anos pelo proprietário; sobrevindo a morte deste, os herdeiros (residentes em localidades distantes) demoram mais de um ano para iniciar os cuidados com o bem (que acabou ocupado por diversas famílias ao longo do tempo). Nesse caso, a situação tende a se complicar e não há qualquer vínculo entre os envolvidos.

A mediação pode viabilizar o encontro de soluções em litígios coletivos de posse ou propriedade imóvel porque costuma ser usada com proveito em conflitos complexos: assim são consideradas as controvérsias que envolvem múltiplas partes e que envolvem distintos

---

[316] THEODORO JÚNIOR, Humberto. *Curso de Direito Processual Civil,* v. II. 50 ed. Rio de Janeiro: Forense, 2016, p. 119.

[317] GOUVEIA FILHO, Roberto P. Campos; COSTA FILHO, Venceslau Tavares. Comentários aos arts. 554-68. In: STRECK, Lenio Luiz; NUNES, Dierle; CUNHA, Leonardo Carneiro da (org.). *Comentários ao Código de Processo Civil*. São Paulo: Saraiva, 2016, p. 794-815; p. 811.

[318] MARCATO, Antonio Carlos. *Procedimentos Especiais*. 16 ed. São Paulo: Atlas, 2016, p. 132.

[319] GRECHI, Frederico Price. Comentário aos arts. 569-99. In: CABRAL, Antonio do Passo; CRAMER, Ronaldo. *Comentários ao Novo Código de Processo Civil*. Rio de Janeiro: Forense, 2015, p. 906-31; p. 904.

328 | MEDIAÇÃO NOS CONFLITOS CIVIS – *Fernanda Tartuce*

interesses com naturezas muitas vezes divergentes; a mediação é dotada de subsídios teóricos e técnicos para negociações que envolvam diversos participantes[320].

A solução negociada pode melhor atender os interesses de todos os envolvidos em contemplação à meta de pacificação social.

Como destacam Nelson Nery Jr. e Rosa Maria de Andrade Nery,

> o caráter coletivo de que se reveste a posse disputada no caso faz com que a decisão proferida tenha, como consequência, um impacto de grande proporção. Em razão disso, deve ser tentada a mediação, de forma que as partes envolvidas dissolvam o conflito por si mesmas e restaurem a convivência harmoniosa e pacífica[321].

6.4.2.3.3   Regularização fundiária

A Lei n. 13.465/2017 foi promulgada com o propalado objetivo de regrar a regularização fundiária rural e urbana; para tanto, substituiu em larga medida a Lei n. 11.977/2009.

Entre as diretrizes da Reurb (Regularização Fundiária Urbana), vem expressamente declinado o objetivo de "estimular a resolução extrajudicial de conflitos, em reforço à consensualidade e à cooperação entre Estado e sociedade" (art. 10, V).

Já na mensagem enviada pela Presidência da República ao Congresso Nacional, de acordo com o art. 62, *caput*, da CF, destacou-se como relevante inovação do novo marco legal de regularização fundiária urbana "a criação de um procedimento menos burocratizado... o qual se opera, em âmbito extrajudicial, perante os Municípios, inclusive para fins de composição de conflitos por via consensual, como bem apregoou a Lei nº 13.140, de 26 de junho de 2015"[322].

A potencial adoção da mediação foi elogiada por Gilberto Passos de Freitas, para quem tal utilização vem ao encontro da "política do Conselho Nacional de Justiça, pautada na cultura da paz, do diálogo e da responsabilidade compartilhada"[323].

O consenso é expressamente valorizado em diversas oportunidades no ato normativo. O art. 13 da lei destaca que a regularização urbana (Reurb) compreende duas modalidades: I – Reurb de Interesse Social (Reurb-S) – regularização fundiária aplicável aos núcleos urbanos informais ocupados predominantemente por população de baixa renda, assim declarados em ato do Poder Executivo municipal; e II – Reurb de Interesse Específico (Reurb-E) – regularização fundiária aplicável aos núcleos urbanos informais ocupados por população não qualificada na hipótese de que trata o inciso I.

Ao tratar dos instrumentos da reurbanização, a lei destaca como a composição negocial pode contribuir de modo eficaz para o deslinde da regularização do bem. Segundo o art. 16, "na Reurb-E promovida sobre bem público, havendo solução consensual, a aquisição de

---

[320]   ALMEIDA, Tania; PELAJO, Samantha. A mediação em casos complexos. In: SALLES, Carlos Alberto de; LORENCINI, Marco; ALVES DA SILVA, Paulo Eduardo (orgs.). *Negociação, mediação e arbitragem: curso para programas de graduação em Direito*. São Paulo/Rio de Janeiro: Método/Forense, 2012, p. 140.

[321]   NERY JUNIOR, Nelson; NERY, Rosa Maria de Andrade. *Comentários ao Código de Processo Civil*. São Paulo: RT, 2015, p. 1396.

[322]   Disponível em: <https://legis.senado.leg.br/sdleg-getter/documento?dm=2517719&disposition=inline>. Acesso em: 27 jul. 2017.

[323]   PASSOS DE FREITAS, Gilberto. "Papel da universidade na regularização fundiária urbana". Disponível em: <http://www.conjur.com.br/2017-ago-21/gilberto-freitas-papel-universidade-regularizacao-fundiaria>. Acesso em: 21 ago. 2017.

direitos reais pelo particular ficará condicionada ao pagamento do justo valor da unidade imobiliária regularizada, a ser apurado na forma estabelecida em ato do Poder Executivo titular do domínio, sem considerar o valor das acessões e benfeitorias do ocupante e a valorização decorrente da implantação dessas acessões e benfeitorias".

A celebração de acordos também pode viabilizar outra importante regularização: "as áreas de propriedade do poder público registradas no Registro de Imóveis que sejam objeto de ação judicial versando sobre a sua titularidade poderão ser objeto da Reurb, desde que celebrado acordo judicial ou extrajudicial, na forma desta Lei, homologado pelo juiz" (art. 16, parágrafo único).

No título II da Lei n. 13.465/2017, que trata da regularização fundiária urbana, dois dispositivos preveem a possibilidade de emprego de procedimento extrajudicial de composição de conflitos (art. 21, *caput*, e 34).

A primeira regra trata da demarcação urbanística promovida pelo Poder Público: após regularmente notificados os titulares do domínio e os confrontantes da área demarcada, se houver impugnação, poderá ser adotado um procedimento extrajudicial de composição de conflitos.

Havendo demanda judicial de que o impugnante seja parte e que verse sobre direitos reais ou possessórios relativos ao imóvel abrangido pela demarcação urbanística, ele deverá informá-la ao poder público – que comunicará ao juízo a existência do procedimento consensual (art. 21, § 1º).

A lei aponta que, para subsidiar o procedimento extrajudicial de composição de conflitos, será feito um levantamento de eventuais passivos tributários, ambientais e administrativos associados aos imóveis objeto de impugnação, assim como das posses existentes, com vistas à identificação de casos de prescrição aquisitiva da propriedade (art. 21, § 2º).

Segundo o art. 21, § 3º, da Lei n. 13.465/2017, o procedimento extrajudicial consensual seguirá as previsões da Lei de Mediação. O dispositivo também prevê uma considerável latitude negocial: o poder público poderá "promover a alteração do auto de demarcação urbanística ou adotar qualquer outra medida que possa afastar a oposição do proprietário ou dos confrontantes à regularização da área ocupada".

Seguindo a tendência de prestigiar a "desjudicialização de conflitos", o art. 21, § 4º, prevê a possibilidade de que as partes se valham da arbitragem caso a mediação não resulte em acordo.

A mediação também é lembrada no regramento sobre o processo administrativo. Nos termos do art. 31, "instaurada a Reurb o Município deverá proceder às buscas necessárias para determinar a titularidade do domínio dos imóveis onde está situado o núcleo urbano informal a ser regularizado".

Caberá então ao Município promover as devidas notificações: a) sendo os imóveis públicos ou privados, aos titulares de domínio, aos responsáveis pela implantação do núcleo urbano informal, aos confinantes e aos terceiros eventualmente interessados, para, querendo, apresentar impugnação no prazo de trinta dias contado da data de recebimento da notificação; b) sendo os imóveis públicos municipais, dos confinantes e de terceiros eventualmente interessados, para, querendo, apresentar impugnação no prazo de trinta dias contado da data de recebimento da notificação (art. 31, §§ 1º e 2º).

Novamente a lei prevê que, havendo impugnação – desta vez ao processamento administrativo do requerimento – inicie o procedimento extrajudicial de composição de conflitos de que trata a lei (art. 31, § 3.º).

A instauração de procedimento administrativo para a resolução consensual de conflitos no âmbito da Reurb suspende a prescrição (art. 31, § 4º).

Onde serão realizadas as mediações? Como a lei a lei afirma em diversas oportunidades a preferência pela composição extrajudicial de conflitos, a tendência é que sejam promovidas iniciativas para a realização de sessões privadas de mediação em escritórios de mediadores independentes, associações ou locais afins.

Apesar do enfoque na via extrajudicial, não há total desapego em relação ao espaço público – até porque podem não existir espaços extrajudiciais já estruturados. A lei então pontua que os municípios podem criar câmaras de prevenção e resolução administrativa de conflitos, inclusive em cooperação com os Tribunais de Justiça, com "competência para dirimir conflitos relacionados à Reurb, mediante solução consensual" (art. 34, *caput*).

O Poder Executivo municipal é dotado de competência regulamentar para definir "o modo de composição e funcionamento das câmaras" (art. 34, § 1º), funcionando a Lei de Mediação como subsidiária caso não haja exercício da referida competência normativa. Por força de dispositivo específico[324], a Lei de Mediação funciona como parâmetro geral à luz do qual se deve aplicar o referido ato normativo municipal.

Menciona-se também a possibilidade de que os Municípios e o Distrito Federal, mediante a celebração de convênio, utilizem os Centros Judiciários de Solução de Conflitos e Cidadania ou as câmaras de mediação credenciadas nos Tribunais de Justiça (art. 34, § 5º).

No mesmo dispositivo que trata das câmaras municipais de prevenção e solução de conflitos, consta que "os Municípios poderão instaurar, de ofício ou mediante provocação, procedimento de mediação coletiva de conflitos relacionados à Reurb" (art. 34, § 3º).

Por fim, destaca a lei que eventual acordo celebrado pelas partes será reduzido a termo e constituirá condição para a conclusão da Reurb, com consequente expedição da Certidão de Regularização Fundiária – CRF (art. 34, § 2º). Embora o tema seja novo no plano normativo, o Brasil já conta com iniciativas pioneiras.

Luciane Moessa registra a experiência do Fórum de Regularização Fundiária do Distrito Federal: criado em 2012 por iniciativa conjunta do Poder Judiciário (nomeadamente da Vara de Conflitos Ambientais e Fundiários) e do Poder Executivo do Distrito Federal, ele envolve os cartórios de Registro de Imóveis e os titulares de direitos reais sobre imóveis com titularidade irregular, em áreas abundantes no Distrito Federal; além de três áreas[325] em que já houve composição, diversas outras estão em processo de regularização graças às iniciativas do fórum[326].

---

[324] Lei n. 13.465/2017, art. 21, § 3.º. A mediação observará o disposto na Lei nº 13.140, de 26 de junho de 2015, facultando-se ao poder público promover a alteração do auto de demarcação urbanística ou adotar qualquer outra medida que possa afastar a oposição do proprietário ou dos confrontantes à regularização da área ocupada.

[325] O fórum "já conseguiu regularizar, de forma consensual, a situação de uma grande área situada na cidade--satélite de Santa Maria, correspondente ao condomínio Porto Rico, onde viviam centenas de famílias de baixa renda. Também foi firmado recentemente, com a intermediação do Fórum, um termo de ajuste de conduta entre o empreendedor do condomínio de classe média Fazenda Paranoazinho e a Secretaria do Governo do Distrito Federal encarregada de administrar os condomínios. Ainda, graças aos trabalhos do fórum em questão, avançou-se na demarcação de áreas em condomínio de alto padrão situado na cidade-satélite de Vicente Pires, em que existe área de propriedade da União Federal" (SOUZA, Luciane Moessa de. Resolução consensual de conflitos coletivos envolvendo políticas públicas. OLIVEIRA, Igor Lima Goettenauer de (org.). Brasília, DF: Fundação Universidade de Brasília/FUB, 2014, p. 264. Disponível em: <http://mediacao.fgv.br/wp-content/uploads/2015/11/Resolucao-Consensual-de-Politicas-Publicas.pdf>. Acesso em: 24 jan. 2020).

[326] SOUZA, Luciane Moessa de. Resolução consensual de conflitos coletivos envolvendo políticas públicas, cit.

Outro caso interesse merece destaque: em mediação realizada com o município de Caucaia, a Defensoria Pública do estado do Ceará celebrou acordo para a regularização fundiária urbana de áreas públicas ocupadas há mais de 15 anos por 170 famílias de baixa renda residentes no bairro de Tabapuá Brasília II, em Caucaia. Além da Defensoria Pública, que representou as famílias em situação de vulnerabilidade social, a mediação contou com a participação de membros do Ministério Público, do Poder Judiciário, de representantes da prefeitura, procuradores municipais, interessados e advogados de moradores. A Prefeitura de Caucaia se comprometeu a desafetar a área pública ocupada e a cadastrar os moradores que se enquadrassem nos requisitos da Lei Federal n. 13.465/2017 e da Lei Municipal n. 3.321/2021 para a regularização fundiária, no prazo de 90 dias, conferindo o título fundiário aos ocupantes, sob a condição de não haver novas construções na região[327].

Como se percebe, o tema é rico em possibilidades e algumas pessoas já vêm experimentando as vantagens que a composição consensual extrajudicial encerra. Nesse ponto, andou bem a Lei nº 13.465/2017 ao estimular, em diversas oportunidades, a busca do consenso.

6.4.2.4 Mediação e Direito de família

6.4.2.4.1 Pertinência

O Direito de família pode ser considerado o mais humano dos ramos jurídicos; afinal, trabalha valores personalíssimos e busca dar segurança e proteção à pessoa desde o seu nascimento, assegurando o respeito à sua dignidade[328].

Nesse tão peculiar ramo jurídico, em respeito à sua capacidade de autodeterminação, o indivíduo deve estar pronto para definir os rumos de seu destino, sabendo identificar o melhor para si sem necessitar da decisão impositiva de um terceiro, que não conhece detalhes da interação entre os envolvidos.

No mais, avulta a importância da mediação porque o sistema jurídico brasileiro vem cada vez mais valorizando a realização de atos negociais pelos indivíduos para a definição, por si próprios, de suas situações jurídicas; prova disso é que o consenso permite a celebração de escrituras públicas de divórcio e inventário que envolvam pessoas maiores e capazes representadas por advogados(as).

Nas relações familiares, o afeto[329] revela-se um ponto nuclear, o que gera especificidades consideráveis no trato do tema.

Inicialmente, as entidades familiares eram focadas na relação de poder (e dominação) dos pais em relação aos filhos. A partir de significativas mudanças verificadas no tecido social, passaram-se a conceber tais relações em sua índole afetiva; todavia, há constante tensão entre a configuração da família ora como relação de poder, ora como de afeto. Por tal razão,

---

[327] Mediação garante regularização fundiária para mais de 170 famílias em Caucaia. Disponível em: https://www.defensoria.ce.def.br/noticia/mediacao-garante-regularizacao-fundiaria-para-mais-de-170-familias--em-caucaia/. Acesso em: 24 jul. 2023.

[328] DIAS, Maria Berenice. *Manual de Direito das famílias,* cit., p. 70.

[329] Sobre o tema, merecem leituras as obras de Ricardo Calderon (*Princípio da afetividade no direito de família.* Rio de Janeiro: Renovar, 2013) e Romualdo Baptista dos Santos (*A Tutela jurídica da afetividade.* Curitiba, Juruá, 2011).

ao civilista compete abordar a temática com especial atenção a valores subjetivos relevantes e complexos como o afeto e a proteção[330].

Ante a presença de tantos elementos sentimentais, exige-se dos operadores do Direito envolvidos no tratamento da controvérsia familiar, além de uma sensibilidade acentuada, uma formação diferenciada para lidar com as perdas e as frustrações das pessoas quando do fim de seus projetos pessoais. A interdisciplinaridade revela-se, então, necessária para a compreensão da situação dos indivíduos: com o aporte da psicanálise, da psicologia, da assistência social e da sociologia, podem ser mais bem valoradas as questões sociais e as condições psicológicas das partes, bem como ser mais bem compreendida sua realidade[331].

A psicanálise desponta como importante ciência no contexto do conflito familiar, ao proporcionar uma abordagem cuidadosa e completa da crise, verificada a partir das rupturas vivenciadas pelos indivíduos[332]. Como bem destaca Giselle Groeninga, o aporte da psicanálise é fundamental "na busca da compreensão dos impasses da intersubjetividade das relações, agregando a visão dos Sujeitos do Desejo aos Sujeitos/Operadores do Direito"[333].

É essencial disponibilizar elementos para que os membros da família possam reforçar tal instituição de forma que ela mesma supra suas necessidades, sem precisar delegar a solução de suas crises a terceiros[334].

No Direito de família, o aspecto continuativo da relação jurídica recomenda que haja uma eficiente e respeitável comunicação entre os indivíduos, despontando a mediação como importante instrumento para viabilizá-la.

A relação familiar, afinal, é muito significativa: a participação de pessoas nesse núcleo tão importante sempre fará parte da história e deixará marcas.

No mais, consideremos um casal sem filhos: ainda que haja desconstituição da sociedade e/ou do vínculo conjugal (ainda pode haver relação continuativa no que se refere à obrigação alimentar e/ou haver necessidade de que os ex-cônjuges ou companheiros se comuniquem por conta de aspectos práticos (como tributários, por exemplo). Caso não mais haja contato, de qualquer forma é recomendável haver paz entre os ex-cônjuges[335].

---

[330] HIRONAKA, Giselda Maria Fernandes Novaes. Responsabilidade civil na relação paterno-filial. Disponível em: http://siaiap32.univali.br/seer/index.php/nej/article/view/9/4. Acesso em: 10 jun. 2017.

[331] DIAS, Maria Berenice. *Manual de Direito das famílias*, cit., p. 71-72.

[332] "A psicanálise nos mostra que as crises têm o poder de nos fazer regredir, isto é, voltarmos a experimentar estados mentais e a ter comportamentos que julgávamos ultrapassados, urdidos que estavam em patamares mais maduros. Alterações provocadas por processos de ruptura, como a separação por exemplo, afetam a homeostase, o equilíbrio dos sistemas intra e intersubjetivo. A relação do indivíduo consigo mesmo e dele com os demais fica abalada. Os conteúdos emocionais brotam *in natura*, crus, ou tecnicamente falando, 'não mentalizados'. Sem aquele trabalho de elaboração consciente e inconsciente que permite a transformação psicológica dos afetos mais primitivos e que confere forma a sensações angustiantes, os dramas da vida convertem-se em tragédias. O tempo deixa de se desdobrar como dimensão cronológica, para assumir um sentido mítico em que passado, presente e futuro se confundem. Nos momentos de crise, razão e emoção se misturam num cenário dominado pela urgência atemporal" (NAZARETH, Eliana Riberti. *Psicanálise e Direito*, cit.).

[333] GROENINGA, Giselle. Um aporte interdisciplinar ao direito de família. Disponível em: http://www.ibdfam.org.br/artigos/12/Um+aporte+interdisciplinar+ao+Direito+de+Fam%C3%ADlia. Acesso em: 22 jan. 2020.

[334] BARBOSA, Águida Arruda. *Mediação familiar*, cit., p. 61.

[335] Para Adolfo Braga Neto, nos casos "em que inexiste a filiação, a mediação poderá cooperar para que o relacionamento findo de um casal seja realizado de forma mais pacífica, corroborando nas tratativas para

Caso haja filhos, a ligação entre os cônjuges[336] será eterna. Afinal, ainda que rompido o elo conjugal, remanesce o vínculo paterno-filial. A criança não divorcia de seus pais[337]... e como a criança tem direito à convivência familiar em um espectro abrangente (incluindo os dois ramos da família), é necessário que haja uma eficiente e respeitosa comunicação entre os seus responsáveis, sejam eles pais, avós, tios ou parentes de outra ordem.

É essencial que os pais se conscientizem de que, embora sejam ex-cônjuges, sempre serão genitores dos filhos derivados da união; estes não podem ser utilizados em eventuais disputas, mas precisam ser preservados de rancores e sentimentos de ruptura, com incentivo a conviver com ambos os genitores para que possam se sentir amados e protegidos mesmo ante o desenlace conjugal[338].

Em situações controvertidas quanto à guarda dos filhos, é fundamental que os pais possam se comunicar eficientemente sobre detalhes do exercício do poder familiar. Situações como o direito de convivência ("visitas") e eventuais controvérsias sobre a divisão do tempo com a criança podem ser bem equacionadas se houver clareza, consideração, respeito e empatia entre os interessados.

Sobre o tema assim se manifestaram os juristas reunidos em outubro de 2006 na cidade de Brasília por ocasião da IV Jornada de Estudos do Conselho da Justiça Federal: "Enunciado n. 335: a guarda compartilhada deve ser estimulada, utilizando-se, sempre que possível, da mediação e da orientação de equipe interdisciplinar".

Deve-se considerar ainda a vantagem de uma solução consensual em comparação com a decisão impositiva de um terceiro. A sentença dificilmente consegue pacificar as partes nos conflitos familiares; como nas causas em que estão envolvidos vínculos afetivos há temores, queixas, mágoas e sentimentos confusos de amor e ódio, a resposta judicial não é apta a responder aos anseios daqueles que buscam muito mais resgatar danos emocionais do que propriamente obter compensações econômicas[339].

O efeito verdadeiramente pacificador almejado pela prestação jurisdicional dificilmente é obtido com a imposição da decisão do juiz. Se as próprias partes puderem protagonizar a administração do conflito compreendendo suas múltiplas facetas e abordando-as de forma

---

sua conclusão de forma mais equilibrada e equânime para ambas os envolvidos no conflito" (*Mediação de conflitos em relações familiares*, cit.).

[336] Afinal, "a família constituída de pai, mãe e filhos não acaba com o nascimento do conflito que levou ao pedido de separação. Pelo contrário, é a construção de um outro laço parenteral, baseado no respeito pela individualidade e limitações pessoais. Na realidade, o que termina é a relação do casal homem mulher e não pai, mãe e filhos, que isso é indissolúvel" (BRAGA NETO, Adolfo. *Mediação de conflitos em relações familiares*, cit.).

[337] A observação é de Giselda Hironaka, que cita interessante excerto: "Embora a disputa seja simbolizada pelo *versus* que significa duas partes adversas em polos opostos de uma linha, há de fato uma terceira parte cujos interesses e direitos fazem da linha um triângulo. Essa pessoa, a criança, que não é uma parte oficial do processo, mas cujo bem-estar está no centro da controvérsia, tem direito à guarda compartilhada quando ambos os genitores têm igual capacidade de prover. Inerente à política pública é o reconhecimento do direito da criança ao acesso igual e à oportunidade com ambos os pais, do direito de ser guiado e criado por ambos os pais, do direito para ter as decisões principais feitas pelo exercício do julgamento, da experiência e da sabedoria de ambos os pais. 'A criança não perde estes direitos quando os pais se divorciam'" (*Responsabilidade civil na relação paterno-filial*, cit.).

[338] ROSA, Conrado Paulino da. *Desatando nós e criando laços: os novos desafios da mediação familiar*. Belo Horizonte: Del Rey, 2012, p. 115-116.

[339] DIAS, Maria Berenice. *Manual de Direito das famílias*, cit., p. 73.

ampla e produtiva, certamente haverá mais chances de superação da situação conflituosa e de adesão aos termos definidos no acordo.

Como se percebe, a mediação sempre tem pertinência como meio consensual de abordagem do conflito familiar. Mesmo se a demanda já se encontra pendente de definição em juízo pode haver espaço para conversas.

Para facilitar o diálogo entre os membros da família, costuma haver vantagem na adoção da mediação em relação à conciliação.

Quando as partes se submetem a um acordo intensamente estimulado pelo conciliador, podem acabar renunciando a certos aspectos de seu interesse, o que pode tornar o acordo insatisfatório pelas perdas mútuas verificadas. Em um conflito familiar que encerra elevada carga emocional, a controvérsia pode apenas ser deslocada, ressurgindo depois em um novo formato; nesse caso, a conciliação, apesar de encerrar oficialmente a causa, acaba por fazer brotar outras demandas decorrentes do mesmo conflito, ainda que sob diferentes aspectos[340]. Diferentemente, a mediação promove uma abordagem mais profunda da controvérsia, funcionando como um acompanhamento das partes para que possam gerir seus conflitos e formular uma decisão célere, ponderada, eficaz e satisfatória em relação à controvérsia instalada[341].

Com a facilitação do diálogo pelo mediador, os sentimentos das partes podem ser enfrentados e compreendidos. Sendo-lhes permitido um espaço apropriado para a reflexão e o resgate de suas próprias responsabilidades, os mediandos poderão separar os sentimentos dos reais interesses, deixando para trás o passado e podendo se reorganizar para os tempos futuros.

Vale lembrar que a mediação não é propriamente um substitutivo da via judicial, mas sim um instrumento complementar que opera para qualificar as decisões jurisdicionais e torná-las verdadeiramente eficazes. Por meio da atuação conjunta de diversas técnicas, será possível elaborar uma solução original apta a pôr fim ao litígio de forma sustentável[342].

Deve-se considerar, todavia, que nem sempre ambas as partes estão prontas para definir pessoalmente a pendência. Situações emocionais precárias podem prejudicar as conversações; além disso em alguns casos, há interesse na instauração de uma demanda judicial justamente para manter algum tipo de vínculo com o outro[343]. Nessas hipóteses, podem-se configurar consideráveis limitações à adoção de mecanismos consensuais, sendo de rigor, caso as tentativas se revelem infrutíferas, que o magistrado imponha sua decisão de modo imperativo.

---

[340] BARBOSA, Águida Arruda. *Mediação familiar*, cit., p. 91.

[341] *Ibidem, apud* DIAS, Maria Berenice. *Manual de Direito das famílias*, cit., p. 74.

[342] DIAS, Maria Berenice. *Manual de Direito das famílias*, cit., p. 74.

[343] Muitas vezes, as pessoas "não conseguiram resolver os problemas com seus próprios recursos ou com os da comunidade. Em geral, desejam soluções rápidas, mesmo que extremadas, para eliminar o sofrimento ou não querem a intervenção, tendo a intenção de manter a situação como se encontra e não a reconhece como problemática. Podem, também, provocar brigas judiciais intermináveis, não aceitando acordos, pois a solução não é o objeto da ação, mas questões emocionais, gerando atuações. Portanto, nenhum acordo pode satisfazê-las, o desejo pode ser vingança pelo abandono, pela frustração do sonho arruinado, pelo sentimento de fracasso em um projeto de vida, uma indenização do afeto investido, e o próprio processo pode ser uma forma de manter o vínculo com o outro" (BERNO, Rosely. Justiça emocional. Anais do III Congresso Ibero-Americano de Psicologia Jurídica. Disponível em: www.mackenzie.com.br/universidade/psico/publicacao/vol6_n1/v6n1_art5.pdf. Acesso em: 20 nov. 2006).

6.4.2.4.2 Previsões do CPC/2015

Os sete artigos presentes no CPC no Capítulo dedicado às "Ações de Família" (art. 693 a 699) não tratam majoritariamente da adaptação de mecanismos processuais aos processos que envolvem demandas familiares (com exceção dos arts. 698 e 699), mas sim do fomento ao consenso nesses casos e da inserção de algumas regras peculiares a este tipo de demanda.

A primeira diretriz voltada ao consenso consta no art. 694, segundo a qual "todos os esforços serão empreendidos para a solução consensual da controvérsia". A previsão é salutar, já que é essencial disponibilizar elementos para que os membros da família possam reforçar tal instituição de forma que ela mesma supra suas necessidades sem precisar delegar a solução de suas crises a terceiros[344]. Vale destacar, porém, que o "empreendimento de esforços" deve se verificar sem qualquer coerção para que as partes aceitem participar das sessões consensuais[345].

A interdisciplinaridade dos meios consensuais está reconhecida no dispositivo, que determina que o juiz deve dispor "do auxílio de profissionais de outras áreas de conhecimento para a mediação e conciliação".

Os desafios trazidos pela regra do art. 694, diante da necessidade de ampliar o diálogo entre os vários profissionais envolvidos em soluções de conflitos, são ao mesmo tempo complexos (por carecerem de maior integração) e compreensão mútua dos profissionais de Direito com os demais) e estimulantes (no contexto de conjugar esforços na busca da paz social)[346].

Embora a interdisciplinaridade seja salutar, causa preocupação a leitura da expressão "dever", já que em muitas comarcas e seções judiciárias padece o aparato judiciário da falta de equipes formadas por pessoas de diferentes áreas. Quando há tais profissionais, muitas vezes seu número é insuficiente para fazer frente ao número de processos. Por tais razões, o dever de dispor do auxílio de profissionais de outras áreas não deve ser considerado com excessivo rigor, de modo que a ausência não acarretará nulidade. Vale lembrar que, como dispõe o art. 3.º, § 2.º do Código, "o Estado promoverá, sempre que possível, a solução consensual dos conflitos". Não sendo possível a realização de sessões consensuais – inclusive por falta de estrutura e/ou recursos humanos –, logicamente elas não terão como ocorrer[347].

A requerimento das partes ou do mediador, e com anuência daquelas, poderão ser admitidos outros mediadores para funcionar no mesmo procedimento quando isso for recomendável em razão da natureza e da complexidade do conflito (Lei n. 13.140/2015, art. 15). Recomenda-se a atuação conjunta, por exemplo, quando se revelar pertinente contar com facilitadores de diferentes gêneros e formações.

O parágrafo único do art. 694 do CPC dispõe que, *a requerimento das partes*, o processo poderá ser suspenso enquanto as partes se submetem à mediação *extrajudicial*, reconhecendo a importância do desenvolvimento de tal atividade também fora do controle do Poder Judiciário.

---

[344] BARBOSA, Águida Arruda. *Mediação familiar interdisciplinar*. São Paulo: Atlas, 2015.

[345] O estímulo aos meios consensuais foi desenvolvido com maior detalhamento em outra oportunidade: TARTUCE, Fernanda. Mediação no Novo CPC: questionamentos reflexivos. Disponível em: www.fernandatartuce.com.br/artigosdaprofessora. Acesso em: 13 mar. 2017.

[346] DURI, Eliane Limongi; TARTUCE, Fernanda. Mediação familiar: interdisciplinaridade e contribuição da psicologia à luz do art. 694 do Novo Código de Processo Civil. In: BRAGA, Sergio Pereira; MAFRA, Tereza Cristina Monteiro; Valéria Silva Galdino Cardin (org.). XV Congresso do Conpedi – CURITIBA. Florianópolis/SC: Conpedi, 2016, v. I, p. 132-150.

[347] TARTUCE, Fernanda. Comentário ao art. 694. In: BUENO, Cassio Scarpinella (coord.). *Comentários ao Código de Processo Civil*, v. 3 (arts. 539 a 925). São Paulo: Saraiva, 2017, p. 338.

A suspensão também é possível quando as partes se submeterem a "atendimento multidisciplinar". A expressão foi utilizada anteriormente na Lei Maria da Penha; segundo o art. 29 desta Lei, a equipe multidisciplinar é integrada por profissionais das áreas psicossocial, jurídica e de saúde[348]. Assim, o atendimento multidisciplinar parece ser orientado a casos que demandem acompanhamento psicossocial e até médico, como os que envolvem patologias sociais (violência doméstica, maus-tratos etc.) ou médicas (como problemas psiquiátricos).

A prática da suspensão do processo para que as partes negociem ou se valham de outras tentativas para composição do conflito é corrente na prática forense, bastando pedido conjunto[349].

Embora haja prazo máximo estipulado para a pausa[350], o lapso deve atender critérios de razoabilidade – podendo haver um tempo um pouco mais dilatado em se tratando de mediação (já que o tempo *das partes* pode variar) e, especialmente, de atendimento multidisciplinar.

A Lei de Mediação adota essa postura aberta ao dispor que, havendo processo em curso, as partes poderão submeter-se à mediação, hipótese em que requererão ao juiz ou árbitro a suspensão do processo por prazo suficiente para a solução consensual do litígio.

O art. 695 do CPC institui que o primeiro ato após o recebimento da petição inicial e a tomada de eventuais medidas de urgência será a citação do réu para comparecer à audiência de mediação ou conciliação.

Há quem afirme que, ao contrário do procedimento comum do CPC (que admite exceções à obrigatoriedade da designação da sessão consensual inicial), o art. 695 não dá margem para a aplicação das mesmas exceções, sendo obrigatória a realização da audiência em toda demanda familiar. Nesse sentido, enquanto no procedimento comum será possível a dispensa da audiência, no procedimento especial das ações de família não haverá essa possibilidade.

É possível entender de forma diversa a partir de uma leitura alinhada às diretrizes regentes dos meios consensuais – sobretudo ao princípio da autonomia. A voluntariedade é essencial: se as pessoas não se dispuserem a conversar, não haverá qualquer proveito no comparecimento à sessão consensual. Assim, pode-se entender que, depois de apreciar a petição inicial e deferir a medida liminar, o juiz determinará, se for o caso, a realização de sessão consensual, para a qual o réu será citado.

Considerando a perspectiva de promover o respeito à autonomia da vontade, a expressão "se for o caso" remeterá diretamente às exceções à realização da sessão consensual presentes no art. 334, § 4.º, do CPC, que são: (i) desinteresse manifestado por ambas as partes quanto à composição consensual; e (ii) inadmissão da autocomposição. Por tal percepção, apenas "será o caso" de designar data para audiência de autocomposição nas demandas de família quando não incidirem essas duas exceções.

A oposição de ambas as partes à realização da audiência é um fator essencial a ser considerado: a voluntariedade tem um peso primordial na adoção do meio consensual, devendo-

---

[348] Compete a tal equipe, segundo o art. 30 da Lei n. 11.340/2006, entre outras atribuições que lhe forem reservadas pela legislação local, fornecer subsídios por escrito ao juiz, ao Ministério Público e à Defensoria Pública, mediante laudos ou verbalmente em audiência, e desenvolver trabalhos de orientação, encaminhamento, prevenção e outras medidas, voltados para a ofendida, o agressor e os familiares, com especial atenção às crianças e aos adolescentes.

[349] As partes podem pedir a suspensão do feito convencionalmente (CPC, art. 313, II e § 4.º).

[350] O CPC, no art. 313, § 4.º, dispõe que o prazo de suspensão do processo nunca poderá exceder 6 (seis) meses na hipótese de convenção das partes.

Cap. 6 · NORMATIVIDADE, PERFIL DO MEDIADOR E APLICAÇÃO NOS CONFLITOS CIVIS | **337**

-se evitar a prática de atos infrutíferos quando o cenário evidenciar a ausência de qualquer possibilidade de autocomposição (pelo menos naquele momento).

A segunda exceção diz respeito à impertinência da solução consensual no caso em análise; nessa perspectiva, a expressão "composição inadmissível" pode retratar tanto a vedação jurídica da autocomposição quanto a sua inadequação à situação concreta.

Como exemplo de direito indisponível pode ser citado o ajuste econômico referente ao fornecimento de tecidos, órgãos e partes do corpo humano (já que a Lei n. 9.434/97 só autoriza sua disposição gratuita)[351].

Em demandas familiares, a via consensual, por um lado, pode se apresentar como o meio adequado para que a família se reorganize, já que a solução construída pelos envolvidos é preferível à imposição de um terceiro. Por outro lado, há situações críticas em que o uso da via consensual se revela inadequado.

Imagine um conflito marcado por violência doméstica em que a esposa precisou obter uma medida protetiva contra o marido: deve-se, na posterior demanda de divórcio litigioso, designar a realização de uma sessão inicial de autocomposição, mesmo que ela expresse não ter condições de com ele conversar? Nesses casos, em que resta patente a inadequação da sessão consensual para tentativa de autocomposição, ainda que uma das partes não manifeste sua oposição à realização da audiência, esta não deve ser designada. Afinal, como dispõe o art. 3.º, § 2.º, o Estado promoverá a solução consensual "sempre que possível"; não sendo viável a autocomposição, porquanto inadmissível no caso sub judice, a parte tem direito ao julgamento do mérito de sua pretensão em prazo razoável[352].

Entendimento similar foi adotado em decisão do Tribunal de Justiça paulista. No início de um divórcio litigioso, o juiz designou data para audiência consensual, embora a autora tenha manifestado o desinteresse em tal realização. Segundo consta no relatório, a inconformada recorrente insurgiu-se alegando ter sido vítima de violência doméstica e não desejar encontrar o agravado, aduzindo que o encontro das partes poderia causar a sua "revitimização" e violar o princípio da dignidade da pessoa humana. Foi concedida a liminar de efeito suspensivo ao recurso para suspender a realização da sessão consensual; ao dar parcial provimento ao recurso, o relator destacou que a agravante alegava ser vítima de violência doméstica e que o encontro com o agravado lhe causaria constrangimento e abalo psicológico – afinal,

> [O] ideal buscado pelo Novo Código Processo Civil, no sentido de evitar os litígios, prestigiando as conciliações, não pode se sobrepor aos princípios consagrados pela Constituição Federal, relativos à dignidade da pessoa humana e dele derivados. 7. Assim, ao menos em princípio, não se mostra plausível obrigar a autora a comparecer à audiência de conciliação e encontrar o réu, se alega ser vítima de violência doméstica por ele praticada. 8. Faltaria a ela, pela debilidade demonstrada, o necessário empoderamento, tão necessário para que uma conciliação ou mediação possa, com efetividade, resolver a crise de direito material instalada. 9. Não se trata de estabelecer uma medida

---

[351] PINHO, Humberto Dalla Bernardina de. Art. 3º. In: CABRAL, Trícia Navarro Xavier; CURY, Cesar Felipe (coord.). Lei de mediação comentada artigo por artigo. 2. ed. Indaiatuba: Foco, 2020.

[352] TARTUCE, Fernanda. Comentário ao art. 695. In: BUENO, Cassio Scarpinella (coord.). *Comentários ao novo Código de Processo Civil*, v. 3. São Paulo: 2017, Saraiva, p. 343.

protetiva ou de restrição, a qual deverá ser buscada na esfera criminal, e sim, de evitar um constrangimento desnecessário à agravante[353].

A decisão merece destaque por trazer um contraponto ao entendimento prodigamente esposado sobre a necessária realização de audiências iniciais de conciliação ou mediação em *todas* as demandas familiares. Merece então aplausos pelo respeito ao perfil vulnerável da parte e por considerar relevante sua vontade. Seria no mínimo insuficiente a abordagem em uma audiência designada no fórum sem qualquer cuidado e preparo. Decisões como a analisada são essenciais para evitar que o desrespeito às pessoas em conflito passe a errônea impressão de que a mediação desrespeita a dignidade e viola a autonomia.

No mais, com o propalado intuito de evitar despertar o sentimento litigioso imediatamente no réu, o § 1.º do art. 695 dispõe que o mandado de citação "conterá apenas os dados necessários à audiência e deverá estar desacompanhado de cópia da petição inicial, assegurado ao réu o direito de examinar seu conteúdo a qualquer tempo".

A regra desafia a Constituição Federal: ao permitir que apenas uma das partes tenha ciência do que foi apresentado ao juiz, ela promove um desequilíbrio anti-isonômico no processo; se uma das partes apresentou sua versão em juízo, é decorrência do contraditório que haja sua cientificação.

Além de afetar também a publicidade, a previsão prejudica uma das diretrizes regentes dos meios consensuais, o princípio da decisão informada, segundo o qual é essencial que os participantes tenham ciência do contexto fático em que estão inseridos.

Espera-se que os magistrados deixem de dar atenção à regra e promovam a citação atendendo o padrão tradicional de fazer acompanhar o mandado a contrafé.

Reconhecendo que uma resposta consensual não é fácil nem imediatamente construída, especialmente em relação a sensíveis questões de família, o art. 696 do CPC prevê que a audiência de mediação e conciliação poderá dividir-se em tantas sessões quantas sejam necessárias para viabilizar a solução consensual, sem prejuízo de providências jurisdicionais para evitar o perecimento do direito.

No ponto, vale lembrar que a mediação geralmente é desenvolvida em mais de uma sessão porque precisam ser abordados diversos pontos controvertidos do histórico dos envolvidos; já a conciliação costuma contar apenas com um ou dois encontros porque a relação é episódica, sendo a disputa trabalhada sob uma vertente mais pontual.

Imaginemos um caso em que, na audiência inicial, a tentativa consensual restou infrutífera em termos de acordo, mas tenha havido o início da restauração da comunicação. No final da sessão, o mediador destaca os avanços alcançados e sinaliza ver potencial para evoluir, afirmando que a designação de nova data será interessante para que as tratativas possam progredir.

Espera-se que as pessoas estejam prontas para ser protagonistas de seus destinos e consigam reconhecer a valiosa oportunidade de construção conjunta viabilizada pela mediação. Para tanto, será importante que se permitam participar de ulteriores sessões, sendo primordial

---

[353] Eis a ementa atribuída à decisão: "Agravo de Instrumento. Agravante que se insurgiu em face do despacho que designou audiência de conciliação, sob alegação de que foi vítima de violência doméstica Possibilidade princípio da constitucional da dignidade humana que deve ser observado – Audiência de conciliação que deve ser cancelada – Recurso provido" (TJSP, 2ª Câmara de Direito Privado, Agravo de Instrumento nº 2215265-68.2016.8.26.0000 – Campinas, Rel. Des. José Carlos Ferreira Alves, v.u., j. 12/12/2016).

Cap. 6 · NORMATIVIDADE, PERFIL DO MEDIADOR E APLICAÇÃO NOS CONFLITOS CIVIS | 339

que seus advogados contribuam em seu convencimento, destacando as vantagens da solução consensual especialmente em relação a fatores como tempo, satisfação e cumprimento espontâneo dos pactos.

6.4.2.5 Mediação e Direito das sucessões

a) Pertinência

A morte promove o encerramento de um ciclo vital do indivíduo, gerando sentimentos de depressão e luto que podem provocar graves crises. A família fica vulnerável e os conflitos tendem a se tornar mais explícitos, acarretando confrontos e impasses que podem desembocar em litígios[354].

Diante da morte de alguém, conflitos que não eram visíveis ou estavam abafados podem vir à tona; isso pode ocorrer inclusive pela ausência da pessoa que efetivamente fazia a conexão entre os parentes (ou entre estes e o novo companheiro, por exemplo); sentimentos hostis podem ocupar o primeiro plano, ensejando o fortalecimento de rivalidades e o despontar de conflitos[355].

A vivência da perda gera o início do processo de luto, que, como apontado[356], encerra cinco etapas: negação, raiva, depressão, barganha e aceitação. É preciso ter sensibilidade ao lidar com os envolvidos. Quando uma pessoa nega o fato, externa raiva ou padece de depressão pela morte de alguém, dificilmente consegue engendrar opções práticas para resolver problemas. Nas fases de barganha e aceitação é que será viável haver clareza para compreender e buscar saídas produtivas. Respeitar o tempo dos envolvidos, como se percebe, é crucial.

A mediação poderá ser útil para permitir a percepção de que um herdeiro pode estar resistindo a certa conduta não por ganância ou má-fé, mas por não ter condições de lidar com o tema naquele momento.

A utilização da mediação pode se revelar interessante para sanar controvérsias entre herdeiros e ensejar respostas conjuntas para diversas questões. Especialmente pela circunstância de herdarem (ao menos inicialmente) em regime de condomínio e serem, muitas vezes, parentes, recomenda-se um encaminhamento adequado para prevenir futuras querelas e evitar a necessária definição das controvérsias por um terceiro.

Aberta a sucessão com a morte, os herdeiros passam à condição de condôminos até a ultimação da partilha: esse fato pode gerar incômodos porque surgem obrigações jurídicas (cíveis, tributárias etc.) que devem ser honradas por todos, independentemente de quem tenha a elas dado causa.

Vale ainda lembrar que o valor dos bens envolvidos na sucessão pode ser polêmico a ponto de provocar controvérsias consideráveis por conta dos fatores subjetivos envolvidos. Quando as disputas envolvem objetos de significado afetivo (altamente simbólico), não se pode resolver adequadamente a querela com base em uma objetividade matemática. Existindo fatores subjetivos quanto à valorização do bem, pode haver dificuldades para os operadores do Direito por estar em jogo uma diferenciada ordem de valores na qual os desejos escapam à compreensão

---

[354] BARBOSA, Águida Arruda; GROENINGA, Giselle Câmara. Concorrência sucessória e a ampliação dos conflitos familiares. In: BARROSO, Lucas Abreu (org.). *Introdução crítica ao Código Civil*. Rio de Janeiro: Forense, 2006, p. 534.

[355] *Ibidem.*

[356] O tema foi abordado nesta obra no tópico sobre pacificação social.

340 | MEDIAÇÃO NOS CONFLITOS CIVIS – *Fernanda Tartuce*

meramente objetiva que o sistema jurídico ordinariamente empreende à partilha de bens[357]. Nessa conjuntura, o aporte interdisciplinar da mediação pode colaborar para descortinar os elementos subjetivos envolvidos na questão e amenizar as resistências dos envolvidos.

José Maria Rossani Garcez exemplifica ser adequada a mediação nesse contexto, mencionando um caso em que dois filhos herdaram bens com grande valor afetivo e ambos pretendiam permanecer com a totalidade do acervo. Diante do impasse certamente o Poder Judiciário, em decisão "salomônica", determinaria a venda dos bens para a distribuição do valor obtido aos herdeiros[358]. Em circunstâncias como essa, muitas vezes a abordagem de um juiz pode acabar tornando crônico o conflito e gerar ainda mais impasses, "engessando" o processo evolutivo da família enlutada[359]. Por intermédio da mediação, pôde-se chegar a um acordo satisfatório no qual os herdeiros combinaram usos alternados dos bens em datas ajustadas consensualmente, de forma organizada[360].

A mediação pode ainda aplicada para compor conflitos atinentes à matéria sucessória especialmente quando os herdeiros, maiores e capazes, puderem definir por si próprios a situação na partilha dos bens. Assim, sendo clara a possibilidade de transação quanto aos seus termos, é altamente recomendável a tentativa de alcance do consenso entre as partes.

O art. 2.015 do Código Civil prevê que, em caso de herdeiros capazes, a partilha poderá ser feita de forma amigável e por três formas: escritura pública; termo nos autos do inventário; ou escrito particular, homologado pelo juiz. Consoante dispõe o art. 2.027 do Código Civil, a partilha é anulável pelos vícios e defeitos que invalidam, em geral, os negócios jurídicos.

A lei processual prevê o arrolamento sumário como procedimento especial em que os herdeiros, maiores e capazes, pleiteiam ao juiz a homologação da partilha amigável celebrada nos termos da lei civil. Nos últimos anos, certos movimentos legislativos alteraram o conteúdo de tal dispositivo[361] para simplificar ainda mais a realização da partilha consensual.

A mediação pode ser eficiente para que os herdeiros possam chegar aos termos da partilha mais adequada segundo seus interesses. Pela natureza da situação, muitas vezes não há propriamente litígio entre os herdeiros, mas interesses comuns (como a conservação do acervo nas melhores condições possíveis, p. ex.). Como bem aponta Antonio Carlos Marcato, a inserção do arrolamento sumário entre os procedimentos de jurisdição contenciosa verificou-se tão somente por sua similitude em relação a outras formas de partilha de bens e por sua redação ter vindo a lume posteriormente à original publicação do Código, tendo tal previsão sido inserida no contexto dos inventários em geral[362].

---

[357] BARBOSA, Águida Arruda; GROENINGA, Giselle Câmara. Concorrência sucessória e a ampliação dos conflitos familiares. In: BARROSO, Lucas Abreu (org.). *Introdução crítica ao Código Civil*. Rio de Janeiro: Forense, 2006, p. 536.

[358] GARCEZ, José Maria Rossani. *Negociação. ADRS. Mediação, conciliação e arbitragem*, cit., p. 48.

[359] BARBOSA, Águida Arruda; GROENINGA, Giselle Câmara. *Concorrência sucessória e a ampliação dos conflitos familiares*, cit., p. 534.

[360] GARCEZ, José Maria Rossani. *Negociação. ADRS. Mediação, conciliação e arbitragem*, cit., p. 48.

[361] A Lei n. 11.441/2007 alterou o teor do art. 1.031 do CPC/1973, que assim passou a prever: "A partilha amigável, celebrada entre partes capazes, nos termos do art. 2.015 da Lei n. 10.406, de 10 de janeiro de 2002 – Código Civil, será homologada de plano pelo juiz, mediante a prova da quitação dos tributos relativos aos bens do espólio e às suas rendas, com observância dos arts. 1.032 a 1.035 desta Lei". O Novo Código de Processo Civil mantém o procedimento simplificado nos arts. 659 e ss.

[362] MARCATO, Antonio Carlos. *Procedimentos especiais*. 15. ed. São Paulo: Malheiros, 2013, p. 200, item 122.

Cap. 6 · NORMATIVIDADE, PERFIL DO MEDIADOR E APLICAÇÃO NOS CONFLITOS CIVIS | 341

Interessa sobrelevar que a previsão do procedimento está vinculada não ao valor dos bens (que pode variar), mas, sim, à existência de consenso entre os herdeiros maiores e capazes, o que possibilita a efetiva definição, pelos próprios interessados, dos rumos da partilha de bens. Se houver entre os herdeiros, todavia, divergência ou incapacidade, a partilha será feita judicialmente.

Ainda quando houver divergência, porém, pode ser que a mediação venha a colaborar para amainar (e até extirpar) os ânimos contenciosos, propiciando às partes reflexão suficiente para a possível concordância sobre os termos da partilha. Assim, pode-se revelar interessante a realização de mediação incidental.

O sistema jurídico brasileiro passou a contar com a possibilidade de realização de inventário e de partilha pela via administrativa mediante a atuação dos tabeliães de notas, desde que haja interessados capazes e concordes[363]. Como bem constou na exposição de motivos da lei que reconheceu a possibilidade de atuação extrajudicial, não havia motivo razoável de ordem jurídica, lógica ou prática que indicasse a necessidade de que atos de disposição de bens, realizados entre pessoas capazes, devessem ser necessariamente processados em juízo, ainda mais onerando os interessados e agravando o acúmulo de serviço perante as repartições forenses.

Ao abordarem o tema, Pierpaolo Cruz Bottini e Sérgio Renault criticaram o deletério fenômeno da "judicialização do cotidiano" decorrente da necessidade de se obter uma manifestação formal do Poder Judiciário para oficializar inúmeros atos jurídicos, como se verifica justamente na homologação judicial em demandas sucessórias. Para tais autores, "nestes casos, a participação judicial poderia ser restrita às hipóteses mais complexas, em que haja discordância entre os partícipes do ato, e o resto pode ser feito de maneira mais simples, mediante registro em cartório de notas"[364].

Percebe-se, assim, a notável relevância da mediação na abordagem das controvérsias sucessórias, sendo de todo recomendável que os herdeiros entabulem uma comunicação eficiente para a definição dos rumos de sua situação patrimonial.

b) Mediação e planejamento sucessório

Como lidar com os ajustes necessários para prover a melhor organização familiar sob os prismas existencial e patrimonial à luz da inexorável mudança de gerações?[365]

O uso da mediação pode se revelar interessante antes do início, propriamente, do planejamento sucessório.

Movimentações societárias e doações por parte de genitores em favor de um filho específico, por exemplo, podem gerar melindres. Há aqui a primeira indicação da mediação: sua realização preventiva visa a assegurar o planejamento sucessório seguro, a união familiar e a preservação da empresa. A percepção da necessidade de mediar pode se dar, no exemplo acima, pelo fato de a movimentação ter gerado desgastes: a constatação de tal controvérsia pode ser útil para que ela e outras sejam tratadas e o futuro devidamente planejado.

---

[363] CPC/1973, arts. 982 e 1.124-A; CPC/2015, arts. 610 e 733.

[364] BOTTINI, Pierpaolo Cruz; RENAULT, Sérgio. Os caminhos da reforma. *Revista do Advogado*, ano XXVI, v. 26, n. 87, p. 7, São Paulo, set. 2006.

[365] As reflexões tratadas neste tópico foram desenvolvidas em coautoria com Débora Brandão no artigo "Mediação em conflitos sucessórios: possibilidades antes, durante e depois da abertura da sucessão", escrito para integrar a obra *Arquitetura do planejamento sucessório*, tomo II (coord. Daniele Teixeira, no prelo à época da atualização da presente edição).

Os envolvidos poderão, a partir da comunicação fluida gerada pela mediação, chegar à conclusão de que o planejamento sucessório é a providência adequada para assegurar transparência e segurança às futuras transições.

Além desse aspecto antecedente e preventivo, a mediação pode ser eficaz para assegurar o cumprimento de definições concernentes à terminalidade da vida, expressas em Diretivas Antecipadas de Vontade (DAV) ou em codicilo.

Por mais que soe difícil, o planejamento sucessório dialogado e participativo deve ser incentivado pelos advogados. A comunicação fluida deve prevalecer para que todos os envolvidos possam entender as razões do contratante do planejamento. A conversa permitirá identificar potenciais rompimentos, dissabores ou estremecimentos por força das escolhas; nesse cenário, as pessoas em conflito poderão se valer da mediação, preventivamente.

Imagine que um testador perceba resistência de familiares diante da sua vontade expressa de não reanimação ou reanimação extrema. As reações dependerão de diversos fatores – inclusive o modo como cada familiar elaborará o luto.

A mediação poderá ser adotada para que, com o auxílio de técnicas (como o espelhamento), cada um dos envolvidos possa compreender as razões dos outros e construírem juntos a diretiva mais adequada à realidade daquela família.

Desde a internação até o momento em que a terminalidade da vida se apresenta, é necessário haver um representante do paciente perante o hospital. É com essa pessoa que os médicos discutirão procedimentos e tomarão decisões sobre o tratamento. Esse representante (normalmente cônjuge, ascendente ou descendente) precisa de apoio dos demais familiares para receber o suporte necessário ao enfrentamento dos momentos vindouros de adversidade.

Se não houver a aceitação, por parte dos familiares, do conteúdo da DAV e ela for estabelecida por documento particular, será possível que o omitam, desrespeitando a vontade do testador. Ainda que a DAV seja firmada por escritura pública, se o procurador com poderes para cumpri-la se omitir, mais uma vez ela restará fadada à ineficácia.

Isso também pode ocorrer com conteúdos típicos dos codicilos[366], como as disposições sobre cerimônias religiosas fúnebres. O testador pode ter recomendado que certo ministro de confissão religiosa se encarregasse da celebração ou mesmo elaborasse a liturgia do culto fúnebre. Se os familiares professarem a mesma fé, as chances de conflito serão pequenas; já se eles tiverem religiões diferentes, será alta a chance de desentendimento no momento das decisões prévias ao velório.

Como se nota, a utilização da mediação entre os futuros herdeiros necessários e o contratante do planejamento para esclarecer dúvidas, eliminar ruídos e evitar inferências que poderão culminar em demandas judiciais é medida que deve ser considerada pelos profissionais do Direito.

Com o diálogo mediado e o comprometimento de todos, o gerenciamento da crise instalada a partir do agravamento da saúde do paciente será menos difícil para todos os membros da família; por já ter havido discussão, reflexão e consenso sobre os passos finais, o "roteiro daquela cena" já foi concebido pelos atores. O fator surpresa estará arrefecido e todos poderão assumir posturas colaborativas e amparadoras sem rupturas.

---

[366] Codicilo é uma das formas de testamento, dotado de menor formalidade, na qual o testador dispõe sobre bens móveis de pequeno valor, joias e roupas de uso pessoal (arts. 1.881 e 1.882 do CC).

Cap. 6 · NORMATIVIDADE, PERFIL DO MEDIADOR E APLICAÇÃO NOS CONFLITOS CIVIS | 343

Por fim, a mediação poderá ser benéfica para sanar controvérsias entre herdeiros e ensejar respostas conjuntas para diversas questões após o falecimento do autor da herança.

Determinadas situações precisam ser enfrentadas e resolvidas sobretudo quando envolvem outras pessoas e interesses, havendo repercussões existenciais e econômicas importantes; são exemplos as decisões sobre partilha e administração de bens, pagamentos tributários e percepção de frutos.

Falecido o autor da herança, os herdeiros passam a ser condôminos por força de lei, sujeitando-se a todas as regras atinentes a tal condição até a partilha; alguns herdeiros podem ter pressa em extinguir o condomínio legal porque não querem se ver atrelados às responsabilidades a que não deram causa, por exemplo.

Imagine a situação do herdeiro que, querendo iniciar o procedimento de inventário, convoca os demais para irem à residência do autor da herança a fim de verificarem os documentos existentes e eventualmente dividirem os objetos pessoais. Nesse momento, um dos herdeiros se manifesta veementemente contra tal movimentação por entender precoce a adoção de qualquer medida.

A mediação poderá então ser útil por permitir a percepção de que esse herdeiro pode estar resistindo não por ganância ou má-fé, mas por não ter condições de lidar com o tema naquele momento. Da mesma forma, a conversação poderá ajudá-lo a entender que, apesar do luto, é preciso seguir adiante. Portanto, a conversação mediada enseja potenciais benefícios a todos, uma vez que considerar o interesse alheio e desenvolver a escuta ativa de todos os envolvidos são iniciativas que trarão novas possibilidades.

A presença do mediador para facilitar a comunicação entre os envolvidos promove a atuação cooperativa para que, juntos, eles possam construir soluções. A linguagem adotada no procedimento consensual favorece a inclusão e a percepção de que se almejam ganhos recíprocos, afastando-se da concepção adversarial na qual se uma parte ganha é porque a outra perde.

Na mediação costuma-se ressaltar o "ganha-ganha", ou seja, o alcance de ganhos mútuos; afinal, certamente o planejamento sucessório estará fadado ao insucesso se a parte planejadora arquitetar a distribuição do patrimônio por ocasião de seu falecimento e ela gerar rupturas familiares.

Imagine a insatisfação de viúvo e filhos ao se depararem com disposições de última vontade que, aos seus olhos, são totalmente injustas ou lesivas... ou, ainda, a partilha em vida como instrumento de planejamento sucessório em que, no momento em que o planejador anuncia a divisão dos quinhões, reações afloram de maneira violenta.

Imagine que dois herdeiros comecem a conversar em tom hostil, em situação de típica escalada do conflito. Se eles começarem a participar de uma mediação, suas divergências poderão ser objeto de conversação, negociação e composição. Contar com um espaço seguro e organizado para expressar emoções e percepções faz toda a diferença quando as partes querem avançar.

A adoção da mediação quando se "arquiteta" o planejamento sucessório permite identificar possíveis conflitos e realizar intervenção clarificadora para que controvérsias não contaminem as relações entre o planejador contratante e seus sucessores (ou mesmo entre estes). Como se nota, a mediação assume importância ímpar pelo potencial de atuar em situações nas quais o Poder Judiciário não tem lugar, uma vez que o descontentamento intrafamiliar, sem qualquer lesão consumada a direito, não configura possibilidade jurídica de pedido em face do planejador contratante.

O protagonismo na tomada de decisões sobre a vida é um dos pilares da mediação: ele deve ser incentivado e também assumido quando nossas decisões em vida impactarão em outras pessoas e instituições por força dos naturais fluxos geracionais.

c) Audiência consensual em inventário

Embora nas demandas familiares a realização de audiência consensual tenha ganhado destaque nas regras do procedimento especial (por força dos arts. 694 e 695 do CPC), não houve tal previsão no rito de inventário. Sob o prisma procedimental, portanto, a proposta é que não haja, como regra, a designação de conciliação ou mediação[367].

Esse entendimento foi assim exposto em acórdão do Tribunal de Justiça paulista:

> Além de não prevista no rito do inventário, a audiência de conciliação não é obrigatória e sua não realização não importa prejuízo às partes, que, ademais, podem transigir a qualquer momento. Realização do ato que está sujeita à prudente discrição do Juiz de Direito, inexistindo ilegalidade ou abuso no indeferimento da pretensão caso não se vislumbre possibilidade concreta de conciliação entre as partes. Na condução do processo, o Juiz, a despeito da orientação legal de promover a tentativa de conciliação entre as partes, também deve evitar a prática de atos processuais inócuos ou inúteis[368].

Embora tal acórdão tenha sido proferido sob a égide do CPC/1973, pelo prisma estritamente procedimental seu teor continua valendo: no rito específico de inventário não foi contemplada previsão sobre audiência de conciliação ou mediação para lidar com as controvérsias entre os herdeiros.

Os procedimentos especiais foram concebidos pelo legislador, em atenção a peculiares situações de direito material, para promover eficiência e racionalidade na tramitação de certos feitos. Como o legislador processual entendeu que o procedimento comum não seria proveitoso em todas as hipóteses, previu diferenciados procedimentos para contemplar sequências variadas de atos processuais com condutas a serem observadas pelas partes e pelo juiz[369].

Um dos exemplos que mais costuma ser invocado, aliás, como típico de procedimento especial, é o inventário: tendo falecido o patriarca e/ou a matriarca da família, seria interessante o trâmite sob o procedimento comum (com contestação, réplica e instrução probatória)? Certamente não: como o inventário envolve as atividades de apurar, arrecadar e nomear bens do falecido, essa sequência não se mostra adequada para bem tutelar a situação dos herdeiros[370].

A designação inicial de audiência de conciliação ou mediação, em princípio, não é cabível nos procedimentos que não a preveem; sob pena de esvaziar a lógica inerente aos procedimentos especiais, deve-se seguir o desenho previsto na lei para as demandas em que há rito peculiar.

Cabe, porém, perquirir: mesmo não havendo previsão no procedimento, as partes podem querer a designação de uma sessão judicial de mediação ou conciliação, manifestando-se positivamente quanto a tal realização?

Sendo positiva a intenção de ambas no sentido de se engajarem na autocomposição, a resposta é positiva.

---

[367] Abordei esse tema no artigo Audiência conciliatória no inventário: ausência e multa (TJMG, AI 1.0342.15.009311-6/001 – Jurisprudência comentada – *Revista Nacional de Direito de Família e Sucessões*, n. 30, p. 131-134, maio-jun. 2019).

[368] TJSP, AgRg 2090151-56.2015.8.26.0000/50000, Ac. 8569112, Primeira Câmara de Direito Privado, Rel. Des. Luiz Antonio de Godoy, j. 23.06.2015, *DJESP* 26.06.2015.

[369] TARTUCE, Fernanda; DELLORE, Luiz. *Manual de prática civil*. 15. ed. São Paulo: Método, 2020, p. 311.

[370] TARTUCE, Fernanda; DELLORE, Luiz. *Manual de prática civil*, p. 312.

Cap. 6 · NORMATIVIDADE, PERFIL DO MEDIADOR E APLICAÇÃO NOS CONFLITOS CIVIS | 345

Dentre as normas fundamentais do CPC, duas regras corroboram tal conclusão: 1) "o Estado promoverá, sempre que possível, a solução consensual dos conflitos" (art. 3.º, § 2.º); 2) "a conciliação, a mediação e outros métodos de solução consensual de conflitos deverão ser estimulados por juízes, advogados, defensores públicos e membros do Ministério Público, inclusive no curso do processo judicial" (art. 3.º, § 3.º).

Algumas hipóteses merecem então ser cogitadas para melhor compreensão sobre o tema.

Quando todos os herdeiros solicitam a designação de uma audiência consensual, faz sentido que o juiz agende data para sua realização. Ao magistrado incumbe, afinal, promover, a qualquer tempo, a autocomposição, preferencialmente com auxílio de conciliadores e mediadores judiciais (CPC, art. 139, V)[371].

A situação soa problemática, porém, quando não há consenso sobre a pertinência da designação de tal audiência. Nesse cenário, pelo prisma técnico, diante da litigiosidade e da ausência de previsão sobre audiência no procedimento especial, o juiz deve determinar o seguimento do feito observando as diretrizes normativas inerentes ao procedimento especial do inventário.

Como se nota, o tema é rico e merece reflexão detida para a adequada distribuição de justiça aos sucessores necessitados de tutela jurisdicional.

6.4.2.6 Mediação no Direito empresarial

a) Visão geral

Como salientado, as formas alternativas começaram no Direito privado, especialmente nas relações comerciais, e foram se estendendo para áreas maiores de interesses de índole patrimonial e transacional[372]. Diante da ineficiência do Estado, a saída mais rápida, autônoma e efetiva para os conflitos sem dúvida é mais atraente para os empresários que desejam otimizar suas operações.

A mediação pode se revelar uma via interessante para viabilizar a maximização de êxito ante o atendimento de três finalidades geralmente perseguidas pelas empresas: satisfação dos consumidores, administração de conflitos nos negócios e melhoria do funcionamento orgânico da instituição, aprimorando a comunicação entre seus componentes (especialmente tratando-se de empresas familiares).

A França, país de larga tradição no uso da mediação, contou com a adoção da técnica não apenas de forma institucionalizada de distribuição estatal de justiça, mas no âmbito das próprias empresas. Estas passaram a contratar mediadores para tratar de problemas que as envolvessem (especialmente no tocante a questões ambientais e relações de consumo)[373].

O consumidor revela-se cada vez mais atento e empenhado em exercer seus direitos de forma eficiente. De maneira geral, pode-se dizer que os cidadãos, em suas relações, agem e reagem prontamente, negando-se a uma posição passiva: tudo querem saber e exigem tratamento digno no atendimento de seus interesses. Eis por que grandes lojas e empresas têm se

---

[371] TARTUCE, Fernanda. Audiência conciliatória no inventário: ausência e multa, cit.

[372] ÁLVARES DA SILVA, Antonio. *A desjuridicização dos conflitos trabalhistas e o futuro da justiça do trabalho no Brasil*, cit., p. 259.

[373] SALES, Lilia Maia de Morais. *Justiça e mediação de conflitos*, cit., p. 117.

esmerado em atender seus clientes, tentando evitar contratempos e desgastes na relação de consumo e, sobretudo, superar a concorrência[374].

Há quem entenda ser dever do fornecedor de produtos e serviços disponibilizar mecanismos alternativos de solução de conflitos. Com base no art. 4.º, IV, da Lei n. 8.078/1990, afirma Adalberto Pasqualotto ser essencial que o Estado, ao formular a Política Nacional das Relações de Consumo, fomente e gere iniciativas em tal sentido:

> Não podendo impor diretamente à iniciativa privada um ônus, o Estado deve induzir as empresas a propiciarem aos consumidores o instrumento adequado para assegurar, no plano negocial, a efetividade do direito dos consumidores. A solução de conflitos no seu nascedouro, diretamente pelas partes envolvidas, atende aos interesses de ambas, por ser um meio satisfativo que combina celeridade e baixos custos de transação[375].

Em termos legislativos, já se tentou incentivar o emprego da mediação na prestação de serviços educacionais. A Lei n. 9.870/1999 prevê no art. 4.º[376] a possibilidade de mediação em conflitos entre pais ou associação de pais e alunos e escolas, decorrentes do reajuste de mensalidades escolares. O dispositivo, porém, refere-se a uma situação decidida pelo mediador, o que revela confusão sobre seu papel na composição do conflito (confundindo-o com um árbitro). De qualquer forma, a formulação de regra sobre o tema demonstra que o legislador há tempos intui a eficiência do mecanismo consensual para a abordagem do assunto.

Prova disso é que o tema evoluiu de forma considerável a partir da Lei n. 14.181/2021, que alterou o Código de Defesa do Consumidor e o Estatuto da Pessoa Idosa para aperfeiçoar a disciplina do crédito aos consumidores e dispor sobre a prevenção e o tratamento do superendividamento.

Como bem esclarecem Claudia Lima Marques e Laís Bergstein, a lei não trouxe uma espécie de falência da pessoa física, mas, sim, "uma verdadeira política pública de fomento à concessão de crédito de maneira responsável, de educação financeira e de promoção de conciliação por meio de planos de pagamento, preservando-se a renda necessária para manutenção do consumidor superendividado e sua família com dignidade"[377]. Ressaltam as autoras que "a atualização do CDC segue as diretrizes da Organização para a Cooperação e Desenvolvimento Econômico (OCDE), do Banco Mundial e de outras organizações internacionais para a proteção financeira do consumidor", lembrando que a ordem econômica visa assegurar a todos uma existência digna conforme os ditames da justiça social, nos termos do art. 170 da Constituição Federal[378].

---

[374] SIX, Jean-François. *Dinâmica da mediação*, cit., p. 39.

[375] PASQUALOTTO, Adalberto. O dever da empresa com os mecanismos alternativos de solução de conflitos. *Atuação Jurídica, Revista da Associação Catarinense do Ministério Público*, ano 4, n. 10, p. 19-21, set. 2002.

[376] "A Secretaria de Direito Econômico do Ministério da Justiça, quando necessário, poderá requerer, nos termos da Lei n. 8.078, de 11 de setembro de 1990, e no âmbito de suas atribuições, comprovação documental referente a qualquer cláusula contratual, exceto dos estabelecimentos de ensino que tenham firmado acordo com alunos, pais de alunos ou associações de pais e alunos, devidamente legalizadas, bem como quando o valor arbitrado for decorrente da decisão do mediador."

[377] Nova lei do superendividamento: um respiro para o consumidor. Disponível em: https://www.jota.info/opiniao-e-analise/artigos/nova-lei-do-superendividamento-um-respiro-para-o-consumidor-22072021. Acesso em: 25 jul. 2023.

[378] MARQUES, Claudia Lima; BERGSTEIN, Laís. Nova lei do superendividamento: um respiro para o consumidor, cit.

O legislador previu a possibilidade de que o consumidor superendividado, após o reconhecimento de tal condição e o cálculo sobre a possibilidade de honrar as dívidas sem comprometimento do mínimo existencial para subsistir, engaje-se em uma conciliação coletiva com seus credores.

Como apontado, em momentos de crise nem sempre a negociação direta é reputada viável e diversos fatores podem atrapalhar as conversações. Nesse caso, a atuação de um conciliador tenderá a ser útil para ajudar a remover eventuais obstáculos na busca de saídas consensuais.

Como isso ocorrerá?

Poderá o consumidor, nos termos do art. 104-C, § 1.º, do CDC, requerer uma conciliação administrativa junto a órgãos públicos integrantes do Sistema Nacional de Defesa do Consumidor; a partir da reclamação individual, será designada uma audiência global conciliatória com todos os credores e, em todos os casos, facilitada a elaboração do plano de pagamento (preservado o mínimo existencial nos termos da regulamentação, sob a supervisão desses órgãos), sem prejuízo das demais atividades de reeducação financeira cabíveis.

O consumidor superendividado poderá, se preferir, trilhar um caminho judicial buscando a Justiça do seu estado para ser encaminhado ao núcleo de conciliação/mediação de conflitos especializado; acompanhado ou não de um representante legal, o consumidor trará informações sobre dívidas, renda e credores, sendo possível a realização da negociação em bloco com elaboração de plano de pagamento envolvendo todas as dívidas com todos os credores; além de ser mais célere, o procedimento é vantajoso por promover uma análise global e propiciar maior controle da situação financeira do superendividado, ensejando maior segurança e mais transparência entre os envolvidos[379].

Como se nota, nesse caso haverá a instauração de um processo de repactuação de dívidas a pedido do consumidor para que em audiência conciliatória todos os credores de dívidas de consumo – inclusive operações de crédito, compras a prazo e serviços de prestação continuada (CDC, art. 104-A) – "obrigatoriamente participem da elaboração de um plano de pagamento, para que os débitos sejam quitados em 5 anos, preservado o mínimo existencial para a subsistência do consumidor e sua família e eventuais garantias de pagamento"[380].

Se apesar da tentativa conciliatória não houver acordo, o juiz instaurará processo por superendividamento para a revisão e a integração dos contratos e repactuação das dívidas remanescentes mediante plano judicial compulsório, sendo citados todos os credores cujos créditos não tenham integrado o acordo porventura celebrado (CDC, art. 104-B)[381].

Como se percebe, será necessário um bom nível de informações por parte das pessoas envolvidas tanto em termos de acesso à justiça como em relação à sua conjuntura e à educação financeira.

Ciente dessa situação, o CNJ, ao dispor sobre os meios de prevenção e tratamento do superendividamento e a instituição de Núcleos de Conciliação e Mediação de conflitos oriundos de tal situação recomenda "aos tribunais que envidem esforços para celebrar os convênios necessários à consecução dos objetivos da Política Nacional das Relações de Consumo, em

---

[379] SOBRAL, Cristiano. A Lei do Superendividamento e os JECs. Disponível em: <https://www.conjur.com.br/2021-ago-11/garantias-consumo-lei-superendividamento-jecs. Acesso em: 25 jul. 2023.

[380] MARQUES, Claudia Lima; BERGSTEIN, Laís. Nova lei do superendividamento: um respiro para o consumidor, cit.

[381] MARQUES, Claudia Lima; BERGSTEIN, Laís. Nova lei do superendividamento: um respiro para o consumidor, cit.

especial com os órgãos integrantes do Sistema Nacional de Defesa do Consumidor (SNDC) e instituições financeiras, a fim de promoverem e facilitarem a solução de conflitos oriundos do superendividamento, e também oferecerem oficinas interdisciplinares de educação na área de finanças e preparação de proposta e plano de repactuação, além de prestar serviços de orientação, assistência social e acompanhamento psicológico dos consumidores superendividados, na medida das suas possibilidades econômico-financeiras" (CNJ, Recomendação n. 125/2021, art. 2.º).

Outra importante razão pela qual a mediação pode ser essencial na vida das empresas é o aspecto da formação das sociedades, que pode envolver elementos familiares e sucessórios.

Estimativas demonstram que no Brasil cerca de 90% das empresas são familiares[382].

A situação das empresas familiares pode se complicar por envolver aspectos não apenas estritamente profissionais, mas também subjetivos; o processo sucessório em empresas familiares é um assunto relevante e delicado que não pode ser tratado apenas sob os aspectos puramente lógicos da administração – por envolver pontos efetivos e emocionais relacionados à estrutura familiar[383], sua abordagem deve ser diferenciada.

Como bem aponta Caio Aguirre, estando o poder de controle nas mãos da família, a empresa trará consigo peculiaridades que poderão ser um diferencial a seu favor – se não puserem tudo a perder a ponto de encurtarem sua vida pela falta de gestão apropriada[384].

Podem ocorrer nas empresas familiares inúmeros conflitos que misturam os elementos subjetivos da vida em família com os aspectos objetivos das relações negociais[385].

A atuação do mediador pode contribuir para que os participantes resgatem os interesses comuns que os unem (como a manutenção do contrato em bases sustentáveis), livrando-os de contaminações quanto a aspectos estranhos ao pleno desenvolvimento das atividades econômicas.

A mediação pode ser ainda eficazmente utilizada para atender aos interesses comerciais das empresas contratantes. Em tal espectro de atuação, a mediação pode tratar de muitos assuntos que o Poder Judiciário provavelmente não alcançaria ao satisfazer, de forma ampla, os interesses subjacentes à atividade comercial.

Reconhecida a presença de interesses mútuos na manutenção de boas relações profissionais (especialmente se as empresas são interdependentes), em face de um episódio litigioso pode-se trabalhar a realização de ajustes não só no que tange ao ponto controvertido localizado, mas também em outros aspectos do negócio. Pela mediação, é possível atender à intenção de ambas as empresas de fazer negócios e auferir lucro, além de manter e desenvolver uma boa reputação. A mediação revela-se, então, uma oportunidade para as partes se aperfeiçoarem de uma maneira não imaginada antes das negociações iniciadas pela disputa[386].

---

[382] No Brasil, 90% das empresas são familiares. Disponível em: http://www.sebrae-sc.com.br/newart/default. asp?materia=10410. Acesso: 11 jul. 2021.

[383] *Ibidem*.

[384] AGUIRRE, Caio Eduardo. Mediação em empresas familiares. Dissertação de Mestrado defendida na PUC/ SP em 2015. Disponível em https://sapientia.pucsp.br/bitstream/handle/6866/1/Caio%20Eduardo%20 Aguirre.pdf. Acesso em:10 jul. 2017. A dissertação é muito interessante e merece leitura integral.

[385] Como bem dito por Águida Arruda Barbosa (em comunicação oral com a autora), é comum a confusão de espaços e papéis: no almoço em família discutem-se assuntos da empresa, enquanto na sede desta são abordados assuntos relativos ao âmbito familiar.

[386] RISKIN, Leonard L. *Compreendendo as orientações, estratégias e técnicas do mediador*, cit., p. 25.

Como bem aponta Daniela Gabbay, a mediação é bastante indicada para empresas que buscam soluções efetivas com economia de tempo e dinheiro por possibilitar ganhos ao evitar perdas de oportunidade e rompimento de relações continuadas em atividades empresariais: tem crescido o uso da mediação nas áreas de construção civil, energia, infraestrutura, seguros, tecnologia, societário, contratos empresariais e prestação de serviços[387].

Nas relações empresariais em todas as suas dimensões – comerciais, de gestão, produção etc. –, sendo a empresa um sistema social vivo, organizado e com objetivos precisos, a falta de funcionalidade na comunicação (interna e externa na permeabilidade das interlocuções com outras empresas) tem gerado um caldo de cultura para conflitos[388].

As relações humanas, que nem sempre são harmônicas, têm potencial para impactar a ação empresária em muitas dimensões. Basta pensar nas seguintes situações: *a)* dois diretores não se relacionam bem; *b)* ocorrência de assédio moral; *c)* empresa familiar em que os diretores estão em processo de se divorciar ou um deles falece, com a sucessão por herdeiros; *d)* conflitos após fusões e incorporações; *e)* diferentes perspectivas das empresas coligadas em uma SPE[389].

Diversas mediações empresariais iniciam com o tratamento pontual de uma controvérsia e desdobram-se, ante a necessidade e a confiança gerada no procedimento, em rodadas mais profundas de conversas; muitas delas submergem ao conflito profundo, para além da controvérsia posta, ultrapassando questões jurídicas e caminhando para auxiliar inclusive em reestruturações empresariais/societárias, promovendo ambientes organizados com relações mais harmônicas[390].

Isso ocorreu em uma mediação sobre terceirização por contrato entre duas empresas; a interação demandou a contratação de empregados e gerou demanda trabalhista por horas extras com valor significativo para ambas. Mesmo estando em curso a ação empregado *versus* empresas 1 e 2, estas buscaram mediação para alinhar as atuações no caso e definir suas responsabilidades. Durante a mediação, elas perceberam que as interações passavam por processos burocráticos, fluxos imprecisos e relações interpessoais desgastadas (inclusive entre diretores de ambas), com importante déficit na comunicação e nos processos de acompanhamento. Também notaram que a forma de contagem do ponto durante a jornada de trabalho tinha problemas objetivos – fato que, para além do impacto no caso, certamente levaria a novos passivos trabalhistas[391].

Resolvida a controvérsia inicial posta na mediação, com a assunção de responsabilidades, a definição de estratégias para a demanda trabalhista e identificados os demais pontos que restaram aclarados no processamento, derivou-se para uma segunda mediação mais profunda para tratar dos outros temas[392].

---

[387] GABBAY, Daniela. Mediação empresarial em números: onde estamos e para onde vamos. Disponível em: https://www.jota.info/opiniao-e-analise/artigos/mediacao-empresarial-em-numeros-onde-estamos--e-para-onde-vamos-21042018. Acesso em: 21 jan. 2020.

[388] TARTUCE, Fernanda; ZAPPAROLLI, Celia. Mediação entre empresas. In: BRAGA NETO, Adolfo (org.). *Mediação empresarial*: experiências brasileiras. São Paulo: Ed. CL-A, 2022, vol. II. p. 88.

[389] A Sociedade de Propósito Específico (SPE) é muito usada pela união de empresas para incorporação, construção e comercialização de imóveis; vide: https://rloreto.jusbrasil.com.br/artigos/555754926/sociedade-de-proposito-especifico-spe. Acesso em: 28 mar. 2022.

[390] TARTUCE, Fernanda; ZAPPAROLLI, Celia. Mediação entre empresas., cit, p. 89-90.

[391] TARTUCE, Fernanda; ZAPPAROLLI, Celia. Mediação entre empresas., cit, p. 90.

[392] Idem.

Em conflitos empresariais é provável que as pessoas busquem meios consensuais no âmbito extrajudicial por disporem ali de mais espaço para controlar diversos fatores (como o *timing*), se compararmos ao que ocorre no âmbito judicial; de toda maneira, seja qual for o modo de conversação entre as partes – integrado ou não pela presença de terceiro imparcial, com procedimento estruturado –, a ideia de contar com sessões consensuais em juízo também pode ser bem trabalhada.

b) Recuperação judicial e falência

Os processos de insolvência (recuperação judicial e falência) envolvem a necessidade de compor inúmeros interesses aparentemente contrapostos, sendo necessário estudar como a mediação pode ser aplicada aos processos concursais de modo a contribuir para a consecução de seus objetivos[393].

Como ressaltado em edições anteriores, os procedimentos previstos na Lei n. 11.101/2005 são campo fértil para a obtenção de soluções consensuais, especialmente pela centralidade das decisões tomadas pela assembleia geral de credores (prevista nos arts. 35 e seguintes) – verificada tanto na recuperação judicial (art. 56) como, ainda que em menor grau, na falência (art. 145). Em um procedimento no qual ganha relevo a consensualidade, nada mais natural que a admissão da conciliação e da mediação.

Merece destaque a pioneira posição de Ronaldo Vasconcelos, que há tempos já vislumbrava que a mediação poderia ser usada na fase deliberatória do plano de recuperação judicial, "fazendo com que o diálogo efetivo entre os sujeitos do processo (contraditório) seja utilizado como ferramenta fundamental de obtenção da solução mais eficiente para a crise da empresa"[394]. O juiz estaria autorizado a "delimitar oportunidades de sessões de mediação na fase mais significativa do processo de recuperação judicial – fase do plano –, tão logo" fosse deferido o processamento do pedido..."[395].

Nessa linha, o Enunciado 618 do Fórum Permanente de Processualistas Civis dispõe que "a conciliação e a mediação são compatíveis com o processo de recuperação judicial".

Só causa estranheza a ausência de menção à falência. Não seria, ao menos em tese, cabível a tentativa de autocomposição em caso de falência, especialmente associada à contestação no art. 95 da Lei n. 11.101, eventualmente com um acordo para evitar a quebra por meio da recuperação judicial?

Verbete aprovado em outro evento confirmou tal contemplação: segundo o Enunciado 45 da I Jornada "Prevenção e solução extrajudicial de litígios" do Centro de Estudos Judiciários do Conselho da Justiça Federal (CJF), "mediação e conciliação são compatíveis com a recuperação judicial, a extrajudicial e a falência do empresário e da sociedade empresária, bem como em casos de superendividamento, observadas as restrições legais".

---

[393] VASCONCELOS, Ronaldo; CARNAÚBA, César Augusto Martins; HANESAKA, Thais D'Angelo da Silva. Mediação na recuperação judicial: paralelos com a evolução estrangeira. Disponível em: https://www.academia.edu/40180088/Media%C3%A7%C3%A3o_na_recupera%C3%A7%C3%A3o_judicial_paralelos_com_a_evolu%C3%A7%C3%A3o_estrangeira. Acesso em: 24 jan. 2020.

[394] VASCONCELOS, Ronaldo. Impactos do Novo Código de Processo Civil na recuperação judicial: compatibilidade entre as Leis n. 11.101/05 e 13.105/15. In: COSTA. Eduardo Fonseca da; SICA, Heitor Vitor Mendonça (coord.). Legislação processual extravagante Salvador: JusPodivm, 2016, p. 287-313, aqui p. 302. (Coleção Repercussões do Novo CPC, v. 9.)

[395] Idem.

Utilizar mediação em tais contextos tem as seguintes vantagens: *1*. possível melhora das condições de formulação do plano em relação aos credores; *2*. chance para o devedor expor melhor suas dificuldades e suas pretensões; *3*. possibilidade de exposição sobre os motivos dos pleitos; *4*. atender ao objetivo de que as dívidas da empresa sejam renegociadas coletivamente por devedor e credores, de forma extrajudicial, com a menor intervenção possível do Poder Judiciário[396].

Segundo a Recomendação n. 58/2019 do CNJ, os magistrados responsáveis pela apreciação de processos de recuperação empresarial e falências, de varas especializadas ou não, devem promover, sempre que possível, o uso da mediação. Nos termos do art. 3.º, § 6.º, o mediador que aceitar a designação poderá sugerir às partes e ao magistrado, conforme o caso, a nomeação de um ou mais comediadores e/ou a consulta a técnicos especializados, sempre em benefício do bom desenvolvimento da mediação, considerando a natureza e a complexidade do caso ou o número de procedimentos de verificação de créditos em que deverá atuar.

Até 2020, o que podia preocupar não era tanto a admissão, dado o relevo da consensualidade na recuperação judicial e a vinculação do juiz, na maior parte dos casos, às deliberações das partes (plano de recuperação judicial e assembleia geral), mas sim a aplicabilidade prática dos meios consensuais[397].

Após experiências pioneiras[398], adveio o marco legal: em 24 de dezembro de 2020, foi publicada a Lei n. 14.112/2020 para atualizar a legislação referente às recuperações (judicial e extrajudicial) e à falência do empresário e da sociedade empresária.

Entre os deveres do administrador judicial (AJ), passou a constar que a ele compete, sob fiscalização do juiz e do Comitê, estimular, sempre que possível, a conciliação, a mediação e outros métodos alternativos de solução de conflitos relacionados à recuperação judicial e à falência, respeitados os direitos de terceiros, na forma do § 3.º do art. 3.º do CPC (Lei n. 11.101/2005, art. 22, I, *j*).

Poderá o administrador judicial atuar como mediador? Não, por ser auxiliar de confiança do juízo, um de seus deveres é revelar as informações em seu poder, o que é incompatível com a função de mediador (que precisa honrar o princípio da confidencialidade) e com o fato de que o AJ administrará a empresa caso não haja consenso[399].

Qual deve ser o nível de *expertise* do mediador ou conciliador? O tema enseja debates (conforme item 6.2.1 *b*).

Predominam em escritos referências sobre a importância da especialização do mediador que atuará em tais mediações. Como exemplo, afirmam Andrea Galhardo Palma e Carmen Sfeir Jacir:

---

[396] BONASSA, Fátima Cristina; PACHIKOSKI, Silvia Rodrigues. Mediação em processos de recuperação judicial. *Revista do Advogado*, ano XLI, n. 150, jun. 2021, p. 66-67.

[397] TARTUCE, Fernanda. Da audiência de conciliação ou mediação, cit.

[398] Costumam ser indicados como casos inovadores de mediação as realizadas nas recuperações judiciais das empresas Oi S.A., Saraiva S.A., Sete Brasil e Grupo Isolux (CARVALHO, Marcus. Conciliação e mediação antecedentes na recuperação judicial: desafios para a construção de mecanismos eficientes de pré-insolvência na Lei 11.101/2005. In: PATELLA Laura Amaral; DIAS, Leonardo Adriano Ribeiro; BECUE, Sabrina Maria Fadel (orgs.); MUNHOZ, Eduardo Secchi; SATIRO, Francisco; CEREZETTI, Sheila C. Neder (coords.). *Estudos sobre a reforma da Lei 11.101/2005*. Belo Horizonte: Editora Expert, 2022, p. 23).

[399] BONASSA, Fátima Cristina; PACHIKOSKI, Silvia Rodrigues. Mediação em processos de recuperação judicial. *Revista do Advogado AASP*, Ano XLI, nº 150, Junho de 2021, p. 67.

É indiscutível que para mediar na área empresarial, o mediador deve ter conhecimentos na matéria, seja ela societária, de recuperação judicial ou contratual. Esses conhecimentos do mediador bem poderiam ser utilizados ao serviço dos mediandos, abrindo a possibilidade do mediador colaborar, quando for necessário, na etapa de geração de opções, que logo serão analisadas pelos mediandos com ajuda dos filtros já referidos.

Vemos assim, que existe uma importante diferença entre, por um lado, o fato do mediador não ter poder para decidir o assunto, a necessidade de que as partes cheguem por se mesmas a uma solução e o respeito por parte do mediador do princípio da autonomia da vontade das partes; e de outro, a possibilidade do mediador, no processo de geração de opções ("chuva de ideias") auxiliar aos mediados contribuindo com ideias ou alternativas que as partes não visualizaram e que eles deverão, necessariamente, passar logo por filtros objetivos e subjetivos com o fim de testar sua viabilidade e aceitação por cada uma delas[400].

Como exposto em diversas oportunidades neste livro, o foco no modelo facilitativo de mediação e os princípios da autonomia, da imparcialidade e da desvinculação da profissão de origem conduzem minha conclusão à desnecessidade de tal nível de especialização.

Como nomear o mediador ou o conciliador em uma recuperação judicial ou falência?

O ideal é que a escolha seja feita pelas pessoas e empresas envolvidas, mas é difícil tal produção de consenso na fase inicial de gestão da crise empresária[401].

Em face da multiplicidade de participantes, "a confluência na direção de um nome comum pode se tornar mais difícil":

Nesse momento, de grande valia a gestão do procedimento por um centro de mediação, que poderá indicar um profissional experiente, neutro, equidistante, sem qualquer vinculação com os envolvidos na recuperação. Ademais, poderá indicar um profissional experiente em mediação e também experiente ou conhecedor da recuperação judicial. Na sistemática brasileira, entretanto, enquanto mediador, não compete ao profissional nenhum juízo técnico ou de valor sobre as questões mediadas. Em caso de dúvidas durante a mediação, as partes podem se socorrer de um apoio de expert, convencionando, desde logo, qual será o efeito de tal parecer técnico[402].

Na realidade brasileira, muitas vezes há nomeação judicial do(a) mediador(a). Afirmam Andrea Galhardo Palma e Carmen Sfeir Jacir que as práticas na Vara Empresarial da capital paulista têm ensinado que o melhor momento para a nomeação do mediador "é desde o início do processo de recuperação judicial, isto é, desde o deferimento, porque atuará desde o início em sintonia com o administrador judicial"[403].

---

[400] A mediação na recuperação judicial e as técnicas inerentes ao mediador empresarial, p. 20. Disponível em: https://www.migalhas.com.br/arquivos/2021/6/4041555177A901_consensuais.pdf. Acesso em: 21 jul. 2023.

[401] FERNANDES, Claudia F.; PRADO, Flavio F.; ALVES DE CAMPOS, Maria Inês. Mediação na recuperação judicial de empresas. In: BRAGA NETO, Adolfo (org.). *Mediação empresarial*: experiências brasileiras. São Paulo: Ed. CL-A, 2022, vol. II. p. 276.

[402] BONASSA, Fátima Cristina; PACHIKOSKI, Silvia Rodrigues. Mediação em processos de recuperação judicial. *Revista do Advogado*, ano XLI, n. 150, jun. 2021, p. 70.

[403] A mediação na recuperação judicial e as técnicas inerentes ao mediador empresarial, p. 11. Disponível em: https://www.migalhas.com.br/arquivos/2021/6/4041555177A901_consensuais.pdf. Acesso em: 21 jul. 2023.

Cap. 6 · NORMATIVIDADE, PERFIL DO MEDIADOR E APLICAÇÃO NOS CONFLITOS CIVIS | **353**

O mediador nomeado atuará como *designer* do sistema consensual de solução de disputas: em tal missão, ele desenhará um menu de mecanismos sob medida e moldará o procedimento para que os participantes dialoguem. A depender do número de credores e da complexidade do conflito, ele precisará contar com uma equipe, podendo contratar mediadores independentes, uma câmara privada de mediação ou outra pessoa jurídica dedicada a tal atuação.

Voltemos às novidades: a Lei n. 11.101 passou a contar com a Seção II-A, para reger as conciliações e mediações antecedentes ou incidentais aos processos de recuperação judicial – segundo o art. 20-A, tais meios consensuais deverão ser incentivados em qualquer grau de jurisdição, inclusive no âmbito de recursos em segundo grau de jurisdição e nos Tribunais Superiores, e não implicarão a suspensão dos prazos previstos na Lei, salvo se houver consenso entre as partes ou determinação judicial.

O art. 20-B da Lei traz um rol exemplificativo dos casos de admissão de conciliações e mediações antecedentes ou incidentais, mencionando disputas I. de sócios; II. entre a empresa devedora e credores não sujeitos à recuperação; III. para negociação de dívidas, quanto a valor e forma de pagamento. Na realidade,

> (...) basta ser o objeto do conflito transacionável. Parece aqui que o legislador ficou mais preocupado com problemas pontuais ocorridos em famosa recuperação judicial envolvendo empresa do setor de telecomunicações do que propriamente com a mediação. Resolveu cuidar de conflitos bilaterais e não especificamente do processo complexo de recuperação judicial, envolvendo uma diversidade de credores[404].

A maior novidade está no inciso IV do art. 20-B: negociação de dívidas e respectivas formas de pagamento entre a empresa em dificuldade e seus credores, em caráter antecedente ao ajuizamento de pedido de recuperação judicial. Em tal caso, segundo o § 1.º, será facultado às empresas em dificuldade que preencham os requisitos legais para requerer recuperação judicial, obter tutela de urgência cautelar, nos termos do art. 305 e seguintes do CPC, a fim de que sejam suspensas as execuções contra elas propostas pelo prazo de até 60 (sessenta) dias para tentativa de composição com seus credores, em procedimento de mediação ou conciliação já instaurado perante o Centro Judiciário de Solução de Conflitos e Cidadania (CEJUSC) do tribunal competente ou da câmara especializada, observados, no que couber, os arts. 16 e 17 da Lei de Mediação.

A regra é interessantíssima: a mediação antecedente facilita a situação empresarial porque, enquanto as empresas negociam, tudo está suspenso (*stay period*). Contudo, havendo pedido de recuperação judicial ou extrajudicial, observados os critérios da Lei, tal período será deduzido do período de suspensão previsto no art. 6.º da Lei (art. 20-B, § 3.º).

Quem deverá ser citado para responder ao requerimento de tutela de urgência: todos os credores?

Ressaltam Fátima Bonassa e Silvia Pachikoski que a ideia de negociação coletiva parece ter ficado perdida; além disso, o legislador "deixou de estabelecer que na negociação antecedente a maioria vincula a minoria"[405].

---

[404] BONASSA, Fátima Cristina; PACHIKOSKI, Silvia Rodrigues. Mediação em processos de recuperação judicial. Revista do Advogado AASP, Ano XLI, nº 150, Junho de 2021, p. 67-68.

[405] BONASSA, Fátima Cristina; PACHIKOSKI, Silvia Rodrigues. Mediação em processos de recuperação judicial, cit., p. 68.

No mais, é preciso ter cuidado para evitar que os meios consensuais sejam invocados apenas "pro forma", sem a devida seriedade. Após ter deferida a liminar para suspender as execuções em que consta como executada, a empresa deve tentar efetivamente compor com os credores:

> Advogados envolvidos e mediadores convocados devem certificar-se de quais credores a empresa procurou listar e chamar para negociação e mediação. (...) Já se sabe de casos em que a empresa, apesar de beneficiada pela suspensão da totalidade das execuções que correm contra si, acabou por chamar apenas alguns selecionados credores para efetivamente negociar, ainda que houvessem (sic) outros credores em situação similar ou detentores de créditos similares, sem que houvesse algum critério objetivo que justificasse tal segregação ou seleção, ignorando os demais credores, também com as execuções suspensas. Poder-se-ia tratar de desconhecimento do funcionamento dessa nova previsão legal, ou artimanha processual para ganhar "fôlego" (até eventualmente aceitável no julgamento das partes envolvidas) (...) não pode ser aceitável que a empresa beneficiada com uma decisão judicial que defere a tutela de urgência cautelar e determina a suspensão de suas execuções por 60 (sessenta) dias apresente-se nas sessões de mediação com propostas inexequíveis, fracas, não atraentes, não fundamentadas e nem minimamente razoáveis[406].

Consequências graves poderão ter lugar: caso o juiz verifique que a empresa devedora procrastina ou não promove o andamento efetivo do procedimento consensual instaurado, ele poderá revogar a suspensão das execuções[407].

Voltando às alterações, o art. 20-B, § 2.º, da Lei n. 11.101/2005 veda a ocorrência de conciliação e mediação sobre: *a)* a natureza jurídica dos créditos; *b)* a classificação deles; *c)* critérios de votação em assembleia geral de credores.

A regra foi objeto de questionamento: se tais temas podem ser discutidos em negociações diretas ou em juízo, por que não na mediação[408]?

Consta, ainda, que o acordo obtido por meio de conciliação ou mediação com fundamento na Seção da lei deverá ser homologado pelo juiz competente conforme o disposto no art. 3.º de tal ato normativo (art. 20-C). Segundo o parágrafo único de tal dispositivo, "requerida a recuperação judicial ou extrajudicial em até 360 (trezentos e sessenta) dias contados do acordo firmado durante o período da conciliação ou de mediação pré-processual, o credor terá reconstituídos seus direitos e garantias nas condições originalmente contratadas, deduzidos os valores eventualmente pagos e ressalvados os atos validamente praticados no âmbito dos procedimentos" consensuais.

---

[406] BRAGA NETO, Adolfo; TELLA, Alexandre Augusto Fiori de; REGINA, Camila Peixoto Olivetti. Mediação na recuperação empresarial – cuidados e alertas aos advogados, mediadores e juízes, em especial quanto a mediação antecedente. Disponível em: https://www.migalhas.com.br/coluna/migalhas-consensuais/364321/mediacao-na-recuperacao-empresarial--cuidados-e-alertas. Acesso em: 21 jul. 2023.

[407] LOSS, Juliana. A mediação na recuperação de empresas no Brasil, In: BRAGA NETO, Adolfo (org.). *Mediação empresarial*: experiências brasileiras. São Paulo: Ed. CL-A, 2022, vol. II. p. 314.

[408] BONASSA, Fátima Cristina; PACHIKOSKI, Silvia Rodrigues. Mediação em processos de recuperação judicial. *Revista do Advogado*, ano XLI, n. 150, jun. 2021. p. 68.

Por fim, segundo o art. 20-D, as sessões consensuais poderão ser realizadas por meio virtual, desde que o CEJUSC do tribunal competente ou a câmara especializada responsável disponha de meios para a sua realização. No ponto, merece destaque um alerta:

> (...) é crucial que todos estejam familiarizados com a utilização do sistema e dos equipamentos (computadores, microfones e câmeras) e ainda disponham de acesso à internet com velocidade que permita a realização das sessões sem interrupções, afinal o prazo de 60 (sessenta) dias corridos é exíguo e todos os esforços e adaptações devem ser feitos para que seja bem aproveitado, evitando-se intercorrências que atrapalhem o desenvolvimento fluído do processo de mediação[409].

Embora com a evolução tecnológica estejamos cada vez mais familiarizados com práticas *on-line*, é preciso permanecer alerta a eventuais dificuldades para evitar perdas de oportunidades de manifestação.

6.5 A CONTRIBUIÇÃO DA MEDIAÇÃO PARA A COMPOSIÇÃO DOS CONFLITOS CIVIS

Não se pretende, ao preconizar o uso da mediação, a total substituição da atuação jurisdicional clássica pelo exercício de tal meio consensual (que, aliás, nem é pertinente em todos os casos). O que se busca é complementar a atividade de realização e distribuição de justiça com o fornecimento de uma adicional ferramenta de trabalho.

A mediação pode acabar contribuindo para a redução do número de demandas em curso no Poder Judiciário ao tirar de seu contexto a análise de situações que podem ser reorganizadas pelos próprios envolvidos.

Seu maior aporte, porém, é disponibilizar ferramentas hábeis a ensejar nos indivíduos elementos de resgate de sua própria dignidade, assumindo a responsabilidade pessoal pelo seu destino.

A partir da nova visão dos conflitos e de si mesmos, as pessoas poderão lidar melhor com seu panorama passado (resolvendo conflitos já verificados) e com suas perspectivas futuras (prevenindo a ocorrência de futuras querelas mediante uma abordagem mais focada nos reais interesses do que nas posições assumidas).

Com o restabelecimento do diálogo e das diretrizes para uma comunicação eficiente, possibilita-se que a vontade de cada pessoa integre a solução alcançada, proporcionando esclarecimentos proveitosos e outros elementos que podem gerar consenso genuíno não só quanto aos termos de um eventual acordo, mas também quanto à efetiva concretização dos resultados delineados conjuntamente pelos envolvidos.

A controvérsia pode passar a ser vista como uma oportunidade de transformação e crescimento a partir de uma visão mais completa e abrangente de sua configuração.

---

[409] BRAGA NETO, Adolfo; TELLA, Alexandre Augusto Fiori de; REGINA, Camila Peixoto Olivetti. Mediação na recuperação empresarial – Cuidados e alertas aos advogados, mediadores e juízes, em especial quanto a mediação antecedente. Disponível em: https://www.migalhas.com.br/coluna/migalhas--consensuais/364321/mediacao-na-recuperacao-empresarial--cuidados-e-alertas. Acesso em: 21 jul. 2023.

A pacificação social, importante e complexa missão constitucional do Estado, poderá vir a ser alcançada com a participação ativa de todos os envolvidos no conflito. A violência tenderá então a ser mitigada, sendo substituída pelo respeito e pela consideração pelo outro.

A cidadania passará a ter voz e vez, sendo ouvida e considerada parte do processo democrático de garantia dos direitos. Apontando tal perspectiva, Roger Perrot destaca que a justiça consensual, mais simples e menos solene, configura uma "Justiça de proximidade" por estar mais perto das preocupações cotidianas do indivíduo; aponta o autor, todavia, que

> [...] talvez se alimentem muitas ilusões acerca da eficácia dessa Justiça "boazinha", em que todos chegariam a se reconciliar sob a varinha mágica de um conciliador. É decerto bom que os textos ofereçam às partes a oportunidade de conciliar-se. Mas é ilusório supor que tal orientação dará remédio a todas as dificuldades da Justiça moderna[410].

Concordamos com tal assertiva: será essencial haver mudança de mentalidade e abertura para novas possibilidades para que as pessoas em conflito e os operadores do Direito estejam prontos para se orientar segundo as diretrizes da justiça consensual, atentando tanto para suas potencialidades como para os seus limites.

Para além das alterações legislativas, há um longo e complexo caminho a ser trilhado para que a mediação efetivamente configure um modelo eficiente de distribuição de justiça.

Podem ser encontrados diversos casos de sucesso da mediação no País em setores como seguro, resseguro, construção civil, energia, contratos comerciais, relações societárias e disputas internacionais, envolvendo grandes e importantes empresas nacionais e internacionais que atuam no Brasil, assim como renomados escritórios de advocacia[411].

Seguem havendo experiências profícuas em andamento; sigamos. Afinal, como bem afirmou Paulo Freire[412], "o caminho se faz caminhando".

---

[410] PERROT, Roger. *O processo civil francês na véspera do século XXI*, cit., p. 210.

[411] TARTUCE, Fernanda; FALECK, Diego; Gabbay, Daniela Monteiro. *Meios alternativos de solução de conflitos*. Rio de Janeiro: FGV, 2014, p. 263.

[412] FREIRE, Paulo; HORTON, Myles. *O caminho se faz caminhando*. Petrópolis: Vozes, 2003.

GLOSSÁRIO

O presente glossário é apresentado com a finalidade de definir as expressões comumente utilizadas e esclarecer quais palavras têm extensão-compreensão tão próximas que podem ser tratadas como sinônimas.

Acordo: encontro de vontades dos sujeitos envolvidos em uma relação de fato ou de direito. É tratada, no livro, como sinônimo de transação, pacto ou ajuste. No sentido jurídico, o termo "transação" tem previsão legal no Código Civil (art. 840) como negócio jurídico bilateral em que, por concessões recíprocas, as partes previnem ou encerram litígio. Vale ressaltar, todavia, que o acordo não necessariamente exige cessões recíprocas nem sua formalização como negócio jurídico: pode bastar, para sua verificação, o consenso genuinamente estabelecido entre as pessoas. Para a obtenção do acordo, elas podem realizar, apenas entre si, atividades de negociação ou se valerem da participação de um terceiro imparcial (conciliador ou mediador).

Arbitragem: espécie do gênero heterotutela (meio adjudicatório), constitui antigo método de composição de controvérsias consistente na escolha pelas partes de um terceiro (de sua confiança, mas equidistante em relação aos contendores) para definir o destino de uma disputa com força vinculativa. Embora haja questionamento sobre sua natureza jurisdicional (há quem lhe atribua apenas natureza contratual), neste livro a arbitragem é considerada modalidade de jurisdição contemplada pelo sistema jurídico como opção aos indivíduos maiores e capazes que pretendam dirimir conflitos atinentes a direitos disponíveis.

Autocomposição: resultado da atuação do(s) envolvido(s) no sentido de reorganizar(em) sua(s) posição(ões), isoladamente ou em conjunto, definindo uma resposta para um conflito. Expressão similar a "meios consensuais", é espécie do gênero composição e tem por subespécies a autocomposição unilateral e a bilateral. Sua verificação tem sido estimulada nos tempos atuais por inúmeras vantagens (como a celeridade e a efetivação espontânea dos ajustes).

Composição: no senso jurídico, o vocábulo relaciona-se a litígios e diz respeito à sua solução por atitude dos próprios envolvidos (por meios consensuais) ou mediante a decisão imperativa de uma terceira pessoa (por mecanismos adjudicatórios). A composição é gênero do qual são espécies a autocomposição e a heterocomposição. A composição é usada, comumente, como sinônimo de resolução ou solução de conflitos. Mas esses vocábulos traduzem o sentido de fechamento e de extinção da relação jurídica, o que muitas vezes é inviável quando há vínculos permanentes entre os indivíduos (como na relação parental) ou quando as partes não desejam a total ruptura (como em uma relação contratual continuativa). Assim, o vocábulo "composição" revela-se mais adequado para designar o fenômeno de reorganização de interesses e/ou direitos das partes ante um conflito.

Conflito: vocábulo aplicado na linguagem jurídica com o significado de embate, oposição, pendência, pleito marcado pela contraposição de interesses. Neste trabalho, é utilizado como sinônimo de controvérsia, disputa, lide, litígio, contraste, impasse. Na presente abordagem não se faz distinção, para o emprego dos termos, se o fenômeno já foi objeto de demanda judicial ou se constitui fenômeno sociológico, cuja tentativa de composição não foi ainda institucionalizada. A noção de pretensão resistida, núcleo do conceito jurídico tradicional de lide, é ampliada para incluir as insatisfações nas relações interpessoais que tenham repercussões jurídicas relevantes.

Disponibilidade do Direito: possibilidade de exercer as posições jurídicas favoráveis ao Direito reconhecido pelo ordenamento com ampla liberdade por parte de seu titular. Este pode usar, não usar, negociar, transacionar ou mesmo renunciar, total ou parcialmente, às prerrogativas a que faz jus. Constitui intrincado tema e é marcado por gradações, havendo direitos absolutamente indisponíveis (como o direito à probidade administrativa), direitos parcialmente disponíveis (com aspectos pecuniários negociáveis, como a forma de pagamento dos alimentos) e direitos totalmente disponíveis (como interesses econômicos individuais em contratos privados paritários).

Heterotutela: técnica pela qual um terceiro, alheio ao conflito, define a resposta com caráter impositivo em relação aos contendores. É gênero do qual são espécies a arbitragem e o processo judicial. Sinônimo de heterocomposição ou meio adjudicatório.

Mediação: meio consensual consistente na atividade de facilitar a comunicação entre as pessoas para propiciar que elas possam, a partir do entendimento ampliado sobre meandros da situação controvertida, protagonizar saídas proveitosas. É espécie do gênero autocomposição, sendo ainda considerada na perspectiva processual "meio alternativo/adequado de solução de conflitos" ou equivalente jurisdicional. Para alguns estudiosos, identifica-se com a conciliação, que também busca o estabelecimento de um consenso. Todavia, há técnicas diversas pela atitude do terceiro facilitador do diálogo: enquanto na mediação ele não deve sugerir propostas de acordo, na conciliação ele pode adotar tal conduta com vistas a influenciar o ajuste final.

Mediandos: sujeitos participantes do processo de mediação. Neste trabalho, o vocábulo algumas vezes é usado como sinônimo de partes, contraditores, contendores.

Negociação: processo de comunicação em que dois ou mais indivíduos, com interesses comuns ou antagônicos, estabelecem tratativas para a definição de aspectos relevantes de seus interesses. Fenômeno recorrente nas relações interpessoais, tal mecanismo permite o controle das partes sobre todo o processo, visto que não há regras rígidas ou terceiros intervenientes que possam determinar seus rumos de forma vinculativa. Constitui espécie do gênero autocomposição bilateral e sua realização vem sendo estimulada nos mais diversos campos.

Partes: indivíduos inseridos em uma relação conflituosa, geralmente ocupantes de posições antagônicas. No sentido jurídico-processual, diz respeito aos participantes de um processo judicial. Neste trabalho, é utilizado em um sentido mais amplo: "parte" é sinônimo de "contendor" e refere-se ao indivíduo que se opõe ao interesse de outrem e com ele disputa uma posição de vantagem, ainda que não tenha sido instaurada uma demanda formalmente constituída para a composição do problema. O vocábulo "partes", próprio da jurisdição contenciosa (interesses divergentes), contrapõe-se a "interessados", sujeitos na jurisdição voluntária (interesses convergentes).

Sistema multiportas: serviço prestado pelas Cortes de Justiça para orientar os contendores sobre as diversas alternativas existentes para a composição do conflito. Apresentado o caso, o Poder Judiciário procede a um diagnóstico da situação e sugere a via mais adequada à composição do conflito. As "portas" sugeridas podem ser a arbitragem, a mediação, a avaliação neutra de terceiros ou o processo judicial. A idoneidade de cada método será considerada diante das características peculiares da controvérsia e da situação dos litigantes.

Sistema pluriprocessual: ordenamento jurídico processual que disponibiliza aos contendores uma gama de diferenciados mecanismos para compor o conflito, compreendendo mediação, arbitragem e processo judicial, entre outros.

REFERÊNCIAS

ABDO, Helena Najjar. *Abuso do processo*. São Paulo: RT, 2007.

ABDO, Helena Najjar. *Mídia e processo*. São Paulo: Saraiva, 2011.

ABREU, Rafael Sirangelo de. A igualdade e os negócios processuais. In: CABRAL, Antonio do Passo; DIDIER JR., Fredie; NOGUEIRA, Pedro Henrique Pedrosa (coords.). *Negócios Processuais*. Salvador: JusPodivm, 2015.

AGUIAR, Carla Zamith Boin (org.). *Mediação empresarial: aspectos jurídicos relevantes*. São Paulo: Quartier Latin, 2010.

AGUIRRE, Caio Eduardo. Mediação em empresas familiares. Dissertação de Mestrado defendida na PUC/SP em 2015. Disponível em https://sapientia.pucsp.br/bitstream/handle/6866/1/Caio%20 Eduardo%20Aguirre.pdf. Acesso em: 10 jul. 2017.

ALBERTON, Genaceia da Silva. O Núcleo de Estudos no contexto da mediação no Rio Grande do Sul e as proposições legislativas na área da mediação. Disponível em: http://www.ajuris.org.br/ sitenovo/wp-content/uploads/2014/12/o-nucleo-de-estudos-no-contexto-da-mediacao.pdf. Acesso em: 9 jul. 2015.

ALCALÁ-ZAMORA Y CASTILLO, Niceto. *Proceso, autocomposición y autodefensa: contribución al estudio de los fines del proceso*. Cidade do México: Unam, 1991.

ALMEIDA, Tânia. Caixa de ferramentas da mediação.

ALMEIDA, Tânia. Mediação e conciliação: dois paradigmas distintos, duas práticas diversas. Disponível em: http://www.mediare.com.br/08artigos_14mediacaoeconciliacao.html. Acesso em: 8 nov. 2014.

ALMEIDA, Tânia. Século XXI: a mediação de conflitos e outros métodos não adversariais de resolução de controvérsias. Disponível em: http://www.mediare.com.br/08artigos_02sec21.htm. Acesso em: 20 jun. 2015.

ALMEIDA, Tânia; GOMMA, Maurício. Um instrumento de pacificação social. Contratos de seguro: a importância da mediação na solução de conflitos. Disponível em: http://docvirt.com/docreader. net/DocReader.aspx?bib=cader_segur&pagfis=304&pesq=. Acesso em: 10 mar. 2015.

ALMEIDA, Tânia; PELAJO, Samantha. A mediação de conflitos em casos concretos. In: SALLES, Carlos Alberto de; LORENCINI, Marco; ALVES DA SILVA, Paulo Eduardo (orgs.). *Negociação, mediação, conciliação e arbitragem*. São Paulo/Rio de Janeiro: Método/Forense, 2020.

ÁLVARES DA SILVA, Antonio. A desjuridicização dos conflitos trabalhistas e o futuro da justiça do trabalho no Brasil. In: TEIXEIRA, Sálvio de Figueiredo (coord.). *As garantias do cidadão na justiça*. São Paulo: Saraiva, 1993.

ALVES DA SILVA, Paulo Eduardo. *Gerenciamento de processos judiciais*. São Paulo: Saraiva, 2010.

ALVES DA SILVA, Paulo Eduardo. Mediação e conciliação, produtividade e qualidade. *Revista do Advogado*, v. 34, p. 40, 2014.

362 | MEDIAÇÃO NOS CONFLITOS CIVIS – *Fernanda Tartuce*

ALVES DA SILVA, Paulo Eduardo. Solução de controvérsias: métodos adequados para resultados possíveis e métodos possíveis para resultados adequados. In: SALLES, Carlos Alberto de; LORENCINI, Marco; Alves da SILVA, Paulo Eduardo (orgs.). *Negociação, mediação, conciliação e arbitragem*. 3. ed. Rio de Janeiro: Forense, 2020.

ALVES DA SILVA, Paulo Eduardo. Tempo dos cartórios sobre tempo da justiça: os efeitos do funcionamento dos cartórios judiciais sobre a morosidade do processo. Disponível em: http://www. conpedi.org.br/manaus/arquivos/anais/manaus/efetividade_paulo_alve_da_silva.pdf.   Acesso em: 2 mar. 2015.

AMARAL, Francisco. *Direito civil: introdução*. 3. ed. Rio de Janeiro: Renovar, 2000.

AMARAL, Lídia Miranda de Lima. *Mediação e arbitragem: uma solução para os conflitos trabalhistas no Brasil*. São Paulo: LTr, 1994.

AMARAL SANTOS, Moacyr. *Primeiras linhas de Direito processual civil*, v. 1. 29. ed. São Paulo: Saraiva, 2012.

ANDREWS, Neil, *O moderno processo civil: formas judiciais e alternativas de resolução de conflitos na Inglaterra*. São Paulo: RT, 2010.

ANDRIGHI, Fátima Nancy. A arbitragem: solução alternativa de conflitos. *Revista da Escola Superior da Magistratura do Distrito Federal*, n. 52, p. 149-173, maio-ago. 1996.

ANDRIGHI, Fátima Nancy. Mediação: um instrumento judicial para a paz social. *Revista do Advogado*, ano XXVI, v. 26, n. 87, p. 134-137, São Paulo, set. 2006.

ARRUDA ALVIM. Anotações sobre as perplexidades e os caminhos do processo civil contemporâneo – sua evolução ao lado do Direito material. In: Teixeira, Sálvio de Figueiredo (coord.). *As garantias do cidadão na justiça*. São Paulo: Saraiva, 1993.

ARRUDA ALVIM. Defesa da posse e ações possessórias. In: DIDIER JR., Freddie; MAZZEI, Rodrigo (coords.). *Reflexos do Novo Código Civil no Direito processual*. Salvador: JusPodivm, 2006.

ARRUDA ALVIM. *Manual de Direito processual civil*, v. 1: *Parte geral*. São Paulo: RT, 2006.

ASPERTI, Maria Cecília de Araújo. *A mediação e a conciliação de demandas repetitivas*: os meios consensuais de resolução de disputas e os grandes litigantes do Judiciário. Belo Horizonte: Fórum, 2020.

ASSIS, Araken de. *Cumprimento da sentença*. Rio de Janeiro: Forense, 2006.

ASSIS, Araken de. O Direito comparado e a eficiência do sistema judiciário. *Revista do Advogado da AASP*, n. 43, p. 9-25, São Paulo, jun. 1994.

AZEVEDO, André Gomma de. Autocomposição e processos construtivos: uma breve análise de projetos-piloto de mediação forense e alguns de seus resultados. In: AZEVEDO, André Gomma de (org.). *Estudos em arbitragem, mediação e negociação*, v. 3. Brasília: Brasília Jurídica, 2002.

AZEVEDO, André Gomma de. Glossário: métodos de resolução de disputas – RDS. In: AZEVEDO, André Gomma de (org.). *Estudos em arbitragem, mediação e negociação*, v. 3. Brasília: Brasília Jurídica, 2002.

AZEVEDO, André Gomma de. (org.). *Manual de mediação judicial*. 4. ed. Brasília: Ministério da Justiça, 2013.

AZEVEDO, André Gomma de. (org.). *Manual de mediação judicial*. 5. ed. Brasília/DF: CNJ, 2015.

AZEVEDO, André Gomma de; BUZZI, Marco Aurélio. Valorizar quem economiza tempo é desafio para a Justiça consensual. Disponível em: http://www.conjur.com.br/2016-fev-18/valorizar--quem-economiza-tempo-desafio-justica-consensual. Acesso em: 16 jan. 2020.

AZEVEDO, André Gomma de; SILVA, Cyntia Cristina de Carvalho. Autocomposição, processos construtivos e a advocacia: breves comentários sobre a atuação de advogados em processos autocompositivos. *Revista do Advogado*, São Paulo, ano XXVI, v. 26, n. 87, p. 115-124, set. 2006.

REFERÊNCIAS | **363**

AZEVEDO, Antônio Junqueira de. A caracterização jurídica da dignidade da pessoa humana. *Revista Trimestral de Direito Civil*, n. 9, p. 3-24, 2002.

AZEVEDO, Gustavo Trancho. Confidencialidade na mediação. Disponível em: http://www.arcos.org.br/livros/estudos-de-arbitragem-mediacao-e-negociacao-vol2/terceira-parte-artigo-dos-pesquisadores/confidencialidade-na-mediacao. Acesso em: 10 jul. 2015.

BACELLAR, Roberto Portugal. A mediação no contexto dos modelos consensuais de resolução de conflitos. Disponível em: http://emeron.tjro.jus.br/images/biblioteca/revistas/revista-emeron-08-2001.pdf#PAGE=53. Acesso em: 16 jun. 2017.

BACELLAR, Roberto Portugal. A mediação, o acesso à justiça e uma nova postura dos juízes. Disponível em: http://www.revistadoutrina.trf4.jus.br/index.htm?http://www.revistadoutrina.trf4.jus.br/artigos/edicao002/roberto_bacelar.htm. Acesso em: 8 nov. 2014.

BACELLAR, Roberto Portugal. *Juizados especiais: a nova mediação paraprocessual*. São Paulo: RT, 2003.

BACHOF, Otto. *Normas constitucionais inconstitucionais?* Coimbra: Almedina, 1994.

BARACHO, José Alfredo de Oliveira. *Teoria geral da cidadania: a plenitude da cidadania e as garantias constitucionais e processuais*. São Paulo: Saraiva, 1995.

BARBADO, Michelle Tonon. Reflexões sobre a institucionalização da mediação no Direito positivo brasileiro. In: Azevedo, André Gomma de (org.). *Estudos em arbitragem, mediação e negociação*, v. 3. Brasília: Brasília Jurídica, 2002, p. 196-210.

BARBOSA, Águida Arruda. A implantação do instituto da mediação familiar no Brasil. In: DIAS, Berenice; PINHEIRO, Jorge Duarte (coords.). *Escritos de Direito das famílias: uma perspectiva luso-brasileira*. Porto Alegre: Magister, 2008, p. 377-394.

BARBOSA, Águida Arruda. Composição da historiografia da mediação: instrumento para o Direito de família contemporâneo. *Revista Direitos Culturais*, v. 2, n. 3, dez. 2007.

BARBOSA, Águida Arruda. Ética da discussão. *Boletim IBDFAM*, Instituto Brasileiro do Direito de Família, mar.-abr. 2006.

BARBOSA, Águida Arruda. Fim do silêncio. Disponível em: http://www.ibdfam.org.br/artigos/autor/%C3%81guida%20Arruda%20Barbosa. Acesso em: 20 jun. 2015.

BARBOSA, Águida Arruda. Formação do mediador familiar interdisciplinar. Disponível em: http://www.revistas.unifacs.br/index.php/redu/article/viewFile/2308/1691. Acesso em: 20 jun. 2015.

BARBOSA, Águida Arruda. Guarda compartilhada e mediação familiar – uma parceria necessária. Revista Nacional de Direito de Família e Sucessões, n. 1, p. 20-36, jul.-ago. 2014.

BARBOSA, Águida Arruda. História da mediação familiar no Direito de família comparado e tendências. Disponível em: www.bvs-psi.org.br/local/file/congressos/AnaisPgsIntrod-parteI.pdf. Acesso em: 2 nov. 2012.

BARBOSA, Águida Arruda. *Mediação familiar: instrumento transdisciplinar em prol da transformação dos conflitos decorrentes das relações jurídicas controversas*. Dissertação de Mestrado em Direito Civil. Orientador Roberto João Elias. São Paulo: Faculdade de Direito da Universidade de São Paulo, 2003.

BARBOSA, Águida Arruda. *Mediação familiar interdisciplinar*. São Paulo: Atlas, 2015.

BARBOSA, Águida Arruda. Mediação familiar: uma nova mentalidade em Direito de família. *Revista de Doutrina e Jurisprudência*, n. 58, p. 59-64, Brasília, TJDFT, set.-dez. 1998. Disponível em: juris.tjdf.gov.br/revista/D584.doc.

BARBOSA, Águida Arruda. Os limites da mediação. Disponível em: http://www.ibdfam.org.br/artigos/autor/%C3%81guida%20Arruda%20Barbosa. Acesso em: 20 jun. 2015.

MEDIAÇÃO NOS CONFLITOS CIVIS – *Fernanda Tartuce*

BARBOSA, Águida Arruda; GROENINGA, Giselle Câmara. Concorrência sucessória e a ampliação dos conflitos familiares. In: BARROSO, Lucas Abreu (org.). *Introdução crítica ao Código Civil*. Rio de Janeiro: Forense, 2006, p. 521-541.

BARBOSA E SILVA, Erica. *Conciliação judicial*. Brasília: Gazeta Jurídica, 2013.

BARBOSA E SILVA, Erica. Profissionalização de conciliadores e mediadores. Profissionalização de conciliadores e mediadores. *Revista Científica Virtual da Escola Superior da Advocacia*, n. 23, 2016. Disponível em: https://goo.gl/s7M8yJ. Acesso em: 7 set. 2018.

BARBOSA MOREIRA, José Carlos. Duelo e processo. In: BARBOSA MOREIRA, José Carlos. *Temas de Direito processual: oitava série*. São Paulo: Saraiva, 2004.

BARBOSA MOREIRA, José Carlos. Notas sobre o problema da efetividade do processo. In: BARBOSA MOREIRA, José Carlos. *Estudos de Direito processual em homenagem a José Frederico Marques em seu 70.º aniversário*. São Paulo: Saraiva, 1982.

BARBOSA MOREIRA, José Carlos. O futuro da justiça: alguns mitos. In: BARBOSA MOREIRA, José Carlos. *Temas de Direito processual: oitava série*. São Paulo: Saraiva, 2004.

BARBOSA MOREIRA, José Carlos. O juiz e a cultura da transgressão. *Revista Jurídica*, v. 267, p. 10, 2000.

BARBOSA MOREIRA, José Carlos. O novo Código Civil e o Direito processual. Disponível em: http://www.tex.pro.br/home/artigos/59-artigos-nov-2008/5866-o-novo-codigo-civil-e-o--direito-processual/. Acesso em: 3 maio 2017.

BARBOSA MOREIRA, José Carlos. *O novo processo civil brasileiro*. 29. ed. Rio de Janeiro: Forense, 2012.

BARBOSA MOREIRA, José Carlos. O processo civil brasileiro entre dois mundos. In: BARBOSA MOREIRA, José Carlos. *Temas de Direito processual civil: oitava série*. São Paulo: Saraiva, 2004.

BARBOSA MOREIRA, José Carlos. Privatização do Processo? In: BARBOSA MOREIRA, José Carlos. *Temas de Direito processual: sétima série*. São Paulo: Saraiva, 2001.

BARBOSA MOREIRA, José Carlos. Sobre a multiplicidade de perspectivas no estudo do processo. *Revista de Processo*, ano 13, n. 49, São Paulo, jan.-mar. 1988.

BARRETO, Tobias. *Estudos de Direito*. Brasília: Senado Federal, Conselho Editorial/Superior Tribunal de Justiça, 2004.

BARROS, Humberto Gomes de. Prestação jurisdicional (por um novo conceito). In: Costa, Hélio Rubens Batista Ribeiro; Ribeiro, José Horácio Halfeld Rezende; Dinamarco, Pedro da Silva (coords.). *Linhas mestras do processo civil: comemoração dos 30 anos de vigência do CPC*. São Paulo: Atlas, 2004, p. 318-331.

BARROS MONTEIRO, Washington de. *Curso de Direito civil*, v. 5. São Paulo: Saraiva, 2003.

BARROS MONTEIRO, Washington de. *Curso de Direito civil*, v. 5. 43. ed. São Paulo: Saraiva, 2013.

BATALHA, Wilson de Souza Campos. *Tratado de Direito judiciário do trabalho*. São Paulo: LTr, 1995.

BEDAQUE, José Roberto dos Santos. Pressupostos processuais e condições da ação. *Revista Justitia*, n. 156, p. 48-66, São Paulo, out.-dez. 1991.

BENETI, Sidnei. Arbitragem e tutelas de urgência. *Revista do Advogado*, ano XXVI, v. 26, n. 87, p. 100-108, São Paulo, set. 2006.

BERCOVITCH, Jacob. Understanding Mediation's Role in Preventative Diplomacy. *Negotiation Journal*, v. 12, n. 3, p. 246, 1996.

BERGAMASCHI, André. *A resolução dos conflitos envolvendo a Administração Pública por mecanismos consensuais*. Dissertação de Mestrado em Direito Processual. Orientador Rodolfo de Camargo Mancuso São Paulo: Faculdade de Direito da Universidade de São Paulo, 2015.

BERGAMASCHI, André; TARTUCE, Fernanda. *A solução negociada e a figura jurídica da transação: associação necessária?* Disponível em: www.fernandatartuce.com.br. Acesso em: 16 jan. 2020.

BERNARDES, Felipe. Arbitragem no processo do trabalho após a reforma trabalhista. Disponível em https://www.jota.info/opiniao-e-analise/colunas/pensando-direito/arbitragem-no-processo--do-trabalho-apos-reforma-trabalhista-08022018. Acesso em: 16 jan. 2020.

BERNO, Rosely. Justiça emocional. *Anais do III Congresso Ibero-Americano de Psicologia Jurídica.* Disponível em: www.mackenzie.com.br/universidade/psico/publicacao/ vol6_n1/v6n1_art5. pdf. Acesso em: 20 nov. 2006.

BITTAR, Eduardo Carlos Bianca. *O Direito na pós-modernidade.* Disponível em: http://www.journal. ufsc.br/index.php/sequencia/article/viewFile/14951/13642. Acesso em: 18 dez. 2012.

BOBBIO, Norberto. *Teoria do ordenamento jurídico.* Trad. Cláudio de Cicco e Maria Celeste C. J. Santos. Rev. téc. João Ferreira. 9. ed. Brasília: UnB, 1997 [1991].

BONASSA, Fátima Cristina; PACHIKOSKI, Silvia Rodrigues. Mediação em processos de recuperação judicial. *Revista do Advogado,* ano XLI, n. 150, jun. 2021.

BORDONE, Robert C.; MOFFITT, Michael L.; SANDER, Frank E. A. The next thirty years: directions and challenges in dispute resolution. In: MOFFITT, Michael L.; BORDONE, Robert C. *The handbook of dispute resolution.* São Francisco: Jossey-Bass, 2005.

BOTALLO, Eduardo; Carraza, Roque Antonio. O depósito como requisito para encaminhamento de recursos à segunda instância administrativa e suas injuricidades. *IOB – Repertório de Jurisprudência: Tributário, Constitucional e Administrativo,* n. 2, p. 71, São Paulo, jan. 1999.

BOTELHO DE MESQUITA, José Ignácio. As novas tendências do Direito processual: uma contribuição para o seu reexame. In: BOTELHO DE MESQUITA, José Ignácio. *Teses, estudos e parecer de processo civil,* v. 1. São Paulo: RT, 2005.

BOTELHO DE MESQUITA, José Ignácio. As novas tendências do Direito processual: uma contribuição para o seu reexame. *Revista Forense,* v. 98, n. 361, p. 47-72, maio-jun. 2002.

BOTELHO DE MESQUITA, José Ignácio. *Da ação civil.* São Paulo: RT, 1973.

BOTTINI, Pierpaolo Cruz; RENAULT, Sérgio. Os caminhos da reforma. *Revista do Advogado,* ano XXVI, v. 26, n. 87, p. 7, São Paulo, set. 2006.

BRAGA NETO, Adolfo. A mediação de conflitos nas organizações. *Valor Econômico,* 8 out. 2004, Caderno E2.

BRAGA NETO, Adolfo. Mediação de conflitos: conceito e técnica. In: SALLES, Carlos Alberto de; LORENCINI, Marco Antônio Garcia Lopes; SILVA Paulo Eduardo da (coords.). *Negociação, mediação e arbitragem:* curso básico para programas de graduação em Direito. São Paulo: Método, 2012, p. 103-125.

BRAGA NETO, Adolfo. Mediação de conflitos e legislação brasileira. *Valor Econômico,* 24 set. 2004, Caderno E2.

BRAGA NETO, Adolfo. Mediação de conflitos em relações familiares. *Valor Econômico,* 1.º out. 2004, Caderno E2.

BRAGA NETO, Adolfo. *O que é mediação de conflitos.* São Paulo: Brasiliense, 2007.

BRAGA NETO, Adolfo. O uso da mediação e a atuação do advogado. *Valor Econômico,* 19 out. 2004, Caderno E2.

BRAGA NETO, Adolfo. Os advogados, o conflito e a mediação. In: OLIVEIRA, Ângela (coord.). *Mediação:* métodos de resolução de controvérsia. São Paulo: LTr, 1999.

BRAGA NETO, Adolfo; TELLA, Alexandre Augusto Fiori de; REGINA, Camila Peixoto Olivetti. Mediação na recuperação empresarial – Cuidados e alertas aos advogados, mediadores e juízes, em especial quanto a mediação antecedente. Disponível em: https://www.migalhas.com.br/coluna/

migalhas-consensuais/364321/mediacao-na-recuperacao-empresarial--cuidados-e-alertas. Acesso em: 21 jul. 2023.

BRETT, Jeanne; BARSNESS, Zoe; GOLDBERG, Stephen. The Effectiveness of Mediation: an Independent Analysis of Cases Handled by Four Major Service Providers. 12 Neg.J 259, 260-67 (1996). In: RISKIN, Leonard L.; WESTBROOK, James E. *Dispute Resolution and Lawyers*. 2. ed. Saint Paul: West Group, 2004, p. 448.

BUENO, Cassio Scarpinella. *Amicus curiae no processo civil brasileiro:* um terceiro enigmático. São Paulo: Saraiva, 2006.

BUENO, Cassio Scarpinella. *Amicus curiae no processo civil brasileiro:* um terceiro enigmático. 3. ed. São Paulo: Saraiva, 2012.

BUENO FILHO, Edgar Silveira. *Amicus curiae*: a democratização do debate nos processos de controle de constitucionalidade. *Revista Diálogo Jurídico*, n. 14, Salvador, CAJ – Centro de Atualização Jurídica, jun.-ago. 2002. Disponível em: http://direitopublico.com.br/pdf_14/DIALOGO-JURI-DICO-14-JUNHO-AGOSTO-2002-EDGARD-SILVEIRA-BUENO-FILHO.pdf. Acesso em: 20 jun. 2015.

BUITONI, Ademir. A função da intuição na mediação. Disponível em: http://jus2.uol.com.br/doutrina/texto.asp?id=10746 Acesso em: 9 jul. 2015.

BUITONI, Ademir. A ilusão do normativismo e a mediação. Disponível em: http://www2.oabsp. org. br/asp/esa/comunica cao/esa1.2.3.1.asp?id_noticias=68. Acesso em: 13 out. 2006; e http://www. usjt.br/cursos/direito/arquivos/ilusao.pdf. Acesso em: 20 jun. 2015.

BURGER, Warren W. Isn't There a Better Way? Annual Report on the State of the Judiciary. In: RISKIN, Leonard L.; WESTBROOK, James E. *Dispute Resolution and Lawyers*. 2. ed. Saint Paul: West, 2004.

BUSH, Robert A. Baruch; FOLGER, Joseph P.; The Promise of Mediation: Responding to Conflict Through Empowerment and Recognition. São Francisco: Josey-Bass, 1994.

BUZAID, Alfredo. Do julgamento conforme o estado do processo. Com notas de adaptação ao direito vigente de Ada Pellegrini Grinover e Flávio Luiz Yarshell. In: Grinover, Ada Pellegrini. *Estudos e pareceres de Direito processual civil*. São Paulo: RT, 2002.

CABRAL, Antonio do Passo. A resolução nº 118 do Conselho Nacional do Ministério Público e as convenções processuais. In: Antonio do Passo CABRAL; Pedro Henrique NOGUEIRA (coord.). Negócios Processuais (Coleção Grandes Temas do Novo CPC, v. 1). 2ª edição. Salvador: JusPodivm, 2016, p. 677-93.

CABRAL, Trícia Navarro Xavier. Art. 4º. In: Antonio do Passo CABRAL; CURY, Cesar Felipe (coord.). *Lei de mediação comentada artigo por artigo*. 2. ed. Indaiatuba: Foco, 2020.

CABRAL, Trícia Navarro Xavier. *Limites da liberdade processual*. Indaiatuba: Foco, 2019

CABRAL, Trícia Navarro Xavier. Permitir que cartórios façam conciliação e mediação é iniciativa bem-vinda. Disponível em: https://www.conjur.com.br/2018-abr-05/tricia-navarro-permitir--conciliacao-cartorios-medida-bem-vinda. Acesso em: 8 set. 2018.

CALMON, Petronio. *Fundamentos da mediação e da conciliação*. 2. ed. Brasília: Gazeta Jurídica, 2013.

CALMON DE PASSOS, José Joaquim. *Comentários ao Código de Processo Civil*, v. 3. Rio de Janeiro: Forense, 1998.CAMBI, Eduardo; FARINELLI, Alisson. Conciliação e mediação no Novo Código de Processo Civil (PLS 166/2010). *Revista de Processo*, v. 194, abr. 2011.

CANOTILHO, J. J. Gomes. *Direito constitucional*. Coimbra: Almedina, 1993.

CAPPELLETTI, Mauro. (org.), *Access to Justice*, v. II, livro 1. Milão: Sijthoff/Giuffrè, 1978.

CAPPELLETTI, Mauro. Appunti su conciliatore e conciliazione. *Rivista Trimestrale di Diritto e Procedura Civile*, Milão, Giuffrè, mar. 1981.

CAPPELLETTI, Mauro. Juízes legisladores? Trad. Carlos Alberto Álvaro de Oliveira. Porto Alegre: Sérgio Antonio Fabris, 1999.

CAPPELLETTI, Mauro. *La dimensione sociali*: l'acesso alla giustizia. Dimensioni della giustizia nella società contemporanee. Bolonha: Il Mulino, 1994.

CAPPELLETTI, Mauro. O acesso dos consumidores à justiça. In: TEIXEIRA, Sálvio de Figueiredo (coord.). *As garantias do cidadão na justiça*. São Paulo: Saraiva, 1993.

CAPPELLETTI, Mauro. Os métodos alternativos de solução de conflitos no quadro do movimento universal de acesso à justiça. *Revista de Processo,* ano 19, n. 74, p. 82-97, São Paulo, abr.-jun. 1994.

CAPPELLETTI, Mauro. Problemas de reforma do processo civil nas sociedades contemporâneas. In: Marinoni, Luiz Guilherme (coord.). *O processo civil contemporâneo*. Curitiba: Juruá, 1994, p. 9-30.

CAPPELLETTI, Mauro; GARTH, Bryant. *Acesso à justiça*. Trad. Ellen Gracie Northfleet. Porto Alegre: Fabris, 1988.

CARAM, Maria Elena; ELIBAUM, Diana Teresa; RISOLIA, Matilde. *Mediación: diseño de una práctica*. Buenos Aires: Historica, 2006.

CARMONA, Carlos Alberto. *A arbitragem no processo civil brasileiro*. São Paulo: Malheiros, 1993.

CARMONA, Carlos Alberto. Art. 5.º, XXXV. *Constituição Federal comentada*. Rio de Janeiro: Forense, 2018. Edição eletrônica.

CARMONA, Carlos Alberto. A crise do processo e os meios alternativos para a solução de controvérsias. *Revista de Processo,* ano 14, n. 56, p. 91-99, São Paulo, out.-dez. 1989.

CARMONA, Carlos Alberto. *Arbitragem e processo: comentário à Lei n. 9.307/96*. 3. ed. São Paulo: Malheiros, 2009.

CARMONA, Carlos Alberto. Em torno do árbitro. *Revista de Arbitragem e Mediação*, v. 28, p. 47-63, 2011.

CARNEIRO, Athos Gusmão. A conciliação no Novo Código de Processo Civil. Disponível em: http://www.icj.com.br/artigos.htm#artigo01. Acesso em: 30 nov. 2005; e http://icj.com.br/portal/artigos/a-conciliacao-no-novo-codigo-de-processo-civil/. Acesso em: 11 fev. 2015.

CARNEIRO, Athos Gusmão. *Jurisdição e competência*. 18. ed. São Paulo: Saraiva, 2012.

CARNEIRO, Paulo Cezar Pinheiro. *Acesso à justiça: juizados especiais cíveis e ação civil pública: uma nova sistematização da teoria geral do processo*. Rio de Janeiro: Forense, 2000.

CARNELUTTI, Francesco. *A morte do Direito*. Trad. Hiltomar Martins Oliveira. Belo Horizonte: Líder, 2003.

CARNELUTTI, Francesco. *Instituciones del nuevo proceso civil italiano*. Trad. Jaime Guasp. Barcelona: Bosch, 1942.

CARNELUTTI, Francesco. *Instituições do processo civil*, v. 2. São Paulo: Classic Book, 2000.

CARNELUTTI, Francesco. *Sistema de Derecho procesal civil*, v. 1. Trad. Niceto Alcalá-Zamora y Castillo e Santiago Sentís Melendo. Buenos Aires: Uteha, 1944.

CARNELUTTI, Francesco. *Sistema di Diritto processuale civile*, v. 1. Pádua: Cedam, 1936.

CARVALHO, Marcus. Conciliação e mediação antecedentes na recuperação judicial: desafios para a construção de mecanismos eficientes de pré-insolvência na Lei 11.101/2005. In: PATELLA Laura Amaral; DIAS, Leonardo Adriano Ribeiro; BECUE, Sabrina Maria Fadel (orgs.); MUNHOZ, Eduardo Secchi; SATIRO, Francisco; CEREZETTI, Sheila C. Neder (coords.). *Estudos sobre a reforma da Lei 11.101/2005*. Belo Horizonte: Editora Expert, 2022.

CASABONA, Marcial Barreto. Mediação e lei. *Revista do Advogado*, n. 62, p. 84-92, São Paulo, mar. 2001.

CASELLA, Paulo Borba; SOUZA, Luciane Moessa de (orgs.). *Mediação de conflitos: novo paradigma de acesso à justiça*. Belo Horizonte: Fórum, 2009.

CAVACO, Bruno de Sá Barcelos. Procedimento: disposições gerais. *Revista Eletrônica de Direito Processual – REDP*, ano 8, v. esp., ed. eletrônica, Rio de Janeiro, Uerj, 2014.

CAVALCANTI, Rosângela Batista. Juizados Especiais Cíveis (JECs) e faculdades de Direito: a universidade como espaço de prestação da justiça. In: Sadek, Maria Tereza (org.). *Acesso à justiça*. São Paulo: Fundação Konrad Adenauer, 2001.

CEBEPEJ. *Juizados especiais cíveis: estudo*. Brasília: Ministério da Justiça/Artcor, 2006.

CEBOLA, Cátia Marques. Mediação voluntária ou obrigatória: eis a questão! *Notícias Mediare* – 3.º newsletter, Porto, 2017, p. 2-4.

CEZAR-FERREIRA, Verônica Apparecida da Motta. Mediação: notas introdutórias. Conceito e procedimento. In: PRADO DE TOLEDO, Armando Sérgio; TOSTA, Jorge; ALVES, José Carlos Ferreira (orgs.). *Estudos avançados de mediação e arbitragem*. Rio de Janeiro: Elsevier, 2014.

CEZAR-FERREIRA, Verônica Apparecida da Motta. *Família, separação e mediação: uma visão psicojurídica*. 3. ed. São Paulo/Rio de Janeiro: Método/Forense, 2011.

CHEREJI, Christian-Radu; GAVRILA, Constantin-Adi. Don't rush. Disponível em: http://kluwermediationblog.com/2015/03/02/dont-rush/. Acesso em: 6 mar. 2015.

CHIOVENDA, Giuseppe. *Instituições de Direito processual civil*, v. 1. Trad. Paolo Capitanio, com anotações de Enrico Tullio Liebman. Campinas: Bookseller, 2000.

CHIOVENDA, Giuseppe. *Instituições de Direito processual civil*, v. 2. São Paulo: Saraiva, 1943.

CHODOSH, Hiram E. A mediação jurídica e a cultura legal. Disponível em: http://usinfo.state.gov/journals/itdhr/1299/ijdp/chodosh.htm. Acesso em: 24 out. 2005.

CINTRA, Antonio Carlos de Araújo; GRINOVER, Ada Pellegrini; DINAMARCO, Cândido R. *Teoria geral do processo*. 29. ed. São Paulo: Malheiros, 2013.

COLAIÁCOVO, Juan Luis; Colaiácovo, Cynthia Alexandra. *Negociação, mediação e arbitragem: teoria e prática*. Trad. Adilson Rodrigues Pires. Rio de Janeiro: Forense, 1999.

COMOGLIO, Luigi Paolo. Il "giusto processo" nela dimensione comparatistica. *Rivista di Diritto Processuale 3*, v. 57, p. 702-758, 2002.

COMOGLIO, Luigi Paolo; FERRI, Corrado; TARUFFO, Michele. *Lezioni sul processo civile*. Bolonha: Il Mulino, 1998.

COOLEY, John W. *A advocacia na mediação*. Trad. René Loncan. Brasília: Universidade de Brasília, 2001.

COSTA, Alexandre Araújo. Cartografia dos métodos de composição de conflitos. In: AZEVEDO, André Gomma de (org.). *Estudos em arbitragem, mediação e negociação*, v. 3. Brasília: Brasília Jurídica, 2002.

COSTA, Orlando Teixeira da. A mediação e a arbitragem como solução dos conflitos trabalhistas. Disponível em: http://egov.ufsc.br:8080/portal/conteudo/media%C3%A7%C3%A3o-e-arbitragem--como-solu%C3%A7%C3%A3o-dos-conflitos-trabalhistas. Acesso em: 8 jul. 2017.

COSTA, Susana Henriques da. Comentário ao art. 5.º da Lei de Ação Civil Pública. In: COSTA, Susana Henriques da (coord.). *Comentários à Lei de Ação Civil Pública e à Lei de Ação Popular*. São Paulo: Quartier Latin, 2006.

COSTA, Susana Henriques da. Comentário ao artigo 17. *Comentários ao CPC/2015*. São Paulo: Saraiva. No prelo. Disponível em: https://edisciplinas.usp.br/pluginfile.php/2571015/mod_resource/content/1/Coment%C3%A1rios-Saraiva-Susana%20Henriques%20da%20Costa%20-%20arts.%2017%20a%2019.pdf. Acesso em: 7 set. 2018.

COSTA, Susana Henriques da; TARTUCE, Fernanda. Acesso à Justiça, interesse processual e valores módicos. Disponível em: https://www.migalhas.com.br/dePeso/16,MI311789,81042-Acesso+a+Justica+interesse+processual+e+valores+modicos. Acesso em: 20 jan. 2020.

COUTURE, Eduardo J. *Fundamentos del Derecho procesal civil.* Córdoba/Buenos Aires: Aniceto Lopez, 1942.

CRETELLA NETO, José. *Fundamentos principiológicos do processo civil.* Rio de Janeiro: Forense, 2002.

CRUZ, Valéria Álvares da. *O Direito e a nova visão da ciência.* São Paulo: Fiúza, 2000.

CRUZ E TUCCI, José Rogério. *Desistência da ação.* São Paulo: Saraiva, 1988.

CRUZ E TUCCI, José Rogério. Desistência do recurso não se subordina ao crivo dos tribunais. Disponível em: http://www.conjur.com.br/2013-dez-24/paradoxo-corte-desistencia-recurso-nao--subordina-crivo-tribunais. Acesso em: 28 jul. 2015.

CUNHA, J. S. Fagundes. Da mediação e da arbitragem endoprocessual. Disponível em: http://www.uepg.br/rj/a1v1at16.htm. Acesso em: 10 mar. 2015.

CUNHA, Leonardo Carneiro da. Notas sobre ADR, confidencialidade em face do julgador e prova inadmissível. Disponível em: http://www.leonardocarneirodacunha.com.br/opiniao/opiniao-26-notas-sobre-adrconfidencialidade-em-face-do-julgador-eprova-inadmissivel/. Acesso em: 10 jun. 2015.

CUNHA, Leonardo Carneiro da; AZEVEDO NETO, João Luiz Lessa de. A mediação e a conciliação no projeto do Novo CPC: meios integrados de resolução de disputas. Disponível em: http://api.ning.com/files/UpKW6mK9MKPx5lopkhrPXK9JyMaPb-wqMJ-txddfqYdLYlXBJzuMefVg-bOS9v-BfpeDxr71oQ-kMdb0ruQRNgZCbz71qoNLK/Artigo15.pdf. Acesso em: 11 jul. 2015.

CUNHA, Rogério Sanches. *Pacote Anticrime.* Salvador: JusPodivm, 2020.

DELGADO, José *et al.* A supremacia dos princípios nas garantias processuais do cidadão. In: Teixeira, Sálvio de Figueiredo. *As garantias do cidadão na justiça.* São Paulo: Saraiva, 1993.

DELGADO, José. *Mediação:* um projeto inovador. Brasília: Centro de Estudos Judiciários, 2003.

DELLORE, Luiz. *Estudos sobre a coisa julgada e o controle de constitucionalidade.* Rio de Janeiro: Forense, 2013.

DEMANDAS repetitivas e a morosidade na justiça cível brasileira. Disponível em: https://www.cnj.jus.br/wp-content/uploads/2011/02/pesq_sintese_morosidade_dpj.pdf. Acesso em: 17 jul. 2023.

DEMARCHI, Juliana. Técnicas de conciliação e mediação. In: GRINOVER, Ada Pellegrini; LAGRASTA NETO, Caetano; WATANABE, Kazuo (coords.). *Mediação e gerenciamento do processo: revolução na prestação jurisdicional.* 2. tir. São Paulo: Atlas, 2007.

DENTI, Vittorio. I procedimenti non giurisdizionali di conciliazione come istituzioni alternative. *Rivista di Diritto Processuale*, Pádua: Cedam, jul.-set. 1980.

DESASSO, Alcir. Juizado Especial Cível: um estudo de caso. In: Sadek, Maria Tereza (org.). *Acesso à justiça.* São Paulo: Fundação Konrad Adenauer, 2001, p. 75-119.

DEUTSCH, Morton. A resolução do conflito. In: Azevedo, André Gomma de (org.). *Estudos em arbitragem, mediação e negociação*, v. 3. Brasília: Grupos de Pesquisa, 2004, p. 29-98. Disponível em: http://www.arcos.org.br/livros/estudos-de-arbitragem-mediacao-e-negociacao-vol3/parte--ii-doutrina-parte-especial/a-resolucao-do-conflito. Acesso em: 8 nov. 2014.

DEUTSCH, Morton. Cooperation and Conflict: a Personal Perspective on the History of the Social Psichological Study of Conflict Resolution. In: WEST, M. A.; TJOSVOLD, D.; SMITH, K.G. *International Organizational Teamwork and Cooperative Working.* Chicester/Hoboken: John Wiley, 2003.

DI PIETRO, Maria Sylvia Zanella. *Direito administrativo.* São Paulo: Atlas, 2006.

DIAS, Aline Beatriz Henriques Oliveira. *Desjudicialização de Conflitos Repetitivos entre Consumidores e Bancos*: uma proposta. Dissertação (Mestrado em Direito) – Faculdade de Direito, Universidade de São Paulo, São Paulo, 2017.

DIAS, Maria Berenice. *Manual de Direito das famílias*. 3. ed. São Paulo: RT, 2006.

DIAS, Maria Berenice; GROENINGA, Giselle. A mediação no confronto entre direitos e deveres. *Revista do Advogado*, São Paulo, n. 62, p. 59-63, mar. 2001.

DICIONÁRIO Houaiss da Língua Portuguesa. Disponível em: http://houaiss.uol.com.br. Acesso em: 3 maio 2017.

DINAMARCO, Cândido Rangel. *A arbitragem na teoria geral do processo*. São Paulo: Malheiros, 2013.

DINAMARCO, Cândido Rangel. *A instrumentalidade do processo*. 11. ed. São Paulo: RT, 2003.

DINAMARCO, Cândido Rangel. *Fundamentos do Direito processual civil moderno*, t. II. 3. ed. São Paulo: Malheiros, 2000.

DINAMARCO, Cândido Rangel. *Instituições de Direito processual civil*, v. 1. São Paulo: Malheiros, 2009.

DINAMARCO, Cândido Rangel. *Instituições de Direito processual civil*, v. 1 e 2. 4. ed. São Paulo: Malheiros, 2004.

DINAMARCO, Cândido Rangel. *Instituições de Direito processual civil*, v. 1. 7. ed. São Paulo: Malheiros, 2013.

DINAMARCO, Cândido Rangel. Universalizar a tutela. Disponível em: http://www.tj.ro.gov.br/emeron/revistas/revista4/04.htm. Acesso em: 5 mar. 2015.

DINIZ, Maria Helena. *Curso de Direito civil brasileiro*, v. 4. 19. ed. São Paulo: Saraiva, 2014.

DINIZ, Maria Helena. *Lei de Introdução às Normas do Direito Brasileiro interpretada*. 18. ed. São Paulo: Saraiva, 2013.

DOTTI, René Ariel; SCANDELARI, Gustavo Britta, Acordos de não persecução e de aplicação imediata de pena: o *plea bargain* brasileiro. *Boletim IBCCRIM*, Ano 27, n. 317, Abril/2019.

DUZERT, Yann; SPINOLA, Ana Tereza; BORGES, Gerson. Negociação em situações de crise e a matriz de negociações complexas. In: ARROW, Kenneth J.; MNOOKIN, Robert H.; ROSS, Lee; TVERSKY, Amos; WILSON, Robert B.; DUZERT, Yann (coord.). *Negociação:* barreiras para resolução de conflitos. Col. Gv Law. SP: Saraiva, 2012. v. 2, edição eletrônica.

ECONOMIDES, Kim. Lendo as ondas do "Movimento de Acesso à Justiça": epistemologia *versus* metodologia? In: PANDOLFI, Dulce et alii (org.). Rio de Janeio: FGV, 1999, p. 61-76.

ENGISCH, Karl. *Introdução ao pensamento jurídico*. Trad. J. Batista Machado. 10. ed. Lisboa: Fundação Calouste Gulbenkian, 2008.

FABRICIO, Adroaldo Furtado. Comentários ao art. 565. In: DANTAS, Bruno; DIDIER JR., Fredie; TALAMINI, Eduardo; WAMBIER, Teresa (orgs.). *Breves comentários ao Novo CPC*. São Paulo: RT, 2015.

FADEL, Sérgio Sahione. *Código de Processo Civil comentado, arts. 1.º a 1.220*. Atualizado por J. E. Carreira Alvim. 7. ed. Rio de Janeiro: Forense, 2004.

FAISTING, André Luiz. O dilema da dupla institucionalização do Poder Judiciário: o caso do Juizado Especial de Pequenas Causas. In: SADEK, Maria Tereza (org.). *O sistema de Justiça*. Série Justiça, IDESP. São Paulo: Sumaré, 1999.

FALECK, Diego. *Desenho de sistemas de disputas*: criação de arranjos procedimentais adequados e contextualizados para gerenciamento e resolução de controvérsias. Tese de Doutorado. São Paulo: Faculdade de Direito da USP, 2017.

REFERÊNCIAS | **371**

FALECK, Diego. Introdução ao Design de Sistemas de Disputas: Câmara de Indenização 3054. *Revista Brasileira de Arbitragem*, ano V, n. 23, p. 7-32, Porto Alegre/Curitiba, Síntese/CBAr, jun.-ago.--set. 2009.

FARIA, José Eduardo. O sistema brasileiro de justiça: experiência recente e futuros desafios. *Estudos Avançados*, v. 18, n. 51, maio-ago. 2004.

FARIAS, Cristiano Chaves de. A desnecessidade de procedimento judicial para as ações de separação e divórcio consensuais e a nova sistemática da Lei n. 11.441/07: o bem vencendo o mal. Disponível em: http://www.juspodivm.com.br/artigos/artigos_1470.html. Acesso em: 17 jan. 2007.

FARINELLI, Alisson; CAMBI, Eduardo. Conciliação e mediação no Novo Código de Processo Civil. PLS 166/ 2010. *Revista de Processo*, ano 36, v. 194, São Paulo, RT, p. 289-290, abr. 2011.

FERNANDES, Claudia F.; PRADO, Flavio F.; ALVES DE CAMPOS, Maria Inês. Mediação na recuperação judicial de empresas. In: BRAGA NETO, Adolfo (org.). *Mediação empresarial*: experiências brasileiras. São Paulo: Ed. CL-A, 2022, vol. II.

FERRAZ, Taís Schilling. A litigiosidade como fenômeno complexo: quanto mais se empurra, mais o sistema empurra de volta. *Revista Jurídica da Presidência Brasília*, v. 25, n. 135, jan./abr. 2023.

FERREIRA, Selma Lemes. Os 18 anos da Lei de Arbitragem. Disponível em: http://selmalemes.adv.br/artigos/18%20anos%20da%20LA%20-%20Artigo%20Valor%20-%20102014.pdf. Acesso em: 16 jan. 2020.

FIGUEIRA JÚNIOR, Joel Dias. *Arbitragem e o Poder Judiciário: convergências* e divergências. In: PRIMEIRO SEMINÁRIO INTERNACIONAL SOBRE DIREITO ARBITRAL [trabalhos apresentados]. Belo Horizonte: Câmara de Arbitragem de Minas Gerais, 2003.

FIGUEIRA JÚNIOR, Joel Dias. *Arbitragem, jurisdição e execução*. 2. ed. São Paulo: RT, 1999.

FIGUEIRA JÚNIOR, Joel Dias. Municipalização da justiça: justiça participativa e coexistencial. *Informativo Incijur, Instituto de Ciências Jurídicas*, ano V, n. 58, maio 2004.

FIGUEIRA JÚNIOR, Joel Dias; TOURINHO NETO, Fernando da Costa. *Juizados especiais cíveis e criminais: comentários à Lei 9.099/1995*. 4. ed. São Paulo: RT, 2005.

FISCHER, Roger; URY, William; PATTON, Bruce. *Como chegar ao sim: negociação de acordos sem concessões*. Trad. Vera Ribeiro e Ana Luiza Borges. 2. ed. Rio de Janeiro: Imago, 2005. [*Getting to Yes: Negotiating Agreements Without Giving In*. Nova York: Penguin, 1983.]

FISCHER, Roger; URY, William; PATTON, Bruce; SHAPIRO, Daniel. *Além da razão: a força da emoção na solução de conflitos*. Trad. Arão Shapiro. Rio de Janeiro: Imago, 2009.

FISS, Owen. Against Settlement. In: RISKIN, Leonard L.; WESTBROOK, James E. *Dispute Resolution and Lawyers*. 2. ed. Saint Paul: West Group, 2004.

FISS, Owen. *Contra o acordo. In Um novo processo civil: estudos norte-americanos sobre jurisdição, constituição e sociedade*. Trad. Carlos Alberto de Salles. São Paulo: RT, 2004.

FISS, Owen. *The Forms of Justice*. Disponível em: http://digitalcommons.law.yale.edu/fss_papers/1220. Acesso em: 2 ago. 2015.

FOLGER, Joseph P. La Mediación Transformativa: La Preservación del Potencial Propio de la Mediación en Escenarios de Disputas. Disponível em: http://revistademediacion.com/wp-content/uploads/2013/06/Revista-Mediacion-02-02.pdf. Acesso em: 5 set. 2018.

FOLGER, Joseph P.; BUSH, Robert A. A mediação transformativa e intervenção de terceiros: as marcas registradas de um profissional transformador. In: SCHNITMAN, Dora Fried; LITTLEJOHN, Stephen. *Novos paradigmas em mediação*. Porto Alegre: ArtMed, 1999, p. 85-100.

FOLLET, M. P. Constructive Conflict. In: GRAHAM, P. (org.). *Mary Parker Follet: Prophet of Management: a Celebration of Writings from the 1920s*. Boston: Harvard Business School Press, 1996.

FRADERA, Véra Maria Jacob de. Aspectos problemáticos na utilização da arbitragem privada na solução de litígios relativos a direitos patrimoniais disponíveis: comentários à Lei de Arbitragem. In: Marques, Cláudia Lima; Araújo, Nadia de (orgs.). *O novo Direito internacional: estudos em homenagem a Erik Jayme*. Rio de Janeiro: Renovar, 2005, p. 403-422.

FREIRE, Paulo; HORTON, Myles. *O caminho se faz caminhando*. Petrópolis: Vozes, 2003.

FREITAS, Camilla Teixeira de. *Aspectos contratuais da prestação jurisdicional do Direito brasileiro*. Dissertação de Mestrado em Direito Civil (orientação de Carlos Alberto Dabus Maluf). São Paulo: Faculdade de Direito da Universidade de São Paulo, 2005.

FREITAS JR., Antonio Rodrigues. Sobre a relevância de uma noção precisa de conflito. *Revista do Advogado*. São Paulo, AASP, n. 123, p. 15, ago. 2014.

FRENKEL, Douglas N.; STARK, James H. *The practice of mediation*. New York: Aspen Publishers: 2008.

FULLER, Lon L. Mediation: its Forms and Functions. *Southern California Law Review*, 44, 325, 1971.

GABBAY, Daniela Monteiro. *Mediação e Judiciário: condições necessárias para a institucionalização dos meios autocompositivos de solução de conflitos*. Tese de Doutorado. São Paulo: Faculdade de Direito da USP, 2011.

GABBAY, Daniela Monteiro. Mediação empresarial em números: onde estamos e para onde vamos. Disponível em: https://www.jota.info/opiniao-e-analise/artigos/mediacao-empresarial-em-numeros-onde-estamos-e-para-onde-vamos-21042018. Acesso em: 23 abr. 2018.

GAGLIANO, Pablo Stolze; PAMPLONA FILHO, Rodolfo. *Novo curso de Direito civil*, v. 4. São Paulo: RT, 2005.

GAJARDONI, Fernando da Fonseca. Comentário ao art. 165. In: DELLORE, Luiz; DUARTE, Zulmar; ROQUE, André; GAJARDONI, Fernando (coords.). *Teoria geral do processo: Comentários Ao CPC de 2015*. Rio de Janeiro: Forense, 2015.

GAJARDONI, Fernando da Fonseca. Novo CPC: vale a pena apostar na conciliação/mediação? Disponível em: http://jota.info/novo-cpc-vale-apostar-na-conciliacaomediacao#.VMYJPo0Pb3Y.facebook. Acesso em: 9 jul. 2015.

GALANTER, Marc. Comparado a quê? Avaliando a qualidade dos mecanismos de solução de disputas. Trad. Marcos P. Veríssimo. *Denver University Law Review*, n. 66, 1989, p. XI/XIV.

GALANTER, Marc. A settlement judge not a trial judge: judicial meditation in the United States. *Journal of Law and Society*, v. 12, n. 1, p. 1, 1985.

GANANCIA, Daniele. Justiça e mediação familiar: uma parceria a serviço da parentalidade. *Revista do Advogado*, n. 62, p. 7-15, São Paulo, mar. 2001.

GARCEZ, José Maria Rossani. *Constitucionalidade da Lei n. 9.307/96. Anais do Seminário sobre Métodos Alternativos de Solução de Conflitos: Arbitragem, Mediação e Conciliação*. Rio de Janeiro: Confederação Nacional do Comércio, 2001.

GARCEZ, José Maria Rossani. *Negociação. ADRS. Mediação, conciliação e arbitragem*. 2. ed. Rio de Janeiro: Lumen Juris, 2004.

GARCIA, Gustavo Filipe Barbosa. Mediação e Autocomposição: Considerações sobre a Lei n. 13.140/2015 e o Novo CPC. *Revista Síntese de Direito Empresarial*, n. 45, jul.-ago./2015, p. 194-208.

GIAMUNDO NETO, Giuseppe. MP 703/15 permite acordo em ações de improbidade administrativa. Disponível em: http://www.conjur.com.br/2016-fev-12/giamundo-neto-mp-703-permite-acordo-acoes-improbidade. Acesso em: 19 maio 2016.

GODINHO, Robson Renault. A autonomia das partes e os poderes do juiz entre o privatismo e o publicismo do processo civil brasileiro. *Civil Procedure Review*, v. 4, n.1, jan.-abr. 2013.

REFERÊNCIAS | **373**

GODOY, Luciano. Acordo e mediação na ação de improbidade administrativa. Jota. 03 ago. 2015. Disponível em: https://jota.info/colunas/luciano-godoy/acordo-e-mediacao-na-acao-de-improbidade-administrativa-03082015 . Acesso em: 27 jun. 2017.

GÓES, Gisele Santos Fernandes. A reparação do dano no Estado atual: proposta de mudança. Disponível em: http://www.ufpa.br/posdireito/caderno1/texto1_desen_3.html.18/01/2006. Acesso em: 18 jan. 2006.

GOLDBERG, Stephen. The Mediation Of Grievances under a Collective Bargaining Contract: an Alternative to Arbitration. 77 Nw.U.L.Rev. 270, 281-284, 303-305 (1982). In: RISKIN, Leonard L.; WESTBROOK, James E. *Dispute Resolution and Lawyers*. 2. ed. Saint Paul: West Group, 2004.

GONÇALVES, Carlos Roberto. *Direito civil brasileiro*, v. 5. *Direito das coisas*. São Paulo: Saraiva, 2006.

GONÇALVES, Carlos Roberto. *Direito civil brasileiro*, v. 5. *Direito das coisas*. 9. ed. São Paulo: Saraiva, 2014.

GOODIN, Robert A. Mediação: uma visão geral da resolução alternativa de disputas. Disponível em: http://usinfo.state.gov/journals/itdhr/1299/ijdp/goodin.htm. Acesso em: 12 jan. 2008.

GRAJALES, Luis Octavio Vado. Medios alternativos de resolución de conflictos. Disponível em: http://www.mundojuridico.adv.br/html/artigos/direito_processual_civil.htm. Acesso em: 20 jul. 2005; e http://biblio.juridicas.unam.mx/libros/5/2264/19.pdf. Acesso em: 11 jul. 2015.

GRANDE DICIONÁRIO LAROUSSE CULTURAL DA LÍNGUA PORTUGUESA. São Paulo: Nova Cultural, 1999.

GRECO, Leonardo. Garantias fundamentais do processo: o processo justo. Disponível em: http://www.buscalegis.ufsc.br/revistas/files/anexos/18361-18362-1-PB.pdf. Acesso em: 5 maio 2017.

GRECO, Leonardo. *Instituições de processo civil*, v. I: *Introdução ao Direito processual civil*. 5. ed. Rio de Janeiro: Forense, 2015.

GRECO, Leonardo. O acesso ao direito e à justiça. Disponível em: http://www.mundojuridico.adv.br. Acesso em: 4 dez. 2005.

GRECO FILHO, Vicente. *Direito processual civil brasileiro*, v. 1 e 2. *22. ed.* São Paulo: Saraiva, 2013.

GRINOVER, Ada Pellegrini. A conciliação extrajudicial no quadro participativo. *In*: GRINOVER, Ada Pellegrini; Dinamarco, Candido Rangel; Watanabe, Kazuo (coords.). *Participação e processo*. São Paulo: RT, 1988.

GRINOVER, Ada Pellegrini. A inafastabilidade do controle jurisdicional e uma nova modalidade de autotutela. Disponível em: http://www.esdc.com.br/RBDC/RBDC-10/RBDC-10-013-Ada_Pellegrini_Grinover.pdf. Acesso em: 26 jun. 2017.

GRINOVER, Ada Pellegrini. Arbitragem e prestação de serviços públicos. In: GRINOVER, Ada Pellegrini (coord.). *O processo: estudos e pareceres*. São Paulo: Perfil, 2005, p. 79-87.

GRINOVER, Ada Pellegrini. Defesa, contraditório, igualdade e *par conditio* na ótica do processo de estrutura cooperatória. In: GRINOVER, Ada Pellegrini. *Novas tendências do Direito processual de acordo com a Constituição de 1988*. Rio de Janeiro: Forense Universitária, 1990.

GRINOVER, Ada Pellegrini. Deformalização do processo e deformalização das controvérsias. *Revista de Processo*, n. 46, p. 60-83, São Paulo, abr.-jun. 1987.

GRINOVER, Ada Pellegrini. *Ensaio sobre a processualidade: fundamentos para uma nova teoria geral do processo*. Gazeta Jurídica: Brasília, 2016.

GRINOVER, Ada Pellegrini. O minissistema brasileiro de Justiça consensual: compatibilidades e incompatibilidades. Disponível em: http://dirittoetutela.uniroma2.it/files/2013/03/Origens-e--evolu%C3%A7%C3%A3o.pdf. Acesso em: 26 maio 2016.

374 | MEDIAÇÃO NOS CONFLITOS CIVIS – *Fernanda Tartuce*

GRINOVER, Ada Pellegrini. Os fundamentos da justiça conciliativa. Disponível em: http://wwwh.cnj.jus.br/portal/images/programas/movimento-pela-conciliacao/arquivos/cnj_%20portal_artigo_%20ada_mediacao_%20e_%20conciliacao_fundamentos1.pdf. Acesso em: 12 jun. 2015.

GRINOVER, Ada Pellegrini. *et al.* (coords.). *Estudo qualitativo sobre boas práticas em mediação no Brasil.* Brasília: Ministério da Justiça, SRJ, 2014.

GRINOVER, Ada Pellegrini; GOMES FILHO, Antonio Magalhães; FERNANDES, Antonio Scarance. GOMES, Luiz Flávio. *Juizados especiais criminais: comentários à Lei 9.099, de 26.09.1995.* 4. ed. rev., ampl. e atual. de acordo com a Lei 10.259/2001. São Paulo: RT, 2002.

GRISSANTI, Suely M. Os meios de comunicação e o acesso dos cidadãos à justiça. In: Sadek, Maria Tereza (org.). *Acesso à justiça.* São Paulo: Fundação Konrad Adenauer, 2001, p. 219-240.

GROENINGA, Giselle. Guarda compartilhada e relacionamento familiar. Algumas reflexões necessárias. Disponível em: http://flaviotartuce.jusbrasil.com.br/artigos/155509493/guarda-compartilhada-e-relacionamento-familiar-algumas-reflexoes-necessarias-por-giselle-groeninga. Acesso em: 4 mar. 2015.

GROENINGA, Giselle. Minicurso de mediação: caso de mediação até a 3ª sessão. Disponível em: http://www.ibdfam.org.br/_img/artigos/VII%20Congresso%20-%20MINICURSO%20de%20MEDIA%C3%87%C3%83O%20-%20II.pdf. Acesso em: 20 jan. 2020.

GROENINGA, Giselle. Um aporte interdisciplinar ao Direito de família. Disponível em: http://www.ibdfam.com.br/public/artigos.aspx?codigo=3. Acesso em: 4 jan. 2006.

GROSMAN, Claudia Frankel; MANDELBAUM, Helena Gurfinkel. *Mediação no Judiciário: teoria na prática, prática na teoria.* São Paulo: Primavera, 2011.

GUERRERO, Luis Fernando. Os métodos de solução de controvérsias. Disponível em: http://www.dinamarco.com.br/wp-content/uploads/SolucaoDeControversias.pdf. Acesso em: 6 jan. 2015.

HIGHTON DE NOLASCO, Elena I.; ALVAREZ, Gladys S. *Mediación para resolver conflictos.* 2. ed. Buenos Aires: Ad Hoc, 2008.

HIRONAKA, Giselda Maria Fernandes Novaes. Família e casamento em evolução. Disponível em: http://www.ibdfam.com.br/public/artigos.aspx?codigo=3. Acesso em: 4 jan. 2006.

HIRONAKA, Giselda Maria Fernandes Novaes. Responsabilidade civil na relação paterno-filial. Disponível em: http://siaiap32.univali.br/seer/index.php/nej/article/view/9/4. Acesso em: 10 jul. 2017.

HIRONAKA, Giselda Maria Fernandes Novaes. *Responsabilidade pressuposta.* Belo Horizonte: Del Rey, 2006.

HIRONAKA, Giselda Maria Fernandes Novaes. *Sobre peixes e afetos:* um devaneio acerca da ética no Direito de família. V Congresso de Direito de Família do Instituto Brasileiro de Direito de Família – IBDFAM, Belo Horizonte, 28 out. 2005.

IHERING, Rudolf von. *A luta pelo Direito.* Trad. José Cretella Jr. e Agnes Cretella. 2. ed. São Paulo: RT, 2001.

IHERING, Rudolf von. *A luta pelo Direito.* Trad. José Cretella Jr. e Agnes Cretella. 24. ed. São Paulo: RT, 2011.

IWAKURA, Cristiane. Disposições finais. A nova lei de mediação brasileira: comentários ao Projeto de Lei n. 7.169/14. *Revista Eletrônica de Direito Processual*, ano 8, v. esp., ed. eletrônica, Rio de Janeiro, Uerj, 2014.

JESUS, Damásio de. Justiça restaurativa no Brasil. Disponível em: http://www.mundojuridico.adv.br. Acesso em: 20 nov. 2005.

KEATING JR., J. Michael. Getting Reluctant Parties to Mediate: A Guide for Advocates. In: RISKIN, Leonard L.; WESTBROOK, James E. *Dispute Resolution and Lawyers.* St. Paul: West Group, 1997.

KORNER, Andrei. *Juizados especiais e acesso à justiça*. In: *Anais do Seminário sobre os Juizados Especiais Federais*. Brasília: Ajufe, 2002, p. 27-42.

KOVACH, Kimberlee K. *Mediation: Principles and Practice*. 3. ed. St. Paul: Thomson West, 2004.

KOVACH, Kimberlee K.; LOVE, Lola P. Mapeando a mediação: os riscos do gráfico de Riskin. In: AZEVEDO, André Gomma de (org.). *Estudos em arbitragem, mediação e negociação*, v. 3. Brasília: Brasília Jurídica, 2002, p. 95-135.

KÜBLER-ROSS, Elisabeth. Modelo de Kübler-Ross. Disponível em: http://pt.wikipedia.org/wiki/Modelo_de_K%C3%BCbler-Ross. Acesso em: 19 abr. 2015.

KÜBLER-ROSS, Elisabeth. *Sobre a morte e o morrer*. São Paulo: Martins Fontes, 2012.

LACERDA, Galeno. Processo e cultura. *Revista de Direito Processual Civil*, v. III, p. 75, São Paulo, Saraiva, 1961.

LAGRASTA, Valéria Ferioli. O projeto de gerenciamento do processo. Disponível em: http://www.epm.org.br/SiteEPM/Artigos/Artigo+8.htm. Acesso em: 3 nov. 2006; e http://www.epm.sp.gov.br/Internas/Artigos/AcervoView.aspx?ID=3173. Acesso em: 11 jul. 2015.

LAGRASTA, Valéria Ferioli. Histórico evolutivo brasileiro. In: SILVEIRA, José Custódio da (org. e coord.). *Manual de negociação, conciliação, mediação e arbitragem*. Belo Horizonte: Letramento, 2018.

LASPRO, Oreste Nestor de Souza. As ações e suas condições no processo civil de cognição. In: CRUZ E Tucci, José Rogério (coord.). *Processo civil: estudo em comemoração aos 20 anos de vigência do Código de Processo Civil*. São Paulo: Saraiva, 1995, p. 191-208.

LEITE, Gisele. Desenvolvimento do Direito processual. *Jus Vigilantibus*, Vitória, 19 ago. 2004. Disponível em: http://jusvi.com/doutrinas_e_pecas/ver/2165. Acesso em: 1.º dez. 2005.

LEMES, Selma M. Ferreira. Arbitragem na concessão de serviços públicos: arbitralidade objetiva. Confidencialidade ou publicidade processual? Disponível em:http://www.cacb.org.br/mediacao_arbitragem/artigos/Arbitragem%20nas%20Concess%F5es%20de%20Servi%E7os%20P%FAblicos%20-20Por%20Selma%20Lemes.pdf. Acesso em: 14 out. 2006; e http://cacb.org.br/mediacao_arbitragem/artigos/Arbitragem%20nas%20Concess%F5es%20de%20Servi%E7os%20P%FAblicos%20-%20Por%20Selma%20Lemes.pdf. Acesso em: 11 jul. 2015.

LEMES, Selma M. Ferreira. Oito anos da Lei de Arbitragem. In: AZEVEDO, André Gomma de (org.). *Estudos em arbitragem, mediação e negociação*, v. 3. Brasília: Brasília Jurídica, 2002, p. 15-28.

LENZA, Pedro. A amplitude do acesso à ordem jurídica justa. In: Tavares, André Ramos; Ferreira, Olavo A. V. Alves; LENZA, Pedro (coords.). *Constituição Federal 15 anos: mutação e evolução*. São Paulo: Método, 2003.

LEVY, Fernanda Rocha Lourenço. *Cláusulas escalonadas: a mediação comercial no contexto da arbitragem*. São Paulo: Saraiva, 2013.

LIEBMAN, Enrico Tullio. *Manual de Direito processual civil*, v. 1. Rio de Janeiro: Forense, 1984.

LIEBMAN, Enrico Tullio. *Manual de Direito processual civil*, v. 1. 3. ed. Trad. e notas Cândido Rangel Dinamarco. São Paulo: Malheiros, 2005.

LIMA, George Marmelstein. Devaneios sobre a justiça brasileira: a reforma do Judiciário vista do "olho do furacão". Disponível em: georgemlima.xpg.uol.com.br/ref.pdf. Acesso em: 27 fev. 2015.

LISBOA, Roberto Senise. *Responsabilidade civil nas relações de consumo*. São Paulo: RT, 2001.

LOCATELLI, Paulo Antonio. O termo de compromisso de ajustamento de conduta na proteção dos direitos sociais. *Atuação jurídica – Revista da Associação Catarinense do Ministério Público*, ano 4, n. 10, p. 23-36, set. 2002.

MEDIAÇÃO NOS CONFLITOS CIVIS – *Fernanda Tartuce*

LOPES, Dulce; PATRÃO, Afonso. *Lei da Mediação comentada*. Coimbra: Almedina, 2014 (edição eletrônica).

LOPES JR., Aury et al. Desconstrução do pacote "anticrime" de Moro e o freio contra o retrocesso. Disponível em https://www.conjur.com.br/2019-dez-08/desconstrucao-pacote-anticrime-moro-representa-vitoria. Acesso em: 8 jan. 2020.

LORENCINI, Marco. Sistemas multiportas: opções para tratamento de conflitos de forma adequada. In: SALLES, Carlos Alberto de; LORENCINI, Marco; ALVES DA SILVA, Paulo Eduardo (orgs.). *Negociação, mediação, conciliação e arbitragem*: curso para programas de graduação em Direito. São Paulo: Método, 2020.

LORENTZ, Lutiana Nacur. *Métodos extrajudiciais de solução de conflitos trabalhistas*: comissões de conciliação prévia, termos de ajuste de conduta, mediação e arbitragem. São Paulo: LTr, 2002.

LOSS, Juliana. A mediação na recuperação de empresas no Brasil. In: BRAGA NETO, Adolfo (org.). *Mediação empresarial*: experiências brasileiras. São Paulo: Ed. CL-A, 2022, vol. II. p. 310-325.

LOUREIRO, Luiz Guilherme de A. V. A mediação como forma alternativa de solução de conflitos. *Revista dos Tribunais*, ano 87, v. 751, p. 94-101, maio 1998.

LUCHIARI, Valeria Ferioli Lagrasta. A Resolução n. 125 do Conselho Nacional de Justiça: origem, objetivos, parâmetros e diretrizes para a implantação concreta. In: PELUSO, Antônio Cezar; RICHA, Morgana de Almeida (coords.). *Conciliação e mediação: estrutura da política judiciária nacional*. Rio de Janeiro: Forense, 2011, p. 229-250.

MACARAUON, Fátima Aurélia Barbosa Baracho. A organização do Estado e a reforma administrativa no Direito constitucional. Disponível em: http://www.ufmg.br/prpg/dow_anais/cien_soc_aplic/direito_3/fabbmac_por1.doc. Acesso em: 15 jan. 2015; e http://www.docstoc.com/docs/110254175/a-organiza%ef%bf%bd%ef%bf%bdo-do-estado-e-a-reforma-administrativa-na-constitui%ef%bf%bd%ef%bf%bdo. Acesso em: 11 jul. 2015.

MACHADO, Antônio Cláudio da Costa. *Código de Processo Civil interpretado: artigo por artigo, parágrafo por parágrafo*. 4. ed. São Paulo: Manole, 2004.

MACHADO, Antônio Cláudio da Costa. *Código de Processo Civil interpretado e anotado: artigo por artigo, parágrafo por parágrafo: leis processuais civis extravagantes anotadas*. São Paulo: Manole, 2006.

MACHADO JUNIOR, Dario Ribeiro. Mediadores judiciais. A nova lei de mediação brasileira: comentários ao Projeto de Lei n. 7.169/14. *Revista Eletrônica de Direito Processual*, ano 8, v. esp., ed. eletrônica. Rio de Janeiro, UERJ, 2014.

MAGANO, Octavio Bueno. Legislação e autocomposição. *Revista do Tribunal Regional do Trabalho da Oitava Região*, v. 36, n. 70, p. 153-160, Belém, jan.-jun. 2003.

MAGANO, Octavio Bueno. Solução extrajudicial dos conflitos individuais. *Revista Trabalho & Doutrina, Processo e Jurisprudência*, n. 14, p. 80-84, São Paulo, Saraiva, set. 1997.

MAGANO, Octavio Bueno. Soluções alternativas para os conflitos individuais e coletivos do trabalho. Disponível em: http://www.egov.ufsc.br/portal/sites/default/files/anexos/22543-22545-1-PB.htm. Acesso em: 11 jul. 2015.

MAIOR, Jorge Luiz Souto. Comissões de conciliação prévia. *Síntese Trabalhista*, v. 128, Porto Alegre, Síntese, fev. 2000.

MALDONADO, Maria Tereza. *O bom conflito*. São Paulo: Integrare Editora, 2008.

MALLICK, Drew. U.S. Corporations Should Implement In-House Mediation Programs into their Business Plans to Resolve Disputes. Disponível em: http://www.hnlr.org/2009/03/us-corporations-should-implement-in-house-mediation-programs-into-their-business-plans-to-resolve-disputes/. Acesso em: 3 dez. 2014.

MALUF, Carlos Alberto Dabus. *A transação no Direito civil*. São Paulo: Saraiva, 1985.

MANCUSO, Rodolfo de Camargo. A concomitância de ações coletivas, entre si, e em face das ações individuais. Disponível em: www.revistas.usp.br/rfdusp/article/view/67508. Acesso em: 5 mar. 2015.

MANCUSO, Rodolfo de Camargo. *Acesso à justiça: condicionantes legitimas e ilegítimas.* São Paulo: RT, 2004.

MANCUSO, Rodolfo de Camargo. A resolução dos conflitos e a função judicial no contemporâneo Estado de Direito. 2. ed. São Paulo: RT, 2014.

MANCUSO, Rodolfo de Camargo. *Divergência jurisprudencial e súmula vinculante.* 5. ed. São Paulo: RT, 2013.

MANCUSO, Rodolfo de Camargo. *Interesses difusos.* 6. ed. São Paulo: RT, 2004.

MANCUSO, Rodolfo de Camargo. *Interesses difusos.* 8. ed. São Paulo: RT, 2013.

MANCUSO, Rodolfo de Camargo. *Jurisdição coletiva e coisa julgada.* Tese de Direito Processual Civil (Concurso de provas e títulos para provimento do cargo de professor titular, junto ao Departamento de Direito Processual). São Paulo: Faculdade de Direito da Universidade de São Paulo, 2005.

MANCUSO, Rodolfo de Camargo. *Jurisdição coletiva e coisa julgada: teoria geral das ações coletivas.* 3. ed. São Paulo: RT, 2012.

MANCUSO, Rodolfo de Camargo. *Manual do consumidor em juízo.* 5. ed. São Paulo: Saraiva, 2013.

MANCUSO, Rodolfo de Camargo. O direito à tutela jurisdicional: o novo enfoque do art. 5.º, XXXV, da Constituição Federal. *Revista dos Tribunais,* v. 926, p. 148-149, São Paulo, RT, dez. 2012.

MANCUSO, Rodolfo de Camargo. O plano piloto de conciliação em segundo grau de jurisdição, do egrégio Tribunal de Justiça de São Paulo, e sua possível aplicação aos feitos de interesse da Fazenda Pública. *Separata da Revista dos Tribunais,* ano 93, v. 820, p. 11-49, fev. 2004.

MANDELBAUM, Helena Gurfinkel. Comunicação: teoria, axiomas e aspectos. In: PRADO DE TOLEDO, Armando Sérgio; TOSTA, Jorge; ALVES, José Carlos Ferreira (orgs.). *Estudos avançados de mediação e arbitragem,* v. 1. Rio de Janeiro: Elsevier, 2014.

MARCATO, Ana Cândida Menezes. Art. 13. In: CABRAL, Trícia Navarro Xavier; CURY, Cesar Felipe (coord.). *Lei de mediação comentada artigo por artigo.* Indaiatuba: Foco, 2018.

MARCATO, Ana Cândida Menezes; TARTUCE, Fernanda. Mediação no direito empresarial: possibilidades interessantes em conflitos securitários. REVISTA DE PROCESSO, v. 279, p. 513-527, 2018.

MARCATO, Antonio Carlos. *Procedimentos especiais.* 15. ed. São Paulo: Malheiros, 2013.

MARCATO, Antonio Carlos. *Procedimentos especiais.* 16. ed. São Paulo: Atlas, 2016.

MARINONI, Luiz Guilherme. A jurisdição no Estado contemporâneo. In: MARINONI, Luiz Guilherme (coord.). *Estudos de Direito processual civil.* São Paulo: RT, 2005.

MARINONI, Luiz Guilherme; ARENHART, Sérgio Cruz. *Processo de conhecimento.* 12. ed. São Paulo: RT, 2014.

MARINONI, Luiz Guilherme; ARENHART, Sérgio Cruz; MITIDIERO, Daniel. *Novo Curso de Processo Civil,* v. 3 – Tutela dos direitos mediante procedimentos diferenciados. São Paulo: RT, 2015.

MARQUES, Cláudia Lima; BENJAMIN, Antonio Herman V.; MIRAGEM, Bruno. *Comentários ao Código de Defesa do Consumidor.* 7. ed. rev., atual. e ampl. São Paulo: Thomson Reuters Brasil, 2021.

MARQUES, Cláudia Lima; BERGSTEIN, Laís. Nova lei do superendividamento: um respiro para o consumidor. Disponível em: https://www.jota.info/opiniao-e-analise/artigos/nova-lei-do-superendividamento-um-respiro-para-o-consumidor-22072021. Acesso em: 25 jul. 2023.

MARQUES, José Frederico. *Instituições de Direito processual civil,* v. I. Rio de Janeiro: Forense, 1971.

MARSHALL, Chris; BOYARD, Jim; BOWEN, Helen. Como a justiça restaurativa assegura a boa prática? Uma abordagem baseada em valores. Disponível em: http://www.susepe.rs.gov.br/upload/1323798246_Coletania%20JR.pdf. Acesso em: 10 jul. 2015.

MARTINS FILHO, Ives Gandra da Silva. A justiça do trabalho do ano 2000: as Leis ns. 9.756/1998, 9.957 e 9.958/2000, a Emenda Constitucional n. 24/1999 e a reforma do Judiciário. *Revista LTr*, p. 64-102-166, São Paulo, LTr, fev. 2000.

MATIAS, Maria Judite. Julgados de paz versos centros de arbitragem e estruturas de mediação de consumo: conflito ou convergência? Disponível em: http://www.conselhodosjulgadosdepaz.com.pt/ficheiros/Intervencoes/Juizes/2002-JPaz-vs-CArbitragem.pdf. Acesso em: 10 mar. 2015.

MAZZILLI, Hugo Nigro. *A defesa dos interesses difusos em juízo*. 16. ed. São Paulo: Saraiva, 2003.

MAZZILLI, Hugo Nigro. *A defesa dos interesses difusos em juízo*. 25. ed. São Paulo: Saraiva, 2013.

MEDINA, Eduardo Borges de Mattos. *Meios alternativos de solução de conflitos: o cidadão na administração da justiça*. Porto Alegre: Fabris, 2004.

MEIERHOEFER, Barbara. Federal Judicial Center, Court Annexed Arbitration in Ten District Courts, 1, 3-12 (1990). In: RISKIN, Leonard L.; WESTBROOK, James E. *Dispute Resolution and Lawyers*. 2. ed. Saint Paul: West Group, 2004, p. 595.

MEIRELLES, Delton R. S. Meios alternativos de resolução de conflitos: justiça coexistencial ou eficiência administrativa? Disponível em: http://www.publicadireito.com.br/conpedi/manaus/arquivos/anais/campos/delton_ricardo_meirelles.pdf. Acesso em: 2 mar. 2015.

MELO, Eduardo Resende. A experiência em justiça restaurativa no Brasil: um novo paradigma que avança na infância e na juventude. *Revista do Advogado,* ano XXVI, v. 26, n. 87, p. 125-128, São Paulo, set. 2006.

MENDES, Aluísio Gonçalves de Castro. Breves considerações em torno da questão da inafastabilidade da prestação jurisdicional. In: MARINONI, Luiz Guilherme (coord.). *Estudos de Direito processual*. São Paulo: RT, 2005.

MENDES, Gilmar Ferreira; BRANCO, Paulo Gustavo Gonet. *Curso de Direito constitucional*. 6. ed. São Paulo: Saraiva, 2011.

MENDONÇA, Angela Hara Buonomo. A reinvenção da tradição do uso da mediação. *Revista de Arbitragem e Mediação*, ano 1, n. 3, São Paulo, RT, set.-dez. 2004.

MENDONÇA LIMA, Alcides. *Dicionário do Código de Processo Civil*. São Paulo: RT, 1986.

MENEZELLO, Maria D'Assunção C. O conciliador/mediador e o árbitro nos contratos administrativos. *BDA – Boletim de Direito Administrativo*, dez. 1997.

MENKEL-MEADOW, Carrie. Roots and Inspirations: a Brief History of the Foundations of Dispute Resolution. In: MOFFITT, Michael L.; BORDONE, Robert C. (coords.). *The Handbook of Dispute Resolution*. São Francisco: Jossey-Bass, 2005.

MENKEL-MEADOW, Carrie. Whose Dispute is it Anyway? A Philosophical and Democratic Defense of Settlement (in Some Cases) 83 Geo.LJ. 2663, 2663-71, 2692, 1995. In: RISKIN, Leonard L.; WESTBROOK, James E. *Dispute Resolution and Lawyers*. 2. ed. Saint Paul: West Group, 2004.

MICHELON, Maria Helena Dias. O processo de mediação. *Revista da Escola de Direito*, 5 (1), p. 339-342, Pelotas, jan.-dez. 2004.

MINISTÉRIO PÚBLICO DO CEARÁ. *A escuta ativa e a mediação. Informe NMC*, XLIII, 9-15 abr. 2010. Disponível em: http://www.pgj.ce.gov.br/nespeciais/nucleomed/pdf/NMC_Informe_43.pdf. Acesso em: 9 jul. 2015.

MONIZ DE ARAGÃO, E. D. *Comentários ao Código de Processo Civil*, v. 2. Rio de Janeiro: Forense, 2000.

REFERÊNCIAS | **379**

MONTEBELLO, Marianna Souza Soares. Princípio da subsidiariedade e a redefinição do papel do Estado no Brasil. *Revista CEJ*, n. 17, Brasília, abr.-jun. 2002.

MOORE, Christopher W. *The Mediation Process: Practical Strategies for Resolving Conflicts*. 3. ed. São Francisco: Jossey Bass, 2003.

MORAES, Alexandre de. *Direito constitucional*. 30. ed. São Paulo: Atlas, 2014.

MORAES, Maria Celina Bodin de. O princípio da dignidade humana. In: MORAES, Maria Celina Bodin de (coord.). *Princípios do Direito civil contemporâneo*. Rio de Janeiro: Renovar, 2006, p. 1-60.

MORAIS, José Luis Bolzan de. *Mediação e arbitragem: alternativas à jurisdição*. Porto Alegre: Livraria do Advogado, 1999.

MORAIS, José Luis Bolzan de; SPENGLER, Fabiana Marion. *Mediação e arbitragem: alternativas à jurisdição*. 2. ed. rev. e ampl. Porto Alegre: Livraria do Advogado, 2008.

MOREIRA NETO, Diogo de Figueiredo. Arbitragem nos contratos administrativos. *Revista de Direito Administrativo*, 218/84, jul.-set. 1997.

MORELLO, Augusto Mario. *La eficacia del proceso*. Buenos Aires: Hammurabi, 2001.

MORI, Celso Cintra; TRALDI, Maurício; PEREIRA, Fernanda Chuster. A valorização da conciliação como instrumento de pacificação de conflitos. Disponível em: http://www.migalhas.com.br/mostra_noticia_articuladas.aspx?cod=12643. Acesso em: 11 jul. 2015.

MORIMOTO JUNIOR, Antonio. *Estudo sobre a autonomia da sentença mandamental*. Dissertação de Mestrado em Direito Processual (orientação de José Ignácio Botelho de Mesquita). São Paulo: Faculdade de Direito da Universidade de São Paulo, 2003.

MORIN, Edgar. *Os sete saberes necessários à educação do futuro*. São Paulo: Cortez, 1999.

MOURÃO, Alessandra Nascimento S. F. *et al. Resolução de conflitos*: fundamentos da negociação para o ambiente jurídico. São Paulo: Saraiva (Série GVlaw), 2014.

MUNIZ, Mirian Blanco. Mediação: técnicas e ferramentas. In: PRADO DE TOLEDO, Armando Sérgio; TOSTA, Jorge; ALVES, José Carlos Ferreira (orgs.). *Estudos avançados de mediação e arbitragem*, v. 1. Rio de Janeiro: Elsevier, 2014, p. 219-244.

NALINI, José Renato. A gestão de qualidade na justiça. *Revista dos Tribunais*, São Paulo, v. 722, p. 367-374, dez. 1995.

NALINI, José Renato. *O juiz e o acesso à justiça*. São Paulo: RT, 1994.

NASCIMENTO, Amauri Mascaro. Novas competências da justiça do trabalho. In: Renault; Sérgio Rabello Tamm; Bottini, Pierpaolo (coords.). *Reforma do judiciário*. São Paulo: Saraiva, 2005.

NAZARETH, Eliana Riberti. Mediação: algumas considerações. *Revista do Advogado*, ano XXVI, v. 26, n. 87, p. 129-133, São Paulo, set. 2006.

NAZARETH, Eliana Riberti. Psicanálise e Direito: um intercâmbio possível. Disponível em: http://www.ibdfam.org.br/artigos/57/Psican%C3%A1lise+e+Direito%3A+um+interc%C3%A2mbio+poss%C3%ADvel. Acesso em: 11 jul. 2015.

NAZARETH, Eliana Riberti. Psicanálise e mediação: meios efetivos de ação. *Revista do Advogado*, n. 62, p. 49-57, São Paulo, mar. 2001.

NERY JUNIOR, Nelson. *Princípios do processo na Constituição Federal*. 13. ed. rev., atual. e ampl. São Paulo: Revista dos Tribunais, 2017.

NERY JUNIOR, Nelson; NERY, Rosa Maria de Andrade. *Código Civil anotado*. São Paulo: RT, 2003.

NERY JUNIOR, Nelson; NERY, Rosa Maria de Andrade. *Comentários ao Código de Processo Civil*. São Paulo: RT, 2015.

380 | MEDIAÇÃO NOS CONFLITOS CIVIS – *Fernanda Tartuce*

NERY JUNIOR, Nelson; NERY, Rosa Maria de Andrade. *Código de Processo Civil comentado e legislação extravagante*: atualizado até 1.º de março de 2006. 9. ed. rev., atual. e ampl. São Paulo: RT, 2006.

NEVES, Daniel Assumpção. *Novo CPC: Código de Processo Civil: Lei 13.105/2015: inovações, alterações e supressões comentadas*. São Paulo: Método, 2015.

NEVES, Daniel Assumpção. *Código de Processo Civil comentado artigo por artigo*. Salvador: JusPodivm, 2019, p. 322.

NEVES, Flávia Bittar; BRAGA NETO, Adolfo. O atual cenário das instituições arbitrais no Brasil. Disponível em: http://www.migalhas.com.br/dePeso/16,MI11893,91041-O+atual+cenario+das +instituicoes+arbitrais+no+Brasil. Acesso em: 19 fev. 2015.

OLIVEIRA, Ângela (coord.). *Mediação: métodos de resolução de controvérsias*. São Paulo: LTr, 1999.

OLIVEIRA, Carlos Alberto Alvaro de. O processo civil na perspectiva dos direitos fundamentais. Disponível em: http://www.abdpc.org.br/abdpc/artigos/Carlos%20A%20A%20de%20Oliveira(6)%20-%20formatado.pdf. Acesso em: 20 jun. 2015.

OLIVEIRA, Carlos Alberto Alvaro de. Poderes do juiz e visão cooperativa do processo. Disponível em: http://www.abdpc.org.br/abdpc/artigos/Carlos%20A%20A%20de%20Oliveira%20(8)%20-formatado.pdf. Acesso em: 20 jun. 2015.

OLIVEIRA, Euclides de. O percurso entre o conflito e a sentença nas questões de família. *Revista do Advogado*, n. 62, p. 101-108, São Paulo, mar. 2001.

PALMA, Andréa Galhardo; JACIR, Carmen Sfeir. A mediação na recuperação judicial e as técnicas inerentes ao mediador empresarial. Disponível em: https://www.migalhas.com.br/arquivos/2021/6/4041555177A901_consensuais.pdf. Acesso em: 21 jul. 2023.

PARENTE, Eduardo de Albuquerque. *Jurisprudência: da divergência à uniformização*. São Paulo: Atlas, 2006.

PASQUALOTTO, Adalberto. O dever da empresa com os mecanismos alternativos de solução de conflitos. *Atuação Jurídica, Revista da Associação Catarinense do Ministério Público*, ano 4, n. 10, p. 19-21, set. 2002.

PAZZAGLINI FILHO, Marino; FAZZIO JÚNIOR, Waldo; ROSA, Márcio Fernando Elias. *Improbidade administrativa: aspectos jurídicos da defesa do patrimônio público*. 2. ed. São Paulo: Atlas, 1997.

PEDROSO, João; Trincão, Catarina; Dias, João Paulo. E a justiça aqui tão perto? – as transformações no acesso ao direito e à justiça. Disponível em: http://www.oa.pt/Uploads/%7B3CF0C3FA-D7EF-4CDE-B784-C2CACEE5DB48%7D.doc. Acesso em: 22 maio 2017.

PELUSO, Cezar. Mediação e conciliação. *Revista de Arbitragem e Mediação*, ano 8, v. 30, p. 15-18, jul.-set. 2011.

PEREIRA, José Horácio Cintra Gonçalves. Das provas em audiência. *Revista EPD*, v. 3, p. 353-371, 2006.

PEREIRA, Lafayette Rodrigues. *Direito das coisas*, v. 1. Brasília: Senado Federal/Superior Tribunal de Justiça, 2004.

PERROT, Roger. O processo civil francês na véspera do século XXI. Trad. José Carlos Barbosa Moreira. *Revista de Processo*, ano 23, n. 91, p. 203-212, São Paulo, jul.-set. 1998.

PETROFF, Thaís. Processo de perda e luto possui cinco fases. Disponível em: http://www2.uol.com.br/vyaestelar/tcc_perda_luto.htm. Acesso em: 23 jan. 2015.

PINHEIRO, Rogério Neiva. Resolução 174 do CSJT é exemplo de construção democrática no Judiciário. Disponível em: https://www.conjur.com.br/2016-out-11/rogerio-pinheiro-resolucao-174-csjt-exemplo-democratico#author. Acesso em: 9 set. 2018.

REFERÊNCIAS | **381**

PINHO, Humberto Dalla Bernardina de. Confidencialidade. A nova lei de mediação brasileira: comentários ao Projeto de Lei n. 7.169/14. *Revista Eletrônica de Direito Processual – REDP*, ano 8, v. esp., ed. eletrônica, Rio de Janeiro, UERJ, 2014.

PINHO, Humberto Dalla Bernardina de. Art. 3º. In CABRAL, Trícia Navarro Xavier; CURY, Cesar Felipe (coord.). Lei de mediação comentada artigo por artigo. 2. ed. Indaiatuba: Foco, 2020.

PINHO, Humberto Dalla Bernardina de. Mediação: a redescoberta de um velho aliado na solução de conflitos. In: MASCARENHAS, Geraldo Luiz Prado (coord.). *Acesso à justiça e efetividade do processo.* Rio de Janeiro: Lumen Juris, 2005. [Artigo disponível em: http://www.humbertodalla. pro.br/arquivos/mediacao_161005.pdf. Acesso em: 6 jul. 2015.]

PINHO, Humberto Dalla Bernardina de. O marco legal da mediação no Direito brasileiro. Disponível em: https://www.academia.edu/9192642/O_Marco_Legal_da_Media%C3%A7%C3%A3o_no_ Brqsil. Acesso em: 11 jul. 2015.

PINHO, Humberto Dalla Bernardina de. O Novo CPC e a mediação: reflexões e ponderações. Disponível em: http://www.humbertodalla.pro.br/arquivos/o_novo_cpc_e_a_mediacao.pdf. Acesso em: 5 jan. 2014.

PINHO, Humberto Dalla Bernardina de. Preâmbulo do P.L. 7.169/14. In: PINHO, Humberto Dalla Bernardina de (org.). A nova lei de mediação brasileira: comentários ao Projeto de Lei n. 7.169/14. PINHO, Humberto (org.). *Revista Eletrônica de Direito Processual,* ano 8, v. esp., ed. eletrônica, Rio de Janeiro, Uerj, 2014.

PINHO, Humberto Dalla Bernardina de (org.). A nova Lei de Mediação brasileira: comentários ao Projeto de Lei n. 7.169/14. *Revista Eletrônica de Direito Processual*, ano 8, v. esp. Rio de Janeiro, Uerj, 2014. Disponível em: http://www.redp.com.br/arquivos/redp_14e_edicao.pdf. Acesso em: 9 jul. 2015.

PINTO, Ana Célia Roland Guedes. O conflito familiar na justiça: mediação e o exercício dos papéis. *Revista do Advogado*, n. 62, p. 64-71, São Paulo, mar. 2001.

PLENÁRIO deve votar lei de mediação amanhã. *Jornal do Senado*, Brasília, 1.º jun. 2015. Disponível em: http://www2.senado.leg.br/bdsf/bitstream/handle/id/509800/2015-06-01.pdf?sequence=1. Acesso em: 11 jul. 2015.

PONIEMAN, Alejandro. Advocacia: uma missão possível. In: Oliveira, Ângela. *Mediação: métodos de resolução de controvérsias*. São Paulo: LTr, 1999, p. 121-126.

PONTES DE MIRANDA, Francisco Cavalcanti. Pretensão à tutela jurídica, pretensão processual e pretensão objeto do litígio. In: BARBOSA Moreira, José Carlos (coord.). *Revista Forense Comemorativa: 100 anos*, t. 5. Rio de Janeiro: Forense, 2006, p. 81-98.

PORTANOVA, Rui. *Princípios do processo civil*. 8. ed. Porto Alegre: Livraria do Advogado, 2013.

PRIETO, Tania. Mediação no Brasil. *Anais do Seminário sobre Métodos Alternativos de Solução de Conflitos*. Rio de Janeiro: Confederação Nacional do Comércio, 2001.

PRUDENTE, Moema Dutra Freire. Pensar e fazer justiça: a administração alternativa de conflitos no Brasil. Tese. Brasília: UnB, Departamento de Sociologia, 2015. Disponível em: http://repositorio.unb.br/bitstream/10482/11227/3/2012_MoemaDutraFreirePrudente.pdf. Acesso em: 14 jul. 2015.

QUEIROZ, Claudia Lemos. *Aspectos relevantes do mediador*. In: GROSMAN, Claudia. MANDELBAUM, Helena Gurfinkel (coords.). *Mediação no judiciário: teoria na prática e prática na teoria*. São Paulo: Primavera, 2011.

QUIRINO, Hamilton. Que venha a mediação obrigatória. *O Estado de S. Paulo*, 18 maio 2006. Disponível em: http://www.estadao.com.br. Acesso em: 21 ago. 2006.

RAATZ, Igor. *Autonomia privada e processo*. 2. ed. Salvador: JusPodivm, 2019.

MEDIAÇÃO NOS CONFLITOS CIVIS – *Fernanda Tartuce*

REGO, Arménio; OLIVEIRA, Carlos Miguel; MARCELINO, Ana Regina; PINA E CUNHA, Miguel. *Coaching para executivos*. 2. ed. Lisboa: Escolar, 2007.

RESNIK, Judith. Many Doors? Closing Doors? Alternative Dispute Resolution and Adjudication. 10 Ohio ST. J. on Disp Resol. 211, 212, 216-18, 241-58, 261-65 (1995). In: RISKIN, Leonard L.; WESTBROOK, James E. *Dispute Resolution and Lawyers*. 2. ed. Saint Paul: West Group, 2004.

RISKIN, Leonard L. Compreendendo as orientações, estratégias e técnicas do mediador: um mapa para os desnorteados. Disponível em: http://www.arcos.org.br/livros/estudos-de-arbitragem--mediacao-e-negociacao-vol1/compreendendo-as-orientacoes-estrategias-e-tecnicas-do-mediador-um-padrao-para-perplexos/i-introducao. Acesso em: 16 jun. 2017.

RISKIN, Leonard L. Mediation and Lawyers (1982). In: RISKIN, Leonard L.; WESTBROOK, James E. *Dispute Resolution and Lawyers*. 2. ed. Saint Paul: West Group, 2004.

RISKIN, Leonard L. Mediation and Lawyers. In: RISKIN, Leonard L.; WESTBROOK, James E. *Dispute Resolution and Lawyers*. St. Paul: West Group, 1997.

RISKIN, Leonard L. Mediator Orientations, Strategies and Techniques. In: MENKEL-MEADOW, Carrie J.; LOVE, Lela Porter; SCHNEIDER, Andrea Kupfer; STERNLIGHT, Jean R. Dispute Resolution: Beyond the Adversarial Model. Nova York: Aspen, 2005, p. 303-307.

RISKIN, Leonard L.; WESTBROOK, James E. *Dispute Resolution and Lawyers*. 2. ed. Saint Paul: West Group, 2004.

RISKIN, Leonard L.; WESTBROOK, James E. An Introduction to the Alternative Processes for Preventing and Resolving Disputes. In: RISKIN, Leonard L.; WESTBROOK, James E. *Dispute Resolution and Lawyers*. 2. ed. Saint Paul: West Group, 2004.

RIZZARDO, Arnaldo. *Direito das coisas*. Rio de Janeiro: Forense, 2004.

RIZZARDO, Arnaldo. *Direito das coisas*. 6. ed. Rio de Janeiro: Forense, 2013.

ROBERTS, Michael. Resolving Disputes through Employment Mediation. Disponível em: http://www.mediate.com/articles/roberts2.cfm. Acesso em: 3 dez. 2014.

ROCHA, Cármen Lúcia Antunes. O direito constitucional à jurisdição. In: Teixeira, Sálvio de Figueiredo (coord.). *As garantias do cidadão na justiça*. São Paulo: Saraiva, 1993.

RODRIGUES, Geisa de Assis. Breves considerações sobre o compromisso de cessação de prática. Seminário de Direito Econômico, promovido pela Fundação Procurador Pedro Jorge de Melo e Silva, 22 out. 2001. Disponível em: http://www.anpr.org.br/boletim/boletim51/geisa.htm. Acesso em: 11 jan. 2006; e http://www7.trf2.jus.br/sophia_web/index.asp?codigo_sophia=46914. Acesso em: 4 fev. 2015.

RODRIGUES DE FREITAS JR., Antonio. Sobre a relevância de uma noção precisa de conflito. *Revista do Advogado*, v. 34, n. 123, p. 11-18, ago. 2014.

ROSA, Conrado Paulino da. *Desatando nós e criando laços: os novos desafios da mediação familiar*. Belo Horizonte: Del Rey, 2012.

SÁ, Djanira Radamés de. Mediação no processo de conhecimento. *Mens Juris, Revista de Direito*, v. 4, n. 2, Uberlândia.

SADEK, Maria Tereza. Efetividade de direitos e acesso à justiça. In: Renault, Sérgio Rabello Tamm; Bottini, Pierpaolo (coords.). *Reforma do judiciário*. São Paulo: Saraiva, 2005, p. 271-289.

SADEK, Maria Tereza. Introdução: experiências de acesso à justiça. In: SADEK, Maria Tereza (org.). *Acesso à justiça*. São Paulo: Fundação Konrad Adenauer, 2001.

SADEK, Maria Tereza. Judiciário: mudanças e reformas. *Estudos Avançados*, v. 18, n. 51, maio-ago. 2004.

SADEK, Maria Tereza. *O sistema de justiça*. In: SADEK, Maria Tereza (org.). *O sistema de justiça*. São Paulo: Sumaré, 1999. (Série Justiça – IDESP.).

REFERÊNCIAS | **383**

SADEK, Maria Tereza; LIMA, Fernão Dias de; ARAÚJO, José Renato de Campos. O Judiciário e a prestação de justiça. In: Sadek, Maria Tereza (org.). *Acesso à justiça*. São Paulo: Fundação Konrad Adenauer, 2001, p. 13-42.

SADEK, Maria Tereza. *Teoria geral do Direito processual civil*. 3. ed. Uberlândia: Edufu, 2005.

SALES, Lilia Maia de Morais. *Justiça e mediação de conflitos*. Belo Horizonte: Del Rey, 2003.

SALES, Lilia Maia de Morais. Mediação facilitativa e "mediação" avaliativa – estabelecendo diferença e discutindo riscos. Disponível em: http://siaiweb06.univali.br/seer/index.php/nej/article/view/3267/2049. Acesso em: 9 jul. 2015.

SALES, Lilia Maia de Morais. Ouvidoria e mediação: instrumentos de acesso à cidadania. *Revista Pensar*, v. 11, p. 154-167, Fortaleza, fev. 2006.

SALLES, Carlos Alberto de. *A arbitragem em contratos administrativos*. Rio de Janeiro: Forense; Método: São Paulo, 2011.

SALLES, Carlos Alberto de. *A arbitragem na solução de controvérsias contratuais da Administração Pública*. Tese de Livre-Docência. São Paulo: Faculdade de Direito da Universidade de São Paulo, 2010.

SALLES, Carlos Alberto de. Mecanismos alternativos de solução de controvérsias e acesso à justiça: a inafastabilidade da tutela jurisdicional recolocada. In: Fux, Luiz; Nery Jr., Nelson; Wambier, Teresa Arruda Alvim (coords.). *Processo e Constituição: estudos em homenagem ao professor José Carlos Barbosa Moreira*. São Paulo: RT, 2006, p. 779-792.

SALLES, Carlos Alberto de. Os porquês da arbitragem. No prelo. Disponível em: https://www.dropbox.com/s/hamoeuf7wbwkzet/0.1.%20SALLES%2C%20Carlos%20Alberto%20de.%20Arbitragem%20-%20Uma%20introdu%C3%A7%C3%A3o.pdf?dl=0. Acesso em: 13 ago. 2018.

SALLES, Carlos Alberto de. Nos braços do Leviatã: os caminhos da consensualidade e o Judiciário brasileiro. Disponível em: https://edisciplinas.usp.br/pluginfile.php/3926647/mod_resource/content/1/SALLES-CA-Nos%20bra%C3%A7os%20do%20Leviat%C3%A3.pdf. Acesso em: 8 set. 2018.

SALLES, Carlos Alberto de; MEGNA, Bruno Lopes. Mediação e conciliação em nova era: conflitos normativos no advento do novo CPC e da Lei de Mediação. In: YARSHELL, Flávio Luiz; PESSOA, Fábio Guidi Tabosa. *Direito intertemporal*. Salvador: JusPodivm, 2016. p. 111-132.

SANCHES FILHO, Alvino Oliveira. Experiências institucionais de acesso à justiça no estado da Bahia. In: Sadek, Maria Tereza (org.). *Acesso à justiça*. São Paulo: Fundação Konrad Adenauer, 2001, p. 241-270.

SANDER, Frank. E. A. The Future of ADR, *J. DISP. RESOL.* 3, 2000.

SANDER, Frank. E. A. Varieties of Dispute Processing. *Federal Rules Decisions*, 77, p. 111-123, 1976.

SANDER, Frank. E. A.; GOLDBERG, Stephen B. Fitting the Forum to the Fuss: A User-Friendly Guide to Selecting an ADR Procedure. *Negotiation Journal*, Cambridge, MA, v.10, p. 49-68, 1994.

SANTANA DE ABREU, Leonardo. Comentários ao art. 331 do CPC. Da audiência preliminar. Disponível em: www.tex.pro.br. Acesso em: 9 jul. 2015.

SANTOS, André Luis Nascimento dos. A influência das organizações internacionais na reforma dos judiciários de Argentina, Brasil e México: o Banco Mundial e a agenda do acesso à Justiça. Dissertação de Mestrado. Salvador: Universidade Federal da Bahia. Escola de Administração, 2008. Disponível em: http://www.adm.ufba.br/sites/default/files/publicacao/arquivo/andre_luis_atual.pdf. Acesso em: 9 jul. 2015.

SANTOS, Boaventura de Sousa. Introdução à sociologia da administração da justiça. *Revista de Processo*, ano X, n. 37, p. 121-139, São Paulo, jan.-mar. 1985.

SANTOS, Boaventura de Sousa. *Pela mão de Alice*: o social e o político na pós-modernidade. 7. ed. São Paulo: Cortez, 2000.

SCHWARZ, Roger. The Skilled Facilitator: a Comprehensive Resource for Consultants, Facilitators, Managers, Trainers, and Coaches. São Francisco: Josey-Bass, 2002.

SENADO FEDERAL. *O constitucionalismo de D. Pedro I no Brasil e em Portugal*. Afonso Arinos [introdução]; prefácio de Carlos Fernando Mathias de Souza. Brasília: Senado Federal, Conselho Editorial, 2003.

SERAU JÚNIOR, Marco Aurélio. Conciliação nas ações previdenciárias. *Revista do Advogado*, n. 123, p. 129-133, São Paulo, AASP, ago. 2014.

SERPA LOPES, Miguel Maria de. *Curso de Direito civil, v. 6. Direito das coisas: princípios gerais, posse, domínio e propriedade imóvel*. 3. ed. São Paulo: Freitas Bastos, 1964.

SERPA LOPES, Miguel Maria de. *Curso de Direito civil, v. 2. Obrigações em geral*. São Paulo: Freitas Bastos, 1966.

SICA, Leonardo. *Justiça restaurativa e mediação penal*. São Paulo: Saraiva, 2007.

SIDOU, J. M. Othon. A controvertida jurisdição voluntária. In: Calmon, Eliana; Bulos, Uadi Lammêgo (coords.). *Direito processual: inovações e perspectivas; estudos em homenagem ao Ministro Sálvio de Figueiredo Teixeira*. São Paulo: Saraiva, 2003.

SIFUENTES, Mônica. *Súmula vinculante: um estudo sobre o poder normativo dos tribunais*. São Paulo: Saraiva, 2005.

SILVA, Adriana dos Santos. *Acesso à justiça e arbitragem: um caminho para a crise do Judiciário*. São Paulo: Manole, 2005.

SILVA, De Plácido e. *Vocabulário Jurídico*. 31. ed. Rio de Janeiro: Forense, 2014.

SILVA, Eduardo Silva da. Meios alternativos de acesso à justiça: fundamentos para uma teoria geral. *Revista Processo e Constituição da Faculdade de Direito da Universidade Federal do Rio Grande do Sul*, n. 1, dez. 2004.

SILVA, José Afonso da. *Curso de Direito constitucional positivo*. 34. ed. São Paulo: Malheiros, 2014.

SILVA, Ricardo Alexandre da; LAMY, Eduardo. *Comentários ao Código de Processo Civil, v. IX. Artigos 539 ao 673*. São Paulo: RT, 2016.

SIQUEIRA NETO, José Francisco. A solução extrajudicial dos conflitos individuais do trabalho. *Revista Trabalho & Doutrina, Processo e Jurisprudência*, n. 14, set. 1997.

SIX, Jean-François. *Dinâmica da mediação*. Trad. Giselle Groeninga, Águida Arruda Barbosa e Eliana Riberti Nazareth. Belo Horizonte: Del Rey, 2001.

SOBRAL, Cristiano. A Lei do Superendividamento e os JECs. Disponível em: https://www.conjur.com.br/2021-ago-11/garantias-consumo-lei-superendividamento-jecs. Acesso em: 25 jul. 2023.

SOUZA, Aiston Henrique. A mediação no contexto dos mecanismos de solução de conflitos e a proposta de disciplina legislativa. Palestra apresentada no painel "Meios alternativos de solução de conflitos" no evento *A Reforma do Processo Civil Brasileiro*. Seminário "As Reformas de 2005". Disponível em: http://www.escoladamagistratura.org.br/SEMIN%C3%81RIO.doc. Acesso em: 6 jan. 2006.

SOUZA, Luciane Moessa de (org.). Mediação de conflitos: novo paradigma de acesso à justiça. 2. ed. Porto Alegre: Essere nel mondo, 2015.

SOUZA, Luciane Moessa de. *Resolução consensual de conflitos coletivos envolvendo políticas públicas*. Brasília, DF: Fundação Universidade de Brasília/FUB, 2014.

SOUZA NETO, João Baptista de Mello e. *Mediação em juízo: abordagem prática para obtenção de um acordo justo*. São Paulo: Atlas, 2000.

SPENGLER, Fabiana Marion. *Da jurisdição à mediação: por uma outra cultura no tratamento de conflitos*. Ijuí: Unijuí, 2010.

SPENGLER, Fabiana Marion; *Mediação de conflitos: da teoria à prática*. 3. ed. Porto Alegre: Livraria do Advogado, 2021.

SPENGLER, Fabiana Marion; BEDIN, Gilmar Antonio. (orgs.). *Acesso à justiça, direitos humanos & mediação*. Curitiba: Multideia, 2013.

SPENGLER, Fabiana Marion; SPENGLER NETO, Theobaldo. A Resolução 125 do CNJ e o papel do terceiro conciliador e mediador na sua efetivação [recurso eletrônico]. Curitiba: Multideia, 2013.

STAUT JÚNIOR, Sérgio Said. Algumas precauções metodológicas para o estudo do Direito civil. *Arte Jurídica*, Biblioteca Científica do Programa de Pós-Graduação em Direito Civil e Processo Civil da Universidade Estadual de Londrina, v. 1, n. 1, Curitiba, Juruá, 2005.

STRECK, Lenio Luiz. *Súmulas no Direito brasileiro: eficácia, poder e função*. Porto Alegre: Livraria do Advogado, 1995.

SUARES, Marinés. *Mediación: conducción de disputas, comunicación y técnicas*. Buenos Aires: Paidós, 2008.

TAKAHASHI, Bruno. De novo, os meios consensuais no Novo CPC. Revista Científica Virtual da Escola Superior de Advocacia, São Paulo: OAB/SP, n. 23, p. 22-35, 2016.

TARGA, Maria Inês Corrêa de Cerqueira César. *Mediação em juízo*. São Paulo: LTr, 2004.

TARTUCE, Fernanda. *Advocacia e meios consensuais:* novas visões, novos ganhos. Disponível em: www.fernandatartuce.com.br/artigosdaprofessora. Acesso em: 2 ago. 2023.

TARTUCE, Fernanda. Comentários aos artigos 694-699 e 731-734. In: BUENO, Cassio Scarpinella (coord.). *Comentários ao novo Código de Processo Civil*, v. 3 (arts. 539 a 925). São Paulo: Saraiva, 2017.

TARTUCE, Fernanda. Audiência Conciliatória no Inventário: Ausência e Multa (TJMG, AI 1.0342.15.009311-6/001). *Revista Nacional de Direito de Família e Sucessões*, v. 30, p. 130-134, 2019.

TARTUCE, Fernanda. Comentários aos artigos 165-175. In: ALVIM, Teresa Arruda, DIDIER JR., Fredie; TALAMINI, Eduardo; DANTAS, Bruno (coords.). *Breves comentários ao Novo Código de Processo Civil*. São Paulo: RT, 2015.

TARTUCE, Fernanda. Da audiência de conciliação ou mediação. In: Ravi Peixoto. (coord.). Enunciados do Fórum Permanente de Processualistas Civis - FPPC – organizados por assunto, anotados e comentados. 2. ed. Salvador: JusPodivm, 2019, p. 358-367.

TARTUCE, Fernanda. Da audiência de conciliação ou mediação. In: Ravi Peixoto. (coord.). Enunciados do Fórum Permanente de Processualistas Civis - FPPC – organizados por assunto, anotados e comentados. Salvador: JusPodivm, 2018, p. 332-341.

TARTUCE, Fernanda. Conciliação e Poder Judiciário. Disponível em: www.fernandatartuce.com.br/artigosdaprofessora. Acesso em: 20 jan. 2023.

TARTUCE, Fernanda. Conciliação em juízo: o que (não) é conciliar? In: SALLES, CARLOS ALBERTO DE; LORENCINI, Marco; ALVES DA SILVA, Paulo Eduardo (orgs.). *Negociação, mediação, conciliação e arbitragem*. São Paulo: Método, 2020, p. 209-239.

TARTUCE, Fernanda. *Igualdade e vulnerabilidade no processo civil*. Rio de Janeiro: Forense, 2012.

TARTUCE, Fernanda. Mediação de conflitos: proposta de emenda constitucional e tentativas consensuais prévias à jurisdição. *Revista Magister de Direito Civil e Processual Civil*, v. 82, p. 5-21, 2018.

TARTUCE, Fernanda. Mediação em conflitos contratuais e indenizatórios. In: BERTASI, Maria Odete Duque; NACIBENDI, Asdrubal Franco; RANZOLIN Ricardo (coord.). *Temas de Mediação e Arbitragem*. São Paulo: Lex Editora, 2017.

TARTUCE, Fernanda. Mediação extrajudicial e indenização por acidente aéreo: relato de uma experiência brasileira. Disponível em: www.fernandatartuce.com.br/artigosdaprofessora. Acesso em: 21 jan. 2020.

TARTUCE, Fernanda. Mediação em conflitos contratuais. Disponível em http://genjuridico.com.br/2019/08/29/a-mediacao-conflitos-contratuais/. Acesso em: 21 jan. 2020.

TARTUCE, Fernanda. Mediação no Novo CPC: questionamentos reflexivos. In: FREIRE, Alexandre; DANTAS, Bruno; NUNES, Dierle; DIDIER JR., Fredie; MEDINA, José; FUX, Luiz; VOLPE, Luiz; MIRANDA, Pedro (orgs.). *Novas tendências do processo civil: estudos sobre o Projeto do Novo CPC*, Salvador: JusPodivm, 2013, p. 751-768. Disponível em: http://www.fernandatartuce.com.br/site/artigos/cat_view/38-artigos/43-artigos-da-professora.html?start=10. Acesso em: 11 jul. 2015.

TARTUCE, Fernanda. Normas e projetos de lei sobre mediação no Brasil. *Revista do Advogado*, v. 34, n. 123, p. 24-34, ago. 2014. Disponível em: www.fernandatartuce.com.br/artigosdaprofessora. Acesso em: 9 jul. 2015.

TARTUCE, Fernanda. *Processo civil: estudo didático*. São Paulo: Método, 2011.

TARTUCE, Fernanda. *Processo civil no Direito de família: teoria e prática*. 4. ed. São Paulo: Método, 2019.

TARTUCE, Fernanda. Reflexões sobre a atuação de litigantes vulneráveis sem advogado nos Juizados Especiais Cíveis. *Revista do Advogado, AASP*.

TARTUCE, Fernanda. *Técnicas de mediação*. In: DA SILVA. Luciana Aboim Machado Gonçalves. (org.). *Mediação de conflitos*, v. 1. São Paulo: Atlas, 2013, p. 42-57 [Disponível em: www.fernandatartuce.com.br/artigosdaprofessora. Acesso em: 9 jul. 2015].

TARTUCE, Fernanda. *Tratado das famílias. 3. ed. Belo Horizonte: Ed. IBDFAM, 2019*.

TARTUCE, Fernanda; BERALDO, Maria Carolina Silveira. Valorização da autonomia e abertura ao consenso no "pacote anticrime". Disponível em: https://www.migalhas.com.br/depeso/319060/valorizacao-da-autonomia-e-abertura-ao-consenso-no-pacote-anticrime. Acesso em: 8 set. 2020.

TARTUCE, Fernanda; BORTOLAI, Luis Henrique. Mediação de conflitos, inclusão social e linguagem jurídica: potencialidades e superações. Disponível em: http://www.fernandatartuce.com.br/site/artigos/doc_view/378-mediacao-linguagem-e-inclusao-bortolai-e-tartuce.html. Acesso em: 10 jul. 2015.

TARTUCE, Fernanda; DELLORE, Luiz. *1.001 dicas sobre o novo CPC: Lei 13.105/2015*. 2. ed. Indaiatuba: Foco Jurídico, 2016.

TARTUCE, Fernanda; FALECK, Diego. Introdução histórica e modelos de mediação. Disponível em: www.fernandatartuce.com.br/artigosdaprofessora. Acesso em: 1.º jul. 2017.

TARTUCE, Fernanda; FALECK, Diego; GABBAY, Daniela. *Meios alternativos de solução de conflitos*. Rio de Janeiro: FGV, 2014.

TARTUCE, Fernanda; MAZZEI, Rodrigo. Inventário e partilha no Projeto de Novo CPC: pontos de destaque na relação entre os Direitos material e processual. *Revista Nacional de Direito de Família e Sucessões*, n. 1, p. 81-96, jul.-ago. 2014.

TARTUCE, Fernanda; MEGNA, Bruno Lopes. Fomento estatal aos meios consensuais de solução de conflitos pelos poderes judiciário, executivo e legislativo. In: ÁVILA, Henrique et al. *Desjudicialização, justiça conciliativa e poder público*. São Paulo: Thomson Reuters Brasil, 2021, p. 273-289.

TARTUCE, Fernanda; SILVA, Erica Barbosa e. A conciliação diante da política judiciária de tratamento adequado de conflitos. Disponível em: www.fernandatartuce.com.br/artigosdaprofessora. Acesso em: 1.º jul. 2017.

TARTUCE, Fernanda; VEÇOSO, Fabia Fernandes Carvalho. A mediação no Direito internacional: notas a partir do caso Colômbia-Equador. In: CALDEIRA BRANT, Leonardo Nemer; LAGE, Délber Andrade; CREMASCO, Suzana Santi (orgs.). *Direito internacional contemporâneo*. Curitiba: Juruá, 2011, p. 105-122. Disponível em: www.fernandatartuce.com.br/artigosdaprofessora. Acesso em: 1.º jul. 2017.

TARTUCE, Flávio. *Direito civil*, v. 1. São Paulo: Método, 2019.

TARTUCE, Flávio. *Direito Civil*, v. 2 – Direito das Obrigações e Responsabilidade Civil. 11. ed. Forense, 12/2015, edição eletrônica.

TARTUCE, Flávio. *Direito Civil*, v. 3 – Teoria Geral dos Contratos em Espécie. 11. ed. Rio de Janeiro: Forense, 12/2015, edição eletrônica.

TARTUCE, Flávio. *Direito Civil*, v. 4 – Direito das Coisas. 8. ed. Rio de Janeiro: Forense, 12/2015, edição eletrônica.

TARTUCE, Flávio. *O Novo CPC e o Direito civil*. São Paulo: Método, 2015.

TEIXEIRA, Sálvio de Figueiredo. A arbitragem como meio de solução de conflitos no âmbito do Mercosul e a imprescindibilidade da corte comunitária. Disponível em: http://www.arbitragemsantos.com.br/conteudo/artigos028.htm. Acesso em: 10 jan. 2006.

TEIXEIRA, Sálvio de Figueiredo. O aprimoramento do processo civil como garantia da cidadania. In: TEIXEIRA, Sálvio de Figueiredo (coord.). *As garantias do cidadão na justiça*. São Paulo: Saraiva, 1993.

TEPEDINO, Gustavo. Acesso às justiças e o papel do Judiciário. In: TEPEDINO, Gustavo. *Temas de Direito civil*, v. 2. Rio de Janeiro: Renovar, 2006.

TEPEDINO, Gustavo; BARBOSA, Heloisa Helena; BODIN, Maria Celina de Moraes. *Código Civil interpretado conforme a Constituição da República*. Rio de Janeiro: Renovar, 2004.

THE STUDENT COUNSELING VIRTUAL PAMPHET COLLECTION. O luto. trad. e adap. Iolanda Boto. Disponível em: https://www.fc.ul.pt/sites/default/files/fcul/institucional/gapsi/O_luto.pdf. Acesso em: 23 jan. 2015.

THEODORO JÚNIOR, Humberto. Celeridade e efetividade da prestação jurisdicional. Insuficiência da reforma das leis processuais. *Revista Síntese de Direito Civil e Processual Civil*, n. 36, p. 19-37, Porto Alegre, jul.-ago. 2005.

THEODORO JÚNIOR, Humberto. *Curso de Direito processual civil*, v. 1. 54. ed. Rio de Janeiro: Forense, 2013.

THEODORO JÚNIOR, Humberto. *Curso de Direito Processual Civil*, v. 2. 50. ed. Rio de Janeiro: Forense, 2016.

THEODORO JÚNIOR, Humberto; NUNES, Dierle; PEDRON, Flavio Quinaud; BAHIA, Alexandre Melo Franco. *Novo CPC: fundamentos e sistematização*. Rio de Janeiro: Forense, 2015.

URIARTE, Oscar Ermida. *Negociação coletiva. Anais do Seminário sobre Métodos Alternativos de Solução de Conflitos*. Rio de Janeiro: Confederação Nacional do Comércio, 2001.

URY, William. *The Third Side: why we Fight and how Can we Stop*. Londres: Penguin, 2000.

VASCONCELOS, Carlos Eduardo de. *Mediação de conflitos e práticas restaurativas*. São Paulo: Método, 2008.

VASCONCELOS, Ronaldo. Impactos do Novo Código de Processo Civil na Recuperação Judicial: compatibilidade entre as Leis n. 11.101/05 e 13.105/15. In: Eduardo Fonseca da COSTA e Heitor Vitor Mendonça SICA (coord.). Legislação Processual Extravagante (Coleção Repercussões do Novo CPC, v. 9). Salvador: JusPodivm, 2016, p. 287-313.

VEZZULLA, Juan Carlos. *Mediação: teoria e prática. Guia para utilizadores e profissionais*. Lisboa: Agora, 2001.

VIGLIAR, José Marcelo Menezes. *Tutela jurisdicional coletiva*. 4. ed. São Paulo: Atlas, 2013.

VILAR, Silvia Barona. *Solución extrajurisdiccional de conflicto*: "alternative dispute resolution" (ADR) y Derecho procesal. Valencia: Tirant lo Blanch, 1999.

VILELA, Sandra Regina. Meios alternativos de resolução de conflitos: arbitragem, mediação e juizado especial. Disponível em: http://www.apase.org.br/40107-meiosalternativos.htm. Acesso em: 20 jun. 2015.

WAMBIER, Luiz Rodrigues. Teoria geral do processo de conhecimento. In: WAMBIER, Luiz Rodrigues; ALMEIDA, Flávio Renato Correia de; Talamini, Eduardo (coords.). *Curso avançado de processo civil*, v. 1. São Paulo: RT, 2005.

WAMBIER, Luiz Rodrigues; WAMBIER, Teresa Arruda Alvim. *Breves comentários à 2.ª fase da reforma do Código de Processo Civil*. São Paulo: RT, 2002.

WAMBIER, Luiz Rodrigues; WAMBIER, Teresa Arruda Alvim; MEDINA, José Miguel Garcia. *Breves comentários à nova sistemática processual civil*, II: *Leis 11.187/2005, 11.232/2005, 11.276/2006, 11.277/2006 e 11.280/2006*. São Paulo: RT, 2006.

WARAT, Luis Alberto. Surfando na pororoca: o ofício do mediador. Fichamento disponível em: http://www.investidura.com.br/biblioteca-juridica/resumos/negociacao-mediacao/100. Acesso em: 13 set. 2011.

WATANABE, Kazuo. Acesso à justiça e sociedade moderna. In: Grinover, Ada Pellegrini; Dinamarco; Candido Rangel; WATANABE, Kazuo (coords.). *Participação e processo*. São Paulo: RT, 1988.

WATANABE, Kazuo. Cultura da sentença e cultura da pacificação. In: Yarshell, Flávio Luiz; Moraes, Maurício Zanoide de (coords.). *Estudos em homenagem à professora Ada Pellegrini Grinover*. São Paulo: DPJ, 2005.

WATANABE, Kazuo. Filosofia e características básicas do Juizado Especial de Pequenas Causas. In: WATANABE, Kazuo (coord.). *Juizado Especial de Pequenas Causas*. São Paulo: RT, 1985.

WATANABE, Kazuo. Modalidade de mediação. In: DELGADO, José *et al.* (coord.). *Mediação: um projeto inovador*. Brasília: Centro de Estudos Judiciários – CJF, 2003.

WATANABE, Kazuo. (org.). *Juizados especiais de pequenas causas*. São Paulo: RT, 1984.

WATANABE, Kazuo. Política Pública do Poder Judiciário Nacional para tratamento adequado dos conflitos de interesses. Disponível em: http://www.cnj.jus.br/images/programas/movimento--pela-conciliacao/arquivos/cnj_portal_artigo_%20prof_%20kazuo_politicas_%20publicas.pdf. Acesso em: 2 ago. 2015.

WATANABE, Kazuo. *Princípio da inafastabilidade do controle jurisdicional no sistema jurídico brasileiro*. São Paulo: [s.l.], 1979.

WATANABE, Kazuo. Tratamento adequado de conflitos: noções gerais. In: SILVEIRA, José Custódio da (org. e coord.). *Manual de negociação, conciliação, mediação e arbitragem*. Belo Horizonte: Letramento, 2018. p. 19-25.

ZAPPAROLLI, Celia Regina; KRÄHENBÜHL, Mônica Coelho. Instrumentos não adjudicatórios de gestão de conflitos em meio ambiente. *Revista do Advogado/Associação dos Advogados de São Paulo (AASP)*, v. 34, n. 123, p. 170-181, São Paulo, AASP, ago. 2014.

ZAPPAROLLI, Celia Regina; KRÄHENBÜHL, Mônica Coelho. *Negociação, mediação, conciliação, facilitação assistida, prevenção, gestão de crises nos sistemas e suas técnicas*. São Paulo: LTr, 2012.

ANEXO – ENUNCIADOS E RECOMENDAÇÕES SOBRE MEDIAÇÃO

A – Fórum Permanente dos Processualistas Civis (FPPC)

O Fórum ocorre periodicamente desde 2013, tendo ocorrido edições em diferentes cidades (como Salvador, Rio de Janeiro, Belo Horizonte, Vitória, Curitiba, São Paulo, Florianópolis e Recife), com reuniões em grupos temáticos para discutir e elaborar propostas de enunciados sobre o CPC. As propostas são levadas a Plenário para votação e apenas se tornam enunciados quando aprovadas por unanimidade.

Os enunciados aprovados podem ser revistos ou revogados nos encontros seguintes. Após cada evento, uma "Carta" é editada compilando os enunciados aprovados em todos os encontros e introduzindo as modificações aprovadas no evento a que se refere. Seguem abaixo os enunciados que têm pertinência temática com os assuntos versados neste livro.

Enunciado 19. São admissíveis os seguintes negócios processuais, dentre outros: [...] pacto de mediação ou conciliação extrajudicial prévia obrigatória, inclusive com a correlata previsão de exclusão da audiência de conciliação ou de mediação prevista no art. 334; pacto de exclusão contratual da audiência de conciliação ou de mediação prevista no art. 334 [...].

Enunciado 67. A audiência de mediação referida no art. 565 (e seus parágrafos) deve ser compreendida como a sessão de mediação ou de conciliação, conforme as peculiaridades do caso concreto.

Enunciado 151. Na Justiça do Trabalho, as pautas devem ser preparadas com intervalo mínimo de uma hora entre as audiências designadas para instrução do feito. Para as audiências para simples tentativa de conciliação, deve ser respeitado o intervalo mínimo de vinte minutos.

Enunciado 187. No emprego de esforços para a solução consensual do litígio familiar, são vedadas iniciativas de constrangimento ou intimidação para que as partes concilem, assim como as de aconselhamento sobre o objeto da causa.

Enunciado 273. Ao ser citado, o réu deverá ser advertido de que sua ausência injustificada à audiência de conciliação ou mediação configura ato atentatório à dignidade da justiça, punível com a multa do art. 334, § 8.º, sob pena de sua inaplicabilidade.

Enunciado 274. Aplica-se a regra do § 6.º do art. 272 ao prazo para contestar, quando for dispensável a audiência de conciliação e houver poderes para receber citação.

Enunciado 295. As regras sobre intervalo mínimo entre as audiências do CPC só se aplicam aos processos em que o ato for designado após sua vigência.

Enunciado 371. Os métodos de solução consensual de conflitos devem ser estimulados também nas instâncias recursais.

Enunciado 397. A estrutura para autocomposição, nos Juizados Especiais, deverá contar com a conciliação e a mediação.

Enunciado 398. As câmaras de mediação e conciliação têm competência para realização da conciliação e da mediação, no âmbito administrativo, de conflitos judiciais e extrajudiciais.

Enunciado 427. A proposta de saneamento consensual feita pelas partes pode agregar questões de fato até então não deduzidas.

Enunciado 485. É cabível conciliação ou mediação no processo de execução, no cumprimento de sentença e na liquidação de sentença, em que será admissível a apresentação de plano de cumprimento da prestação.

Enunciado 494. A admissibilidade de autocomposição não é requisito para o calendário processual.

Enunciado 509. Sem prejuízo da adoção das técnicas de conciliação e mediação, não se aplicam no âmbito dos juizados especiais os prazos previstos no art. 334.

Enunciado 510. Frustrada a tentativa de autocomposição na audiência referida no art. 21 da Lei 9.099/1995, configura prejuízo para a defesa a realização imediata da instrução quando a citação não tenha ocorrido com a antecedência mínima de quinze dias.

Enunciado 573. As Fazendas Públicas devem dar publicidade às hipóteses em que seus órgãos de Advocacia Pública estão autorizados a aceitar autocomposição.

Enunciado 576. Admite-se a solução parcial do conflito em audiência de conciliação ou mediação.

Enunciado 577. A realização de sessões adicionais de conciliação ou mediação depende da concordância de ambas as partes.

Enunciado 583. O intervalo mínimo entre as audiências de mediação ou de conciliação não se confunde com o tempo de duração da sessão.

Enunciado 625. O sucesso ou insucesso da mediação ou da conciliação não deve ser apurado apenas em função da celebração de acordo.

Enunciado 617. A mediação e a conciliação são compatíveis com o processo judicial de improbidade administrativa.

Enunciado 618. A conciliação e a mediação são compatíveis com o processo de recuperação judicial.

Enunciado 624. As regras que dispõem sobre a gratuidade da justiça e sua impugnação são aplicáveis ao procedimento de mediação e conciliação judicial.

Enunciado 625. O sucesso ou insucesso da mediação ou da conciliação não deve ser apurado apenas em função da celebração de acordo.

Enunciado 628. As partes podem celebrar negócios jurídicos processuais na audiência de conciliação ou mediação.

Enunciado 633. Admite-se a produção antecipada de prova proposta pelos legitimados ao ajuizamento das ações coletivas, inclusive para facilitar a autocomposição ou permitir a decisão sobre o ajuizamento ou não da demanda.

Enunciado 637. A escolha consensual do perito não impede as partes de alegarem o seu impedimento ou suspeição em razão de fato superveniente à escolha.

Enunciado 639. O juiz poderá, excepcionalmente, dispensar a audiência de mediação ou conciliação nas ações em que uma das partes estiver amparada por medida protetiva.

ANEXO – ENUNCIADOS E RECOMENDAÇÕES SOBRE MEDIAÇÃO | **391**

Enunciado 673. A presença do ente público em juízo não impede, por si, a designação da audiência do art. 334.

Enunciado 717. A indisponibilidade do direito material, por si só, não impede a celebração de autocomposição.

B – Centro de Estudos Avançados de Processo (CEAPRO)[1]

O CEAPRO é um grupo de processualistas formado em 2013 que se converteu em associação em 2014 com o objetivo de promover debates, reflexão e ensino de todos os ramos do direito processual e de todos os meios de solução de conflitos, judiciais ou não. A partir de suas reuniões, surgiram enunciados sobre o CPC/2015. Eis o enunciado voltado à mediação:

Enunciado 14. O juiz deve estimular a adoção da autocomposição, sendo a ele vedada a condução da sessão consensual por força dos princípios da imparcialidade e confidencialidade (art. 139, V, 166, § 1.º, do CPC).

C – Escola Nacional de Formação de Magistrados (ENFAM)

Em setembro de 2015, o ENFAM divulgou 62 enunciados sobre a aplicação do novo CPC[2]; eis as proposições que tratam de mediação:

56. Nas atas das sessões de conciliação e mediação, somente serão registradas as informações expressamente autorizadas por todas as partes.

57. O cadastro dos conciliadores, mediadores e câmaras privadas deve ser realizado nos núcleos estaduais ou regionais de conciliação (Núcleos Permanentes de Métodos Consensuais de Solução de Conflitos – NUPEMEC), que atuarão como órgãos de gestão do sistema de autocomposição.

58. As escolas judiciais e da magistratura têm autonomia para formação de conciliadores e mediadores, observados os requisitos mínimos estabelecidos pelo CNJ.

59. O conciliador ou mediador não cadastrado no tribunal, escolhido na forma do § 1.º do art. 168 do CPC/2015, deverá preencher o requisito de capacitação mínima previsto no § 1.º do art. 167.

60. À sociedade de advogados a que pertença o conciliador ou mediador aplicam-se os impedimentos de que tratam os arts. 167, § 5.º, e 172 do CPC/2015.

61. Somente a recusa expressa de ambas as partes impedirá a realização da audiência de conciliação ou mediação prevista no art. 334 do CPC/2015, não sendo a manifestação de desinteresse externada por uma das partes justificativa para afastar a multa de que trata o art. 334, § 8.º.

62. O conciliador e o mediador deverão advertir os presentes, no início da sessão ou audiência, da extensão do princípio da confidencialidade a todos os participantes do ato.

---

[1] Disponível em: http://www.ceapro.org.br/enunciados-novo-cpc/. Acesso em: 21 jan. 2020.

[2] Disponível em: https://www.enfam.jus.br/wp-content/uploads/2015/09/ENUNCIADOS--VERS%C3%83O-DEFINITIVA-.pdf. Acesso em: 23 maio 2023.

D – Fórum Nacional da Mediação e Conciliação (FONAMEC)

Semestralmente há reunião para promover discussões e levantar boas práticas aptas a aprimorar o exercício das funções desempenhadas por seus integrantes nos Estados de origem; o escopo é aperfeiçoar cada vez mais a via consensual por meio de intercâmbio de experiências[3].

Enunciado 2. As sessões de conciliação ou mediação poderão ser realizadas por meio eletrônico, inclusive por videoconferência, nos termos do art. 334, § 7.º, do CPC, do art. 46 da Lei n. 13.140/2015 (Lei de Mediação) e do art. 22, § 2.º, da Lei n. 9.099/1995.

Enunciado 4. Os setores de solução de conflitos pré-processual e processual dos CEJUSCs poderão atender as partes em disputas de qualquer natureza e que sejam de competência do respectivo segmento da Justiça, exceto aquelas que tratarem de direitos indisponíveis não transacionáveis, nos termos do art. 3.º da Lei de Mediação (Lei n. 13.140/2015), colhendo, sempre que necessária, nos termos da lei, a manifestação do Ministério Público, antes da homologação pelo Juiz Coordenador.

Enunciado 5. Sempre que possível, deverá ser buscado o tratamento pré-processual do conflito, evitando-se a judicialização.

Enunciado 7. Nas comarcas em que há jurisdição de competência delegada da Justiça Federal, os CEJUSCs das Justiças Estaduais poderão elaborar rotinas de trabalho para promoção da conciliação em processos previdenciários, com a organização de eventos com a participação de Procurador do INSS com poderes para transigir, inclusive por videoconferência.

E – I ao VI Fórum Nacional de Conciliação e Mediação (Fonacom)

Juízes Federais reunidos aprovaram enunciados[4] e recomendações.[5]

Enunciado 01: O contato interinstitucional é necessário para a efetividade da solução consensual dos conflitos, e deverá ser realizado preferencialmente com um interlocutor qualificado – que tenha alçada para decidir.

Enunciado 02: O contato interinstitucional realizado pelo juiz, como membro de poder, não lhe retira a imparcialidade como órgão julgador.

Enunciado 03: A efetividade dos centros de solução de conflitos pressupõe a participação das instituições parceiras no planejamento das atividades.

Enunciado 04: A inadmissibilidade de autocomposição referida no art. 334, § 4.º, II, do NCPC depende de previsão legal.

Enunciado 05: No silêncio do autor sobre a opção pela audiência de conciliação ou mediação (arts. 319, VII e 334, § 4.º, do NCPC), o juiz designará a audiência sem a necessidade de emenda à inicial.

---

[3] Disponível em: http://nupemec.tjba.jus.br/nupemec/wp-content/uploads/2023/05/Caderno-de-Enunciados-ate%CC%81-13o-FONAMEC-2023.pdf. Acesso em: 23 maio 2023.

[4] Enunciados. Disponível em: https://www.ajufe.org.br/images/2022/Enunciados_FONACOM.pdf. Acesso em: 23 maio 2023.

[5] Recomendações. Disponível em: https://www.ajufe.org.br/images/2022/Recomendacoes_FONACOM.pdf. Acesso em: 23 maio 2023.

Enunciado 06: O desinteresse de uma das partes pela autocomposição não constitui motivo justificado para o não comparecimento à audiência de conciliação ou mediação (art. 334, § 8.º, do NCPC).

Enunciado 07: A designação de novas sessões de conciliação ou mediação (art. 334, § 2.º, do NCPC) poderá ser feita pelo conciliador ou mediador, havendo consenso entre as partes, independentemente de despacho judicial, ficando as partes desde logo intimadas da nova data, incidindo, em caso de ausência injustificada, o disposto no § 8.º do mesmo artigo.

Enunciado 08: Não são passíveis de conciliação créditos prescritos ou decaídos sujeitos à cobrança da Lei de Execução Fiscal.

Enunciado 09: Nas hipóteses em que negado administrativamente o parcelamento ordinário, nada obsta que se faça o parcelamento judicial fundado no Código de Processo Civil (art. 745-A do CPC/1973 e art. 916 do NCPC).

Enunciado 10: A conciliação deve ser estimulada na fase recursal, inclusive nas Turmas Recursais, assim como na fase de execução.

Enunciado 12. Em ações de reintegração de posse alusivas ao programa de arrendamento residencial – par, é cabível a designação de audiência prévia de conciliação antes da apreciação do pedido liminar

Enunciado 13. Nas ações de responsabilidade civil, é cabível a realização de audiência de conciliação antes da citação.

Enunciado 14. As centrais de conciliação exercem atribuição jurisdicional.

Enunciado 15. As centrais de conciliação podem praticar atos instrutórios que visem à operacionalização de composições.

Enunciado 16. O juiz vinculado à central de conciliação pode, excepcionalmente, apreciar pedidos de tutela provisória, relacionados ao cumprimento de acordos.

Enunciado 17. Não havendo vedação legal expressa à transação, a indisponibilidade do interesse público não é óbice à conciliação nos conflitos administrativos (art. 3.º da Lei n. 13.140/2015 e art. 334, § 4.º, II, NCPC).

Enunciado 18. A falta de prova ou a incerteza quanto à matéria de fato não torna a questão automaticamente intransigível.

Enunciado 23. A formação em conciliação/mediação, seja qual for o nível ou público-alvo, deverá sempre contemplar a educação para cidadania.

Enunciado 24. O tema resolução alternativa de disputas deverá ser contemplado na formação continuada de magistrados.

Enunciado 25. Os contatos interinstitucionais para a busca da solução consensual de conflitos devem ser promovidos pelos coordenadores regionais e locais da conciliação, no âmbito de suas atribuições.

Enunciado 26. Considerando que as centrais de conciliação praticam atos jurisdicionais, a elas se aplicam as disposições dos arts. 67 a 69 do CPC, quanto à cooperação nacional.

Enunciado 27. As centrais de conciliação podem atuar em qualquer matéria e alçada para fins de conciliação, mediação ou outro método consensual de solução de conflitos.

Enunciado 28. Os CEJUSCONS podem firmar convênios com universidades para que, nas matérias com interesse científico e jurídico, atuem como facilitadores nas audiências de conciliação/mediação.

Enunciado 29. A conciliação/mediação em meio eletrônico poderá ser utilizada em qualquer procedimento e em qualquer grau de jurisdição.

Enunciado 30. Os conciliadores/mediadores atuarão nas audiências, sessões eletrônicas do art. 334 do CPC, sendo facultativa sua atuação em sessões de negociação direta por meio eletrônico.

Enunciado 31. As formas de realização da sessão/audiência de conciliação/mediação (presencial, eletrônica, por videoconferência ou em sistema itinerante) não são excludentes entre si e devem ser escolhidas de acordo com sua adequação às especificidades do caso concreto.

Enunciado 32. A escolha da forma de realização da sessão/audiência de conciliação/mediação (presencial, eletrônica, por videoconferência ou em sistema itinerante) será feita, preferencialmente, pelas unidades de conciliação/mediação.

Enunciado 39. Apesar da distinção conceitual entre a mediação e a conciliação, recomenda-se que ambas sejam tratadas conjuntamente nos materiais pedagógicos e nos cursos de formação voltados à Justiça Federal.

Enunciado 40. A atuação das unidades de conciliação não ofende o juízo natural, a teor da sistemática estabelecida no CPC em vigor.

Enunciado 41. Os representantes da união, autarquias, fundações públicas e empresas públicas federais já têm expressa autorização legal para conciliar, transigir e desistir nos termos do art. 10, parágrafo único, da Lei n. 10.259/2001.

Enunciado 42. A ausência de decreto não é óbice à solução autocompositiva de conflitos nos termos do art. 1.º da Lei n. 9.469/1997 com a redação da Lei n. 13.140/2015.

Enunciado 43. A reclamação pré-processual dispensa os requisitos do art. 319 do CPC.

Enunciado 44. O poder judiciário deve divulgar e estimular a utilização de métodos consensuais para solução das demandas de saúde tanto na fase processual, quanto na fase pré-processual.

Enunciado 45. Nas demandas que envolvam políticas públicas, a conciliação pode servir também para definir a forma de cumprimento das decisões judiciais pelos órgãos públicos competentes.

Enunciado 46. Quando necessária, a perícia médica nas demandas de saúde deve ser realizada previamente ao envio do caso para a conciliação.

Enunciado 47. As audiências por videoconferência devem ser utilizadas como uma das formas de difundir a prática da conciliação nas subseções do interior.

Enunciado 48. As audiências de conciliação, mediação e negociação direta podem ser realizadas por meios eletrônicos síncronos ou assíncronos, podendo ser utilizados: fórum virtual de conciliação, audiência virtual, videoconferência, whatsapp, webcam, skype, scopia, messenger e outros, sendo todos os meios igualmente válidos.

Enunciado 50. Sempre que possível, a conciliação deve buscar que os recursos angariados em ações ambientais sejam direcionados para a realização de projetos na zona de influência do dano ambiental.

Enunciado 51. Nas ações de desapropriação por interesse público e outros conflitos socioambientais que envolvam diversos réus e que exijam tratamento uniforme, deve-se utilizar, inclusive na fase de conciliação, o mecanismo de cooperação judicial instituído pelo art. 69 do CPC para reunião dos processos.

Enunciado 52. A norma do art. 36, parágrafo 4.º, da Lei 13.140/2015 (lei da mediação) é aplicável às ações de improbidade e faculta a conciliação judicial, ab-rogando a redação do art. 17, parágrafo 1.º, da Lei 8.429/1992.

Enunciado 54. É válida, com o consentimento das partes, a realização de negociação mediada pelo Judiciário, através de *e-mail* oficial ou aplicativo de mensagens (WhatsApp ou semelhante) vinculado a linha institucional, seja em continuidade de sessão presencial ou mesmo com dispensa desta, apresentando-se aos autos a conclusão.

Enunciado 55. Nas sessões de conciliação/mediação, para viabilizar a interação de todos os participantes, é possível a utilização de qualquer meio de videoaudiência, ainda que não oficial.

Enunciado 56. O Poder Judiciário pode se utilizar de máquinas inteligentes como conciliadores em matérias previamente determinadas pelos Núcleos de Conciliação, desde que o procedimento seja facultativo para as partes.

Enunciado 57. A conciliação extraprocessual homologada pela Justiça não cria precedente jurídico com relação à tese de fundo sustentada pelo demandante.

Enunciado 58. O juiz que atua diretamente na mediação extraprocessual não fica impedido para julgar eventual demanda proposta em razão da não realização de acordo.

Enunciado 59. É possível a utilização de sistemas informatizados de saúde, como o "AcessaSUS", que contém informações sobre o histórico médico do paciente, para orientar procedimento de conciliação em demandas de saúde, mesmo sem autorização prévia do demandante.

Enunciado 60. Em conciliação extraprocessual por WhatsApp, o registro da conversa vale como termo de acordo após a homologação pelo juiz.

Enunciado 61. A admissão do IRDR pelo Tribunal não impede que haja negociação e conciliação nos processos pendentes de julgamento em primeiro grau, ainda que suspensos.

Enunciado 62. Julgado o incidente de resolução de demandas repetitivas pelo Tribunal, com o reconhecimento do direito material discutido, nada impede que no próprio Tribunal haja acordo em relação a questões secundárias e incidentais que envolvem a efetivação ou o cumprimento da obrigação fixada na tese.

Enunciado 66. Nas audiências preliminares de transação penal ou de suspensão condicional do processo, é possível a realização de visita técnica por mediador ou a designação de perito judicial, quando a negociação exigir conhecimento técnico específico.

Enunciado 67. É eficaz a conciliação pré-processual quanto a créditos tributários inscritos em dívida ativa, desde que não prescritos ou decaídos.

Enunciado 68. As técnicas de conciliação e práticas restaurativas são cabíveis na execução de multa penal.

Enunciado 70. A CCAF – Câmara de Conciliação e arbitragem da Administração Federal pode ser instada desde a fase pré-processual pelos Núcleos Permanentes de Métodos Consensuais de Solução de Conflitos – NUPMEC, através da AGU, em hipóteses de entendimentos jurídicos controversos entre entidades da administração pública federal entre si ou entre estes e o órgão de representação judicial.

Enunciado 72. É possível, de comum acordo, a remessa de autos pelas Subseções Judiciárias ao Centro de Conciliação da Capital e Núcleos de Conciliação dos Tribunais para a realização de sessões de conciliação eletrônicas.

Enunciado 74. Os Núcleos e Centros de Conciliação, os Centros de Inteligência e os Núcleos de Demandas Repetitivas trabalharão em conjunto no sentido da identificação de demandas estruturais e repetitivas, para tratamento adequado (sistema multiportas) e melhor gerenciamento dos conflitos, inclusive com criação de fluxo padronizado a partir da fixação de critérios estabelecidos por meio de diálogo interinstitucional.

Enunciado 75. Na condução das sessões de conciliação e mediação que envolvam o Poder Público será contemplado o disposto no art. 22 da LINDB quanto aos obstáculos e as dificuldades reais do gestor, as exigências das políticas públicas a seu cargo e os direitos dos administrados.

Enunciado 77. Levando em conta a orientação constante do REsp 897.045-RS, a CEF será instada a apresentar laudo de vistoria administrativa para viabilizar a audiência de conciliação nos termos do art. 334 do CPC.

Enunciado 80. Em ações de vícios construtivos, a conciliação, ainda que o pedido principal se restrinja à obrigação de pagar, deve priorizar a reparação do imóvel (obrigação de fazer).

Enunciado 82. Em sede de conciliação em reclamação pré-processual que trata de pedido de concessão de benefício de prestação continuada para pessoa em situação de rua, a hipossuficiência do autor pode ser comprovada por declaração de acompanhamento emitida pelo CRAS ou outro órgão ou instituição da rede de proteção social dos Estados, DF e dos Municípios.

Enunciado 83. As demandas estruturais e processos repetitivos exigem uma postura mais ativa do juiz, na busca de cooperação judicial e centralização de processos, bem como na utilização de ferramentas tecnológicas e virtuais, com vistas ao diálogo aberto e consensual entre as partes/instituições envolvidas.

Enunciado 84. A natureza estrutural de determinadas demandas coletivas requer instrumentos adequados de tratamento e resolução, o que compreende a instituição de modelo multiportas de acesso à Justiça, com foco no direito material litigioso e na incorporação de técnicas apropriadas à sua natureza multipolar, complexa e prospectiva.

Enunciado 85. Para o adequado tratamento de litígios estruturais, são essenciais a capacitação constante dos agentes envolvidos e a permanente interlocução, intra e interinstitucional, com os órgãos e entes capazes de colaborar na solução efetiva do problema.

Enunciado 86. No cumprimento de sentença de ação coletiva, deverá ser priorizada a conciliação para a fixação dos parâmetros de execução.

Enunciado 87. No cumprimento de sentença em ações coletivas deve ser priorizada a execução invertida, como forma de atender ao princípio da celeridade e fomentar a conciliação.

Enunciado 88. É fundamental a regulamentação e a obtenção de recursos orçamentários para a remuneração dos conciliadores e mediadores judiciais, nos termos da Resolução CNJ 271/2018.

Enunciado 89. O conciliador e o mediador voluntários devem ser protegidos conforme os regulamentos protetivos de trabalho voluntário.

Enunciado 90. A participação de oficiais de Justiça nos cursos de formação em conciliação e mediação deve ser viabilizada pelos tribunais, de forma a atender no art. 154, VI, do CPC.

Enunciado 91. Estimulam-se a criação e a manutenção dos cadastros regionais e nacional de conciliadores, mediadores e câmaras privadas para a permanência desses profissionais no sistema judiciário.

Recomendação 01: Para garantir efetividade ao novo Código de Processo Civil, é recomendável a aprovação de lei de conciliação tributária.

Recomendação 02: Recomenda-se a criação de Centrais de Perícia e Conciliação, para onde os processos versando sobre benefício por incapacidade serão remetidos, antes da citação.

Recomendação 03: Recomenda-se autorizar as Centrais de Conciliação a expedirem RPVs e Precatórios nos processos em que foi celebrado acordo na própria Central.

ANEXO – ENUNCIADOS E RECOMENDAÇÕES SOBRE MEDIAÇÃO | 397

Recomendação 04: Recomenda-se a inclusão dos conflitos sensíveis de alta complexidade como um dos focos da política permanente de conciliação na Justiça Federal.

Recomendação 05: Recomenda-se a criação, pela AJUFE, de um Grupo de Trabalho (GT) para acompanhamento da conciliação, especialmente em conflitos sensíveis de alta complexidade.

Recomendação 06: Recomenda-se à gestão da AJUFE e dos órgãos de coordenação da conciliação na Justiça Federal junto à AGU, DPU e MPF para que constituam grupos de representantes empoderados e com perfil para acompanhamento da conciliação, especialmente em conflitos sensíveis de alta complexidade, em nível nacional.

Recomendação 09: Recomenda-se a permanente formatação de cursos de aprofundamento e atualização em mediação e conciliação.

Recomendação 10: Recomenda-se ao CNJ que, no exercício de seu mister de gestor da Política Judiciária de Solução Consensual de Conflitos, acompanhe o cumprimento da Resolução n. 125/2010 (art. 6.º, XII) pelos Tribunais Regionais Federais, especialmente a criação dos CEJUSCONS.

Recomendação 11: Recomenda-se a criação de comissão judicial para prevenção e solução de litígios nas Seções Judiciárias, de composição aberta e com assento dos Coordenadores das Centrais de Conciliação, à qual caberá promover contatos interinstitucionais para o tratamento adequado dos conflitos de interesses.

Recomendação 13: Recomenda-se ao CJF que celebre convênios com as universidades para o desenvolvimento de competências específicas para os juízes federais em conciliação em matéria socioambiental.

Recomendação 16: Recomenda-se a criação de módulos eletrônicos de gerenciamento das unidades de conciliação e mediação, incluindo sistemas de agendamento eletrônico de audiências, cadastro de conciliadores e geração de relatórios para fins estatísticos.

Recomendação 17: Recomenda-se a participação ativa dos juízes das unidades jurisdicionais abrangidas pelos CEJUSCONS na formulação das políticas e dos fluxos de encaminhamentos e retorno de 4 processos para as atividades de conciliação e mediação.

Recomendação 18: Recomenda-se a criação de espaços físicos adequados para a realização de audiências de conciliação e mediação que observem os princípios e valores próprios à solução auto compositiva, inclusive quando realizadas audiências e sessões por videoconferência.

Recomendação 21: Recomenda-se que a Ajufe elabore uma pesquisa nacional padronizada para identificação dos problemas, dificuldades e obstáculos à conciliação com o poder público nas demandas de saúde, para oportuna apresentação aos gabinetes de coordenação da conciliação dos tribunais, ao Conselho Nacional de Justiça e à Advocacia Geral da União, para fim de uniformização de procedimentos, critérios e prazos para celebração de acordos.

Recomendação 22: Recomenda-se que todas as centrais de conciliações tenham aparelhos de videoconferência de uso exclusivo no interior de suas instalações.

Recomendação 26: A política de sucumbência de honorários tem que ser ajustada aos objetivos da conciliação, estimulando as partes e procuradores a fazerem concessões recíprocas.

Recomendação 27: Em caso de sucumbência recíproca, por sua natureza de lide secundária, recomenda-se que seja objeto de conciliação juntamente com o pedido principal.

Recomendação 28: Os casos de improbidade, de ações de recuperação de danos e de execução de títulos do TCU enquadram-se na hipótese do art. 3.º da Lei 13.140/2015 por terem natureza transacional, podendo o juiz tentar a composição amigável na forma do art. 3.º, parágrafo 3.º, do CPC, inclusive para os fins do art. 334 do mesmo diploma legal.

Recomendação 29: Recomenda-se que no ajuizamento/atermação, ou no primeiro momento de comparecimento nos autos, sejam solicitadas ou preenchidas informações sobre os meios eletrônicos pelos quais a parte aceita ser contatada e sobre a concordância em conciliar através de plataforma virtual (WhatsApp ou semelhante).

Recomendação 30: Recomenda-se que nos websites de tribunais seja dado maior destaque e facilidade de acesso aos links para conciliação; e que, ao acionar esse canal, o interessado possa oferecer proposta, fornecer informações de meios eletrônicos para ser contatado e dar concordância em conciliar através de plataforma virtual (WhatsApp ou semelhante).

Recomendação 31: Recomenda-se que todos os sistemas de processos eletrônicos disponham, como funcionalidade adicional preferencialmente integrada à plataforma, de fóruns virtuais de conciliação/mediação, por meio dos quais as partes possam a qualquer tempo iniciar negociação tendente à autocomposição do litígio.

Recomendação 32: Recomenda-se, em demandas no âmbito dos juizados relativas a falhas no atendimento bancário, seja oferecido como opção à parte que, em vez da propositura da ação, faça o encaminhamento da demanda diretamente à CAIXA pelo site do CNJ (www.cnj.jus.br/mediacaodigital) para conciliação extraprocessual.

Recomendação 33: Recomenda-se que os Tribunais promovam o treinamento de conciliadores e forneçam materiais e servidor para a estruturação de centros de conciliação mesmo em subseções com Vara única.

Recomendação 34: Recomenda-se que os Tribunais divulguem a estrutura de conciliação extraprocessual do site de mediação digital do CNJ.

Recomendação 36: Recomenda-se que os entes públicos envolvidos em demandas repetitivas instituam mecanismos de prevenção dessas demandas com a adequação de procedimentos ou adoção de soluções que não dependam da propositura de ação judicial.

Recomendação 41: Recomenda-se a continuidade dos programas de conciliação remota (eletrônica) mesmo no período pós-pandemia, com incentivo à prática, entre outros, para redução permanente de custos e para adequação da modalidade de audiência às limitações de deslocamento das partes.

Recomendação 42: Recomenda-se a ampliação do diálogo interinstitucional com o INSS e com a AGU com o objetivo de se tentar identificar e ampliar o rol de matérias passíveis de serem conciliadas.

Recomendação 44: Recomenda-se aos órgãos de conciliação que promovam contatos interinstitucionais de forma a possibilitar que nas audiências de conciliação da CEF compareça advogado acompanhado por preposto que tenham conhecimento do contrato sub judice e com proposta efetiva de acordo.

Recomendação 45: Recomenda-se aos órgãos de conciliação que sejam feitos contatos interinstitucionais para que a CEF edite um manual de vistorias, levando em conta os principais objetos de litígios na Justiça Federal.

Recomendação 46: Em havendo desdobramento da conciliação e da instrução, recomenda-se a priorização da sessão de conciliação telepresencial, a fim de diminuir os custos das partes com os atos do processo.

ANEXO – ENUNCIADOS E RECOMENDAÇÕES SOBRE MEDIAÇÃO | **399**

Recomendação 47: Recomenda-se constar em ata de sessão de conciliação somente os pedidos formulados pelas partes com o fito de evitar perecimento de direito, devendo qualquer outro requerimento ser encaminhado ao juiz natural.

Recomendação 48: Recomenda-se uma uniformização nacional da política de conciliação pré-processual com os Conselhos Profissionais, considerando os bons resultados de tal prática.

Recomendação 50: Recomenda-se o estímulo a autocomposição, inclusive nos tribunais, nas demandas em que já houve solução final de mérito em recursos repetitivos no STF e STJ, de forma a evitar prolongamentos, por questões acessórias ao mérito principal.

Recomendação 51: Recomenda-se o incentivo à conciliação também nos processos que envolvem matéria ambiental.

Recomendação 52: Recomenda-se a autocomposição em demandas relacionadas à reinclusão em parcelamentos administrativos.

Recomendação 53: No âmbito do Sistema de Conciliação recomenda-se a criação de fóruns interinstitucionais específicos para ampliação do acesso à justiça aos povos indígenas e tradicionais.

Recomendação 55: Em demandas estruturais, recomenda-se que sejam fortalecidos os canais de colaboração com a Administração Pública, inclusive para que, dentro das suas atribuições, haja auxílio técnico para solução de questões complexas.

Recomendação 56: Recomenda-se o desenvolvimento de programa permanente de formação continuada para conciliadores e mediadores judiciais, contemplando peculiaridades das demandas da Justiça Federal, como demandas repetitivas, demandas de alta complexidade e processos estruturais.

Recomendação 57: Recomenda-se o desenvolvimento de uma política de estímulo à participação e à permanência de conciliadores e mediadores judiciais.

F – Grupo de Estudos de Mediação Empresarial Privada do Comitê Brasileiro de Arbitragem (GEMEP – CBAr)

O GEMEP é um grupo de estudos que objetiva a criação de norteadores de interpretação sobre pontos relevantes da normatização da mediação no Brasil. Foram criados subgrupos para a realização dos estudos; as apresentações foram seguidas de debates e a redação final foi fruto da construção de consenso entre o Grupo. Os Enunciados serão constantemente atualizados e representam exclusivamente a opinião do Grupo de Estudos. Eis os enunciados aprovados nas reuniões de fevereiro, março, abril e maio de 2016[6]:

Enunciado 1: Os termos "audiência", "reunião" e "sessão" de mediação e/ou conciliação mencionados na LM e no CPC deverão ser entendidos como sinônimos.

Enunciado 2 (art. 17, LM): O disposto no parágrafo único do art. 17 da LM aplica-se aos casos de mediação extrajudicial e de mediação judicial pré-processual, uma vez que a interrupção do prazo prescricional nos casos judicializados ocorrerá com o despacho que ordena a citação.

Enunciado 3 (arts. 139, V, e 334, § 1.º, CPC): O julgador, em qualquer grau de jurisdição, deve estimular a adoção da autocomposição, sendo a ele vedada a condução da sessão consensual, por força dos princípios da imparcialidade e da confidencialidade.

---

6   Disponível em: http://cbar.org.br/site/wp-content/uploads/2016/05/GEMEP-CBAr-Enunciados-19-05-2016.pdf. Acesso em: 23 maio 2023.

Enunciado 4 (art. 166, §§ 1.º e 2.º, CPC; art. 30 § 4.º, LM; art. 198, § 1.º, I e II, CTN): Exceção da confidencialidade: O dever de prestar informações à administração tributária após o termo final da mediação, previsto no art. 30, § 4.º da LM deve ser interpretado de modo restritivo, exclusivamente nas hipóteses de quebra de sigilo previstas nos incisos I e II, do § 1.º do art. 198 do Código Tributário Nacional, ou seja, mediante requisição de autoridade judiciária no interesse da justiça ou por solicitação de autoridade administrativa no interesse da Administração Pública, comprovada a regular instauração de processo administrativo e demais requisitos que fundamentem o pedido de quebra de sigilo.

Enunciado 5 (arts. 167, § 5.º, e 172, CPC; art. 6.º, LM): O § 5.º do art. 167 deve ser interpretado no sentido de que o impedimento deve se dar quando a indicação do mediador for feita pelo Juiz da Vara onde atua o mediador e se restringe à Vara que o indicou; se feita através da distribuição pelo CEJUSC, esse impedimento não subsiste. Em qualquer dessas hipóteses, permanece o impedimento previsto no art. 172, CPC e 6.º, da LM.

Enunciado 6 (art. 168, CPC; arts. 4.º e 25, LM): Cabe às partes a escolha do mediador, conciliador ou câmara privada, nos termos do art. 168 do CPC e dos arts. 4.º e 25 da LM. Somente na ausência de consenso das partes, haverá distribuição entre aqueles registrados no cadastro do Tribunal.

Enunciado 7 (art. 173, II, CPC; art. 5.º, LM): A previsão constante do art. 173, II, do CPC se alinha com o dever de revelação sobre eventuais fatos ou circunstâncias que possam suscitar dúvida justificada em relação à imparcialidade do mediador ou conciliador para atuar no procedimento, não só aqueles expressos no CPC, mas também levando-se em conta o disposto no art. 5.º da LM.

Enunciado 8 (arts. 319, VII, 321, e 334, § 4.º, I, CPC; art. 27, LM). Se a petição inicial não indicar a opção do autor pela realização ou não da audiência de conciliação ou de mediação, o juiz determinará a complementação da inicial ou presumirá sua concordância com a audiência, e consequências daí advindas.

Enunciado 9 (art. 334 § 4.º, I e II, CPC; art. 27, LM): É obrigatória a participação da parte na sessão (audiência) de mediação, exceto se as partes manifestarem expressamente desinteresse na composição consensual ou quando não se admita a autocomposição. A participação nesta sessão, contudo, não pressupõe a obrigatoriedade de permanência no procedimento de mediação ou realização de acordo.

Enunciado 10 (arts. 334, § 4.º, I; 190, CPC). É admissível como negócio jurídico processual a cláusula contratual que dispensa da obrigatoriedade da audiência de conciliação ou mediação judicial (art. 190, CPC).

Enunciado 11 (art. 334, § 2.º, CPC; art. 28, LM): Pela natureza processual, deve prevalecer a contagem de prazo estipulada em meses pelo CPC, mantendo-se a possibilidade de prorrogação por acordo das partes.

Enunciado 12 (art. 334, § 10, CPC): Diante do princípio do protagonismo, preferencialmente, as partes devem estar presentes na audiência de conciliação ou de mediação.

Enunciado 13 (arts. 5.º e 335, CPC): A manifestação do réu quanto ao interesse da realização da audiência de conciliação ou de mediação deve pautar-se na boa-fé processual (art. 5.º), não devendo ser utilizada como mecanismo protelatório.

Enunciado 14 (arts. 139, II; 168; 334; 335, CPC): O princípio da duração razoável do processo é compatível com a realização da audiência de conciliação e de mediação do art. 334, CPC, podendo o juiz, as partes e seus advogados valerem-se das opções do art. 168 para o encaminhamento.

G – Centro de Estudos Judiciários do Conselho da Justiça Federal (CEJ/CJF)[7]

O *Seminário Conciliação e o Novo Código de Processo Civil* encerrado em 13.05.2016 aprovou 11 enunciados e nove recomendações. O evento foi promovido pelo Centro de Estudos Judiciários do Conselho da Justiça Federal (CEJ/CJF), e os textos aprovados pela plenária final foram elaborados por cinco grupos temáticos.

A conciliação em demandas de alta complexidade,
relevância social e/ou com desdobramentos estadual e regional

Enunciados

1. Nas causas de alta complexidade, relevância social e/ou desdobramento estadual e regional, a conciliação/mediação deverá ser conduzida por conciliadores/mediadores, preferencialmente, especializados e supervisionada por magistrado do Centro de Conciliação.

2. O instituto da cooperação nacional previsto nos arts. 67 a 69 do Código de Processo Civil é instrumento adequado para facilitar a conciliação ou mediação nas demandas de relevância social e/ou com desdobramentos estadual e regional.

3. Recomenda-se aos juízos dos Centros de Conciliação que, ao se depararem com demandas repetitivas de relevância social e/ou com desdobramentos estadual e regional, informem ao Núcleo de Conciliação do respectivo tribunal para que este possa diligenciar a possível realização de atos de cooperação entre os juízos envolvidos.

4. Nas demandas de relevância social e/ou com desdobramentos estadual e regional, devem ser adotadas medidas adequadas ao sucesso da conciliação ou mediação, tais como:

a) o planejamento estratégico das ações;

b) a realização de audiências públicas para esclarecimento dos jurisdicionados;

c) a ampla divulgação na imprensa quando o caso exigir;

d) a utilização do instrumento do *amicus curiae*;

e) a formação de equipes de trabalho multiprofissionais vinculadas à demanda, evitando o rodízio de profissionais representantes das diversas entidades envolvidas.

5. Os tribunais envidarão esforços no sentido de formar conciliadores e mediadores preparados para atuar nas demandas de alta complexidade, relevância social e/ou com desdobramentos estadual e regional, podendo, em caso de necessidade, disponibilizar seu quadro de conciliadores a outros órgãos do Poder Judiciário.

A conciliação no âmbito do Sistema Financeiro de Habitação

Recomendação

1. Criação do grupo de trabalho com a participação da Caixa, EMGEA e coordenadores dos tribunais regionais federais para trabalharem a conciliação no âmbito do Sistema Financeiro de Habitação.

---

[7] Disponível em: http://www.cjf.jus.br/cjf/noticias/2016-1/maio/enunciados.pdf. Acesso em: 23 maio 2023.

A conciliação e as demandas na área de saúde

Enunciado

1. A audiência de conciliação, prevista no art. 334 do CPC, deverá ser designada nas demandas de assistência à saúde, salvo na hipótese prevista no § 4.º, inc. I, do mesmo dispositivo.

Recomendações

1. Recomenda-se a criação, nos termos do art. 174 do CPC, de Câmaras de Conciliação e Mediação no âmbito da administração pública para prevenção e resolução de litígios envolvendo a assistência à saúde com a participação de representantes da União, Estados e Municípios.

2. Recomenda-se a realização de perícia judicial ou prévia manifestação do Núcleo de Apoio Técnico – NAT, antes da audiência preliminar de conciliação.

3. Recomenda-se a adoção de quesitação padronizada básica nas matérias de assistência à saúde, aprovada por ato normativo conjunto com os órgãos envolvidos nessas demandas.

A conciliação em relação às demandas previdenciárias

Recomendações

1. Com o fito de evitar recursos do INSS e de facilitar a conciliação, recomenda-se aos juízes federais que, na sentença, ao fixar a condenação, remetam, sinteticamente, à adoção dos critérios de atualização e de juros estabelecidos no art. 1.º-F da Lei n. 9.494/1997, na redação da Lei n. 11.960/2009, e legislação superveniente, sem prejuízo de que se observe, quando da liquidação, o que vier a ser decidido pelo STF com efeitos expansivos.

2. Com o fito de evitar recursos do INSS e de facilitar a conciliação, recomenda-se, na hipótese de auxílio-doença, que os laudos fixem, sempre que possível, a data provável da recuperação da capacidade do segurado, para fins de avaliação de prorrogação ou cessação do benefício, sempre precedida de perícia médica.

3. Com o fito de evitar recursos do INSS e de facilitar a conciliação, recomenda-se que, na sentença ou termo de homologação de acordo referente a auxílio-doença, conste, sempre que apurada pelo perito, a data da provável recuperação do segurado, antes da qual o INSS não poderá convocar o segurado para nova perícia.

4. Com o fito de evitar recursos do INSS e de facilitar a conciliação, recomenda-se que, nos casos de auxílio-doença, quando o laudo não puder fixar a data provável de recuperação da capacidade pelo segurado, a sentença ou termo de homologação de acordo fixe nova perícia no prazo mínimo de seis meses, contados do laudo pericial.

Sistema de mediação e conciliação digital ou a distância

Enunciados:

1. A conciliação/mediação em meio eletrônico poderá ser utilizada no procedimento comum em outros momentos que não o da audiência inicial do art. 334 do CPC. Também poderá ser utilizada em processos dos juizados e sujeitos a outros ritos, a qualquer momento (inclusive pré-processual) e em qualquer grau de jurisdição.

2. Os conciliadores/mediadores devem atuar preferencialmente nas unidades de conciliação, que funcionarão como locais de apoio efetivo às sessões/audiências de conciliação/mediação, ainda que em meio eletrônico.

3. A escolha da forma de realização da sessão/audiência de conciliação/mediação (presencial, eletrônica, por videoconferência ou em sistema itinerante) será feita preferencialmente pelas unidades de conciliação/mediação.

4. A utilização da videoconferência para as sessões/audiências de conciliação ou mediação, inclusive em parceria com outros ramos do Poder Judiciário ou entes públicos, deverá ser incentivada nas hipóteses em que uma das partes não for domiciliada ou não tiver representação na sede da unidade processante.

5. Nas videoconferências realizadas no âmbito da Justiça Federal, o conciliador/mediador, preferencialmente, estará presente na mesma Seção ou Subseção Judiciária da parte contrária ao ente público. O mobiliário deverá observar preferencialmente a mesma disposição utilizada nas conciliações presenciais.

6. Recomenda-se a criação de módulos eletrônicos de gerenciamento das unidades de conciliação e mediação, incluindo sistema de agendamento eletrônico de audiências, cadastro de conciliadores e geração de relatórios para fins estatísticos.

H – Sistema de Conciliação da Justiça Federal da 4ª Região (SISTCON)

Eis os enunciados do II Fórum da Conciliação[8]:

Conciliação envolvendo a CEF e a EMGEA

Enunciado 01: Os mutirões de audiências têm se mostrado extremamente produtivos e acarretado bons resultados no tocante às conciliações que envolvem a CEF e a EMGEA, consubstanciando-se em procedimentos cuja ampliação é aconselhada.

Enunciado 02: Para a realização dos mutirões com maior eficiência em todas as Subseções Judiciárias, é importante que seja confeccionado um cronograma anual, em cada Seção Judiciária, de modo a proporcionar a centralização de esforços institucionais e a evitar a sobrecarga na preparação de tais eventos.

Enunciado 03: Para a otimização das audiências de conciliação nos municípios que não contam com equipe especializada na aplicação de técnicas conciliatórias é desejável, como alternativa, a realização de videoconferência.

Enunciado 04: Para otimização das práticas conciliatórias é essencial o aporte de mais investimentos em treinamentos (técnicas e ferramentas de conciliação e composição de conflitos) para Procuradores, Prepostos, Conciliadores, Servidores e Magistrados.

Enunciado 05: O êxito nas audiências de conciliação depende, além do emprego as técnicas conciliatórias, do perfil de todos os envolvidos (Conciliadores, Prepostos, Servidores, Procuradores e Magistrados). Portanto, sugere-se, como importante política institucional, a criação de equipes com vocação à conciliação e que possam deslocar-se entre as Subseções Judiciárias.

Enunciado 06: A experiência de algumas Seções Judiciárias com a participação de conciliadores voluntários nas audiências que envolvem a área previdenciária tem sido proveitosa,

---

[8] Disponível em: https://www.trf4.jus.br/trf4/controlador.php?acao=pagina_visualizar&id_pagina=780. Acesso em: 23 maio 2023.

motivo pelo qual aconselha-se que sejam ampliadas para as questões que envolvem a CEF e a EMGEA.

Enunciado 07: Quando não for possível a preparação de mutirão para a realização de audiências em determinada Subseção Judiciária é importante, principalmente na área dos contratos comerciais da CEF, que os prepostos e procuradores apresentem propostas de acordo com maior flexibilidade.

Enunciado 08: Recomenda-se que a CEF incentive política institucional a fim de realizar acordos em demandas que envolvam danos morais.

Enunciado 09: O sucesso de um mutirão de conciliações também depende dos momentos anteriores às audiências. Portanto, sugere-se que os atos processuais sejam praticados com o escopo específico de bem conscientizar pessoalmente a parte interessada a respeito da importância da conciliação para a solução do conflito.

Enunciado 10: A prática das conciliações e os resultados dos mutirões de audiências devem ser objeto de divulgação na mídia.

Enunciado 11: Recomenda-se que o Convênio de Cooperação Técnica, que vem sendo firmado pela EMGEA para a solução pré-processual de conflitos em audiências de conciliação, seja estendido para a CEF e para todo o território nacional.

Enunciado 12: Sugere-se a tentativa de conciliação em todas as fases do processo, inclusive antes da citação, após a prolação da sentença e inclusive durante a fase de liquidação.

Conciliação envolvendo o INSS

1. Fomentar a implantação de Gabinetes de Conciliação em todos os Tribunais Regionais Federais, dotando de estrutura condizente com a demanda, abrangendo todas as matérias.

2. Fomentar a implantação de Gabinetes de Conciliação junto às Turmas Recursais, conforme a necessidade de cada região, dotando de estrutura condizente com a demanda, abrangendo todas as matérias.

3. Criação de banco de ideias, para divulgação de experiências em matéria de conciliação nas localidades, no âmbito dos TRFs e das Procuradorias.

4. Conscientização dos Juízes e Procuradores da necessidade de integração e maior relacionamento institucional, voltado para a realização e ampliação das conciliações.

5. Recomenda-se a criação de centrais de conciliação, para que as conciliações sejam realizadas em todas as subseções judiciárias.

6. Recomenda-se estudo para que a Procuradoria Federal busque uniformizar critérios mínimos para propostas de acordo.

7. Recomenda-se que os Procuradores Federais, independentemente da realização de audiências de conciliação, apresentem propostas de acordo quando houver elementos necessários para tanto.

8. Recomenda-se que os juízes instruam as demandas judiciais com a requisição do procedimento administrativo diretamente ao INSS (AADJ/EAD/APS...), com a realização de perícia judicial e de mandado de constatação, quando for o caso, previamente à citação.

9. Recomenda-se, para fomentar as conciliações, a presença de Juízes e Procuradores no ambiente das audiências.

10. Recomenda-se o planejamento de pautas temáticas para o agendamento das audiências de conciliação.

ANEXO – ENUNCIADOS E RECOMENDAÇÕES SOBRE MEDIAÇÃO | 405

11. Recomenda-se o treinamento de Juízes, Procuradores, Prepostos, Conciliadores e Advogados em técnicas e ferramentas de conciliação/mediação.

12. Recomenda-se a busca da via administrativa como procedimento prévio ao ajuizamento da ação e como estímulo à conciliação.

Conciliação envolvendo a AGU:
capacitação e atuação com destaque para as áreas de Saúde (medicamentos),
dano moral e servidores públicos.

I – Mudança de Paradigma

1. A conciliação é expressão do direito processual constitucional, concretizando o princípio do devido processo legal, especialmente em suas dimensões de efetividade e celeridade processuais, constituindo garantia de efetivação da cidadania plena.

2. É necessária uma mudança paradigmática cultural, política e jurídica, com abandono da postura conflituosa em prol de uma postura pacificadora através das conciliações.

3. A conciliação é meio prioritário de tratamento e resolução de conflitos e deve ser desenvolvida e estimulada como política de administração pública e judiciária.

II – Estrutura e Gestão

1. Recursos Humanos

2. Recursos Tecnológicos

3. Gestão e Acompanhamento dos Acordos

1. Recomenda-se a criação de Comissão Permanente de Conciliação para a área de Saúde, em cada unidade da federação, composta por representantes do Poder Judiciário, Ministério Público Federal, AGU, Defensoria Pública da União, representante da OAB, representante da Procuradoria do Estado e representantes dos Municípios, assessorada por uma Comissão Técnica multidisciplinar (médicos, farmacêuticos, psicólogos, outros profissionais da área de saúde e integrantes do meio acadêmico) com atribuição de identificar as causas passíveis de conciliação e estabelecer medidas de ordem prática para realização de audiências de conciliação.

2. Recomenda-se a criação de Comissão Permanente de Conciliação, em cada unidade da federação, composta por representantes do Poder Judiciário, Ministério Público Federal, AGU, Defensoria Pública da União, representante da OAB, para identificação das causas de interesse da União passíveis de conciliação e estabelecer medidas de ordem prática para realização de audiências de conciliação.

3. Sugere-se que a AGU e o Poder Judiciário mantenham representantes locais, junto às Subseções Judiciárias, que respondam pelas tratativas pré-processuais relativas às conciliações.

4. Recomenda-se que a Administração Pública e o Poder Judiciário mantenham programas de estímulo à conciliação, provendo a capacitação e treinamento dos atores processuais como política permanente.

5. Recomenda-se que os cursos de capacitação e formação de conciliadores tenham conteúdo prático, com ênfase na realização de audiências.

6. Estruturação tecnológica a fim de permitir a realização de audiências nos casos em que for necessária, por videoconferência.

7. Sugere-se a criação de um fórum de discussão sobre conciliação em uma rede social virtual.

8. Sugere-se que o Sistema de Conciliação de cada Estado elabore estudo sobre as vantagens com a realização de acordos, em especial acerca da possibilidade de diminuição da despesa pública da União.

9. Recomenda-se que seja mantido um sistema de acompanhamento permanente dos resultados de audiências de conciliação, contemplando resultados financeiros (vantagens para a União e valores injetados nas economias locais) e projeção de efeitos sobre ações em andamento (confronto com demandas em que é necessária solução heterocompositiva).

10. Sugere-se a criação de banco de dados de boas práticas de conciliação, preferencialmente através do CNJ.

11. O fórum sugere à AGU que se mobilize para oferecer aos Procuradores Públicos acesso direto aos dados funcionais, inclusive folha de pagamento, dos servidores públicos civis e militares, bem como para que a Administração Pública cumpra as requisições e determinações de tais Procuradores.

12. Atuação efetiva da AGU através da sua Câmara de Conciliação para formulação e concretização do CIRADs em todos os Estados da federação.

III – Procedimento (funcionalidade)

1. Aplica-se o art. 19 da Lei 10.522/02 a todos os órgãos da advocacia pública federal.

2. Sugere-se que a AGU, em caráter urgente, promova a atualização e ampliação do rol de súmulas administrativas.

3. Recomenda-se a revisão do Ato Regimental n. 05/2007 (que hoje configura impedimento concreto à atuação dos AGUs e realização de conciliações), bem como a criação de outros que sejam úteis ou necessários como incentivo à prática conciliatória.

4. O Fórum sugere à AGU a consolidação e ampla divulgação das normas sobre reconhecimento do pedido, conciliação e não interposição de recursos, uniformizando o regramento aplicável à PGU, PGF e PGFN, com ênfase no fortalecimento da autonomia dos Procuradores Públicos (principalmente quanto à avaliação da matéria de fato) e no compromisso com a legalidade e a moralidade.

5. Sugere-se a realização de audiências de conciliação em todas as Subseções Judiciárias, de modo que haja o estímulo e a interiorização das práticas exitosas realizadas pelos sistemas de Conciliação de cada Estado.

IV – Temas para conciliação

1. Dano Moral

2. Medicamentos

3. Servidores Públicos civis e militares

3.1. incapacidade

3.2. gratificação

4. Ações coletivas

(1) Dano moral

Sugere-se a realização de audiências de conciliação relativamente às ações de dano moral.

(2) Saúde

Sugere-se a realização de audiências de conciliação relativamente às ações de saúde envolvendo realização de exames/consultas, fornecimento de medicamentos e tratamento médico e hospitalar, priorizando pautas temáticas a partir dos agravos de saúde e áreas de especialidade médica.

(3) Servidores Públicos Civis e Militares

Sugere-se a realização de audiências de conciliação relativamente às ações pertinentes a servidores públicos federais civis e militares, com ênfase nas que envolvem matéria de fato como, por exemplo, incapacidade, insalubridade dentre outras.

Sugere-se a formulação de propostas de acordo relativamente às ações envolvendo servidores públicos federais civis e militares com ênfase nas matérias de direito especialmente com jurisprudência pacificada.

(4) Ações Coletivas

5. Sugere-se a formulação de propostas de acordo em ações individuais e/ou coletivas, tanto em fase de conhecimento quanto em fase de cumprimento da sentença.

Conciliação envolvendo os conselhos profissionais

Enunciado 01: Considerando:

- o grande número de inadimplentes, resultando milhares de ações em trâmite na Justiça Federal;
- o baixo valor das cobranças – quando consideradas individualmente;
- as dificuldades de ordem material e humana dos Conselhos para realização das cobranças;
- o elevado custo do processo executivo, tanto para os Conselhos quanto para o Poder Judiciário;
- que outros entes públicos, a exemplo da Emgea e Fazenda Nacional, receberam maior autonomia para a cobrança de créditos tanto na esfera administrativa quanto na esfera judicial;

Os componentes desta Oficina sugerem encaminhar ao Conselho Nacional de Justiça a criação de um Grupo de Estudo com a finalidade de estabelecer tratativas junto aos Conselhos Federais, Poder Legislativo Federal e Tribunal de Contas da União visando a discutir propostas tendentes a encontrar soluções para redução de demandas na matéria, dentre elas, a título de exemplo, facultatividade para o ajuizamento de execuções de menor valor, maior autonomia para realização de acordos etc.

Enunciado 02: Os Conselhos Profissionais devem incluir na mesma execução o maior número de débitos em aberto;

Enunciado 03: Nas Conciliações devem os Conselhos Profissionais comparecer munidos de proposta que abranja não apenas o débito objeto da execução, mas também outros eventuais débitos existentes mas ainda não objeto de ação executiva.

Enunciado 04: Nas conciliações devem as Varas constar expressamente em seus mandados/cartas de citação/intimação que o devedor compareça à audiência munido de todo e qualquer documento que comprove eventual ausência do exercício profissional.

Enunciado 05: Considerando que a maioria dos Conselhos Regionais não possui escritório fora da Capital dos Estados. Considerando o elevado volume de ações de execução em varas federais do interior. Considerando tratar-se de execuções de pequeno valor; As Varas

408 | MEDIAÇÃO NOS CONFLITOS CIVIS – *Fernanda Tartuce*

da Justiça Federal situadas fora das capitais dos Estados devem priorizar audiências mediante uso de tecnologia por videoconferência.

Enunciado 06: Considerando que a maioria dos Conselhos Regionais não possui escritório fora da Capital dos Estados; Considerando o elevado volume de ações de execução em varas federais em cidades do interior; Considerando tratar-se de execuções de pequeno valor; Considerando que muitos mutirões de conciliação são realizados em várias cidades na mesma data; Sugere-se aos setores de conciliação dos Tribunais Regionais Federais e de Primeira Instância a criação de calendário anual de audiências de conciliação, de forma a evitar coincidência de datas.

Enunciado 07: Considerando que muitos Conselhos Federais (*v.g.* Administração, Farmácia, Contabilidade, Economia e Medicina Veterinária) possuem normas que estimulam a conciliação – inclusive na esfera administrativa –, dentre elas permissão para parcelamento, dispensa de multas, descontos etc., sugere-se o envio de Ofício a todos Conselhos Federais e Regionais para que envidem esforços no sentido de avaliar a adoção em seu âmbito.

Conciliação envolvendo processos de desapropriação

Enunciados:

Nos processos de desapropriação sugere-se que sejam adotados procedimentos simplificados e flexíveis que facilitem a conciliação como medida prioritária de resolução do conflito e a produção da prova quando necessária. Como procedimento padrão, sugere-se, sempre que possível, a seguinte sequência de atos nos mutirões de conciliação:

a) Encaminhamento dos processos à central de conciliação ou ao coordenador do mutirão;

b) Reunião prévia com o expropriante, especialmente para certificação de efetiva disponibilidade orçamentária para as indenizações;

c) Protocolo apenas da inicial, com a descrição do imóvel e pedido de realização de audiência prévia de conciliação, sem juntada de documento e sem o depósito da indenização, postergados para os casos em que não for obtida a composição amigável;

d) Publicação, antes da audiência de conciliação do edital a que refere o art. 34 do Decreto 3.365/1941, para conhecimento de terceiros e eventuais interessados;

e) Realização de audiência pública para esclarecimentos aos expropriados sobre as diversas situações que podem ocorrer no mutirão, como por exemplo: sucessão, imóveis sem registro, compromissos de compra e venda, imóveis com gravames, necessidade de comparecimento de todos os ocupantes e interessados na audiência de conciliação, dentre outros;

f) Expedição de carta convite aos expropriados para participação da audiência pública já com as datas do mutirão;

g) Entrega das cartas convites pelo próprio expropriante;

h) Entrega dos laudos de avaliação aos expropriados na audiência pública;

i) Renúncia ao prazo recursal no termo de acordo;

j) Depósito da indenização acordada diretamente em conta bancária informada pelo expropriado, sem prejuízo do depósito de eventuais honorários na conta do advogado;

k) Controle da regularidade fiscal do imóvel pelo próprio expropriante, no processo administrativo, como condição para o pagamento da indenização;

l) Imissão na posse na própria sentença homologatória, observado o prazo acordado para desocupação e o efetivo pagamento da indenização;

m) Entrega de ofícios padronizados para o registro imobiliário, cabendo ao expropriante providenciar os documentos necessários para promover o ato e encaminhá-los com cópia da sentença homologatória, ao cartório de registro competente.

1. Para facilitar as conciliações é necessário flexibilizar as propostas de indenização considerando não apenas o aspecto econômico (valor do imóvel que pode até ser retificado em caso de eventual erro), mas também os custos sociais, de oportunidade e as despesas do processo (perícia técnica, dentre outros). Sempre levando em conta o estabelecimento de critérios justos e razoáveis e o necessário detalhamento;

2. É passível de indenização a simples posse, desde que comprovada por documento e/ou testemunha e declarada por decisão do juiz que preside a audiência de conciliação.

I – Tribunal de Justiça de Minas Gerais (TJMG)

Enunciados sobre o Código de Processo Civil de 2015 foram aprovados por magistrados integrantes de Grupos de Trabalhos do Fórum de Debates e Enunciados sobre o Novo CPC; eis os que dizem respeito à mediação:

Enunciado 1 – (arts. 3.º, §§ 2.º e 3.º, e 319, VII, 334, § 5.º) A omissão da petição inicial quanto à audiência de conciliação ou mediação deve ser interpretada como concordância, desnecessária a intimação para emenda.

Enunciado 8 – (art. 139, V) É possível a conciliação no segundo grau de jurisdição por ordem do relator, em decisão fundamentada, podendo ser realizado por núcleo de conciliação, sem prejuízo da ordem de julgamento.

Enunciado 9 – (art. 165) As audiências de conciliação poderão ser realizadas pelos conciliadores existentes na comarca ou pelo próprio juiz, até que o Tribunal forme o quadro respectivo.

Enunciado 23 – (art. 334) O juiz não pode dispensar a audiência de conciliação, por ter caráter obrigatório, exceto nas hipóteses previstas no § 4.º, incisos I e II.

Enunciado 24 – (art. 334, § 8.º) A omissão ou manifestação contrária de uma das partes não impede a incidência da multa prevista no § 8.º do art. 334.

Enunciado 25 – (art. 334, § 8.º) A multa pelo não comparecimento injustificado da parte será imposta no termo da própria audiência de conciliação ou mediação e fixado o prazo para pagamento.

Enunciado 29 – (art. 357, § 3.º) A audiência de saneamento e organização do processo em cooperação com as partes poderá ocorrer em qualquer tipo de demanda, independentemente de a causa ser complexa, a critério do juiz, visando à autocomposição das partes.

J – Jornadas "Prevenção e solução extrajudicial de litígios" do Centro de Estudos Judiciários do Conselho da Justiça Federal (CJF)

As I Jornadas ocorreram em 22 e 23 de agosto de 2016, quando se reuniram em Brasília diversos especialistas para debater temas ligados aos meios adequados de composição de controvérsia.

As II Jornadas foram realizadas inteiramente de maneira remota em virtude da pandemia da Covid-19, nos dias 26 e 27 de agosto de 2021. Foram recebidas 689 propostas debatidas em quatro comissões: arbitragem, mediação, desjudicialização e novas formas de solução de conflitos e novas tecnologias. Seguem abaixo os enunciados relevantes aprovados pelas Comissões de Mediação, de "Outras Formas de Soluções de Conflitos" (comissão presente nas I Jornadas) e de "Novas Formas de Solução de Conflitos e Novas Tecnologias".

14. A mediação é método de tratamento adequado de controvérsias que deve ser incentivado pelo Estado, com ativa participação da sociedade, como forma de acesso à Justiça e à ordem jurídica justa.

15. Recomenda-se aos órgãos do sistema de Justiça firmar acordos de cooperação técnica entre si e com Universidades, para incentivo às práticas dos métodos consensuais de solução de conflitos, bem assim com empresas geradoras de grande volume de demandas, para incentivo à prevenção e à solução extrajudicial de litígios.

16. O magistrado pode, a qualquer momento do processo judicial, convidar as partes para tentativa de composição da lide pela mediação extrajudicial, quando entender que o conflito será adequadamente solucionado por essa forma.

17. Nos processos administrativo e judicial, é dever do Estado e dos operadores do Direito propagar e estimular a mediação como solução pacífica dos conflitos.

18. Os conflitos entre a administração pública federal direta e indireta e/ou entes da federação poderão ser solucionados pela Câmara de Conciliação e Arbitragem da Administração Pública Federal – CCAF – órgão integrante da Advocacia-Geral da União, via provocação do interessado ou comunicação do Poder Judiciário.

19. O acordo realizado perante a Câmara de Conciliação e Arbitragem da Administração Pública Federal – CCAF – órgão integrante da Advocacia-Geral da União – constitui título executivo extrajudicial e, caso homologado judicialmente, título executivo judicial.

20. Enquanto não for instalado o Centro Judiciário de Solução de Conflitos e Cidadania (Cejusc), as sessões de mediação e conciliação processuais e pré-processuais poderão ser realizadas por meio audiovisual, em módulo itinerante do Poder Judiciário ou em entidades credenciadas pelo Núcleo Permanente de Métodos Consensuais de Solução de Conflitos (Nupemec), no foro em que tramitar o processo ou no foro competente para o conhecimento da causa, no caso de mediação e conciliação pré-processuais.

21. É facultado ao magistrado, em colaboração com as partes, suspender o processo judicial enquanto é realizada a mediação, conforme o art. 313, II, do Código de Processo Civil, salvo se houver previsão contratual de cláusula de mediação com termo ou condição, situação em que o processo deverá permanecer suspenso pelo prazo previamente acordado ou até o implemento da condição, nos termos do art. 23 da Lei n.13.140/2015.

22. A expressão "sucesso ou insucesso" do art.167, § 3.º, do Código de Processo Civil não deve ser interpretada como quantidade de acordos realizados, mas a partir de uma avaliação qualitativa da satisfação das partes com o resultado e com o procedimento, fomentando a escolha da câmara, do conciliador ou do mediador com base nas suas qualificações e não nos resultados meramente quantitativos.

23. Recomenda-se que as faculdades de direito mantenham estágios supervisionados nos escritórios de prática jurídica para formação em mediação e conciliação e promovam parcerias com entidades formadoras de conciliadores e mediadores, inclusive tribunais, Ministério Público, OAB, defensoria e advocacia pública.

24. Sugere-se que as faculdades de direito instituam disciplinas autônomas e obrigatórias e projetos de extensão destinados à mediação, à conciliação e à arbitragem, nos termos dos arts. 2.º, § 1.º, VIII, e 8.º, ambos da Resolução CNE/CES n. 9, de 29 de setembro de 2004.

ANEXO – ENUNCIADOS E RECOMENDAÇÕES SOBRE MEDIAÇÃO | **411**

25. A União, os Estados, o Distrito Federal e os Municípios têm o dever de criar Câmaras de Prevenção e Resolução Administrativa de Conflitos com atribuição específica para autocomposição do litígio.

26. É admissível, no procedimento de mediação, em casos de fundamentada necessidade, a participação de crianças, adolescentes e jovens – respeitado seu estágio de desenvolvimento e grau de compreensão – quando o conflito (ou parte dele) estiver relacionado aos seus interesses ou direitos.

27. Recomenda-se o desenvolvimento de programas de fomento de habilidades para o diálogo e para a gestão de conflitos nas escolas, como elemento formativo-educativo, objetivando estimular a formação de pessoas com maior competência para o diálogo, a negociação de diferenças e a gestão de controvérsias.

28. Propõe-se a implementação da cultura de resolução de conflitos por meio da mediação, como política pública, nos diversos segmentos do sistema educacional, visando auxiliar na resolução extrajudicial de conflitos de qualquer natureza, utilizando mediadores externos ou capacitando alunos e professores para atuarem como facilitadores de diálogo na resolução e prevenção dos conflitos surgidos nesses ambientes.

29. Caso qualquer das partes comprove a realização de mediação ou conciliação antecedente à propositura da demanda, o magistrado poderá dispensar a audiência inicial de mediação ou conciliação, desde que tenha tratado da questão objeto da ação e tenha sido conduzida por mediador ou conciliador capacitado.

30. Nas mediações realizadas gratuitamente em programas, câmaras e núcleos de prática jurídica de faculdades de direito, os professores, orientadores e coordenadores que não estejam atuando ou participando no caso concreto, não estão impedidos de assessorar ou representar as partes, em suas especialidades.

31. É recomendável a existência de uma advocacia pública colaborativa entre os entes da federação e seus respectivos órgãos públicos, nos casos em que haja interesses públicos conflitantes/divergentes. Nessas hipóteses, União, Estados, Distrito Federal e Municípios poderão celebrar pacto de não propositura de demanda judicial e de solicitação de suspensão das que estiverem propostas com estes, integrando o polo passivo da demanda, para que sejam submetidos à oportunidade de diálogo produtivo e consenso sem interferência jurisdicional.

32. A ausência da regulamentação prevista no art. 1.º da Lei n. 9.469/1997 não obsta a autocomposição por parte de integrante da Advocacia-Geral da União e dirigentes máximos das empresas públicas federais nem, por si só, torna-a inadmissível para efeito do inc. II do § 4.º do art. 334 do CPC/2015.

33. É recomendável a criação de câmara de mediação a fim de possibilitar a abertura do diálogo, incentivando e promovendo, nos termos da lei, a regularização das atividades sujeitas ao licenciamento ambiental que estão funcionando de forma irregular, ou seja, incentivar e promover o chamado "licenciamento de regularização" ou "licenciamento corretivo".

34. Se constatar a configuração de uma notória situação de desequilíbrio entre as partes, o mediador deve alertar sobre a importância de que ambas obtenham, organizem e analisem dados, estimulando-as a planejarem uma eficiente atuação na negociação.

35. Os pedidos de homologação de acordos extrajudiciais deverão ser feitos no Centro Judiciário de Solução de Conflitos e Cidadania, onde houver.

36. Para estimular soluções administrativas em ações previdenciárias, quando existir matéria de fato a ser comprovada, as partes poderão firmar acordo para a reabertura do processo administrativo com o objetivo de realizar, por servidor do INSS em conjunto com

a Procuradoria, procedimento de justificação administrativa, pesquisa externa e/ou vistoria técnica, com possibilidade de revisão da decisão original.

37. Recomenda-se a criação de câmaras previdenciárias de mediação ou implantação de procedimentos de mediação para solucionar conflitos advindos de indeferimentos, suspensões e cancelamentos de benefícios previdenciários, ampliando o acesso à justiça e permitindo à administração melhor gerenciamento de seu processo de trabalho.

38. O Estado promoverá a cultura da mediação no sistema prisional, entre internos, como forma de possibilitar a ressocialização, a paz social e a dignidade da pessoa humana.

39. A previsão de suspensão do processo para que as partes se submetam à mediação extrajudicial deverá atender ao disposto no § 2.º do art. 334 da Lei Processual, podendo o prazo ser prorrogado no caso de consenso das partes.

40. Nas mediações de conflitos coletivos envolvendo políticas públicas, judicializados ou não, deverá ser permitida a participação de todos os potencialmente interessados, dentre eles: (i) entes públicos (Poder Executivo ou Legislativo) com competências relativas à matéria envolvida no conflito; (ii) entes privados e grupos sociais diretamente afetados; (iii) Ministério Público; (iv) Defensoria Pública, quando houver interesse de vulneráveis; e (v) entidades do terceiro setor representativas que atuem na matéria afeta ao conflito.

41. Além dos princípios já elencados no art. 2.º da Lei n. 13.140/2015, a mediação também deverá ser orientada pelo Princípio da Decisão Informada.

42. O membro do Ministério Público designado para exercer as funções junto aos centros, câmaras públicas de mediação e qualquer outro espaço em que se faça uso das técnicas de autocomposição, para o tratamento adequado de conflitos, deverá ser capacitado em técnicas de mediação e negociação, bem como de construção de consenso.

43. O membro do Ministério Público com atribuição para o procedimento consensual, devidamente capacitado nos métodos negociais e autocompositivos, quando atuar como mediador, ficará impedido de exercer atribuições típicas de seu órgão de execução, cabendo tal intervenção, naquele feito, a seu substituto legal.

44. Havendo processo judicial em curso, a escolha de mediador ou câmara privada ou pública de conciliação e mediação deve observar o peticionamento individual ou conjunto das partes, em qualquer tempo ou grau de jurisdição, respeitado o contraditório.

45. A mediação e conciliação são compatíveis com a recuperação judicial, a extrajudicial e a falência do empresário e da sociedade empresária, bem como em casos de superendividamento, observadas as restrições legais.

46. Os mediadores e conciliadores devem respeitar os padrões éticos de confidencialidade na mediação e conciliação, não levando aos magistrados dos seus respectivos feitos o conteúdo das sessões, com exceção dos termos de acordo, adesão, desistência e solicitação de encaminhamentos, para fins de ofícios.

47. A menção à capacitação do mediador extrajudicial, prevista no art. 9.º da Lei n. 13.140/2015, indica que ele deve ter experiência, vocação, confiança dos envolvidos e aptidão para mediar, bem como conhecimento dos fundamentos da mediação, não bastando formação em outras áreas do saber que guardem relação com o mérito do conflito.

52. O Poder Público e a sociedade civil incentivarão a facilitação de diálogo dentro do âmbito escolar, por meio de políticas públicas ou parcerias público-privadas que fomentem o diálogo sobre questões recorrentes, tais como: bullying, agressividade, mensalidade escolar e até atos infracionais. Tal incentivo pode ser feito por oferecimento da prática de

ANEXO – ENUNCIADOS E RECOMENDAÇÕES SOBRE MEDIAÇÃO | **413**

círculos restaurativos ou outra prática restaurativa similar, como prevenção e solução dos conflitos escolares.

53. Estimula-se a transação como alternativa válida do ponto de vista jurídico para tornar efetiva a justiça tributária, no âmbito administrativo e judicial, aprimorando a sistemática de prevenção e solução consensual dos conflitos tributários entre Administração Pública e administrados, ampliando, assim, a recuperação de receitas com maior brevidade e eficiência.

57. As comunidades têm autonomia para escolher o modelo próprio de mediação comunitária, não devendo se submeter a padronizações ou modelos únicos.

58. A conciliação/mediação, em meio eletrônico, poderá ser utilizada no procedimento comum e em outros ritos, em qualquer tempo e grau de jurisdição.

59. A obrigação de estimular a adoção da conciliação, da mediação e de outros métodos consensuais de solução de conflitos prevista no § 3.º do art. 3.º do Código de Processo Civil aplica-se às entidades que promovem a autorregulação, inclusive no âmbito dos processos administrativos que tenham curso nas referidas entidades.

60. As vias adequadas de solução de conflitos previstas em lei, como a conciliação, a arbitragem e a mediação, são plenamente aplicáveis à Administração Pública e não se incompatibilizam com a indisponibilidade do interesse público, diante do Novo Código de Processo Civil e das autorizações legislativas pertinentes aos entes públicos.

61. Os gestores, defensores e advogados públicos que, nesta qualidade, venham a celebrar transações judiciais ou extrajudiciais, no âmbito de procedimento de conciliação, mediação ou arbitragem, não responderão civil, administrativa ou criminalmente, exceto se agirem mediante dolo ou fraude.

68. O atendimento interdisciplinar realizado por psicólogos e assistentes sociais, no âmbito da Defensoria Pública e do Ministério Público, promove a solução extrajudicial dos litígios, constituindo-se forma de composição e administração de conflitos complementar à mediação, conciliação e arbitragem.

72. As instituições privadas que lidarem com mediação, conciliação e arbitragem, bem como com demais métodos adequados de solução de conflitos, não deverão conter, tanto no título de estabelecimento, marca ou nome, dentre outros, nomenclaturas e figuras que se assimilem à ideia de Poder Judiciário.

73. A educação para a cidadania constitui forma adequada de solução e prevenção de conflitos, na via extrajudicial, e deve ser adotada e incentivada como política pública privilegiada de tratamento adequado do conflito pelo sistema de justiça.

75. As empresas e organizações devem ser incentivadas a implementar, em suas estruturas organizacionais, um plano estratégico consolidado para prevenção, gerenciamento e resolução de disputas, com o uso de métodos adequados de solução de controvérsias. Tal plano deverá prever métricas de sucesso e diagnóstico periódico, com vistas ao constante aprimoramento. O Poder Judiciário, as faculdades de direito e as instituições observadoras ou reguladoras das atividades empresariais devem promover, medir e premiar anualmente tais iniciativas.

80. A utilização dos Comitês de Resolução de Disputas (*Dispute Boards*), com a inserção da respectiva cláusula contratual, é recomendável para os contratos de construção ou de obras de infraestrutura, como mecanismo voltado para a prevenção de litígios e redução dos custos correlatos, permitindo a imediata resolução de conflitos surgidos no curso da execução dos contratos.

81. A conciliação, a arbitragem e a mediação, previstas em lei, não excluem outras formas de resolução de conflitos que decorram da autonomia privada, desde que o objeto seja lícito e as partes sejam capazes.

140. Os princípios da confidencialidade e da boa-fé devem ser observados na mediação *on-line*. Caso o mediador, em algum momento, perceba a violação a tais postulados, poderá suspender a sessão ou sugerir que tal ato seja realizado na modalidade presencial.

143. Impõe-se a promoção de políticas públicas de inclusão digital que permitam que a mediação *on-line* seja instrumento de ampliação do acesso à justiça de forma plena e igualitária.

144. Recomenda-se a adoção de sistema gratuito *Online Dispute Resolution* (ODR) pelas plataformas de intermediação de comércio eletrônico para a composição de conflitos entre os seus usuários, sendo uma alternativa para disputas entre consumidores e fornecedores.

145. Recomenda-se aos tribunais a divulgação, em destaque, com linguagem simples, na página inicial de seu sítio eletrônico na internet, do sistema multiportas de resolução de conflitos adotado no âmbito de sua jurisdição, com direcionamento à explicação sobre espécies e temas em que são mais empregados, além das localidades em que estão disponíveis e das formas de acessá-las.

146. Os setores público e privado devem combater todas as formas de discriminação, opressão ou exclusão digital decorrentes da incorporação de novas tecnologias para o efetivo acesso à justiça.

147. Recomenda-se que a implantação dos Sistemas Informatizados para a Resolução de Conflitos por meio da conciliação e mediação (SIREC) seja planejada e realizada com base em desenho de sistemas de prevenção e resolução de conflitos, com foco na experiência do jurisdicionado, na simplificação procedimental e na promoção da educação sobre meios de resolução de conflitos, procedimento, direitos e deveres.

150. É garantida a participação de pessoa com deficiência no procedimento de mediação e outras formas de resolução de conflitos, com a observância da acessibilidade aos instrumentos, mecanismos ou tecnologias eventualmente necessárias para ela se expressar e ser compreendida.

151. A parte que sofrer com falhas de conexão da internet ou dificuldade de acesso à plataforma que impeça a sua participação ou a continuidade de sua participação nas sessões e audiências virtuais não poderá ser prejudicada e poderá solicitar a remarcação da sessão ou sua realização por outro meio.

153. Constatada a vulnerabilidade tecnológica do indivíduo no âmbito judicial e/ou extrajudicial, a Defensoria Pública poderá ser solicitada a cooperar no processo de inclusão digital, bem como o indivíduo que encontrar dificuldades tecnológicas poderá procurar apoio dessa instituição para participar de ato processual virtual.

154. A aplicação dos meios adequados à resolução de conflitos deve respeitar a identidade cultural e étnica das partes envolvidas, levando em consideração fatores como nacionalidade, religião, língua, tradições, gênero, cor, idade, dentre outros determinantes sociais, prestigiando sempre a autonomia individual e prestando esclarecimentos às partes envolvidas no conflito acerca dos procedimentos utilizados para solução da lide.

155. Constatada a vulnerabilidade tecnológica do indivíduo para a participação em determinado ato processual, o magistrado pode facultar a realização do ato na sua forma híbrida ou presencial.

ANEXO – ENUNCIADOS E RECOMENDAÇÕES SOBRE MEDIAÇÃO | **415**

156. As plataformas de ODR, privadas ou públicas, buscarão, sempre que possível, atender a critérios de acessibilidade digital para grupos possivelmente marginalizados pela exclusão digital, como a compatibilidade com meios de tecnologia para viabilizar acesso a pessoas com deficiência.

157. Para garantia de segurança e autenticação, é recomendável que as plataformas de mediação *on-line* inseridas nos Tribunais façam a confirmação da identidade de cada indivíduo que ingresse no sistema, podendo essa autenticação ser realizada de diversas formas, a fim de não inviabilizar a acessibilidade.

158. A mediação e a conciliação por videoconferência observarão o mesmo rito do ato presencial, devendo ser oportunizado, a pedido do advogado ou de seu cliente, momento ou sala virtual própria para conversa reservada.

159. Recomenda-se que as plataformas de resolução *on-line* de conflitos tenham um design centrado no usuário, com proteção de dados pessoais, como forma de estimular a sua utilização e aumentar a confiança das partes no uso da tecnologia.

161. O direito previsto no art. 5.º, inciso XXXV, da Constituição da República não se esgota no acesso formal ao Poder Judiciário, compreendendo a existência de um sistema organizado e efetivo destinado à garantia de direitos, prevenção de conflitos e resolução pacífica das controvérsias. Dispositivos relacionados: art. 5.º, inciso XXXV, da CR/1988; art. 2.1 da Declaração Universal dos Direitos Humanos de 1948; art. 3.º, *caput* e §§ 1.º, 2.º e 3.º, da Lei n. 13.105/2015.

162. Contribui para a função social a empresa que conta em sua estrutura organizacional com uma área dedicada a prevenir e solucionar conflitos.

163. A convenção processual que prevê a produção antecipada de prova, seguida de mediação ou negociação entre as partes, na forma de cláusulas escalonadas, contribui para a eficiência processual e segurança jurídica, aumentando as chances de êxito dos métodos autocompositivos.

164. As partes poderão ter acesso à mediação ou a outras soluções consensuais em tribunais superiores.

165. Cumprimentos de sentença inadimplidos podem ser, no todo ou em parte, submetidos aos meios de autocomposição disponíveis.

166. A mediação é meio eficiente e prioritário para resolver os conflitos de vizinhança, devendo sempre garantir a intimidade e a inviolabilidade da vida privada dos vizinhos, conforme estabelece o Enunciado n. 319 da IV Jornada de Direito Civil.

167. A mediação é instrumento extrajudicial adequado de planejamento sucessório, com aplicação preventiva aos conflitos entre herdeiros, sobre conteúdos patrimoniais e extrapatrimoniais.

168. A preexistência de decisão judicial transitada em julgado não impede a conciliação ou mediação entre os mesmos interessados.

169. A qualquer momento do procedimento arbitral, as partes podem ser convidadas para a mediação, especialmente quando a complexidade do conflito puder ser reduzida, esclarecida ou mesmo solucionada por esse método.

171. É recomendada aos advogados a adoção de práticas colaborativas que consistam no processo de negociação estruturado, com enfoque não adversarial e interdisciplinar na gestão de conflitos, por meio do qual as partes e os profissionais assinam um termo de participação, comprometendo-se com a transparência no procedimento e a não litigância.

172. A mediação deve ser implementada no âmbito escolar público e privado como fomento à cultura do diálogo, devendo ser realizada por mediadores devidamente capacitados.

174. Considerando a adequação do caso à mediação, o conciliador, não tendo formação adequada, deve encaminhar o conflito para a mediação.

176. Em demandas coletivas estruturais, a adoção de métodos autocompositivos deve ser incentivada.

177. Recomenda-se a manutenção de plantões da Defensoria Pública nos Centros Judiciários de Solução de Conflitos e Cidadania – CEJUSCs, diretamente ou em parceria com a OAB ou outras instituições.

178. Recomenda-se a realização de estudos e pesquisas, no âmbito do Poder Judiciário, em parceria com universidades e profissionais com especialização na área ambiental, para a elaboração de diretrizes com vistas à utilização de métodos adequados de solução de conflitos ambientais complexos, sem prejuízo da eventual especialização de CEJUSCs em matéria ambiental.

179. Para que a plataforma digital ou outro meio de comunicação à distância sejam considerados mediação ou conciliação, o procedimento deve atender aos requisitos legais destinados a tais formas de resolução de conflitos.

180. Em virtude do alcance da Política Pública de Tratamento Adequado de Conflito de Interesses e como incentivo à advocacia estratégica, recomenda-se à OAB a previsão, em sua tabela de honorários e em suas parcerias/convênios com as Defensorias Públicas, de remuneração para o advogado na função de assessor jurídico em uma sessão (pré-processual ou processual) de mediação ou de conciliação (Resolução CNJ n. 271, de 11.12.2018), cumprindo os arts. 169 do CPC e 13 da Lei n. 13.140.

182. A vulnerabilidade de uma das partes não impede, por si só, a busca pela resolução consensual do conflito, mas exige a observância do dever de informação adequada, que permita a compreensão dos riscos e benefícios do processo consensual desenvolvido, além da aplicação de técnicas específicas que permitam uma igual participação entre partes em situação de desequilíbrio.

183. Nas ações de inventário envolvendo partilha de bens que compõem o espólio, instruído o processo; identificados o patrimônio; os herdeiros e os pontos controversos; o juiz, respeitada a autonomia das partes, poderá encaminhá-las para a mediação.

185. Recomenda-se que a Defensoria Pública seja notificada antes do ajuizamento de ação possessória ou petitória, pelos órgãos públicos envolvidos, quando disser respeito a coletividades vulneráveis – do ponto de vista econômico, organizacional ou por outro fator que impeça ou dificulte o acesso à Justiça -, visando mediar a composição do conflito, quando possível, na busca de solução que atenda aos direitos fundamentais envolvidos, a exemplo da realocação de famílias carentes, evitando-se danos aos ocupantes.

186. O acordo resultante da mediação não tem sua validade e eficácia condicionadas ao âmbito de competência do órgão em que foi firmado ou ao domicílio das partes.

187. Recomenda-se a notificação da Defensoria Pública, antes do ajuizamento de ação coletiva pelos órgãos públicos envolvidos, quando a ação atingir potencialmente coletividades vulneráveis, visando à composição extrajudicial do conflito, quando possível, na busca de solução que atenda aos direitos fundamentais envolvidos.

188. Recomenda-se o uso da mediação em conflitos e controvérsias sanitárias de saúde pública, de modo a promover a interlocução interinstitucional, inclusive do Judiciário com entes públicos e privados.

189. Diante da crise decorrente da pandemia da covid-19, a mediação apresenta-se como meio adequado no enfrentamento das múltiplas contendas a ela relacionadas.

190. O princípio da confidencialidade da mediação também se aplica ao administrador judicial, a quem compete avaliar tão somente o resultado final das negociações consubstanciadas nos acordos resultantes da mediação levados à homologação em juízo, pedir às partes informações necessárias à sua fiscalização e atentar para que os prazos do art. 20-A da Lei n. 11.101/2005 sejam observados.

191. O termo final de mediação constitui título passível de registro perante os cartórios, desde que não envolva interesse de incapazes, devendo ser interpretado de forma ampliativa o art. 221 da Lei n. 6.015/1973, a fim de garantir a plena eficácia aos métodos extrajudiciais de solução de conflitos.

192. Recomenda-se, para fins de promoção por merecimento de magistrados, o maior reconhecimento de aspectos qualitativos, de estímulo ao uso dos meios consensuais e à prevenção de litígios, tais como desenvolvimento de projetos, estabelecimento de diálogo interinstitucional com grandes litigantes e a valorização da audiência do art. 334 do CPC, e não apenas critérios quantitativos, como o número de sentenças prolatadas ou de acordos homologados.

193. Pode ser admitida nas sessões de mediação a participação de intérpretes.

194. No que se refere à comprovação da instauração do procedimento de mediação prevista na Lei n. 11.101/2005, basta a apresentação do convite para a primeira reunião de mediação ou pré-mediação nos moldes previstos na Lei n. 13.140/2015.

198. A suspensão do processo arbitral ou judicial para iniciar a mediação, com ou sem previsão de cláusula contratual, deve ser compreendida como uma faculdade dos mediandos.

199. É recomendável que os Tribunais com dificuldades de instalação de CEJUSCs, na forma estabelecida pelo § 2.º do art. 8.º da Res. CNJ n. 125/2010, disponibilizem o acesso das partes às sessões de mediação e audiências de conciliação por meio eletrônico e remoto.

200. O mediador pode consultar os envolvidos sobre a conveniência da participação de outras pessoas potencialmente afetadas pelo resultado final da mediação, sem que tal conduta importe em quebra do dever de imparcialidade.

201. Na mediação antecedente ou durante a recuperação judicial, não cabe ao mediador julgar a existência, exigibilidade e legalidade do crédito. Na mediação em recuperação judicial, todos os participantes, colaborativamente, devem zelar pela observância da ordem de preferência dos créditos e pela verificação de existência, exigibilidade e legalidade dos créditos.

202. Na mediação antecedente à recuperação judicial, a empresa devedora e seus credores são livres para estabelecer a melhor composição para adimplemento das obrigações.

204. O termo final de mediação extrajudicial constitui título executivo extrajudicial, independentemente da assinatura de testemunhas no instrumento.

205. A mediação deve ser incentivada como método adequado para resolução de conflitos familiares envolvendo pessoa idosa, principalmente quando se tratar de controvérsias a respeito de cuidados ou nomeação de curador.

206. Recomenda-se, no âmbito dos Juizados Especiais Federais, que se oportunize a utilização de métodos autocompositivos em grau de recurso se, em razão do estado de calamidade pública decorrente da pandemia da Covid-19, não tiver ocorrido audiência de conciliação na fase anterior à sentença.

MEDIAÇÃO NOS CONFLITOS CIVIS – *Fernanda Tartuce*

207. O Poder Público deverá desenvolver programas e políticas de incentivo para fomentar a mediação como método célere e eficiente de solução de conflitos na relação de trabalho.

208. A apresentação de uma proposta de acordo, antes ou durante o litígio, por si só, não pode ser interpretada como reconhecimento do direito da parte contrária nem como indício de plausibilidade do direito por ela alegado.

210. No sentido de viabilizar a mediação de conflitos entre particulares e a Administração Pública, entre outras maneiras de prestação desse serviço, é possível o credenciamento de mediadores e câmaras de mediação privados, convênios com Tribunais e entidades de classe, observados os requisitos adequados de contratação e de remuneração.

211. Em litígios coletivos de natureza estrutural que envolvam implementação de políticas públicas, recomenda-se a realização de audiência de conciliação ou mediação multipartes – isto é, não só com autor e réu, mas com todos os entes públicos e privados potencialmente capazes de contribuir com o diálogo – no início do processo, visando à formação de um cronograma negociado de execução das políticas pleiteadas.

212. Não há incompatibilidade na realização da audiência prevista no art. 334 do CPC/2015 por meios de comunicação eletrônica adequados.

213. A mediação constitui importante instrumento de desenvolvimento econômico e social, sendo recomendada a sua utilização nessa perspectiva.

215. É permitido às partes mediadas nomear um ou mais advogados ou técnicos sobre a matéria discutida para prestar-lhes consultoria conjunta durante sessões de mediação.

216. As partes, se assim desejarem e manifestarem expressamente, poderão se submeter à mediação em qualquer fase do procedimento arbitral ou judicial, independentemente da suspensão do procedimento.

217. A efetividade da mediação depende do comparecimento pessoal da parte, ao menos, à primeira sessão.

218. O princípio da confidencialidade aplica-se integralmente às mediações empresariais.

219. O princípio da boa-fé objetiva, decorrente da eticidade, aplica-se à mediação.

220. Nos litígios coletivos com potencial de remover população de baixa renda, é dever do Estado buscar a resolução consensual do conflito, nos termos do art. 3.º, §§ 2.º e 3.º, do CPC/2015, aplicando-se o regime jurídico previsto no art. 565 do CPC.

221. O direito à gratuidade da Justiça, previsto no art. 98 do CPC/2015, estende-se às despesas com conciliação e mediação.

222. O juiz incentivará, com o auxílio do administrador judicial, a desjudicialização da crise empresarial, seja nos processos de recuperação judicial, seja extrajudicial, como forma de encontrar a solução mais adequada ao caso e, com isso, concretizar o princípio da preservação da atividade viável.

223. Em conflitos familiares a mediação, combinada com outros meios, deve ser incentivada, para que as partes diminuam eventual animosidade, contemplando também a objetividade para a solução dos conflitos.

224. Os métodos consensuais de composição de conflitos podem ser utilizados na busca por implementação de políticas públicas e para evitar ou fazer cessar violações de direitos transindividuais, com destaque para a possibilidade de diálogos interinstitucionais, inclusive com os Poderes Executivo e Legislativo, bem como com todas as pessoas potencialmente interessadas.

225. Recomenda-se a utilização da mediação para a resolução de conflitos socioambientais, notadamente para viabilizar, na forma do art. 3.º, § 2.º, da Lei de Mediação, o acesso à

justiça e à satisfação de direitos disponíveis e indisponíveis transacionáveis, incluindo medidas preventivas, repressivas e de reparação de danos ao meio ambiente e à coletividade.

226. Deve ser incentivado nos órgãos do Poder Executivo, em suas diferentes esferas (federal, estadual e municipal), o apoio à implantação da mediação, conciliação e negociação.

227. O intervalo mínimo de 20 (vinte) minutos entre o início de uma e o início da seguinte audiência de conciliação ou de mediação, disposto no art. 334, § 12, do CPC/2015, não deve ser interpretado como tempo padrão de duração da sessão para toda a pauta das audiências.

228. Recomenda-se aos grandes litigantes a adoção dos meios consensuais apropriados a cada caso, antes do ajuizamento de ações, com o objetivo de viabilizar a real pacificação, levando em conta as peculiaridades da relação jurídica.

229. Recomenda-se a disseminação de práticas de solução de conflitos e novas tecnologias de diálogos em contextos universitários.

230. A intervenção dos mediadores presume-se onerosa, salvo nos casos em que, de acordo com as exceções regulamentares, possam ou devam agir gratuitamente.

L – Jornadas de Direito Processual Civil do Centro de Estudos Judiciários do Conselho da Justiça Federal (CJF)

As I jornadas ocorreram 24 e 25 de agosto de 2017, quando se reuniram em Brasília diversos especialistas para debater pontos controversos do CPC/2015. Das 624 propostas de enunciados encaminhadas ao fórum e debatidas em cinco comissões, o tema com maior incidência quantitativa de enunciados apresentados foi "audiência de conciliação e mediação". No final, 128 propostas sobre diversos assuntos foram levadas à plenária para votação e restaram aprovados 107 enunciados.

Nas II Jornadas, ocorridas em 13 e 14 de setembro de 2018 na mesma cidade, foram aprovados mais 51 enunciados; seguem aqueles aprovados em ambas as jornadas que dizem respeito ao tema desta obra:

Enunciado 23 – Na ausência de auxiliares da justiça, o juiz poderá realizar a audiência inaugural do art. 334 do CPC, especialmente se a hipótese for de conciliação.

Enunciado 24 – Havendo a Fazenda Pública publicizado ampla e previamente as hipóteses em que está autorizada a transigir, pode o juiz dispensar a realização da audiência de mediação e conciliação, com base no art. 334, § 4.º, II, do CPC, quando o direito discutido na ação não se enquadrar em tais situações.

Enunciado 25 – As audiências de conciliação ou mediação, inclusive dos juizados especiais, poderão ser realizadas por videoconferência, áudio, sistemas de troca de mensagens, conversa *on-line*, conversa escrita, eletrônica, telefônica e telemática ou outros mecanismos que estejam à disposição dos profissionais da autocomposição para estabelecer a comunicação entre as partes.

Enunciado 26 – A multa do § 8.º do art. 334 do CPC não incide no caso de não comparecimento do réu intimado por edital.

Enunciado 67 – Há interesse recursal no pleito da parte para impugnar a multa do art. 334, § 8.º, do CPC por meio de apelação, embora tenha sido vitoriosa na demanda.

Enunciado 121 – Não cabe aplicar multa a quem, comparecendo à audiência do art. 334 do CPC, apenas manifesta desinteresse na realização de acordo, salvo se a sessão foi designada unicamente por requerimento seu e não houver justificativa para a alteração de posição.

Enunciado 122 – O prazo de contestação é contado a partir do primeiro dia útil seguinte à realização da audiência de conciliação ou mediação, ou da última sessão de conciliação ou mediação, na hipótese de incidência do art. 335, inc. I, do CPC.

Enunciado 124 – Não há preclusão consumativa do direito de apresentar contestação, se o réu se manifesta, antes da data da audiência de conciliação ou de mediação, quanto à incompetência do juízo.

M – I Jornada de Direito Administrativo, realizada pelo Centro de Estudos Judiciários do Conselho da Justiça Federal (CEJ/CJF)

Realizada entre os dias 3 e 7 de agosto de 2020, contou com 410 inscritos e aprovou 40 enunciados. Em razão da pandemia da Covid-19, o evento ocorreu em formato totalmente virtual.

Enunciado 10 – Em contratos administrativos decorrentes de licitações regidas pela Lei n. 8.666/1993 é facultado à Administração Pública propor aditivo para alterar a cláusula de resolução de conflitos entre as partes, incluindo métodos alternativos ao Poder Judiciário como Mediação, Arbitragem e *Dispute Board*.

Enunciado 15 – A administração pública promoverá a publicidade das arbitragens da qual seja parte, nos termos da Lei de Acesso à Informação.

Enunciado 19 – As controvérsias acerca de equilíbrio econômico-financeiro dos contratos administrativos integram a categoria das relativas a direitos patrimoniais disponíveis, para cuja solução se admitem meios extrajudiciais adequados de prevenção e resolução de controvérsias, notadamente a conciliação, a mediação, o comitê de resolução de disputas e a arbitragem.

Enunciado 39 – A indicação e a aceitação de árbitros pela Administração Pública não dependem de seleção pública formal, como concurso ou licitação, mas devem ser objeto de fundamentação prévia e por escrito, considerando os elementos relevantes.

N – Fórum Nacional de Recuperação Empresarial e Falências (Fonaref)

Realizado em 8 de março de 2023, o 1.º Congresso Nacional de Recuperação Empresarial e Falências aprovou 15 enunciados do Fórum Nacional de Recuperação Empresarial e Falências (Fonaref)[9].

Enunciado 1 – A definição exata dos credores convidados a participar do procedimento de mediação ou de conciliação instaurado no CEJUSC do tribunal competente ou na câmara privada deve ser exigida como requisito para a concessão da medida cautelar prevista no art. 20-B, § 1.º, da Lei n. 11.101/2005.

Enunciado 2 – A concessão da medida cautelar prevista no art. 20-B, § 1.º, da Lei n. 11.101/2005 pressupõe a demonstração pelo requerente de que o procedimento de mediação ou conciliação foi instaurado no CEJUSC do tribunal competente ou da câmara especializada, com a comprovação do requerimento da expedição de convite para participar do referido procedimento.

Enunciado 6 – A medida cautelar de suspensão prevista no art. 20-B, § 1.º, da Lei n. 11.101/2005 vincula os credores convidados a participar do procedimento de mediação ou

---

[9] Disponível em: https://www.cnj.jus.br/wp-content/uploads/2023/03/1o-caderno-de-enunciados-fonaref--portal.pdf. Acesso em 23 maio 2023.

conciliação instaurado no CEJUSC do tribunal competente ou na câmara privada, ainda que não tenham aceitado o convite, não vinculando os credores que não tenham sido convidados.

Enunciado 7 – A devedora não poderá renovar o pedido de suspensão previsto no art. 20-B, § 1.º, da Lei n. 11.101/2005 depois de cessada a sua eficácia, salvo em relação a credores que não participaram do procedimento de mediação ou conciliação antecedente, nos termos do art. 309, parágrafo único, do Código de Processo Civil.

Enunciado 8 – Pode o magistrado revogar a medida cautelar deferida com base no art. 20-B, §1.º, da Lei 11.101/2005, diante da demonstração, por qualquer credor, de que a devedora não promove ou procrastina o regular andamento do procedimento de mediação ou conciliação instaurado no CEJUSC do tribunal ou na câmara privada.

Enunciado 9 – Os acordos obtidos durante o procedimento de mediação ou conciliação vinculam apenas os credores anuentes, não se aplicando nessa fase a regra da maioria ou a extensão aos dissidentes do acordo aceito pela maioria dos credores.

Enunciado 11 – A mediação antecedente e incidental de que trata o art. 20-B da Lei 11.101/2005 deve ser conduzida por profissional capacitado em técnicas de mediação e negociação complexa com múltiplas partes e conhecedor da matéria recuperacional e falimentar, sendo recomendada a comediação quando não houver profissional que reúna ambas as expertises.

Enunciado 12 – A mediação é compatível com a recuperação extrajudicial, sendo recomendada sua utilização.

Enunciado 13 – A fiscalização pelo Administrador Judicial da regularidade das negociações entre devedor e credores, nos termos do art. 22, II, e e f da Lei 11.101/2005 não implica em sua obrigatória participação em procedimento de mediação incidental, caso este venha a ser instaurado. O Administrador Judicial participará das sessões, caso convidado pelo mediador, respeitando-se o sigilo e a confidencialidade inerentes à mediação.

O – Encontro do Colégio Permanente de Corregedoras e Corregedores-Gerais dos Tribunais de Justiça do Brasil (ENCOGE)

Nos dias 24 e 25 de maio de 2023, na cidade de Porto Alegre/RS, foi realizado o 91.º ENCOGE, que aprovou a Carta de Porto Alegre, que contém enunciados acerca da desjudicialização de conflitos[10].

1. FOMENTAR a adoção de métodos autocompositivos pré-processuais como ferramenta de racionalização da cobrança da dívida ativa e prevenção de litígios.

2. ELABORAR e divulgar cartilhas de orientação sobre meios alternativos de recuperação dos créditos tributários, garantindo que a judicialização ocorra somente nos casos necessários à efetiva possibilidade de resultado útil do processo.

3. INCENTIVAR a criação de comitês interinstitucionais permanentes, com a participação de representantes do Executivo, Tribunal de Contas, Ministério Público, associação de municípios, da Ordem dos Advogados do Brasil, e das serventias extrajudiciais, para a construção de soluções que tornem a judicialização a última providência para a satisfação de créditos fiscais.

---

[10] Carta do 91.º Encontro do Colégio Permanente de Corregedoras e Corregedores Gerais dos Tribunais de Justiça do Brasil – ENCOGE. Disponível em: https://www.tjgo.jus.br/images/docs/CCS/Carta_de_Porto_Alegre_-_91_ENCOGE_5.pdf. Acesso em: 18 jul. 2023.